Fenster

Die Angeklagten und ihre A

Reihe 1	Reihe 2	Reihe 3
Ruggiero	DiChiara	Kimelman/Novack
Vitale & Trupiano	*Cangialosi*	*Ligammari*
Leitman	Moriarty	Ryan
Palazzolo	*DeVardo*	*Casamento*
Fogelnest	Bergman	Querques/Pisano
Salamone	*Amato*	*Polizzi*
Koppelman	Schechter	Segal/Rosen —
V. Badalamenti	*S. Lamberti*	*Mazzara*
Schoenbach	Benfante	Kaplan
Randazzo	*Mazzurco*	*Castronovo*
Kennedy	Lombardino	Bronson
G. Badalamenti	*G. Lamberti*	*Greco*

Zuschauer

Zuschauer

Fenster
(zu öffnen)

Fenster

Alexander · Pizza Connection

Shana Alexander

Pizza Connection

Der Kampf gegen die Drogenmafia

Aus dem Amerikanischen
von Bernhard Schmid

List Verlag

Die amerikanische Originalausgabe erschien 1988 unter
dem Titel »The Pizza Connection. Lawyers, Money, Drugs, Mafia«
im Verlag Weidenfeld & Nicolson, New York.

Umschlagentwurf: Design-Team, München, unter Verwendung
eines Fotos von Hubertus Mall, Stuttgart

ISBN 3-471-77018-6

Satz: Jung Satz Centrum, Lahnau
Druck und Bindung: Mohndruck, Gütersloh

Inhalt

Vorwort

Eigentlich wollte ich ein ganz anderes Buch schreiben.

Ich hatte mich mit dem Gedanken getragen, einen umfassenden Blick hinter die Kulissen eines zeitgenössischen amerikanischen Strafprozesses zu werfen, um ihn von allen Seiten her auszuleuchten – und das nicht erst nach der Urteilsverkündung.

Während der letzten zehn Jahre hatte mich meine Arbeit oft monatelang in Gerichtssäle verbannt; Monate, in denen ich mich immer wieder fragte, was da eigentlich vor sich ging – was die Anwälte tatsächlich bezweckten oder bewirkten. Das Ergebnis dieser Dekade waren drei Bücher und ein langer Zeitschriftenartikel, aber auch die feste Überzeugung, daß oft genug niemand auch nur die leiseste Ahnung hatte, was da wirklich vor sich ging; einige Anwälte und Richter – zumindest zeitweilig – ausgenommen; aber die waren nicht bereit, auch nur ein Jota mehr preiszugeben als unbedingt nötig – noch nicht einmal nach dem Urteil.

Darüber hinaus gewann ich den Eindruck, daß diejenigen, die am wenigsten über die Vorgänge im Gerichtssaal Bescheid wußten, die Geschworenen waren. Wann immer etwas Entscheidendes passieren sollte, schickte man sie hinaus. Wenn es wirklich wichtig wurde, zogen sich die Teilnehmer – Richter, Ankläger und Verteidiger – ohnehin samt und sonders in das Zimmer des Richters zurück, so daß neben den Geschworenen auch noch Reporter und Publikum im dunkeln tappen durften.

Am meisten beunruhigte mich dabei jedoch die Rolle, die den Geschworenen zugedacht war. Obwohl Schiedsrichter in diesem Spiel auf Leben und Tod, klärte man sie über die wichtigsten Regeln erst nach Beendigung der Partie auf, das heißt erst nachdem Beweisaufnahme, Ausführungen und Plädoyers abgeschlossen waren. Anschließend sperrte man sie in einen Raum und sagte ihnen, sie dürften sich nicht eher wieder blicken lassen, bis sie eine einstimmige Entscheidung darüber getroffen hätten, welche Seite denn nun gewonnen habe.

Während der Verhandlung selbst wurden sie nach Strich und Faden beschwindelt, hofiert oder aufs Glatteis geführt – und das wohlgemerkt von den Anwälten beider Seiten, denen des Staates und denen der Angeklagten; die aufgebotenen Sachverständigen – beider Seiten! – verunsicherten sie, bis sie nicht mehr wußten, wo hinten und vorne war; Richter, Bundesmarshals und Stadtpolizisten verhätschelten sie oder sperrten sie ein, je nach Bedarf. Und dennoch, so versicherte mir jeder Richter, jeder Anwalt, mit dem ich mich unterhielt – und das waren Hunderte! – hoch und heilig, kämen die Geschworenen in neunundneunzig Prozent der Fälle zum richtigen Schluß, was die Schuld oder Unschuld der Angeklagten anbelange.

Ich glaubte ihnen nicht. Ich sagte ihnen, ich selbst würde mich nie und nimmer auf eine Geschworenenbank setzen, solange es sich nur irgendwie vermeiden ließe. Schon deshalb nicht, weil ich nun einmal von Natur aus nicht gerne Urteile über Menschen fälle. Dies um so weniger von einer Geschworenenbank aus, wo die Informationen, auf Grund derer man sich zu entscheiden hat, derart spärlich oder verfälscht sind.

So hatten mich meine ersten vier Prozesse, ohne daß mir das bewußt geworden wäre, bewogen, nach einem fünften zu suchen, einen, über den ich sozusagen »von innen heraus« berichten könnte, noch während er im Gange war, anstatt ihn erst im nachhinein anhand von Mitschriften oder Interviews rekonstruieren zu müssen. Es sollte dies ein Prozeß sein, bei dem mir die Anwälte sowohl der Anklagevertretung als auch der Verteidigung einigermaßen entgegenkommen würden; außerdem wollte ich mir leidlich sicher sein, daß ich ihn auch durchschaute. Und zu guter Letzt durfte natürlich keine Gefahr bestehen, daß er mich emotionell zu sehr in seinen Bann zog. Ein Gauner aus der Hochfinanz oder ein Kinderschänder hätten sich also kaum geeignet.

Als ich vom bevorstehenden Prozeß gegen die »Pizza Connection« hörte, schien mir das genau das Richtige zu sein. Die Verhandlung würde im Gerichtsgebäude des Bundesgerichtsbezirks New York Süd stattfinden, dem Schmuckstück der Bundesjustiz, einer Arena, wo man sich ziemlich sicher sein kann, erstklassige Anwälte und Richter in Aktion zu sehen. Die zweiundzwanzig Angeklagten, allesamt gebürtige Sizilianer, wurden beschuldigt, am internationalen Drogenhandel beteiligt gewesen zu sein, und da jedem der Männer ein eigener Anwalt zustand, konnte man darauf gefaßt sein, eine ganze Palette verschiedenster Auftritte zu sehen zu bekommen. Dazu kam, daß ich hier bestens gegen ein zu großes emotionelles Engagement meinerseits gewappnet war. Natürlich bin ich nicht *für* Drogen oder den Handel damit. Ich bin jedoch der Meinung, daß Drogen, Alkohol, sexuelle Perversionen, Glücksspiel und andere »Verbrechen« dieser Art nun einmal nicht auszurotten sind – aus dem simplen Grund, weil die Leute ihr Vergnügen daran haben. Prohibition funktioniert nicht – Aufklärung wäre besser. Aber das ist freilich Stoff für ein anderes Buch.

Das Beste an dem Fall – jedenfalls von meiner Warte aus – war, daß ich einige der mit ihm betrauten Anwälte kannte, und der Chef der Verteidigung Michael Kennedy und seine einzige Kanzleikollegin und Ehefrau Eleanore gute Freunde von mir sind. Ich erzählte also den Kennedys von meinem Vorhaben, ein – wahrscheinlich – letztes Buch über einen Prozeß zu schreiben. Meine Entscheidung machte ich davon abhängig, inwieweit ich »gewärtigen durfte, die mit der Verteidigung betrauten Rechtsbeistände zu durchdringen«. (Den Jargon hatte ich mir während der Arbeit an meinen anderen Büchern angeeignet.)

»Voll und ganz«, antwortete Kennedy zu meinem größten Erstaunen. »Ich kann im Augenblick selbstverständlich nur für meine eigene Person sprechen. Aber wenn du dich zu einem Versuch entschließen solltest, sage ich meinen Kollegen, was du vorhast und daß ich dir vertraue. Dann kann jeder seine eigene Entscheidung treffen.«

Auch auf seiten der Regierung war genau der Mann für den Prozeß gegen die »Pizza Connection« verantwortlich, den ich mir als Held meines Buches vorstellen konnte. Bundesstaatsanwalt Rudolph Giuliani mag ja nicht mit mir einer Meinung sein, was Straftaten ohne Opfer anbelangt – er ist es auch nicht –, aber er teilt mit mir die Überzeugung, daß die Öffentlichkeit von einem besseren Verständnis der unserer Strafgerichtsbarkeit zugrundeliegenden Mechanismen nur profitieren könne. Ich versicherte ihm, daß mir genau dies am Herzen liege und schickte ihm meine früheren Prozeßbücher.

Zur gegebenen Zeit verabredeten wir uns, und ich erklärte ihm meine Absicht, einen umfassenden Einblick in einen Strafprozeß zu vermitteln, erzählte ihm von meinem Abkommen mit Kennedy und fragte ihn, inwieweit die Staatsanwaltschaft mitziehen würde. Soweit es das Gesetz gestatte, versicherte mir Giuliani. Er würde mir während des Prozesses so viel Hintergrundmaterial wie nur möglich zukommen lassen. Er selbst wolle mir sowohl für offizielle als auch private Stellungnahmen zur Verfügung stehen. Außerdem werde er versuchen, mir Interviews mit den vielen überlasteten Anwälten und FBI-Beamten zu verschaffen, die in diesem Prozeß Tag für Tag dafür sorgten, daß der Anklagevertretung das Material nicht ausging.

Der Stellvertretende Bundesstaatsanwalt Benito Romano sollte mir, sozusagen stellvertretend für all die anderen Ermittlungs- und Vollstreckungsbeamten, die mit der strafrechtlichen Verfolgung dieses Falles betraut waren, als Ansprechpartner dienen. Diese Männer standen schwer unter Druck und würden somit viel zu beschäftigt sein, um mir allzuviel Zeit widmen zu können, wenn der Prozeß erst einmal in vollem Gang wäre. Romano sollte Interviews arrangieren und mir vor allem schon vorab eine ganze Menge amtliche Unterlagen zugänglich machen. Das würde mir dabei helfen, die Hintergründe dieses Mammutprozesses zu verstehen. Vor allem aber würde es mir ermöglichen, die Entwicklung des Verfahrens Schritt für Schritt mitzuverfolgen.

Dann kam es zu Verzögerungen. Das Material sei nicht immer leicht zu bekommen, ließ Romano mich wissen. Es zog sich hin, ich wartete von August bis November; dann gestand er mir schließlich den wahren Grund. Der Chefankläger, Richard Martin, habe sich quergelegt. Und zwar weil ihn einer der Verteidiger vor dem Richter einen »Lügner« geheißen habe. Die Rede war natürlich von Kennedy. Martin sei der Meinung, gute Anwälte legten höhere Maßstäbe an sich und hätten außerdem bessere Manieren. Man greife einen Kollegen weder persönlich an, noch ziehe man in aller Öffentlichkeit dessen Integrität in Zweifel. Martin habe aus Kennedys Verhalten den Schluß gezogen, daß ich ihn in meinem Buch wohl kaum fairer behandeln würde, ja er wolle es nicht einmal auf einen Versuch ankommen lassen. Nach diesem Zwischenfall versiegte die Quelle bei der Anklagevertretung.

Soviel zur ersten Panne. Die zweite war weitaus schwerwiegender. Trotz seines spektakulären Charakters und der Herausforderung, die er für mich persönlich darstellte, erwies sich der Prozeß als noch unübersichtlicher als meine vorangegangenen. Trotz der zunehmend freundlichen Unterstützung aller mit der Verteidigung betrauten Anwälte während dieses immer nervenaufreibenderen Verfahrens, trotz ihrer großzügigen Zuwendungen an Zeit und Fachwissen und

Hintergrundinformation, sah ich mich allmählich hilflos im Morast der Justiz versinken.

Ohne es zu ahnen, hatte ich mich dazu entschlossen, eine Abnormität, einen Mutanten unserer Strafgerichtsbarkeit zu beschreiben: Anwälte und Richter nennen so etwas einen »Monsterprozeß«.

Ich brauchte allein schon sechs Monate, bis ich die einzelnen Mitspieler auseinander halten konnte. Nicht nur die Angeklagten, auch die meisten der Zeugen waren Sizilianer. Wir hatten sechs, sieben, acht verschiedene Catalanos auseinanderzuhalten. Es gab ein Dutzend Palazzolos und ein weiteres Dutzend Badalamentis. Ganz zu schweigen von den Angeklagten: Diese hatten nicht nur Namen wie Cangialosi, Casamento und Castronovo, Amato und Alfano, Mazzurco und Mazzara, Ligammari und Lamberti, sondern glichen einander auch noch wie ein Ei dem anderen; und dann wurden viele von ihnen auch noch monatelang nicht einmal erwähnt.

Ich schlug mich so wacker wie möglich. Ich machte mir eine Punktekarte. Ich klebte mir eine Sitzplatzübersicht in mein Notizbuch. Ich kam Tag für Tag mit einem Diagramm ins Gericht, auf dem grob die vielen Anklagepunkte verzeichnet waren. Das war wenigstens eine kleine Stütze. Bald merkte ich, daß die meisten Leute auf meiner Punkteliste – also auch die Anwälte und sogar der Richter – selbst solche Punktekarten führten. Kein Mensch war in der Lage, diese ganze Geschichte ohne Hilfsmittel zu verfolgen.

Nur die unseligen Geschworenen durften sich in diesem Prozeß auf Anordnung des Richters keine Notizen machen; ihre Verwirrung mußte also noch weitaus größer sein. Man versorgte sie allerdings während des gesamten Prozesses reichlich mit Anschauungsmaterial: Tabellen, Karten, Diagrammen, Zeichnungen, Zusammenfassungen, Codebüchern, Übersetzungen. Und immer wieder wies man sie auf ihre Pflicht hin, jeden der Angeklagten gesondert zu beurteilen.

Als sie sich schließlich zur Beratung in den Geschworenenraum zurückzogen, hatte jeder von ihnen einen umfangreichen Stapel Dokumente zu schleppen: ein 59seitiges Urteilsformular, die 100seitige richterliche Rechtsbelehrung inklusive Kommentar, die 129seitige formelle Anklageschrift, ein 410 Seiten dickes Buch, in dem die Staatsanwaltschaft – mit Hilfe zahlloser weiterer Karten und Tabellen – das Beweismaterial interpretierte, sowie einem halben Dutzend kleinerer Bände voller Aufzeichnungen, die von den verschiedenen Anwälten der Verteidigung zusammengestellt worden waren und eine entgegengesetzte, relativ wohlmeinende Auslegung desselben Beweismaterials boten. Siebzehn betäubende Monate lang zog sich der Prozeß gegen die Pizza Connection hin und kostete den Steuerzahler ganze 50 Millionen Dollar. Und doch war seine Auswirkung auf das schlimme Drogenproblem in unserem Land gleich Null. Heute ist mehr Heroin und mehr Kokain in Umlauf als vor Beginn des Prozesses.

Trotzdem bleibt der Pizza-Prozeß ein Meilenstein unserer Rechtsgeschichte, über den nachzudenken sich lohnt. *Benutzen* Sie also den Sitzplan aus dem Gerichtssaal, während Sie das Buch lesen. Schlagen Sie in der »Besetzungsliste« nach, nehmen Sie die chronologische Tabelle und den Index zu Hilfe. Machen Sie sich, falls nötig, Notizen an den Rand. Und wenn Sie sich dennoch verirren, trösten Sie sich mit der Gewißheit, daß Sie nicht der einzige sind, und seien Sie versichert, daß ein solcher »Monsterprozeß« höchstwahrscheinlich nicht noch einmal stattfinden wird.

Die klügeren unter den Richtern, Leute, die sich mit weitgreifenderen Rechtsproblemen befassen als damit, Drogenhändler hinter Schloß und Riegel zu bringen, werden so etwas in Zukunft zu verhindern wissen. Einen solchen klugen Richter, den ehrenwerten Jack Weinstein, werden Sie auf Seite 549 persönlich kennenlernen.

Ein letztes Wort noch: Ich habe erklärt, warum das hier nicht das Buch ist, das ich hatte schreiben wollen. Ein weit größeres Anliegen ist es mir jedoch – jetzt, da die Niederschrift beendet ist –, zu bekennen, daß ich es nicht allein geschrieben habe.

Die *Pizza Connection* wäre nie und nimmer zustande gekommen ohne die zahlreichen, vielfältigen Beiträge eines bemerkenswerten jungen Journalisten und Dramatikers, dem aus Irland stammenden Terry George. Als ich ihn als Assistenten, Rechercheur und »Laufburschen« anstellte, um mir beim Sammeln und Sichten der enormen Mengen von Material, die bei einem Prozeß mit zweiundzwanzig Angeklagten anfallen, zur Hand zu gehen, machte ich mir noch keine Vorstellung davon, wie unentbehrlich er mir für dieses Projekt werden würde. Er war mir ein unermüdlicher Mitarbeiter und Mitautor, ein hartnäckiger und gewitzter Reporter, ein stets gut gelaunter und ermutigender Begleiter, ein loyaler und kritischer Freund. Seine Mitarbeit an diesem Buch ist ausschlaggebend für dessen Zustandekommen.

Darüber hinaus haben mich Terry, seine Frau Rita und ihre beiden Kinder Oorlagh und Seamus während der letzten beiden Jahre in ihre Familie aufgenommen, und mir damit den Teil meines Lebens bereichert und verschönert, der nicht von meiner Arbeit in Anspruch genommen wird.

Meine Dankbarkeit, Wertschätzung und Zuneigung kennen keine Grenzen.

Juni 1988

Das Spiel

Donnerstag, 24. Oktober 1985. Im Gerichtssaal. Ein Gerichtssaal gleicht einer Kathedrale. Das Publikum ist die versammelte Gemeinde, wie immer ist diese durch Chorschranken von der Geistlichkeit getrennt. Die Geschworenenbank ist das Chorgestühl. Bei diesem Prozeß befindet sich die Geschworenenbank linker Hand; ihr gegenüber liegt die schalldichte Dolmetscherkabine. Der Altar auf der kleinen Empore im Hintergrund ist das Reich des Richters. Oder ist er der Hohepriester, der Oberrabbiner? Sei es, wie es will. Uns interessiert etwas anderes: Wem oder was huldigt man hier?

Die Staatsanwaltschaft nennt es sowohl den größten Rauschgift- als auch den größten Mafia-Fall, der in den USA je zur Verhandlung kam. Die Presse nannte das Ganze weitaus griffiger die »Pizza Connection«. Die Verhandlung, die hier vor dem Bundesbezirksgericht in Manhattan beginnen wird, soll den Beweis erbringen, daß es hier in Amerika eine Verabredung gab, mehr als eineinhalb Tonnen reines Heroin zu importieren und zu vertreiben. Der Verkaufswert einer so großen Menge Heroin, so die Staatsanwaltschaft, betrage 1,66 Milliarden Dollar. Einen kleinen Teil der Beute fand man auf dem Flughafen von Palermo in einem Koffer aus New York. Die Geldbündel waren in Pizzeriaschürzen versteckt; der griffige Name für den Fall drängte sich der Sensationspresse geradezu auf.

Angeklagt sind zweiundzwanzig Sizilianer, allesamt Mitglieder oder wenigstens Handlanger der Mafia; fast alle von ihnen sind in der Restaurations- bzw. Lebensmittelbranche. Sie werden hier von zweiundzwanzig Prozeßanwälten vertreten, allesamt Strafverteidiger und Mitglieder der Anwaltskammer.

An diesem Morgen ist der Sitzungssaal noch leer – ein zugiges, zweistöckiges Gewölbe mit dunkler Holztäfelung; das Licht der vier Kronleuchter dringt kaum bis in die Ecken. Wie in der Kirche versammelt sich zuerst der Laienstand und die niedere Geistlichkeit: Kirchenälteste, Ministranten, Mesner, Diakone und Kirchendiener; hier nennt man sie freilich Gerichtsbeamte, Protokollführer, Marshals, Dolmetscher, Justizwachtmeister, FBI-Beamte und Tontechniker; jeder von ihnen führt das Handwerkszeug seiner Zunft mit sich.

Als alles vorbereitet ist, nehmen die Hauptpersonen ihre Plätze ein. In diesem Verfahren sind dies vier Anklagevertreter, die zweiundzwanzig Angeklagten, ihre zweiundzwanzig Verteidiger und der Richter in seinem schwarzen Talar.

»Bitten Sie die Geschworenen in den Saal.«

In der rückwärtigen Wand öffnet sich eine Tür, heiliges weißes Licht strömt in den Saal. Totenstille. Dann betreten vierundzwanzig Menschen in Alltagskleidung hintereinander den Raum, die Reihe schlängelt sich um die großen Weltkarten, die man links vom Richtertisch aufgestellt hat, und klettert in die Geschworenenbank. Zwölf von ihnen sind die eigentlichen Geschworenen, die zwölf anderen sind die Ersatzgeschworenen; schließlich erwartet man einen langen Prozeß.

»Ich wünsche den Damen und Herren Geschworenen einen guten Morgen«, begrüßt sie der Richter. »Dieses Verfahren muß fair sein. Nichts im amerikanischen Justizsystem ist wichtiger... Jeder Angeklagte hat Anspruch auf ein faires Verfahren... Die Staatsanwaltschaft hat Anspruch auf ein faires Verfahren. Das Volk der Vereinigten Staaten von Amerika hat Anspruch auf ein faires Verfahren. Die Entscheidung darüber, wer hier gewinnt oder verliert, obliegt allein den Geschworenen. Sie sind damit zu hohen Staatsbeamten unseres Regierungssystems geworden. Auch der Richter fällt natürlich die eine oder andere wichtige Entscheidung – zum Beispiel, wann wir eine Mittagspause einlegen...« Sein kleines Lächeln wird auf der Geschworenenbank durch das eine oder andere zaghafte Lächeln erwidert. Die Geschworenen sind nervös, und er hat einige Übung darin, ihnen ihre Nervosität zu nehmen.

»Die Angeklagten werden der Mitgliedschaft in einer kriminellen Vereinigung sowie des Handels mit Betäubungsmitteln beschuldigt. Auch die Vergabe eines Mordauftrages gehört zu den Anklagevorwürfen.«

Der Richter erklärt einige Regeln des gefährlichen Spiels, das jeden Augenblick beginnen soll. »Was die Anwälte hier vorbringen, hat keinerlei Beweiskraft... Es handelt sich lediglich um Ausführungen. Auch was ich sage, hat keine Beweiskraft. Ich habe keinerlei Kenntnis der Tatsachen dieses Falles. Jeder der Angeklagten hat ein Anrecht darauf, daß die Geschworenen seinen Fall gesondert bedenken. Sie müssen also für jeden der Angeklagten hier eine gesonderte Entscheidung treffen.«

Der Mann, der das Glück hat, hier den Vorsitz zu führen, ist der Ehrenwerte Pierre N. Leval. Fünfundvierzig Jahre alt ist der blonde Richter mit der Brille, der tiefen Stimme und den römischen Zügen, der eben den langwierigen und komplizierten Verleumdungsfall um General Westmoreland hinter sich hat, ein äußerst geschätzter und angesehener Jurist, ein Mann auf dem Höhepunkt seiner beruflichen Laufbahn.

Er stellt die Staatsanwälte vor, vier Männer in bester körperlicher Verfassung, die an einem langen Tisch sitzen, direkt gegenüber seinem erhöhten Richterpult: Richard Martin, Louis Freeh, Robert Stewart und Robert Bucknam. Der Reihe nach erheben sich die Herren.

Er deutet auf den Hauptangeklagten, einen kleinen grauhaarigen Mann, der in der ersten Bankreihe rechts vom Mittelgang mit dem Rücken zum Saal sitzt. »Gaetano Badalamenti wird von Mr. Michael Kennedy vertreten.«

Ein hochgewachsener schlanker Mann mit rötlichem Haar und einer Brille mit Goldrand erhebt sich und verbeugt sich kurz vor den Geschworenen. »Guten Morgen.« Für die Anwälte wurde eine Reihe von Tischen vor der ersten Sitzbank aufgestellt, innerhalb der Chorschranken, und Kennedy hat am Mittelgang Platz genommen, genau vor seinem Mandanten.

Drei solcher Doppelreihen von Anwälten und Mandanten füllen rechts des Mittelgangs fast den gesamten sonst den Zuschauern vorbehaltenen Teil des Gerichtssaals. Die vorderste Doppelreihe knickt zum Richtersitz hin im rechten Winkel ab, so daß neben der Dolmetscherkabine noch einmal vier Anwälte mit ihren Mandanten den Geschworenen gegenüberplaziert sind. Diese gedrängte Sitzordnung erlaubt es der Verteidigung wie der Anklagevertretung *en bloc* zu sitzen. Die Bankreihen links vom Mittelgang stehen der Presse, der Öffentlichkeit, Familienmitgliedern und Freunden der Angeklagten zur Verfügung.

»Wir freuen uns, sowohl den Staat als auch die Angeklagten durch äußerst fähige Anwälte vertreten zu sehen, Anwälte, die zu den geschätztesten ihres Berufsstandes gehören«, schmeichelt Richter Leval den Anwesenden. »Aber wir wollen doch nicht vergessen, daß eine Gerichtsverhandlung kein Popularitätswettbewerb ist...« Er geht noch einige weitere Spielregeln durch, dann verkündet sein Hammerschlag die erste Pause.

Nachdem die Geschworenen den Saal verlassen haben, steht das Publikum auf, um sich die Beine zu vertreten. Über die Mittel- und Seitengänge schlendert man auf den gepflasterten Korridor hinaus, der sich alsbald mit blauem Dunst füllt. Die Staatsanwälte sind durch die Türen zu beiden Seiten des Richterstuhls in der rückwärtigen Wand verschwunden, dieselben Türen, die auch der Richter und die Geschworenen benutzen. Zehn der zweiundzwanzig Verteidiger im Pizza-Prozeß sind, ebenso wie Richter Leval selbst, ehemalige Staatsanwälte mit beträchtlicher Erfahrung. Ein Reporter bittet einen dieser Ex-Ankläger, ihm das Verfahren zu beschreiben, nach dem man die Geschworenen ausgewählt hat; mehr als drei Wochen dauerte es, bis man die Richtigen gefunden hatte. Worauf hätten die Vertreter der Anklage denn dabei besonders Wert gelegt?

»Die Staatsanwaltschaft hätte die Geschworenen am liebsten steinalt, strohdumm und rabenschwarz gehabt«, bekam er zur Antwort. »Die wollten Leute, denen man weismachen kann, daß es die Mafia ist, die Drogen in dieses Land bringt und ihre Kinder zugrunde richtet.«

Und der ideale Geschworene der Verteidigung?

»Wir hätten ihn am liebsten so gottverdammt dämlich, daß er sich in einer Telefonzelle verläuft.«

Fünf Jahre brauchte der Staat, um das Beweismaterial für diesen Prozeß zusammenzutragen. Dazu gehörten allein 55 000 mitgeschnittene Telefongespräche, nur wenige davon auf englisch. Die samt und sonders aus Sizilien stammenden Angeklagten sind erst vor verhältnismäßig kurzer Zeit in die Vereinigten Staaten gekommen, in den sechziger und siebziger Jahren. Sizilianische Einwanderer, die schon länger in den Staaten leben, bezeichnen diese Neuankömmlinge als »Zips«, und es handelt sich dabei nicht gerade um einen schmeichelhaften Ausdruck.

Mit Ausnahme von dreien wird den Angeklagten zur Last gelegt, sich nach dem RICO-Gesetz strafbar gemacht zu haben, ein relativ junges Gesetz, das es dem Staat erlaubt, den nach außen als Einzeltäter in Erscheinung tretenden Kriminellen vorzuwerfen, sie dienten in Wirklichkeit den Zwecken einer umfassenderen kriminellen Vereinigung. Das organisierte Verbrechen selbst, speziell die Mafia, kann als solche Vereinigung eingestuft werden. Verurteilungen nach dem RICO-Gesetz* haben harte Strafen zur Folge.

Da es sich um einen Mafia-Prozeß handelt, hat die Staatsanwaltschaft eine anonyme Jury gefordert – trotz des massiven Einwands der Verteidiger: Sie befürchteten, daß so die Voreingenommenheit der Geschworenen gegenüber den Angeklagten schon vorprogrammiert sei. Die Identität der Geschworenen und ihrer Stellvertreter, so Richter Leval, sei jedoch um ihrer eigenen Sicherheit willen geheimzuhalten; sie würden die ganze Zeit über unter dem Schutz von Bundesmarshals stehen.

Der Mann, der dazu auserwählt ist, die Eröffnungserklärung der Anklage abzugeben, ist Anwalt des Bundesjustizministeriums Robert Stewart, ein Mann, der sein Leben als Vollstreckungsbeamter in New Jersey zugebracht hat und sich für diesen speziellen Prozeß geradezu enzyklopädische Kenntnisse angeeignet hat. Stewart ist eine asketische Erscheinung mit blassen, kantigen Zügen, einer schwarz gefaßten Brille, schwarzem Anzug sowie Stimme und Auftreten eines Bestattungsunternehmers. Er steht auf einem kleinen Eichenpodium, das vor die drei Sitzreihen der Geschworenenbank gerollt worden ist.

Bei den ersten vier Angeklagten in der vordersten Reihe besteht Fluchtgefahr; es wäre zu gefährlich, sie gegen Kaution auf freien Fuß zu setzen. Aus Sicherheitsgründen hat die Staatsanwaltschaft darauf bestanden, sie nebeneinander zu plazieren; sie werden von Bundesmarshals bewacht. Gaetano Badalamenti, zweiundsechzig, war bis zu seiner Verhaftung angeblich der meist gesuchte Drogenkriminelle der Welt; außerdem war er einst Boß der Bosse der gesamten sizilianischen Mafia. Kurz, er ist ein waschechter Pate. Sein ältester Sohn, Vito, achtundzwanzig, sitzt zwei Plätze weiter rechts von ihm. Vater und Sohn sind in Madrid verhaftet und von den Spaniern ausgeliefert worden. Zwischen ihnen sitzt Badalamentis Neffe Nummer eins, Vincenzo Randazzo, der aus Zürich ausgeliefert wurde. Der vierte Angeklagte hinter Schloß und Riegel ist kein Verwandter. Salvatore Salamone, knochig und blaß, ist ein kleiner Gauner, der aus einem Bundesgefängnis herangeschafft wurde, wo er eine zwanzigjährige Haftstrafe wegen unbefugten Waffenbesitzes absitzt.

* *Racketeer-Influenced and Corrupt Organizations Act,* etwa: Gesetz gegen organisierte kriminelle Geschäfte oder anderweitig unlautere Zusammenschlüsse. (A. d. Ü.)

Diese vier Männer wohnen derzeit im Metropolitan Correctional Center, einer Bundesjustizvollzugsanstalt, die direkt hinter dem Gerichtsgebäude liegt. Jeden Tag führt man sie streng bewacht in Handschellen in den Sitzungssaal; die Handschellen werden jedoch abgenommen, noch bevor die Geschworenen den Saal betreten.

Den übrigen achtzehn Angeklagten, die hinter und rechts neben den vier Eingesperrten sitzen, gelang es, gegen Kaution freizukommen, obwohl der eine oder andere von ihnen dazu nicht weniger als drei Millionen Dollar hinblättern mußte.

Normalerweise stehen sämtliche Sitzreihen links des Mittelgangs den Journalisten, Gerichtszeichnern und der Öffentlichkeit zur Verfügung. An diesem Morgen sind die ersten drei Reihen jedoch geräumt worden. Ganz vorne sitzt als einziger, die Beine übereinandergeschlagen, ein schlanker, muskulöser Mann in grauem Anzug und schwarzer Krawatte. Unter einer dichten schwarzen Haarmatte ist sein Gesicht weiß wie ein mexikanischer Zuckertotenschädel; seine Augen sind wachsam. Rudolph Giuliani ist der Chef der Bundesstaatsanwaltschaft für den Bundesgerichtsbezirk New York Süd. Giuliani ist der Komponist der Oper, die hier gegeben werden soll. Er hat auch die mitreißende Ouvertüre dieses Vormittags arrangiert und eingeprobt. Er wird der meist unsichtbare Maestro der uns bevorstehenden Aufführung sein.

Staatsanwalt Stewart hält das Mikrofon, daß ihm die Knöchel weiß werden, fährt sich mit einem Finger unter den viel zu engen Hemdkragen und beginnt mit einer eher faden Stimme und spärlicher Gestik eine Geschichte zu erzählen. Im Grunde eine recht simple Geschichte, sagt er. Eine Handelsware wurde gekauft, verschifft, verkauft und wieder ersetzt. Aber die Zahlen sind enorm. Stewart spricht von »über einer Tonne reinen Heroins im Wert von über 333 Millionen Dollar, einer Drittelmilliarde, und das in einem Zeitraum von kaum mehr als einem Jahr.« Das ist ein ordentlicher Batzen, daran besteht kein Zweifel, aber die Summe liegt trotzdem bedeutend unter derjenigen von 1,65 Milliarden, die die Staatsanwaltschaft ursprünglich bekanntgegeben hatte.

Eine Gruppe von Personen im Raum New York–New Jersey hat sich für ein Geschäft zusammengetan, fährt Stewart fort. Sie haben einen Freund jenseits des großen Teichs angerufen und ihn gefragt: Kannst du uns mit dieser bestimmten Ware versorgen? Der Freund telefonierte seinerseits mit einem Freund und sagte ihm, er habe die Absicht, gewisses Rohmaterial zu kaufen, es zu einer bestimmten Handelsware zu verarbeiten und nach Amerika zu transportieren, wo es verkauft werden solle. Keine Schecks, keine Bankkonten; das ganze Geschäft sollte in bar abgewickelt werden.

»Mehr ist nicht passiert, meine Damen und Herren, monatelang. Aber bei der Ware, von der hier die Rede ist« – er macht eine übertrieben lange Pause – »handelt es sich um riesige Mengen Schmuggelware. Und sämtliche Personen, die mit dem Unternehmen in Verbindung standen, waren Mitglieder der Mafia oder wenigstens Handlanger von Mafiosi – sowohl in Sizilien als auch hier in den Vereinigten Staaten.«

Die geschäftliche Transaktion kam laut Stewart folgendermaßen zustande: Nachdem man in den späten sechziger Jahren die »French Connection« zerschlagen hatte, übernahmen in den Vereinigten Staaten nach und nach die Zips die Verteilung des Heroins. Alteingesessene amerikanische Mafiosi rührten Drogen nicht an, jedenfalls nicht direkt; das war ihnen zu gefährlich. Sie überließen das den mageren, hungrigen Neulingen.

Die Hauptadresse der Zips war die Knickerbocker Avenue in Brooklyn. Angeführt wurden sie von einem stiernackigen Bäcker namens Salvatore »Toto« Catalano. Das FBI nahm an, daß Totos Freund und Mitangeklagter Giuseppe »Il Bufalo« Ganci, ein grauhaariger Mann, der aus gesundheitlichen Gründen nicht im Saal ist, Import und Vertrieb des Heroins über eine Firma namens »Pronto Demolition« koordinierte. Finanziert wurden die ersten Drogeneinkäufe bei den Mafia-Lieferanten auf Sizilien von den Gesellschaftern der Abrißfirma. Man nahm an, daß die Droge über eine Pizzeria-Kette im Osten und Mittelwesten verteilt wurde.

Eine Gruppe angeschlossener Restaurant- und Pizzeriabesitzer in New Jersey sammelte und verpackte Riesensummen des bei diesen Geschäften verdienten Geldes. Diese Männer, ebenfalls erst vor kurzem aus Sizilien eingewandert, benutzten ihre Kontakte in Italien und der Schweiz, um eine Geldwaschaktion zu organisieren, bei der Millionen von Dollar auf die geheimen Schweizer Konten der Kriegsherren der sizilianischen Mafia bewegt wurden.

Das FBI registrierte und verfolgte solche Kartons und Koffer voll Bargeld, als sie die Restaurants in New Jersey verließen. Sie beobachteten die Geldkuriere dabei, wie sie zwischen New Jersey, den Geschäftsleuten von Pronto Demolition in Brooklyn und Joe Gancis Haus in Queens kursierten. Ein ganzes Netz von angezapften Telefonen ermöglichte es ihnen, Hunderte und schließlich Tausende von Gesprächen mitzuhören, von denen die meisten in einem bruchstückhaften, fast unverständlichen Sizilianisch geführt wurden. Die Beamten vom FBI waren davon überzeugt, daß sie einer ganz großen Sache auf der Spur waren, sie waren sich nur nicht ganz sicher, um was es dabei ging; außerdem hatten sie noch nicht genug handfeste Beweise, um Verhaftungen vorzunehmen und vor Gericht zu gehen. Aber jeder Koffer Bargeld, der aus dem Land geschmuggelt wurde, ließ ihre Vermutungen konkreter werden.

Dann, vor zwei Jahren, 1983, tat sich für den Staat eine unerwartete Chance auf. Einer von Gancis wichtigsten Figuren, Mitteilhaber von Pronto Demolition, traf sich auf dem La-Guardia-Flughafen in New York mit dem Kopf einer Gruppe von Sizilianern aus dem Mittelwesten. Diese Leute, zumeist Inhaber von Pizzerien, lebten in Provinzstädten des Bibelgürtels in Illinois, Wisconsin und Michigan. Zuerst hatten die Leute vom FBI den Eindruck, die New Yorker Zips arbeiteten an der Erweiterung ihres Heroin-Verteilernetzes, um auch ins amerikanische Herzland vorzustoßen.

Man observierte die Pizzerien im Mittelwesten und stieß auf Gold. Die Männer dort waren jedoch mitnichten Abnehmer des Heroins aus Brooklyn. Sie handelten vielmehr auf Anweisung eines Telefonanrufers irgendwo in Übersee. Dieser Anrufer mit dem Decknamen »der Onkel« benutzte ganz offensichtlich die Sizilianer aus dem Mittelwesten, um mit den Zips aus Brooklyn ins Geschäft zu kommen.

Schließlich deckte das FBI die Identität des mysteriösen Anrufers auf. Er erwies sich als kein geringerer als Gaetano Badalamenti, ehemaliger *capo di tutti capi* der sizilianischen Mafia, der Boß der Bosse, seit 1978 der meistgesuchte Mann Italiens. Im November 1978 war Badalamenti während der sogenannten Mafia-Kriege nach der brutalen Machtübernahme seiner Feinde innerhalb der Mafia aus Furcht um sein Leben aus Sizilien geflohen. Die Leute aus dem Mittelwesten waren allesamt Verwandte von ihm.

Da hatte das FBI sein Netz ausgeworfen, um ein paar kleinkarätige Mafiosi zu fangen, und wer war ihm ins Netz gegangen? Ein ehemaliger sizilianischer Pate und seine gesamte amerikanische Mannschaft.

Wiederum wurden die Überwachungsmaßnahmen verschärft, die Abhöraktionen intensiviert. Bald arbeiteten Teams zu je sechs Agenten in Acht-Stunden-Schichten rund um die Uhr. Sie hörten siebenundvierzig Telefone ab, einschließlich einer Reihe von öffentlichen Münzfernsprechern, die die Anrufer aus Sicherheitsgründen bevorzugten. Im März 1984 glaubte das FBI, der Onkel aus Übersee sei im Begriff, den Zips in den Vereinigten Staaten etwas zu liefern. Auf beiden Seiten schien großes Mißtrauen zu herrschen, aber aus den Gesprächen ging deutlich hervor, daß etwas passieren sollte – und zwar innerhalb des nächsten Monats, in Florida.

Dann hörten die Agenten zu ihrem großen Erstaunen, wie Badalamenti seinen Neffen und Haupthandlanger im Mittelwesten, Pietro »Pete« Alfano, beauftragte, nach Spanien zu kommen und sich mit ihm in Madrid zu treffen. Nach fast sieben Jahren im Untergrund war der Boß der Bosse drauf und dran, die Nase aus dem Bau zu stecken.

Jetzt, wo ihnen Badalamenti persönlich ins Netz gegangen war, sahen sich die amerikanischen Behörden vor einer schwerwiegenden Entscheidung. Sie konnten auf die Ankunft der Lieferung in Florida warten und sicher sein, eine erhebliche Menge Drogen zu beschlagnahmen, mit denen sie handfeste Beweise hätten, um die überwachten Zips für lange Zeit hinter Schloß und Riegel zu bringen. Oder sie machten ihren Zug, schnappten sich den alten Fuchs, und riskierten dabei, daß ihnen das Rauschgift durch die Lappen ging.

Sie entschlossen sich für die zweite Möglichkeit; sie war eindeutig die reizvollere. Der leitende Ermittlungsbeamte drückte es so aus: »Heroin zu beschlagnahmen ist kein Problem. Aber es vergehen womöglich noch mal zehn Jahre, bis wir wieder eine Gelegenheit kriegen, uns diesen Badalamenti zu schnappen.«

Das FBI setzte einige Agenten in die Maschine der KLM, mit der Alfano von Chicago nach Madrid flog. Am Flughafen von Madrid wurde Alfano von dem jungen Vito Badalamenti, dem ältesten Sohn des Onkels, abgeholt; auf die FBI-Leute wartete ein Trupp der spanischen Polizei. Die Spanier und die FBI-Agenten folgten Badalamenti und Alfano zu einem Appartmenthaus in einem der besseren Viertel der Stadt. Noch in derselben Nacht wurde das Gebäude von spanischen Polizisten in Zivil umstellt. Am nächsten Morgen kam ein kleiner Mann in adrettem grauem Anzug und weißen Socken aus dem Gebäude mit den möblierten Wohnungen; er war auf dem Weg zum

Bäcker. Alfano war bei ihm. Die spanische Polizei ließ die beiden ein Stück die Straße hinunterlaufen, bis sie außer Hörweite der Wohnung waren, dann schnappte sie sich die beiden und steckte sie in ein bereitstehendes Polizeifahrzeug.

Sechs weitere Polizeibeamte stürmten das Appartement und fanden eine zierliche kleine blonde Frau, die eben dabei war, Pasta zuzubereiten. Frau Badalamenti schien kein Spanisch zu verstehen. Aber ihr Sohn Vito, der eben tropfnaß aus der Dusche stieg, wußte sehr wohl, was hier vor sich ging. Rasch zog er sich an und ließ sich von der Polizei abführen.

Wenige Minuten nach der Verhaftung Badalamentis ging ein Telegramm an Thomas L. Sheer in New York. Der Mann mit dem Waschbrettbauch und den riesigen Händen war damals Stellvertretender Direktor der New Yorker Dienststelle des FBI. Man hatte den Hauptgewinn in der Tasche; jetzt war es Zeit, die Früchte von fünf Jahren harter Arbeit zu ernten.

Sheers New Yorker Hauptquartier hatte genug Männer zusammengetrommelt, um zwanzig Durchsuchungs- und zwölf Haftbefehle zu vollstrecken. Außerdem koordinierte es die Razzien, die gleichzeitig von FBI-Teams aus den Hauptquartieren in Newark, Philadelphia, Chicago, Detroit und Milwaukee durchgeführt wurden. »Jede der Einsatzgruppen wußte so ungefähr, um was es ging«, sagte Sheer später, und jeder Einsatzleiter hatte genug Zeit gehabt, sich die Akte über seinen Mann anzusehen, die Familienmitglieder zu zählen, Zahl und Lage der Ausgänge der betreffenden Häuser zu eruieren und die Anzahl der benötigten Beamten zu berechnen. Jedes der Durchsuchungsteams war mit Schmiedehämmern, Brecheisen, Kameras, Blitzlichtern, Inventurlisten und was sonst noch benötigt werden könnte ausgerüstet.

Als es Punkt zwölf Uhr schlug, gab Sheer das Kommando zur Attacke. Und von der Bronx bis Wisconsin hämmerten auf die Minute gleichzeitig FBI-Beamte an die Türen der Verdächtigen. Man hatte den Beamten eingeschärft: »Sobald Sie Ihren Mann in Gewahrsam haben, beginnen Sie mit der Durchsuchung und melden sich dann wieder.«

Die Durchsuchungsaktionen, bei denen alles mögliche beschlagnahmt wurde, dauerten den ganzen Tag. Von Queens in New York bis Oregon in Illinois wurden -zig Waffenverstecke ausgehoben. So hatte etwa Ganci vier halbautomatische Gewehre und drei Pistolen im Haus. Zum Inventar von Alfanos Pizzeria im Mittelwesten gehörten ein Gewehr, eine schallgedämpfte Maschinenpistole, drei Faustfeuerwaffen, zwei kugelsichere Westen und ein Narkosegewehr. Aber alles, was man an Drogen fand, waren knapp dreißig Gramm Kokain, die in einem Aktenschrank in Temperance, Michigan, versteckt waren.

Soweit also, laut Stewart, der Fall, den die Staatsanwaltschaft zu beweisen gedenke. Dabei gehe es um zwei zentrale Punkte. Zum einen um die Mechanismen des Schmuggels: Wie bekommt man die Drogen ins Land und das Geld nach draußen? Die Staatsanwaltschaft werde detailliert aufzeigen, wie die Angeklagten allein nach Sizilien mehr als 40 Millionen in bar transportiert haben. Das Geld, das nach Brasilien geschickt wurde, ist hierin noch nicht enthalten, fügt er mit einem dünnen Lächeln hinzu.

»Der zweite Punkt betrifft das Mafia-System selbst.« In der Mafia, so Stewart, herrsche eine extrem strenge Disziplin. Diese Leute hätten keinerlei Möglichkeiten gehabt, die Einhaltungen ihrer Verträge vor Gericht durchzusetzen. Dafür hatten sie eine kriminelle Geheimgesellschaft im Rücken, und die Disziplin innerhalb der Mafia werde so eisern gewahrt, daß man mit einer Million Dollar in bar durch eine dunkle Gasse gehen könne, ohne einen Hinterhalt befürchten zu müssen.

Stewart kommt zum Höhepunkt seiner Ausführungen; er nimmt die große, mit Lämpchen versehene Weltkarte links vom Richtersitz zu Hilfe. Während er spricht, blitzt und blinkt es in Brooklyn, Rio de Janeiro, Palermo; ein roter Leuchtfaden zieht sich durch seine Geschichte. Man kommt sich vor wie in einer aufwendigen Fernsehdokumentation. Um dem Ganzen etwas mehr Dramatik und Schwung zu geben, flicht Stewart hier und da eine Nebenhandlung um Drogen schlechter Qualität, tödlichen Verrat oder Geheimcodes ein; erklären werde er das alles später.

Stewart macht sich die Mühe, für die Geschworenen jeden einzelnen auf der Besetzungsliste dieser bizarren Geschichte zu identifizieren. Der Kopf der New Yorker Gruppe, erklärt er, sei Salvatore »Toto« Catalano dort drüben, hinter seinem Anwalt Ivan Fisher. Catalanos Augen verengen sich zu Schlitzen; er sitzt zurückgelehnt da, den Stuhl nach hinten gekippt, so daß sein pistolenkugelförmiger

Kopf gegen einen metallenen Aktenschrank ruht. »Mr. Catalano ist auch unter dem Namen ›der Bäcker‹ bekannt, weil er in Queens eine Bäckerei besitzt. Nun, Mr. Catalano ist ein stiller und bescheidener Mann. Er fährt keinen Mercedes. Er steht nicht gerne – wie einige der anderen Angeklagten hier – bei frostklirrendem Wetter stundenlang an Straßenecken, um auf das Klingeln eines Münzfernsprechers zu warten.«

Catalanos Oberleutnant sei der abwesende Giuseppe Ganci gewesen, dessen Anwalt, Mr. Mario Malerba, neben Mr. Fisher sitze.

Stewart blättert eine Seite weiter, dreht sich um und deutet auf die zweite Reihe der Angeklagten, auf die Männer direkt hinter dem derzeit einsitzenden Quartett. »Drei dieser Männer standen an kalten Winterabenden draußen im Schnee und nahmen Anrufe entgegen.« Er meint Giuseppe »Joe« Lamberti, der gleich neben dem Mittelgang sitzt, seinen Cousin Salvatore Lamberti und Salvatore Mazzurco, einen Schwager von Joe Lamberti, der zwischen den beiden sitzt. Die drei bulligen Männer mit den angegrauten Haarkränzen starren auf ihre Knie. Sie sind fast nicht voneinander zu unterscheiden.

Jetzt zeigt Stewart auf zwei Angeklagte, die nebeneinander in der letzten Reihe sitzen. Der eine ist hager und falkengesichtig, der andere ist untersetzt und hat volles lockiges graues Haar. »In New Jersey waren Gaetano Mazzara und ein Mann namens Frank Castronovo Geschäftspartner im Roma, einem Restaurant mit Pizzeria in Menlo Park. Das also sind die sieben Personen – Toto Catalano, Giuseppe Ganci, Joe Lamberti, Sal Lamberti, Sal Mazzurco, Gaetano Mazzara und Frank Castronovo –, die das Heroin gekauft, verkauft und verteilt haben.«

Als nächstes wendet sich Stewart Toto Catalanos Lieferanten aus Übersee zu. Ihr Kopf sei Gaetano Badalamenti aus Cinisi, einem kleinen sizilianischen Ort westlich von Palermo. Er habe die Männer in New York zwischen 1978 und 1980 mit Heroin versorgt, »bis er sich schließlich gezwungen sah, seinen Wohnsitz nach Brasilien zu verlegen.« Bei diesen Worten dreht sich Badalamentis großer Kopf langsam nach links; ein mäßig interessierter Blick ruht auf Ankläger und Geschworenen. Die Haut seines Gesichts ist körnig, elfenbeinfarben, sein Mund grimmig, seine Augen sind zwei Kohlebrocken – das undurchschaubare Antlitz eines Pharao.

Der Staatsanwalt tritt wieder an die Weltkarte. Jedesmal, wenn er eine der Städte erwähnt, blinkt an gegebener Stelle ein helles grünes Lämpchen auf. »New York City war die Aktionszentrale.« Dann leuchtet Rio de Janeiro auf, der Hauptwohnsitz des Angeklagten Gaetano Badalamenti, seines Neffen Randazzo und seines Sohnes Vito.

»Pietro Alfano, ein weiterer Neffe des Angeklagten, saß in Oregon, Illinois.« Lämpchen! »Seine Leute bewahrten Päckchen auf, verschickten sie und kassierten das Geld, das dann nach Brasilien transferiert wurde.«

Eine zweite Gruppe von Lieferanten operierte von dem kleinen Ort Partinico in Sizilien aus. Man schickte einen Boten, Giovanni Cangialosi, nach Amerika, der zusammen mit Lorenzo DeVardo und Giovanni Ligammari das Geschäft abwickelte. Die Drogenlieferanten brauchten Investoren. Also brachten sie den wohlhabenden Restaurantbesitzer Frank Polizzi und den Unternehmer Filippo Casamento ins Spiel.

Diese mehr oder weniger unbekannten Angeklagten, die eher eine Nebenrolle in dem Drama spielen, gehen in diesem Sumpf von sizilianischen Namen und trotzigen Verteidigern fast unter. Mit Ausnahme von Ligammari, einem Mann mit saurer Miene und dichten Locken, der aufrecht gegen die getäfelte Wand gelehnt steht. Der sogenannte Investor ist von Berufs wegen Grabenbauer. Eines Tages verletzte er sich bei einem Arbeitsunfall den Rücken, so daß er seither mit chronischen Schmerzen zu leben hat.

Und wie verfuhr man mit den enormen Profiten, der Drittelmilliarde Dollar? Sal Salamone, so führt Stewart aus, der ungepflegte Gauner im T-Shirt aus der ersten Reihe, habe die kleinen Scheine in große umgetauscht. Sal Greco, ein eleganter silberhaariger Mann, ganz hinten im Saal, habe das Geld außer Landes geschafft.

»So viel zur nicht gerade kurzen Anklageschrift«, meint Staatsanwalt Stewart, als wäre jetzt alles erklärt, jede Nuance ausgeleuchtet. Die Geschworenen machen den Eindruck, als versuchten sie aufmerksam und gleichmütig zugleich zu wirken – alle außer der Nummer vier, einem älteren Schwarzen. Er arbeitet als Nachtpförtner und ist eingenickt.

Stewart umreißt den Fall, wie ihn die Anklagevertretung sieht. Wie auf einer Speisekarte listet er die blutigen oder chemischen Gerichte auf, die die Staatsanwaltschaft den Geschworenen vorzusetzen gedenkt. Als erstes kommt der berühmt-berüchtigte Mafiaflüchtling

Tommaso Buscetta an die Reihe. Er soll von den Regeln, der Struktur der Mafia und deren Verwicklung im Drogengeschäft berichten.

Der Ankläger erzählt von einer gewissen Lieferung minderer Qualität, die einige der im Saal anwesenden Angeklagten 1980 veranlaßt hat, nach Sizilien zu reisen, um die nächste Lieferung persönlich in Augenschein zu nehmen; einen Monat später sei schließlich ein Teil der fraglichen Ware von der Polizei in Mailand beschlagnahmt worden. Die Staatsanwaltschaft werde jedoch bis in die sechziger Jahre zurückgehen, um die Ankunft der Zips in den Vereinigten Staaten und die Amtsenthebung des skrupellosen amerikanischen Mafia-Dons Carmine Galante zu dokumentieren, der den Zips und ihren Drogengeschäften Platz zu machen hatte.

12. Juli 1979. Ein Hundstag in Brooklyn. Dreiunddreißig Grad im Schatten und eine Luftfeuchtigkeit von achtzig Prozent raubte einem die letzten Lebensgeister. Joe Turano, Inhaber von Joe & Mary's Restaurant in der Knickerbocker Avenue 205, stand bereits im Unterhemd in der Küche. Die Hitze der kochenden Pasta ließ die Innentemperaturen auf gut achtunddreißig Grad steigen. Es war Mittag. Der Nachmittag versprach unerträglich zu werden.

Constanza Turano, Joes Tochter, stand hinter dem kleinen Tresen vorne im Restaurant und staubte die Rotwein- und Grappaflaschen ab. Ihr Bruder John deckte hinten in dem kleinen Innenhof die Tische. Besondere Sorgfalt verwandte er auf den Mitteltisch, ein langes, zum Teil von den Reben eines Weinstocks überschattetes Rechteck, dem Eingang zum halbdunklen Restaurant genau gegenüberliegend.

Joe Turano erwartete seinen Cousin Carmine Galante. Galante, erst sechs Monate zuvor aus einem Bundesgefängnis entlassen, kam nicht zu einem geselligen Beisammensein. Das Oberhaupt der Familie Bonanno hatte das Mittagessen arrangiert, um zwei ehemalige Freunde wieder miteinander zu versöhnen.

Kurz nach zwölf betrat der neunundsechzigjährige Mafia-Boß das Lokal. Er war allein. Das war ungewöhnlich, weil er sonst so gut wie nie ohne seine beiden jungen sizilianischen Leibwächter unterwegs war – dem hübschen sonnengebräunten Blonden und dem schwarzhaarigen Donatello-Jüngling.

Galante setzte sich ein paar Minuten zur alten Großmutter Turano und plauderte mit ihr; sie stammten beide aus Castellammare del Golfo, einem kleinen Ort an der Nordwestküste Siziliens. Sie unterhielten sich über die kühle Brise über dem Tyrrhenischen Meer, die verhinderte, daß sich über Castellammare die Feuchtigkeit halten konnte.

Joe Turano begrüßte seinen Cousin mit großem Respekt. Er deutete auf die Tür zu dem rebenüberwucherten Innenhof und forderte ihn auf, der Hitze der Küche zu entfliehen. Turano schlug vor, mit Antipasti, Wein und frischem Brot zu beginnen. Galante nickte zustimmend.

Joe Paravati, ein weiterer Mittagsgast an diesem infernalisch heißen Tag, hatte erst gar nicht bleiben wollen, als er sah, daß das kleine Restaurant nicht klimatisiert war. Aber sein Freund Joe Polizzi hatte darauf bestanden. Er wollte sich mit der Mahlzeit für die Fahrt von der Bronx herüber revanchieren, auf der Paravati ihn mitgenommen hatte. Polizzis Geschäftspartner gesellte sich zu den beiden; sie saßen am hintersten Tisch links von der Tür zum Innenhof. Polizzi hatte schon öfter bei Joe & Mary gegessen; der Fisch sei hier ausgezeichnet, versicherte er seinen Freunden. Sie waren die einzigen Gäste im Restaurant. Joe Paravati bestellte also Fisch, wischte sich den Schweiß von den Händen und breitete eine Serviette über seinen Schoß.

Die Tür zur Straße öffnete sich, und zwei hochgewachsene junge Männer kamen herein. Sie trugen Pilotenbrillen. Einer war blond, der andere dunkelhaarig. Joe Paravati hätte es erst nicht genau sagen können, aber irgend etwas an den beiden kam ihm komisch vor. Dann wurde es ihm klar: Sie trugen trotz der Temperatur von mittlerweile fünfunddreißig Grad Lederjacken – Lederjacketts im Blazerschnitt. Paravati hielt es für besser, sich wieder seiner Mahlzeit zu widmen.

Cesare Bonventre, der Blonde, trug sein Haar modisch lang; es unterstrich die klassischen Züge seines braungebrannten römischen Gesichts. Die Pilotenbrille und der schwarze Lederblazer verliehen ihm das Aussehen eines arroganten jungen Hollywoodstars. Baldassare »Baldo« Amato, der andere Mann, sah nicht weniger gut aus. Seine Haut war alabasterfarben, sein Haar rabenschwarz und dick. Begleitet wurden die beiden jungen Gangster von Leonard »Nardo« Coppolla, einem engen Mitarbeiter von Carmine Galante und ehemaligem Freund von Joe Turano. Coppolla war von Galante herzitiert worden, damit er sich mit Turano versöhnte.

Coppolla und Turano waren im Februar 1979 aneinandergeraten. Coppolla hatte mit Mary Turano, Joes Frau, eine Vereinbarung gehabt, nach der sie für ihn Zahlungen an einen Versicherungsmakler leisten sollte. Der Makler behauptete, mehrere Male kein Geld bekommen zu haben, und Coppolla beschuldigte Mary Turano, sein Geld für sich behalten zu haben. Joe Turano hatte ihm daraufhin Lokalverbot erteilt. Der Streit war schließlich Galante zu Ohren gekommen, und der hatte diesen zwölften Juli als einen Tag bestimmt, an dem er sich die Klagen anhören wollte.

Coppolla und die beiden Leibwächter setzten sich direkt neben den Vordereingang des Restaurants. John Turano bot ihnen einen Espresso an. Er wollte ihnen erst den Kaffee servieren, dann wollte er Mr. Galante sagen, daß sie hier seien. Er stellte eine silberne Kanne und drei Mokkatassen auf den Tisch.

Von dort, wo Paravati saß, ganz am anderen Ende, konnte er eine Ecke des Gartens sehen. Er dachte sich noch, daß es angenehm sein müßte, draußen im Hof zu Mittag zu essen. Dann bemerkte er, daß der junge Kellner in der Tür zum Patio stand und die beiden Lederjakken nach hinten rief. Paravati senkte den Kopf, um sich wieder der Goldmakrele auf seinem Teller zuzuwenden, als die drei Männer an ihm vorbei auf den Innenhof hinausgingen.

Galante begrüßte Coppolla und forderte die drei Männer auf, sich zu ihm zu setzen. Der Boß der Bonannos wußte, daß seine Leibwächter die Lederjacketts trugen, damit man die Waffen in ihrem Gürtel nicht sah. Galante hatte viele Feinde. Nach seiner Entlassung aus dem Gefängnis hatte er die Bonannos in den Heroinhandel verwickelt. Er hatte ein Netz von Sizilianern aufgebaut, um den Nachschub wiederherzustellen, der durch die Zerschlagung des als »French Connection« bekannt gewordenen Drogenrings unterbrochen worden war. Die Warnung der konservativen Mafia-Dons, die Finger vom Drogengeschäft zu lassen, hatte Galante in den Wind geschlagen. Ja, schlimmer noch, er weigerte sich, den anderen Familien von seinem Profit abzugeben. Sein Reichtum hatte ihn bald zum mächtigsten Mafia-Boß gemacht, so daß er es sich durchaus leisten konnte, die anderen zum Teufel zu schicken. Die waren ohnehin auf dem besten Wege zu verweichlichen. Ihre Söhne hatten mit den heimatlichen Traditionen nichts mehr am Hut; die wollten lieber aufs College. Galante dagegen hatte seine Zips, die jungen Sizilianer von der Knickerbocker Avenue; die früheren Einwanderer nannten sie so, weil sie ihre Muttersprache so schnell sprachen. Die Zips kannten das Gesetz des Schweigens, die *omertà*, sie kannten Kriege und Rache; sie waren mit diesen Dingen aufgewachsen. So etwas gehörte zu ihrem Erbe. Galante hatte sie nach Amerika geholt, um die Sippe zu stärken. Sie waren seine rechte Hand, seine Drogenkuriere, seine Soldaten, seine Leibwächter.

Während Joe Paravati das weiche Fleisch seiner Goldmakrele zerlegte, klingelte das Telefon. Der junge John Turano kaum aus der Küche und hob ab. Es war James Galante, ein Neffe und gelegentlich auch der Chauffeur von Carmine. »Ist mein Onkel noch da?«

Turano kannte den Anrufer. Er war schon oft gekommen, um seinen Onkel nach dem Essen abzuholen. »Ja, der ist noch da.«

»Ich bin gleich drüben«, versetzte der junge Galante.

Kaum eine Minute später fuhr ein viertüriger blauer Mercury Montego vor dem Restaurant vor. Es war zwanzig nach drei. Die Knickerbocker Avenue, zur Mittagszeit hoffnungslos verstopft, hatte sich längst wieder beruhigt, und die Straße köchelte unter der Hitze friedlich vor sich hin. Die Türen des blauen Mercury öffneten sich, und aus jeder stieg ein maskierter Mann. Auch der Fahrer stieg aus. Er hatte sich eine rotgestreifte Skimütze über den Kopf gezogen, in der Hand hielt er einen Karabiner M 1 vom Kaliber .3030. Im raschen Laufschritt spurteten seine Fahrgäste zum Eingang von Joe & Mary's und stießen die Tür auf.

Constanza Turano stand noch immer hinter dem Tresen. Der Anblick der drei bewaffneten Männer ließ sie erstarren; sie war weder imstande, sich zu bewegen, noch brachte sie auch nur einen Laut hervor. Joe Paravati hob den Blick von seiner Goldmakrele. Ein großer, dunkel gekleideter Mann mit einer olivgrünen Skimaske kam auf ihn zu. Der Vermummte trug eine Vorderschaft-Repetierflinte über den Arm gelegt. Es folgte ihm ein mittelgroßer Mann, ebenfalls maskiert, eine doppelläufige Flinte in der Hand; und dahinter kam ein kleiner Mann mit einem Schmerbauch, der mit einer Pistole herumfuchtelte, um Constanza in Schach zu halten, die zu wimmern begonnen hatte.

Ihr Bruder hörte sie und kam aus der Küche, um nachzusehen, was los war. Der erste Mann hob die Flinte und legte auf John Turano an: »Halt bloß deine Scheißfresse!« herrschte er ihn an. Und zu dem Bewaffneten hinter ihm: »Los, Sally, nach hinten.«

Die drei Männer stürmten auf die Tür zum Innenhof zu. Als sie an Paravatis Tisch vorbeikamen, hielt der Große mit dem Vorderschaft-Repetierer an und wandte den Kopf. Der Lauf der Flinte in seiner Armbeuge befand sich jetzt auf der Höhe der Tischplatte. »Keine Bewegung«, bellte er.

»Papa!« schrie Joe Turano. Er rannte auf die kleine Vorratskammer neben der Küche zu. Er wußte, daß in einer Schachtel auf dem obersten Regal ein schußbereiter .38er Spezial lag.

Der kleine Schmerbäuchige sah John laufen. Fluchend drehte er sich um. John erreichte die Vorratskammer und schlug die Tür hinter sich zu. Er streckte sich, um den Revolver zu erreichen, während er mit der anderen Hand die Tür hinter sich zuzuhalten versuchte. Aber er schaffte es nicht. »Was macht ihr denn?« hörte er seinen Vater noch rufen. Dann schoß ihn der Mann, noch während er versuchte, in Deckung zu gehen, in den Rücken.

Constanza krabbelte hinter den Kühlschrank neben der Tür und schloß die Augen, als die Schüsse vor ihr losgingen. Der Mann mit dem Vorderschaft-Repetierer trat auf den Innenhof hinaus.

Der mit der doppelläufigen Flinte schoß als erster, direkt auf Carmine Galante. Dreißig Schrote schlugen ihm in den Bauch, als er aufzustehen versuchte. Dann ging der Vorderschafts-Repetierer los, erwischte ihn im Gesicht und am Hals und warf ihn nach hinten.

»Was macht ihr denn?« schrie Joe Turano noch einmal.

Der Schütze drehte sich um, drückte den Lauf der Flinte gegen Turanos Brust und schoß. Der Doppelnullposten – 9 Kugeln im Kaliber .33 – zerfetzte Turano den Brustkorb. Selbst der kleine Filz aus der Schrotpatrone grub sich in seine Schulter.

Nun ging es wieder auf Galante. Die zweite Ladung Sauposten riß Muskelfetzen aus dem Arm des alten Mannes. Noch während er nach vorne sackte, schoß ihm der Attentäter mit der doppelläufigen Flinte in den Rücken.

Nardo Coppolla versuchte sich nach hinten vom Tisch wegzudrükken. Er sah noch nicht einmal, wie Bonventre seine .38er Automatik zog und schoß. Galantes Leibwächter traf Coppolla erst in die Stirn, dann schoß er ihm fünfmal in die Brust. Als der tote Coppolla vom Stuhl fiel, trat der Mann mit der Flinte auf ihn zu und schoß ihm den Hinterkopf weg; dann schickte er noch einen Posten in den Körper. Bonventre stand unversehrt auf.

Constanza starrte voller Schrecken auf den Innenhof hinaus. Sie sah den schwarzhaarigen Leibwächter Baldo Amato hinter einem umgeworfenen Tisch kauern, einen .38er Spezial-Revolver in der Hand.

Migdalia Figuero wohnte im dritten Stock der Knickerbocker Avenue 202, direkt gegenüber von Joe & Mary's Restaurant. Sie war vierundzwanzig Jahre alt, frisch verheiratet und war eben dabei, das Mittagessen zuzubereiten. Die Hitze des Herds machte die Wohnung schier unerträglich heiß. Sie hatte die Fenster auf die Knickerbocker Avenue hinaus weit geöffnet. Während sie kochte, hörte sie Leute rufen und schreien, dann war es wieder still. Die Knickerbocker Avenue war ein rauhes Pflaster, hier gab es immer Raufereien, Betrunkene und Leute, die sich auf Italienisch oder Spanisch anbrüllten. Von so etwas ließ Migdalia sich nicht beim Kochen stören. Die Stille jedoch war seltsam. Selbst das stetige Rauschen des Verkehrs war verstummt. Dann hörte sie es krachen, und sie dachte an Feuerwerkskörper. Der Vierte Juli war erst acht Tage vorbei, und man hörte nachts noch immer das Knallen von Chinakrachern. Aber nein, diese Explosionen hatten einen gewissen Rhythmus, ein Stakkato, das sich unheilvoller anhörte als Kanonenschläge. Migdalia glaubte jemanden kreischen zu hören. Nun trat sie doch ans Fenster.

Ein maskierter Bewaffneter stand auf der Straße neben einem in zweiter Reihe geparktem Auto. »Legen Sie sich hin! Legen Sie sich hin!« hörte sie ihn brüllen. Sein Gewehr war auf Passanten gerichtet, die auf dem Gehsteig kauerten oder lagen. Andere suchten das Weite. Die Schüsse schienen von Joe & Mary's zu kommen. Die Sizilianer! Die Mafia! Drei Maskierte stürzten aus dem Lokal.

Drinnen standen die beiden Leibwächter vor ihrem Boß. Die Zigarre, auf der er herumgekaut hatte, war von den Schrotladungen zerfetzt, wie ein geknickter Zweig hing sie ihm im Mundwinkel. Die beiden machten sich aus dem Staub. Joe Turano stöhnte.

Joe Paravati saß vor Angst da wie festgefroren, während er zusah, wie die Maskierten flohen. Er war eben dabei aufzustehen, als Amato und Bonventre mit raschen Schritten in den Raum traten. Paravati wartete, bis sie draußen waren, dann lief er durch das Restaurant, probierte die Küchentür, die Vorratskammer, er suchte nach einem zweiten Ausgang. Sein Freund Polizzi packte ihn, schreiend rannten sie beide zum vorderen Ausgang hinaus. Paravati war völlig außer sich, von panischer Angst erfüllt; er wollte nur weg vom Rauch und dem Lärm.

Während Migdalia Figuero auf den Mann mit dem Gewehr hinunterstarrte, flog die Doppeltür des Restaurants auf und drei maskierte Männer stürmten heraus. Sie rissen die Türen des blauen Autos auf und sprangen hinein. Das Auto raste davon. 270 NYU. Sie sah es genau. 270 NYU. Wieder platzten die Flügel der Restauranttür auf. 270 NYU. Zwei Männer kamen heraus; sie bewegten sich eigenartig hüpfend über die Straße, als dachten sie, man würde sie für die Mörder halten, wenn sie rannten, und man könnte sie erwischen, wenn sie nur gingen. Beide trugen sie Lederjacketts. Der große Blonde ließ den Arm hängen. In der Hand hielt er eine Pistole. 270 NYU.

In dem Augenblick, als sie verschwunden waren, flog die Tür ein drittes Mal auf, und ein junger Mann schwankte heraus. Seine Brust war blutbesudelt. Er heulte, er schrie. »Hilfe, Herrgott! Hilfe!« Drei weitere völlig verstörte Männer – Paravati und seine beiden Freunde – drängten sich an dem Verwundeten vorbei, und liefen ohne anzuhalten davon. Der blutüberströmte Mann torkelte wieder nach drinnen. Migdalias Baby fing zu weinen an. Die Menschenmenge auf der Straße wurde immer größer, aber man bewegte sich mit einiger Vorsicht. Das Baby heulte. 270 NYU. Sie schrieb es sich auf.

Der New Yorker Polizeibeamte Robert Dixson vom 83. Revier, mit elf Jahren Dienstzeit ein alter Hase, saß in seinem Streifenwagen. Er und sein Kollege John Bobot hatten den Auftrag, den Sektor Charlie-David des Reviers zu patroullieren. Während sie die Gratton Street entlanggondelten, knisterte es im Funkgerät. »Es werden Schüsse gemeldet. Knickerbocker Avenue. Alle Streifenwagen in der Nähe bitte melden.« Dixson und Bobot waren drei Blocks weit weg. Dixson schaltete die Sirene ein. Sie fanden die Knickerbocker Avenue in Aufruhr. Kinder liefen auf eine Menschenmenge zu, die vor Joe & Mary's Restaurant zusammenströmte. Die Inhaber waren Zips. Das hatte ihnen gerade noch gefehlt. Dixson hielt vor dem Restaurant an.

Bobot zog seine Waffe, rannte zur Tür, und ging vorsichtig hinein. Einige Sekunden später tauchte er wieder auf, sichtlich schockiert. »Sag ihnen, zwei sind hinüber und zwei schnaufen noch.«

Dixson nahm sein Funkgerät zur Hand und forderte eine Ambulanz, Verstärkung, die Mordkommission und die Spurensicherung an.

Der Kriminalbeamte Bill Clark vom Sonderdezernat Mord in Queens fuhr in dem Augenblick vor dem Restaurant vor, als die Ambulanz Joe Turano und seinen Sohn ins Krankenhaus abtransportierte. Es war drei Uhr nachmittags; zehn Minuten waren seit der Schießerei vergangen. Clark drängte sich durch eine Horde von Kindern, Polizisten und Sanitätern und betrat das dunkle Restaurant. Der Innenhof war blutbespritzt. Die rechte Wand war mit Gehirnmasse besudelt. Clark brauchte nicht zweimal hinzusehen, um die Gestalt zu erkennen, die da eingekeilt zwischen der Mauer und einem umgestürzten Stuhl auf dem Boden lag; die Zigarre, in Fetzen geschossen, steckte noch immer zwischen den Zähnen des Mannes. Kein Kriminalbeamter in ganz Queens, der Carmine Galante nicht auf den ersten Blick erkannt hätte.

Donnerstag morgen, 24. Oktober 1985. Im Gerichtssaal. »Und damit hatte Sal Catalano alles für sich allein!« ruft Stewart aus und kommt damit zum Ende seiner Beschreibung des nachmittäglichen Massakers bei Joe & Mary's, mit dem sich die Bande von Zips, der hier der Prozeß gemacht werden soll, in den Vordergrund geschossen hatte.

Der Angeklagte Baldo Amato hat aufmerksam zugehört; er war äußerst angespannt, gab sich aber ungerührt, als Stewart ihn zum Mittäter bei den Morden stempelte. Baldos Spezi Bonventre ist einer von dreizehn Männern, gegen die in diesem Fall zwar Anklage erhoben wurde, die jedoch durch Abwesenheit glänzen. Zwölf von ihnen sind verschwunden oder haben es geschafft, die gegen sie erhobenen Anklagen zu entkräften; der dreizehnte, Bonventre, war in New Jersey aufgetaucht: sein Körper auf drei Fässer verteilt. Dies ist eines der vielen schauerlichen Details im Pizza-Fall, die den Geschworenen auf Antrag der Verteidigung vorenthalten werden – so etwas würde sie womöglich in ihrer Urteilsfähigkeit belasten; abgesehen davon sei es »irrelevant«.

»Und warum dieses Morden?« fragte der hagere schwarzgekleidete Ankläger und beantwortete sich die Frage gleich selbst. »Es ging um sehr viel Geld!« Und schon spult Stewart Geschäfte ab, Übergaben, illegale Flüge, heimliche Zusammenkünfte. Er beschreibt, wie in gecharterten Jets Millionen ins Ausland transportiert wurden, spricht von überquellenden Bankkonten in der Karibik und verschwundenen

Koffern voller Bargeld. Seinem Bericht über die Geldwaschaktionen folgt eine Aufstellung der Drogengeschäfte selbst, die zwischen Philadelphia und New York abgewickelt wurden. Er kommt zum Schluß seiner Geschichte. »1983 haben sich die in heimlichem Einvernehmen stehenden Straftäter dann finanziell übernommen. Sie haben zuviel eingekauft, so daß ihnen das Bargeld ausging«, erklärt Stewart in einem Ton, der eine große Vertrautheit mit dem Wirken des Drogenkartells durchblicken läßt. »Inzwischen aber hört man von Gaetano Badalamenti: ›Ich will Bares auf die Hand sehen!‹ Sie dagegen wollen Kredit. Eine Pattsituation. Bis man schließlich im März 1984 einen Weg findet, Badalamenti das Geld zu liefern ... Man beauftragt Alfano, sich in Madrid mit seinem Onkel Badalamenti zu treffen. Als er dies tut, werden alle verhaftet – Badalamenti, dessen Sohn Vito und Alfano selbst.« Bei sorgfältig abgesprochenen Razzien quer durch die Vereinigten Staaten nimmt man zweiunddreißig weitere mutmaßlich beteiligte Personen fest. Die darauf folgenden Durchsuchungen hätten Aufzeichnungen über Drogengeschäfte, sowie Drogenzubehör und Waffen zutage gefördert, darunter »neununddreißig Handfeuerwaffen und drei Schalldämpfer ... die im Restaurationsgewerbe doch nun wirklich nicht sehr nützlich sind.« Mit diesen Worten sammelt Stewart seine Papiere vom Stehpult und kehrt zum Tisch der Anklagevertretung zurück.

Richter Leval verkündet eine kurze Pause. Wie erschlagen verlassen die Geschworenen den Saal, der Kopf brummt ihnen vor Drogen und Geld und einem ganzen Telefonbuch italienischer Namen. Ob sie wohl bemerkt haben, daß bisher noch kein Gramm Rauschgift gefunden worden war, auch wenn ständig davon die Rede war?

14. Oktober 1982. Im Garten des Weißen Hauses. An diesem strahlenden Donnerstag morgen bestaunte ein lächelnder Präsident der Vereinigten Staaten zusammen mit einer handverlesenen Schar kerngesunder und kraftstrotzender amerikanischer Kinder die Ballkünste des brasilianischen Fußballstars Pelé. Die erste Amtsperiode Ronald Reagans stand kurz vor der Halbzeit. In kaum einem Monat war ein neuer Kongreß zu wählen. Es war also wichtig, daß der Präsident das Blickfeld der Öffentlichkeit beherrschte.

Man hatte den Präsidenten und den Fußballstar zusammengebracht, um die amerikanische Jugend zu gesunden Sportarten zu motivieren. Reagan gab sein strahlendstes Hollywoodlächeln zum Besten, die Luft war erfüllt vom Surren der Kameramotoren, und das Pressekorps des Weißen Hauses ließ den üblichen Schwall von Fragen vom Stapel.

Es war der erste Fototermin des Tages. Jeden Morgen traf sich Reagans Mannschaft, um die Botschaft des Tages festzulegen, eine Botschaft, die dann den Presseleuten eingehämmert und an eine ausgewählte Schar loyaler Journalisten und Kolumnisten weitergeleitet werden sollte; Leuten wie George Will, William F. Buckley jr., Evans & Novak, von denen man wußte, daß sie dem wachsenden neokonservativen Machtblock, den Reagan wie kein zweiter verkörperte, mit Wohlwollen gegenüberstanden.

In der heutigen Botschaft des Tages geht es jedoch weder um die Gesundheit der Kinder, noch um Programme zur Förderung des Fußballspieles. Ganz im Gegenteil. Die kleine Pressevorstellung im Rosengarten war nur eine wunderbare Gelegenheit, Reagan als Hirten der Jungen und Unschuldigen unserer Nation zu präsentieren, als einen sanftmütigen Mann, der sich der Aufgabe widmet, der Jugend ein reines Herz zu bewahren.

Darüber hinaus war der 14. Oktober von seinen Medienberatern zu dem Tag erklärt worden, an dem der Präsident dem organisierten Verbrechen, dem Mob, den Krieg erklären sollte. Das Stichwort des Tages lautete *Stärke*. Stärke war einer der Schlüsselbegriffe, die den einstigen Gouverneur von Kalifornien mit einer der größten Mehrheiten der U. S.-Geschichte ins Weiße Haus katapultiert hatten: Stärke gegenüber dem Kommunismus, den Terroristen, dem Verbrechen, Krieg den Drogen. Der Kampf gegen Drogen ist politisch hochbrisant, vor allem im puritanischen Amerika. Kein Mensch ist *für* Drogen.

Reagans Hofstaat – kugelsichere Limousinen, die »Kampfwagen« des Geheimdienstes (Cherokee Chargers mit dunkel getönten Scheiben), eine voll ausgerüstete Notambulanz, mehrere Kleinbusse mit Polizisten und Spürhunden – rollte zum Hinterausgang des Weißen Hauses hinaus und machte sich auf den Weg zum Justizministerium.

Justizminister und Generalbundesanwalt William French Smith hatte den gesamten Stab des Ministeriums in die imposante Great Hall des Gebäudes zitiert. Während Tausende von Staatsanwälten,

Bundeskriminalbeamten, Drogenfahndern, Angehörigen der Einwanderungs- und anderer Vollstreckungsbehörden mitsamt Sekretärinnen und Hilfskräften hereinströmten, um in dem riesigen, in formellem blauem Samt gehaltenen und von dem gewaltigen goldenen Adler auf dem Großen Siegel der Vereinigten Staaten bewachten Auditorium mit den goldenen Seilgirlanden Platz zu nehmen, gesellte sich auf der Bühne der Direktor des FBI, Richter William Webster, zu Justizminister Smith. Direkt hinter Richter Webster und dem Justizminister stand das bleichgesichtige Superhirn, das den Plan ausgeheckt hatte, den der Präsident heute umreißen sollte.

Trotz seiner siebenunddreißig Jahre hatte Rudolph Giuliani kein Jota von dem Eifer verloren, der ihn als Jugendlicher in das Seminar der Montfortaner hatte eintreten lassen, einem französischen Orden mit Missionaren in Malawi, Peru und Indien. Giuliani war der ehrgeizige Sohn eines italoamerikanischen Pizzeria- und Barbesitzers. Seine Ambitionen reichten jedoch weit über die kirchlichen Privatschulen von Brooklyn hinaus. Nachdem er das Seminar abgeschlossen hatte, hofften er und sein Schulfreund Alan Palca zum Priesterstudium zugelassen zu werden.

Giuliani erklärte später, die Anziehungskraft des anderen Geschlechts habe seine Begeisterung für das Werk Gottes gewaltig gebremst. »Ich konnte mir nicht vorstellen, wie ich den Rest meines Lebens ohne Frauen überstehen sollte.« Der angehende Seminarist entschied sich schließlich für die Juristenlaufbahn.

Nachdem er 1968 mit ausgezeichneten Noten die juristische Fakultät der Universität von Maryland verlassen hatte, begann Giuliani als Sekretär für Bundesbezirksrichter Lloyd McMahon zu arbeiten, einen Mann, der seinen jungen Gehilfen bald als »geborenen Anwalt« und »regelrechten Rattenfänger von Hameln« bezeichnete. 1970 trat Giuliani bei der Staatsanwaltschaft des Bundesgerichtsbezirks New York Süd an. Schon nach wenigen Wochen jonglierte der neue Mann mit mehreren Fällen gleichzeitig, und nach Ablauf seines ersten Jahres hatte er in nicht weniger als achtzehn Prozessen die Anklage vertreten und die meisten davon auch gewonnen. Ein Jahr später machte der arbeitssüchtige Ankläger gleich mit zwei Fällen Schlagzeilen; zwei Fälle, die nicht nur die Polizei, sondern auch die politische Struktur New Yorks aufs heftigste erschüttern sollten.

Zunächst war Giuliani Chefankläger jener Korruptionsprozesse gegen Angehörige der New Yorker Polizei, die später den Stoff für das Buch und den Film *Prince of the City* abgaben. Im Herbst 1974 vertrat er dann in einem weiteren Korruptionsfall die Anklage gegen den Kongreßabgeordneten Bertram Powell und argumentierte dabei derart scharf, daß dem Angeklagten am zehnten Tag des Verfahrens nichts anderes übrigblieb, als das Handtuch zu werfen und sich schuldig zu bekennen.

1975 wurde einer von Giulianis Mentoren, der Richter des Bundesbezirksgerichts New York Süd, Harold Tyler, zum Staatssekretär im Bundesjustizministerium ernannt. Tyler nahm Giuliani als seinen Stellvertreter mit nach Washington. Zwei Jahre später quittierten sie den Staatsdienst und machten zusammen eine private Kanzlei auf.

Der einem Erdrutsch gleichende Wahlsieg Ronald Reagans brachte Giuliani ins Justizministerium zurück, und zwar dieses Mal als Ministerialdirektor; damit war er der dritte Mann im Justizsystem der Vereinigten Staaten. Er war ganze vierunddreißig Jahre alt.

Fast augenblicklich schlug Giuliani Wellen. Noch am Tag bevor man ihm den Amtseid abnahm, trafen sich er und sein Berater Ken Caruso mit dem Anwalt der McDonnell Douglas Corporation, der eine Anklage wegen Bestechungszahlungen an ausländische Kunden ins Haus stand, ein Skandal, der damals durch die gesamte Presse gegangen war. Giuliani ließ die Anklage fallen und beschwor damit fast eine offene Rebellion der Strafrechtsabteilung des Justizministeriums herauf.

Caruso nannte die Strafrechtsabteilung einen Haufen Heulsusen. Giuliani gab zu, daß das seine Beziehungen zur Strafrechtsabteilung nicht gerade förderte, aber er war nicht gewillt, sich von den Fehden der einzelnen Abteilungen untereinander seine Pläne zunichte machen zu lassen. Er brannte darauf, jenen Teil der Reagandoktrin in die Tat umzusetzen, der nach schärferen Maßnahmen gegen Verbrechen verlangte. Seine Erfahrungen als Kopf der Drogenkommission der Staatsanwaltschaft in New York hatten ihn davon überzeugt, daß das FBI genau die Organisation war, die sich personell, strukturell und von der Ausstattung her am besten dazu eignete, das dringliche Problem des illegalen Drogenhandels anzugehen, und er war maßgeblich an der wichtigen Entscheidung beteiligt, die Machtbefugnisse des FBI zu erweitern und ihm die direkte Verantwortung für alle Ermittlungen in Sachen Drogen zu übertragen.

Schon im ersten Jahr seiner Amtszeit reichte Giuliani die Finanzierungspläne für einige seiner ehrgeizigen Vorhaben ein. Sie wurden jedoch samt und sonders von David Stockman, dem Budgetchef des Weißen Hauses, abgeschmettert. Das war vorherzusehen. Außer dem Versprechen, etwas gegen das Verbrechen zu unternehmen, war Reagan schließlich auch mit der Parole in den Wahlkampf gezogen, die Bundesausgaben drastisch zu kürzen, und das eine Versprechen zu halten, hieß automatisch, das andere zu unterminieren. Aber die kleveren, dynamischen jungen Mannen um Giuliani waren nicht gewillt, sich durch derlei Widersprüchlichkeiten aufhalten zu lassen. Sie beschlossen, Stockman einfach zu umgehen und direkt an die Law-and-Order-Instinkte des Präsidenten zu appellieren. Giulianis Büro ersann eine Strategie. Sie würden sich mit einem wohldurchdachten Programm an den Justizminister wenden und ihn davon überzeugen, dieses dem Präsidenten im Kabinett höchstpersönlich vorzulegen. Man beschloß, das in aller Heimlichkeit anzugehen, damit der knickrige Stockman von dem aufwendigen Plan nichts erfuhr, bis er ihn aus dem Munde des Präsidenten selbst hörte.

An diesem strahlenden Oktobervormittag, während der Präsident noch auf dem Weg zum Justizministerium war, stand Rudolph Giuliani bereits auf dem Podium, überglücklich, daß sein größter Coup endlich über die Bühne gehen sollte. Giuliani stand auf der mit einem blauen Teppich bespannten Bühne und sah dem Chef der Strafrechtsabteilung zu, der eben die Metalldetektoren auf der anderen Seite des Saales passierte und sich ins Publikum setzte.

Ronald Reagan trat ans Rednerpult und machte sich daran, das zu tun, was er am besten konnte: per Fernsehen eine bestens vorbereitete Botschaft ans amerikanische Volk zu richten.

Der Mann sprach von Taten. Er wandte sich an diesem Tag mit der Bitte um einen Sonderfonds von über 100 Millionen Dollar an den Kongreß. Er beabsichtigte, die Behörden, die den Kampf gegen die Drogenkriminalität führten, neu zu organisieren und gleichzuschalten. Die stark unter Beschuß geratene Drogenbehörde DEA* wollte er dem zu neuer Frische aufpolierten FBI unterstellen. Quer durch das Land sollten in zentralen Städten zwölf neue Sonderdezernate für

* *Drug Enforcement Administration* amerikanische Behörde zur Beschaffung von Nachrichten über den internationalen Drogenhandel (A. d. Ü.)

Drogen und Organisiertes Verbrechen errichtet werden: in New York, Los Angeles, Atlanta, Chicago, Boston, Houston, St. Louis, Baltimore, San Diego, San Francisco, Denver und Detroit. Diese regionalen Kräfte sollten nach einem Modell organisiert werden, das sich bereits in Florida bewährt hatte. Reagan sprach von einem sich über die ganze Nation erstreckenden kriminellen Syndikat, dessen furchteinflößende Macht bisher nie gekannte Ausmaße erreicht habe, von einem unsichtbaren Reich der Gesetzlosen. Die verstärkten Sondereinheiten sollten ihrer schwierigen Aufgabe natürlich auch gewachsen sein. Die Regierung plane folglich, allein für das FBI 900 neue Sonderagenten auszubilden, sowie 200 neue Sonderstaatsanwälte und 400 Hilfskräfte einzustellen. Die Kosten seien immens, aber die Dringlichkeit nicht zu übersehen. Organisierte Kriminalität und Drogen entzögen der Nation den Lebenssaft und brächen ihr moralisches Rückgrat. Hier könne nur noch der totale Krieg helfen.

Es überraschte nicht weiter, daß die republikanischen Mehrheiten in Repräsentantenhaus und Senat, denen ebenfalls Neuwahlen ins Haus standen, das Geld bewilligten. Im Januar 1983 war die Organized Crime Drug Enforcement Task Force, das Sonderdezernat für Organisierte Kriminalität und Drogenhandel, bereit, seine Arbeit aufzunehmen. Ihm stand ein jährlicher Etat von 100 Millionen Dollar zur Verfügung, und auch an Leuten, die qualifiziert waren, das Geld auszugeben, fehlte es nicht. Jetzt brauchte man nur noch einen großen Fall, der das kompromißlose Engagement der neuen Behörde ins rechte Licht rückte, einen publikumswirksamen Sieg.

Giuliani in Washington wurde langsam unruhig. Er hatte sich weiter in die internen Fehden des Justizministeriums verwickeln lassen. Der anfängliche Konflikt wegen der McDonnell Douglas Corporation hatte tiefe Wunden hinterlassen, und das ungestüme Draufgängertum, das er an den Tag legte, irritierte nach wie vor einige der gesetzteren Häupter der Behörde.

Im Februar dann ließ in New York der Bundesstaatsanwalt des Bezirks Süd, John Martin jr., verlauten, daß er sein Amt niederzulegen gedenke. Sofort wiesen einige führende Köpfe der Strafgerichtsbarkeit Giuliani darauf hin, daß der Posten in diesem Bezirk genau der Job sei, bei dem er sich so richtig entfalten könnte. In New York wäre er wieder selbst der Chef und bräuchte sich nicht durch Verhaltensmaßregeln oder innerbehördliches Gerangel behindern lassen. Genau genommen handelte es sich um einen Abstieg, um einen Rückschritt in seiner Laufbahn, aber unser Basefallfan aus Brooklyn wußte, wann er eine Gelegenheit beim Schopf ergreifen mußte.

Bereits im April war er mitsamt Baseballsouvenirs und Gesetzestexten im Chefbüro am Saint Andrew's Plaza eingezogen, dem modernen Gebäude aus roten Ziegeln und getöntem Glas, das an das alte Gerichtsgebäude angebaut worden war und sowohl die Amtsstuben des Bezirks Süd, als auch die Insassen des MCC beherbergte. Giuliani war just in dem Augenblick in Manhattan angekommen, als das Sonderdezernat für Organisierte Kriminalität und Drogenhandel von Brooklyn ausgehende Ermittlungen gegen Drogenhändler zu einer umfassenden, internationalen Überwachungsaktion gegen das mächtigste Drogenkartell der Welt ausweitete: die sizilianische Mafia.

Mit vollem Recht konnte Giuliani für sich beanspruchen, nicht nur die Maßnahmen für diese Aktion erarbeitet und höchstpersönlich in Washington durchgesetzt zu haben, sondern sie nun auch selbst in New York in die Praxis umzusetzen. Giuliani war ein Mann, der bekam, was er wollte.

Die Spieler

Juli 1985. Upper East Side, New York City. In der eleganten Anwaltskanzlei Michael Kennedys, einem großen, schlanken Endvierziger mit rotblondem Haar und dem Ruf eines erstklassigen Prozeßanwalts, klingelte das Telefon. Am Apparat war ein Professor der juristischen Fakultät der Universität Chicago, ein Experte auf dem Gebiet des Auslieferungsrechts. Von einem ungewöhnlichen Häftling einer New Yorker Bundesjustizvollzugsanstalt war die Rede, den man nun schon seit einigen Monaten klammheimlich in seiner Zelle vor sich hin schimmeln lasse.

Der Mann sei in Madrid verhaftet worden, zusammen mit seinem Sohn und einem seiner Neffen. Alle drei hätten sie falsche Papiere und leugneten hartnäckig ihre wahre Identität. Beim FBI habe man jedoch nie auch nur einen Augenblick daran gezweifelt, wen man da vor sich hatte. Es handle sich um Gaetano Badalamenti, den ehemaligen Chef der sizialianischen Mafia. Er sei dem FBI nur zufällig ins Netz gestolpert; als hätten die ihre Schleppangel nach Barschen ausgeworfen und dabei das Ungeheuer von Loch Ness aus dem Wasser gezogen.

Jetzt, über ein Jahr nach seiner Verhaftung und wenige Wochen vor dem Beginn seiner Verhandlung, wolle Badalamenti den Anwalt wechseln.

»Ich vertrete keine Heroindealer«, ließ Kennedy den Anrufer wissen.

»Auch nicht, wenn er unschuldig ist?«

»Woher wollen Sie das wissen?«

»Die Staatsanwaltschaft hat ihm einen Spitzel untergeschoben, und der behauptet es.«

Kennedy erklärte sich bereit, mit Badalamenti zu reden. Sie verständigten sich mit Hilfe eines Dolmetschers. Der Anwalt fand Gefallen an dem kleinen grauhaarigen Mann mit den kohlschwarzen Augen. Seine würdevolle, überlegene Art war nicht weniger vornehm als Kennedys eigenes Auftreten. »Wissen Sie, Mister Kennedy«, sagte er nach einer Weile, »es gibt Dinge im Leben, die muß man einfach tun.« Kennedy verstand das als Anspielung auf Badalamentis kriminelle Laufbahn. In Italien hatte man ihn schon zahlreicher Verbrechen angeklagt: Steuerhinterziehung, Schmuggel, Betrug, Erpressung. Wegen einer ganzen Latte weiterer Delikte suchte man ihn dort noch immer, auch weil er letztendlich für den Tod nicht weniger Magistrate und anderer Beamter verantwortlich war, die während der andauernden blutigen Mafia-Kriege auf Sizilien ermordet worden waren. Aber mit Drogen gehandelt zu haben, das bestritt Badalamenti entschieden. Er verabscheue Drogen, er lehne sie ab – *assolutamente*. Es gehe ihm dabei gar nicht darum, einen moralischen Standpunkt zu vertreten; er spreche lediglich als Geschäftsmann, lebenslanger Gesetzloser und professioneller Schmuggler, zumeist von Tabakwaren. Drogen seien ein schlechtes Geschäft. Das Geld könne das Risiko nicht aufwiegen. Nur gierige Schweine gäben sich mit Drogen ab. Seine Ansichten zu diesem Thema seien in ganz Italien bekannt. Kennedy könne das jederzeit nachprüfen. Man habe den *Alten* schließlich aus Sizilien verjagt, aus der Mafia ausgestoßen und zur Flucht gezwungen, gerade weil er sich der neuen Zeit nicht habe beugen und den neuen Mafia-Methoden nicht habe anpassen wollen; er habe seine konservative Haltung nie aufgegeben. Der Anwalt glaubte dem *Alten*.

Kennedy veranschlagte eine Summe – 250 000 Dollar. Badalamenti meinte, das sei zuviel. So viel könne er nicht aufbringen.

»Das glaube ich Ihnen gerne«, gab Kennedy zurück. »Aber Sie bitten mich immerhin um sechs Monate meines Lebens.«

Man unterhielt sich noch mehrere Male über Geld. Keiner von beiden gab nach. Der Anwalt und seine Frau verbrachten ihren Urlaub in ihrem Ferienhäuschen in Irland. Noch vor seiner Rückkehr hatte Kennedy klargestellt, daß es mittlerweile zu spät sei, Badalamentis Verteidigung noch zu übernehmen.

Kennedy und seine gescheite, hübsche Frau Eleanore, geborene Baratelli, sind ein ungewöhnliches Paar. Privat sind sie in vieler Hinsicht komplementäre Persönlichkeiten: Er ist blond, sie ist dunkelhaarig; er ist irischer Abstammung, sie italienischer; er kommt aus dem Westen der Vereinigten Staaten, sie aus New Jersey; er ist ein Bücherwurm, sie ist eine Kennerin der Popkultur; er ist im Grunde seines Wesens zurückhaltend, sie ist eine extravertierte Frohnatur; er macht sich aus Äußerlichkeiten so gut wie nichts, ihr, als Innenarchitektin, bedeuten sie sehr viel. Seit sie sich vor einigen Jahren zusammen taten, was nur unter größten Schwierigkeiten möglich war, da sie beide mit anderen Partnern verheiratet waren, haben sie noch keine Nacht getrennt verbracht. Jeder hat sich den Geschmack und die Vorlieben des anderen zu eigen gemacht, ohne dabei seine eigenen aufzugeben.

In der Öffentlichkeit, und das bedeutet in ihrem Fall im Gerichtssaal, werden diese beiden komplementären Persönlichkeiten in gewissem Sinn zu einer einzigen, oder sagen wir zu einer «Doppelpersönlichkeit», die sich ganz und gar darauf konzentriert, ihrem Mandanten einen Freispruch zu erkämpfen – was den beiden auch so gut wie immer gelingt. Die Kennedys haben sich auf politische Fälle spezialisiert, und ihre Siege sind Teil der amerikanischen Geschichte der sechziger und siebziger Jahre. Ob es nun die Indianer von Wounded Knee oder puertoricanische Kriegsdienstverweigerer waren, der Drogenguru Timothy Leary oder der Pornostar Marilyn Chambers, Mitglieder der Black Panthers, des Weather Underground oder der Chicago Seven – sie alle verdanken ihre Freiheit ganz oder wenigstens teilweise den juristischen Fähigkeiten der Kennedys. Beide Kennedys wittern die politische Brisanz des bevorstehenden Prozesses gegen Badalamenti.

Eleanore ist keine studierte Juristin, keine Anwältin, aber im Gerichtssaal schlägt ihr Verstand den ihres Mannes nicht selten aus dem Feld. Ihre Spezialität ist die Geschworenenauswahl, ein Gebiet des Prozeßrechts, von dem viele Praktiker behaupten, es entscheide eine Verhandlung zu neunzig Prozent. Kennedy macht seine Frau bei jedem Prozeß zu einem offiziellen Mitglied des Verteidigerteams. Sie haben auf diese Weise schon über hundert Fälle verhandelt. Sie sind sich beide darin einig, daß es Zeitverschwendung wäre, wenn Eleanore jetzt noch Jura studieren würde.

Am Tag ihrer Rückkehr aus Irland wartete auf die beiden eine dringende Nachricht. Kennedy machte sich auf den Weg ins Gefängnis, wo Badalamenti ihm mitteilte, er habe das Geld.

Kennedy blieben damit nur wenige Wochen, um sich mit einer Fülle von Anklagen und kompliziertem Beweismaterial auseinanderzusetzen – nicht nur mit dem, was gegen Badalamenti selbst, sondern auch, was gegen seine ganze siebenköpfige Familie vorlag. Das war von grundlegender Bedeutung, da Badalamenti mehr war als nur Kennedys Mandant; er war im alten feudalen Sinn der absolute Herrscher über seinen Clan, dessen Angehörige von keinem anderen Befehle entgegennahmen als von ihm. Mit ziemlicher Sicherheit vertrauten sie ihm mehr als selbst ihren Anwälten und würden damit eher auf ihn als auf sie hören.

Außerdem hatte sich Kennedy mit mehr als achtundzwanzig weiteren Verteidigern zu arrangieren. Da Badalamenti laut Anklageschrift der Hauptangeklagte war, war sein Anwalt automatisch Chef der Verteidigung. Die Schar von Anwälten, mit der er es hier zu tun hatte, unterschied sich jedoch in vielerlei Hinsicht von Kennedys Kollegen bei seinem letzten Prozeß. Damals waren die Mandanten sieben dickschädelige irisch-amerikanische Patrioten gewesen, die man des Waffenschmuggels nach Nordirland bezichtigt hatte. Auch damals war Kennedy Chef der Verteidigung gewesen, Anführer einer ausgezeichnet harmonierenden Gruppe revolutionär denkender Prozeßcowboys, die sich selbst als die »Sieben Samurai« bezeichnet hatten. Sie hatten sieben Freisprüche erstritten: sie konnten die Brooklyner Jury davon überzeugen, daß es sich bei den Waffenschmugglern nicht um Terroristen, sondern um Patrioten handelte.

Die meisten der Pizza-Anwälte dagegen kannte Kennedy noch nicht einmal. Das waren sicher keine Sieben Samurai, sondern einundzwanzig grundverschiedene Menschen mit ungleichem Talent, höchst verschiedenem Erfahrungshintergrund, unterschiedlichen Prinzipien und viel Sinn für Theatralik, von denen zu allem Überfluß keiner dem anderen so recht über den Weg traute. Jeder einzelne von ihnen war zudem mit jenem ausgeprägten Ego gesegnet – oder gestraft –, ohne das man als Strafverteidiger gar nicht erst anzutreten braucht.

Die prominentesten unter diesen Anwälten waren wahrscheinlich Ivan Fisher, Mario Malerba, Marvin E. Segal und Paul Bergman. Der zweiundvierzigjährige Fisher, der Salvatore Catalano vertrat, war ein brillanter Prozeßanwalt, dem man wegen seiner so gut wie nicht vorhandenen Loyalität gegenüber allen und jedem außer seinen Mandanten ebensoviel Respekt entgegenbrachte, wie man ihm wegen seiner großen Leidenschaft, dem Mammon, mißtraute. Malerba, mit einer Prozeßvollmacht für den abwesenden, mittlerweile unheilbar an Lungenkrebs erkrankten Joe Ganci, hatte schon eine ganze Menge Sizilianer sowohl in Zivil- als auch in Strafsachen vertreten. Nicht wenige nannten ihn deshalb den *consigliere** der Knickerbocker Avenue.

Marvin E. Segal, der Anwalt von Gaetano »Tommy« Mazzara, dem gutaussehenden, falkengesichtigen Gastronom aus New Jersey, hatte im Bundesgerichtsbezirk New York Süd zur gleichen Zeit als Ankläger gearbeitet wie Pierre Leval. Segal war der erfahrenste und vielleicht auch zynischste unter den Pizza-Anwälten.

Paul Bergman, der Anwalt von Baldassare Amato, war Sozius bei der von James LaRossa geleiteten Kanzlei; LaRossa verteidigte zu dieser Zeit den Boß der Familie Gambino, »Big Paul« Castellano. Auch dabei handelte es sich um einen von Giulianis Prozessen gegen die Mafia; er fand zwei Stockwerke höher im selben Gerichtsgebäude statt. Auch Bergman war zusammen mit Leval Bundesanwalt im Bezirk Süd gewesen, und er kannte das Gesetz besser als jeder andere des Teams, mit Ausnahme vielleicht von David Lewis, dem etwas verbeulten siebenundzwanzigjährigen juristischen Wunderkind mit dem fotografischen Gedächtnis. Lewis war der jüngste der sieben Anwälte bei dem IRA-Prozeß gewesen; zwischen ihm und Kennedy hatte sich eine nach außen hin stachelig-komplizierte, insgeheim jedoch innige Vater-Sohn-Beziehung entwickelt. Lewis war vom ersten Tag an beim Pizza-Fall dabei gewesen; er vertrat Salvatore »Sam« Evola, den Ehemann von Badalamentis Lieblingsnichte, und er kannte den Fall in- und auswendig.

Was die übrigen Pizza-Anwälte anbelangte, so waren sie ziemlich bunt zusammengewürfelt: Zehn von den zweiundzwanzig waren ehemalige Staats- und Bundesstaatsanwälte. Fünf von ihnen hatten früher bei Legal Aid** gearbeitet. Fünf waren Italo-Amerikaner, vier waren irischer Abstammung, neun jüdischer. Drei waren Frauen. Zwölf von ihnen wurden mehr oder weniger ansehnlich von ihren Mandanten selbst bezahlt. Zehn von ihnen bezahlte der amerikanische Steuerzahler etwa 2500 Dollar die Woche nach den Statuten des Gesetzes zur Gerechtigkeit in der Strafgerichtsbarkeit***, wonach jedem Angeklagten, der den Beweis seiner Bedürftigkeit erbringen kann, unentgeltlich die Dienste eines Rechtsbeistandes zustehen.

* eigentlich der dem Mann an der Spitze einer Mafia-Familie zur Seite stehende *Berater* (A. d. Ü.)

** Rechtshilfeorganisation für Bedürftige

*** Criminal Justice Act: fortan CJA

Sechzehn von ihnen hatten als Anwälte mehr oder weniger Erfahrung mit Drogenfällen, die restlichen sechs hatten damit noch nie zu tun gehabt. Neun waren vorher noch nie in einen Fall um das organisierte Verbrechen verwickelt gewesen. Drei übten ihren Beruf seit weniger als fünf Jahren aus. Einer oder zwei von ihnen hatten früher einmal wegen fragwürdiger Praktiken vor einem Disziplinarausschuß gestanden, hatten die Anschuldigungen jedoch entkräften können. Sechs kamen aus großen Anwaltskanzleien. Acht praktizierten solo. Das Charakteristikum, das die meisten der zweiundzwanzig Anwälte gemeinsam hatten, war, daß fünfzehn von ihnen die ehrgeizigen, arrivierten Söhne oder Töchter eingewanderter Eltern waren – die ersten Sprößlinge ihrer Familien, denen es gelungen war, über die High School hinauszukommen.

Donnerstag, 24. Oktober 1985. Im Gerichtssaal. Nach dem Mittagessen an diesem ersten Tag begrüßt Michael Kennedy offiziell den Richter, die Geschworenen und seine Anwaltskollegen. Er verbeugt sich kurz vor seinem Mandanten und beginnt zu deklamieren: »›oh, welch wirres Netz wir weben, wenn wir zum ersten Mal betrügen ...‹ Wenn dieser Fall so läge, wie ihn die Anklagevertretung hier gegen Sie vorgebracht hat, dann stünde ich gewiß nicht an diesem Platz.

Ich heiße Michael Kennedy. Ich vertrete hier Gaetano Badalamenti. Ich spreche für ihn. Ich spreche für niemanden außer ihn.«

Badalamenti, mit wächsernem Gesicht, bedenkt die Geschworenen mit einem königlichen Nicken. Kennedy stellt die Familie seines Mandanten vor. Sieben junge Männer, fast alle in Wind- oder Lederjacken, stehen der Reihe nach auf und nicken in Richtung Geschworenenbank.

Kennedy hat einen sonoren Bariton, er gibt sich förmlich, aber durchaus freundlich, mit einem leichten Einschlag ins Pädagogische. »Eine Familie, und ganz besonders eine sizilianische Familie, ist eine außergewöhnliche Einheit ... Gaetano Badalamenti ist ein stolzer Mann, stolz und einfach. Er spricht ... ein wenig Englisch.«

Es sei wirklich der Gipfel der Ironie: Man habe seinen Mandanten in diesen Gerichtssaal gebracht, »nicht weil er der Boß der Bosse ist, nicht weil er der größte Drogenhändler der Welt ist – sondern weil er sich *weigerte,* etwas mit Drogen zu tun zu haben! Er ist hier aus politischen Gründen.«

»Das ist wieder mal typisch Kennedy«, murmelt einer der Anwälte in der letzten Reihe seinem Nachbarn zu. »Wer sonst würde in einem Heroinfall seine Politmasche abziehen?«

»Im November 1984...« beginnt Kennedy seine Version der Geschichte. Vielleicht liegt es an seiner klingenden Stimme, jedenfalls hat er die Aufmerksamkeit des Richters; konzentriert hört Leval zu.

»In Italien steht ihm ein Prozeß wegen Zugehörigkeit zur Mafia bevor. Hier in den Vereinigten Staaten wirft man ihm keine Devisenvergehen vor. Man wirft ihm vor, sich mit anderen zum Zweck krimineller Geschäfte organisiert zu haben. Man wirft ihm vor, sich mit anderen zum Drogenhandel verabredet zu haben.* Man wirft ihm vor, im Einvernehmen mit anderen mit Drogen gehandelt und sich daran bereichert zu haben.

Wir aber werden Ihnen beweisen, daß Gaetano Badalamenti nicht mit Drogen gehandelt hat. Hat er sich am Waschen von illegal erworbenem Geld beteiligt? Nein. Er hat nicht eines der Gesetze der Vereinigten Staaten verletzt – mit einer einzigen Ausnahme. Und doch hält man ihn hier fest, ... als Häftling des Metropolitan Correctional Centers – dem Bundesgefängnis nebenan. 1947 ist mein Mandant illegal in die USA eingereist... Und das war das einzige Mal, daß Gaetano Badalamenti gegen ein Gesetz der Vereinigten Staaten verstoßen hat. Lassen Sie mich jetzt noch ein paar Worte über die sizilianische Familie sagen.« Es folgt eine kleine Anthropologielektion über sizilianische Gebräuche. Aus irgendeinem Grund, der womöglich eher in Kennedys Unterbewußtsein wurzelt als in seiner Ausbildung in Sachen Gerichtstheatralik, hat seine nüchterne Anwaltsstimme einen leichten irischen Akzent angenommen. In Sizilien »ist die Familie die grundlegendste aller Einheiten. Die Familie ist Quell von Energie, Macht und Ehre. Um die Ehre der sizilianischen Familie zu verteidigen, wendet man sich nicht an die Behörden. In Sizilien traut man der Regierung nicht, allzuoft macht sie sich unglaubwürdig. Wenn man in Sizilien ein Problem hat, dann löst man das selbst.«

Das sei nicht die einzige wunderliche Eigenheit Siziliens. »Es gibt Sizilianer, die sich nicht als Italiener betrachten. Die sizilianische Sprache, die sich vom Italienischen stark unterscheidet, ist ein seltsa-

* § 846 des 21. Titels des *United States Code* stellt neben dem »Versuch« auch die »Verabredung (zum Handeltreiben mit Betäubungsmitteln)« unter Strafe (A. d. Ü.)

mer Dialekt. Es ist eine Sprache, die man spricht, um von Fremden nicht verstanden zu werden. Wie das Jiddische oder das Gälische entwickelte sie sich aus einer Geschichte der Unterdrückung.« Kennedy ist sich des Umstands sehr wohl bewußt, daß der Obmann der Geschworenen Jude ist und zwei oder drei der anderen irischer Abstammung sind. »Die Leute verständigen sich untereinander auf eine sehr vorsichtige Art und Weise.«

Als nächstes folgt etwas Geschichtsunterricht. Die Mafia habe sich aus einer »sizilianischen Geheimgesellschaft« des neunzehnten oder gar achtzehnten Jahrhunderts entwickelt, aus den *Beati Paoli,* die die Schwachen gegen die Unterdrückung der Bourbonen verteidigten. Das sei die Tradition Gaetano Badalamentis.

»Sie werden in diesem Prozeß oft das Wort ›Ehre‹ zu hören bekommen. Aber die wichtigste Ehre für uns hier ist die Ehre der amerikanischen Regierung und ihrer Gesetze. Während des Zweiten Weltkriegs haben die Vereinigten Staaten die *fascisti* aus Italien hinausgeworfen.« Jedesmal, wenn Kennedy ein italienisches Wort, eine italienische Wendung ausspricht, achtet er sorgfältig auf die genaue Modulation; er hat Übung darin. Es geht ihm darum, seinem tiefen Respekt für alles Italienische Ausdruck zu verleihen. »Nachdem man die Italiener und die Deutschen besiegt hatte, war es die Regierung der Vereinigten Staaten, die die Familienoberhäupter der Mafia wieder in ihre alten Positionen einsetzte. Sie waren nun einmal die natürlichen Führer ihrer Gemeinschaft, nur daß sie unter Mussolini in Ungnade gefallen und nicht anerkannt worden waren.«

In den sechziger Jahren habe es Badalamenti zu einigem Wohlstand gebracht. Seine Macht und sein Ansehen wuchsen. Er wurde ein »Ehrenmann«. Er sei auch 1978 noch ein Ehrenmann gewesen, als »eine plötzliche Wendung des Schicksals Gaetano Badalamenti zur Flucht aus Sizilien zwang. Er floh, um sein Leben und das seiner Familie zu retten.«

Seine »Schwierigkeiten«, so berichtet Kennedy den Geschworenen, hätten mit seiner Weigerung, sich am Drogenhandel zu beteiligen, zu tun gehabt. »Wer behauptet denn, daß Gaetano Badalamenti mit Drogen gehandelt hat? Wer hat diesen Mythos in die Welt gesetzt?« Hier wird die Stimme wirkungsvoll um einige Nuancen tiefer. »Um die Aufklärung dieser Frage geht es letztendlich in diesem Prozeß.«

Kennedy gestattet sich einen langen Moment des Schweigens, um das Gesagte wirken zu lassen; dann wendet er sich den aktuellen Tatbeständen zu. »Ein Großteil des Beweismaterials in diesem Fall basiert auf Bandaufnahmen, auf heimlich aufgezeichneten Telefongesprächen. Die Stimmen von Gaetano Badalamenti oder Mitgliedern seiner Familie sind dabei allerdings nur sehr selten zu hören. Dieses Faktum gilt es näher zu beleuchten.

Denken Sie immer daran, daß Worte mehr als nur eine Bedeutung haben. Vergessen Sie nicht, daß sich die sizilianische Sprache entwickelt hat, um nicht von jedem verstanden zu werden. Außerdem ist das Sizilianische so beschaffen, daß sich Informationen mit großer Umsicht vermitteln lassen ...«

Kennedy bringt die Sprache auf den Kronzeugen Tommaso Buscetta, den ersten hochkarätigen Mafioso, der je den Eid der Geheimhaltung gebrochen hat und zum Informanten geworden ist. »Tommaso Buscetta wird Ihnen sagen, daß Gaetano Badalamenti weder mit Drogen gehandelt noch Geld gewaschen hat. Tommaso Buscetta ist ein sehr ungewöhnlicher Mann – eingestandenermaßen ein Mafioso, ein Lügner, ein Krimineller, der von sich selbst behauptet, der Ehrenwerten Gesellschaft anzugehören. Ich bitte Sie darum, Gaetano Badalamenti als die stolze, würdevolle Persönlichkeit zu behandeln, die er ist – und ihn nicht mit anderen in einen Topf zu werfen ... Wir behaupten beide: Die Vorwürfe der Anklage sind nicht bewiesen.«

Es ist 14 Uhr. Ohne Pause fordert Richter Leval den zweithöchsten Anwalt der Verteidigung, Ivan Fisher, den Rechtsbeistand Salvatore Catalanos, auf, seine Eröffnungserklärung abzugeben. Fisher erhebt sich umständlich, ja fast bedrohlich aus seinem Sessel. Er ist blaß, das etwas längere schwarze Haar reicht bis auf seinen überdimensionalen Hemdkragen; sein Körper ist der eines Bären, seine Bewegungen sind die eines Aals; kein Raum, den dieser Zwei-Meter-Mann nicht beherrschen würde. Der Gesichtsausdruck, den man bei ihm am häufigsten zu sehen bekommt, ist ein rätselhaftes, geradezu etruskisches Lächeln, das manchmal zur Glückseligkeit, manchmal zum Satanischen tendiert. Fisher ist einerseits ständig in Bewegung, hat andererseits aber schlimme Knie. Zusammengenommen verleihen ihm diese Eigenschaften das Auftreten eines angeketteten Elefanten, der unablässig von einem Bein aufs andere wippt. In der Aufregung, endlich mit seiner langerwarteten Eröffnungserklärung zu beginnen, bekommt sein schaukelnder Gang einen geradezu artistischen Schwung.

In New York aufgewachsen, ehemals Anwalt bei Legal Aid in San Francisco, gilt Fisher heute als einer der herausragenden Mitglieder der New Yorker Strafverteidigerkammer. Zu seiner dankbaren Klientel gehörten der zwielichtige internationale Finanzmann Michele Sindona, der kürzlich in seiner italienischen Gefängniszelle einer Zyankalivergiftung erlag, und dessen Beziehungen zum Vatikan ihm den Spitznamen »Bankier Gottes« eingebracht hatten. Er hat sowohl Norman Mailer als auch dessen speziellen Schützling, den Mörder Jack Henry Abbott erfolgreich vertreten; bekanntlich hat Abbott damals noch in derselben Woche, in der Mailer und Fisher ihn aus dem Gefängnis geholt hatten, einen jungen Kellner erstochen.

Fisher benutzt die ganze Breite des Gerichtssaals als Auslauf, die ganzen zehn Meter zwischen der Geschworenenbank und der Dolmetscherkabine; das Handmikrofon verschwindet geradezu in seiner enormen Pranke. »Die Staatsanwaltschaft«, beginnt Fisher, »behauptet, es handle sich hier um eine in beiden Richtungen befahrene Straße: Auf der einen Spur seien Drogen transportiert worden, auf der anderen Geld.« Er lächelt.

»Wie beweist man, daß man *kein* Mitglied der Mafia ist?« Er breitet seine gewaltigen Arme aus, die Handflächen nach oben, und zuckt bedeutungsvoll mit den Achseln. Die Geschworenen mögen Ivan Fisher vom ersten Augenblick an. Kerzengerade sitzen sie in ihren Sesseln; sie lächeln über das jungenhafte Auf und Ab seiner Stimme.

Der Anwalt wendet sich mit einer halben Drehung seinem finster dreinschauenden, stiernackigen Mandanten zu. »Der Himmel möge Ihnen verzeihen, daß Sie in einer Bäckerei arbeiten!« ruft er aus. »In einer Bäckerei, die noch dazu kaum einen Steinwurf von der Knickerbocker Avenue entfernt ist ...«

Die Staatsanwaltschaft werde Beweise dafür vorlegen, daß dieser Mann Taschen herumgetragen habe und nach Sizilien gereist sei. »Nun, wir werden Ihnen beweisen, daß sich in den Taschen nichts weiter als Backwaren befanden, und wir werden aufzeigen, daß Sal Catalano nach Italien zurückkehrte, um zu heiraten!

Die Staatsanwaltschaft hat eine Menge Theorien über die Tätigkeiten meines Mandanten. Nun, die Staatsanwaltschaft hat auch eine Menge Theorien über die Ermordung Kennedys – bewiesen ist damit nichts.«

Um den Hals seines Mandanten zu retten, muß Fisher den Kronzeugen Tommaso Buscetta – den Kanarienvogel, der für die Staatsanwaltschaft singt – in der Luft zerreißen; mit der Hingabe eines Jago macht sich Fischer ans Werk. Er beginnt mit einer langen, unappetitlichen Geschichte über Buscetta, erzählt, daß der sich für einen großen Casanova halte und wie er einmal einer Dame »mit Blumen und einer Derringer einen Besuch abstattete, und sie um alles erleichterte, was sie besaß.«

Um 14.14 Uhr ist Fisher fertig. Er setzt sich wie einer, dem die eigene Vorstellung mächtigen Spaß gemacht hat.

Leval entläßt die Geschworenen, aber nicht ohne sie daran zu erinnern, daß der Pizza-Prozeß von Montag bis Donnerstag dauere, daß das Gericht am nächsten Montag Punkt 9.15 Uhr wieder zusammenkäme und daß Pünktlichkeit von grundlegender Bedeutung sei. »Ein einziger Geschworener, der zu spät kommt, hält siebzig Leute auf. Siebzig mal fünfzehn Minuten, das ergibt eine Menge vergeudeter Stunden.«

Die lange Woche ist damit schließlich zu Ende. Um das zu feiern, machen sich die Kennedys auf den Weg zu Umberto's Clam House, dem berühmt-berüchtigten Gangstertreff in Little Italy, wo in den frühen siebziger Jahren Joey Gallo erschossen wurde. Die Kennedys haben sich aus einem Checker-Taxi eine komfortable Limousine machen lassen. Viele von den Pizza-Anwälten fahren teure Autos mit Geschäftstelefon: Bergman, zum Beispiel, hat einen neuen Porsche, Fisher eine überlange graue Limousine, Malerba einen funkelnagelneuen Mercedes. Joseph Benfante und Lawrence Bronson, die Anwälte von Salvatore Mazzurco und Salvatore Greco, fahren beide zweisitzige rote Mercedes-Cabrios. Aber das Auto der Kennedys ist etwas Besonderes – ein bulliges, hohes altes Taxi, das sie in einem hochglänzenden Kastanienbraun lackieren und mit braunem Leder haben polstern lassen; es ist mit einer kleinen Bar, einem Fernseher, einem Telefon und einem Radarfallendetektor ausgestattet.

Heute werden sie begleitet von David Lewis und Joseph Calluori, Kennedys jungem Assistenten, der den Platz seines Chefs einnimmt, wann immer weniger Wichtiges auf der Tagesordnung steht.

»Ich finde nicht, daß Catalano zum Fürchten aussieht«, sagte Calluori.

»Dann warte mal, bis er lächelt«, rät ihm sein Boß.

Montag, 28. Oktober 1985. In der Gerichtscafeteria, die Richter Levals Sitzungssaal direkt gegenüberliegt. Heute hängen in der Cafeteria Pappkürbisse und Luftschlangen aus braunem und orangem Kreppapier, die sicher bald Truthähnen und Pilgerväterhüten weichen müssen, auf die wiederum Weihnachtslametta und Nikolausbärte und schließlich Osterhasen und Flieder folgen werden. Die Anwälte stürzen ihren Kaffee hinunter und stellen sich vor dem Metalldetektor an.

9 Uhr 53. »Das Hohe Gericht!« verkündet Levals Gehilfe.

Richard Martin, Chef des Anklägerteams, ist Ende Dreißig; sein durchtrainierter, muskulöser Körper steckt in einem flott geschnittenen Anzug. Er hat dunkles, lockiges Haar, einen kurzen Schnurrbart, etwas von der Wachsamkeit eines Terriers und ein streitlustiges Naturell. Der Mann weiß einen Schlagabtausch zu genießen, und in wenigen Minuten werden die Geschworenen den Hauptankläger zum ersten Mal in Aktion sehen.

Leval gibt sich forsch. »Guten Morgen, die Herren. Wie ich sehe, haben wir als nächstes Mr. Lombardino auf der Speisekarte. Rufen Sie bitte die Geschworenen herein.«

Aber noch bevor das passieren kann, schreit Larry Bronson, der Anwalt von Sal Greco, aus der hintersten Reihe: »Die Staatsanwaltschaft und Mr. Stewart haben gelogen, was meinen Mandanten anbelangt!«

Augenblicklich ist Dick Martin auf den Beinen. »Wir sind hier mit diesem Wort sehr vorsichtig«, knurrt er. »Wir benutzen es auf keinen Fall vor den Geschworenen.« Martin ist solchen kategorischen Ausdrücken gegenüber äußerst empfindlich. Der Chefankläger im Pizza-Prozeß ist ein Mann von extremer Rechtschaffenheit. Für ihn sind allein schon die Worte *lügen* und *Lügner* schändlich; genausogut könnte man ihn »homosexuell« nennen. Noch binnen Jahresfrist jedoch wird die Frage nach Martins eigener Aufrichtigkeit zu einer Schlüsselfrage dieses Prozesses werden. Bis zu seinem Ende wird so gut wie jeder Verteidiger Martins Wahrheitstreue direkt in Zweifel gezogen haben, und selbst Richter Leval wird ihn in bezug auf seine Neigung, nicht immer die ganze Wahrheit zu sagen, als »nicht besonders informativ« bezeichnet haben.

Hinter den Kulissen haben die Marshals mittlerweile die Geschworenen in Reih und Glied Aufstellung nehmen lassen, so daß sie den Weg zu ihren grünen Ledersesseln in der korrekten Reihenfolge antreten. Die erste Reihe faßt die Geschworenen Nummer eins bis Nummer acht. Es folgen die Geschworenen Nummer neun bis neunzehn und die Ersatzgeschworenen Nummer eins bis vier. Die übrigen Stellvertreter sitzen in der erhöhten hinteren Reihe. (Diese Leute haben so gut wie keine Chance, hier wirklich einmal eingreifen zu dürfen.) Sie sind menschliche Kulissen, Staffage; ihre Anwesenheit ist eher symbolischer Natur; sie sind das Gegenstück aus Fleisch und Blut zu den Pappkürbissen und Nikolausbärten in der Cafeteria.

Die Geschworenen werden immer von Nummer acht angeführt, einem ledigen Buchhalter mittleren Alters. Er hat übers Wochenende sein Haar mit Henna nachbehandelt. Hinter ihm kommen dann wie immer Nummer sieben, ein Kontrolleur bei den Verkehrsbetrieben, und Nummer sechs, eine kichernde Bankkassiererin, die während der Sitzung ihre Schuhe auszieht und mit Nummer fünf, dem jungen schwarzen EDV-Mann, flirtet. So geht es weiter bis hin zu Nummer eins, dem Juden von der Müllabfuhr, der hier Geschworenenobmann ist. Die zweite Reihe wird von der Stellvertreterin mit der Nummer vier angeführt, einer stattlichen, kaffeebraunen Sozialarbeiterin, deren Augen nicht einen Augenblick stillstehen. Es folgt schließlich die letzte Reihe, an deren Spitze Stellvertreter Nummer fünf, ein staatlich geprüfter Krankenpfleger im T Shirt, der aussieht wie der Boxer Marvin Hagler und ein Hitlerbärtchen trägt.

»Ich wünsche den Geschworenen einen guten Morgen.«

»Guten Morgen, Euer Ehren«, tönt es zurück – wie von einem Chor aufgeweckter Schüler.

Es folgt die rituelle Standpauke über die mangelnde Pünktlichkeit.

Richter Leval braucht geschlagene vier Minuten für seine Gardinenpredigt. Die Geschworenen lehnen sich in ihre bequemen Ledersessel zurück.

Während der nächsten drei Tage werden sie diverse Verteidigungsstrategien kennenlernen, wie etwa: »Es war nicht er, sondern sein Bruder«; »er hat ein Alibi, weil er nämlich zu genau diesem Zeitpunkt geheiratet hat«; »er ging da nur hin, weil er Arbeit suchte«; »er ist ein sehr fleißiger Mann«; »wir haben es hier ganz einfach mit einem Einwanderer zu tun, der es zu etwas gebracht hat; was Wunder, wenn er soviel Geld hat«; »die Staatsanwaltschaft ist darauf aus, ihn mit allen Mitteln hinter Gitter zu bringen.« Dazu kommt noch einige Male die Unterstellung, bei den Anklägern sei eine antiitalienische Haltung festzustellen. Mindestens einer der Anwälte bringt den Einwand: »Ich weiß noch nicht einmal, warum mein Mandant überhaupt hier ist.«

Für die jüngeren Anwälte ist das der bisher wichtigste Fall ihrer ganzen Karriere. Liebend gern würden sie ihre beträchtlichen juristischen und rhetorischen Talente spielen lassen, um die Geschworenen zu beeindrucken. Doch schon am Tag Zwei der Eröffnungsplädoyers sieht sich der schlagfertige, hübsche Gerald DiChiara, Anwalt des »Ich-ging-da-nur-hin-weil-ich-Arbeit-suchte«-Angeklagten Giovanni Cangialosi, gezwungen, den Geschworenen ein Geständnis zu machen: »Ich bin jetzt der fünfzehnte Anwalt, der sich an Sie wendet. Es ist wirklich schwer, jetzt noch originell zu sein.«

Michael Kennedy mag zwar theoretisch der Mannschaftskapitän der Verteidigung sein, aber nur selten spiegeln die Interessen seines Mandanten auch diejenigen anderer Angeklagter wider; das gilt selbst innerhalb der Familie Badalamenti. Ja, sie werden sich bei zahlreichen Gelegenheiten sogar diametral gegenüberstehen. Trotzdem basiert die von Kennedy und Badalamenti erarbeitete Strategie darauf, die acht zur Familie gehörenden Angeklagten in einem festen Block beisammenzuhalten.

Die Familie ist versammelt. Neben Badalamenti sitzt sein Neffe, Vincenzo »Enzo« Randazzo, ein Mann mit einem verschlagenen Gesichtsausdruck, der von Lawrence Schoenbach vertreten wird, dessen ausladender Backenbart das Babygesicht darunter eher betont als verbirgt. Enzos einziges Verbrechen, so versichert Schoenbach den Geschworenen, bestehe darin, daß ihn die Ermittler fälschlicherweise in mehreren der aufgezeichneten Telefongespräche zu erkennen glauben.

Badalamentis treuer Sohn Vito wird von dem stillen Robert Koppelman vertreten, einem der scharfsinnigsten Männer im Saal. Sein Eröffnungsplädoyer ist ein Muster an Kürze: »Ich verlange ein faires Verfahren und ein Urteil, das auf Beweisen fußt.«

Der Anwalt neben ihm ist eine seltsame Type mit grauen Schnittlauchlocken und Hängeschnauzer; keiner der Anwälte rechts und links von ihm kennt ihn. Robert Fogelnest sieht aus wie ein Relikt aus San Franciscos Hippieära. Aber in Wirklichkeit ist er eben erst aus Philadelphia umgesiedelt; das hier ist sein erster Fall in New York. Sein Mandant Sal Salamone, dem man vorwirft, bei dieser Verabredung der wichtigste Finanzmann zu sein, hat eine arbeitslose Frau, zwei kleine Kinder und ist völlig abgebrannt. Als Bezahlung für seine Dienste konnte er seinem Anwalt lediglich eine zweite Hypothek auf sein Haus anbieten – was Fogelnest akzeptiert hat. Man fragt sich unwillkürlich, wie er an sein Honorar zu kommen gedenkt. Er hat noch immer weder Büro noch Wohnung in Manhattan; er nächtigt zeitweise auf der Bürocouch eines Anwaltskollegen, und zuweilen sieht man ihm das auch an. Aber er ist ausgesprochen klever, und seine tollpatschige Art macht ihn sympathisch.

Patrick Burke, ein attraktiver, bescheidener ehemaliger Oberstleutnant des Marineinfanteriekorps, hingebungsvoller Vater von vier jugendlichen Söhnen, vertritt Pietro »Pete« Alfano aus Oregon, Illinois, Neffe und wichtigster Kontaktmann Badalamentis in den Vereinigten Staaten. Burke ist das glatte Gegenteil eines auffälligen Manhattener Strafverteidigers. Jede freie Minute trainiert er an einer High School ehrenamtlich die Sportler; seine Aktentasche mit den Pizza-Dokumenten fliegt nach den Sitzungen in den Kofferraum eines BMW, der bereits mit Basketbällen, Footballhelmen, Fußballschuhen und Hockeytrikots vollgestopft ist. Immer schon ein begeisterter Patriot, begann Burke seine Juristenlaufbahn als Stellvertretender Bundesstaatsanwalt bei der Organized Crime Strike Force des Bundesgerichtsbezirks New York Süd.

Zu Burkes Rechten sitzt der junge David Lewis, mit einem Bart wie Nebukadnezar und einer Figur wie ein Hydrant. Sein Mandant, Salvatore »Sam« Evola, ein ehemaliger Bauarbeiter, Ende Vierzig, blond und blauäugig, sieht eher wie ein Norweger aus als ein Sizilianer; er ist damit lebendes Zeugnis der zahlreichen Invasoren, die die Insel im Laufe der Zeit verwüstet und beherrscht haben, von den Karthagern über die Sarazenen und Wikinger bis hin zu den Bourbonen. Evola spricht als einziger in der Familie Badalamenti fließend Englisch. Seine Frau Christine, eine hübsche, sehr gepflegte, in Amerika geborene Sizilianerin mit dunklem Haar und rosigem Teint, sitzt Tag für Tag im Saal und dolmetscht für andere Familienmitglieder.

Die anderen zur Familie gehörenden Angeklagten sind die drei Ehemänner von weiteren Nichten Badalamentis, kleine Männer, die einen bescheidenen Eindruck machen, Kleinstadt-Pizzabäcker. (Die Familienbande sind kompliziert. Die drei Schwestern des Angeklagten Trupiano sind mit den Angeklagten Alfano, Vitale und Palazzolo verheiratet.) Giuseppe »Joe« Trupiano und Giuseppe »Joe« Vitale, beide aus dem kleinen Ort Paris in Illinois, haben beschlossen, ihre Mittel in einen Topf zu werfen und sich einen Anwalt zu teilen. Der heißt Lawrence Ruggiero, war ehemals Ankläger und ranghöherer Kollege von Martin.

Der unterste Mann im Familienverband der Badalamentis ist Emmanuele Palazzolo, der einen ausgesprochen naiven Eindruck macht. Vertreten wird der sanftmütig dreinschauende Bursche von einer ebenso sanftmütig erscheinenden jungen Frau, Genay Leitman, 26, die sich lange nicht entscheiden konnte, ob sie Anwältin oder Schauspielerin werden sollte. Jetzt sieht sie sich als Assistentin des ewig abwesenden David DePetris in eines der kompliziertesten Dramen verwickelt, das je vor einem amerikanischen Bundesgericht inszeniert worden ist.

Die ersten beiden Anwälte in der zweiten Reihe vertreten zwei von Joe Gancis Geschäftspartnern bei Pronto Demolition, beide Angehörige einer losen Gruppierung, die die Staatsanwaltschaft als die »Ganci-Faktion« zusammenfaßt. Gleich am Mittelgang sitzt der Rechtsbeistand von Giuseppe »Joe« Lamberti, Anthony Lombardino, der sich als dritter Anwalt der Verteidigung an die Geschworenen wenden wird. Er ist ein Schrank von einem Mann mit Augen wie schwarze Oliven in einem Gesicht, das aussieht, als hätte man es aus rohem Teig modelliert. Auch Lombardino ist ein ehemaliger Ankläger, Bezirksstaatsanwalt für den Queens County; zudem ist er einer von mehreren Pizza-Anwälten, die zusätzlich als Unternehmer tätig sind. Er betreibt einen Kurierdienst für Juristen und besitzt eine Bausandfirma.

Der Anwalt und Unternehmer wischt sich mit einem spitzenverzierten Taschentuch über die Stirn. Er ist erkältet und hustet auf dem Weg zum Podium, aber seine Nebelhornstimme kann man wahrscheinlich noch im nächsten Saal hören. Sein Mandant ist ein untersetzter Mann mittlerer Statur mit einem Dauerlächeln, das geradezu unheimlich wirkt. Joe Lamberti sei ein völlig korrekter Geschäftsmann, erklärt der Anwalt den Geschworenen, er und sein Schwager Mazzurco seien Partner in einer rechtmäßig geführten Abrißfirma.

Nach Lombardino hat sein Sitznachbar Joe Benfante seinen Auftritt; der hat seinen Spezi Lombardino überhaupt erst in den Pizza-Fall gebracht. Benfante vertritt Sal Mazzurco, Lambertis Schwager. Der muskulöse junge Anwalt schenkt den Geschworenen ein Nicken und ein Lächeln, dann sagt er in einer ganz bewußten Johnny-Carson-Imitation: »Willkommen beim Pizza-Prozeß!« Damit hat er bei den Geschworenen auch schon einen dicken Stein im Brett.

Als er seinen Namen hört, steht Mazzurco, ein geradezu winziges Männchen, kaum mehr als einssechzig, aber mit einer hohen braungebrannten Stirn, auf. Seine Nickelbrille sitzt ihm ganz oben auf der Nase. Mazzurco sei nicht nur Geschäftspartner bei Pronto Demolition, er besitze zudem im Hudson Valley eine gutgehende Rollschuhbahn und nicht weit davon entfernt ein Bekleidungsgeschäft. Warum sollte er sich wohl in irgendwelche illegalen Geschäfte einlassen, fragt Benfante.

Der nächste ist Salvatore Lamberti, Joe Lambertis Cousin, ein kleiner aschfahler Mann in den Fünfzigern, der Badalamenti schon seit fünfzig Jahren kennt. Sein Anwalt ist Marvin Schechter, der Mann mit der Hornbrille und dem grimmigen Gesichtsausdruck, der sich seine unerbittlich direkte Art während der zehn Jahre bei »Legal Aid« zugelegt hat. Er erklärt den Geschworenen, sein Mandant sei erst vor zwei Jahren in die USA gekommen, inzwischen an Nierenkrebs erkrankt und erhole sich eben von einer Operation.

Rechts von Schechter sitzt Paul Bergman, ein weiteres Original. Der Anwalt von Baldo Amato ist ein Einzelgänger, ein zwanghafter Redner, der nicht mehr aufhören kann, wenn er erst einmal angefangen hat. Er ist mit einem derartigen Bierernst gesegnet, daß Schechter neben ihm geradezu frivol erscheint. Bergman ist ein adretter, gertenschlanker Mann mit Brille; wenn man ihn von vorne sieht, scheint er eine wuchernde graue Wuschelfrisur zu haben, von hinten dagegen sieht man die Tonsur einer beginnenden Glatze. Und man sieht sie oft, weil Bergman bei jeder Gelegenheit aufsteht und redet. Es ist seine Art, ständig allen ins Wort zu fallen, und er hält es für seine unumgängliche Pflicht, seine überragende Kenntnis juristischer Präzedenzfälle einzusetzen.

Den nächsten Platz nimmt James Moriarty ein, ein ewig lächelnder, sommersprossiger und vorzeitig ergrauter Anwalt irischer Abstammung, der den hier nur am Rande wichtigen Lorenzo DeVardo, einen Schmalspurmaler und Gelegenheitsgauner vertritt, der nur zufällig in den hier verhandelten Fall gestolpert zu sein scheint. Und dann sitzt am Ende der zweiten Reihe noch der hochaufgeschossene, unverwüstliche Gerry DiChiara mit seinen gesunden Bäckchen und dem schwarzen Schnurrbart. Sein Mandant Giovanni Cangialosi ist ein Lastwagenfahrer, der erst wenige Wochen vor den Verhaftungen am 9. April aus Sizilien herübergekommen war. Die gesamte Strategie des jungen DiChiara läuft darauf hinaus, nach Möglichkeit mit seinem Mandanten in dem allgemeinen Durcheinander der vielen Gesichter und italienischen Namen unterzugehen, in der Absicht, Cangialosis ohnehin schon minimale Rolle noch weiter zu schmälern.

Insgesamt kann man die mittlere Verteidigerreihe als einen Trupp Einzelkämpfer sehen, die nur die Interessen ihrer jeweiligen Mandanten zu wahren versuchen, letztlich jedoch den unsichtbaren Strudeln und Strömungen, von denen jeder, der mit der Mafia in Verbindung steht, nun einmal umgeben ist, hilflos ausgeliefert sind. Das gleiche kann man wohl von den Männern in der hinteren Reihe sagen, mit dem Zusatz, daß die meisten von ihnen aus New Jersey stammen. Direkt am Mittelgang sitzt Larry Bronson, der Rechtsbeistand von Sal Greco, ehemals Ankläger im Hudson County, ein bulliger, lächelnder Mann mit Brille und braunem Anzug, der den unverkennbaren Flair seiner Heimat New Jersey ausstrahlt. Er ist eine bescheidene Frohnatur, verkehrt in schicken Cafés und stellt den Frauen nach. Bronson teilt den Geschworenen mit, sein Mandant arbeite jeden Tag zwölf Stunden in seiner eigenen kleinen Pizzabude am Strand von New Jersey, mit der er gerade so über die Runden komme. Seine Reise nach Sizilien habe ihm die Staatsanwaltschaft einfach falsch ausgelegt; er habe lediglich seine Mutter besucht.

Grecos kraftstrotzender Cousin, Frank Castronovo, sitzt neben ihm; er beugt sich nach vorne, um seinem Anwalt, dem schlaksigen, hängeschultrigen Kenneth Kaplan etwas zuzuflüstern. Der schnurrbärtige Kaplan war ebenfalls früher Bundesstaatsanwalt.

Castronovos Teilhaber im Restaurant Roma ist Gaetano »Tommy« Mazzara, ein falkengesichtiger Mann mit engstehenden Augen. Er hat sich Marvin Segal, den »großen alten Mann« unter den Pizza-Anwälten verpflichtet. Segal ist klein, drahtig und trägt Maßgeschneidertes, wobei er hellgraue Anzüge und gelbe Krawatten bevorzugt. Während der Arbeit balanciert er eine Hornbrille auf seiner Nasenspitze. Schon seit einer Reihe von Jahren hat er südlich von Rom eine Wohnung mit vielen Balkons und Blick aufs Mittelmeer; man könnte ihn sich gar nicht ohne Sonnenbräune vorstellen.

Gleich neben Mazzara sitzt der Mann, den die Staatsanwaltschaft den »Investor« getauft hat, der gewichtige, joviale Francesco »Frank« Polizzi, der in New Jersey eine florierende Baufirma und einen Motel- und Restaurantkomplex besitzt. Er ist ein Mann, den man auf mehrere Millionen schätzt, und im Gegensatz zu seinen Mitangeklagten sieht man ihm das auch an. Er kleidet sich gut, und sein Auftreten ist von jener natürlichen aufgeschlossen-wohlwollenden Art, die so vielen reichen Männern zu eigen ist. Sein Anwalt ist der zurückhaltendste Mann im Saal. Michael Querques ist klein, konzentriert, blaß, hat feingeschnittene Züge und trägt eine schwarze Brille. Sein Mittagessen bringt er sich jeden Tag in einer Papiertüte mit, und die Mittagspause verbringt er mit Schreibtischarbeit.

»Ein Prozeß ist wie eine Münze«, belehrt er heute die Geschworenen. »Er hat zwei Seiten, Kopf und Zahl. Und falls ich nicht vorübergehend eingenickt bin und sie überhört habe, so muß ich mich wirklich wundern, hier noch nichts von *Spekulation, Mutmaßung* oder *Vermutung* vernommen zu haben.«

Gleich neben Querques Joseph Ryan, ein reizbarer kleiner Exbundesstaatsanwalt aus Long Island, der seinen Mandanten Filippo Catalano schon seit einigen Jahren vertritt und jedesmal in Rage gerät, wenn man seinen Schützling einen Investor nennt. Ryan betont, daß der gockelgesichtige kleine Mann mit dem weißen Haar und den funkelnden Augen nichts weiter ist als ein Mozzarellafabrikant aus Brooklyn, vielbeschäftigter Inhaber einer *salumeria* und der Eagle Cheese Company. Was Ryan den Geschworenen verschweigt und die Staatsanwaltschaft ihnen von Rechts wegen nicht sagen darf, ist, daß der fidele kleine Käsehändler auch schon mal mit Heroin gehandelt und dafür gesessen hat. Casamento ist damit der einzige Angeklagte im Pizza-Fall, der schon einschlägig vorbestraft ist.

Der behinderte Giovanni Ligammari hat sich Steven Kimelman zum Rechtsbeistand genommen. Kimelman ist jedoch der Ansicht, daß er seine Zeit nicht damit verschwenden kann, monatelang in diesem Gerichtssaal zu sitzen, um sich insgesamt kaum eine oder zwei Stunden Zeugenaussagen gegen seinen Mandanten anzuhören. Also stellt er in seinem Eröffnungsplädoyer seine Assistentin Carol Novack vor, eine dunkelhaarige, aufgeschlossene junge Frau, die Gedichte schreibt.

Der einzige Anwalt, der kein Eröffnungsplädoyer hält, ist Mario Malerba, 50, ein erfahrener, zuvorkommender Mann mit leuchtenden Augen, ein ehemaliger Golden-Glove-Boxer, der heute eine der größeren Anwaltspraxen im New Yorker Stadtteil Queens betreibt. Wie der Ire Burke, dem er in vieler Hinsicht ähnelt, bleibt Malerba immer höflich und weiß sich ausgezeichnet auszudrücken. Seine italienische Garderobe ist von erlesenem Geschmack. Sowohl der Vater als auch der Großvater Malerbas waren geborene Sizilianer, und Malerba selbst spricht den Dialekt flüssig genug, um jederzeit mühelos umschalten zu können.

Malerba ist seit langer Zeit der Anwalt des Angeklagten Giuseppe Ganci. Als jedoch Ganci an Lungenkrebs erkrankte, erstritt sein Anwalt für ihn die Erlaubnis, den Verhandlungen aus gesundheitlichen Gründen fernbleiben zu dürfen. Malerba bleibt dem Prozeß jedoch als zweiter Rechtsbeistand von Sal Catalano erhalten. Er war es auch, der Ivan Fisher für die Ausführungen vor den Geschworenen hinzugezogen hat. Fisher hatte sein Honorar von 500 000 Dollar im voraus verlangt und bekommen. Dies wurde ruchbar, als Staatsanwalt Martin auf Grund des Comprehensive Forfeiture Act* von 1984 rechtliche Schritte einleitete, um das Honorar zu beschlagnahmen, mit der Begründung, es handle sich dabei um Geld aus illegalen Drogengeschäften. Fisher bestand darauf, daß er im Sinne der Verfassung ein Recht auf diese Arbeit habe, und Richter Leval entschied zu seinen Gunsten.

Der kleine Joe Ryan ist der letzte der Verteidiger, der sich an die Geschworenen wendet. »Je mehr Beweismittel man in diesem Prozeß

* etwa: Gesetz zur umfassenden Einziehungs- oder Verfallsbeschlagnahme (A. d. Ü.)

gegen die Mafia vorbringt, desto mehr beweist man damit, daß man keine ordentlichen Beweise gegen unsere Mandanten hat!... Und jetzt ist es an der Zeit, endlich anzufangen. Ich wünsche Ihnen allen viel Glück.« Er setzt sich wieder. Es ist kurz vor dem Mittagessen – der dritte Verhandlungstag, an dem man nichts anderes tut als Eröffnungsplädoyers zu halten.

Die Informanten

Dienstag, 29. Oktober 1985. Im Gerichtssaal. »Die Staatsanwaltschaft wird heute ihren ersten Zeugen aufrufen«, verkündet Richter Leval. Ganz am rechten Ende der Richterbank sitzt eine hübsche Assessorin mit aufgeplustertem Haar, ganz erpicht darauf, daß es endlich richtig losgeht. Sie braucht nicht lange zu warten, dann kommt auch schon der Starzeuge der Staatsanwaltschaft durch die Geschworenentür in den Saal.

Mit seinen zerknautschten Hängebacken und den dicken Tränensäcken sieht Tommaso Buscetta aus wie ein Bluthund; außerdem macht er den Eindruck, als hätte er es an der Leber. Der Abstand zwischen Mund und Nase ist ungewöhnlich groß. Das buschige schwarze Haar, das ihm in seidig glänzenden Ponyfransen in die Stirn fällt, ist mit Sicherheit eine Perücke. Er ist nicht sehr groß und trägt einen gut geschnittenen dunkelblauen Anzug, ein blaugraues Hemd und eine schmale schwarze Krawatte. Um vor seinen Feinden unterzutauchen, hat er sich auf Kosten des amerikanischen Steuerzahlers einer umfassenden Gesichtsoperation unterzogen. Vergeblich versucht man sich vorzustellen, wie er wohl vor dem chirurgischen Eingriff ausgesehen haben mag. Das neue Gesicht scheint jedenfalls weit weniger interessant als die Summe seiner früheren Teile.

»Euer Ehren, der erste Zeuge der Staatsanwaltschaft ist Tommaso Buscetta.« Fast glaubt man den Trommelwirbel zu hören, der die Worte des Chefanklägers zu begleiten scheint. Die europäische – vor allem die italienische –, aber auch die amerikanische Presse hat Buscetta als den wichtigsten Mafia-Überläufer aller Zeiten verkauft.

Als erstes entlockt Martin dem Mann die Gründe dafür, daß er sich den Vereinigten Staaten als Zeuge zur Verfügung stellt. Die Mafia sei nicht mehr das, was sie einmal war, erklärt Buscetta auf italienisch. Eine Dolmetscherin, die neben ihm im Zeugenstand sitzt, übersetzt. Ihre Worte werden von den anderen Dolmetschern in der schalldichten Kabine ins Italienische zurückübersetzt, auch ins Sizilianische. Sie übersetzen auch Martins auf englisch formulierte Fragen. Per Funk übermittelt man diese Übersetzungen jedem der Angeklagten, der sich die Mühe macht, seinen Kopfhörer aufzusetzen.

Die Mafia sei heute eine Organisation von Mördern und nicht von Ehrenmännern, sagt der Zeuge. Martin fragt ihn nach einigen Informationen zu Struktur und Gepflogenheiten der Mafia. Die Organisation teilt sich in Einheiten, die man »Familien« nennt. Jede Familie trägt den Namen der Stadt oder des Dorfes, wo sie ihr Hauptquartier hat. Den Mitgliedern teilt man militärische Ränge zu, so daß man sich vom *soldato* über den *capodecina* (Zehnerchef) und *consigliere* (Berater) zum *sotocapo* (Unterchef) oder *capo* hocharbeiten kann.

Ein Mitglied der Mafia hat sich in angemessener Weise zu benehmen. Einem Bruder gegenüber hat ein Mafioso immer die Wahrheit zu sagen. Er hat sich an die *omertà* – das Gesetz der absoluten Geheimhaltung – zu halten. Keinesfalls darf er die Ehefrauen anderer Männer ansehen. Er darf nicht stehlen. Wenn ein Bruder Hilfe braucht, hat er alles liegen und stehen zu lassen und diesem zu Hilfe zu eilen.

Und die Strafe für den, der gegen diese Regeln verstoße?

»Der Tod.«

Martins Vernehmung geht weiter. Die Geschworenen bekommen zu hören, daß sich das künftige Mitglied beim Initiationsritus in den Finger stechen, sein Blut auf ein Heiligenbild schmieren und das Bild anzünden muß; dabei sagt er: »Meine Gebeine und mein Fleisch sollen brennen wie dieser Heilige, wenn ich meinen Treueid breche.«

Und wie erkennen Ehrenmänner einander, fragt ihn Martin. »*Cosa nostra* bedeutet *unsere Sache*. Wenn Sie diese Worte benutzen, dann bedeutet das: Sie gehören zur Familie der Mafia.« Wenn ein Familienmitglied jemanden einem anderen Familienmitglied mit den Worten *Er ist unser Freund* vorstelle, dann bedeute dies, daß der Neuling ebenfalls ein Ehrenmann sei. Sage man dagegen *Er ist mein Freund*, dann bedeute das, daß er zwar kein Mitglied sei, daß derjenige, der ihn vorstelle jedoch jederzeit bereit sei, für ihn zu bürgen.

Pause. Die Anwälte der Verteidigung ziehen sich zur Beratung auf den Korridor zurück; sie diskutieren den Eindruck des Starzeugen auf die Geschworenen. Buscetta ist eine Klischeefigur, da ist man sich einig. Der Mann stamme doch geradewegs aus der Feder von Mario Puzo. Er könne ihren Mandanten schon deshalb nicht schaden, weil er nichts wisse; er sei nichts weiter als ein Schaustück, mit dem die Anklagevertretung Presse und Geschworene beeindrucken wolle. Nichts von diesem Mafia-Zauber sei relevant; es handle sich lediglich um eine weitere Einschüchterungstaktik seitens der Ankläger. Was das alles mit der Pizza Connection zu tun habe?

Mittwoch, 30. Oktober 1985. Im Gerichtssaal. Mit dem Gesicht und der Gelassenheit einer Wachsfigur sitzt der Starzeuge wieder im Zeugenstand; fast sieht er aus, als hätte man ihn einbalsamiert. Martin will von Buscetta wissen, ob sich Mitglieder der Cosa Nostra im Saal befinden. »Würden Sie sich bitte im Gerichtssaal umsehen, ob Sie jemanden erkennen, der Ihnen oder in Ihrer Gegenwart einem anderen jemals in der gestern von Ihnen geschilderten Weise vorgestellt wurde.«

Wie ein Pfeil schießt der Blick Buscettas in Richtung Gaetano Badalamenti, der kaum fünf Meter von ihm entfernt sitzt. »*Si.*« Dann identifiziert der Zeuge noch Sal Catalano, Sal Lamberti, Gaetano Mazzara und Filippo Casamento als Mafiosi. Abschließend sagt er noch: »Und da drüben, das ist Badalamentis Sohn Vito und sein Neffe Vincenzo Randazzo.«

Martin kehrt zum Tisch der Anklagevertretung zurück, holt ein Fotoalbum und reicht es Buscetta. »Euer Ehren, ich beantrage, das hier als Beweisstück Nummer 102 der Staatsanwaltschaft zuzulassen.« Buscetta identifiziert Fotos der Angeklagten Catalano, Ganci und eines Mannes namens Giuseppe Bono.

Kaum hat Martin angefangen, Fragen über die Angeklagten zu stellen, fordert Paul Bergman auch schon, die Geschworenen aus dem Saal zu schicken. »Formulieren Sie Ihren Einspruch schriftlich und lassen Sie ihn mir heraufbringen«, befiehlt Leval. Einige der anderen Anwälte haben weitere Einwände; sie schreiben sie ebenfalls auf, und Leval darf sich auf einen kleinen Zettelschneesturm gefaßt machen.

Inzwischen ist es 16 Uhr. Die Marshals werfen verstohlene Blicke auf ihre Armbanduhren, um zu sehen, wie viele Minuten sie noch von erneuten Überstunden trennen. Leval beschließt eine Unterbrechung, und während sich die Geschworenen auf den ihnen vorbehaltenen Ausgang zubewegen, ist die Verteidigung noch immer dabei, ihre Einwände gegen die fraglichen Fotos aufzulisten. Es handelt sich um die fünf Jahre alten Hochzeitsfotos eines gewissen Giuseppe Bono.

1980. Was Mafiahochzeiten anbelangt, war 1980 ein ertragreiches Jahr. Im Februar war der Angeklagte Sal Catalano nach Cimina gereist, einem kleinen Dorf unweit von Palermo, um Caterina Catalano, eine junge Frau, die trotz Namensgleichheit nicht mit ihm verwandt war, zu heiraten. Auf die schlichte kleine Hochzeitsfeier folgte eine sechsmonatige Wartezeit, in der sich die Einwanderungsbehörden um die Papiere von Signora Catalano kümmerten. Im September, kurz nach ihrer Ankunft in New York, gab man im Restaurant Marina del Rey im Throgs Neck, einem Viertel in der Bronx, schließlich einen großen Empfang für die Neuvermählten. Eine ganze Reihe von »gemachten« Mitgliedern der Familie Bonanno, einem der mächtigen New Yorker Mafia-Clans, besuchte die Festlichkeit. »Gemachte Mitglieder« sind Männer, die wie Buscetta selbst nach dem geschilderten Ritus einer Mafia-Familie den Treueid geschworen haben. Das FBI hatte eine Mordsfreude daran, die Hochzeitsgäste zu identifizieren und ihre Autos zu fotografieren.

Fünf Tage später beobachtete man, wie vier der Personen, die man bei Catalanos Empfang gesehen hatte, zum Bezirksgericht am Queens Boulevard fuhren. Es handelte sich unter anderen um den Angeklagten Joe Ganci und seine Frau Margarita; sie waren auf dem Weg zur zweiten Hochzeit von Giuseppe Bono, bei der sie Trauzeugen waren.

Bono war als Don der Familie Bolognetta eine wichtige Figur in der sizilianischen Mafia gewesen. Er hatte sich 1978 dazu entschlossen, seinen Wohnsitz in die Vereinigten Staaten zu verlegen. Noch im April desselben Jahres kam er in New York an, und innerhalb weniger Tage war er bereits mit Carmen Figuero, einer amerikanischen Staatsbürgerin, verheiratet und hatte sich ein großes Haus in Pelham Manor in der Bronx gekauft.

Zwei Jahre später hatte Bonos Anwalt, Mario Malerba, bereits die Scheidung erwirkt, und am 15. September 1980 heiratete Bono im engsten Kreis eine gewisse Antonina Albino. Der Hochzeitsempfang selbst war dagegen eines der rauschendsten Mafia-Feste der letzten Jahrzehnte.

Am Abend des 16. November war der große Ballsaal des Hotels Pierre an der Fifth Avenue in Manhattan mit Blumen geschmückt. Die Tische bogen sich vor Champagner und erlesenen Speisen. Zwei Orchester spielten nonstop zum Tanz. Unter den fünfhundert Gästen befand sich so gut wie alles, was in der New Yorker Mafia Rang und Namen hat. Die Rechnung über 62 000 Dollar bezahlte man dem Hotel in bar.

Draußen auf der 61. Straße traten sich Ermittlungs- und Vollstrekkungsbeamte der verschiedensten Behörden beim »Fototermin« für die in großen Limousinen und Taxis vorfahrenden Mafia-Größen gegenseitig auf die Füße. Drinnen hatten die bezahlten Hochzeitsfotografen alle Hände voll zu tun, die Gäste fürs Familienalbum oder Erinnerungsfoto zu gruppieren.

Das sind die Fotos, die Martin jetzt einzubringen versucht, um in den Reihen der Angeklagten Freundschaften und Mafia-Verbindungen aufzuzeigen. Joe Ryan brüllt von ganz hinten, es sei doch offensichtlich, daß der eigentliche Zweck, den Geschworenen das Hochzeitsalbum vorzulegen, nicht darin bestehe, den Angeklagten die *strafbare Verabredung* nachzuweisen, um die es hier gehe. »Der eigentliche Zweck ist doch der, die Verbindung der Angeklagten zur Mafia aufzuzeigen. Aber es ist in diesem Land kein Verbrechen, zur Mafia zu gehören!« Martin erklärt sich damit einverstanden, das Album fürs erste zurückzuziehen. Leval klopft mit dem Hammer zur Pause.

Kennedy konzentriert sich zu diesem Zeitpunkt ganz und gar auf sein schwieriges Kreuzverhör dieser unbekannten Größe namens Buscetta, das aller Wahrscheinlichkeit nach morgen beginnen wird. Drei verschiedene Varianten hat er vorbereitet und auf großen Karteikarten aufgezeichnet; seiner Meinung nach sind die Versionen »hart, sanft und ganz anders«. Immerhin muß er auf einen Hinterhalt gefaßt sein. Außerdem sagt er sich, Buscetta müsse unmißverständlich klar sein, mit wem er es zu tun hatte, wenn er mit dem Kreuzverhör die maximale Wirkung erzielen will.

Während Martins Zeugenbefragung war Kennedy viermal aufgestanden und hatte sich zu seinem Mandanten hinuntergebeugt, um mit ihm zu tuscheln, »damit Buscetta auch wirklich *capisce,* wer hier wer ist. Buscetta dürfte jetzt wissen, daß der Alte sich keinen Trottel zum Anwalt genommen hat. Er wird wissen, daß er seinem sorgfältig ausgewählten Anwalt das ein oder andere vernichtende Histörchen über ihn geflüstert hat, das die Regierung der Vereinigten Staaten noch gar nicht weiß. Er weiß also, wenn er nicht spurt, dann kippen wir ihm das Zeug über wie aus einem Betonmischer. Die beiden kennen sich ja immerhin schon eine Ewigkeit.«

Donnerstag, 31. Oktober 1985. Während sich der Sitzungssaal mit Anwälten, Dolmetschern und Zuschauern füllt, ist Martin schon dabei, lautstark zu betonen, daß er der Verteidigung sehr wohl die Fotos von der Bonoschen Hochzeit vorgelegt habe. Das Recht auf Akteneinsicht verpflichtet die Staatsanwaltschaft, der Verteidigung alles, was sie an Beweismitteln und Hintergrundmaterial hat, vorzulegen, bevor es den Geschworenen vorgelegt wird.

Hat er nicht, sagt Lewis.

Hat er schon, bellt Martin.

»Mir ist das egal. Ich bitte Sie!« Leval ärgert das Gezanke.

Buscetta ist gar nicht wohl in seiner Haut. Die Dolmetscher unterbrechen ihn ständig; er braucht einen Notizblock, um den Faden nicht zu verlieren.

Er fährt also fort, Mafiosi zu identifizieren. Wie ein Rasiermesser lächelt ihn Gaetano Mazzara aus der Familie Noce von der hintersten Reihe her an.

Martin führt Buscetta noch einmal zurück in die jüngere Mafia-Geschichte, und der Informant erzählt von der Nacht, in der die sizilianische und die amerikanische Mafia sich zum ersten Mal zu einem Erfahrungsaustausch trafen . . .

12. Oktober 1957. Palermo. Charles »Lucky« Luciano, der berühmt-berüchtigte amerikanische Mafia-Boß, hatte in seinem italienischen Exil die Fähre über die Straße von Messina genommen, um sich zu einem streng geheimen Rendezvous zu begeben. Luciano war 1936 in New York vor Gericht gestellt und wegen seiner Verwicklung in Mädchenhandel und Prostitution zu dreißig bis fünfzig Jahren Zuchthaus verurteilt worden. Schon bald nach Ausbruch des Zweiten Weltkriegs jedoch entließ man ihn und deportierte ihn nach Italien, weil er versprochen hatte, die sizilianische Mafia dazu zu kriegen, beim Schutz der Häfen der Alliierten vor den Nazis und bei den Vorbereitungen der Invasion Siziliens mitzuhelfen. Luciano hielt sein Versprechen und machte nach Kriegsende Neapel zu seinem Wohnsitz.

An jenem Abend traf sich Luciano mit einer Reihe von weiteren Mafia-Bossen zu einem Festbankett zu Ehren eines wichtigen amerikanischen Gastes im Restaurant Spano zu Palermo. Unter anderen gehörten der Festgesellschaft auch Gaetano Badalamenti, Leonardo Greco – Chef der skrupellosen Familie Greco aus Giaculli und älterer Bruder des Angeklagten Sal Greco – sowie Tommaso Buscetta an.

Ehrengast der Veranstaltung war Joseph Bonanno, Boß der New Yorker Mafia-Familie, die noch heute seinen Namen trägt. Bonanno reiste zum ersten Mal zurück an seinen Geburtsort, und man behandelte ihn, als hätte man einen König zu Besuch. Delegationen der Kirchenführung und der örtlichen Politik hatten ihn begrüßt. Auf dem Flughafen hatte ein Mitglied der italienischen Regierung auf dem Rollfeld gestanden. Bonanno wurde von seinen jungen Beratern und *sottocapi* begleitet. Einer von ihnen war ein rauhbeiniger Straßenganove namens Carmine Galante.

Nachdem man den gebotenen sizilianischen Förmlichkeiten und dem Ritual des Essens und Trinkens Genüge getan hatte, setzten sich die Führer dieser internationalen Bruderschaft des Verbrechens zusammen, um ihre Erfahrungen hinsichtlich des Wachstums ihrer Organisation im Zeitalter der Raumfahrt auszutauschen. Bonanno nahm Buscetta und Greco beiseite und schlug vor, die alten Tage der Blutfehden und Vendetten zu begraben. Die sizilianische Mafia solle endlich in die Fußstapfen ihres modernen amerikanischen Gegenstücks treten und einen Rat ernennen, der bei anfallenden interfamiliären Streitigkeiten als Schiedsgericht fungieren sollte. Man sollte auch in Sizilien eine *commissione* einrichten, wie das die Führer des organisierten Verbrechens in New York schon zwei Jahrzehnte zuvor getan hatten.

An jenem Abend übertrug man Buscetta und Greco die Aufgabe, ein solches Gremium zusammenzustellen.

Im Gerichtssaal. Gleich wenige Minuten nach der Erwähnung dieses Treffens mit Luciano schickt Richter Leval die Geschworenen schon wieder aus dem Saal. Er ist sich nicht sicher, ob diese Informationen der Aufdeckung dieses Falls einer strafbaren Verabredung förderlich sind – nur dann wären sie hier zulässig. Also wird die Verhandlung zunächst einmal als Vorvernehmung weitergehen; der Zeuge muß zuerst unter Ausschluß der Jury aussagen, damit man entscheiden kann, was die Geschworenen hören sollen und was nicht.

Während die Geschworenen also draußen warten, schleudern die

Anwälte der Verteidigung dem Richter einen Schwall von Einwänden entgegen. Ein Problem, so meinen sie, sei es, festzulegen, wo nun eigentlich der Kontakt mit einem *Ehrenmann* aufhöre. Pete Alfanos Anwalt, Pat Burke, verbreitet sich über das Problem. »Badalamenti ist ein Ehrenmann, laut Buscetta.« Burkes Mandant jedoch, der Neffe des Alten, ist nur Komplize eines Mafioso.

»Darüber hinaus«, fügt Genay Leitman hinzu, »ist mein Mandant Palazzolo als Komplize Alfanos nur noch Komplize eines Komplizen.« Wo hört nun die Infizierung durch die Mafia auf? Der Richter erklärt sich damit einverstanden, sich das Problem durch den Kopf gehen zu lassen. Leval hat bereits mit Nachdruck darauf hingewiesen, daß Vorsicht geboten sei, wenn man sich gegen einen Verfahrensfehler – für ihn das Schreckgespenst schlechthin – absichern wolle.

Während sich die Gerichtssäle zum Wochenende leeren, macht Giuliani seinen Rundgang durch das Gebäude. Diesen Morgen ist er in der *New York Times* in einem gleich neben dem Leitartikel plazierten Essay vom Chef der American Civil Liberties Union* als übereifriger Ankläger und gefährlicher Eiferer porträtiert worden. Als er sich in einem Aufzug voller Reporter findet, meint Giuliani: »Ich denke, irgend etwas muß ich ja wohl richtig machen, wenn schon die ACLU hinter mir her ist.« Dann fixiert er die Presseleute mit seinen glühenden schwarzen Augen und fügt hinzu: »Diese Männer haben Eiswasser in ihren Venen. Sie haben da in einem Raum voller Mörder gesessen.«

Montag, 4. November 1985. Im Gerichtssaal. Über Nacht wehte ein frostiger Wind aus Kanada, und die Anwälte stampfen mit den Füßen, während sie sich ihrer Schals, Hüte und Handschuhe entledigen. *»Buon giorno! Come sta?«* begrüßen sie einander. Wie schnell aus diesem Haufen kriegerischer Egoisten eine Gruppe geworden ist, ein einziger Organismus – so weit die Meinungen untereinander auch auseinandergehen mögen. Das Narrenschiff hat sich bereits aus dem Hafen laviert und ist in See gestochen; die Reise hat begonnen.

Eisige Zugluft umstreicht die Füße der Anwälte. Der alte Gerichtssaal, der das ganze Wochenende über verschlossen war, ist jetzt um

* ACLU: ein Verein, der für den Schutz der bürgerlichen Freiheiten eintritt (A. d. Ü.)

diese Jahreszeit ebensowenig zu heizen, wie er im Sommer erträglich kühl zu halten ist. Das Aufreißen und Zuknallen des einzigen zu öffnenden Fensters im Saal – das sich zwischen der Geschworenenbank und den Zuschauerreihen befindet – entwickelt sich bald von einer gelegentlichen dramatischen Einlage zu einem stetigen Krieg zwischen den Marshals und den Anwälten.

»Wo ist Mr. Martin?« fragt der Richter.

»Er wurde aufgehalten, Euer Ehren«, sagt Stewart.

»Wahrscheinlich bearbeitet er Buscetta noch mal schnell mit dem Gummischlauch«, flüstert einer der Anwälte.

Als Martin einige Augenblicke später zur hinteren Tür hereingestürzt kommt, unterbricht Leval das tägliche Gefeilsche darüber, was die Geschworenen nun vorgesetzt bekommen sollen oder nicht. »Lassen Sie mich doch um Punkt 9 Uhr 30 für einen Augenblick unterbrechen, um Mr. Martin zu begrüßen und ihm zu sagen, wie sehr wir es zu schätzen wissen, daß er sich doch noch entschließen konnte, sich heute zu uns zu gesellen.«

Die Geschworenen kommen herein. Buscetta trägt eine neue Perücke; der Scheitel auf seiner seidenglänzenden Haarpracht ist von links nach rechts gewandert. Martin fährt mit der Identifizierung der Mafia-Angehörigen fort. Er zeigt Buscetta mehrere Fotos. Der Zeuge setzt sich eine Brille mit Goldrand auf. Von dem Mann da kenne er nur den Spitznamen, der seiner Meinung nach »Lilo« – gemeint ist Carmine Galante – sei; er sei ihm zum ersten Mal 1957 in Palermo begegnet. Man habe sie einander mit den Worten *Er ist ein Freund von uns* vorgestellt.

Buscetta beugt sich über ein anderes Foto. »Das sind die Adamita-Brüder.« Er sei Emmanuele Adamita zum ersten Mal 1965 oder 1966 begegnet – in New York –, und man habe ihm gesagt, der Mann sei kein Mitglied der Mafia.

Die Riege der Verteidigung quittiert dies mit einem ganzen Schwall von »Einspruch«-Rufen. Schon wieder will Bergman sowohl die Geschworenen als auch den Zeugen aus dem Saal verbannt sehen. Die Prozession der Geschworenen, von denen sich nur ein oder zwei ihre Frustration anmerken lassen, schlängelt sich aus dem Saal.

Die Gebrüder Adamita waren 1980 an einer großen Heroinschmuggelaffaire beteiligt. Die Staatsanwaltschaft hat die Absicht, einigen der im Pizza-Fall Angeklagten die Beteiligung an dieser Aktion nachzuweisen. Aber indem Martin Buscetta sagen läßt, daß einer der damaligen Importeure kein vollwertiges Mitglied der Mafia gewesen sei, hat er einen besonders empfindlichen Nerv getroffen.

Leval hebt die Hand, um dem Wortschwall der Verteidigung Einhalt zu gebieten. »Mr. Martin, Sie sagen, Ihr Zeuge wird aussagen, daß ein Angehöriger der Mafia auch jemanden, der nicht zur Organisation gehört, hinzuziehen kann, um ihm bei einem bestimmten Projekt zur Hand zu gehen?«

»Jawohl, Euer Ehren.«

»Und indem er das tut, kann er nicht umhin, diesem Mann auch einige der Regeln anzuvertrauen.«

Martin erklärt, daß der Handlanger eines vereidigten Mafioso über die Gepflogenheiten der Mafia aufgeklärt werde und damit die Verantwortung übernehme, die mit diesen Regeln einhergingen. Wenn dieser Mann dann seinerseits einen weiteren hinzuziehe oder vertraglich an sich binde, dann gebe er die Auflagen und Vorsichtsmaßnahmen der Mafia ebenfalls weiter.

Erneuter Aufruhr in den Reihen der Verteidigung. Der Anwalt Alfanos ist der erste, dem es gelingt, Levals Aufmerksamkeit auf sich zu ziehen. »Mr. Burke.«

»Besonders bösartig an Martins Theorie von einer allumfassenden Verabredung ist die Tatsache, daß er damit auch bloße Handlanger unter den einen großen Hut zu bringen versucht.« Burke befürchtet, Martins Version könne dahingehend ausgelegt werden, den Krakenarmen der eigentlichen Verabredung seien keine Grenzen gesetzt und Martin könne sein Netz womöglich genügend ausweiten, um auch noch den letzten Angeklagten unter dem globalen Vorwurf des organisierten Drogenhandels zu fangen – seien es nun Mafia-Leute wie Catalano oder Badalamenti, Handlanger wie Alfano und Mazzurco oder nur Helfershelfer – kleine Fische wie Palazzolo oder Cangialosi.

Leval beschließt, sich selbst etwas mehr Luft zu verschaffen. »Lassen sie uns den Zeugen hereinholen, um zu hören, was er zu sagen hat.« Einmal mehr sieht sich die Staatsanwaltschaft genötigt, eine Zeugenaussage zur Diskussion zu stellen: Buscetta wird also zunächst ohne Zugegensein der Geschworenen aussagen, damit man feststellen kann, ob sich das, was er zu sagen hat, für ihre Ohren eignet.

Die Debatte tobt. Buscetta geht detailliert auf seine Geschäfte mit

Helfershelfern ein. Martin ist darauf aus, sein Netz zu erweitern. Also wird jedes einzelne seiner Worte von der Verteidigung aufgegriffen und auf rechtliche Mängel abgeklopft, in der Hoffnung, die ein oder andere Lücke zu entdecken; das würde es der Verteidigung ermöglichen, gewisse Aussagen des Zeugen für unzulässig erklären zu lassen. Alle miteinander sind sie in eine gefährliche Wortklauberei verfallen.

Leval greift ein und befragt den Zeugen direkt. »Wie sahen die Regeln für den Umgang mit Handlangern konkret aus?«

»Die Verantwortung trug immer der, der zur Mafia gehörte, nicht der Außenstehende.«

»Gab es irgendwelche Regeln, die verlangten, daß man einem Handlanger überhaupt etwas mitteilte?«

Ja. Buscetta erwähnt die Einschränkungen der *omertà*.

»Gab es Vorschriften hinsichtlich der Art und Weise, wie man einem Handlanger diese Informationen zu übermitteln hatte?«

Leval scheint zu glauben, die Mafia formuliere ihre Regeln in der Art des Strafgesetzbuches oder den Statuten eines Ortsverbands vom Klub der Elche. Hier aber handelt es sich zum großen Teil um ungeschriebene, ja unausgesprochene Gesetze. Es entbehrt nicht ganz einer absurden Komik, wenn ein Bundesrichter einen erledigten Mafioso nach *dessen* Spielregeln befragt, als stünden sie beide auf ein und derselben Stufe.

»Bis jetzt, Mr. Martin, glaube ich nicht, daß Mr. Buscettas Aussage den Beweis, den Sie zu führen haben, erhärtet.«

Martin versucht es noch einmal: »Wenn es schon keine Regeln gab, gab es dann wenigstens eine bestimmte *Praxis* . . .?«

»In der Mafia zählt nur die *Einstellung*«, erklärt Buscetta. Endlich ist dem alten Wrack das richtige Wort über die Lippen gekommen.

Bob Fogelnest, der Anwalt von Salamone, sagt, er habe Grund zur Annahme, Buscetta beherrsche das Englische recht gut. Ihm sei aufgefallen, daß Buscetta, wenn immer die Verteidigung ihre Gründe für einen Einspruch formuliere, seine nächste Antwort so gestalte, daß er den Einwand damit pariere.

Die Geschworenen dürfen wieder herein, und Leval instruiert Buscetta in ihrer Gegenwart, daß er Ausdrücke wie *omertà* und *Handlanger* nicht mehr benutzen darf. Während der folgenden Befragung erhebt die Verteidigung gegen jede Frage, die das Wort *Mafia* enthält, auf der Stelle Einspruch. Als Begründung dafür gibt man bald mangelnde Aussagekraft, bald mangelnde Kompetenz des Zeugen an. Den Einsprüchen wird jedoch samt und sonders nicht stattgegeben.

November 1972. Internationaler Flughafen Punta Raisi in der Nähe von Palermo. In Handschellen stieg Tommaso Buscetta die Rampe des Alitalia-Jets hinab. Fünfzehn Jahre nach dem Treffen mit Lucky Luciano anno '57 durchlebte die sizilianische Mafia wieder einmal eine relativ friedliche Periode. Das Treffen mit Luciano hatte zur Bildung der sizilianischen *commissione* geführt, dem herrschenden Organ der *capifamiglia*, der Bosse aller Mafia-Familien. Freilich waren diese fünfzehn Jahre nicht in ungetrübter Harmonie ins Land gegangen.

Schon 1963 war es wieder zu einem blutigen Krieg zwischen den Clans gekommen. Zwei von ihnen waren aus dem Gemetzel als die stärksten hervorgegangen, die Grecos aus Ciaculli und die mächtige Familie aus dem grimmigen und düsteren Bergdorf Corleone – die Corleoneser. Mit dem als »Massaker von Ciaculli« bekannt gewordenen Attentat vom 30. Juni 1963, bei dem durch eine Autobombe der Mafia sieben Polizeibeamte getötet wurden, erreichte der Krieg einen Höhepunkt. Das Massaker zeitigte allerdings eine unmittelbare Reaktion der italienischen Regierung. Hunderte von Mafia-Mitgliedern wurden verhaftet. Die *commissione* wurde zur Auflösung gezwungen, und die sizilianischen Familien durch die vielen Prozesse, die folgten, stark dezimiert.

Tommaso Buscetta war einer jener Mafiosi, die infolge des scharfen Durchgreifens der Polizei aus Sizilien geflohen waren; die sizilianische Polizei hatte wegen Entführung und Mord einen Haftbefehl gegen ihn erlassen. Über die Schweiz, Mexico City und Kanada reiste er in die Vereinigten Staaten. Sechs Jahre lang betrieb Buscetta diverse Pizzerien in und außerhalb von New York und handelte – laut FBI – unter anderem zusammen mit dem Angeklagten Filippo Casamento mit Drogen. Im August 1970 wurde er verhaftet und nach Mexiko deportiert, von wo aus er mit dem Auto über Mittelamerika nach Brasilien fuhr.

1972 dann ließ die brasilianische Polizei einen Ring korsischer Heroinschmuggler auffliegen, die von São Paulo und Rio aus operierten. Einer der Verhafteten versorgte die Polizei mit Informationen, die zu

Buscettas Verhaftung führten. Zwei Monate später wurde er aus Brasilien deportiert.

So traf Buscetta wieder in der berüchtigten alten Gefängnisfestung Ucciardone ein, wo er schon früher einmal wegen Zigarettenschmuggel eingesessen hatte. Dieses Mal war er dort, um drei Jahre wegen »Zugehörigkeit zur Mafia« abzubüßen – das Urteil war in absentia gefällt worden.

Sofort unternahm die Regierung der Vereinigten Staaten die nötigen Schritte, um Buscettas Auslieferung zu erreichen; er sollte sich für seine Heroingeschäfte während seiner Zeit in Brooklyn verantworten. Die italienische Regierung antwortete auf den Auslieferungsantrag nicht direkt. Statt dessen benutzte sie die Anklage aus den Vereinigten Staaten als Grundlage für eine ähnliche Anklage in Palermo, auf Grund derer Buscetta zu vierzehn Jahren Zuchthaus verurteilt wurde. Die Mordanklage, die seit den frühen sechziger Jahren wie ein Damoklesschwert über ihm geschwebt hatte, mußte man mangels Beweisen fallen lassen.

Die großen Razzien, die die Polizei in der Folge des Massakers von Ciaculli veranstaltet hatte, hatten den berühmtberüchtigten »Prozeß der 114« nach sich gezogen, der in Kalabrien, also auf dem italienischen Festland, stattfand. Einer der Angeklagten war Gaetano Badalamenti. Der Prozeß zog sich über ein Jahr hin. Nur gegen ein Drittel der Angeklagten – unter ihnen Badalamenti – wurden 1967 auch tatsächlich Urteile ausgesprochen, die noch dazu recht mild ausfielen.

Bis 1969 hatte die sizilianische Mafia allerdings einmal mehr bewiesen, daß ihr nicht beizukommen war: Sie überlebte sowohl Clankriege als auch die harten Schläge seitens der Regierung. Die Cosa Nostra war wieder im Geschäft. Die Ehre war wiederhergestellt. Drei der höchsten sizilianischen *capifamiglia* hatten die Vorarbeit für eine Neuordnung der Mafia geleistet. Einer aus diesem Triumvirat war Gaetano Badalamenti.

Badalamenti war der mächtige Don von Cinisi, einem kleinen Ort westlich von Palermo. Die Stadt profitierte enorm vom Bau des neuen sizilianischen Großflughafens einige Kilometer außerhalb von Cinisi. Der Internationale Flughafen Punta Raisi wurde mit Hunderttausenden von Tonnen Badalamenti-Zement erbaut und ist somit buchstäblich ein Monument der Macht »Don Taninos«, wie Badalamenti im Ort genannt wurde. Der Flughafen liegt direkt am Fuße eines Berges, Don Taninos Berg, und so mancher Pilot kann bezeugen, daß man in ganz Europa oder Afrika keinen zweiten Flughafen findet, auf dem bei schlechtem Wetter die Landung mit einem Jet so nervenaufreibend ist wie hier. Unterstrichen wird die Absurdität des ungewöhnlich geringen Abstands zwischen den Landebahnen und dem Berg noch durch die vielen Kilometer satten, grünen Flachlandes, die zwischen Palermo und Cinisi liegen. Aber der Berg gehörte nun einmal Don Tanino, ebenso wie der Steinbruch auf der anderen Seite des Berges; also war das genau die Stelle, wo der Flughafen hinzukommen hatte.

Badalamenti hatte sowohl den Flughafen als auch den Ort selbst fest in der Hand. Als das FBI die italienischen Behörden um Auskunft über ihn bat, erklärte man: »Seine Macht ist derart groß, daß er sich an so gut wie jeden männlichen Einwohner Cinisis wenden kann, falls er dessen Dienste benötigt.«

Badalamentis Verbündeter im Triumvirat an der Mafia-Spitze war Stefano Bontate, ein zuvorkommender, kultivierter Herr, der sich im Gegensatz zu dem bäuerlichen Misanthropen Don Tanino unter dem uralten, eleganten, aber oft etwas sklerotischen Adel Palermos pudelwohl fühlte. Bontate war Stammgast der Oper. Er betrieb einen exklusiven Country Club mit Schießstand am Rand von Palermo, zu dessen Kundschaft auch hochrangige Polizeibeamte und Mitglieder der christdemokratischen Regierungspartei zählten.

Badalamenti und Bontate waren die traditionsbewußten Konservativen innerhalb des Triumvirats. Der dritte im Bunde war Salvatore Riina, der Boß der Corleoneser. Die Corleoneser hatten den anderen Familien gegenüber schon immer ein beträchtliches Maß an Unabhängigkeit an den Tag gelegt, selbst während der relativ ruhigen Periode in den späten fünfziger Jahren, als die Position der neuen Commissione besonders stark war. So hatten sie etwa immer darauf bestanden, Zahl und Identität ihrer *soldati* geheimzuhalten, sehr zum Ärger von Don Tanino, der sich vor der Commissione wiederholt erbittert darüber beschwerte.

Trotz dieser Spannungen wurde Badalamentis Position innerhalb der Commissione von Bontate sowie einem starken Verbündeten Bontates, einem gewissen Salvatore Inzerillo, gestärkt. Die Corleoneser waren durch Salvatore Riina vertreten.

Kurz nach der Umstrukturierung der Commissione wurden Badalamenti und Bontate wieder einmal verhaftet. Während die beiden im Ucciardone schmorten, festigten die Corleoneser ihre Position.

Eine Serie von Entführungen mit Lösegeldforderungen, die die Corleoneser entgegen dem von der Commissione ausgesprochenen Verbot durchführten, machte schließlich klar, daß sich die Männer aus Corleone ihre eigenen Gesetze machten. Der immer breiter werdende Riß zwischen den Traditionalisten und den Corleonesern wurde durch die sich verändernde Art der kriminellen Unternehmungen noch verstärkt.

Die sizilianische Insel erfreute sich eines wirtschaftlichen Aufschwungs. Rom hatte beschlossen, in dem von Armut besonders hart getroffenen Süden des Landes ein umfassendes Bauprogramm einzuleiten und hatte Milliarden Lire lockergemacht, um den Armen und Obdachlosen zu helfen. In den Regionalbanken von Palermo kamen mit einem Mal ungeheure Summen an. Den Mafia-Familien, die diese Banken kontrollierten, standen damit für die Finanzierung ihrer kriminellen Unternehmungen nahezu unerschöpfliche Mittel zur Verfügung. Sie sahen sich nach gewinnträchtigen Anlagemöglichkeiten um. Die Lösung ihres Problems lieferte ihnen die New Yorker Polizei.

Im Oktober 1961 waren der New Yorker Kriminalbeamte Eddie Egan und sein Kollege Sonny Grosso auf ein Gläschen ins Copacabana, einem bekannten Nachtklub in Manhattan, gegangen. An der Bar erspähten sie Pasquale Fuca, einen Schmalspurmafioso, der mit einem dicken Packen Scheinen herumfuchtelte und mit Trinkgeldern nur so um sich warf. Die beiden entschlossen sich, den spendierfreudigen Angeber etwas genauer unter die Lupe zu nehmen. Als »French Connection«-Fall erlangten ihre Ermittlungen bald internationale Berühmtheit. Sie hatten zur Beschlagnahme von einundfünfzig Kilo fast reinen Heroins geführt, das in einem Buick Invicta versteckt auf dem Linienschiff *United States* nach New York verschifft worden war. Verhaftungen und weitere Ermittlungen in New York und Frankreich zogen sich noch über neun Jahre hin und führten schließlich zur Zerschlagung des »French-Connection«-Heroinrings. In der Umgebung von Marseille wurden von französischen und korsischen Drogenhändlern geleitete Geheimlaboratorien und Verpackungsanlagen zerstört. Die sizilianische Mafia war in den Transport der Morphinbase in die französischen Laboratorien verwickelt gewesen; die

Polizei hatte jedoch keinerlei Beweise dafür, daß sich die Mafia auf ein so kompliziertes Terrain wie die Heroinherstellung gewagt hatte. Mit der Zerschlagung der French Connection sahen einige sizilianische Mafiosi die Gelegenheit, sich in einem der lukrativsten Geschäfte der Welt eine Monopolstellung aufzubauen: der Herstellung, der Verteilung und dem Verkauf von Heroin.

Den Zwischenhandel mit den Erträgen der türkischen, iranischen und südostasiatischen Mohnfelder hatte schon immer eine kleine, extrem gewalttätige und unermeßlich reiche Gruppe türkischer Geschäftsleute und libanesischer Kriegsherren besorgt. Sie kauften die klebrige, unter der Bezeichnung »Morphinbase« laufende Paste auf und verkauften sie zu 3000 bis 10 000 Dollar an den Meistbietenden. Alles, was man brauchte, um in diesem Spiel mitzumischen, waren ein paar Millionen Dollar, eine kleine Flotte für die Treffen mit den Morphiumhändlern, die immer auf hoher See im Mittelmeer stattfanden, eine kleine Armee, die einen in der skrupellosen Welt des Rauschgifthandels schützen konnte, einen fähigen Chemiker, der die wertvolle Morphinbase zu noch wertvollerem Heroin verarbeitete, ein verstecktes Labor, in dem man das erledigte und ein Netz von Einkäufern, die sich schließlich um die Verteilung an den Einzelhandel kümmerten.

Die Sizilianer hatten Zugang zu den Zigmillionen, die Rom als Entwicklungshilfe nach Sizilien pumpte. Sie hatten eine kleine Flotte leistungsstarker Schnellboote, mit der sie schon jahrelang Zigaretten aus Griechenland und der Türkei geschmuggelt hatten, um die Tabaksteuer zu umgehen. Ihre schweren Jungs veranlaßten selbst den waghalsigsten Drogenhändler, es sich zweimal zu überlegen, bevor er sie aufs Kreuz zu legen versuchte. Und man hatte eine altgediente, äußerst zuverlässige Organisation von Händlern in New York, dem Zentrum des zahlungskräftigsten Drogenmarktes der Welt.

Die sizilianische Mafia war damit bestens gerüstet, das lukrativste aller kriminellen Geschäfte dieser Welt zu übernehmen. Als es galt, sich die amerikanische Heroinkonzession zu schnappen, waren die skrupellosen, pragmatischen Corleoneser sofort zur Stelle. Als dann 1975 Gaetano Badalamenti und Stefano Bontate wieder aus dem Gefängnis auftauchten, hatten die Corleoneser effektiv die Kontrolle über die Commissione übernommen und bildeten jetzt eine starke, geheime Clique innerhalb der Geheimgesellschaft. Ihr nächster Schachzug bestand darin, sich der Opposition zu entledigen. Ganz oben auf der Abschußliste stand Gaetano Badalamenti . . .

Mittwoch, 6. November 1985. Im Gerichtssaal. Paul Bergman möchte, daß man vor den Geschworenen den Zigarettenschmuggel nicht erwähnt. Kennedy ist sehr wohl dafür, daß dieses Thema zur Sprache kommt. Immerhin haben Badalamenti und Buscetta in den alten Tagen mit geschmuggeltem Tabak gehandelt – und schließlich will Kennedy die Geschworenen davon überzeugen, daß der *Alte* seine Gewohnheiten seither nicht geändert hat. Bergman redet sich den Mund fransig, fest entschlossen, auch die kleinste rechtliche Nuance zu sezieren und zu diskutieren. Kennedys Argumentation ist dabei ganz klar: Die Mafia steigt auf Drogen um und wirft gleichzeitig Badalamenti hinaus; also muß Badalamenti doch wohl ausgestoßen worden sein, weil er gegen Drogen ist.

Aber Bergman bleibt unerschütterlich, will diese Notwendigkeit partout nicht sehen. Kennedy ist außer sich. Man bittet die Geschworenen wieder in den Saal. Ihr Schritt ist eine Tausendstelsekunde langsamer, die ersten klitzekleinen Anzeichen von Gewöhnung und Langeweile beginnen sich zu zeigen.

Bergman hat noch etwas auf dem Herzen: »Euer Ehren, mein Mikrofon funktioniert nicht.«

»Tut mir leid«, meint Leval trocken. »Ich kann es Ihnen auch nicht reparieren.«

»Michael hat ihm den Stecker herausgezogen«, flüstert mir Eleanore zu.

Buscetta fährt mit seiner Aussage über seine Treffen mit Badalamenti in Brasilien fort. Aber schon nach wenigen Minuten wird er unterbrochen, und man schickt die Geschworenen ein weiteres Mal aus dem Saal.

Kennedy beantragt, die gesamte heutige Aussage des Zeugen aus dem Protokoll zu streichen. Buscetta beschäftige sich jetzt mit der Zeit nach dem Ausschluß Badalamentis aus der Mafia; damit seien seine Aussagen hinsichtlich der Anklagen, die gegen seinen Mandanten erhoben werden, nicht von Bedeutung. Darüber hinaus hätten die Ankläger ja bereits festgestellt, daß die Mafia der Zement sei, der die ganze Pizza-Verabredung zusammenhalte. Wenn dem so sei, dann könne ein Mann, der der Mafia nicht mehr angehöre, auch nicht an der Verabredung beteiligt gewesen sein.

Martin kontert: »Die Beweismittel werden zeigen, daß Badalamenti, obwohl er namentlich und persönlich von der Bildfläche verschwand und offiziell ausgeschlossen war, weiterhin in der Mafia aktiv blieb.«

Leval greift rasch ein, um Kennedy den Weg abzuschneiden. »Der Antrag ist abgelehnt. Lassen Sie uns eine Pause einlegen.«

»Ich bin ganz schön nervös«, sagt Eleanore. »In den nächsten fünfzehn Minuten ist das *unser Prozeß*.«

Aber genau in dem Augenblick, als Kennedy aufsteht, um sein sorgfältig choreographiertes Kreuzverhör zu beginnen, unterbricht Martin. Der Ankläger wünscht die unkorrekte Übersetzung eines Wortes zu klären, das der Zeuge von einem Mafia-Kollegen, Saca Catalano – einem Cousin des angeklagten Salvatore –, gehört haben will, bevor er Sizilien verlassen habe. »Wenn du nach Amerika kommst, dann geh zu meinem Cousin wegen eines *posto*.« Das Wort *posto* war mit »Arbeit« übersetzt worden. Hatte Buscetta nicht eher die weniger gebräuchliche Bedeutung »Ort« gemeint?

Buscetta macht den Eindruck, als greife er ein Stichwort auf. Er habe *una casa* gemeint, ein Haus, in dem man sich verkriechen könne.

Die Bedeutungsänderung ist fundamental, denn sie wirft ein finsteres Licht auf Catalano.

»Einspruch! Einspruch!« hallt es durch den Saal.

Catalanos Anwalt, Ivan Fisher, ist schon auf den Beinen. Er fuchtelt herum wie ein hundertarmiger Buddha in einem Schwarm Schmeißfliegen. Er richtet die Augen gen Himmel, als wolle er Gott anrufen, doch Licht in diese dunkle Ecke zu werfen. Er spielt mit dem Mikrofon, als hätte er einen Stein in seiner behandschuhten Hand. Ob er – Buscetta – mit Mr. Martin während der Pause über dieses Thema gesprochen habe? Nein.

»Das Wort *posto*. Was bedeutet es für Sie?«

»Für uns bedeutet es ›Haus‹ . . . oder einen Ort, wo man bleiben kann.«

»Einen Ort, an dem man sich verstecken kann?«

»Für mich, ja.«

»Als Sie das Wort *posto* benutzt haben, meinten Sie also einen Ort, wo man bleibt, um sich zu verstecken, ist das richtig?«

Fisher versucht mit seinem sarkastischen Tonfall aufzuzeigen, daß der Zeuge jede Position einnehmen und beibehalten würde, die ihm die Staatsanwaltschaft eingebe. Die Dolmetscherin hatte das Wort *posto* mit »Arbeit« übersetzt. Buscetta hatte nicht widersprochen. Nachdem Martin die Übersetzung nun einmal korrigiert hat, um sie der Argumentation der Staatsanwaltschaft anzupassen, hält Buscetta an der Übersetzung fest – ganz egal, was Fisher vorbringt.

Einige Verteidiger wittern einen Fehltritt seitens der Anklagevertretung. Sie erheben sich, um ihre Zweifel anzumelden. Aber als sie sich Stunden später wieder hinsetzen, sind die ursprünglich präzisen Skalpellschnitte Fishers von den schweren Schwerthieben der ganzen Horde bis zur Unkenntlichkeit verwischt. Diese Vorgehensweise wird sich in den nächsten Monaten noch oft wiederholen. Gedankenlose, dumme oder ganz offen feindliche Züge seitens eines Anwaltskollegen sind mit Sicherheit die größte Gefahr bei so großen Prozessen. Um sich dagegen zu schützen, bedarf es der Solidarität, der Einhelligkeit hinsichtlich des Ziels, einer strengen Disziplin, einer starken Führung und allabendlicher Strategiekonferenzen.

Die Übersetzerin des umstrittenen Wortes, eine pingelige Engländerin, wird in den Zeugenstand gerufen, damit man prüfen kann, ob sie in heimlichem Einvernehmen mit der Staatsanwaltschaft stehe. Cecile Horner hatte vor der Verhandlung an einer Befragung Buscettas durch die Staatsanwaltschaft teilgenommen. Jemand will gehört haben, daß sie einen Dolmetscherkollegen ermahnt habe, in Gegenwart eines Verteidigers vorsichtig zu sein. Das hat die Verteidigung zu der Vermutung veranlaßt, daß sie, wenn sie schon nicht mit der Staatsanwaltschaft unter einer Decke stecke, ihr zumindest allzu gewogen sein könnte. Die Verteidigung will die Frau wegen Befangenheit gefeuert sehen. Leval wird sich die Angelegenheit über Nacht durch den Kopf gehen lassen.

Eleanore Kennedy befürchtet, daß es sich bei dieser ganzen Aufregung nur um ein Hinhaltemanöver handelt, das es der Staatsanwaltschaft gestattet, noch vor Kennedys Kreuzverhör Kriegsrat zu halten. Sie ist darüber ganz und gar nicht glücklich. Ihr Gatte, so erklärt sie mir, »ist wie ein Rennpferd«, bereit endlich mit dem Kreuzverhör zu beginnen, und jetzt zwinge man ihn, einen ganzen Tag lang tatenlos herumzusitzen, um in dieser leidigen Geschichte mit dem *posto* die richterliche Entscheidung abzuwarten.

Donnerstag, 7. November 1985. Im Gerichtssaal. Gemessenen Schritts schreitet Michael Kennedy den Mittelgang hinunter und plaziert ein riesiges italienisches Wörterbuch auf seinem Tisch. Als psychologische Kriegsführung ist das geschickt gemacht, weil es darauf hindeutet, daß Kennedy so gerüstet jederzeit bereit ist, einen vernichtenden Schlag gegen die umstrittene Dolmetscherin zu führen.

Der rauhbeinige Brooklyner Anwalt Joe Benfante reitet seinerseits eine Attacke gegen Martins Wahrheitsliebe, indem er gleichfalls auf der Dolmetscherin herumhackt. Auch wenn er sich nicht immer allzu treffend auszudrücken weiß, so charakterisiert Benfante besser als jeder andere die Gründe für die nachdrückliche Forderung der Verteidigung, Ms. Horner zu ersetzen. »Tommaso Buscetta wurde das Gefühl vermittelt, bei ihr in besten Händen zu sein.«

Das Hintergrundmaterial der Staatsanwaltschaft, so führt Benfante weiter aus, zeige Buscetta ja schließlich als »respektlose, vom Größenwahn geblendete Person ohne jede Skrupel... Seine Aussage ist samt und sonders zu streichen, andernfalls ist dieses Verfahren für fehlerhaft zu erklären.«

Leval leitet seine Entscheidung mit einem gestrengen Kommentar ein: »Zuerst einmal bin ich, was den Ankläger anbelangt, äußerst aufgebracht. Er hat durch seine ungenauen Aussagen dem Gericht gegenüber dies alles hier erst nötig gemacht.«

Laut verliest der Richter die wichtigste Passage der betreffenden Niederschrift vom letzten Monat. Leval hatte Martin gefragt, ob die zur Diskussion stehenden Dolmetscher schon einmal von der Staatsanwaltschaft beschäftigt worden seien. Martin hatte dies verneint, dabei allerdings darauf hingewiesen, daß zwei von ihnen darum gebeten hatten, Tomasso Buscettas Stimme hören zu dürfen, um sich mit seiner Ausdrucksweise vertraut zu machen.

»Mit dieser Erklärung hat Mr. Martin das Gericht nicht präzise über den wirklichen Sachverhalt in Kenntnis gesetzt. ... Wie wir soeben erfahren, hat die Dolmetscherin bereits Kontakt mit der Staatsanwaltschaft gehabt, und zwar nicht nur, was Buscetta anbelangt, sondern auch anläßlich einer anderen Zeugenaussage.«

Darüber hinaus hatte Miss Horner auch bei einem Probelauf von Buscettas Zeugenaussage in Martins Büro mitgewirkt. Und jetzt stellt sogar Richter Leval die Wahrhaftigkeit Martins in Frage. »Ich weiß nicht, warum Mr. Martins Antwort so uninformativ war und brauche dies für unsere momentane Zielsetzung auch gar nicht zu wissen. Ich weiß nicht, ob es in seiner Absicht lag, die wahre Natur der Geschehnisse zu verbergen oder ob es sich lediglich um außergewöhnliche Schlampigkeit handelte? Auf jeden Fall hat diese Antwort, indem sie sowohl das Gericht als auch die Anwaltschaft irreführte, zu einer langen Verzögerung um einen Punkt geführt, den ich für völlig unerheblich erachte.«

Nach dieser Klarstellung kommt Leval zur Sache. »Miss Horner ist eine qualifizierte Dolmetscherin mit großer Erfahrung ... Ich habe deshalb – soviel Staub diese Sache auch aufgewirbelt hat – nicht die Absicht, sie zu disqualifizieren. Viele Anwälte der Verteidigung haben das Gefühl, ich habe mich von Mr. Martins Erklärung aufs Glatteis führen lassen. Ich kann das verstehen. Aber nichts von alledem, was ich hier gehört habe, läßt einen berechtigten Zweifel an ihrer Qualifikation aufkommen.«

Die Uhr zeigt 12.56 Uhr. Der Vormittag ist dahin.

Das Kreuzverhör beginnt also mit einem Tag Verspätung. Kennedy geht zu seinem Mandanten und stellt sich neben ihn, das Mikrofon in der Hand. Er wendet sich dem Zeugenstand zu. »Guten Morgen, Mr. Buscetta. Erlauben Sie mir mich vorzustellen.« Er legt seinem Mandanten die rechte Hand auf die Schulter. »Hier sitzt eine Person, die Sie seit mindestens fünfunddreißig Jahren kennen, ist das richtig, ja?«

Kennedy behandelt den etwas aus den Fugen geratenen alten Informanten mit einem Höchstmaß an Höflichkeit; er appelliert an Buscettas Selbstverständnis als *uomo d'onore*, als Ehrenmann.

»War Gaetano Badalamenti jemals persönlich in den Drogenhandel verwickelt?« Wieder legt der Anwalt seinem Mandanten eine Hand auf die Schulter.

Einen Augenblick lang herrscht Schweigen. Dann: »Nein, nicht persönlich.«

Jetzt ist es an Kennedy, einen Augenblick lang zu schweigen, um die Antwort in den Köpfen der Geschworenen nachhallen zu lassen.

Seine nächste Frage schlägt einen neuen Kurs ein. Er frage sich, ob sein Mandant jemals ein Verbündeter von Salvatore Greco – nicht dem Sal Greco, der hier unter ihnen sitze, sondern dem alten Mafia-Führer – gewesen sei.

Die Anwälte der Catalano-Faktion springen augenblicklich auf und erheben lauthals Einspruch. Sie durchschauen Kennedys Strategie – oder glauben es wenigstens – und sehen sofort den direkten Konflikt mit den Interessen ihrer eigenen Mandanten. Kennedys Frage zielte darauf ab, die Geschworenen an die »Clan-Kriege« zu erinnern und seinen Mandanten in den Mittelpunkt jener Auseinandersetzungen zu rücken. Fisher und Malerba, die Catalano vertreten, sowie Schechter und Lombardino, die beiden Anwälte der Lambertis, verwahren sich grundsätzlich dagegen, die Mafia-Mitgliedschaft hier überhaupt aufs Tapet zu bringen. Sie wissen natürlich, daß das kein gutes Licht auf ihre Mandanten wirft. Die Auseinandersetzung innerhalb der Verteidigung ist derart heftig, daß sie wie ein Echo der blutigen sizilianischen Fehden aus der Vergangenheit anmutet.

1977. Palermo. Gaetano Badalamenti hatte in zunehmendem Maße Schwierigkeiten, in seinem Lehnsgut Cinisi alles im Griff zu behalten. In seinem Revier hatten sich einige mysteriöse Verbrechen ereignet. Die Dreistigkeit, mit der in Palermo eine neue Serie von Morden mit Mafia-Hintergrund verübt wurde, rief selbst bei den abgebrühten Palermitanern Bestürzung hervor. Eines der ersten Opfer war Giuseppe Russo, ein berühmter Oberst der *carabinieri;* er wurde von Pino Greco, einem skrupellosen neuen Bundesgenossen der Corleoneser erschossen.

Badalamenti führte bittere Klage, daß sich kein Mensch mehr an die Weisungen der Commissione halte. Die Gruppe der Corleoneser hielt dagegen, Badalamenti sei vom Intellekt her einfach nicht in der Lage, ein so kompliziertes Gremium wie die Commissione der sizilianischen Mafia zu leiten. Offen machte sich der Chef der Corleoneser, Luciano Leggio, bei Zusammenkünften über Badalamentis mangelnde Beredsamkeit lustig.

1978, gegen Jahresende, floh der entthronte Badalamenti aus Sizilien, weil er um sein Leben fürchten mußte. Die Familie aus Cinisi wurde von seinem Cousin und alten Widersacher Antonino Badalamenti übernommen. Die Commissione wurde umstrukturiert und

Michele Greco (nicht mit dem Angeklagten Sal Greco verwandt), eine führende Figur im Bündnis der Corleoneser, wurde zum Boß der Bosse ernannt. Was die vertriebene Fraktion um Badalamenti anbelangte, so hatte die Presse bald einen Beinamen für sie; man nannte sie »die Verlierer«.

Man schrieb das Jahr 1979, und die Cosa Nostra, die *beati paoli*, die Robin Hoods aus dem sizilianischen Volksgut, die angeblich gegen die französischen Invasoren gekämpft, die Schwachen verteidigt und die Tyrannen unter den Großgrundbesitzern zur Rechenschaft gezogen haben, waren jetzt zu einer Organisation von Rauschgifthändlern und Erpressern geworden. Bald bedrohten die Corleoneser in ihrer grenzenlosen Machtgier das Gefüge des italienischen Staates selbst. Innerhalb ihrer eigenen Reihen startete die Mafia eine Säuberungsaktion, die die Straßen Palermos knöcheltief unter Blut setzte.

Am 21. Juli 1979 betrat Palermos oberster Kriminalbeamter, Boris Giuliano, wie jeden Morgen die Bar Lux, um seinen Cappuccino zu trinken. Giuliano hatte seine ganze Kraft daran gesetzt, das blühende Heroingeschäft der Mafia zu bekämpfen und hatte in letzter Zeit einige wichtige Verhaftungen vornehmen können. Er war es auch, der auf dem Flughafen Punta Raisi in einem billigen blauen Koffer die in amerikanische Pizzeriaschürzen eingewickelten 497 000 Dollar gefunden hatte und die amerikanischen Fahnder dabei unterstützte, die Herkunft des Geldes zurückzuverfolgen. Giuliano trank seinen Kaffee. Als er aufstand, um zu gehen, trat ein anderer Gast hinter ihn und schoß ihm mehrere Kugeln in Kopf und Rücken.

Nicht lange nach diesem Attentat wurde Michele Reina, der Provinzvorsitzende der Christdemokraten, ermordet. Das nächste Opfer der Corleoneser war Cesare Terranova, ein Richter, der eine einsame Attacke gegen die Mafia gestartet hatte, in der er sich besonders auf den Boß der Corleoneser, Luciano Leggio, konzentriert hatte.

Leggio, Riina und die anderen Corleoneser Bosse verstärkten den Druck. Sie behaupteten, Badalamentis Bundesgenosse, der eigentliche starke Mann des traditionellen Flügels – der Opernliebhaber Stefano Bontate – bekäme längst nicht mehr mit, was sich in der sizilianischen Politik tue. Bontate, außer sich, konterte, er habe lediglich den Kontakt zu jenen verloren, die in seinem Hoheitsbereich gemäßigte Mafiosi, leitende Polizeibeamte und Kommunalpolitiker ermordeten. Er vertraute Tommaso Buscetta an, er habe beschlossen, endlich etwas gegen Salvatore Riina zu unternehmen. Es sei hauptsächlich Riina, sagte Bontate, der hinter dieser neuen Welle politischer Morde stecke. In der sizilianischen Presse wurden die jüngsten Opfer der Mafia bald als die »exzellenten Toten« bekannt.

Riina hatte Bontate durch sein Vorgehen zutiefst gedemütigt. Als Vergeltung dafür entschloß sich Bontate, ihn persönlich zu erschießen, und zwar am einzigen Ort, wo er sicher sein konnte, ihm von Angesicht zu Angesicht zu begegnen: bei einer der Zusammenkünfte der Commissione.

Buscetta war zutiefst entsetzt über Bontates Vorschlag. Dieses Wahnsinnsvorhaben brachte deutlich zutage, wie verzweifelt, aber auch wie realitätsfremd Bontate und sein Verbündeter Inzerillo geworden waren. Obwohl Buscetta Bontate überreden konnte, sein Vorhaben – wenigstens fürs erste – hintanzustellen, war die Niederlage bereits unvermeidlich. Die Corleoneser hatten zu diesem Zeitpunkt die Familien Bontates und Inzerillos so erfolgreich unterwandert, daß Riina innerhalb von zwei Tagen von Bontates Drohung erfahren hatte.

Buscettas Vermittlungsbemühungen kamen zu einem abrupten Ende, als der Chef seiner eigenen Mafia-Familie Buscettas Sohn durch einen Trick dazu brachte, Lösegeld als Geschenk zu akzeptieren, und ihn dann verhaften und wegen Entführung anklagen ließ. Für Tommaso Buscetta war das der Tropfen, der das Faß zum Überlaufen brachte. Er entschloß sich, mit seiner Familie nach Brasilien zurückzukehren.

Stefano Bontate gab für Buscetta und die seinen eine verschwenderische Abschiedsparty in seinem Luxusdomizil. Kurz danach reiste Buscetta nach Paris und bestieg mit einem falschen Paß ein Flugzeug nach Rio de Janeiro. Er hatte Palermo gerade noch rechtzeitig verlassen. Innerhalb weniger Wochen waren bereits viele von denen, die eben noch zusammengekommen waren, um ihm Lebewohl zu sagen, tot.

Bontate selbst war der erste. Er beging den Fehler, einem Spitzel in seiner Familie zu sagen, daß er das Wochenende auf seinem Landsitz zu verbringen gedenke. Er wollte selbst fahren; sein Leibwächter sollte ihm in einem anderen Wagen vorausfahren. Als eine rote Ampel den Mafia-Boß von seinem Leibwächter trennte, schlugen die Corleoneser zu. Ein Wagen hielt neben dem seinen. Aus einem der

Fenster auf der Beifahrerseite schob sich ein Sturmgewehr vom Typ Kalaschnikow AK-47. Bontate sah das Gewehr und riß seine versilberte .45 Colt Automatic aus dem Schulterhalfter. Aber es war bereits zu spät. Die Hochgeschwindigkeitsgeschosse aus der Kalaschnikow zerfetzten ihm das Gesicht.

Salvatore Inzerillo, Kopf der Familie Rigano und der letzte Boß der »Verlierer«-Faktion, hatte jetzt allen Grund zur Sorge. Aber dank einer noch ausstehenden finanziellen Schuld war er sich sicher, noch eine Gnadenfrist von wenigstens einigen Wochen zu haben. Er hatte von Salvatore Riina fünfzig Kilo Heroin gekauft, die noch nicht bezahlt waren. Trotzdem war es unumgänglich, Vorsichtsmaßnahmen zu ergreifen, und so kaufte er sich einen gepanzerten Alfa Romeo . . .

Im Gerichtssaal kämpft Kennedy noch immer darum, den Geschworenen Buscettas entscheidende Aussage über seinen Mandanten klarzumachen. Die Antwort muß eindeutig sein. »Gaetano Badalamenti war gegen Drogen und handelte auch nicht mit Drogen . . . Ist das Ihre Antwort, Mr. Buscetta?«

»Ich war mir *sicher*, daß er nicht mit Drogen arbeitete.«

Als Buscetta ihn in Cinisi kennenlernte, was habe Badalamenti damals beruflich gemacht?

»Ackerbau und Viehzucht.«

»Und Sie haben Mr. Badalamenti zuerst als *soldato*, dann als *sotocapo* und dann als *capo* gekannt?« Ja.

Paul Bergman bittet das Gericht, einem Einspruch auf Dauer stattzugeben, »damit ich Mr. Kennedy nicht die ganze Zeit unterbrechen muß.«

»Ja, bitte«, meint Kennedy eisig, »oder der liebe Gott wird ihm wieder den Stecker herausziehen müssen – wie gestern.« Einige Geschworene können sich ein Lachen nicht verbeißen.

Kennedy hat noch zwei letzte entscheidende Fragen. Er stellt sie mit tragender Stimme. Wollten die Corleoneser Badalamenti töten? Ja.

Ob Mr. Badalamenti das gewußt habe? Ja.

10. Mai 1981. Palermo. Ein schweres Motorrad kommt mit quietschenden Reifen vor dem Juweliergeschäft Contino im Zentrum der

Stadt zum Stehen. Die von kleinen Scheinwerfern effektvoll beleuchtete Auslage voller Diamanten und Goldwaren wurde von einer teuren kugelsicheren Scheibe geschützt. Der Mann auf dem Soziussitz nahm die Kalaschnikow, die er vor der Brust hängen hatte, und richtete sie auf die Scheibe. Die kleine Straße erbebte unter den Explosionen eines langen Feuerstoßes. Mauerstücke, Eisenteile und Glassplitter flogen durch die Luft. Die Kriminalbeamten, die die Ermittlungen durchführten, waren erstaunt: es hatte weder Tote gegeben noch fehlten Schmuckstücke; sie fanden nichts weiter als eine mit Einschußlöchern übersäte Ladenfront und einen völlig verwirrten Inhaber.

Am darauf folgenden Abend trat Salvatore Inzerillo, der letzte Bundesgenosse Badalamentis von einiger Bedeutung, in Palermo aus der Wohnung in der schicken Via Brunelleschi, die er seiner Geliebten zur Verfügung gestellt hatte. Er sah sich auf der Straße um, bevor er auf seinen neuen mit Panzerglas ausgestatteten Alfa Romeo zuging. Wenige Leute wußten je über seine Schritte Bescheid, und an diesem Abend war er ganz besonders vorsichtig gewesen. Immerhin war es erst sechzehn Tage her, seit man seinen engen Freund und Bundesgenossen Stefano Bontate aus dem Hinterhalt ermordet hatte.

Inzerillo hatte von den Schüssen auf den Juwelierladen nichts gehört, sonst hätte er wohl nicht so viel Vertrauen in sein kugelsicheres Spielzeug gesetzt. Er übersah die Männer, die auf ihn zuschlenderten. Mit der Kalaschnikow eröffnete einer das Feuer auf ihn. Mitten auf dem Gehsteig der Via Brunelleschi rissen die Kugeln Inzerillo in Stücke. Er kam nicht einmal mehr dazu, den .357 Magnum-Revolver zu ziehen, den er in der Tasche trug.

Jetzt hatten die Corleoneser auch den letzten Widersacher innerhalb der Commissione ausgeschaltet. Sie hatten die Absicht, eine totale Schreckensherrschaft anzutreten und nicht nur jene zu beseitigen, die eine Bedrohung darstellten, sondern auch jene, bei denen auch nur der leiseste Verdacht bestand, sie könnten den »Verlierern« künftig helfen – ganz zu schweigen von denen, die man verdächtigte, früher einmal mit den »Verlierern« zusammengearbeitet zu haben.

Einer der Führer der Corleoneser, Pino Greco, entführte den sechzehnjährigen Sohn des ermordeten Salvatore Inzerillo. Der Junge hatte geschworen, seinen Vater zu rächen. Sein Entführer ließ ihn auf einem Tisch festhalten und sägte ihm einen Arm ab. Greco schwenkte den abgetrennten Arm des Jungen und brüllte: »Mit diesem Arm wirst du Tito Riina jedenfalls nicht umbringen!« Dann erschoß er den Jungen.

Das Gemetzel blieb nicht nur auf Sizilien beschränkt. An einem kalten Januarmorgen kam Rosario Gambino, Neffe des berüchtigten New Yorker Dons Carlo Gambino, aus seinem Haus in New Jersey und stellte fest, daß sein Cadillac, der ihm einige Tage zuvor gestohlen worden war, wieder vor der Tür stand. Auf der Stelle rief er die Polizei. Der junge Gambino war aus Sizilien ausgewandert und wußte, daß seine Angehörigen früher einmal als Bundesgenossen der »Verlierer« gegolten hatten. Einer mit einem solchen Hintergrund war nicht so dumm, sich einem gestohlenen Auto zu nähern.

Die Polizei sah unter der Motorhaube nach, dann wurde das Wageninnere durchsucht. Nichts. Schließlich brach man den Kofferraum auf. Drinnen eingekeilt lag die tiefgefrorene Leiche Pietro Inzerillos; er war der Bruder des ermordeten Führers der »Verlierer«, Salvatore, gewesen. Man hatte dem gefrorenen Leichnam ein Bündel Dollarnoten und seine Genitalien in den Mund gestopft...

Freitag, 8. November 1985. Im Gerichtssaal. Einige der Anwälte verlangen nach einer mittlerweile als »Ryansche Pause« bekannten Unterbrechung, um auf die Toilette zu gehen. Als das Gericht fortfährt, erklärt Buscetta, er würde gern noch einmal auf eine seiner früheren Antworten Bezug nehmen – ein unheilvoller Augenblick für die Verteidigung. Wenn er auch nur eine seiner Aussagen ändert, ist Kennedys Strategie vermasselt.

»Mr. Kennedy hat mich gefragt, ob ich jemals in den Drogenhandel verwickelt war.« Buscetta hatte das verneint. Jetzt sagt er, daß er zwei Leute zusammengebracht habe, »damit die beiden miteinander ins Geschäft kommen konnten.« Geld habe er jedoch dafür nicht bekommen. Er habe sich auch nicht beteiligt. »Ich hätte also mit ja antworten müssen. Aber ich hatte damals keine andere Wahl. Sie waren beide Mafiosi.«

»Wann hat sich das zugetragen?« Vielleicht kann Kennedy doch noch etwas retten.

»1980.« Das war knapp! Badalamenti hatte Sizilien 1979 für immer verlassen.

Aber jetzt kommt er nicht darum herum, eine zweite gefährliche Frage zu stellen. »War das das einzige Mal?« will Kennedy wissen.

»Nein. Es gab noch ein zweites Mal – 1969 in New York City.«

Das scheint noch einmal gut gegangen zu sein. Wenigstens solange, bis Bergman »Einspruch!« schreit.

Der einzige Verteidiger, der daran interessiert ist, Buscetta glaubwürdig erscheinen zu lassen, ist Kennedy. Alle anderen wären nur allzu glücklich, wenn der Kronzeuge der Staatsanwaltschaft in Mißkredit geriete. »Der Zeuge versucht zu vertuschen, daß er gelogen hat«, behauptet Bergman.

Im Nu geht es zu wie im Tollhaus. Leval knallt seinen Hammer auf den Tisch. »Du Arschgeige!« hört man Kennedy auf Bergman losgehen. »Noch eine Frage, und ich schlag' dir die Zähne ein!« Ryan brüllt, so eine Aussage würde seinen Mandanten – Casamento – der Gefahr einer Doppelbestrafung aussetzen, wegen seiner Transaktionen vor 1969. Noch einmal verlangt Bergman einen Einspruch auf Dauer. Dann verkündet mit einem Mal Fogelnest: »Ich habe *keinerlei* Einwände!« Der Tumult hat ihn dazu gebracht, seine Position zu überdenken. »Ich schließe mich der Badalamenti-Gruppe an.«

Leval versucht die Ordnung wiederherzustellen. »Mr. Buscetta, ich habe da eine Frage an Sie. Sie haben eben von einer Betäubungsmitteltransaktion im Jahr 1969 gesprochen. War daran irgendeiner der hier Angeklagten beteiligt?«

»Nein, Euer Ehren.«

Kennedy ist das nicht genug. »Trifft es nicht zu, daß Gaetano Badalamenti nach seinem Ausschluß zum Gegenstand einer erbitterten Verfolgung durch die Corleoneser wurde, und daß –«

Leval unterbricht ihn; er ist nicht bereit, vor den Geschworenen das Wort »Verfolgung« zuzulassen.

Noch bevor Kennedy seine Frage neu formulieren kann, sagt Buscetta: »Man war hinter ihm her, um ihn umzubringen.«

Kennedy hakt sofort nach: »Würden Sie vielleicht gern das Ende meiner Frage hören, Euer Ehren?« Anerkennendes Gelächter seitens der Verteidigung; manchmal hat man eben Glück. Buscetta hat Kennedy ein unerwartetes Geschenk gemacht. Eine kurze, geflüsterte Rücksprache mit den anderen Anwälten der Badalamenti-Gruppe, dann verkündet Kennedy, er habe keine weiteren Fragen an den Zeugen.

Jetzt bleibt ihm nichts anderes, als still dazusitzen und zuzusehen, wie die anderen auf Buscetta einprügeln. Wird Kennedys Verteidigung das überstehen?

Als erster ist Bergman an der Reihe; er beantragt auf Grund von Kennedys Kreuzverhör ein gesondertes Verfahren für seinen Mandanten Amato. »Alles, was er getan hat, ist den Standpunkt der Staatsanwaltschaft zu fördern.« Der Abtrennungsantrag wird abgelehnt, aber Bergmans Anschuldigung ist fast eine offene Kriegserklärung an die übrigen Anwälte der Verteidigung. Nichtsdestoweniger endet der Tag damit, daß die Verteidigung Badalamentis auf Grund von Buscettas Versicherung, der Alte habe nicht mit Drogen gehandelt, über eine gute Grundlage verfügt.

Das Kennedy-Lager ist in Hochstimmung. Die Anwälte von der hintersten Reihe behaupten dagegen, gerissen wie er sei, habe Badalamenti da wieder einen seiner sizilianischen Tricks abgezogen: Er habe seinen alten Bundesgenossen Buscetta, der als Kronzeuge nichts mehr zu befürchten hat, dazu gebracht, hier in den Saal zu marschieren und auch Don Tanino, den alten Löwen aus Cinisi, zu retten. Sizilianische Spielchen!

Dienstag, 12. November 1985. Im Gerichtssaal. Auch heute ist es frostig. Buscetta betritt den Saal mit einem weiteren seiner schimmernden schwarzen Toupets; außerdem trägt er einen neuen, perlgrauen Anzug. Etwas von der Last, die er zu tragen hat, scheint von seinen Schultern gewichen zu sein. Badalamenti dreht langsam den großen Kopf nach links, und seine schwarzen Augen durchharken die Zuschauerreihen. Einem der Besucher schenkt er ein warmes, gütiges Lächeln. Trotzdem werden einem die Knie weich von der dunklen, unheilvollen Macht dieses Blicks.

Der nächste, der Buscetta ins Kreuzverhör nimmt, ist Lee Ginsburg, der vorübergehend für Marvin Segal als Rechtsbeistand von Gaetano Mazzara eingesprungen ist. Segal war gezwungen, den Fall für diesen Teil der Verhandlung abzugeben, weil Buscetta ein ehemaliger Mandant von ihm ist. Segal hatte Buscetta 1970 während seiner New Yorker Verhaftung und seiner Ausweisung vertreten; später dann, nach Buscettas Verhaftung in Brasilien, vertrat er ihn nochmals in mehreren Einwanderungsangelegenheiten.

Mazzara hat inzwischen seinen Anwalt dringend nötig. Buscetta hat ihn nämlich eben als den Drogenbotschafter der sizilianischen Mafia in den Vereinigten Staaten identifiziert. Die Anwälte der Badalamenti-Gruppe sind besorgt, Ginsberg könnte womöglich Segals detailliertes Wissen über Buscettas Vergangenheit dazu benutzen, den reuigen Mafioso im Zeugenstand fertigzumachen.

»Mr. Buscetta, Sie haben schon vor diesem Prozeß Meineide geleistet«, fährt Ginsberg ihn an. »Sie haben bereits unter Eid gelogen, ist das nicht so?«

»Man hat mich noch nie vereidigt.«

»Hat man Sie nicht 1966 bei der Einwanderungsbehörde vereidigt, Mr. Buscetta?« Der Anwalt reicht dem Zeugen ein Schriftstück. »Sie erkennen diese Unterschrift doch? Ist es die Ihre?«

»Ja.« Das Dokument ist mit »Manuel Lopez Cadena« unterschrieben, einem von Buscettas Decknamen.

»Sie haben die Einwanderungsbehörde belogen, als Sie behaupteten, Sie lebten in Mexiko und seien noch nie in den Vereinigten Staaten gewesen?«

»*Si.*«

»Sie haben hinsichtlich Ihres Alters gelogen. Sie sind doch am 21. August 1923 geboren?«

»*Si.*«

»Sie haben gelogen, als Sie sagten, Sie sprächen nur Spanisch?«

»*Si.*«

»Wir wissen nun, daß Sie auch Italienisch und Englisch sprechen.«

»Ich spreche genug Englisch, um zu überleben, aber nicht genug, um in diesem Gerichtssaal mitzukommen.« Buscettas Stimme hat einen bedrohlichen, ja fast herausfordernden Ton angenommen.

Ginsberg stellt Buscetta endlose Fragen über seine Reisen rund um den Globus und die verschiedenen Decknamen, die er dabei benutzt hat. Jedesmal, wenn Ginsberg eine neue überschrittene Landesgrenze, einen weiteren falschen Namen mit dazugehörigem Paß, eine neue Ehefrau aufs Tapet bringt, sieht sich Buscetta gezwungen zuzugeben, daß er gelogen hat – immer wieder.

Ginsbergs unerbittliches Kreuzverhör läßt nicht nach. »Hat Sie Ihr Mafia-Boß zum Drogenhandel gebracht?«

»Nein.«

»War nicht Ihre Familie tief ins Drogengeschäft verstrickt?«

»Ja.«

»Und hatten Sie nicht wichtige Kontakte hier in den Vereinigten Staaten?«

»Ja.«

»Und Sie wußten sehr wohl, was Sie zu tun hatten, um sich zwischen Italien, den Vereinigten Staaten, Kanada, Brasilien und so weiter hin- und herzubewegen?«

»Ja.«

»Und waren Sie 1973 nicht des Drogenhandels angeklagt?«

»Hier ja, nicht in Brasilien.«

Eleanore Kennedy flüstert mir etwas zu: »Er versucht die ganze Familie Badalamenti abzuschießen! Deshalb fängt er immer wieder mit Brasilien an.«

1982. Rio de Janeiro. Tomasso Buscetta machte sich zunehmend Sorgen, seine Freundschaft mit Badalamenti und Bontate könnte ihn und die Seinen in Gefahr bringen. Seine Befürchtungen bestätigten sich, als er von dem Mailänder Mord am Bruder seiner ersten Frau hörte.

Dann, im Januar 1982, bekam Buscetta Besuch von einem Mann, den er, nachdem er gewarnt worden war, besser geschnitten hätte. Gaetano Badalamenti war nach Rio de Janeiro gekommen, in der Hoffnung, Buscetta zu überreden, mit ihm zusammen eine Opposition gegen die Corleoneser auf die Beine zu stellen, nach Sizilien zurückzukehren und gegen ihre Feinde in den Krieg zu ziehen, um ihnen die Kontrolle über die Mafia zu entreißen. Buscetta wollte davon nichts hören. Er wollte nichts weiter, als in Brasilien bleiben und in Ruhe gelassen werden.

Daheim in Sizilien hatten die Corleoneser auch die letzten Hemmungen über Bord geworfen; sie schienen fest entschlossen, sich durch Terror die ganze Insel zu unterwerfen. Pio La Torre, ein Regionalsekretär der Kommunistischen Partei, der traditionellen Feindin der Mafia, bezog öffentlich gegen das Gemetzel Stellung. Er forderte den italienischen Premierminister auf, nicht nur gegen die Mörder vorzugehen, sondern auch gegen jene Gruppe fragwürdiger Geschäftsleute, die das Geld aus dem Heroingeschäft – die »Narko-Lire« – weißwuschen und im Auftrag der Mafia die Wirtschaft der Insel manipulierten.

Am 30. April 1982 wurden La Torre und sein Chauffeur mitten im Zentrum von Palermo ermordet. Die italienische Regierung beschloß, einen ihrer angesehensten Vollstreckungsbeamten, General Carlo Alberto Dalla Chiesa, auf die Insel zu schicken. Der General hatte sich als führender Mann im Kampf gegen die Roten Brigaden in ganz Italien einen Namen gemacht. Er kam gerade rechtzeitig in Sizilien an, um an La Torres Beerdigung teilzunehmen.

Dalla Chiesa machte sich daran, die geheimen Verbindungen zwischen der sizilianischen Mafia und den größten sizilianischen und italienischen Finanzleuten aufzuspüren. Innerhalb von fünf Monaten war auch er tot; am 3. September 1982 wurden er und seine junge Frau in ihrem Auto ermordet. Sie waren zu einem späten Abendessen nach Palermo gefahren. Ein schweres Motorrad zog neben ihrem Wagen auf gleiche Höhe, und der Mann auf dem Soziussitz hob die Kalaschnikow und feuerte in das Auto. Beide waren auf der Stelle tot. Die Kugeln aus der Kalaschnikow wurden untersucht. Die Attentäter hatten dieselbe Waffe benutzt, mit der auch Bontate und Inzerillo getötet worden waren.

Buscetta sah die Nachricht von der Ermordung Dalla Chiesas auf seinem Zimmer im Hotel Regente in Belém, Brasilien, im Fernsehen – Seite an Seite mit Gaetano Badalamenti. Der exilierte alte Don erkannte die Bluttat sofort als das Werk seiner Feinde und war außer sich vor Zorn über ihre »hochgradige Arroganz«. Noch einmal drängte Badalamenti Buscetta, sich mit ihm im Kampf gegen Leggio, Riina und die Mörderbande der Corleoneser zusammenzutun. Gemeinsam, so argumentierte er, wären sie in der Lage, genügend Leute aufzutreiben, um ihre Peiniger auszulöschen.

Buscetta lehnte auch dieses Mal ab. Aber der Nachrichtendienst der Corleoneser funktionierte erschreckend gut. Irgendwie erfuhren sie von dem geheimen Treffen in Brasilien. Die machthabende Gruppierung in der Mafia sah bereits im bloßen Zusammensein mit Badalamenti einen Verrat.

Nur acht Tage nach seiner Unterhaltung mit Badalamenti rief Buscetta bei seinem Sohn Antonino in Palermo an. Am Telefon meldete sich Antoninos weinende Frau. Beide Söhne Buscettas, Antonino und Benedetto, waren aus der Pizzeria, die sie in Palermo betrieben, verschwunden. Man hat keinen von beiden je wiedergesehen.

Mittwoch, 13. November 1985. Im Gerichtssaal. Buscetta ist nicht bereit, sich Ginsberg gegenüber zu etwas anderem zu bekennen als zum Zigarettenschmuggel. Seine Aussage spiegelt das Bild wieder, das er von sich selbst hat, das Bild vom letzten *uomo d'onore*. Er leugnet glattweg, jemals etwas mit Drogen zu tun gehabt zu haben.

Als nächster steht Larry Bronson auf der Matte, der Anwalt von Sal Greco, dem Mann mit den Pizzerien in Oakhurst und Neptune City, New Jersey. Greco ist ein Bruder des sizilianischen Mafia-Bosses Leonardo Greco. »Sie wurden aus der Mafia ausgestoßen, weil Sie Ihre Frau betrogen haben?«

»Nein.«

Detailliert läßt Bronson Buscettas Frauengeschichten Revue passieren, dann macht er plötzlich einen Sprung in das Jahr 1973, in dem man ihn in Italien wegen Heroinhandels verurteilte. Buscetta bestreitet durch die Bank alles. Er lügt, daß sich die Balken biegen. Zuweilen nehmen seine Ausflüchte geradezu atemberaubende Formen an. Buscettas furchtbare Familiengeschichte, die ihn schließlich dazu getrieben hatte, das Gesetz der *omertà* zu brechen, ist jedem der Anwälte, ja genaugenommen jedem Leser italienischer oder sizilianischer Zeitungen bekannt; nur die Geschworenen kennen sie nicht. Als Buscetta endlich entschlossen war, die Fronten zu wechseln, hatte die Mafia im Verlauf ihres blutigen Rachefeldzugs bereits zwei halbwüchsige Söhne, einen Bruder und sechs weitere nahe Verwandte abgeschlachtet. Aber auf Bronsons Frage, ob seine Söhne wegen Heroinhandels verurteilt worden seien, bekommt er die karge Antwort: »Weiß nicht.«

Die meisten Prügel jedoch bezieht Buscetta durch den streitbaren Joe Ryan, der zuerst ganz leise spricht, fast flüstert, dann seine Stimme während des immer temperamentvoller werdenden Kreuzverhörs anschwellen läßt. Bald schreit er von seinem Podium aus zum Zeugenstand hinüber, als wäre dem Informanten bei seinen ausgiebigen kosmetischen Operationen auch das Gehör zu Schaden gekommen.

»Sie haben einen Anwalt. Philip Douglas hat sie in den Vereinigten Staaten vertreten. Wie sind Sie an seinen Namen gekommen?«

Den habe ihm Richard Martin gegeben. Buscetta hatte den Hauptankläger im März 1985 kennengelernt, und als er soweit war, mit ihm ins Geschäft zu kommen, hatte ihm Martin eine Liste mit Anwälten zukommen lassen, die ihn womöglich vertreten würden. Die meisten von ihnen, wie Douglas – und auch Ryan selbst – und viele andere Verteidiger in diesem Prozeß, hatten den Staatsdienst quittiert, um auf den weit saftigeren Weiden der privaten Juristerei zu grasen.

Martin verlangt, den Zeugen nach dem Kreuzverhör noch mal zehn Minuten vernehmen zu dürfen. Da Ryan nun einmal die Übereinkunft zwischen der Staatsanwaltschaft und Buscetta angesprochen hat, besteht Martin auf seinem Recht, das ganze Dokument einzubringen. Diesmal sind sich die Anwälte der Verteidigung in ihrer Opposition einig. Sie wissen nur zu gut, daß man die Jury mit der Nase darauf stoßen würde, wie gefährlich Buscettas Feinde seien, würde man hier die Bedingungen seiner Abmachungen mit der Staatsanwaltschaft breittreten.

Einige der Anwälte wenden ein, sie hätten nie um eine Vernehmung Buscettas gebeten, und trotzdem würden ihre Mandanten durch Ryans irrtümliche Einführung dieses Dokuments als Mörder gebrandmarkt. Dies, so behaupten sie, sei der Fluch, die grundlegende Ungerechtigkeit dieses Prozesses, bei dem die Staatsanwaltschaft sämtliche Angeklagten in einen Topf zu werfen, sie alle der strafbaren Verabredung zu bezichtigen versuche. Einige der hier anwesenden zweiundzwanzig Männer sähen sich verdächtigt, in Straftaten verwickelt zu sein, deren Existenz sie noch nicht einmal erahnt hätten.

Leval erarbeitet einen Kompromiß. Die Geschworenen sollen erfahren, daß Buscetta hier in den Vereinigten Staaten oder in Italien gegen Hunderte von Leuten ausgesagt hat oder aussagen wird; und daß er deshalb allen Grund habe, sich Sorgen um seine Sicherheit zu machen. Man wird ihnen außerdem sagen, daß er sich mit den Vereinigten Staaten auf eine finanzielle Regelung geeinigt hat, die sich streng an der offiziellen Kronzeugenregelung orientiert. Die Geschworenen werden wieder hereingerufen.

»Hatten Sie 1974 eine Unterhaltung mit Domenico Coppolla?« lautet Martins nächste Frage.

Daraufhin fordert Kennedy eine unverzügliche Besprechung am Richtertisch. Er kennt Buscettas Akte und weiß, daß die Staatsanwaltschaft versuchen wird, mit Hilfe von Coppolla eine Verbindung zwischen Badalamenti und dem sizilianischen Drogenhandel herzustellen, und das will er auf der Stelle abwürgen.

1971 hatten Zollbeamte auf einen Hinweis hin das italienische Linienschiff *Raffaello* durchsucht und in einem Ford Galaxie einundachtzig Kilo Heroin gefunden. Die Fahnder verfolgten das Drogenfahrzeug kreuz und quer durch New York und verhafteten schließlich einen sizilianischen Gangster namens Frank Rappa. Rappas Verhaftung veranlaßte einen seiner Komplizen, eben jenen Domenico Coppolla, nach Sizilien zu fliehen, wo er verhaftet und eingesperrt wurde.

Buscetta hat den amerikanischen Behörden erzählt, er habe sich 1974 – während seiner Zeit im Ucciardone – mit Coppolla, von dem er gewußt habe, daß er ein Mafioso sei, unterhalten; Coppolla habe ihm damals erzählt, daß Gaetano Badalamenti – zu jener Zeit ein Mitinsasse – ebenfalls mit der einundsiebziger Lieferung zu tun gehabt hätte. Coppolla habe ihm auch gesagt, er sei aus den Vereinigten Staaten geflohen, weil er fürchtete, Rappa könnte sich mit den amerikanischen Behörden zusammengetan haben. Rappa war wegen seiner Beteiligung an dem Heroingeschäft zwar zu fünfzehn Jahren verurteilt, aber schon nach drei Jahren wieder auf freien Fuß gesetzt worden.

In einem anderen Gespräch im Ucciardone habe Badalamenti Buscetta sein Mißtrauen gegen den Mithäftling Rappa mitgeteilt.

Bei alledem handle es sich doch lediglich um Hörensagen vom Hörensagen vom Hörensagen, werfen die Anwälte ein. Darüber hinaus sei Coppolla mittlerweile tot, und Buscetta befinde sich in der Hand der Staatsanwaltschaft.

Leval entscheidet, daß die angebliche Unterhaltung mit Coppolla über Drogengeschäfte nicht zur Sache gehöre und deshalb als Beweismittel nicht zulässig sei. Trotzdem hat die von Martin geforderte nochmalige Vernehmung damit einen hitzigen Anfang genommen.

Als nächstes erhebt Kennedy den Vorwurf, Martin habe dem Erinnerungsvermögen Buscettas kräftig auf die Sprünge geholfen, um seine Aussage dem Standpunkt der Staatsanwaltschaft dienlicher zu machen. »Die Staatsanwaltschaft hat einen Mann zur Verfügung, der ihr blind ergeben ist. Man nimmt ihn mit ins Hinterzimmer, Gott weiß wozu, er kommt wieder heraus, und mit einem Mal ist er reuiger denn je zuvor. Das ist ganz einfach nicht fair. Es ist nicht nur nicht fair, es stinkt zum Himmel.«

Michael und Eleanore Kennedy haben eben Karten verschickt, daß ein Baby angekommen sei. Sie haben ein zwei Monate altes nicaraguanisches Waisenkind adoptiert, das sie Anna Rosario getauft haben. Nach der heutigen Sitzung verteilt der stolze Vater nicaraguanische Zigarren an Anwälte und Angeklagte, die den überglücklichen Eltern gratulieren.

Vor dem Aufzug meint Pat Burke, als er sich verabschiedet, das, was da heute passiert sei, habe ihn entsetzt. Er kenne Dickie Martin seit Jahren, und weil er selbst vier Jahre lang Stellvertretender Bundesstaatsanwalt im Bezirk Süd gewesen sei, könne er die ganze Geschichte auch von der anderen Seite her beurteilen. »Aber so ein Ankläger ist mir wirklich noch nicht untergekommen. Ich glaube, der hat sie nicht mehr alle.«

Donnerstag, 14. November 1985. In der Cafeteria. Kennedy arbeitet schon seit vor Sonnenaufgang an seiner Neuauflage des Kreuzverhörs. In der Schlange vor der Kaffeetheke fragt ihn ein Anwalt aus einem anderen Prozeß: »Glauben Sie immer noch, daß Badalamenti nicht mit Drogen gehandelt hat?« Der Mann bekommt ein leidenschaftliches Ja zu hören.

Martin macht ohne viel Federlesen genau dort weiter, wo er gestern aufgehört hat und geht mit Buscetta die Schlüsselmomente von Kennedys Kreuzverhör durch. Buscetta sei sich sicher gewesen, daß Badalamenti nicht mit Heroin gehandelt habe, ganz einfach weil es für einen ausgestoßenen Mafioso glatter Selbstmord wäre, weiterhin Geschäfte mit Mafia-Mitgliedern zu machen. Martin versucht es heute mit einer neuen Methode. »Wenn Sie jedoch gewußt hätten, daß Badalamenti nach seinem Ausschluß weiterhin mit anderen Mafiosi Geschäfte machte, hätte Sie das dazu bewogen, es sich anders zu überlegen?«

Der ganze Saal hallt, als Kennedy sein »Einspruch!« schreit. Leval greift zum Hammer, um zur Ordnung zu gemahnen.

Buscetta präzisiert seine Aussage, um auf Nummer Sicher zu gehen. Nein, wirklich gehört habe er nie, daß Badalamenti gesagt hätte, er sei gegen Drogen.

»Und als Sie sagten, er habe mit Drogen nichts zu tun, da sprachen Sie von Heroin?«

»Ja.«

»Nicht aber von Kokain.«

»Ja.«

Mit jeder Frage wird Kennedys »Einspruch!« lauter, aber er findet kein Gehör. Martin ändert seinen Kurs. Ob Badalamenti ein Bundesgenosse des Mafia-Bosses Sal Inzerillo gewesen sei? Ja. Haben Sie mit Inzerillo über seine Verbindung zu Badalamenti gesprochen? Ja. Wissen Sie, ob Inzerillo persönlich mit Drogen handelte? Ja.

»Einspruch!« brüllt Kennedy. »Hier werden bewußt Tatsachen verzerrt!« Das wiederum bringt Martin in Rage, und um so unerbittlicher arbeitet er daran, Badalamenti Drogengeschäfte nachzuweisen. Er bringt einen weiteren Mafioso ins Spiel. Wie steht es mit Mr. Riccobono? Ist er ein Bundesgenosse Badalamentis? Hat er mit Drogen gehandelt?

»Einspruch!« schreit Kennedy. »Das betrifft einen ganz anderen Zeitraum! Genau darum handelt es sich bei der Verzerrung der Tatsachen, von der ich gesprochen habe... Hier wird bewußt versucht, die Geschworenen irrezuführen –«

Leval schaltet sich ein. »Ich muß Sie bitten, vor den Geschworenen keine Kommentare abzugeben.«

Aber Kennedy läßt sich nicht aufhalten. »Ich habe keine andere Wahl, wenn ich meinen Mandanten verteidigen will.«

»Die Geschworenen haben die Bemerkungen des Anwalts nicht zur Kenntnis zu nehmen«, mahnt Leval. »Darf ich um Ruhe bitten!«

Kennedy unterbricht ihn scharf. »Sie lassen das doch zu! *Sein* Fehlverhalten lassen Sie zu!«

Levals Antwort kommt nicht weniger scharf: »Ich bitte die Geschworenen, den Saal zu verlassen!«

Schweigend stapfen die vierundzwanzig »Würdiger der Tatsachen« von der Bühne. Nachdem der letzte von ihnen verschwunden ist, verkündet Leval trocken: »Wir werden die Verhandlung kurz unterbrechen, und ich bitte die Herren Verteidiger, während dieser Pause einige Augenblicke über den Umstand nachzudenken, daß sie Rechtsanwälte sind und darüber, ob sie sich für den Rest des Verfahrens nicht entsprechend verhalten wollen...« Wie ein unwilliger Schulmeister rafft er seinen schwarzen Rock zusammen und rauscht von der Bühne.

Eleanore meint, es sei nun angebracht, Martin in aller Öffentlichkeit sein ungebührliches Verhalten vorzuwerfen. Einige der Verteidiger, die hinzugekommen sind, um zu kiebitzen, stimmen ihr zu und bieten finanzielle Unterstützung zum Bußgeld, das der Märtyrer womöglich zu zahlen haben wird.

Es ist einfach unmöglich, daß auch nur einer der Geschworenen etwas von dem verstanden hat, was er da eben gehört hat. Nicht einmal Leval hat das Spiel durchschaut. Martin hat geschickt die zeitlichen Ebenen durcheinandergebracht. Buscetta hatte ausgesagt, Badalamenti und Inzerillo hätten vor 1978 bei jedem Thema außer Drogen mehr oder weniger die gleiche Linie vertreten. 1978 gingen die Verbündeten dann getrennte Wege; Buscetta ins Exil und Inzerillo in den Drogenhandel.

Indem er bewußt zwei zeitliche Ebenen miteinander vertauscht hat, scheint sich Martin eine Basis für seine Argumentation im Schlußplädoyer geschaffen zu haben: Buscetta hat ausgesagt, Badalamenti und Inzerillo seien Verbündete gewesen und einer der beiden Bündnispartner, nämlich Inzerillo, habe Buscetta erzählt, er handle mit Drogen.

Die Pause ist vorüber. Wie es einem Richter von seinem Rang gebührt, hat Pierre Leval mehrere gescheite Gerichtsgehilfen, die ihm bei seiner Arbeit zur Hand gehen. Joe LaMura, sein liebenswerter schnurrbärtiger Sekretär, dient ihm sozusagen als Hirtenhund. Am Anfang eines jeden Tages und zum Ende einer jeden Pause muß er die verstreute Herde aus Anwälten, Angeklagten und diversen Chargen zusammentreiben und in den Sitzungssaal zurückführen.

»Der Richter ist wieder da!« verkündet er der Schlange in der Cafeteria, bellt es in den Speisesaal, schreit es das Treppenhaus hinunter in Richtung Herrentoilette und die Korridore entlang: »Der Richter ist wieder da!«

Kennedy und Martin kämpfen weiterhin erbittert um die Frage nach Badalamentis Verbindungen zu Sizilien. Für die Badalamenti-Gruppe besteht das Kernstück von Buscettas Aussage in der Behauptung, die sizilianische Mafia habe vor 1978 nichts mit dem Heroinschmuggel zu tun gehabt, das heißt also, nicht bevor man Badalamenti hinausgeworfen hatte. Die Gemüter sind erhitzt. »Dieser Mann spricht mit gespaltener Zunge«, knurrt Kennedy und starrt Martin wütend an.

Leval bleibt bei alledem gelassen. »Sie sagen also, daß sowohl Inzerillo als auch Riccobono 1980 immer noch Verbündete Badalamentis waren?«

Aber Kennedy mischt sich ein. »Ich beantrage, ihn zu vereidigen und diese Behauptung wiederholen zu lassen! Es handelt sich hier um eine faustdicke Lüge! Dieser Mann hat auf dem Zeugenstand – und auch in Dokumenten der Staatsanwaltschaft – wiederholt ausgesagt, daß nach 1978 und nach seinem Ausschluß kein Ehrenmann mehr etwas mit Gaetano Badalamenti zu tun haben wollte!«

Diesen Ausbruch ignorierend erinnert Leval Kennedy daran, daß er selbst – und nicht Martin – Badalamentis Ausschluß und dessen Gründe zur Sprache gebracht habe.

»Aber ich habe nicht vom Drogenhandel gesprochen, und genau das lassen Sie jetzt zu. Sie dürfen nicht *mir* die Schuld dafür geben, was Sie bei *ihm* durchgehen lassen. Dafür müssen Sie die Verantwortung selbst übernehmen!«

Trocken bittet Leval Kennedy, sein Temperament zu zügeln.

»Ich habe mich unter Kontrolle«, entgegnet Kennedy. »Mein Temperament *ist* unter Kontrolle. Ich sage Ihnen nur – versuchen Sie nicht, mir etwas unterzuschieben –: Übernehmen Sie die Verantwortung selbst für das, was Sie ihm erlauben!«

Leval bleibt fest. Er zitiert eine frühere Frage Kennedys an Buscetta; in ihr ging es um den Ausschluß Badalamentis aus der Commissione. »In Anbetracht der Tatsache, daß diese Frage zunächst von beiden Seiten unwidersprochen blieb, scheinen Sie mir jetzt nicht in einer Position zu sein, Einspruch erheben zu können, wenn Mr. Martin danach fragt, ob Badalamentis ablehnende Haltung gegenüber Drogen der Grund für seinen Ausschluß gewesen sei.«

»Und ich will, daß aus dem Protokoll klar hervorgeht, daß Sie diesen Mann, Martin, wiederholt aufgefordert haben, seine Behauptung auf eine Basis zu stellen. Er hat alles mögliche getan, nur das nicht. Und jetzt graben *Sie* sich durch das Protokoll, und bringen das hier zum Vorschein, um ihm zu helfen, und geben mir auch noch die Schuld dafür. Na, ich danke!«

Leval versucht es noch einmal. »Mr. Kennedy, Sie geben das Protokoll falsch wieder – wenn auch vielleicht nicht in böser Absicht.«

»*Sie* geben das Protokoll falsch wieder – nicht ich.«

Der Zusammenprall zwischen Martin und Kennedy hat die tiefe gegenseitige Abneigung sowie das Mißtrauen, das die beiden gegeneinander hegen, zu Tage treten lassen.

Martin fixiert den Zeugen und schleudert ihm eine letzte Frage entgegen. Er hat nicht die geringsten Skrupel, seinem besten Zeugen einen Schlag unter die Gürtellinie zu versetzen, wenn er dadurch Michael Kennedy treffen kann. Und damit teilt Buscetta das Los aller Informanten: Trotz all seiner Bezeugungen, daß er ein Mann von Ehre sei, bleibt ihm jetzt nichts anderes übrig als sich selbst zu entehren.

»Mr. Buscetta, glauben Sie, Sie wurden 1973 von den Vereinigten Staaten fälschlicherweise des Drogenhandels bezichtigt?«

Die Antwort ist nicht mehr als ein heiseres Flüstern: »Nein.«

»Keine weiteren Fragen.«

Das Gericht macht fürs Wochenende Pause. Die Luft im Saal vibriert noch immer von der erbitterten Schlacht dieses Tages, als die Geschworenen im Gänsemarsch von der Bühne gehen, um draußen in gemieteten Limousinen in ihr anonymes Dasein zurückgezaubert zu werden. Nur sie wissen, was für einen Eindruck der wichtigste Mafia-Informant aller Zeiten auf eine amerikanische Jury hinterlassen hat.

Montag morgen, 18. November 1985. Im Korridor des Gerichtsgebäudes. Die Pizza-Truppe hat sich versammelt, um in den zweiten Verhandlungsmonat zu gehen. Wie wird die Badalamenti-Gruppe die bevorstehenden letzten Augenblicke mit Buscetta angehen? Der abtrünnige Mafioso hat jetzt doppelte Bedeutung erlangt. Er ist nicht mehr nur der Hauptzeuge der Staatsanwaltschaft, womöglich ist er auch der Hauptzeuge Kennedys.

»Wir sind der Meinung, daß Buscetta wohl nichts sagen wird«, meint Kennedy. »Die haben ihn schließlich total in der Hand.«

Die Geschworenen kommen hereingetrottet, jeder zu dem eigens für ihn reservierten Drehsessel. Buscetta betritt den Saal, den Blick gesenkt; wie ein Mauerblümchen auf einem Ball sieht er aus. Leval kommt ohne Umschweife zur Sache. »Mr. Kennedy, werden Sie mit dem Kreuzverhör fortfahren?«

»Das werde ich nicht, Euer Ehren.«

Damit wäre Buscetta der Hahn endgültig abgedreht – es sei denn, einer von Kennedys Mitverteidigern beantragt, ihn wieder zu öffnen. Leval geht die Liste der Anwälte durch, und zwar in der Reihenfolge, in der ihre Mandanten auf der Anklageschrift stehen. Während dieses Namensaufrufs starrt Buscetta Löcher in den Boden – ein blasser, angemalter, trauriger sizilianischer Heiliger mit einer neuen Stupsnase. Keiner will ihn etwas fragen. Wie er so zum letzten Mal den Gerichtssaal verläßt, sieht er drei Fuß kleiner aus als bei seinem Auftritt.

Als Buscetta seinen Abgang macht, geht auch Kennedy; er überläßt den Stuhl des Hauptverteidigers seinem attraktiven, aber überarbeitet aussehenden Assistenten, Joseph Calluori. Es handelt sich dabei um eine ausgeklügelte Kriegslist, mit der man Badalamentis mangelndes Interesse an allem, was jetzt kommt, demonstrieren will. Kennedy hält es für »besonders wichtig, mich nach Buscettas Aussage einige Zeit rar zu machen. Um der Wirkung willen. Womöglich kommt Gaetano Badalamenti monatelang gar nicht zur Sprache.«

Die Staatsanwaltschaft braucht ihren nächsten Zeugen nur beim Namen zu nennen, und schon geht es wieder los. Es ist eine gewisse Antonietta Mantora. Ken Kaplan ist der erste, der Beschwerde einlegt, und schon entläßt Leval die Geschworenen, weil er erneut ein langwieriges Gerangel unter den Anwälten kommen sieht. Burke spricht aus, was sie alle bedrückt: »Diese Aussage betrifft eine völlig andere Verabredung und hat mit meinem Mandanten nicht das geringste zu tun ...«

Der Grund für Kaplans und Burkes Kummer ist eine vor fünf Jahren in Mailand beschlagnahmte Heroinlieferung.

Oktober 1978. Büro der Bundesstaatsanwaltschaft im Bundesgerichtsbezirk New York Ost. Die erste Chance hatte sich aufgetan, als die Ankläger des Bezirks New York Ost den ehemaligen New Yorker Polizisten und jetzt des Drogenhandels verdächtigten Frank Rolli dazu überreden konnten, sich der Staatsanwaltschaft als Informant zur Verfügung zu stellen. Der Drei-Zentner-Mann Rolli arbeitete auf dem John-F.-Kennedy-Flughafen bei der Alitalia; er war für das Gepäck zuständig und kam durch seine Arbeit an Informationen über die Frachtlieferungen der Fluglinie, die er an Freunde weitergab, zu denen auch die drei Adamita-Brüder gehörten. Die Adamitas hatten eine Pizzeria in der Worth Street direkt gegenüber dem Gerichtsgebäude, und mit Hilfe von Rollis Informationen schmuggelten sie nebenbei auch noch etwas Heroin. Einer der Brüder, Emmanuele Adamita, arbeitete als Chauffeur für den New Yorker Mafia-Don Carlo Gambino.

Eines Tages forderten die Brüder den dicken Ex-Polizisten überstürzt auf, sie als eine Art Leibwächter nach Italien zu begleiten, wo sie sich um die Abfertigung einer Lieferung Heroin kümmern sollten. Zu jener Zeit wurde Rolli bereits von einigen FBI-Agenten überwacht, und so drängten sich nicht nur die Gebrüder Adamita und der Informant, sondern auch die Leute vom FBI in die Maschine nach Mailand. Dank Rolli erfuhren die amerikanischen Behörden, daß demnächst einundvierzig Kilo Heroin bester Qualität Mailand verlassen sollten. Sie hatten vor, der Lieferung eine Wanze unterzuschieben, so daß sie sie auf ihrem Weg bis zum endgültigen Verteilungsort in den USA im Auge behalten konnten; damit hätten sie alle Mittelsmänner in der Falle.

Unglücklicherweise observierte auch die italienische Polizei die Mailänder Wohnung der Adamitas. Als dort am Abend ein mit Zitronen beladener LKW vorfuhr, verfolgte man ihn zu einem Lagerhaus. Dort schlug man diensteifrig zu, beschlagnahmte eine Kiste voller Rauschgift und verhaftete jeden, den man kriegen konnte – und zerschlug damit den Plan der Amerikaner, den endgültigen Empfängern der Lieferung auf die Spur zu kommen. Rolli wurde in jener Nacht irgendwie aus Italien herausgezaubert, nur ein paar Längen, bevor die italienische Polizei mit den Haftbefehlen auftauchte. Aus irgendeinem Grund war Rollis Haftbefehl auf den Namen »Felix der Kater« ausgestellt.

Mit Rollis Karriere als Gewährsmann ging es danach rapide abwärts, und die einundvierzig Kilo Heroin entwickelten eine Art Eigenleben und wurden als Beweismaterial zum Gegenstück von Aschenputtels gläsernem Schuh. Erst versuchte die Staatsanwaltschaft es in dem im Bezirk Ost laufenden Drogenprozeß gegen Giuseppe Gambino und seine Partner unterzubringen. Als jedoch einer der Geschworenen gestand, er habe sich im Fernsehen eine Dokumentation über Drogen und die Mafia angesehen, wurde das Verfahren für fehlerhaft erklärt. Die Staatsanwaltschaft versuchte es noch einmal, aber die zweite Jury entschied sich dafür, Gambino freizusprechen. Die einundvierzig Kilo Heroin der Adamitas waren dann auch noch in einem Drogenprozeß in San Diego, Kalifornien, aufgetaucht. Jetzt war die Staatsanwaltschaft drauf und dran, ihren gläsernen Schuh erneut vorzuführen, in der Hoffnung, er könne einem der Angeklagten im Pizza-Fall passen. Zuerst ist es allerdings nötig, den Geschworenen den Hintergrund zu schildern.

Dienstag, 19. November 1985. Im Gerichtssaal. Antonietta Mantora, die nächste Zeugin, ist Chemikerin; sie ist die Leiterin der Abteilung für chemische Analysen der italienischen Polizei und Chefinspektorin der wissenschaftlichen Forschungsstelle der Polizei in Rom. Ihr prägnantes italienisches Profil würde sich gar nicht schlecht in einem der Flachreliefs auf einem der alten sizilianischen Steinbrunnen machen, aber sie ist eine durch und durch moderne professionelle Rauschgiftexpertin in einem feschen karierten Kostüm.

Chefinspektorin Mantora hat Tausende von Drogentests an allen möglichen der Illegalität verdächtigten Substanzen vorgenommen. Als Robert Stewart sie befragt, identifiziert sie das Heroin, das sie zum ersten Mal 1980 in ihrem Labor gesehen hat.

Ivan Fisher, der sich den Ruf eines erstklassigen Kreuzverhörspezialisten in Rauschgiftprozessen erarbeitet hat, erhebt sich umständlich und schreitet auf das Podium. In altbewährter Manier greift er zuerst einmal das Archivierungssystem der italienischen Behörden an, um nach Möglichkeit Zweifel daran aufkommen zu lassen, ob es sich hier um dasselbe Heroin handelt, welches man zuerst mit Felix dem Kater in Verbindung gebracht hatte.

»Waren die einundvierzig Plastikpakete verschweißt?«

Nein, aber man habe sie über Nacht im Safe unter Verschluß gehalten.

»Das Rauschgift war also der Luft ausgesetzt, oder nicht?« Fisher lächelt. »Wurde an jeder der einundvierzig Proben eine Dünnschicht-Chromatographie vorgenommen?«

Fisher ist so richtig in Fahrt gekommen. Wie ein Kabarett-Conférencier zwischen den Tischen eines Nachtklubs zieht er das lange Mikrofonkabel hinter sich her, während er mit federnden Schritten zwischen Podium, Zeugenstand und der Schranke vor der Geschworenenbank hin- und hertanzt. Kennedy ist kurz vorbeigekommen und steht unauffällig ganz hinten im Saal. »Ich wollte nur sehen, wie Ivan mit den Geschworenen zurechtkommt. Er ist einfach perfekt. Wie er das Mikro und das Tempo im Griff hat. Er braucht bloß noch eine Geige, und er ist der leibhaftige Henny Youngman*.«

Fisher führt einen Schlag nach dem anderen gegen das Analysesystem der Inspektorin Mantora, bis ihm schließlich der Beweis gelingt, daß die Aufzeichnungen, auf denen ihre Aussage basiert, ziemlich neuen Datums sind. Das ist natürlich untragbar. Das Gesetz ist sehr pingelig, wenn es darum geht, die Authentizität von Beweismitteln festzustellen, vor allem bei Rauschgiftfällen, wo alle Welt weiß, daß die Manipulationsmöglichkeiten ebenso zahlreich wie verlockend sind. Sich der Schwierigkeiten, die seine Forderung mit sich bringt, voll bewußt, besteht Fisher darauf, ihre ursprünglichen Laborberichte aus dem Jahr 1980 einzusehen. Die Ankläger beeilen sich, Telefongespräche mit ihren italienischen Kollegen anzumelden. Italienische Rauschgiftbehörden bringen ihre Akten mit den Originalbeweismitteln nur ungern durcheinander; sie haben die gleichen Ängste wie ihre amerikanischen Kollegen.

Trotz vielfältiger Störmanöver seitens der Verteidigung, vor allem der Drogenprozeßveteranen unter ihnen, die ihre Fragen schon viele Male gestellt haben und Meister darin sind, aus einer Expertenaussage wie derjenigen von Mantora ein Gebräu aus Zweifeln, Zwielicht und Verwirrung zu kredenzen, schafft es die Polizeichemikerin schließlich, den Geschworenen ihre Informationen vorzulegen: Heroin wird auf Umwegen aus dem Latex, dem Milchsaft der unreifen Fruchtkapseln des Schlafmohns, gewonnen. Dieser härtet aus und wird an der Luft braun. Hitze und Lösungsmittel sind nötig, um das Rohopium – das ausgetrocknete, verhärtete Sekret – zu Heroin zu verarbeiten. Das Heroin, das sie im März 1980 zum ersten Mal prüfte, hatte einen Reinheitsgrad von achtzig bis hundert Prozent Heroin-Hydrochlorid.

Als nächstes steht Feldwebel Calogero Scarvaci von der italienischen Finanzpolizei auf der Tagesordnung. Er sagt aus, daß er vor fünf Jahren den Angeklagten Sal Catalano an einem sonnigen Sonntagnachmittag auf der Piazza Politeana, einem großen Platz in Palermo, fotografiert habe. Es war der Valentinstag 1980, nur wenige Wochen bevor man in Mailand die einundvierzig Kilo Heroin beschlagnahmte. Der Polizeibeamte hatte Giorgio Muratore, einen be-

* am. Film- u. Fernsehschauspieler, Komiker

kannten sizilianischen Mafioso und Rauschgifthändler, beschattet, als ihm prompt Sal Catalano und sein Freund Joe Ganci vor die Linse spazierten.

Muratore und die beiden Amerikaner betraten eine Snackbar namens »Extrabar«. Kurze Zeit darauf kamen die drei Männer wieder heraus und fuhren in zwei Autos davon. Der Polizist hat die Begegnung fotografiert und die Bilder mitgebracht.

Fisher trägt seinen Namen wirklich zurecht: ein erfahrener, geschickter und geduldiger Angler, der, als er das Kreuzverhör endlich beendet, zutage gefördert hat, daß nur eines der Fotos in der Serie wirklich seinen Mandanten Sal Catalano zeigt und daß Catalano auf diesem Bild alleine eine italienische Straße überquert – weit und breit kein Muratore, kein Ganci, niemand. Darüber hinaus wird im Originalbericht der italienischen Polizei, der diese Fotoserie beschreibt, das Foto von Catalano gar nicht erwähnt. Mit einem wissenden Lächeln in Richtung der Geschworenenbank und einem Blick, der ausdrückt »Ich hab's euch ja gesagt«, läßt Fisher sich wieder in seinen Sessel fallen.

Zwei andere italienische Polizeibeamte berichten den Geschworenen, daß sich Muratore, fünf Tage nachdem man ihn auf dem Platz in Palermo gesehen hatte, auf dem Flughafen mit einem Amerikaner traf und mit ihm zusammen eine Maschine nach Rom bestieg. Dieser Mann, Frank Castronovo, sitze hier im Saal. Bei diesen Worten beugt sich der Angeklagte Castronovo nach vorn, um seinem Anwalt, Ken Kaplan, etwas ins Ohr zu flüstern.

Stewart hat zwar einige Tage gebraucht, aber in mühsamer Kleinarbeit ist es ihm gelungen, eine Verbindung zwischen dem allseits bekannten sizilianischen Drogenhändler und den drei Pizza-Angeklagten herzustellen, die Mitte Februar 1980 in Palermo beobachtet wurden – Catalano, Ganci und Castronovo. Er hat von dem Heroin gesprochen, das man einige Wochen später in Mailand bei den Adamita-Brüdern beschlagnahmte. Stewarts Szenario nimmt langsam aber sicher Formen an . . .

Dienstag, 26. November 1985. Im Gerichtssaal. Trotz ihres verzweifelten Klopfens vermag die alte Dampfheizung der feuchten Kälte im Saal nicht Herr zu werden. Der Winter hat Pierre Leval eine schwere

Erkältung beschert und die Stimme genommen. Er scheint jedoch eine gewisse Freude an seinem selbstgebastelten Stimmersatz zu haben, drei ganz gewöhnlichen Hemdkartons, einer mit einem weißen *A* für *abgelehnt*, den zweiten schmückt ein großes rotes *St* für *stattgegeben*, und auf dem dritten steht *Form;* letzterer ist allgegenwärtig, da er die in diesem Saal am häufigsten begangene Sünde zu ahnden hat. Derart ausgerüstet, ist der Richter in der Lage, auf so gut wie jeden Einspruch seine Entscheidung zu signalisieren. »Wollen doch mal sehen, wie schnell wir vorankommen, wenn ich den Mund halte«, krächzt er.

»Das ist das Beste, was uns passiert ist, seit Bergmans Mikro den Geist aufgegeben hat«, bemerkt Kennedy, nicht gerade unhörbar.

Fisher kommt in Kamelhaar gehüllt und nimmt die übliche freudige Begrüßung durch Filippo Casamento entgegen: »Gute Morgen, Miester Fiesch.«

Der nächste Zeuge ist Paolo Netti, ein kleiner forscher Mann mit einer getönten Brille, kräftiger Stimme und selbstsicherem Auftreten. Er ist ein Hauptmann der italienischen Steuerpolizei und auf Rauschgiftdelikte spezialisiert. Der Richter will sich seine Aussage erst einmal unter Ausschluß der Geschworenen anhören, um darüber zu entscheiden, ob sie dem Standpunkt der Staatsanwaltschaft förderlich ist oder nicht. »Förderlich« ist das Schlüsselwort. Wieder einmal stapfen vierundzwanzig Leute von dannen, und Stewart stellt eine Zigarrenkiste voller Tonkassetten auf den Zeugenstand, die ersten der mehr als 55 000 mitgeschnittenen und abgeschriebenen Telefongespräche in diesem Fall. Auf diesen Kassetten sind die Gespräche des sizilianischen Drogenhändlers Muratore aufgenommen, aber Stewart tut sich ungemein schwer, seine Fragen so zu formulieren, daß die Bänder als Beweismittel zugelassen werden können.

Leval, der normalerweise eine Engelsgeduld an den Tag legt, flüstert heiser: »Offen gesagt fällt es mir nicht ganz leicht, Ihren Ausführungen zu folgen.« Er wirft Stewart vor, »in der Zeit herumzuhuschen«, und sagt ihm, seine Basis sei so »verwirrend« angelegt, daß er sich als Richter ehrlich gesagt nicht sicher sei, ob den notwendigen Schritten nun Genüge getan sei oder nicht. »So eine Beweisgrundlage sollte man angehen wie den Bau eines Hauses. Man fängt unten an, fügt nach und nach die Ziegel oder Träger oder was weiß ich hinzu, bis man sieht, daß das Haus fertig ist.« Weil Tonbänder so leicht zu manipulieren sind, muß ein Anwalt, der sie als Beweismaterial zulassen will, die Möglichkeit einer Manipulation glaubhaft ausschließen können. Er muß außerdem beweisen, daß der Beamte, der die Aufnahmen gemacht hat, ein Gerät benutzt hat, das für so eine Aufgabe »technisch geeignet« ist. Obwohl ihm Leval dabei hilft, die richtigen Fragen zu formulieren, braucht Stewart fast eine ganze Stunde, bis er das alles geschafft hat.

In der Pause meint Dave Lewis: »Das dauert alles viel zu lang. Am liebsten würd' ich mir den Daumen in den Mund stecken und heulen.«

Bis zum nächsten Morgen hat Leval seine Stimme wiedergefunden und läßt die Bänder als Beweismittel zu. Dann ist es Zeit, sie den Geschworenen vorzuspielen. Aus einem kleinen Lautsprecher am linken Ende des Richtertisches – neben den Karten mit den blinkenden Lämpchen – ertönt ein mit gedämpften italienischen Stimmen durchsetztes, knisterndes Rauschen. Ja, Hauptmann Netti erkenne beide Stimmen. Der Anrufer, Muratore, spricht mit Filippo Ragusa, einem anderen bekannten Drogenschmuggler. Wie alle Drogenhändler unterhalten sich die beiden Männer in einer Sprache, die etwaige Lauschangriffe vereiteln soll. »Hast du das Ding?« »Nächste Woche gibt's Tomaten.«

Leval zitiert einige nicht besonders glückliche Anwälte zu sich an den Richtertisch, damit sie die üblichen Einsprüche der Verteidigung gegen die Zulassung verschlüsselten Beweismaterials erheben können. Einige der anderen Anwälte tauschen inzwischen alte Geschichten über abgehörte Gespräche in anderen Mafia-Drogenfällen aus:

»Sally, wegen der Anzüge, die du mir verkauft hast. Bei einem fehlt'n halber Anzug!«

»Der Preis ist mir zu hoch, Luigi. Ich nehm bloß'n halbes Auto.«

»Wieviele Hektar sind's denn?« »Fuffzehn. Ein klasse Grundstück.« »Dann bring mir mal einen rüber, damit ich's mir anschau'n kann.«

»Hallo, wie spät ist es?« »Halb eins.« »Wiederhör'n.«

Kurz bevor Hauptmann Netti abtritt, gelingt es Stewart, ihm den Grund zu entlocken, warum die Polizei den Flughafen an der Punta Raisi bei Palermo am 19. Februar 1980 hat beobachten lassen. Man habe durch ein mitgehörtes Telefongespräch einen Hinweis auf einen gewissen Ciccio l'Americano erhalten. Schließlich habe man festgestellt, daß es sich dabei um Frank Castronovo handelte.

Während einer Pause gehen die Anwälte der Verteidigung in der Gerichtscafeteria wie so oft einer ihrer Lieblingsbeschäftigungen nach, nämlich über den Richter zu murren. Marvin Segal, der Anwalt des Gastronoms Tommy Mazzara aus New Jersey, hat früher, in den sechziger Jahren, als sie beide Ankläger im Bundesgerichtsbezirk New York Süd waren, mit Pierre Leval zusammengearbeitet. »Er läßt einen reden und reden und reden . . . und *dann* sagt er nein! Er sollte darauf achten, die Leute etwas weniger zu quälen und dafür ein bißchen schneller machen.«

Bei Drogenprozessen einigen sich die Anwälte zumeist auf ein fixes Honorar, das im voraus zu zahlen ist, und zum Teil nach der Zeit berechnet wird, die man voraussichtlich vor Gericht zubringen wird. Die gegenwärtige Schätzung des Gerichts, was die Dauer des Pizza-Prozesses anbelangt, liegt bei sechs bis acht Monaten – eine nicht unbeträchtliche Fehlkalkulation, wenn man bedenkt, daß er sich letztlich über sechzehn Monate hinzog. Mit der Zeit wird bei den Anwälten beider Seiten der Vorwurf laut, Richter Leval sei für das tödliche Schneckentempo verantwortlich.

Theoretisch kann das Honorar neu ausgehandelt werden, wenn sich der Prozeß übermäßig in die Länge zieht. In der Praxis läuft es jedoch darauf hinaus, daß der Mandant für gewöhnlich erklärt, er habe kein Geld mehr und der Anwalt dagegen machtlos ist. »Dieses System ist den Strafverteidigern gegenüber äußerst unfair«, erklärt Segal. »Erst legt man sie auf ein Honorar fest« – er drückt seine nur zur Hälfte gerauchte Zigarre aus – »und dann fängt der Zähler zu laufen an . . . Na ja, wir wollen lieber mal wieder in unseren wankenden Tempel zurück.« Die Anwälte versammeln sich wieder vor dem Metalldetektor.

Leval hat eine weitere Entscheidung getroffen. Die Staatsanwaltschaft habe seiner Meinung nach zufriedenstellend aufgezeigt, daß sie genügend Beweismaterial hat, um einige der Angeklagten mit den einundvierzig Kilo in Verbindung zu bringen. Das Mailänder Heroin wird also in den Fall mit einbezogen. Damit mangelt es dem spektakulärsten Drogenskandal, den die Staatsanwaltschaft je zur Anklage gebracht hat, ab sofort wenigstens nicht mehr an der bisher peinlicherweise abgängigen Droge.

Der langweilige kleine Hauptmann Netti macht jetzt dem zweiten großen Mafia-Informanten Platz. Es handelt sich dabei um Salvatore Contorno, 37, einen breitschultrigen Mann mit Afrofrisur, blassem Kinn, verschlafenem Blick und einer mürrischen Art. Er sieht ganz nach einem kleinen Gauner aus, nach einem, den Kennedy wohl einen »echten Straneff« genannt hätte; »Straneff« ist Kennedys Eigenschöpfung für einen, der zwischen einem »Strolch« und einem »Ganeff« steht. Monoton beantwortet Contorno die Fragen, die man ihm stellt; sein Englisch hat einen breiten sizilianischen Akzent.

Es wird schnell deutlich, daß Contorno nur deshalb in diesem Zeugenstand sitzt und zu einer Aussage bereit ist, weil es ihm die einzige Möglichkeit schien, noch eine Weile am Leben zu bleiben...

1981. Palermo. Salvatore Contorno, der Mafioso mit der mürrischen Miene, war Mitglied der Mafia-Familie aus Santa Maria di Gesù. Das ist die Familie, der damals Stefano Bontate vorstand, ehemals enger Verbündeter von Gaetano Badalamenti, während der Clan-Kriege dann dem Untergang geweihter Anführer der »Verlierer«-Faktion. Auch Contorno war auf der Abschiedsparty für Tommaso Buscetta in Bontates Villa gewesen. Schon drei Wochen später fand er sich in der Kathedrale bei der Beerdigung seines Bosses wieder. Er war schokkiert darüber, wie wenige gekommen waren, um Bontate die letzte Ehre zu erweisen. Einer der wenigen Mafia-Bosse, die sich sehen ließen, war Salvatore Inzerillo. Innerhalb weniger Wochen war auch Inzerillo, der letzte Don, der in Palermo noch auf der Seite der »Verlierer« stand, tot – von einer Kalaschnikow in Stücke gerissen.

Verbissen war Contorno den »Verlierern« treu geblieben. Die Corleoneser versuchten ihn mit einer Friedensofferte aus seinem Versteck zu locken, aber Contorno wollte davon nichts wissen. Jetzt hatten die Corleoneser in ganz Palermo die Parole ausgegeben: Sobald Sal Contorno gesichtet wird, ist er ein toter Mann.

An einem warmen Sommerabend im Juni 1981 verließ Contorno sein Versteck, um seine Eltern zu besuchen. Nach dem Besuch in der Via Ciaculli kehrte er in seinen sicheren Unterschlupf zurück. Sein Cousin chauffierte. Als die beiden eine Überführung überquerten, erspähte Contorno einen Fußgänger, der sich recht verdächtig benahm. Aufgeschreckt sah er in den Rückspiegel seines Fiat 127. Ein schweres Motorrad donnerte hinter ihnen drein.

Als es zum Überholen ansetzte, schrie Contorno seinem Cousin zu, von der Straße abzufahren. Der Mann auf dem Soziussitz, der berühmt-berüchtigte Killer der Corleoneser, Pino Greco, hob die Kalaschnikow und schoß. Das Auto wurde völlig durchsiebt. Der Fahrer bekam eine Kugel in die Backe. Contorno blieb wie durch ein Wunder unverletzt.

Er zerrte seinen Cousin aus dem Wagen, ging hinter dem vorderen Kotflügel in Deckung und zog seinen .38er Revolver aus dem Gürtel.

Das Motorrad hatte mittlerweile schleudernd gewendet. Greco hatte ein neues Magazin in das russische Sturmgewehr geknallt, und die Maschine kam ein weiteres Mal auf das ramponierte Auto zu.

Contorno zielte so sorgfältig wie nur möglich, als Greco das Feuer eröffnete. Die Scheiben zerbarsten, und die Splitter flogen ihm um die Ohren. In rascher Folge gab Contorno fünf Schüsse ab. Greco auf dem Rücksitz wurde nach hinten gerissen, und der Lauf der Kalaschnikow fuhr in die Luft. Contorno und sein verwundeter Fahrer begannen zu laufen und entkamen gerade noch einem Wagen voller Corleoneser, der eben eintraf.

Salvatore Contornos Gesicht steckte zwar voller Glassplitter, aber er war noch einmal davongekommen. Sofort floh er weiter nach Rom.

Wenige Tage später wurde der Onkel seiner Frau niedergeschossen. Die Corleoneser hatten begonnen, systematisch seine Verwandten zu ermorden, in der Hoffnung, seine Rachegelüste würden Contorno aus dem Versteck zwingen. Aber die italienische Polizei kam dem zuvor. Er wurde in Rom verhaftet, und man drängte ihn, sich gegen die Organisation zu wenden, die seine Familie niedermetzeln ließ.

Als er seinem Informantenkollegen Tommaso Buscetta in einer römischen Gefängniszelle begegnete, weinte er. Buscetta tröstete ihn und ermutigte ihn dazu, seinem Beispiel zu folgen. So erklärte sich schließlich auch Contorno bereit, seine ehemaligen Bundesgenossen ans Messer zu liefern.

Montag, 2. Dezember 1985. Im Gerichtssaal. Richard Martins Plan sieht vor, den Zeugen Contorno ohne Vorwarnung auftreten zu lassen und ihn gleich zu Beginn aufzufordern, sich im Gerichtssaal umzusehen und so viele der Angeklagten wie nur möglich zu identifizieren. Der »Straneff« klettert aus dem Zeugenstand und beginnt herumzuspazieren, die gouvernantenhafte Dolmetscherin immer einen halben Schritt hinter ihm.

»In der ersten Reihe, Gaetano Badalamenti... Dort drüben... Salvatore Greco... Mr. Gaetano Mazzara, der mit der braunen Jacke... der dort ist Mr. Toto Catalano... Mr. Castronovo...«

Augenblicklich ist Fisher auf den Beinen. »Könnte man den Zeugen einen Augenblick hinausbitten, es geht darum, eine wichtige Tatsache zu Protokoll zu nehmen?«

Contorno wird hinausbegleitet. »Mr. Contorno hat Mr. Polizzi als Mr. Castronovo identifiziert«, beginnt Kaplan. »Ist das richtig, Mr. Martin?«

»Es ist richtig«, sagt Martin verdrossen, »und ich fordere, daß aus dem Protokoll auch hervorgeht, daß er Salvatore Greco als Salvatore Greco, Gaetano Mazzara als Gaetano Mazzara, Salvatore Catalano als Salvatore Catalano und Gaetano Badalamenti als Gaetano Badalamenti identifiziert hat.«

Fisher bemerkt dazu, er sei etwas verwirrt. »Ich hatte den Eindruck, der Zeuge hätte meinen Kollegen Mr. Segal als Mr. Catalano identifiziert und als wäre Mr. Segal daraufhin aufgestanden.«

Martin läßt Contorno wieder hereinrufen und läßt ihn Catalano richtig identifizieren. Dann fragt er Contorno, wo er dem Angeklagten Greco zum ersten Mal begegnet sei.

Im Frühjahr 1980 in Bagheria. Bei dieser Gelegenheit seien fünf der Angeklagten anwesend gewesen: Greco, Ganci, Catalano, Mazzara und Castronovo. Das Treffen in Bagheria habe um zehn oder halb elf an einem Sonntagvormittag stattgefunden, in einem Bauernhaus, und insgesamt seien elf Männer dabeigewesen. Die Zusammenkunft habe ungefähr fünfundvierzig Minuten gedauert. Ganci und Catalano habe er schon vorher kennengelernt, 1978 oder 1979 in Favarella, auf dem Landsitz des wohlhabenden Michele Greco, den man in Mafia-Kreisen als den »Pabst« bezeichnet (er ist kein Verwandter des Angeklagten Sal Greco). Hunderte seien an jenem Tag dabeigewesen. Man habe ein großes Festessen aufgetischt.

Auch Badalamenti kannte er. Er hatte ihn einmal bei Bontate getroffen und dann im Haus von Michele Greco. Bei einer dieser Gelegenheiten habe es sich um ein offizielles Taubenschießen gehandelt.

Dieser neue Informant der Staatsanwaltschaft gibt durchaus zu, dem Drogengeschäft nicht ganz fern gestanden zu haben – im Gegensatz zu Buscetta. Ja, Contorno gesteht sogar ein, daß er von dem enormen Reichtum, den er in die Taschen seiner Mitmafiosi fließen sah, gern etwas abgehabt hätte und daß er gehofft hatte, ebenfalls in diesem Geschäft investieren zu können. Leider jedoch habe er das Startkapital nicht aufbringen können.

1976 ging für Contorno eine Haftstrafe wegen Mafia-Mitgliedschaft zu Ende; es standen ihm jedoch noch drei Jahre Exil im Land bevor. (Das italienische Vollstreckungsrecht lindert das Problem überfüllter Gefängnisse dadurch, daß es bestimmte Kriminelle zu einem *soggiorno obbligato* verurteilt, einem Zwangsexil in einer Stadt, die von den heimatlichen Gefilden des Verurteilten möglichst weit entfernt ist.) Contorno hatte allerdings das Glück, nach Venedig verbannt zu werden. Es erwies sich überdies als ein leichtes, seinen Verbannungsort wenn nötig klammheimlich zu verlassen und seine Heimatstadt zu besuchen.

So kehrte Contorno in der Zeit zwischen 1976 und 1979 oft nach Palermo zurück. Er war bankrott; sein Gefrierfleischunternehmen war eingegangen. In Palermo erörterte er mit einem Mafia-Bruder, dem Zigarettenschmuggler Salvatore D'Agostino, die Möglichkeit, ins Drogengeschäft einzusteigen. Um sich einzukaufen, so erfuhr er, müsse er mindestens vierzig oder fünfzig Millionen Lire aufbringen. Damit könne er sich ein halbes Kilo Heroin kaufen, das D'Agostino dann seinem Kontaktmann und Freund Gaetano Mazzara in New York zukommen lassen würde.

Als er seinen Namen hört, schüttelt der falkengesichtige Angeklagte mit dem gesunden Teint und dem flotten olivgrünen Anzug den Kopf und beugt sich nach vorn, um seinem Anwalt etwas zuzuflüstern. Marvin Segal springt bereits auf. »Das ist doch eine Generalprobe, Euer Ehren!« sagt er. »Das hier sollte keine hypothetische Verhandlung für die Staatsanwaltschaft sein!« Der Ankläger hat eben unterstellt, daß Segals Mandant auch noch in einen anderen Heroinfall verwickelt sei, der mit den einundvierzig Kilo aus Mailand nicht das geringste zu tun hat.

»Mr. Segal«, sagt Leval müde, »bitte setzen Sie sich, damit wir mit dieser Anhörung fortfahren können.« Aber die Bemerkung des Anwalts schwärt offensichtlich in ihm weiter. Sowohl Segal als auch Leval sind altgediente Arbeiter in den Weinbergen des Gesetzes. Obwohl sie früher einmal als Ankläger zusammengearbeitet haben, scheinen sich die beiden ganz und gar nicht grün zu sein. Gleich zu Beginn des Prozesses tadelte Leval Segal in aller Öffentlichkeit, weil er den Fall mit der Presse diskutiert hatte, und benutzte den Zwischenfall gleich als Anlaß, einen Schweigebefehl zu verhängen, der es den Anwälten verbietet, vor Ende des Prozesses mit Reportern zu reden.

»Lassen Sie mich noch eine Bemerkung zu dem lächerlichen Vorwurf sagen, der eben erhoben wurde«, sagt Leval einen Augenblick später, die Zeugenaussage unterbrechend. »Die Staatsanwaltschaft benötigt weder meine noch Ihre Gegenwart, um eine Generalprobe abzuhalten«, erklärt er und starrt Segal wütend an. »Es handelt sich hier keineswegs um eine Generalprobe. Diese Anhörung dient dem Zweck, dem Gericht eine Entscheidung darüber zu ermöglichen, ob das Beweismittel, das uns die Staatsanwaltschaft vorzulegen versprochen hat, auch nicht der Grundlage entbehrt. Ich war nicht vollauf überzeugt, daß eine solche Grundlage vorhanden ist. Es ist sehr schwierig, in Gegenwart der Geschworenen herauszufinden, ob eine solche Grundlage gegeben ist oder nicht, da man in vielen Fällen erst die Aussage der betreffenden Person hören muß, um zu wissen ob sie der Sache förderlich ist oder nicht. Aus diesem Grund habe ich angeordnet, eine Anhörung in Abwesenheit der Geschworenen zu veranstalten. Ich möchte herausfinden, ob der Beweis zur Genüge fundiert ist. Falls dem nicht so sein sollte, wird das Beweismittel nicht zugelassen werden.«

»Euer Ehren«, sagt Segal nicht weniger hart, »meiner Meinung nach geht die Staatsanwaltschaft normalerweise das Risiko ein. Die Staatsanwaltschaft sollte ihre Lektionen in der Schule lernen, nicht im Gerichtssaal. Und die Staatsanwaltschaft braucht auch keine Vorabvorführung, damit das Gericht eine Entscheidung treffen kann. Wenn die Staatsanwaltschaft bestimmte Fragen nicht stellen kann oder nicht in der Lage ist, fundiert zu argumentieren, dann soll das Gericht eben den Einsprüchen der Verteidigung stattgeben – und Schluß aus. Was wir hier tun, ist, der Staatsanwaltschaft eine Straßenkarte anzufertigen, und ich denke nicht, daß das die angebrachte Methode für diese Art von Anhörung ist.«

»Ihr Einwand ist zur Kenntnis genommen«, sagt ihm Leval.

Der Zeuge fährt mit seiner Geschichte fort und beschreibt in allen Einzelheiten seinen Besuch auf dem Bauernhof in Bagheria im Februar oder März 1980, der dazu diente, einer Prüfung beizuwohnen.

Donnerstag, 12. Dezember 1985. Im Gerichtssaal. Wie immer sitzt Eleanore Kennedy unter den Zuschauern; heute ist sie jedoch vollauf damit beschäftigt, dreißig Platzkarten für ihr Gala-Weihnachtsessen zu beschriften. Die Kennedys sind als unermüdliche Gastgeber bekannt, selbst ihre Anwaltskollegen und die Stammgäste der *café society* rühmen die Großzügigkeit, Originalität, verschwenderische Fülle und Finesse ihrer zahlreichen kleinen und großen Gesellschaften. Die Vorstellung, ein teures Weihnachtsessen für diesen bunt zusammengewürfelten Haufen fremder und unbequemer Bundesgenossen zu geben, scheint ganz nach ihrem Geschmack zu sein. Auch der Schauplatz ist perfekt: eine intime Ecke im New Yorker Athletic Club an der Seventh Avenue, mit Blick auf den Central Park. Das ist der piekfeine alte Misanthropen-Treff für Tammany-Richter und Vertreter der katholischen Geistlichkeit; noch bis vor kurzem hat der Club keine Juden zugelassen, und Frauen sind als Mitglieder noch heute nicht willkommen. Eingeladen sind alle Mitglieder des Verteidigerteams, einschließlich der Anwaltsassistenten; allerdings sind weder Ehefrauen noch sonstige Außenstehende zugelassen. Einer der Hintergedanken dieser Gala ist es, Vertrauen und Solidarität unter den so verschiedenartigen und argwöhnischen Mitgliedern der Pizza-Verteidigung zu schaffen. Mario Malerba hat darauf bestanden, daß der ihm als Rechtsberater zur Seite stehende Emanuel Moore auf die Gästeliste kommt, ein politischer Gewaltakt, der dazu führt, daß Catalano gleich mit drei Anwälten auf der Party der Kennedys vertreten sein wird.

Eleanore, die aufgrund ihrer Erfahrung über ein großes Einfühlungsvermögen verfügt, was die Eitelkeiten und Selbstdarstellungsgelüste ihrer Gäste betrifft, plaziert Malerba an Kennedys linke Seite – eine bravouröse Geste gegenüber dem Team von Catalano –, und den dienstältesten der Pizza-Anwälte, Marvin Segal, an Kennedys rechte. Mit ihrer Liebe zum Detail geht sie eine Stunde vor Beginn selbst mit einem Armvoll Blumen in den Klub und arrangiert sie eigenhändig. Auf ein Signal hin wird während der Cocktails vor dem Essen ein Kindermädchen das neueste Familienmitglied präsentieren, die unwiderstehliche dreizehn Wochen alte Anna Rosario Kennedy, mitsamt Grübchen, schwarzen Augen, Taufkleidchen und rosa Schleifchen im Haar.

»Einspruch!« ertönt es von Ivan Fisher, und schon schiebt er sich aus dem Sessel. Fisher behauptet, Martin habe Contorno zugenickt und so seine Antworten kontrolliert.

Martin ist außer sich. »Blödsinn!« schreit er zurück. Sein Kollege Louis Freeh neben ihm lacht auf.

Eleanore Kennedy schreibt fleißig die Speisenfolge auf kleine Kärtchen mit Goldrand: Schwertfischterrine, je nach Wahl gegrilltes Steak oder Lachs, Schokoladeneclairs mit Karamelsoße, eine Auswahl an Likören, kubanische Zigarren aus Castros Privatbestand. Die Frau weiß, wie man Anwälte verköstigt.

Leval hat für heute genug. »Wir sollten nach Hause gehen.« Seine Worte werden mit Seufzern der Erleichterung aufgenommen. Die Anwälte beeilen sich, wieder in ihre Mäntel aus Kamelhaar und englischem Kammgarn zu schlüpfen, um dem heftigen Regen zu trotzen, der auf die Stufen des Gerichtsgebäudes prasselt.

Mittlerweile haben sich unter den Verteidigern diverse kleine »Cocktailgruppen« herauskristallisiert. Pat Burke macht sich mit Moriarty, Lombardino und Benfante auf den Weg in die stickige, proppenvolle Bar gleich gegenüber vom Gericht. Der Laden dröhnt vor Gelächter und angeheitertem Stimmengewirr. Die Saison der Weihnachtspartys hat begonnen, und die Sekretärinnen stärken sich grüppchenweise, bevor sie sich auf den Weg nach Brooklyn oder Bellmore machen.

Montag, 16. Dezember 1985. 17 Uhr. Greenwich Village, New York City. Professor G. Robert Blakey bahnte sich einen Weg durch die belebten Straßen am Washington Square zum Auditorium Maximum der juristischen Fakultät auf dem nahegelegenen Campus der Universität von New York. Er sollte dort eine Vorlesung halten. Die Veranstaltung hatte eine große Anzahl von Angehörigen der Vollstrekkungsbehörden angezogen – Staatsanwälte, FBI-Agenten, Kriminalbeamte der New Yorker Polizei. Sie alle hatten sich versammelt, um Blakey über ein Gesetz sprechen zu hören, dessen geistiger Vater er selbst ist und das zur entscheidenden Waffe des Staates im Krieg gegen den Mob geworden war.

RICO, das hörte sich ganz nach einem der stiernackigen Mafiosi in Nadelstreifen an, die zu eliminieren das Gesetz gedacht war. Juraprofessor Blakey von der Universität Notre Dame war der Chefberater für juristische Fragen beim »McClellan-Komitee gegen das Organisierte Verbrechen« gewesen, das Präsident Lyndon Johnson 1967 ins Leben gerufen hatte. Blakeys Erfahrungen mit den Schwierigkeiten, in Prozessen gegen das organisierte Verbrechen zu Verurteilungen zu kommen, stammen aus erster Hand. »Als ich Staatsanwalt war, war es einfach unmöglich, einen Angeklagten einer Organisation zuzuordnen«, sagte er einmal. »Man brauchte im Verlauf einer Verhandlung das Wort ›Mafia‹ nur fallenzulassen, und eine Verfahrensrüge war einem so gut wie sicher.«

Als Ergebnis seiner Erfahrungen im McClellan-Komitee machte sich Blakey daran, diese Unzulänglichkeiten zu korrigieren, indem er Gesetze entwarf, die es den Anklägern ermöglichen sollten, das organisierte Verbrechen über seine Struktur anzugreifen. Der Kongreß verabschiedete das RICO-Statut im Oktober 1970. Seine Bestimmungen waren komplex, so komplex gar, daß die ganze Tragweite des Gesetzes anfangs gar nicht so recht abzusehen war. Genaugenommen brauchten die Ankläger ein ganzes Jahrzehnt, um das Potential dieses Statuts richtig ausschöpfen zu lernen.

Um eine Anklage nach dem RICO-Gesetz auf eine beweiskräftige Basis zu stellen, muß sie sechs Kriterien genügen. Die Staatsanwaltschaft muß beweisen, daß es ein kriminelles Unternehmen gegeben hat; daß die strafbaren Aktivitäten dieses Unternehmens entweder Staatsgrenzen oder Landesgrenzen überschritten; daß die Aktivitäten auf finanzieller Grundlage abliefen; daß die Beschuldigten in dieses kriminelle Unternehmen verstrickt waren; daß der Beschuldigte sich mit mindestens einem weiteren Mitglied der kriminellen Vereinigung verabredet hat, an den Geschäften der Vereinigung teilzuhaben; und schließlich, daß der Angeklagte zwei illegale Handlungen begangen oder sich zu solchen verabredet hat, die Teil eines umfassenderen illegalen Geschäfts waren.

Ronald Goldstock, der schlaksige Chef des New Yorker Sonderdezernats für das Organisierte Verbrechen, ein Mafia-Experte ersten Ranges, war schon frühzeitig auf dem Universitätsgelände eingetroffen. Er hatte seinen Buick – mit Polizeifunk, Autotelefon und zwei Scannern, die es ihm erlaubten, sowohl die Aktivitäten auf den Frequenzen der New Yorker Stadtpolizei als auch denen der Staatspolizei zu verfolgen – auf einem nahegelegenen Parkplatz abgestellt und war zu Fuß zum Vorlesungssaal gegangen. Dort war bereits ein kleiner Cocktailempfang im Gange.

Am selben Spätnachmittag, 17.15 Uhr, Midtown, New York City.
»Big Paul« Castellano und sein Fahrer, Kumpan und Handlanger Thomas Bilotti hatten eben die Kanzlei von Castellanos Anwalt James LaRossa verlassen. Der 69jährige Castellano, Chef der Familie Gambino, war ein übergewichtiger, kraftstrotzender Mann, aber sein dunkler Anzug, das blütenweiße Hemd und der Mohairmantel verliehen ihm einen gewissen konservativen Chic. Er hatte noch immer volles, lockiges schwarzes Haar; eine dicke Brille mit schwarzem Rahmen machte sein rundes, weiches Gesicht etwas strenger. Dem Auftreten nach hätte man ihn für einen wohlhabenden Geschäftsmann halten können, und seine leise, umgängliche Art kaschierte seine Macht.

Jimmy LaRossa war von Castellano für ein Honorar von mehreren hunderttausend Dollar damit betraut worden, seine Verteidigung zu übernehmen. Castellano war einer von neun Mobstern, die man beschuldigte, einen Autoschieberring zu leiten – eines der Geschäfte der Familie Gambino, deren Boß Big Paul war. Man machte den Ring für etwa fünfundzwanzig Morde an Zeugen und Konkurrenten verantwortlich. Der Prozeß, der einige Wochen vor dem Pizza-Prozeß begonnen hatte und im selben Gerichtsgebäude stattfand, war der erste von einem halben Dutzend sorgfältig inszenierter Schläge gegen das organisierte Verbrechen, als die Rudolph Giuliani seine Prozesse angekündigt hatte. Ihren Höhepunkt würden sie im sogenannten »Kommissionsprozeß« finden, der für das nächste Frühjahr angesetzt war; in ihm sollten die Bosse der fünf New Yorker Mafia-Familien vor Gericht gestellt werden: Tony »Ducks« Corrallo von der Familie der Luccheser, »Fat Tony« Salerno aus der Familie Genovese, Carmine Persico von der Familie Colombo, Philip Rastelli von den Bonannos und Big Paul Castellano. Giuliani hatte angekündigt, daß er im Prozeß gegen die Kommission höchstpersönlich die Anklage vertreten würde, und niemand zweifelte daran, daß er eine Flut von markigen Schlagzeilen über die Zerschlagung des organisierten Verbrechens verursachen würde, wie man sie seit den Tagen von Thomas E. Dewey* nicht mehr erlebt hatte. Inzwischen machte der Prozeß gegen Castellano, der zwei Stockwerke über dem Sitzungssaal von Pierre Leval im Saal von Richter Kevin Duffy stattfand, in den Medien einen größeren Wirbel als der Pizza-Prozeß.

Die Ankläger im Fall Castellano schöpften die Möglichkeiten von Professor Blakeys RICO-Gesetz voll und ganz aus. Die Aufmerksamkeit der Medien galt jedoch einem weiteren Mafia-Renegaten, der sich als Zeuge zur Verfügung gestellt hatte. Diese Zeugen waren zu einer Art Markenzeichen von Giulianis schlagzeilenmachenden Prozessen geworden. In diesem Fall war die Hauptattraktion Victor Arena, »der schwule Profikiller«. Arena war ein skrupelloser Mietkiller, der sich dafür, daß er gegen seine ehemaligen Auftraggeber aussagen würde, unter anderem ausbedungen hatte, daß man seinen Liebhaber, den er im Gefängnis kennengelernt hatte, in die Zelle neben der seinen verlegte; er selbst ließ sich auf Staatskosten das Gesicht liften, um sein Aussehen zu verbessern. In Giulianis Büros amüsierte man sich köstlich darüber, und für die Presse war es ein gefundenes Fressen.

Der Wind, der um die Wolkenkratzer der Madison Avenue pfiff, machte aus dem Regen einen eisigen Sprühregen, als Castellano und Bilotti LaRossas Büro verließen. Der Anwalt hatte sich über den Ausgang des Prozesses zuversichtlich geäußert; Castellano brauche sich deswegen keine grauen Haare wachsen zu lassen. Aber Big Paul hatte noch genügend andere Sorgen. Ihm standen noch vier weitere Anklagen sowohl des Bundes als auch des Staats bevor, einschließlich der Geschichte wegen der Kommission, Giulianis Frühlingsfest mit Galabesetzung, bei dem der Ankläger dem organisierten Verbrechen einen tödlichen Schlag zu versetzen und sich selbst in politische Sphären zu katapultieren gedachte.

* Thomas E. Dewey (1902–1971) machte sich in den dreißiger Jahren als Staatsanwalt im Kampf gegen das organisierte Verbrechen einen Namen. (A. d. Ü.)

Ein größeres Problem allerdings waren allemal noch die Jungs aus Queens, die Capos seiner eigenen Mannschaften; sie hatten zu maulen begonnen, Big Paul vernachlässige die Geschäfte der Familie; er sei zu sehr mit seinen gerichtlichen Scherereien beschäftigt, um den Gambino-Mob noch richtig führen zu können.

Castellano hatte die Kontrolle über die augenblicklich größte und profitabelste Verbrecherorganisation der Vereinigten Staaten von seinem Schwager Carlo Gambino übernommen. Big Paul war Gambinos engster Vertrauter und Berater gewesen, und als keiner von Gambinos Söhnen großes Interesse an den Tag legte, das Erbe ihres Vaters anzutreten, fiel es ganz selbstverständlich an den Bruder seiner Frau, Big Paul Castellano.

Nach Gambinos Tod wurde Castellano schnell zum anspruchsvollsten und kultiviertesten aller New Yorker Bosse. Niedere Alltagsarbeiten wie Raub, Kreditwucher, Entführung oder Erpressung überließ er seinen Offizieren und ihren Straßenbanden. 1985 zählte die Familie Gambino bereits 250 Soldaten und doppelt so viele Handlanger, und man verfügte über ein gewaltiges Netz von halblegalen Geschäftsleuten und kleinen Gaunern.

Big Paul konzentrierte sich auf die Unterwanderung des New Yorker Speditionsgewerbes und des Lebensmittelgroßhandels. Er strich Unsummen an illegalen Provisionen aus der Bauindustrie ein. Er regelte die Aufteilung der Profite und die Streitereien innerhalb der New Yorker Mafia-Kommission. Er arbeitete hart daran, seine Bande auf eine ordentliche geschäftsmäßige Grundlage zu stellen. Castellano versuchte sicherzustellen, daß so risikoreiche und offensichtlich kriminelle Aktivitäten wie der Drogenhandel auf keinen Fall mit seinen Leuten in Verbindung gebracht werden konnten. Die Familie Gambino hatte an ihre Soldaten eine strikte Order ausgegeben: Handle mit Drogen, und du bist ein toter Mann. Überlaßt das den Zips von der Knickerbocker Avenue.

Castellano und Bilotti erreichten ihre schwarze Lincoln-Stadtlimousine, die sie in der 43. Straße West geparkt hatten und mußten feststellen, daß man ihnen einen Strafzettel wegen Falschparkens verpaßt hatte. Bilotti schnappte sich den Zettel, der unter einem der Scheibenwischer steckte, und schob ihn sich in die Tasche, bevor er hinter das Steuer rutschte.

Der schwere Regen hatte den Stoßverkehr fast zum Erliegen gebracht; Bilotti hatte alle Hände voll zu tun, den nächsten Punkt ihrer Tagesordnung einzuhalten, ein Abendessen, für das man im Sparks Steakhouse in der 46. Straße auf der anderen Seite der Stadt einen Tisch reserviert hatte. Sparks war beliebt und seine Preise gesalzen. Erst wenige Wochen zuvor hatte das schicke *New York Magazine* Sparks zum besten Steakrestaurant Manhattans gekürt. Die teure Küche war ganz auf die mit großzügigen Spesenkonten ausgestatteten Karnivoren der großen Geschäftswelt zugeschnitten, also genau die Leute, in deren Gesellschaft sich Paul Castellano am wohlsten fühlte.

Bilotti drängte sich in die 40. Straße Ost und hielt vor dem roten Baldachin mit der Aufschrift »Sparks«. Als Paul Castellano aus dem Lincoln stieg, achtete er dummerweise nicht auf das gelbe Taxi, das hinter ihnen über die Kreuzung kam und den Verkehr blockierte. Thomas Bilotti hatte eben die Tür des Wagens geschlossen, als er die beiden Männer in dunkelbraunen Burberry-Regenmänteln und Mützen erspähte, die sich auf Castellano zubewegten. Beide hoben ihre Hände im gleichen Augenblick, und Bilotti wurde von einer 9-mm-Kugel aus einer Browning Automatic in den Kopf getroffen. Castellano starrte die beiden Killer an; er stand noch immer wie versteinert da, als sie ihm drei Kugeln in Kopf und Brust schossen. Er brach direkt neben dem Lincoln zusammen, die beiden Schützen flüchteten in einem Auto, das an der Ecke 46. Straße und Zweite Avenue gewartet hatte ...

In der juristischen Fakultät der Universität von New York hatte sich der Raum, der für Professor Blakeys Cocktailempfang reserviert war, mit Gästen gefüllt. Sie waren vorwiegend männlich, weiß und zwischen Mitte Dreißig und Mitte Vierzig. Konservative Anzüge, gedeckte Sportjacketts und sauber geschnittenes Haar beherrschten die Szene. Ron Goldstock nippte an einem Glas Weißwein. Auf einmal meldete sich der Piepser an seinem Hosenbund. Gleich darauf gingen hier und da im Raum wie Popcorn in einer Pfanne weitere Piepser los; FBI-Agenten und Polizeibeamte traten einander im Wettlauf um das nächste Telefon auf die Füße. Die Neuigkeit von der Ermordung Castellanos verbreitete sich wie ein Lauffeuer. Das organisierte Verbrechen hatte Professor Blakey die Schau gestohlen ...

Dienstag, 17. Dezember 1985. Auf dem Korridor vor dem Sitzungssaal. Allenthalben machen sich Anspannung und Nervosität bemerkbar. Die Angeklagten stecken in kleinen Grüppchen die Köpfe zusammen und unterhalten sich in schnellem Sizilianisch. Catalano, Amato und Sal Lamberti spazieren die fünfundzwanzig Meter Flur auf und ab und unterhalten sich gedämpft, wobei sie um so heftiger gestikulieren. Umsturz und Thronfolge, das ist es, was hier jedem durch den Kopf spukt.

Joe, der junge Gerichtssekretär, ist zu hören: »Der Richter ist im Saal!« Die Anwälte stellen sich vor dem Metalldetektor auf und werfen ihre Zeitungen auf den Tisch neben der Tür. Richter Leval hat sämtliche Zeitungen aus dem Gerichtssaal verbannt, damit keiner der Geschworenen auch nur den Zipfel einer Schlagzeile erhascht, die sein Urteil beeinflussen könnte. Die heutigen Zeitungen sind von vorn bis hinten voll mit Berichten und Fotos vom Mord an Castellano.

Drinnen klopft Leval laut mit dem Hammer um Ruhe im Saal. Die Geschworenen sind noch nicht zugegen. »Das erste, worüber wir uns heute zu unterhalten haben, ist die Nachricht über den Mord an einem Angeklagten, dessen Fall im Augenblick in diesem Gebäude verhandelt wird.«

Bob Fogelnest schwenkt eine Handvoll Ausschnitte von den Titelseiten der vier großen New Yorker Tageszeitungen und verlangt, sie ins Protokoll aufzunehmen. Er fügt hinzu, daß der Mord auch im Fernsehen ausgiebig diskutiert und dort mit dem Mord an Carmine Galante in Verbindung gebracht werde. Die Gefahr, daß sich damit die Karten der Pizza-Angeklagten erheblich verschlechtern, sei ziemlich groß. Die Schlagzeile der *Post* lautet: DER MOB HOLT SIE ALLE EIN.

Die Anwälte wollen sämtliche Geschworenen befragt sehen, um festzustellen, was sie wissen und was sie von dem Mord an Castellano halten. Paul Bergman legt auf die für ihn charakteristische Weise los; als Partner in der Sozietät LaRossas, die Castellano vertrat, versucht er, seiner Grabesstimme einen besonderen Ausdruck von Rechtschaffenheit und düsterem, fast schon surrealem Ernst zu verleihen.

Nachdem sich die Verteidigung in Sachen abträglicher Konsequenzen aufgrund des Castellano-Mordes ausgiebig in Positur geworfen hat, ruft Leval die Geschworenen in den Saal. »Einigen von Ihnen dürfte es nicht unbekannt sein, daß gestern in New York City ein Angeklagter eines anderen in diesem Haus stattfindenden Prozesses auf den Straßen der Stadt ums Leben gekommen ist. Die Medien berichten so ausgiebig darüber, daß auch Sie es erfahren werden, falls dies noch nicht der Fall ist. Daher lassen Sie mich noch einmal etwas wiederholen, was ich Ihnen nun schon so oft gesagt habe: Vermeiden Sie, mit Medien, ganz gleich welcher Art, in Berührung zu kommen. Mit Sicherheit wird noch viel geschrieben werden. Lesen Sie nichts und schauen Sie nicht fern. Zweitens: Die gestrigen Ereignisse haben absolut nichts mit dem hier verhandelten Fall zu tun. Es besteht nicht die geringste Verbindung. Zweifelt jemand daran? Na schön, dann lassen Sie uns wieder zur Sache kommen.«

Die Staatsanwaltschaft ruft einen schmächtigen jungen Bäckereibesitzer aus Queens in den Zeugenstand. Vincenzo Russo kaufte seinen Einmannbetrieb von Filippo Ragusa, einem der Männer, die bei den einundvierzig Mailänder Kilo die Finger im Spiel hatten. Zeuge Russo hat erst gestern abend um 20.30 Uhr erfahren, daß er heute vor Gericht zu erscheinen habe. Er hat keine Ahnung, warum er hier ist.

Stewart läßt ihn ein Foto von Filippo Ragusa identifizieren.

»Keine weiteren Fragen, Euer Ehren«, sagt er schließlich.

»Darf ich eine Frage stellen?« will der Zeuge freundlich wissen; er spricht mit starkem Akzent. »Warum bin ich eigentlich hier? Ich *will* wissen. Ich verliere Tag Arbeit heute.«

Leval weist den Zeugen lediglich an, zu warten und die an ihn gerichteten Fragen zu beantworten.

Es ist Zeit für das Kreuzverhör. »Mr. Kennedy?«

Kennedy steht auf. »Nur eine Frage, Mr. Russo.« Pause. »Warum sind Sie eigentlich hier, Sir?«

Die Geschworenen fangen laut zu lachen an.

Jetzt beginnt der Run auf die Weihnachtsflugzeuge, die Züge und die Limousinen. Die Geschworenen drängen sich in die von Bundesmarshals chauffierten Limousinen, die sie an bestimmten Punkten in der Stadt absetzen werden, worauf sie dann versuchen können, wieder ganz gewöhnliche Bürger zu werden. Aber die Pizza-Connection hat begonnen, ihre Existenz zu durchdringen. Sie ist im Augenblick der Bestandteil ihres Lebens, der die meiste Zeit beansprucht. Ob man die Geschworenen nun davor gewarnt hat, sich irgendwelchen Meldungen über den Mord an Castellano auszusetzen oder nicht, die Medien – nicht nur Fernsehen, Radio und Zeitungen, sondern auch Illustrierte, die Werbung, Talk Shows, ja selbst die komischen Programme sind nun einmal voll davon. Es sieht so aus, als verlange Leval ein ganz und gar unmögliches Maß an Selbstzensur. Das Verteidigerteam nennt das Ganze einen gewaltigen Selbstbetrug seitens des Staates.

Donnerstag, 2. Januar 1986. Im Gerichtssaal. Ein neues Jahr. Die lange Reihe blau gebundener Abschriften auf dem Regal hinter Levals Stuhl kann einem Angst machen; jetzt schon füllt das 4474 Seiten starke Verhandlungsprotokoll mehr als die Hälfte des Regals. Einer der Geschworenen kommt zu spät; ein anderer hat Probleme mit einer bevorstehenden ärztlichen Behandlung. Leval hat den Arzt des Geschworenen angerufen und diesen veranlaßt, seinen Terminplan zu ändern.

»Könnten Sie das nicht auch bei mir machen, ich muß zum Zahnarzt?« fragt ihn Bergman.

»Das würde ich liebend gerne . . . selbst übernehmen«, meint Leval bissig. »Wir werden mit dem Zeugen Contorno fortfahren, mit dem wir vor der Weihnachtspause begonnen haben.«

Der finster dreinschauende Informant hat sich bereits in seinem Sessel zurechtgesetzt, bereit, den Geschworenen zu erzählen, wie er sich in den Heroinhandel einkaufte und dabei einige der Angeklagten kennenlernte.

Dick Martin wird die Zeugenaussage höchstpersönlich auf ihren Höhepunkt führen. Um das Gedächtnis der Geschworenen auf Trab zu bringen, läßt er Contorno zunächst einmal drei der Angeklagten aus der hintersten Reihe identifizieren: Mazzara, Castronovo und Greco. Er habe sie in einem kleinen Zitronenhain hinter einem Bauernhaus in den Hügeln vor der kleinen Stadt Bagheria kennengelernt. An jenem Sonntagvormittag sei Contorno von seinem Mafia-Kollegen Nuncio LaMattina nach Bagheria gefahren worden; der habe ihm angeboten, ihn durch den Heroinhandel reich zu machen.

Contornos Aussagen erweisen sich als erdrückend. Buscetta hatte die Staatsanwaltschaft vor allem der Schau wegen geladen; er sollte den Geschworenen mit seinen Geschichten über exotische Initiationsriten und blutige Fehden Angst einjagen. Aber dieser Mann aus dem Fußvolk von Bontates *famiglia* richtet wirklich Schaden an, indem er die harmlos aussehenden amerikanischen Pizzabäcker bei einem Treffen finsterer Drogenhändler in einem abgelegenen sizilianischen Bauernhaus auftreten läßt.

Die Staatsanwaltschaft ist der Ansicht, das Treffen in Bagheria diente einer Qualitätskontrolle. Das Heroin einer früheren Lieferung aus Palermo war als mindere Qualität eingestuft worden und hatte den Mittelsmännern den Vorwurf des Betrugs eingebracht. Zur Verteidigung ihrer Ehre – und künftiger Profite – waren einige der Mittelsmänner nach Sizilien gekommen, um die nächste Lieferung schon vorab in Augenschein zu nehmen.

Contorno erzählt der Jury, daß die fünf Amerikaner, die an jenem Vormittag dabei waren – Catalano, Ganci, Castronovo, Mazzara und Greco – allesamt Mafiosi waren, was man daran habe erkennen können, daß bei der Vorstellung die Codephrase *la stessa cosa* – »unsere Sache« – benutzt worden sei.

Außer Badalamentis Neffen Randazzo, der sich im Hungerstreik befindet und sich seine Zelle zu verlassen weigert, haben sämtliche Angeklagten der Badalamenti-Gruppe ihre teuren Funkkopfhörer abgenommen. Einige sitzen da, den Kopf nach hinten gelegt, die Augen geschlossen. Schließlich sind sie Sizilianer, Meister der großen Geste, sie wollen zeigen, daß sie das ganze Gerede über Heroin nicht das geringste angeht.

Auf einem Tisch des Bauernhauses sah Contorno Säckchen mit weißem Pulver und ein Thermometer liegen. Wie ein Zauberer, der in seinen Zylinder greift, nimmt Martin ein gut zwanzig Zentimeter langes Thermometer, an dem eine Glaspipette befestigt ist, vom Tisch. »So eines?«

Contorno schildert seine Beobachtungen. An dem Thermometer sei ein winziges Glasröhrchen mit weißem Pulver befestigt und über einer Flamme erhitzt worden. »Es entstand ein ekelhafter, säuriger Geruch.« Der heutige Dolmetscher ist ein junger sizilianischer Prinz, der ein knappes, elegantes Englisch spricht, ohne etwas von Contornos ausgefallener Gestik oder dessen prächtiges Augenrollen wiederzugeben. Die Temperatur, bei der sich die Droge verflüssige, deute auf ihren Reinheitsgrad hin. Aber der Geruch des heißen Heroins sei Contorno bald zu ekelhaft geworden, und er habe sich in den Zitronenhain geflüchtet und eine Zitrone gelutscht, um den scheußlichen Gestank loszuwerden.

Der Informant ist so richtig in Fahrt gekommen. Martin bekommt jetzt, was jeder Ankläger der Welt als eine Serie hochkarätiger Antworten bezeichnet hätte. Die Person, die Contorno angeboten habe, ihn am internationalen Drogenhandel zu beteiligen, sei Carlo Castronovo gewesen, ein bekannter sizilianischer Drogenschmuggler. Es gebe bei der ganzen Operation nicht die geringsten Probleme, soll er gesagt haben, weil er mit einem amerikanischen Cousin, einem gewissen Ciccio l'Americano zusammenarbeite.

Sizilianer werden nach Heiligen benannt, und jeder Name hat eine ganze Reihe von gebräuchlichen Spitznamen – Toto für Salvatore, Don Tano oder Tanino für Gaetano, Turiddu für Giuseppe, Ciccio für Francesco. Ciccio l'Americano ist Carlo Castronovos amerikanischer Cousin, der Pizza-Angeklagte Francesco »Frank« Castronovo.

»Ciccio hatte hier in Amerika zur Tarnung eine Reihe von Pizzerien . . . und es war nicht schwierig, die Ware nach Amerika zu transportieren, weil er genau wie wir ein Ehrenmann war.«

Bedrückende Stille verbreitet sich im Sitzungssaal. Der Angeklagte Castronovo hat die Arme vor der Brust gekreuzt, sein Gesicht ist so unbeweglich wie das eines steinernen Löwen.

Die Atmosphäre hat sich beträchtlich aufgeladen, und der Verantwortliche beginnt die Belastung zu spüren. Er flüstert dem Dolmetscher etwas zu, der daraufhin verkündet, daß Mr. Contorno heftige Kopfschmerzen habe und eine Pause einzulegen wünsche.

Der Zeuge wird hinausgeführt, und Martin stellt noch einmal klar, wer in diesem Prozeß der Chef ist, indem er bekannt gibt, daß jene Angeklagten, denen noch kein kompletter Satz Finger- und Handflächenabdrücke abgenommen worden sei, sich heute Nachmittag im FBI-Präsidium einzufinden hätten.

Mittwoch, 8. Januar 1986. Im Gerichtssaal. Contorno hat die direkte Vernehmung durch die Anklagevertretung hinter sich. Der weitere Verfahrensmodus unterliegt festen Regeln. Ein Zeuge der Staatsanwaltschaft wird stets zuerst von einem Ankläger durch seine Aussage geführt; dieser entlockt ihm mit Hilfe einer Reihe von präzise formulierten Fragen das Beweismaterial. Die Anwälte der Verteidigung können gegen diese Fragen Einspruch erheben, wenn sie der Meinung sind, das Thema befinde sich außerhalb des Kenntnisbereichs des Zeugen; das gleiche gilt, wenn die Frage eine Antwort nach sich ziehen könnte, deren Implikationen allzu weitreichend wären, wenn die Formulierung der Frage nicht eindeutig genug ist, um eine präzise, auf Tatsachen beruhende Antwort nach sich zu ziehen, oder wenn eine Frage beim Zeugen zu Spekulationen führen könnte.

Auf die direkte Vernehmung durch die Staatsanwaltschaft kann jeder der Angeklagten den Zeugen zu den von der Staatsanwaltschaft angeschnittenen Themen ins Kreuzverhör nehmen. Die Verteidiger werden stets nach der Reihenfolge ihrer Mandanten auf der Anklageschrift aufgerufen – Kennedy als erster, Ryan als letzter. Dieser Reihenfolge, wie auch der Sitzordnung, wird eine immense Bedeutung beigemessen; nicht die geringste Änderung wird hier zugelassen, ohne daß darüber nicht vorher leidenschaftlich diskutiert werden müßte – und das alles unter Ausschluß der Geschworenen. Was den Geschworenen ebenfalls verborgen bleibt, ist der Umstand, daß die Staatsanwaltschaft dadurch, daß sie die Anklageschrift aufgesetzt hat, natürlich auch die Schlachtordnung festgelegt hat.

Auf das Kreuzverhör folgt, falls die Anklagevertretung es wünscht, die abermalige Vernehmung des Zeugen durch den Staatsanwalt, der wiederum – falls nötig – ein zweites Kreuzverhör folgt, auf das dann wieder eine Vernehmung durch den Staatsanwalt folgen kann und so weiter und so fort – bis dem Zeugen schließlich auch der letzte Tropfen abgepreßt worden ist. Dabei wird die Fragenspirale immer enger. Das Ziel dieser Vorgehensweise besteht darin, die Wahrheit auszubuddeln und nicht darin, sie zuzuschütten, deshalb müssen weitere Fragen stets dem einen Zweck dienen, vorherige Aussagen zu klären; sie dürfen nicht in neue Themenbereiche abschweifen.

Bei einem Fall wie dem Pizza-Prozeß, bei dem im Grunde genommen zweiundzwanzig Einzelverhandlungen gleichzeitig stattfinden, ist es daher für den Richter besonders schwierig, den Überblick zu behalten. Pierre Leval gilt als einer der Besten. Sein Verstand ist scharf, arbeitet logisch und weiß die Spreu vom Weizen zu trennen. Kein einziges Mal verliert er den roten Faden. Und das alles macht er mühelos und fast immer gut gelaunt – wie ein guter Fleischer, flink, geschickt und unermüdlich zersägt, zerhackt und filetiert er die Fakten. Er ist sichtlich in seinem Element.

Die Rechtsbeistände der fünf Männer, die Contorno als Zeugen der Qualitätskontrolle in Bagheria genannt hat, haben jetzt alle Hände voll zu tun, den Schaden für ihre Mandanten so gering wie möglich zu halten. Die beste Reaktion besteht in so einem Fall darin, Contorno als gewohnheitsmäßigen Lügner hinzustellen und womöglich noch eine kleine Andeutung fallenzulassen, daß die Staatsanwaltschaft seiner Geschichte etwas nachgeholfen haben könnte. Mit sichtlichem Vergnügen stürzen sich die Anwälte in ihre Arbeit, und mit jedem ihrer Ausfälle blättert etwas von Contornos Lack ab.

Contorno hat seine Geschichte bereits den italienischen Behörden erzählt. Die Anwälte der Pizza-Verteidigung haben die Protokolle gelesen. Sie enthalten eine Menge Informationen, die darauf hindeuten, daß Contorno alles andere ist als ein reformierter Robin Hood, sondern ein skrupelloser Krimineller, der zumindest in einem Fall Beihilfe zu einem Mord geleistet hat. Als besonders makabre Draufgabe zu seinem Initiationsritus zwang man Contorno am Tag seiner Aufnahme in die Mafia Zeuge zu sein, wie ein Mann auf die Knie gezwungen und mit einem Schuß in den Kopf getötet wurde. »So sieht der Tod aus«, bemerkte einer der Mörder dazu.

Noch bevor die Geschworenen wieder herein dürfen, entbrennt eine Schlacht darum, ob man ihnen die Geschichte von diesem Ritualmord auftischen soll oder nicht. Ken Kaplan, Castronovos Anwalt, gehört zu denen, die dafür sind, Contorno als den Gewaltverbrecher zu entlarven, der er ist. Einige Anwälte der Badalamenti-Gruppe wollen den Geschworenen diese schaurige Geschichte unter allen Umständen vorenthalten; es würde sich verheerend auf ihr Urteil auswirken, wenn sie den Eindruck bekämen, solche Morde seien in der Mafia gang und gäbe.

Kennedy, unermüdlich, wenn es darum geht, Badalamentis Ehre zu verteidigen, weist rasch darauf hin, daß »Leute, die eine derartige Verhaltensweise heraufbeschwören, geschweige denn stillschweigend billigen, selbst Menschen niedrigster Sorte sind, und es ist unserer Sache in höchstem Maße abträglich, Mr. Badalamenti mit solchen Leuten in Verbindung zu bringen«.

Leval hält Kennedys Standpunkt für respektabel und meint, er werde ihn »zweifelsohne in der Berufung lautstark vertreten«.

Kennedys leidenschaftlich scharfe Entgegnungen scheinen in Leval immer wieder eine gewisse Betroffenheit auszulösen. Er kommt zu dem Entschluß, Contorno lediglich aussagen zu lassen, daß er kurz nach seinem Initiationsschwur bei einem Mord zusehen mußte. Man werde den Geschworenen diesen Mord als rein statistisches Detail vorsetzen, kein Blut auf der Erde, keinen Namen für das Opfer, das da am Fuß eines finsteren sizilianischen Hügels auf das Gesicht fiel, während ein frischgebackener Mafioso danebenstand und schweigend Zeuge dieser in seinem Gewerbe üblichen Verfahrensweise wurde. Auch werde man den Geschworenen keine Gelegenheit geben, sich über jene Perle romanischer Machophilosophie den Kopf zu zerbrechen: »So sieht der Tod aus.«

Mittwoch, 22. Januar 1986. Im Gerichtssaal. Wie ein Stehaufmännchen springt Ivan Fisher nach jedem Abgang der Geschworenen auf und wiederholt ein und dasselbe Gesuch: Der Richter solle die Anklagevertretung auffordern, einen kompletten Satz jener Dokumente herauszugeben, die sich auf das Treffen zwischen Contorno, den US-Behörden und den italienischen Untersuchungsbeamten beziehen. Es hat im März 1985 in Rom stattgefunden; die Leitung hatte Magistrat Giovanni Falcone, der erfolgreichste aller italienischen Mafia-Jäger, den seine Regierung damals gerade mit speziellen Vollmachten ausgestattet hatte, um der Mafia ein für allemal den Garaus zu machen. Die amerikanische Delegation bestand aus dem Stellvertretenden Bundesanwalt Richard Martin und dem Sonderagenten Carmine Russo, dem fähigsten Mann, den das FBI in Sachen sizilianischer Dialekt zu bieten hat. Bei diesem Treffen verlangte man von Contorno, 147 Fotos mutmaßlicher Mafiosi aus der Verbrecherkartei zu identifizieren. Also wo sind nun die Aufzeichnungen über diese Geschichte?

Martin mauert. Es seien keine Aufzeichnungen gemacht worden, behauptet er. Fisher weigert sich, von seiner Forderung Abstand zu nehmen und verlangt, daß man auf der Stelle mit Richter Falcone telefoniere, um festzustellen, ob einer der italienischen Untersuchungsbeamten Notizen gemacht hat. Fishers Katz-und-Maus-Spiel mit Martin hat sich verschärft, seit einer aus Fishers Stab über Weihnachten nach Rom geflogen ist und zumindest ein Schriftstück ausgegraben hat, das sich auf das Treffen im März bezieht.

Mit diesem Beweismittel bewaffnet, tritt Fisher jetzt zum Kreuzverhör an. Der mächtige Körper des Anwalts ist gespannt wie eine Feder, bereit, augenblicklich in jede Richtung zu schnellen. Ob sich Contorno in den letzten Tagen mit Martin unterhalten habe? Die Antwort ist ausweichend. Was mit den Dokumenten sei? Er könne sich an keine Dokumente erinnern. Jede ausweichende Antwort wirkt sich negativ auf die Glaubwürdigkeit des Zeugen aus. Als Fisher glaubt, ihm genügend zugesetzt zu haben, bezichtigt er ihn geradeheraus der Lüge. Die Wahrheit sei doch, daß Contorno den Angeklagten Catalano gar nicht in jenem Bauernhaus in Bagheria gesehen habe?!

»Ist es nicht vielmehr so« – Fisher schreit jetzt –, »daß Sie damals ›nicht die geringste Ahnung‹ hatten, wer diese Männer waren?«

»Wenn ich keine Ahnung gehabt hätte, dann hätte ich nicht ›vertraute Gesichter‹ gesagt.«

»Sie konnten es sich doch gar nicht *leisten*, sie nicht zu kennen.«

»Was wollen Sie damit sagen – ›leisten‹?«

»Ich spreche von Ihrer Frau, Ihrem Kind ... Tatsache ist doch, daß Dick Martin Ihnen die Namen dieser Männer genannt hat.«

Martins Einspruch wird stattgegeben, und Leval sagt ruhig: »Kommen Sie doch bitte an den Richtertisch.«

Er meint damit automatisch die Seite seines Richtertisches, die am weitesten von den Geschworenen entfernt ist. Hier können sich Richter und Anwälte beraten, ohne Gefahr zu laufen, von den Geschworenen gehört zu werden; es ist einfacher, mit dem Richter zu flüstern, als jedesmal vierundzwanzig Leute aus dem Saal zu schicken. Alle Anwälte, sowohl die der Anklage als auch die der Verteidigung, haben ein Recht darauf, sich die Gespräche am Richtertisch anzuhören. Im Augenblick schart sich dort eine ganze Gruppe Verteidiger wie eine Footballmannschaft bei der Strategieabsprache. Für Leval bestehe das Problem nicht darin, daß Fisher Contorno bei widersprüchlichen Aussagen ertappt habe.

Was dem Richter vielmehr Kopfzerbrechen bereitet, ist ein weit subtileres Detail, das dieser wie auch jeder anderen Jury völlig gleichgültig wäre. Leval macht sich unablässig Gedanken über das Prozeßprotokoll und die Berufungsrichter, die dieses mit fast hundertprozentiger Sicherheit eines Tages werden lesen müssen. In diesem Fall ist er der Ansicht, daß Fishers letzte Fragen nicht ganz eindeutig waren. Um zu beweisen, daß ein Zeuge lüge, müsse man nachweisen, daß er zwei miteinander nicht vereinbare Aussagen gemacht habe, und daher sollte der Anwalt seine Fragen klar formulieren.

Fisher beeilt sich zu versichern, daß er nicht die Absicht hatte, hier irgendwelche Tricks anzuwenden. »Ich unterstelle Ihnen auch nichts dergleichen«, antwortet Leval. »Ich weise Sie lediglich darauf hin, daß es Ihren Fragen an Eindeutigkeit mangelt, und ich würde vorschlagen, für den Fall, daß Sie die Glaubwürdigkeit des Zeugen weiterhin anzuzweifeln gedenken, Ihre Frage noch einmal neu zu formulieren. Soll es heißen: Hat Mr. Martin Ihnen jemals gesagt, daß er an Ganci oder Catalano interessiert sei? Oder lautet Ihre Frage: Hat Mr. Martin Ihnen gesagt, daß es sich bei diesen Personen auf dem Foto um Ganci und Catalano handelte?«

Auch wenn dem nur schwer zu folgen sein mag, das ist Leval in Bestform – immer wenn es darum geht, mit scharfem Messer Beweismaterial zu filetieren und analysieren. »Das Problem dabei ist«, fährt er fort, »daß Ihre Frage womöglich eine Aussage unglaubwürdig macht, die nicht notwendigerweise widersprüchlich ist. Sie können damit seine Unglaubwürdigkeit nicht beweisen, weil noch nicht aufgezeigt worden ist, daß es sich hier *tatsächlich* um einen Widerspruch handelt.«

Man fährt mit dem Kreuzverhör fort. Contorno versucht an seinen Aussagen festzuhalten. Aber gegen Ende dieses turbulenten Nachmittags werden Fishers Fragen immer unnachgiebiger. Was hat er Martin damals gesagt? Die meisten der übrigen Anwälte – allen voran Kennedy – vermitteln dabei den Eindruck von Haien, die wie gebannt darauf warten, daß sich im Wasser die ersten Blutstropfen zeigen.

Donnerstag, 23. Januar 1986. Im Gerichtssaal. Die Anwälte nehmen rasch ihre Plätze ein, ganz erpicht darauf, die Fortsetzung der heftigen Auseinandersetzung von gestern mitzuerleben. Fisher steht schon auf dem Podium und geht irgendwelche Notizen durch. Richard Martin tritt durch die Tür des Richters in den Saal, ein leichtes Lächeln umspielt seinen Mund. Dann wirft er eine Bombe: Auf dem Seidenpapier einer Hemdenschachtel, in der man einem Undercoveragenten ein Kilo Heroin übergeben hatte, hat man den Handflächenabdruck des Angeklagten Salvatore Mazzurco gefunden.

Der kleine Mann mit den strahlenden Augen senkt den Kopf und starrt auf den Boden. Mazzurcos Anwalt, Joe Benfante, ist sprachlos. Er weiß erst gar nicht recht, wie er sein Entsetzen zum Ausdruck bringen soll; der ungeheure Schaden, den seine Sache dadurch nimmt, läßt ihn nicht die richtigen Worte finden.

Das erdrückende neue Beweismittel gegen Mazzurco hat Fishers fanatischen Eifer, den Zeugen der Staatsanwaltschaft als verlogenen Schurken zu entlarven, keineswegs gedämpft. Während Contorno in Rom von Richard Martin verhört worden sei, habe man ihm da nicht eine Reihe von Fotos gezeigt, einschließlich der Bilder dieser Angeklagten? Fisher weiß es und ist fest entschlossen, Contorno das Geständnis zu entlocken, er habe damals die diversen Pizza-Angeklagten – Fishers Mandanten Catalano eingeschlossen – nicht identifizieren können.

Finster korrigiert Contorno den Anwalt: Er habe damals lediglich gesagt, die Gesichter seien ihm *vertraut*. Er habe sich ihre Identifizierung aufgehoben, bis er in den Vereinigten Staaten und damit unter dem Schutz der Kronzeugenregelung gewesen sei.

»Sir, trifft es etwa nicht zu, daß Sie – in dieser Minute vor all diesen Leuten hier – das Blaue vom Himmel heruntergelogen haben?«

»Was soll das für eine Lüge gewesen sein, von der Sie da sprechen?« Contorno ist in seinem Sessel zusammengesunken, als könnte er auf diese Weise dem vernichtenden Spott standhalten, den der fast zwei Meter große Fisher ihm entgegenschleudert.

Der Dolmetscher kommt nicht mit. Fisher wirft ob dieser Verzögerung verzweifelt die Hände in die Luft. »Trifft es etwa nicht zu« – Fisher schreit ihn jetzt an –, »daß Sie damals *nicht die geringste Ahnung* hatten, wer diese Männer waren? ... Tatsache ist doch, daß Dick Martin es war, der Ihnen diese Namen genannt hat!«

Fisher hält das Tempo aufrecht, wie Knüppelschläge kommen seine Fragen. Zunehmend wird der Zeuge verunsichert, er verhaspelt sich, sucht nach Ausflüchten. Die Pausen, die wegen der Übersetzung entstehen, verlangsamen das Kreuzverhör zwar, verringern jedoch keineswegs seine Wucht.

Kennedy tritt auf und macht sich daran, die Knochen abzunagen, die Fisher übriggelassen hat. Für Badalamenti hängen noch einige saftige Stücke an Contornos Kadaver. In seiner Aussage gegenüber Richter Falcone vom März 1985 sprach Contorno über Badalamentis Ausschluß aus der Mafia. Er sprach damals über den Kampf der Corleoneser um die »absolute Vormachtstellung im internationalen Handel mit Betäubungsmitteln«. Dabei erwähnte er, daß Gaetano Badalamenti nicht die alleinige Kontrolle über den internationalen Flughafen Punta Raisi auf Sizilien gehabt habe. Das widerlegt die Behauptung der Staatsanwaltschaft, Badalamenti trage als Don von Cinisi, dem Ort bei Palermo, in dessen Nähe der Flughafen liegt, die ganze Verantwortung für die über den großen neuen Flughafen abgewickelten Drogengeschäfte.

Drittens hatte Contorno ursprünglich gesagt, es hätte automatisch das Todesurteil für einen Ehrenmann bedeutet, wäre in der Mafia bekannt geworden, daß er mit einem der beiden Ausgestoßenen – Ganci und Badalamenti – Heroingeschäfte getätigt hätte. Das Dokument ist somit eindeutig eine große Hilfe für Kennedys Mandanten, und Kennedy will jetzt Martins Kopf dafür, daß er dieses Entlastungsmaterial zurückgehalten hat.

»Wenn wir als Chef der Anklagevertretung einen Mann haben, dem es derart fundamental an Integrität mangelt, daß er dem Staat die Entscheidung abnimmt, was nun Entlastungsmaterial ist und was nicht, und dieses Material nur herausgibt, wenn man ihn dazu zwingt, dann schlage ich vor, diesen Mann zu ersetzen.«

Die Stimme, mit der Leval auf diese doch etwas extreme Forderung antwortet, ist ebenso ruhig und gelassen wie diejenige Kennedys. Er sei nicht bereit, deswegen die Zeit der Geschworenen zu verschwenden; er werde über den Antrag später entscheiden. Jetzt müsse sich erst einmal Kennedy entscheiden, ob er Contorno als Zeugen der Verteidigung aufbieten wolle.

»Wer hat die Absicht, Contorno zu benennen?« fragt Leval.

»Ich«, sagt Kennedy und fügt frech hinzu: »*Was* soll ich ihn denn nennen, Euer Ehren?«

Auch die anderen Anwälte läßt diese ausgezeichnete Gelegenheit, Martin mit Dreck zu bewerfen, nicht kalt. Fisher unterbricht sein Auf und Ab, um sich zu Eleanore Kennedy hinabzubeugen, die auf ihrem Stammplatz links vom Mittelgang sitzt, und flüstert ihr zu: »Das ... ist ... phantastisch!«

Robert Koppelman, Vito Badalamentis Anwalt, erhebt sich und sagt, er »würde gern Mr. Kennedy in seinem Antrag, Mr. Martin von der weiteren Teilnahme an der Verhandlung auszuschließen, unterstützen«.

»Ich glaube nicht, daß Mr. Kennedys Antrag ganz so weit ging. Vielleicht möchte er ihn etwas abändern.«

»Und ob mein Antrag so weit ging!« bellt Kennedy, und übernimmt auf der Stelle Koppelmans weit militantere Position. »Ich hätte mich vielleicht deutlicher ausdrücken sollen ... Mein Antrag lautet, Mr. Martin, der an seinem Mangel an Integrität keinen Zweifel gelassen hat ... vollkommen von diesem Fall auszuschließen.«

Kennedy bleibt auf dem Podium. Er sieht täuschend sanftmütig aus; wie ein hungriger Leopard, der im Halbschatten auf einem Ast lauert. Martin steht auf. Er gibt sich vernünftig und bleibt völlig ruhig. Erstens enthalte der Bericht Ungenauigkeiten, die Contorno selbst später richtiggestellt habe. Zweitens, Contorno habe in der Tat nur sehr wenig über Badalamentis Aktivitäten gewußt und behauptet, ein aus der Mafia Ausgestoßener dürfe mit Mafia-Mitgliedern nicht über die Geschäfte der Mafia sprechen. Aber der Zeuge habe nicht ein einziges Mal gesagt, daß einer, der nicht bei der Mafia sei, nicht mit einem Mafioso über Drogen sprechen könne. Drittens, soweit er sich erinnere, habe der Zeuge auch gesagt, daß das Land um die Punta Raisi ein Teil des von Badalamenti kontrollierten Gebietes gewesen sei.

Leval kommt einer weiteren Konfrontation mit einer klaren Entscheidung zuvor: Unterbrechung der Verhandlung um eine Stunde und keine weiteren Diskussionen bis nach dem Essen.

Auf dem Korridor flüstert Fisher einigen Reportern zu, daß er diese Komplikationen ja vorausgesagt habe. Fisher ist im Augenblick derart angespannt, daß er vor lauter Aufregung eine große Büroklammer zur Hälfte durchgeknabbert hat. Ein Reporter will wissen, ob Strafverteidiger sich des öfteren in einer derart guten Position gegenüber der Staatsanwaltschaft befänden.

Koppelman grinst. »Ziemlich selten. Wir bringen die Anschuldigung zwar jedesmal vor, aber wir können sie selten untermauern.«

»Wir haben ihn noch nicht schachmatt«, warnt Fisher. »Er steht nur im Schach. Er kann immer noch auf ein anderes Feld ziehen.«

Und zu einem anderen Kollegen meint Fisher: »Wir haben jetzt mehr Beweismaterial gegen uns als zu Anfang des Prozesses! O weh, o weh, wenn ich nur daran denke, was die uns angetan haben, während wir darauf gewartet haben, daß Mr. Badalamenti endlich gescheit wird und Kennedy engagiert!«

Fisher bezieht sich auf die Zeit Mitte 1985, als der Fall bereits soweit gediehen war, daß man ihn hätte verhandeln können und die Verteidigung Richter Leval um einen Aufschub bat – und schließlich um einen zweiten.

Als dann der Prozeß gegen die Pizza-Connection drei Monate später – im Oktober – tatsächlich begann, hatten sich die gegnerischen Linien beträchtlich verändert. Zum einen hatte sich die Staatsanwaltschaft mit Buscetta und Contorno zwei weitere erstklassige Zeugen besorgt. Letzterer stand zwar seinem Rang und seiner Intelligenz nach weit unter Buscetta, hatte dafür aber eine beeindruckende Menge Blut an den Händen.

Die zweite Veränderung bestand darin, daß der größte Heroinhändler unter den Angeklagten, Giuseppe »Il Bufalo« Ganci, mittlerweile todkrank geworden war, und somit nicht mehr vor Gericht erscheinen konnte. Dadurch mußten die anderen Angeklagten auf gewisse Verschiebungen hinsichtlich Gewichtung und Verantwortlichkeit gefaßt sein.

Die dritte Veränderung war Badalamentis Anwalt. Seit seiner Auslieferung in die Vereinigten Staaten hatte der Alte im MCC Hof gehalten. Einsitzende Mafiosi überall in den Vereinigten Staaten ersuchten um Verlegung ins MCC, um dem verehrten sizilianischen Mafia-Boß ihre Aufwartung zu machen. Badalamenti hatte inzwischen seinen ersten Anwalt, Charles Carnesi, gefeuert, und er ließ nun abwechselnd seine alten Getreuen und die Elite der Strafverteidiger bei sich vorsprechen. Die Asse unter den Strafverteidigern und die Kanonen der Unterwelt waren sich in den Gefängnisfluren gegenseitig auf die Füße getreten.

Erst knapp einen Monat, bevor der zweimal verschobene Prozeß beginnen sollte, hatte sich Badalamenti endgültig entschieden.

Michael John Kennedy, 48, hat seine umfassende politische Arbeit, die er fast ausschließlich unentgeltlich geleistet hat, mit der Verteidigung von Straftätern unterschiedlichster Art finanziert – einschließlich einiger Kokainhändler und einiger wirklich großer Marihuanadealer. Er ist ein aktiver Befürworter der National Organization for the Reform of Marihuana Laws (NORML), einer Lobby aus Rechtsanwälten und anderen Bürgern, die für die Legalisierung von Marihuana eintritt. Einen Heroinfall hatte er noch nie übernommen. Heroin versklavt die Kinder der Armen und Glücklosen, denen er sein Leben lang zu helfen versucht hat. Badalamentis Fall war für ihn aus mehreren Gründen interessant: wegen des Honorars von 250 000 Dollar, aus einer gewissen Empfänglichkeit für die Macht, die einem ein derart im Rampenlicht stehender Fall verleiht, vor allem aber, weil er fest an die Unschuld seines Mandanten glaubte, was die ihm hier zur Last gelegten Verbrechen anbelangte, und aus der Überzeugung, daß Badalamenti das Opfer eines übereifrigen Justizministeriums war, dem es darum ging, seinen heiligen Krieg gegen Drogen mit dem Skalp einer wirklichen Mafia-Größe zu schmücken.

Kennedy ist einer der letzten seiner Art. Das wirklich große Geld verdient ein Jurist in der Welt der großen Konzerne, nicht als Strafverteidiger. Das Risiko und die leere Bühne sind hier verlockend. Kennedys Beweggründe sind jedoch vor allem politischer Natur. Er ist der einsame Rächer vom linken Flügel, ein Guerilla von eigenen Gnaden, der seine Juristenlaufbahn fast ausschließlich dem Ziel gewidmet hat, die Sache des Individuums gegen die Übermacht des Staates zu vertreten.

Kennedy ist der Überzeugung, daß an eine Regierung gerade wegen ihrer Machtfülle höhere Maßstäbe anzulegen sind als an den einzelnen Bürger. In Vorträgen vor jungen Anwälten weist er immer wieder darauf hin, daß es keine Kunst sei, jemanden zu verteidigen, den man gut leiden möge; ein Prüfstein für den Wert und die Gesundheit der amerikanischen Demokratie sei es, »wenn wir Leute verteidigen, die wir verachten«.

Bevor er seine Frau kennenlernte, war Kennedy immer auf sich selbst gestellt gewesen; im Alter von vier Jahren hatte man ihn auf ein Internat geschickt, wo er von Jesuiten erzogen wurde; später studierte er Jura an der Universität von Kalifornien in Berkeley; danach, während des Vietnamkriegs, arbeitete er zwei Jahre lang in Kriegsgerichtsangelegenheiten für das Militär. Er ist vor dem Obersten Bundesgericht und den meisten Appellationsgerichten zugelassen und hat Leute in fünfunddreißig Bundesstaaten verteidigt.

Zu einer Anthologie von juristischen Aufsätzen steuerte Kennedy 1971 einen Aufsatz mit dem Titel »Die Lüge von den Bürgerrechten« bei. Seine jugendlich frischen Worte lassen darauf schließen, daß zuweilen ein Mann mit Prinzipien, der weiß wofür und wogegen er ist, durchaus fünfzehn arbeitsreiche Jahre als Strafverteidiger überstehen kann, ohne zum abgeklärten Zyniker zu werden.

»Ich bin an erster Stelle Mensch, an zweiter Anarchist, und erst an dritter Stelle Anwalt«, schrieb Kennedy. »Ersteres verdanke ich dem Zufall. Beim Zweiten hatte ich die Wahl. Das letzte wurde ich durch reine Schikane ...

Als Anwalt mit einigen Jahren praktischer Erfahrung weiß ich, wie sehr es in der Juristerei von Mythen wimmelt. Genaugenommen ist der Anwaltsberuf die Methodologie der Mythen. Zu den verbreitetsten aller Mythen im Bereich des Rechts gehören jene, die uns weismachen wollen, daß die Bill of Rights*, der Inbegriff rechtsstaatlicher Prinzipien, für alle Menschen gelte. Man preist und verteidigt die Bürgerrechte als die Essenz aller Rechte eines Volkes und stellt sie über alle anderen ... Um die Lüge von den Bürgerrechten aufzudekken, braucht man jedoch nur unsere Realität unter die Lupe zu nehmen: Dann sehen wir, daß unser politisches und wirtschaftliches System die Reichen schützt, die Armen aufs Kreuz legt, die Mehrheit ignoriert und dabei vorgibt, vor dem Recht seien alle Menschen gleich ...

... Wenn das Grundrecht des einzelnen, von der Regierung die Beseitigung eines Unrechts zu fordern, wie es im Ersten Verfassungszusatz verankert ist, irgendeine Bedeutung hat, dann deshalb, weil es das grundlegendste aller Rechte eines Volkes anerkennt, das darin besteht, eine unmenschliche, für die Probleme des Volkes unempfängliche Regierung aufzulösen und zu stürzen.«

13.55 Uhr. 23. Januar 1986. Im Gerichtssaal. Während des Mittagessens hat sich Leval den Antrag der Verteidigung durch den Kopf gehen lassen, Martin einen Verweis zu erteilen oder ihn vom Prozeß auszuschließen. Noch während die Anwälte ihre Plätze einnehmen, ist Leval schon dabei, seine Entscheidung vorzulesen. »Es gibt keinerlei Hinweise in Mr. Martins Verhalten, die eine solche Forderung rechtfertigen. Ich betrachte daher die verschiedenen Anträge, die

* Die ersten zehn Zusätze zur amerikanischen Bundesverfassung; sie garantieren die grundlegenden Bürgerrechte (A. d. Ü.)

kurz vor dem Essen eingebracht wurden, als gegenstandslos. Sie sind hiermit abgewiesen.«

Kennedy bleibt also nichts anderes übrig, als wieder mit dem aalglatten Contorno in den Ring zu steigen; und der hat nicht die geringste Absicht, dem Anwalt irgendwie unter die Arme zu greifen. Aber immerhin verleihen seine zögernden Antworten der in dem italienischen Dokument festgehaltenen Aussage Glaubwürdigkeit, daß Badalamenti nach seinem Ausschluß unmöglich Kontakt mit der Mafia gehabt haben konnte.

Der Anwalt hat sein Kreuzverhör kaum beendet, da hüpft Martin auch schon auf die Beine, beweglich wie ein Athlet, der er ohne Zweifel ist. »Mr. Contorno, ist es Ihres Wissens nach einer aus der Mafia ausgeschlossenen Person untersagt, sich mit einer Person, die noch Mitglied der Mafia ist, über Drogengeschäfte zu unterhalten?«

Nachdem die Einsprüche der Verteidigung abgewiesen sind, bittet Martin den Protokollführer, die Frage noch einmal zu verlesen. Nachdem er es getan hat, finden Contornos siebzehn dornige Tage im Zeugenstand ihren Höhepunkt in dieser unergründlichen Antwort: »Man kann über Geschäfte sprechen, man kann über Drogen sprechen. Was allerdings tabu ist, das ist alles, was sich innerhalb der Familie abspielt. Übers Geschäft kann man offen reden.«

Dienstag, 28. Januar 1986. In der Gerichtscafeteria. Als sich die Anwälte der Verteidigung zu ihrem Morgenkaffee einfinden, verbreitet sich die Nachricht, daß die Raumfähre *Challenger* explodiert ist und alle an Bord ums Leben gekommen sind. Die gruppenweise beieinander sitzenden Angeklagten und ihre Anwälte schütteln ungläubig und schockiert den Kopf.

Im Gerichtssaal flüstern die Ankläger miteinander, während sie auf das Publikum warten, das tröpfchenweise hereinkommt. Der nächste Zeuge ist wieder ein Informant, der sich der Staatsanwaltschaft zur Verfügung gestellt hat; rangmäßig steht er tiefer als die beiden vorhergehenden. Luigi Ronsisvalle ist ein Mann mittleren Alters, feist, stämmig, beginnende Glatze, derbes Gesicht; für den Gerichtstag hat er sich in einen glänzenden blauen Anzug gezwängt und eine rotgestreifte Krawatte umgebunden. Er nimmt Platz und richtet sich sofort sachkundig das Mikrofon zurecht. Es wird sich bald herausstellen, daß Luigi Ronsisvalle mit Mikrofonen bestens vertraut ist.

Man ist übereingekommen, ihn nicht auf Sizilianisch sondern auf Englisch aussagen zu lassen, das er mit starkem Akzent spricht. Vernehmen wird ihn der Stellvertretende Bundesstaatsanwalt Louis Freeh, die Nummer zwei in der Mannschaft der Staatsanwaltschaft. Freeh ist fünfunddreißig, also jünger als Richard Martin und weniger breit gebaut. Er ist ein ehemaliger FBI-Agent, sein Gesicht ist blaß, seine Miene ernst, die Augen blaugrau, sein Haar sehr kurz; er trägt einen engen, konservativen Dreiteiler. Freeh kommt aus New Jersey, und man sagt, daß er mehr Zeit auf diesen Fall verwendet habe und mehr darüber wisse als jeder andere bei der Staatsanwaltschaft. Richard Martin wurde von Giuliani über seinen Kopf hinweg als Chef des Anklägerteams hinzugezogen, weil Martin vor Gericht mehr Erfahrung und größere Präsenz hat, nicht etwa weil er über mehr Integrität verfügt als Freeh. Unter den Anwälten der Verteidigung charakterisiert man Freeh zumeist als »Gentleman«.

Auf Freehs leise, fast schon tonlose Fragen antwortet Ronsisvalle dem Gericht, er sei fünfundvierzig Jahre alt und in Catania auf Sizilien geboren. Am 16. März 1966 habe er zum ersten Mal den Boden der Vereinigten Staaten betreten und seither nie wieder verlassen. Damals sei er fünfundzwanzig oder sechsundzwanzig Jahre alt gewesen; seine Schulbildung reiche bis zur vierten Klasse. 1979 hatte er sich vor einem Gericht im Staat New York der fahrlässigen Tötung und der Behinderung der Justiz für schuldig bekannt. Ja, er habe ein Übereinkommen mit den Anklägern: Nichts, was er hier aussage, dürfe in künftigen Prozessen gegen ihn verwendet werden, unter der Voraussetzung, daß er hier die Wahrheit sage. Die Geschworenen sind hellwach und hören aufmerksam zu; für sie ist Mr. Ronsisvalle ein überdurchschnittlich interessanter Zeuge.

1967 lebte der Zeuge im Stadtteil East New York von Brooklyn. Ein oder zweimal die Woche kam er in das Viertel um die Knickerbocker Avenue, die an der Grenze zwischen Brooklyn und Queens liegt, und verbrachte seine Zeit in einem sizilianischen Kaffeehaus namens Café dello Sport.

Knickerbocker Avenue, Brooklyn. Eine geschäftige, stark belebte Hauptschlagader, eine New Yorker Straße eben. Wenn dem koreanischen Obsthändler Orangen oder Kiwis von der Auslage fallen, rollen sie in die Türen puertoricanischer Souvenirläden, in deren Fenster sich T-Shirts mit der Freiheitsstatue und Strohhüte stapeln. Die Tabakläden erklingen vom Gerassel der Registriermaschinen der Staatlichen New Yorker Lotterie, während ihre libanesischen Inhaber bündelweise die New Yorker Ausgabe der italienischen Tageszeitung *Il Progresso* aufeinanderschichten. Aus den riesigen Kofferradios der puertoricanischen Teenager im Knickerbocker Park dröhnt Salsamusik.

Die Knickerbocker Avenue ist wie ganz New York in beständigem Wandel begriffen. Ihr sich unablässig veränderndes ethnisches Profil dokumentiert das aufeinanderfolgende Eintreffen der verschiedenen Einwandererwellen besser, als irgendeine demographische Karte das könnte. Um die Jahrhundertwende war diese Straße die Hochburg deutscher Einwanderer, zumeist bayerischer Katholiken, die sich massive zwei- oder dreistöckige Ziegelhäuser mit Flachdächern und hohen, kleinen Veranden bauten, Häuser, dafür bestimmt, drei Familien aufzunehmen, die eventuell miteinander verwandt waren oder aus ein und demselben Heimatort oder derselben Gegend stammten. Als sich die Deutschen dann als die Brauer und Fleischer New Yorks etabliert hatten, stiegen sie gesellschaftlich auf und verließen die Gegend zugunsten der Doppelhaushälften mit den gepflegten Vorgärtchen in Ridgewood, Queens.

Als nächstes wurden die hübschen, reinlichen Straßen mit ihren Apartmenthäusern rund um die Knickerbocker Avenue das Zuhause für Tausende von Sizilianern, die vor der ländlichen Armut ihrer heimatlichen Insel geflohen waren. An Sommerabenden ertönte die Straße vom Lärm der spielenden Kinder und der sich auf sizilianisch unterhaltenden Nachbarn; und an der Knickerbocker Avenue selbst tranken die Männer des Viertels einen über den Durst oder machten in den Cafés ein Spielchen – italienischen Cafés, in denen man stundenlang über einer Tasse Espresso sitzen, Dolci knabbern oder einen Anisette schlürfen konnte, während im Hinterzimmer Karten gespielt wurde.

Hier spielte man Bakkarat, und Bakkarat war der Motor, der die Knickerbocker Avenue am Laufen hielt. Wer immer bei diesem Spiel führte, der hatte auch die Kontrolle über die Straße und damit über das ganze Viertel. Der Besitzer des größten Spiels im besten Café war der »Straßenboß« der Knickerbocker Avenue. Und wenn er Boß der Knickerbocker Avenue war, dann war er damit auch gleichzeitig ein Capo bei den Bonannos, der New Yorker Mafia-Familie. Denn die Bonannos waren die Herren der Knickerbocker Avenue.

1924. Sizilien. Der Einfluß des Faschistenführers Benito Mussolini hatte sich über ganz Italien ausgebreitet. Seine Schwarzhemden bildeten eine starke Kraft im Marine-Institut von Palermo, wo der junge Giuseppe Bonanno zur Schule ging. Als Giuseppe sich weigerte, ebenfalls in die Uniform der Schwarzhemden zu schlüpfen, sah er sich gezwungen, die höhere Schule unverzüglich zu verlassen. Bald darauf hatte er von der faschistischen Politik auf Sizilien ein für allemal genug und emigrierte in die Vereinigten Staaten. Sein Vater Salvatore war schon einmal, Jahre zuvor, nach New York gegangen, um der sizilianischen Staatsanwaltschaft zu entgehen, die ihn wegen Beteiligung an einem Mafia-Mord hatte verhaften wollen. Fünf Jahre danach, nachdem man die Anklage hatte fallenlassen, war er nach Sizilien zurückgekehrt.

Der junge Giuseppe ließ sich in Williamsburg, New York, nieder, einige Meilen westlich der Knickerbocker Avenue; sein Vater hatte sich dort als Gastwirt einen guten Namen gemacht. Tausende von Einwanderern aus Bonannos Heimatstadt Castellammare del Golfo bevölkerten die wenigen Straßen von Williamsburg. Die Handels- und Alltagssprache war Sizilianisch. Die *salumeria* an der Ecke Fünfte Nord und Roebling verkaufte Käse und Teigwaren aus Sizilien. In der Kirche las man die Messen und hörte die Beichten in der Muttersprache ihrer Gemeindemitglieder.

Giuseppe – inzwischen Joe – zog zu seinem Onkel Peter Bonventre, der eine kleine italienische Bäckerei besaß. Es war die Ära von Calvin Coolidge, Babe Ruth und des Alkoholverbots. Joe Bonanno hatte von seinem Vater die Rolle des starken Mannes unter den Sizilianern aus Castellammare geerbt. Rasch hatte er die Finger im Whiskey- und Ginschmuggel und belieferte die »Flüsterkneipen« und Cafés von Brooklyn.

1929 wollte Joe Bonanno Fay Labruzzo heiraten. Er bat Salvatore

Maranzano, den Trauzeugen zu machen. Maranzano, ein Landsmann aus Castellammare, war Joes Chef im Alkoholgeschäft und der Boß seiner New Yorker Mafia-Familie. In den zwanziger Jahren hatten sich die sizilianischen Mafiosi in New York zu fünf Familien konsolidiert. Die mächtigste, und damit auch die erfolgreichste im Geschäft mit illegalen Spirituosen war die Familie Masseria. Unter den jüngeren Mitgliedern der von Joe »The Boss« Masseria geführten Familie, befanden sich unter anderen Charles »Lucky« Luciano und Frank Costello.

Die zweite Familie, Verbündete der Masserias und mit gleichen Geschäftsinteressen in Manhattan und der Bronx, wurde von Al Mineo angeführt. Zu ihren Mitgliedern zählten Albert Anastasia und Frank Scalise.

Die Bronx befand sich in der Hand von Tom Reina, der später die Macht an Tommy Lucchese abgab.

Joe Profaci, Importeur von Olivenöl und Tomatenmark, kontrollierte einen Teil Brooklyns und Staten Island. Seine Sympathien gehörten der fünften Familie, den Castellammaresern und ihrem Boß Maranzano.

Sal Maranzano bat Joe Bonanno, seine Heiratspläne für einige Zeit hintanzustellen. Zwischen den Castellammaresern und Joe Masseria war es wegen der Einkünfte aus dem Alkoholgeschäft zu erheblichen Spannungen gekommen. Innerhalb weniger Wochen war der »Castellammareser Krieg« ausgebrochen. Drei Jahre lang wütete er, bis der geschwächte und demoralisierte Masseria im April 1931 von seinem Unterboß Lucky Luciano in eine Falle gelockt wurde. Luciano aß mit Joe »The Boss« zu Abend und verschwand gerade rechtzeitig auf der Toilette, um den beiden Killern nicht in die Quere zu kommen, die kurz darauf das Lokal betraten und Masseria erschossen.

Für kurze Zeit übernahm Maranzano die Kontrolle über die gesamte New Yorker Mafia, aber sein diktatorischer Stil ärgerte die jüngeren Hitzköpfe, die jetzt in den fünf Familien an die Spitze drängten. Mit Rückendeckung einiger anderer führender Mafiosi ließ Lucky Luciano Maranzano, den Boß der Bosse, in seinem in Rot und Gold ausgestatteten Bürogebäude an der Park Avenue ermorden. Mit Zustimmung der anderen Familienoberhäupter, einschließlich derjenigen Bonannos, der inzwischen zum Chef der Castellammareser aufgestiegen war, baute Luciano jetzt eine Kommission auf, die fortan in der New Yorker Mafia das Sagen hatte. Die Kommission setzte sich aus den Familienoberhäuptern zusammen, von denen einer zum Chef der Kommission gewählt wurde. Er war dann *capo di tutti capi*, aber er war dies als gewählter Führer und nicht als Diktator.

Zwei Monate nach dem Tod des Freundes, den Bonanno gebeten hatte, sein Trauzeuge zu sein, heiratete Joe Fay Labruzzo in Brooklyn. Bis 1945 war er naturalisierter Amerikaner und vielfacher Millionär. Er war der unumstrittene Boß der Familie Bonanno. Sein Cousin Bonventre war zu seinem engsten Vertrauten geworden. Ein junger, rauhbeiniger Unterboß namens Carmine »Lilo« Galante führte die Verhandlungen mit den anderen Familien.

Galante war ein geborener New Yorker; er kam 1910 in East Harlem zur Welt. Im Alter von zwölf Jahren, so pflegte er zu prahlen, habe er bereits wegen tätlichen Angriffs und Raub gesessen. Bis 1930 hatte er sich mit den Castellammaresern zusammengetan und beraubte Lieferwagen auf den Straßen von Williamsburg, eben jenen Straßen, in denen Jahre zuvor Joes Vater Salvatore Bonanno geherrscht hatte. Einmal wurden Galante und seine Bande bei einem Raubüberfall von einem Polizeibeamten überrascht. In dem anschließenden Schußwechsel wurde der Uniformrock des Polizisten von Kugeln geradezu durchsiebt, aber trotz einer Beinwunde gelang es ihm, sich auf Galante zu stürzen und ihn bewußtlos zu schlagen. Galante wurde zu zwölfeinhalb Jahren verurteilt. 1939, nach neun Jahren, wurde er auf Bewährung entlassen und war auf der Stelle wieder an der Seite seines Bosses. Einige Jahre darauf verdächtigte man Galante des Mordes an dem im Exil lebenden antifaschistischen Schriftsteller Carlo Tresca. Der Mord war angeblich ein Gefallen, den Vito Genovese seinem Beschützer Benito Mussolini erwies.

Nach dem Krieg gedieh die Familie Bonanno. Alle fünf New Yorker Familien erlebten eine Zeit der Stabilität, die Joe gerne als den »Pax Bonanno« bezeichnete.

Im Oktober 1957 reiste Bonanno nach Sizilien. Später behauptete er, es sei eine Urlaubsreise gewesen, eine Rückkehr an seinen Heimatort auf Drängen von Fortunato Pope, dem Besitzer und Herausgeber der Zeitung *Il Progresso*. Seine Reise fiel jedoch zeitgleich mit denen von Carmine Galante und einem anderen Unterboß der Bonannos, Frank Garafalo. Am Abend des 12. Oktobers setzten sich im

Restaurant Spano in Palermo Bonanno, Galante und Garafalo mit dem im Exil lebenden Lucky Luciano und den meisten der anderen wichtigen Dons der sizilianischen Mafia – einschließlich Gaetano Badalamentis und Tommaso Buscettas – zu einem Essen zusammen. Das war das Treffen, bei dem Luciano der sizilianischen Mafia vorschlug, endlich den Schritt vom 19. ins 20. Jahrhundert zu tun und eine Kommission einzusetzen, die wie jene in New York die Herrschaft übernehmen sollte, einen Rat, der bei Streitigkeiten als Schiedsgericht fungieren sollte – und zwar mit etwas moderneren Methoden, das heißt vernünftig, friedlich und auf dem Verhandlungswege, anstatt sich gegenseitig niederzumetzeln.

Die Jahre nach Bonannos Rückkehr nach New York brachten schwierige Zeiten für die Cosa Nostra, Kommission hin, Kommission her, und schon in den frühen sechziger Jahren schien es Bonanno und seiner eigenen Familie das klügste, in Tucson, Arizona, Zuflucht zu suchen. Damals hatte man den Unterboß der Bonannos, Carmine Galante, bereits wegen Drogenhandel zu zwanzig Jahren verurteilt. Gaspar Di Gregorio übernahm die Führung der New Yorker Bonannos.

1974 tauchte Galante wieder aus dem Gefängnis auf und mußte feststellen, daß die meisten der alten Bosse, mit denen er gearbeitet hatte, sich entweder zur Ruhe gesetzt oder das Zeitliche gesegnet hatten. Er war bereit, die Rolle des Oberhaupts der Bonannos zu übernehmen und sich damit selbst zum mächtigsten Mobster New Yorks zu machen.

Galante hatte sich schon 1957, während seiner Sizilienreise, große Mühe gegeben, zu verbreiten, daß unter seiner Führung hungrige, ehrgeizige junge Mafiosi in New York ihre eigenen Banden aufbauen könnten. Ungefähr um die Mitte der sechziger Jahre begannen sich dann in der Knickerbocker Avenue junge Sizilianer geschäftlich zu etablieren. Einige kauften sich in Bäckereien ein oder eröffneten Pizzerien, andere arbeiteten in den zahlreichen Cafés entlang der geschäftigen Durchgangsstraße.

Die Knickerbocker Avenue war unbestritten das Revier der Bonannos. Aber obwohl inzwischen Carmine Galante die Kontrolle über die Familie an sich gerissen hatte, unterstand dieser Teil Brooklyns weiter dem Befehl von Pietro Licata, einem Unterboß der Bonannos vom Schlage der alten »Mustache Petes«, wie die jungen Mafiosi der zwanziger und dreißiger Jahre ihre streng auf Zucht und Ordnung haltenden Bosse aus der »Gründerzeit« verächtlich nannten.

Pietro Licata führte seine Leute und das Viertel mitsamt den Cafés, die er besaß, wie eine Kreuzung zwischen einem alten Feudalherren und einem katholischen Priester. Auf der Straße war er nicht zu verkennen, weil er ausschließlich Weiß trug. Selbst am eisigsten Wintertag konnte man Licata im weißen Anzug von Café zu Café spazieren sehen. Einige Jahre zuvor war seine Tochter schwer an Hepatitis erkrankt, und Don Pietro hatte in der Kirche um ihr Leben gebetet. Er hatte der Heiligen Jungfrau geschworen, aus Dankbarkeit fortan nur noch Weiß zu tragen, falls sie das Leben seiner über alles geliebten Tochter rettete. Die Tochter erholte sich wieder, und Licata hielt sein Gelübde.

Die Bezeichnung »Ehrenmann« nahm Licata wörtlich; strengstens sorgte er dafür, daß die althergebrachten Mafia-Gebräuche eingehalten wurden. Kam ihm zu Ohren, daß irgendeiner seiner Soldaten oder deren Geschäftspartner ihre Frauen betrogen, ließ er sie kommen und züchtigte sie im Beisein seiner jeweiligen Begleiter. Die Licatas betrieben eine Reihe Cafés. Tagsüber verkaufte man dort Espresso, Cannoli und andere Konditoreiwaren aus den Bäckereien der Straße. Nachts wurden die Tische dann umgestellt, und das Glücksspiel konnte beginnen.

Das Caffè del Viale inmitten des geschäftigen Viertels zwischen der Hart Street und der Arcadia Street hatte die besten Spielmöglichkeiten der ganzen Straße zu bieten, es war das Flaggschiff von Licatas Flotte. Die schmale, unscheinbare Stirnseite täuscht über die Größe und den Status des Etablissements hinweg. Jeder Fremde, der sich von den feindseligen Blicken der Männer hinter der Theke und den forschenden Augen der spärlichen Kundschaft nicht verschrecken läßt, könnte hineinspazieren und Kaffee und Doughnuts bestellen. Aber wenn abends die Jalousien heruntergelassen werden, verwandelt sich das Caffè del Viale. Sein langer rechteckiger Raum bietet gut dreißig Kaffeetischen Platz. Abends bringt man dort ebenso leicht fünf Pokerrunden und ein Spiel Bakkarat unter Leitung des Hauses unter. Die Einsätze an den Tischen bestimmen die Spieler, sie fangen bei einem Dollar an und gehen ohne Limit nach oben. Ein bestimmter Prozentsatz eines jeden Pots geht ans Haus.

Die Cafés an der Knickerbocker Avenue können bei Tageseinnahmen von 300 Dollar nachts mit dem Glücksspiel gut und gerne 3000 Dollar verdienen. An einem Abend in der Weihnachtszeit kassierte das Caffè del Viale einmal 34 000 Dollar.

Einen Block weiter oben auf der anderen Straßenseite liegt das Café dello Sport. Seine eiscremefarbene Fassade ist einladender als jene des Viale. Die Reklame im Fenster verspricht Budweiser und ausgezeichnetes Essen.

Luigi Ronsisvalle sprach kein Wort Englisch, als er aus Sizilien eintraf. Er fühlte sich deplaziert und fand sich in East New York, Brooklyn, ganz und gar nicht zurecht. Abends mischte sich der untersetzte Mann mit der Brille unter das tumultartige Treiben der Knickerbocker Avenue, wo er seine Muttersprache sprechen und italienischen Wein trinken konnte. Gelegentlich verspielte er einen Teil seines mageren Lohns.

Ronsisvalle wußte, daß die Eigentümer dieser Cafés *Ehrenmänner* waren. Er wußte, daß viele von ihnen, auch wenn sie jetzt zur New Yorker Familie der Bonannos gehörten, nicht weniger starke Bande mit den Mafia-Familien ihrer Heimatstädte auf Sizilien verbanden: Castellammare del Golfo, Corleone, Catania, Cinisi, Santa Maria di Gesù.

Ronsisvalle freundete sich mit Pino d'Aquanno, dem Besitzer des Café dello Sport an (einer von 283 Beteiligten an der Pizza-Connection, gegen die später keine Anklage erhoben wurde). Sie unterhielten sich über das Leben daheim auf Sizilien, über die Chancen des Neulings, in New York Arbeit zu finden und über d'Aquannos Verbindungen zu Pietro Licata. D'Aquanno sagte ihm, er sei ein Soldat der Familie Bonanno, und Licata, sein Boß, könne womöglich auch ihn, Ronsisvalle, beschäftigen. Er sollte nur immer daran denken, es nie am angemessenen Respekt fehlen zu lassen und zeigen, daß er Schneid hatte. Wenn er es richtig anstellte, könnte er es sogar zum Soldaten in Licatas Mannschaft bringen.

Pino d'Aquanno achtete sorgfältig darauf, das Protokoll einzuhalten, als er ihn Licata vorstellte. »Das hier ist Luigi Ronsisvalle, ein guter Freund von mir.« Licata stellte Ronsisvalle als Schuldeneintreiber für seine Kreditwuchergeschäfte ein. Bald wurde Ronsisvalle auf der Knickerbocker Avenue zu einer vertrauten Gestalt. An heißen Sommernachmittagen konnte man ihn vor einem Bier unter einem der grellen Campari-Schirme vor dem Café dello Sport sitzen sehen. An den Abenden lernte er Scotch zu trinken.

Auf seinen Runden durch die Cafés bemerkte Ronsisvalle eine Reihe von neuen Gesichtern unter den »gemachten« Männern, die für gewöhnlich im Caffè del Viale herumsaßen. Alle diese Neuen waren erst vor kurzem aus Sizilien in die Staaten eingewandert, also Zips. Ihr Anführer war ein gewisser Salvatore »Toto« Catalano, ein stiernackiger, schlitzäugiger Mann aus Cimino, einem Vorort von Palermo. Catalano war schon 1961 aus Sizilien herübergekommen, um sich seinen beiden Brüdern, Vito und Dominick, anzuschließen, die in einer der Nebenstraßen der Knickerbocker Avenue eine gutgehende Bäckerei betrieben. Innerhalb weniger Jahre hatte er einen einträglichen Laden für italienische Geschenkartikel eröffnet; »Coliseum Imports« lag dem Caffè del Viale genau gegenüber und führte Schallplatten, italienische Zeitungen und andere Souvenirs aus der alten Heimat.

Am Abend des 4. Novembers 1976 wurde Pietro Licata auf der trapezförmigen rosaroten Backsteinstufe vor der Tür seines eigenen Café Licata erschossen. Schon am nächsten Abend hatte Sal Catalano das Bakkaratspiel in Licatas Caffè del Viale in der Hand, und zwei auffällige junge Sizilianer in italienischen Seidenhemden und Schuhen von Gucci kassierten in Catalanos Auftrag die Einnahmen. Baldo Amato und Cesare Bonventre kamen beide aus Castellammare del Golfo und waren von Kindesbeinen an miteinander befreundet. Cesare war ein Neffe des ehemaligen Unterbosses der Bonannos, John Bonventre. Als Amato und Bonventre dem Beispiel anderer Familienangehöriger gefolgt und nach New York gegangen waren, war es nur natürlich für sie, sich von den Ehrenmännern und dem Glücksspiel in der Knickerbocker Avenue angezogen zu fühlen.

Dienstag, 28. Januar 1986. Im Gerichtssaal. Mit Geduld und Spucke bringt Louis Freeh Ronsisvalle dazu, die Aussagen zu machen, die die Staatsanwaltschaft benötigt. Gelegentlich versucht sich der langsame, unattraktive Sizilianer an einem plumpen Witz oder einer frechen Antwort, aber sein Englisch ist so schlecht, daß es bei armseligen Versuchen bleibt. Eine Weile bemäntelt seine zögernde Ausdrucksweise sogar das amoralische Naturell dieses Mannes.

Ronsisvalle erzählt dem Gericht, wie er einen gewissen Felice Puma kennenlernte. Damals habe er gerade 5000 Dollar gebraucht, und Puma habe sie ihm geliehen. Eines Vormittags traf er Sal Catalano, Puma und einen anderen Mann, einen Freund aus der Bronx, im Café Scoppello. Bei diesen Worten wachen die vor sich hin dösenden Geschworenen auf. Einige von ihnen stammen aus der Bronx. Am Abend desselben Tages fragte ihn Puma im Restaurant Castellammare del Golfo: »Luigi, du kennst doch die Erdöl-Pipeline aus Kanada?«

»Ich sagen ja. Ich es nie gesehen, aber ich kenne. Er sagen: Gut, wir haben gleiches Ding aus Sizilien, mit *heroina*.«

Wenige Wochen nachdem sie sich über die Pipeline unterhalten hatten, war Ronsisvalle ein Heroinkurier geworden – ein »Muli«. Er lieferte Heroin per Bahn nach Chicago, er lieferte Heroin per Flugzeug nach Kalifornien, und für jede Reise bekam er 5000 Dollar.

Diese Information veranlaßt Bergman dazu, um eine Besprechung am Richtertisch zu bitten. Die Anwälte – nicht aber die Geschworenen – wissen, daß Ronsisvalle das meiste von dem, was er hier erzählt, bereits 1985 in Miami vor der President's Commission on Organized Crime ausgesagt hat, und Bergman ist aufgefallen, daß in seiner damaligen Aussage von Flügen nach Kalifornien nicht die Rede war. Auch in den Unterlagen über den Zeugen, die die Staatsanwaltschaft gemäß dem Recht auf Akteneinsicht der Verteidigung vor der Zeugenaussage auszuhändigen hatte, ist nichts darüber zu finden. Bergman, von Fisher tatkräftig unterstützt, argwöhnt daher, daß diese Flüge womöglich für ein ganz anderes Drogengeschäft getätigt wurden, über das die Staatsanwaltschaft nur rein zufällig gestolpert ist und jetzt mit aller Gewalt in den Pizza-Fall einzupassen versucht.

Leval fragt Freeh, was er mit der Erwähnung Kaliforniens ans Licht zu bringen beabsichtige, und Freeh erklärt, es gehe ihm nur um das Honorar, die 5000 Dollar.

Der Richter schlägt Freeh vor, auf die Flüge nach Los Angeles vorerst nicht weiter einzugehen. Falls es nötig werden sollte, könnte man ja immer noch darauf zurückkommen.

Freeh fährt fort, wendet ein Blatt seines gelben Notizblocks nach dem anderen und hält sich streng an seinen sorgfältig ausgearbeiteten Fragenkatalog. Ende 1977 oder Anfang '78, sagt Ronsisvalle, sei er mit Felice Puma in Pumas rotem Porsche von der Collins Avenue in Miami Beach, Florida, zurück nach Brooklyn gefahren. Ronsisvalle konnte zwar nicht Auto fahren, aber dafür schießen; er hatte einen

Revolver und eine Flinte dabei. Im Kofferraum befand sich eine Ladung Heroin. Sie fuhren in die Knickerbocker Avenue, parkten vor Pumas Restaurant und sahen einen Block weiter Sal Catalano an der Ecke stehen. Puma stieg aus und ging zu ihm hin, um einige Worte mit ihm zu wechseln, dann kam er wieder zum Wagen zurück und sagte: »Wir müssen ein bißchen warten.«

Ronsisvalle beobachtete, wie Catalano ins Caffè del Viale auf der anderen Straßenseite ging und einige Augenblicke später mit einem gewissen Dominic »Mimmo« Tartamella wieder herauskam. Sie bewegten sich auf den roten Porsche zu, und »Mr. Felice Puma sagen mir: ›Okay, Luigi, laß alles im Wagen. Geh heim. Bis morgen.‹ ... Als ich gehen, ich hören Motor – wruuuum!« Am nächsten Tag habe ihm Puma dann wieder 5000 Dollar gegeben.

Während der Zeugenaussage haben die Verteidiger Fisher und Lombardino vorne in der ersten Reihe Position bezogen, gegenüber dem Zeugenstand, um diesen gefährlichen Burschen von so nah wie möglich zu beobachten. Fishers Mandant steckt jetzt ziemlich in der Tinte. Um ihn zu retten, muß Fisher Ronsisvalle erledigen. Die Bedrohung für Lombardinos Mann, Joe Lamberti, ist noch nicht einzusehen, aber das streitlustige Gebaren seines Anwalts erinnert ihn an einen übelgelaunten Wasserbüffel, der sich zum Angriff anschickt.

Der junge Ankläger führt Ronsisvalle durch den ganzen Katalog seiner zahlreichen Drogenlieferungen nach Chicago und Los Angeles. Wenn er mit dem Zug fuhr, hatte er vierzig Pfund Heroin in einem ganz gewöhnlichen Koffer bei sich. Im Flugzeug transportierte er zwei Kilo, die er unter seinem Jackett mit Heftpflaster an den Körper klebte, und er bestieg das Flugzeug immer als letzter mit einem Kleidersack über dem Arm, um die Ausbauchungen zu verdecken.

Ronsisvalle sagt, er hoffte darauf, Mitglied der Familie Bonanno zu werden. Obwohl man ihm oft genug versichert hatte, er habe gute Chancen, vertröstete man ihn jedoch immer wieder. Einmal, auf einer Fahrt nach Chicago, entging er knapp einem Anschlag. Er spürte, daß ihm irgend etwas Gefährliches bevorstand und wechselte im letzten Augenblick das Hotelzimmer. In jener Nacht brachen zwei Bewaffnete in das Zimmer ein, das er ursprünglich hatte nehmen wollen, und durchlöcherten mit ihren Kugeln das Bett. Ronsisvalle machte sich daran, den Anstifter zu jagen. Aber noch bevor er ihn erwischte, griff Sal Catalano ein und brachte die beiden zusammen.

Er forderte Ronsisvalle auf, dem Mann die Hand zu schütteln und die Sache zu vergessen.

Ein andermal geriet Ronsisvalle in eine Rauferei, die sich aus einem Verkehrsunfall auf der Knickerbocker Avenue entwickelt hatte. Der Streit verlagerte sich in eines der Cafés; das Patenkind eines gewissen Patsy Conte – Supermarktkönig und Freund Catalanos – war darin verwickelt. Ronsisvalle fühlte sich zutiefst beleidigt, und er war schon drauf und dran, sich zu bewaffnen, um den jungen Ehrabschneider über den Haufen zu schießen, als Catalano dazukam, diesmal in Begleitung von Patsy Conte selbst. Catalano sagte Ronsisvalle, daß das »gute Leute« seien, »unsere Leute«. Conte fügte hinzu, Ronsisvalles eigener Verbündeter in diesem Kampf – der Mann, der den Wagen gefahren hatte, als der Unfall passierte – sei einer, dem man besser aus dem Weg ging. »Gib dich bloß nicht mit dem ab«, sagte er Ronsisvalle. »Der ist keiner von uns. Der Mann ist ein Stück Scheiße.«

Mittwoch, 29. Januar 1986. Im Gerichtssaal. Ein finsterer, kalter Tag. Im Gerichtssaal ist es düster, die Stimmung gedämpft. Leval verkündet, er habe sich nach ausgiebiger Anhörung zur Sache entschlossen, die Zeugenaussagen über die Heroinlieferungen nach Kalifornien zuzulassen. Im Gänsemarsch treten die Geschworenen auf; Ronsisvalle, leichenblaß, folgt hinterdrein. Leval begrüßt die Geschworenen und warnt sie, bevor die Aussage beginnt, – wie schon so oft – vor einem Mißverständnis. Gestern, als er ihnen versicherte, die Gruppe von Angeklagten um Badalamenti wäre in keiner Weise von Ronsisvalles Aussage betroffen, habe er deshalb noch lange nichts über die anderen Angeklagten ausgesagt.

Zweitens: Obwohl die acht Angeklagten um Badalamenti durch Bluts- oder Ehebande miteinander verwandt seien und ihre Anwälte sie als die Badalamenti-Gruppe bezeichneten, »muß ich Sie noch einmal daran erinnern, daß Sie bei der Erfüllung Ihrer Aufgabe, die darin besteht, Urteile auszusprechen, jeden der Angeklagten für sich genommen betrachten müssen«.

Richter Leval spricht damit zum wiederholten Male ein wesentliches Problem an: Die Geschworenen verfolgen hier nicht einen, sondern zweiundzwanzig Prozesse, die sich alle gleichzeitig vorwärtsbewegen. Nach den Schlußvorträgen wird man von ihnen verlangen, zweiundzwanzig voneinander unabhängige Urteile zu fällen, von denen jedes einzelne auf ihrer Würdigung ausschließlich jenes Beweismaterials zu basieren hat, das sich auf den betreffenden Angeklagten bezieht.

Aber wie sollen sie das machen? Seit drei Monaten sitzen sie nun hier und haben erst ein Viertel des versprochenen Beweismaterials zu hören bekommen. Aber allein schon diesen Bruchteil des Materials zu entwirren, zu sichten, ja ihm überhaupt erst einmal zu folgen, scheint ein Ding der Unmöglichkeit zu sein. Dabei dürfen sich die Geschworenen noch nicht einmal Notizen machen – was wiederum im Ermessen des Richters liegt, und Leval hat es im Prozeß um General Westmoreland gestattet, nicht jedoch im Pizza-Prozeß. In Anbetracht der geradezu irrsinnigen Komplexität des Beweismaterials und der Unmenge an gleichklingenden sizilianischen Namen und Spitznamen ist seine Entscheidung verständlich. Da ist es schon besser, das Gericht übt eine strenge Kontrolle darüber aus, was in die Köpfe der Geschworenen darf und was nicht.

Luigi Ronsisvalle ist alles andere als eine ansprechende Erscheinung, er ist ein »Straneff«, ein Straßengauner. Der Grund, warum den Geschworenen ein derart zwielichtiger Typ vorgesetzt wird, liegt auf der Hand: Der Staat braucht Böse, wenn er Böse fangen will. Trotzdem versucht Freeh, den Schaden, den das Kreuzverhör anrichten wird, so gering wie möglich zu halten, indem er den Geschworenen selbst etwas aus der unappetitlichen Vergangenheit seines Zeugen erzählt.

»Sie haben uns gestern erzählt, daß Sie im Januar 1979 in Queens einen Raub begingen.« Ja, einen Juwelenraub. Er sei verhaftet worden, und während er gegen Kaution auf freiem Fuß gewesen sei, habe er sich 30 000 Dollar zu leihen versucht. Ronsisvalle beschreibt den Geschworenen das diesbezügliche Gespräch. »Ich brauchen das Geld«, habe er zu einem Bekannten gesagt. »Ich stehen vorr Gericht, und ich nicht mögen Gesicht von Richter. Wenn ich Geld nicht kriegen bis sechs Uhr, ich stellen mich FBI und ich dich nehmen mit . . .«

Was er dann auch tat; und so kommen die Vereinigten Staaten zu diesem entscheidenden Zeugen.

Louis Freeh setzt sich wieder an den Tisch der Anklagevertretung.

Die Geschworenen marschieren wieder einmal in eine Pause, während die Verteidiger sich daran machen, den jüngsten Schwung Dokumente zu verdauen, den ihnen die Staatsanwaltschaft überlassen hat.

Das Hintergrundmaterial über Luigi Ronsisvalle ist erschreckend. Der Mann gesteht ein, dreizehn Leute ermordet zu haben. Bei einigen handelte es sich um bezahlte Auftragsarbeiten, andere mußten daran glauben, weil er einen bestimmten Groll gegen sie hegte oder weil ihm ihr Gesicht nicht gefiel. Zumindest einige der Morde scheint er in der Hoffnung begangen zu haben, dann endlich in die Mafia aufgenommen zu werden. Aber das hat nie geklappt. Noch nicht einmal die Mafia wollte einen Ronsisvalle, da mußte schon die amerikanische Staatsanwaltschaft kommen.

Unter den Dokumenten befindet sich auch das psychologische Gutachten, das das Gesetz für Personen vorschreibt, die unter die Kronzeugenregelung fallen. Wenn man sich die Mühe macht, sich durch den Psychologenjargon des Dokuments hindurchzuarbeiten, in dem noch dazu ausgiebig gestrichen wurde, um die Persönlichkeitsrechte des Zeugen zu wahren, liest man: »Seit Antritt seiner Gefängnisstrafe verbrachte er auf Grund der in seinem Fall angezeigten Schutzmaßnahmen ein ganzes Jahr in Einzelhaft ... In seiner Biographie finden sich eine ganze Reihe von profitorientierten Gewalttaten ... Die Unfähigkeit, Erfolg in emotionellen Beziehungen zu erlangen ... könnte durchaus zu einem Rückfall in seinen früheren Lebenswandel führen, was ohne Zweifel eine Bedrohung für seine Umwelt darstellen würde.«

Außerdem befinden sich in seiner Akte Briefe von Rudolph Giuliani, Richard Martin und anderen Vollstreckungsbeamten an die Kommission für die Aussetzung von Haftstrafen des Staates New York. In gespreizten, verklausulierten Sätzen – Sätze, deren wahre Bedeutung all jenen, die solche Briefe schreiben oder lesen sehr wohl geläufig ist – geben die Bundesbehörden ihrer Hoffnung Ausdruck, daß die Landesbehörden bei der Entscheidung des Falles die großen Dienste berücksichtigen, die ihnen der Häftling erwiesen hat. Die Briefe werden das Ihre tun, und erfahrene Strafverteidiger wissen das. Und in der Tat werden diese Briefe dafür sorgen, daß Ronsisvalle schon am Wochenende nach Beendigung seiner Aussage aus der Haft entlassen wird.

»Diese Vollidioten!« schreit Segal. »Die lassen diesen Typen tatsächlich wieder auf die Straße!«

»Einige Zeugen, die der Kronzeugenregelung unterstehen«, bemerkt Kennedy gelassen, »haben schon um Schutz vor ihm gebeten.«

Der Richter wird entscheiden müssen, nachdem er sich – unter Ausschluß der Geschworenen – die Debatte der Anwälte zur Sache angehört hat, ob und inwieweit die Geschworenen über Ronsisvalles mörderische Vergangenheit ins Bild zu setzen sind. Die Staatsanwaltschaft würde natürlich am liebsten so wenig wie möglich zulassen. Die Anwälte der Verteidigung ergreifen die Gelegenheit, um ihren Meinungen freien Lauf zu lassen, die drastisch voneinander abweichen und ebensoviel über die Anwälte als auch über ihre Mandanten enthüllen. Einige wollen die Morde ganz aus dem Spiel lassen. Sie meinen, die bloße Erwähnung weiterer entsetzlicher Verbrechen eines Sizilianers gegenüber anderen Sizilianern werde die Vorurteile der Geschworenen gegenüber jedem, dessen Namen auch nur auf einen Vokal ende, nur noch verstärken.

Bob Koppelman ist einer von denen, die die Morde unerwähnt lassen wollen. Erneut bringt er seinen routinemäßigen Abtrennungsantrag zugunsten seines jungen Mandanten, Vito Badalamenti vor; er wird ebenso routinemäßig abgewiesen.

Paul Bergman, der einen des Mordes Beschuldigten vertritt, betreibt die Haarspalterei mit dem Fleischerbeil: »Es gibt alle möglichen Arten von Mord. Ronsisvalles Morde haben nicht das geringste mit irgendwelchen Streitereien innerhalb der Mafia zu tun.« Er fügt jedoch hinzu, daß er doch etwas von dem »Mord-Material« dabeihaben wolle, »damit wir zeigen können, wie kaltblütig er ist.«

Einige der Anwälte, Fisher eingeschlossen, wollen, daß sämtliche Morde drinbleiben. Sie ließen nicht nur Zweifel am Charakter des Zeugen aufkommen, sie zeigten zudem noch, daß Ronsisvalle als freiberuflicher Killer tätig war, der keiner der Mafia-Familien angehörte.

»Die Staatsanwaltschaft hat die Ansicht geäußert, mein Mandant habe etwas mit sämtlichen Verbrechen dieses Burschen zu tun, nur weil er der Boß der Knickerbocker Avenue ist«, führt Fisher aus. Joe Benfante fordert, Fisher bei seinem Kreuzverhör den größtmöglichen Spielraum zuzubilligen. Alles, was dem trickreichen Fisher einfällt, um diesen Zeugen in den Dreck zu ziehen, hilft automatisch Benfante bei der Verteidigung Sal Mazzurcos.

De Vardos Anwalt, Jimmy Moriarty, dazu: »Dieser Bursche hat versucht, einen Stellvertretenden Bundesanwalt umzubringen!« Seine Worte sind berechtigt, aber ein boshaftes irisches Lächeln zeigt, daß er dabei noch etwas anderes im Sinn hat. Der junge Moriarty ist einer von denen, die sämtliche Morde erwähnt haben wollen, weil sie der Meinung sind, daß speziell einer dieser Morde nicht nur Ronsisvalle, sondern auch die Ankläger unglaubwürdig macht.

Die Geschichte ist ziemlich kompliziert. Ende 1978 beauftragte man Ronsisvalle mit der Ermordung eines Staatsanwalts – John Kenney. Kenney vertrat damals die Anklage gegen Michele Sindona, den abtrünnigen italienischen Finanzmann, den man beschuldigte, der geistige Vater jenes Schwindels zu sein, der zum Zusammenbruch der Franklin National Bank geführt hatte. (Ivan Fisher hatte Sindona damals vertreten.) Der Mann, der Ronsisvalle den Auftrag gab, war ein Komplize Sindonas. Der Plan scheiterte, als Ronsisvalle von diesem Komplizen 30 000 Dollar zu erpressen versuchte und seine Frau und seine Kinder umzubringen drohte; er sagte, er brauche das Geld, um vor einer Verurteilung wegen Raubes zu flüchten. Als er abgewiesen wurde, drehte er durch und kam zu dem Schluß, daß er als Informant mehr zu gewinnen hatte denn als Flüchtling und stellte sich dem FBI.

Kurz gesagt, Giuliani und Martin haben zugunsten dieses Mannes bei den Landesbehörden interveniert, obwohl er vorgehabt hatte, einen ihrer Kollegen umzubringen. Den Anklägern erschien ihre Intervention im Austausch für Ronsisvalles Hilfe, die Pizza-Angeklagten hinter Gitter zu bringen, ein guter Handel. Einige Verteidiger des Pizza-Prozesses hoffen jetzt, diese Entgleisung des Feingefühls seitens der Staatsanwaltschaft zum Vorteil ihrer schwer in Bedrängnis geratenen Mandanten ausbeuten zu können.

Richter Leval hört sich sämtliche Argumente an und lehnt den Antrag der Staatsanwaltschaft, das Ronsisvalle betreffende Beweismaterial völlig aus dem Fall herauszuhalten, ab, fügt aber hinzu: »Ich meine allerdings, daß es keine große Rolle spielt, wie bestialisch nun die Verbrechen im einzelnen durchgeführt wurden. Das scheint mir verhetzend. So etwas zieht Vorurteile nach sich. Ich werde also keine ausführliche Befragung hinsichtlich irgendwelcher blutrünstiger Einzelheiten zulassen.«

Die zwölf Geschworenen und ihre zwölf Ersatzleute marschieren wieder auf. Noch bevor sie alle sitzen, ist Fisher schon auf seinen langen Beinen, geht auf und ab, die eine Hand am Revers, in der anderen das Mikrofon. Er macht sich nun daran, das zu tun, was er am besten kann – einen gegnerischen Zeugen ins Kreuzverhör nehmen.

Ivan S. Fisher, 42, ist ein Mann von einnehmendem Wesen und reizvoller Unbescheidenheit. Aufgewachsen ist er im Stadtteil Riverdale in der Bronx als ältester Sohn eines Buchbinders. Er ist in zweiter Ehe mit Diane, einer schönen Blondine mit langen Haaren und langen Beinen, verheiratet und hat vor kurzem das Sorgerecht für seinen siebzehnjährigen Sohn Ari zugesprochen bekommen, ein ausgesprochen schönes und wichtiges Ereignis.

Was Stil und Wesen anbelangt, ist Fisher das genaue Gegenteil von Kennedy. Kennedys Basis ist die Politik. Fisher ist so apolitisch, daß er in seinem ganzen Leben noch zu keiner Wahl gegangen ist. »Weil es ganz einfach völlig egal ist, ob ich wähle oder nicht. Ich habe keine Lust, Teil eines Systems zu sein, in dem ich nicht zähle.«

Während Kennedy die Popularität verachtet und sie als Falle sieht, gesteht Fisher: »Ich bin gern berühmt! Ich fordere das heraus! Ich mache den Medien den Hof. Ich habe Abbot mit Hilfe der Medien herausgeholt. Man muß die enormen Energien der Medien nutzen, um sich die Atmosphäre zu schaffen, die man für seinen Mandanten braucht.«

Fisher begann seine Anwaltslaufbahn bei Legal Aid in San Francisco. Kennedy sammelte seine ersten Erfahrungen bei Militärgerichtsverfahren und arbeitete dann einige Jahre auf dem Gebiet der Personenschäden.

Trotz ihrer verschiedenartigen Hintergründe verfügen beide Männer über ein enzyklopädisches Wissen, was die Arbeit vor Gericht anbelangt, und keinem von beiden ist das in den Schoß gefallen. Fisher dazu: »Die Geschworenen wollen, daß man ihnen gegenüber das Kind beim Namen nennt. Man darf auf keinen Fall den Fehler machen, ihnen allzu geschwollen zu kommen und sich von seiner Liebe zum Wort hinreißen lassen.« Diese Lektion mußte er vor einigen Jahren am eigenen Leibe erfahren. »Der Bursche, den ich verteidigt habe, war nach einem Banküberfall geflüchtet und fuhr dabei einen anderen Wagen an. Ich sagte der Jury: Die beiden hatten ein ›automobiles Tête-à-tête‹. Ich war in diesen Ausdruck so vernarrt, daß ich den Fall verlor.«

»Anwalt sein«, sagt Fisher, »heißt präzise sein. Geschworene mögen mich. Sie mögen mich, weil ich ihnen sage, was Sache ist. Von den Anklägern hört man immer wieder: Alles, was ich will, ist eine Jury, die fair sein kann. So was kriegt man von mir nicht zu hören. Ich sage: Alles, was ich will, ist eine Jury, die meinen Mandanten freispricht. Darum geht es doch, und zwar einzig und allein. Es geht ums *Gewinnen.*«

Ivan Fisher wurde schon früh von Mario Malerba, der seit Jahren Joe Gancis Anwalt war, zum Pizza-Fall hinzugezogen, zum einen wegen seiner Fähigkeiten als Prozeßanwalt, zum anderen wegen seiner Popularität bei Jurys.

Fisher ist der Überzeugung, daß die Staatsanwaltschaft, nachdem sie vier Jahre lang gegen seinen Mandanten ermittelt hatte, »ernsthaft daran dachte, die Sache fallenzulassen«, als sie plötzlich über die mysteriöse Verbindung zu Badalamenti gestolpert sei. Danach war dann »dessen Verhaftung der Hauptimpetus weiterzumachen«.

Aber jeder einzelne Beweis gegen seinen Mandanten wurde erst im nachhinein beigebracht. »Buscetta war nur ein Anhängsel. Und Contorno war ein Anhängsel ans Anhängsel. Als Badalamenti im November 1984 unter Anklage gestellt wurde, hatte man *nichts.* Wir haben das damals vermasselt!« (Eine Anspielung darauf, daß die Verteidigung es damals versäumte, auf den Beschleunigungsgrundsatz zu pochen.)

Dann stieß Kennedy dazu. »Mit Mike Kennedy kam eine neue Qualität in den Fall, Eleganz, Beredsamkeit, Kultiviertheit« – all das habe vorher gefehlt.

Mit dem Pizza-Fall sei, so Fisher, ein ungewöhnlich gutes Anwaltsteam betraut. Für gewöhnlich sieht man bei langwierigen Prozessen mit vielen Anwälten nur den Ausschuß.

»Segal ist interessant. Leval springt so hart mit ihm um, weil die beiden früher einmal zusammen die Anklage vertraten. Aber Marvin hat einige sehr, sehr gute Referenzen aufzuweisen. Viele sehen ihn fast als Brahmanen. Sein Partner, Bill Hundley, der ist tatsächlich ein Brahmane. Aber was diesen Fall anbelangt, so war Marvin bisher miserabel. An einen Richter zu geraten, der einen nicht respektiert, ist ein Alptraum. Marvin Segal ist in diesem Prozeß dadurch in die völlige Bedeutungslosigkeit abgesunken. Deswegen hört er sich auch immer so schrill an. Aber er ist einer der respektiertesten Leute in unserem Beruf.

Gerry Di Chiara ist auch gut. Den hätten sie als Pflichtverteidiger nehmen sollen, aber daraus wurde nichts. Er ist ein wirklich anständiger Mensch. Joe Ryan ist ebenfalls interessant, er war früher einmal Ankläger für den Queens County. Männer wie Benfante gehören heute im Gerichtssaal zu den Anachronismen. Ein Brontosaurus. Aber ein Mann von unerschütterlicher Loyalität.«

Unter den Anwälten, die häufig das organisierte Verbrechen vertreten, sei Mario Malerba als der »Premierminister« bekannt, erklärt Fisher. »Er ist die legale Version eines *consigliere.* Um einen medizinischen Vergleich heranzuziehen, er ist so etwas wie ein Internist. In dieser Art von Arbeit holt man sich einen Orthopäden, einen Chirurgen, oder welchen Spezialisten auch immer der Prozeß verlangt. Aber *er* hat etwas, was *keiner* von uns hat – nämlich ihr Vertrauen. Er ist Sizilianer. Seine Instinkte sind die ihren. Ohne Mario Malerba wüßte ich nicht, wie ich zu meinem Burschen Kontakt bekommen sollte. Die Staatsanwaltschaft hat 142 Sachverständige, die sagen, daß das seine Unterschrift ist und daß das seine Fingerabdrücke sind. Und alles, was er dazu zu sagen hat, ist: ›Ich hab' das nicht geschrieben. Das ist nicht mein Fingerabdruck.‹ Er leugnet es einfach. In dieser frustrierenden Situation ist Malerba für mich wie die Brücke über den Tappan Zee. Ich brauche ihn, um meinen Burschen wirksam vertreten zu können.

Bronson ist ein ehemaliger Ankläger für den Hudson County. Der Hudson County in New Jersey galt früher einmal als der korrupteste Landkreis des ganzen Universums. Tony Lombardino ist ein ehemaliger Stellvertretender Bezirksstaatsanwalt aus Queens und außerdem ehemaliger Chef der Bundesanwaltschaft im Gerichtsbezirk New York Ost. Ich mag ihn nicht. Vor allem, weil er mich nicht mag. Aber ich glaube, der Mann hat wirklich was los, wenn es darum geht, Fragen zu stellen. Schade, daß die Jury Ken Kaplan nicht mag. Er ist ein anständiger Kerl. Und klever. Und kompetent. Mike Querques hat ebenfalls einen ausgezeichneten Ruf. Die Kenner unter den Strafverteidigern sehen in ihm einen ihrer allerersten Leute . . .

Lassen Sie mich Ihnen erzählen, wie das im Gerichtssaal funktioniert: Bei jedem Strafverfahren wird eine Menge verzerrt. Zunächst einmal haben wir das, was wirklich passiert ist. Dann das, von dem Leute wie Sal Catalano glauben, es entspräche den Tatsachen. Das ist also die erste Linse, die alles verzerrt. Weil es ganz einfach zum Code dieser Sizilianer gehört, daß ein Mandant seinem Anwalt nie und nimmer erzählt, was wirklich passiert ist. Schließlich gilt es, das zu berücksichtigen, was die Polizei sieht. So wird zum Beispiel auf das ›Beweismaterial‹ eine spezielle Polizeibrille angewandt: Sie hat zwei Brennweiten, die eine Linse will den ganzen Bereich überblicken, das heißt man will wirklich wissen, was passiert ist, die andere will das herausfiltern, was sich nicht mit den vorgefaßten Meinungen der Polizei und/oder mit den Notwendigkeiten der Beweisbeschaffung verträgt.

Der Anklagevertreter endlich trägt nicht nur Zweistärkengläser, sondern Dreistärkengläser. Zum einen muß er sehen, was Sache ist. Zweitens hat er das instinktive Bedürfnis, *Schuld* zu sehen. Aber der Bursche, mit dem er es zu tun hat, kann nicht einfach nur schuldig sein. Er muß ganz erheblich schuldig sein. Oder noch besser erheblich schuldig und durch und durch schlecht. Weil nämlich der Ankläger die nächsten drei oder vier Jahre diese Schuld in mühevoller Kleinarbeit zu beweisen hat.

Die fünfte Sichtweise ist die unsere. Der Verteidiger trägt die Brille, die am stärksten verzerrt. Wir wollen am allerwenigsten das sehen, was wirklich passiert ist. Wer außer einem Psychopathen kann sich schon einen Mandanten näher ansehen wollen, der scharf darauf ist, daß sich junge Leute Heroin in die Venen pumpen? Der die Finger dabei im Spiel hat, wenn Millionen Dollar nach Italien zurückgehen, um noch mehr Heroin zu kaufen? Der den Mord an Carmine Galante plant? Der die Absicht hat, ihm den Kopf in Fetzen zu schießen und sein Hirn über den Putz irgendeines Restaurants zu verteilen?

Also gehen wir davon aus, daß der Mann unschuldig ist. Wir reden uns ein, daß wir ein äußerst wichtiges System zum Funktionieren bringen – das Strafrechtssystem, das auf der grundsätzlichen Unschuldsvermutung eines jeden Beschuldigten basiert, und auf der Notwendigkeit, daß die Anklagevertretung die Jury über jeden berechtigten Zweifel hinaus vom Gegenteil überzeugt.

Außerdem operieren wir Verteidiger grundsätzlich von einer Annahme ausgehend: *Nichts* von dem, was die Staatsanwaltschaft vorbringt, verhält sich auch so. Weil wir nicht akzeptieren müssen, was sie vorbringt, können wir weiterhin annehmen, daß unser Mandant unschuldig ist – wenn das keine Verzerrung ist!

Also ist unsere Situation folgende: Erstens wissen wir nicht, wie die Wirklichkeit tatsächlich aussieht. Zweitens erfahren wir das nicht einmal von der einzigen Person, die es weiß – unserem Mandanten. Drittens müssen wir berufsbedingt in Vorurteilen befangen sein: Alles, was man über unsere Klienten Schlechtes sagt, ist falsch, alles, was man zufällig an Gutem vorbringen mag, ist richtig. In einem Prozeß wie unserem hier haben Sie die eben angesprochenen Zwänge und Verzerrungen bis ins Unendliche potenziert – viel mehr noch, als das normalerweise der Fall ist.«

Wenn man Fisher nach seiner Meinung über Richter Leval fragt, dann beginnen seine Augen zu leuchten. »Eins mit Stern. Prachtvoll! Er ist das am meisten unterschätzte, am wenigsten gewürdigte, völlig unzureichend respektierte Element in diesem Prozeß. Wie der Mann sich jeden Morgen aufs neue mit unverändert guter Laune auf den Richterstuhl setzen kann, ist mir ein absolutes Rätsel.

Eigentlich sollte Pierre Leval ja an einem Appellationsgericht arbeiten. Er hat das perfekte Temperament dafür. Man kann dort sogar noch reiner sein als ein Bundesrichter. Ich habe das Gefühl, daß Leval an seinem reinen Herzen eine Mordsfreude hat. Es würde mir auch gefallen, derart lauter zu sein. Ich werde das Gefühl nicht los, daß er sich jeden Morgen beim Aufstehen sagt: ›Gestern habe ich nur Gutes getan.‹ Wie sonst könnte er dieses Gruselkabinett aushalten?«

Was Fisher wieder zu seinem Lieblingsthema bringt: der große Rechtsanwalt. Was macht den großen Anwalt aus? Im wesentlichen, sagt er, liege das Geheimnis darin, so präzise wie nur möglich zu sein.

»Die Geschworenen sind einem immer dankbar, wenn man präzise ist. Ihre Mimik sagt einem, wenn sie sich direkt angesprochen fühlen. Ihre Zuneigung kommt dann wie eine Flutwelle auf einen zu! Und wenn die Fragen präzise sind und die Antworten des Zeugen auch, dann braucht man auch keine Tricks. Sie wissen das. Weil man dann mit ihnen – den Geschworenen – etwas teilt. Und das ist es, was einen einen Prozeß gewinnen läßt.

Im Fall der Pizza Connection gibt es eine geradezu unglaubliche

Möglichkeit, die nur auf denjenigen wartet, der den Schneid hat es auszusprechen: ›Ja, liebe Virginia, es gibt eine Mafia. Sie tut schlimme Dinge. Und diese Burschen hier, die gehören dazu. Sie haben ja tonnenweise Beweise dafür gesehen.‹ Mit einer solchen Argumentationsweise können Sie diesen Prozeß gewinnen. Und wissen Sie warum? Weil so viel geschwindelt wird. Seitens der Staatsanwaltschaft. Und die Geschworenen haben eine Nase für so was.

Um ein großer Anwalt zu sein, muß man bereit sein, gefährlich zu leben. Man muß an den Rand der Klippe treten und bereit sein auch zu springen. ›Stelle nie eine Frage, auf die du nicht schon die Antwort weißt.‹ Das lernt man in Harvard; es ist das erste Gebot eines guten Anwalts. Und es ist falsch. Freilich macht man sich damit nie zum Trottel. Aber man kommt auch nie zu einem richtigen Höhenflug. Es fehlt dann einfach jeglicher Zauber.

Beim Kreuzverhör fährt man am besten, wenn man sich gestattet, sich frei zu bewegen und sich der Gnade des Zeugen aussetzt, wie das Michael bei seinem Kreuzverhör von Buscetta gemacht hat. Er hat da einige wirklich atemberaubende Fragen gestellt. Es hat noch nicht einmal so ausgesehen, als sei Michael für die Antworten verantwortlich gewesen. Er hat es so gedreht, daß es aussah, als sei Buscetta für sie verantwortlich. Einfach wunderbar!«

Im Gerichtssaal. Nachdem er aus Ronsisvalle herausgeholt hat, daß der Mann bei zahlreichen Gelegenheiten zahllose Fotografien verdächtiger Krimineller identifiziert hat, fragt ihn Fisher: »Unter den Hunderten von Fotos, die Ihnen die Staatspolizei, die Bundespolizei und die Ankläger gezeigt haben, Sir, haben Sie da auch Fotos von dem gesehen, was Sie nach eigenen Angaben von Pumas rotem Sportwagen aus beobachtet haben: also davon, wie Puma sich in der Knickerbocker Avenue mit Catalano unterhält?«

»Nein, Sir.«

»Wer hat den Anzug bezahlt, den Sie im Augenblick tragen?« Die Bundesmarshals. Es sei der einzige Anzug, den er habe.

»Sind Sie jetzt schlanker als 1978?«

»Einspruch!«

»Na, dann will ich mal anders herum fragen: Waren Sie damals schwerer?«

Die Geschworenen lachen, Fisher hat sie auf seiner Seite.

»Sie haben uns gesagt, Sie hätten versucht, sich 30 000 Dollar zu borgen. Würden Sie sagen, daß ›borgen‹ das richtige Wort für Ihre speziellen Bemühungen ist?«

»Nein. Sie haben recht.«

»Was ist das richtige Wort dafür, Sir?«

»Erpressung.«

»Und erhalten haben Sie damals für Ihre Bemühungen 200 Dollar?«

»Ja.«

»Wäre es zutreffend, wenn man Sie als billig bezeichnen würde?«

»Ich war pleite.«

»Bei all den Fahrten, Sir? Bei 5000 Dollar pro Lieferung?«

1978, so gesteht Ronsisvalle, habe er als Heroinkurier mehr als 65 000 Dollar verdient. Ob das in jenem Jahr sein einziges Verbrechen gewesen sei? Nein.

»Haben Sie 1978 jemanden ermordet?« Nein.

»Haben Sie 1978 jemandem das Haus angesteckt?« Nein.

»Dann haben Sie 1978 mit gestohlenen Sachen gehandelt?« Nein.

»Dann gebe ich auf. Also, welche Verbrechen – abgesehen von den Drogenlieferungen – haben Sie 1978 noch begangen?«

»Erpressung.«

»Was Ihnen 200 Dollar eingebracht hat, richtig? Was sonst noch?«

»Wieso: Was sonst noch?«

Übertrieben niedergeschlagen sagt Fisher: »Oh, tut mir leid. Welche *Verbrechen* sonst noch?« und fügt höhnisch hinzu: »Ach, Sie meinen, Sie haben vergessen, Ihre Einkommenssteuererklärung einzureichen. Mr. Puma hat die Steuer wohl nicht gleich abgezogen ...? Ich will nun Ihre Aufmerksamkeit einmal auf die Zeit gegen Ende 1978 lenken, Sir, die Zeit, als Ihr Erpressungsversuch ins Wasser gefallen war. Damals waren Sie sicher entsprechend wütend. Trifft es zu, daß Personen, auf die Sie wütend werden, sich in ernsthafter Gefahr befinden? ... Wenn Sie wütend werden, dann töten Sie doch schon mal Leute – Sie erschießen sie zum Beispiel, oder? ... Der Mann hat Sie mit einem Schimpfwort bedacht, worauf Sie beschlossen, ihn zu töten! Richtig? Bis Mr. Catalano Sie davon abhielt ...«

»Ja.«

»Ein andermal in Chicago ... Da haben Sie mit einer Frau die Zimmer getauscht, und zwei Männer kamen daher und verwüsteten das Zimmer mit ihren Kugeln ... Sie haben ihm nicht etwa eine Quittung dafür gegeben, oder?«

»Eine Quittung gegeben! Er hat versucht, mich umzubringen!«

»Und Catalano hat Sie davon *abgehalten*, nicht wahr?«

Ungeachtet der extravaganten Vorstellung Fishers sind drei der Geschworenen eingeschlafen. Trotzdem agiert er meisterhaft: Ohne Notizen, die Hände um die Revers seines Jacketts gelegt, springt er im Gerichtssaal hin und her, bei jedem Schritt geht er schwungvoll in die Knie. Seine groteske Anmut erinnert an die Strauße, die in Walt Disneys *Fantasia* Ponichellis »Tanz der Stunden« aufführen.

»Das Wort ›Mord‹ ist Ihnen geläufig?« Ja.

»Und Sie haben viele Male gemordet, ja?« Ja.

»Dreizehn Mal zu verschiedenen Anlässen, Sir. Ist das richtig?«

»Jawohl, Sir.«

»Sie haben diese Leute mit Absicht –«

»Es war nichts Persönliches, Sir.«

»Manchmal haben Sie für Geld gemordet?« Ja.

»Wie oft?«

Sechsmal.

»Auch den in Brooklyn?«

»Nein, das war nur ausgemacht. Ich habe den Mann nicht getötet, nur darüber gesprochen.«

»Haben – Sie – sich – schuldig – bekannt, in Brooklyn jemanden ermordet zu haben?«

Ja, aber für den sei er ja nicht bezahlt worden. »Ich werde ja wohl wissen, ob ich einen umgebracht habe oder nicht!« Das bringt die Geschworenen zum Lachen. Die beiden Lambertis und Mazzurco lachen gar noch lauter.

»Der Mann ist eine Mordmaschine«, murmelt Eleanore Kennedy und flüstert ihrem Ehemann zu, er möge seine Kollegen daran erinnern, daß man über den Tod nicht lachen sollte, wenigstens nicht vor den Geschworenen. Benfante, Lombardino und Bronson kringeln sich mittlerweile vor Lachen. Inmitten dieses unklugen Gekichers dreht sich Badalamenti um, das Gesicht ausdruckslos wie das eines Pokerspielers, und schenkt der schönen italienischen Gemahlin seines Anwalts ein nüchternes, sizilianisches Lächeln. Er hat alles gesehen.

Seinen ersten Mord beging Ronsisvalle im Alter von achtzehn Jahren. Bezahlt worden sei er dafür nicht.

»Und beim nächsten Mal?«

»War ich neunzehn. Nicht bezahlt.«

»Also haben wir bisher zwei umsonst, richtig?«

Beim nächsten Mord war er zwanzig. Geld bekam er dafür immer noch nicht.

»Und beim nächsten Mal, Sir, bei Ihrem nächsten Mord, wie alt waren Sie da?«

»Zweiundzwanzig. Kann ich erklären?«

»Beantworten Sie bitte nur die Fragen«, ermahnt ihn Leval.

Dreiundzwanzig beim nächsten Mal, keine Bezahlung. Den nächsten mit vierundzwanzig, keine Bezahlung.

»Haben Sie einen ausgelassen?« will Fisher wissen.

»Nein. Ich habe zwei ausgelassen.«

Es ist Zeit für eine Kaffeepause. Die anderen Anwälte scheinen aufrichtig schockiert über die moralische Verkommenheit des Zeugen. Koppelman äußert sich dazu: »Es ist abscheulich, wie die bitten und betteln, um dieses Tier wieder auf die Menschheit loszulassen.«

Wieder im Gerichtssaal gibt Fisher dem Mörder einen Versuch, seine Handlungsweise zu erklären. Der bringt das typische Argument eines Killers: »Es war ein Job. Es hatte nichts damit zu tun, Leute kaputt zu machen ... Wenn Sie mir geben 30 000 Dollar, damit ich jemanden töte, töten *Sie* ihn, nicht ich.«

Fisher wendet sich jener gefährlichen Aussage Ronsisvalles zu, die Sal Catalano mit dem roten Porsche in Verbindung bringt; mit viel Geduld und Geschick gelingt es ihm, sie zu demontieren. Er demonstriert den Geschworenen, daß Ronsisvalles Beschreibung, wie Catalano den Porsche mit der Heroinladung übernahm, unmöglich zutreffend sein kann. Fisher hat in kluger Voraussicht eine Reihe von nahezu postergroßen Fotos von der Knickerbocker Avenue anfertigen lassen und mitgebracht. Er lehnt sie gegen die Schranke zur Geschworenenbank, vergleicht sie mit den Geschäftsfassaden und anderen Anhaltspunkten, die Ronsisvalle an jenem Tag gesehen haben will, als Catalano die Knickerbocker Avenue heruntergekommen war, und zeigt auf, daß Ronsisvalle bei seiner Beschreibung einen ganzen Häuserblock ausgelassen hat.

Aber Ronsisvalle findet einen Weg, sich zu behaupten. Als es auf ein Uhr zugeht, wendet er sich an Leval und stellt ihm genau die Frage, die auch jedem der Geschworenen auf dem Herzen liegt: »Wie steht es denn mit Mittagessen, Euer Ehren?« Die Geschworenen können sich das Lachen nicht verbeißen. Mit einem einzigen Satz hat er sich ihre Sympathien zurückerobert und damit Fisher zumindest teilweise die Arbeit eines ganzen Vormittags zunichte gemacht. Der Mann mag ja nur bis zur vierten Klasse in die Schule gegangen sein, aber man kann nicht sagen, daß er auf den Kopf gefallen ist.

Bob Koppelman, ein »reformierter Dicker«, der einem jetzt mager und permanent hungrig vorkommt, sitzt mit einigen seiner Anwaltskollegen an einem Tisch in der Cafeteria, viel zu aufgebracht, um etwas zu essen. »Diese Kriminaler sind vor dem Schurken regelrecht auf dem Bauch gelegen. Sogar die Staatsanwaltschaft und der Bundesrichter katzbuckeln vor ihm. Der ganze Saal tanzt nach seiner Pfeife.«

»Der Bursche pißt der Staatsanwaltschaft nicht weniger ans Bein als uns«, bemerkt Benfante. »Ivan macht das wirklich klasse.«

Leval ist da womöglich anderer Meinung. Fogelnest hatte Leval gebeten, die Jury darüber zu belehren, daß Ronsisvalles Bemerkung hinsichtlich des Mittagessens unangebracht gewesen sei. Aber der Richter antwortete ihm, daß Fishers Kreuzverhörstil ein solches Verhalten geradezu herausfordere.

Eleanore Kennedys sensible Antennen melden sich: »Dieser Mann hat einen Knopf, den wir noch nicht gedrückt haben. Wenn wir den finden, dann können wir ihn im Zeugenstand explodieren lassen.«

Koppelman: »Catalano ist wie der Große Unsichtbare. In den ersten Ermittlungsberichten ist von ihm kein einziges Mal die Rede gewesen.«

»Ja«, fügt Lewis hinzu, »es gibt nicht den geringsten *Beweis*. Alles, was sie haben, sind *Beweismittel*. Und dieser Knallkopf von einem Richter kennt den Unterschied nicht! Ein Beweis ist ein erwiesenes Faktum, das sich aus dem Beweismittel *ableitet*. Beweismittel ist alles, was reinkommt. Leval verwechselt diese beiden Begriffe, wie damals, als er von dem *Beweis* für Catalanos Verwicklung im Drogenhandel sprach, und das macht mir Sorgen.«

In der Schlange vor dem Metalldetektor flüstert mir Eleanore zu: »Ich fand, daß die Ivan in der Mittagspause ganz schön fertiggemacht haben – nur weil er es mit der Schauspielerei etwas übertrieben hat.«

Mrs. Kennedy, für gewöhnlich kein ausgesprochener Fan von Fisher und eine Expertin in Sachen Anwaltsego, meint weiterhin: »Es läuft wirklich wunderbar... Nur daß jetzt die restlichen zwanzig Idioten daherkommen und alles wieder kaputtmachen.«

Eines der größten Risiken, denen sich die Verteidigung in Prozessen mit mehreren Angeklagten ausgesetzt sieht, ist die Versuchung für den einzelnen Anwalt, sich auf Kosten aller anderen vor der Jury und ihren Mandanten in Szene zu setzen. Derartige Faxen können nur in einem streng disziplinierten Verteidigerteam, das sich allabendlich zusammensetzt, um die Strategie zu besprechen und einander Solidarität zuzusichern, unter Kontrolle gehalten werden. Die Kennedys, als Veteranen vieler politischer Prozesse, wissen das. Eine derartige Disziplin ist in einer so gemischten Schar von einander feindselig gesonnenen, mißtrauischen, fähigen und unfähigen Anwälten, wie sie der Pizza-Prozeß zusammengebracht hat, unmöglich aufrechtzuerhalten.

Der Hauptgrund, warum sich die Staatsanwaltschaft so hartnäckig weigert, den Fall um seiner »Handlichkeit« willen aufzuteilen, besteht womöglich weniger darin, daß sie unvereinbare Angeklagte unter einen Hut zu bringen versucht, als in der Absicht, so die Effizienz ihrer Anwälte zu beeinträchtigen.

Joe Benfante, ein ehemaliger Ringerchampion, dessen Ego so ausgeprägt ist, wie seine Schultern breit sind, macht sich ans Kreuzverhör. Sein Mandant, Sal Mazzurco, steht in keinerlei Verbindung zu Ronsisvalle. Und doch wird die Wirkung von Fishers ohnehin schon leicht mißlungenem Kreuzverhör durch die zahlreichen Versuche geringerer Lichter, sich in Szene zu setzen, weiter geschwächt. Die einen hören sich wohl einfach zu gerne reden, während die anderen unfähig sind, eine so miese Kreatur wie Ronsisvalle einfach zu ignorieren.

»Erstens: Erinnern Sie sich, 1979 gegenüber den Ermittlungsbeamten das Wort ›Beute‹ benutzt zu haben? Zweitens: Erinnern Sie sich daran, gesagt zu haben, daß Puma Hehler für Gold, Schmuck und Edelsteine war? Drittens: Haben Sie gesagt, daß Settimo Flavior einen Schwager hatte, der Hehlergeschäfte tätigte?«

Diese seltsamen Fragen beziehen sich auf die Verhaftung Ronsisvalles wegen versuchten Juwelenraubs im Jahre 1979. Aber für erfahrene Ohren deuten sie darauf hin, daß Mazzurco und sein Anwalt nicht im Team spielen wollen. Ungeachtet dessen, was andere Angeklagte sagen mögen, wenn es an der Zeit ist, die Tausende von verschlüsselten Telefongesprächen zu erklären, sieht es ganz so aus, als habe Mazzurco die Absicht, zu sagen, ja, er sei ein Schmuggler, aber kein Rauschgiftschmuggler; er habe mit gestohlenen Edelsteinen gehandelt.

Von der Richterbank her hört man ein lautes Knirschen: Leval heftet Papiere zusammen. Das war's also. Keine Fragen mehr, von niemandem, kein abermaliges Verhör durch die Staatsanwaltschaft. Der Zeuge wird entlassen. Bergman behält sich das Recht vor, Ronsisvalle als Entlastungszeugen für Amato aufzurufen, und hat damit wieder einmal das letzte Wort. Der Richter unterbricht die Sitzung für eine kurze Pause.

Fünfzehn Minuten später betritt Sonderagent Joseph Pistone vom FBI den Saal; er hat einen leicht wiegenden Gang, wie ein Mittelgewichtler auf dem Weg zum Ring. Er ist Ende Vierzig, ein hartgesottener, kahlköpfiger, hagerer, dunkelhäutiger Polizist mit einer enormen Nase und gesenktem Blick. Sein edler romanischer Kopf sitzt zwischen breiten Schultern, und von gewissen Blickwinkeln aus erinnert das blasse Gesicht an eine alte Daguerrotypie eines italienischen Einwanderers. Er trägt eine schmale rote Krawatte, einen dunkelblauen Anzug – seine Arbeitskleidung, sofern er nicht im Untergrund tätig ist. Er macht seine Aussage in jenem knappen, schneidig-trockenen Stil, den eine Generation zuvor Jack Webb in der Krimiserie »Dragnet« so populär gemacht hat. *Ich heiße Friday. Ich bin Bulle.*

Pistone wird eine ausgedehnte Vorvernehmung über sich ergehen lassen müssen, bevor er der Jury vorgesetzt wird. Das Beweismaterial, das die Staatsanwaltschaft von ihm haben will, ist so umstritten, wird von den Verteidigern so heftig angegriffen, daß auch die kleinste Einzelheit davon vorab gehört werden und der Richter darüber entscheiden muß. Den Höhepunkt der Aussage des Untergrundagenten werden seine intimen Kenntnisse über den Mord darstellen, den Stewart in der Eröffnungserklärung der Staatsanwaltschaft so eingehend geschildert hatte – den Mord an Carmine Galante.

Der dickliche, rotwangige Robert Bucknam, vierter und jüngster der Stellvertretenden Bundesanwälte im Anklägerteam, ist ausgewählt worden, dem Detektiv bei seinen Erinnerungen an die vier Jahre bei der Familie Bonanno die Stichworte zu geben.

1977. New York City. Sonderagent Joseph Pistone, mit siebzehn Dienstjahren ein altgedienter FBI-Mann, hatte den Auftrag, in Manhattan einen vom organisierten Verbrechen betriebenen Hehlerring zu infiltrieren. Er gab sich für »Donny Brasco« aus, einen italoamerikanischen Berufseinbrecher; seine Wohnung, sein Auto und der Führerschein liefen auf diesen Namen. Brasco war ein einnehmender Typ, vernünftig, voller Vertrauen auf seine Fähigkeiten als Einbrecher, genau die Art von Mann, der gute Chancen hat, es in den Kreisen Berufskrimineller zu etwas zu bringen.

Im März 1977 wurde Pistone Tony Mirra vorgestellt, einem Soldaten aus der Familie der Bonannos. Mirra gehörte ein Schnellrestaurant – The Bus Stop Luncheonette – an der Madison Street in Little Italy, einem Viertel von Lower Manhattan; außerdem hatte er einen Nachtclub – Cecil's – in der Mitte von Manhattan.

Unter seinem Decknamen, Brasco, hing Pistone in Mirras Läden herum und schmeichelte sich nach und nach bei dem als gewalttätig bekannten Mobster ein. Nach wenigen Wochen hatte Mirra Brasco Benjamin »Lefty« Ruggiero vorgestellt, einem Mobster, der von einem kleinen Club in der Madison Street aus ein illegales Wettbüro betrieb. Mirra sagte Lefty, Brasco sei »ein Freund von mir«, womit er klarstellte, daß er bereit sei, für Brasco zu bürgen.

In dem Labyrinth der engen Straßen Little Italys wimmelt es nur so von solchen als Nachbarschaftsklubs bezeichneten Löchern, Etablissements, die nur aus einem einzigen Raum bestehen, in dem manchmal eine kleine Kaffeetheke mit einer Espressomaschine steht. Vor diesen Klubs hängen große Schilder, auf denen NUR FÜR MITGLIEDER zu lesen ist, und um jene abzuschrecken, die diese Warnung übersehen könnten, lungern vor der Tür noch gelangweilt ein paar bärbeißige Kerle herum. Von diesen Privatklubs aus betreiben die Straßenmannschaften der fünf Mafia-Familien ihre Kreditgeschäfte oder eine illegale Zahlenlotterie.

Lefty Ruggiero erklärte Donny Brasco, er sei ein Soldat der Familie, und sein Capo sei ein gewisser Dominick »Sonny Black« Napolitano. Sonny Blacks Operationsbasis sei Brooklyn und sie gehörten allesamt zum Bonanno-Mob.

Einige Häuserblocks von Leftys Club mit dem Wettbüro entfernt lag das Hauptquartier eines Unterbosses der Bonannos, Nicholas »Zigarren-Nicky« Marangello, auch bekannt als »Brillen-Nicky«. Er führte seine krummen Geschäfte von einem kleinen Laden mit dem protzigen Namen »Toyland Social Club« aus. Lefty gab sich besondere Mühe, Brasco zu verstehen zu geben, daß »Zigarren-Nicky« ein Mann war, dem man den höchsten Respekt entgegenzubringen hatte. »Wenn du geschäftlich im Toyland Social zu tun hast, dann geh rein, aber sprich Nicky bloß nicht an, bevor er dich anspricht. Du erledigst dein Geschäft und machst die Fliege. Laß dir bloß nicht einfallen, dort rumzuhängen.«

Ruggiero nahm Brasco mit in den Toyland Social Club und stellte ihn dem Boß vor. »Das ist Donny Brasco. Er ist ein guter Freund von mir.« In der Mafia-Sprache hatte Ruggiero damit für Brasco gebürgt und ihn als Geschäftspartner der Bonannos adoptiert.

Lefty versprach, er würde Brasco in den Gebräuchen des organisierten Verbrechens »schulen«: Wie er für die Familie ein brauchbarer Verdiener werden würde – und natürlich für Lefty; daß man Soldaten und andere aus dem Milieu mit Respekt zu behandeln hatte; nicht zu vergessen die Sprache der Mafia.

Ruggiero schloß Donny Brasco zunehmend ins Herz, vor allem, weil er ein ausgezeichneter Dieb zu sein schien und ihm eine Menge einbrachte. Der erfolgverwöhnte »Einbrecher« versorgte Lefty mit einem Auto, einigen Diamanten und einem stetigen Fluß an Regierungsgeld – alles, um sein volles Vertrauen zu gewinnen. Die Fähigkeit, Geld zu verdienen – beziehungsweise zu stehlen – war das A und O für einen Gangster. Man erwartete von ihm, daß er die Hälfte seiner Beute als Gegenleistung für die Unterweltkontakte und den Einfluß der Familie ablieferte. Mit einem, der gut verdiente, waren die Bosse immer zufrieden.

Als sich das Band zwischen ihnen festigte, begann Lefty Donny in Sachen Mafia-Etikette zu schulen. Gangster sollten ordentlich und sauber sein. So überredete er den Untergrundagenten zum Beispiel, seinen buschigen Schnurrbart abzunehmen und sich das lange Haar stutzen zu lassen. Aber die Arbeit hatte auch einige Vorzüge: Ein Mobster arbeitet auf keinen Fall am Muttertag, belehrte ihn Lefty. Statt dessen mache die gesamte Mafia ihren Laden dicht, damit auch der letzte Mafiosio seiner Mamma den obligaten Strauß vorbeibringen könne.

Mittlerweile war Brasco eine vertraute Gestalt in den Straßen von Little Italy, wenn er auch in gewissem Sinne ein weißer Rabe unter den Mobstern und ihren Handlangern war: Er trank nicht, und er war auch nicht hinter den Frauen her, die in Mirras Nachtklub oder dem Restaurant an der Mulberry Street herumhingen. Darüber hinaus war er auch noch ein Fitness-Fanatiker, und man munkelte, daß er verheiratet sei. Aber was machte es schon, wenn er ein bißchen schrullig war? Er war ein guter Verdiener.

Eines schönen Tages im Sommer bekamen Lefty Ruggiero und Donny Brasco einen Spezialauftrag. Man sagte ihnen, sie sollten zur Casa Bella an der Mulberry Street gehen und vor den Türen des Restaurants mit der Rauchglasfront Wache stehen, während drinnen ein Mann Ende sechzig mit angehender Glatze beim Essen saß. Der Mann war der Boß der Familie Bonanno, Carmine Galante. Ein ausgesprochen mieser Hurensohn, wie Lefty erklärte.

Als Brasco andeutete, sie könnten Galante doch genauso gut von innen bewachen, sagte ihm Lefty, daß der Boß der Familie sich nicht mit gemeinen Soldaten an den Tisch setze; da müsse man schon mindestens Capo sein. Galantes Temperamentsausbrüche waren berühmt, und außer den Leuten, die er selbst aus Sizilien importiert hatte, traute er keiner Menschenseele über den Weg, wenn es darum ging, innerhalb der Familie Aufgaben zu verteilen. Die Neuen hatten noch keine Strafregister bei der amerikanischen Polizei und waren überdies zuverlässige Mafiosi, die die blutige Tradition der *omertà* mit der Muttermilch aufgesogen hatten. Sie waren noch nicht verweichlicht wie ihre amerikanischen Gegenstücke. Wann immer Brasco Zigarren-Nickys Toyland Social Club besuchte, hatte er Gelegenheit, den stetigen Parteienverkehr im Klub zu beobachten. Lefty zeigte ihm, welche Männer Zips waren und erklärte, das seien die Burschen, die für Galante Drogen schmuggelten.

Im Hochsommer 1977 beschloß man beim FBI, den Agenten Pistone nach Kalifornien zu versetzen, damit er dort seine Kontakte aus Little Italy benutzen konnte, um das organisierte Verbrechen an der Westküste auszukundschaften. Er erklärte Lefty, daß New York für einen Einbrecher ein ziemlich trostloses Pflaster sei und daß er deshalb mal in den Westen wolle, um den ein oder anderen guten Bruch zu machen. Lefty freute sich, seinen Partner so erpicht aufs Geldverdienen zu sehen.

Brasco achtete sorgfältig darauf, immer engen Kontakt zu seinem »Schulmeister« zu halten. Oft kam er nach New York und überhäufte

Lefty mit Geld und Geschenken. Als Gegenleistung dafür war Lefty nur allzu gern bereit, den – immer noch unerkannten – Undercover-Agenten über die stets wechselnden politischen Konstellationen innerhalb der Familie auf dem laufenden zu halten. Als sie sich kennenlernten, hatte Lefty Brasco gesagt, er könne bei der Familie gut und gerne 30 000 Dollar die Woche verdienen. Trotzdem war Lefty chronisch abgebrannt, ständig mußte Brasco ihm Geld geben. Im Restaurant borgte er sich etwas, um die Rechnung bezahlen zu können. Sogar Leftys Telefonrechnung mußte Brasco bezahlen. Das FBI konnte es sich schließlich nicht leisten, daß ein derart gesprächiger Telefonierer wie Lefty wegen einer unbezahlten Telefonrechnung zum Schweigen verurteilt wurde.

Im Frühjahr 1979 beschloß man beim FBI, Pistone ein weiteres Mal zu versetzen, diesmal ging es um verdeckte Ermittlungen in Florida. Einmal mehr wollte man die Kontakte Brascos in der Mulberry Street dazu benutzen, den Weg zu ebnen und sich in einer neuen Gegend in den Mob einführen zu lassen. Brasco sagte Lefty, er habe die Absicht, in Tampa einen Nachtklub aufzuziehen und wenn möglich von dort aus ein Wettbüro zu betreiben. Lefty war entzückt und flog stante pede in den Süden, um sich den Laden anzuschauen. Was er sah, gefiel ihm; ohne lange zu fackeln sicherte er sich einen Anteil. Wieder daheim in New York erzählte er seinem Capo, Sonny Black, von Brascos Laden, und schon kam auch der geflogen, um sich die Sache anzusehen – und da auch ihm gefiel, was er sah, sicherte auch er sich einen Anteil.

Sonny Blacks schützende Hand erwies sich bald als recht nützlich. Der neue Nachtklub hatte nämlich auch ziemlich schnell die Aufmerksamkeit von Mafia-Kreisen aus Miami auf sich gezogen, und die örtlichen Gangster – deren Chef Sam Trafficante war – suchten nach einer Möglichkeit, sich ins Geschäft zu drängen. Als sie jedoch von Brascos Beziehungen zu Sonny Black hörten, war das Problem blitzartig vom Tisch.

Pistone betrieb seinen Nachtklub das ganze Jahr hindurch. Im Juli 1979 rief Lefty Ruggiero ihn an und bat seinen Protégé, einen Blick in die Zeitungen zu werfen. Die Geschichte, die er sehen sollte, war auf allen Titelseiten: Man hatte Carmine Galante in einer Blutlache auf dem Innenhof von Joe & Mary's Restaurant gefunden.

Lefty erzählte ihm, daß auch Zigarren-Nicky und Mike Sabella –

ein weiterer Unterboß – auf der Abschußliste gestanden hätten, dann aber im letzten Augenblick verschont worden seien. Anstatt sie auszuradieren, degradierte man sie lediglich vom *capo* zum *soldato.*

31. Juli 1979. Brooklyn. Die Bezirksstaatsanwaltschaft von Brooklyn hat ihre Büros im fünften Stock der Kommunalverwaltung in der Joralemon Street. An diesem heißen Julitag drängten sich in der Eingangshalle Fernsehen und Presse. Kameraleute und Fotografen stießen und schoben, um die besten Schüsse von den beiden großen, sonnengebräunten Männern zu erwischen, die eben in Begleitung ihres Anwalts Mario Malerba erschienen waren, um dem Bezirksanwalt von Brooklyn einige Fragen zu beantworten. Cesare Bonventre und Baldo Amato waren am Tag seiner Ermordung Carmine Galantes unfähige Leibwächter gewesen. Danach waren die beiden zum Gegenstand einer landesweiten polizeilichen Fahndung geworden. Zwei Wochen später ließ Mario Malerba die Brooklyner Staatsanwaltschaft wissen, daß Bonventre und Amato bereit seien, sich seinen Fragen zu stellen. Die beiden Parteien kamen überein, die Kapitulation vor der Presse geheimzuhalten. Irgend jemand hatte sich offensichtlich nicht an diese Abmachung gehalten.

Außer von ihrem Anwalt wurden Bonventre und Amato noch von drei weiteren Männern begleitet, Toto Catalano, Giuseppe Ganci und ein gelegentlich als Pilot arbeitender Automechaniker aus Brooklyn namens Santos Giordano. Amato und Bonventre sagten aus, sie könnten sich, was die Schießerei anbelange, kaum an etwas erinnern; sie zeigten nicht die Spur einer Absicht, mit der Staatsanwaltschaft zu kooperieren. Ohne diese Kooperation fehlte es dem Staatsanwalt jedoch am nötigen Beweismaterial, die beiden mit den maskierten Männern in Verbindung zu bringen, die Carmine Galante, Nardo Coppolla und Joe Turano niedergeschossen hatten. Einige Stunden später ließ man Bonventre und Amato wieder laufen.

Galantes Tod hatte in der Familie Bonanno ein Machtvakuum hinterlassen. Toto Catalano stieg zum Straßenboß der Zips auf, ein spezieller und hochdotierter Posten außerhalb der sonst üblichen Mafia-Hierarchie von *soldato, capodecina, consigliere* und *sotocapo.* Er stand jetzt rangmäßig direkt unter dem Familienboß Philip Rastelli, der gerade in einem Bundesgefängnis einsaß. Bonventre wurde zum

Capo befördert; er war damit der jüngste Capo der amerikanischen Mafia.

Bis zum Frühjahr 1980 war Donny Brascos Ansehen bei den Bonannos weiter gewachsen. Er war jetzt ein enger persönlicher Freund und Geschäftspartner von Sonny Black, und Sonny Blacks Stern war damals am Aufgehen. Tiefe Risse hatten die Familie Bonanno in zwei Lager geteilt, von denen das eine für Philip Rastelli war, das andere gegen ihn. Fünf Capos widersetzten sich dem Plan, Rastelli zum Boß zu machen: Alphonse »Sonny Red« Indelicato, sein Sohn Anthony »Bruno« Indelicato, Dominick Trinchera, Philip »Lucky« Giaccone und Cesare Bonventre. In diesem Lager war man dafür, Giaccone zum Chef der Familie zu machen.

Rastellis Getreue wurden von Donny Brascos *capo* und engem Freund Sonny Black sowie dessen Verbündeten Joey Messina angeführt. Sonny Black arbeitete hart daran, die Position der Loyalisten innerhalb der Familie zu stärken, und so streckte er die Fühler aus, um sich einige der anderen New Yorker Dons als Verbündete zu sichern. So gelang es ihm vor allem, die Unterstützung von Carmine Persico, dem mächtigen Chef der Brooklyner Familie Colombo zu gewinnen. Aber was noch wichtiger war, er gewann die Unterstützung von Toto Catalano und seinen Zips, was wiederum unweigerlich dazu führen mußte, daß Bonventre seine Beziehungen zur Opposition würde überprüfen müssen.

In der Nacht des 5. Mai 1981 verschwanden dann plötzlich drei der vier oppositionellen Capos: Alphonse Indelicato, Dominick Trinchera und Philip Giaccone. Zwanzig Tage später fand man Indelicatos teilweise schon in Verwesung übergegangene Leiche in Queens. Man hatte ihm drei Kugeln in Kopf und Rücken geschossen. Die Leichen der beiden anderen wurden bis auf den heutigen Tag nicht gefunden.

Einige Tage nach der Beseitigung der drei Capos ließ Sonny Black Brasco von Florida nach New York kommen. Er erfuhr, daß Bruno Indelicato einem Anschlag entkommen sei und daß jetzt ein Mordauftrag gegen ihn laufe. Sollte Brasco ihm in Miami über den Weg laufen, so habe er ihm auf der Stelle den Schädel einzuschlagen und ihn liegenzulassen. Sonny Black führte weiter aus, daß Bruno Indelicato verrückt sei, daß ihn seine Kokainsucht 3000 Dollar am Tag koste und daß er so schnell wie möglich beseitigt werden müßte.

Sic transit Donny Brasco. Das FBI würde nie und nimmer von einem Untergrundagenten verlangen oder auch nur ihm gestatten, sich in ein Gewaltverbrechen verwickeln zu lassen. Da die Gefahr bestand, daß Brasco tatsächlich in die Verlegenheit kommen könnte, einen Auftragsmord ausführen zu müssen, war es mit seiner Scharade schlagartig vorbei. Das FBI machte seinen Zug und schnappte sich diejenigen Mobster, gegen die Brasco etwas auszusagen hatte. So wurde etwa Lefty Ruggiero aus seinem Haus geschleift. Das FBI entschloß sich, Sonny Black noch eine Weile schmoren zu lassen und ihn dann zu einem Zeugen der Staatsanwaltschaft zu machen. Aber bevor das gelang, verschwand Sonny. Als Pistone am Haus seines ehemaligen Capos vorbeifuhr, sah er, daß der Taubenschlag auf dem Dach – Sonny Blacks bevorzugter Aufenthaltsort, wenn er sich entspannen wollte – leer war. Sofort war ihm klar, die Tauben mußten tot sein, nichts auf der Welt hätte diese Vögel, die darauf trainiert waren, immer wieder nach Hause zu kommen, von ihrem Nest fernhalten können. Dem Agenten war klar, daß der Mann, der drei Jahre lang sein Chef gewesen war, ebenfalls tot sein mußte. Und tatsächlich fand man Sonny Black Napolitanos verstümmelte Leiche ein Jahr später im Schlamm eines Baches auf Staten Island.

Freitag, 31. Januar 1986. Im Gerichtssaal. Ankläger Bucknam ist mit der langen Vorvernehmung Pistones fertig. Einer der Verteidiger möchte dem Agenten noch weitere Fragen über den mächtigen Mafia-Soldaten Lefty Ruggiero stellen. Robert Koppelman, der Rechtsbeistand Vito Badalamentis, hat Ruggiero bei seinem Prozeß, den Pistones Aktivitäten nach sich gezogen hatten, vor einem Bundesgericht vertreten. Er will nicht nur dem Gericht vorführen, sondern auch die Staatsanwaltschaft daran erinnern, was Lefty seinen Leuten so alles erzählte. Lefty Ruggiero war unter seinesgleichen als ausgesprochener Bramarbas bekannt. Er behauptete zum Beispiel, auf irgendeinem Manhattaner Kai bei einem Duell auf Cowboyart dabeigewesen zu sein. Manchmal prahlte er damit, 4000 Leute unter sich zu haben. Er behauptete, er habe zwei Männer umgebracht, sei verhaftet und vor Gericht gestellt worden, habe die Richterin betört und sei mit einer Verurteilung wegen Erregung öffentlichen Ärgernisses davongekommen. Koppelman hat damit klar gemacht, worum es ihm geht.

Sonderagent Pistones so sorgfältig aufgepäppelter Kontaktmann in der Unterwelt sei kein großer, böser Mafioso – er sei ein Schwachkopf, ein Hanswurst.

Der Richter lächelt und verkündet, er habe für heute mehr als genug gehört. Morgen wolle er sich die abschließenden Erklärungen zur Relevanz von Pistones Aussage anhören. Vor dem Sitzungssaal ist Kennedy der erste, der zugibt, daß Pistone einer der mutigsten Männer sei, von denen er je gehört habe. Manchmal habe er ein Mikrofon am Körper getragen, während er sich für Donny Brasco ausgab, und zuweilen sei er gezwungen gewesen, bei Sonny Black zu übernachten, obwohl er noch immer das Mikrofon bei sich trug. Er habe es in solchen Nächten in der Tasche seines Jacketts verstecken müssen; das habe er dann in den Schrank gehängt und gehofft, daß es niemand entdecken würde.

Dienstag, 4. Februar 1986. Im Gerichtssaal. Man hat sich auf dem Narrenschiff eingerichtet, und eine ganze Reihe von Passagieren scheint sich auf dieser Reise pudelwohl zu fühlen. Anwälte, Mandanten, Gerichtsbeamte, Geschworene und Zuschauer sind zu einer Gruppe verwachsen, und gemeinsam treiben sie auf hoher See. Die Marshals sind längst nicht mehr wirklich bei der Sache, wenn sie morgens ihre Metalldetektoren beobachten.

Heute werden weder die Geschworenen noch der Zeuge anwesend sein, nur die Anwälte beider Seiten, die sich über die Bedingungen und Einschränkungen der bevorstehenden Aussage Pistones in die Haare geraten werden.

Die entscheidende Frage ist laut Leval folgende: Einmal angenommen, die hier Angeklagten haben etwas mit der Ermordung Galantes zu tun, wurde der Mord dann in der Absicht begangen, den Import von Heroin zu forcieren, oder ging es dabei lediglich um familieninterne Angelegenheiten der Bonannos und mafiainterne Machtpolitik?

Noch bevor Leval sich jedoch die Argumente der Verteidigung anhört, verkündet er seinen Entschluß, einige Teile von Pistones Aussage auszuschließen, weil sie das objektive Urteilsvermögen beeinträchtigten. So sollen die Geschworenen zum Beispiel nichts darüber hören, daß man die Zips ins Land kommen ließ, damit sie von diversen Pizzerien aus den Drogenhandel besorgten. Ebensowenig sollen sie etwas über die Morde an den drei Capos hören.

Die Verteidiger bringen im Grunde alle ein und dasselbe Argument vor. Selbst wenn sich alles nach dem Idealszenario der Staatsanwaltschaft abgespielt haben sollte, laut dem Catalano den Mord an Galante arrangiert hat und Amato und Bonventre ihn ausgeführt haben, dann haben die Ankläger noch immer nicht bewiesen, daß dieser Mord der Förderung des Rauschgifthandels diente. Während Pietro Licata gegen Drogen gewesen sei und seine Ermordung den Zips den Einstieg in den Drogenhandel freigab, sei es bei dem Mord an Galante einzig und allein darum gegangen, Catalano auf der Leiter des Drogengeschäfts und der Familienhierarchie der Bonannos um einige Sprossen nach oben zu befördern.

Die Argumentation ist umständlich, die gesetzlichen Möglichkeiten werden von allen Blickwinkeln her ausgeleuchtet, noch über die nebensächlichsten Aspekte verbreiten sich die Anwälte wie mittelalterliche Gelehrte. Leval hört sich das alles an, das Kinn in der klassischen Denkerpose auf die Hand gestützt; nur gelegentlich korrigiert er das ein oder andere in rechtlicher Hinsicht auf Abwege geratene Argument. Über Nacht will er sich entscheiden.

Am nächsten Morgen verkündet Leval den Anwälten, er sei zutiefst beunruhigt, weil das, was ihm die Staatsanwaltschaft jetzt bezüglich des Mordes an Galante biete, nicht im entferntesten jene Dokumente bestätige, die man ihm acht Monate zuvor ausgehändigt und in denen man die Ansicht vertreten habe, der Mord sei mit einzubeziehen, weil er der Förderung des Drogenhandels diente. Aus diesem Grund schließt er den Mord jetzt aus, und damit ist der Mafia-Mord des Jahrzehnts, den Ankläger Stewart in seiner Eröffnungserklärung so liebevoll rekonstruiert hat, nicht mehr Gegenstand dieses Prozesses. Man wird den Geschworenen nahelegen, sie müßten den spannendsten Teil der Eröffnungsgeschichte der Staatsanwaltschaft aus ihrem Gedächtnis tilgen, und zwar so gründlich, daß auch nicht die Spur eines Vorurteils zurückbleiben könne.

Martin meldet seinen Widerspruch gegen diese Entscheidung an und schlägt eine Alternative vor: Wenn die Geschworenen den Mord an Galante schon nicht als Teil der hier verhandelten Verabredung zum Handel mit Betäubungsmitteln sehen dürfen, wie wäre es dann, sie über das Beweismaterial, das gegen Catalano und Amato bezüglich des Mordes vorliegt, nach der Verkündung der wesentlichen Urteile aufzuklären? Amato und Catalano werde der Mord schließlich auch noch innerhalb der Anklage nach dem RICO-Gesetz zur Last gelegt, die nicht im Zusammenhang mit der Affäre insgesamt gesehen zu werden brauche.

»Die Möglichkeit, die Urteilsverkündung aufzuspalten, ist etwas, was wir später diskutieren können«, meint Leval und genehmigt eine kurze Unterbrechung, während der Bucknam Pistone dahingehend instruieren soll, den Mord an Galante unerwähnt zu lassen. Dann ruft man die Geschworenen herein. Seit dem letzten Mittwoch, seit vier Verhandlungstagen also, waren sie nicht mehr im Saal. Leval kündigt ihnen an, sie werden in den nächsten vier Tagen viel über einen gewissen Ruggiero hören. Diese Person stehe in keiner Weise mit dem Anwalt Larry Ruggiero in Verbindung, der ebenfalls noch seinen Auftritt haben werde. »Na denn los. Rufen Sie den nächsten Zeugen auf.«

Sonderagent Joseph Pistone betritt den Saal, um den Geschworenen eine leicht geschönte Version seines Lebens als Donny Brasco zu erzählen. Obwohl sie nicht wissen, was ihnen alles entgeht, hören sie aufmerksamer zu als zu irgendeinem anderen Zeitpunkt seit den Tagen Buscettas.

Bucknam führt Pistone also ein weiteres Mal durch die »Schulung«, die er durch Lefty Ruggiero erfuhr und erinnert ihn an dessen wiederholte Warnung, daß »wir einander gute Nacht sagen könnten, wenn ich einen Fehler machen würde« – was bedeutet, daß man sie in diesem Fall beide umgebracht hätte.

Bucknam reicht seinem Zeugen eine Handvoll farbiger Karten im Format 8 × 12 und läßt ihn aussagen, Lefty habe ihm erklärt, daß »Boß« die höchste Position innerhalb einer Mafia-Familie sei – eine Position, die man nur durch Gewalt erreichen könne – und daß der Boß der uneingeschränkte Herrscher einer Familie sei. Jetzt bittet der Ankläger Pistone, die gelbe Karte in ein Plastikfenster auf einer großen schwarzen Tabelle auf einer Staffelei zwischen dem Zeugenstand und der Geschworenenbank zu stecken. Das Schaubild ist bereits vorher als Beweisstück Nummer eins der Staatsanwaltschaft bezeichnet worden; es handelt sich um ein Diagramm der organisatorischen Struktur einer Cosa-Nostra-Familie. Mit grimmigem Gesicht steckt Pistone eine Karte in den obersten Schlitz; die kostspieligen Buchstaben ergeben den Namen »Carmine Galante«. Als nächste steckt er in den mit »Unterboß« markierten Schlitz eine Karte mit »Nicky Marangello« und erklärt, der Unterboß sei der geschäftsführende Boß.

Der Posten des *consigliere* – oder Beraters – werde durch Wahl besetzt; dessen Funktion bestehe darin, »Zoff zu schlichten«. 1978 sei der *consigliere* ihrer Familie Steve Canone gewesen, auch unter dem Spitznamen »Stevie Beef« bekannt*. Als nächster auf der Rangliste stehe der *capodecina* oder »Zehnerchef«; der sei der Chef einer Mannschaft und werde ernannt. »*Soldato* ist die Position, in der man anfängt.«

Die Anwälte der Verteidigung auf dem Korridor stehen unter Hochspannung, ganz erpicht darauf, endlich zum Kreuzverhör zu kommen. Fisher, der als erster dran ist, kann es kaum noch erwarten, den Geschworenen unter die Nase zu reiben, daß Lefty Ruggiero unter anderem auch behauptet habe, sein Anwalt sei der 82jährige Partner von Clarence Darrow**; daß er William O. Douglas, einen der Richter des Obersten Bundesgerichtshofs, in seiner hinteren Hosentasche habe und daß er mit dem Schiff von Milwaukee nach New York zurückzufahren gedenke – »und zwar immer dicht an der Küste entlang«.

»Fragt sich nur, ob das relevant ist«, meint Fogelnest.

»Wenn ich damit die Mafia lächerlich machen und die Jury zum Lachen bringen kann, dann ist es sogar außerordentlich relevant.«

Einer der Anwälte bemerkt, Pistone mache den Eindruck, als stehe er kurz vor einem Nervenzusammenbruch. »Der ist bloß stinksauer«, sagt Kennedy, »weil ihm neunzig Prozent seiner Aussage gestrichen wurden.« Er entdeckt einen Reporter der *Post* und ruft ihm zu: »Ich hab' eure nächste Schlagzeile: ›Pierre pißt auf Pistone.‹«

Als man wieder im Gerichtssaal ist, zeigt Bucknam Pistone Observationsfotos von Nicky Marangellos Toyland Social Club. Eines der Bilder zeigt Tony Mirra vor dem Club, wie er Sal Catalano umarmt und auf die Wange küßt.

»Agent Pistone, sind Sie je auf diese Weise geküßt, ich meine, sind Sie oft auf diese Weise geküßt worden?«

* *beef* heißt u. a. *Streit, Beschwerde* (A. d. Ü.)

** (1857–1938) einer der brillantesten Strafverteidiger der US-Geschichte, schon zu Lebzeiten eine Legende (A. d. Ü.)

»Während des ganzen Auftrags über ... bis 1981.« Die Geschworenen lachen. Diesen Zeugen mögen sie ganz besonders.

14 Uhr 30. Die Geschworenen werden für heute entlassen. Es folgt die Debatte darüber, was und wieviel Leval ihnen über seine Entscheidung bezüglich des Mordes an Galante sagen soll. Fisher fordert, die Jury dahingehend zu belehren, daß sie die frühere Erwähnung des Mordes oder vielmehr der Morde außer acht zu lassen hätten. Aber Bergman wirft ein, daß jede Erwähnung seines Mandanten zu diesem Zeitpunkt die für ihn sowieso schon prekäre Situation nur noch verschlimmern könne. Leval fordert Bergman und Fisher auf, miteinander zu Rate zu gehen und etwas auszuarbeiten.

Aber auch Kennedy bittet um Gehör. »Die Eröffnungserklärung Mr. Stewarts war derart abträglich, daß ich die Jury nicht noch einmal mit der Nase in die Geschichte gestoßen haben möchte ... Ich stimme deshalb Mr. Bergman zu. Trotzdem meine ich, Mr. Fisher hat ein Recht auf seinen Antrag. Wenn ich also nur einen Antrag vorbringen dürfte –«

Leval unterbricht ihn. »Lassen Sie mich raten –«

»Er beginnt mit einem A und lautet Abtrennung der einzelnen Verfahren«, unterbricht ihn Kennedy nun seinerseits.

Nach und nach mischen sich auch andere Verteidiger in die Debatte ein, bis es Leval schließlich zuviel wird: »Ist jemand hier der *nicht* für eine Verfahrensrüge oder eine Abtrennung plädiert?« Ja. Fisher und Bergman. Sie ziehen es vor, herauszufinden, worauf die Staatsanwaltschaft mit dieser ganzen Geschichte hinaus will.

Das Kennedy-Lager ist guter Dinge. Nachdem der Mord aus dem Prozeß verbannt ist und dazu noch die Behauptung, Badalamenti allein habe den Flughafen Punta Raisi kontrolliert, ist nur noch ein Faden übriggeblieben, der den alten Mafia-Boß mit dem Drogenhandel verbindet: die Telefongespräche, die Badalamenti von Brasilien aus mit den Angeklagten Alfano und Mazzurco sowie den Lambertis geführt hat. Kennedy kann sich eines Lächelns nicht erwehren, als er und Eleanore sich Arm in Arm auf den Weg zu ihrer Checker-Taxi-Limousine machen.

Donnerstag, 6. Februar 1986. Im Gerichtssaal. Leval trägt sein strengstes Richtergesicht zur Schau, als er die Jury instruiert: »Sie dürfen den Tod von Carmine Galante nicht als Gegenstand dieses Prozesses betrachten. Sie erinnern sich vielleicht, er wurde in den Eröffnungserklärungen erwähnt. Wie ich Ihnen damals gesagt habe, gehören Eröffnungserklärungen nicht zur Beweisführung. Es gibt in diesem Verfahren keinerlei Beweismittel, die den Tod von Carmine Galante betreffen – und es wird auch keine geben. Was auch immer Sie in den Eröffnungserklärungen gehört haben, sie sollten es aus ihrem Gedächtnis streichen.«

Während Leval spricht, starrt Kennedy aufmerksam zu den Geschworenen hinüber; sie machen einen gleichmütigen Eindruck. Dann geht die Verhandlung ohne ein weiteres Wort zu dieser Angelegenheit weiter – als hätte Leval einen großen Schwamm genommen und damit das kollektive Gedächtnis der Jury gelöscht. Der Verteidigung wird Gelegenheit gegeben, den Geheimagenten ins Kreuzverhör zu nehmen. Man ist jedoch fast durchweg der Ansicht, daß die Staatsanwaltschaft mit dem Mann schon genügend geprotzt hat. Da verzichtet man lieber, mit Ausnahme des stets kampflustigen Ryan.

Ryans Stil ist aggressiv und spöttisch. Er konzentriert sich auf den angeblichen Hanswurst Lefty Ruggiero. »Sie erinnern sich daran, daß er Ihnen gesagt hat, er sei ein guter Freund von Richter Douglas vom Obersten Bundesgericht?«

Bronson und Benfante haben zu kichern begonnen. Kennedy, Fisher und Bergman bleiben bei ihrer undurchdringlichen Pokermiene. Gegen Ende seines Kreuzverhörs gerät Ryan fast ins Schreien. Falls jemand den Eindruck gehabt haben sollte, Lefty Ruggiero sei ein armseliges Würsten, so ist dieser durch die exzessive Schauspielerei des irischen Anwalts garantiert verlorengegangen.

Später, draußen auf dem Korridor, schauen seine Kollegen niedergeschlagen drein, ja fast gekränkt. Fogelnest ist außer sich. »Das geht auf Fishers Konto! Lefty so aussehen zu lassen, als könne er nicht bis drei zählen. Erst wollte er mich dazu bringen, aber ich habe nicht mitgemacht.«

Fisher ist selbst wütend. »Wir hätten die Jury dazu kriegen sollen, sich vor Lachen zu kugeln! Ich wollte nur nicht derjenige sein, der dafür verantwortlich ist. Ich wollte, daß Totos Anwalt Würde zeigt und einfach sagt: Keine Fragen. Und da habe ich den Fehler gemacht, die Sache Ryan zu überlassen.«

Auch die Staatsanwaltschaft ist mit sich zu Rate gegangen, hat die

Lage neu eingeschätzt, und als das Gericht wieder zusammentritt, verkündet sie, daß sie auf eine nochmalige Vernehmung des Zeugen verzichte. Sie ist damit zufrieden, die Sache so, wie sie zu Ende gegangen ist, auf sich beruhen zu lassen – mit dem Eindruck der Jury, daß hier ein mutiger, überlegener Untergrundagent dem gehässigen Angriff irgendeines Würstchens standgehalten hat.

Mittwoch, 12. Februar 1986. Im Gerichtssaal. Mario Malerba unterbricht das Gerangel zwischen Verteidigern und Anklagevertretung, das routinemäßig vor dem Auftritt der Geschworenen stattfindet. »Es ist meine traurige Pflicht«, sagt er, »dem Gericht die Nachricht vom Tode Giuseppe Gancis zu überbringen.« Il Bufalo ist jenem Lungenkrebs erlegen, der Leval veranlaßt hatte, seinen Fall vom Pizza-Prozeß abzutrennen. Malerba will jetzt von Martin die Garantie, daß die Anklagevertretung den Angeklagten den Besuch der Beerdigung nicht zur Last lege. Martin ist bereit, den Angeklagten einen Teil ihrer Besorgnis zu nehmen, will aber auch künftigen Strategien der Verteidigung zuvorkommen. Die Staatsanwaltschaft wisse nichts »von irgendwelchen Absichten seitens der Vollstreckungsbehörden, die Totenwache oder die Beerdigung zu beobachten, aber eine Teilnahme könnte natürlich relevant werden, wenn die Angeklagten später behaupten sollten, einander nicht zu kennen und trotzdem in einer Weise zusammen gesehen werden, die vermuten läßt, daß dem nicht so ist«.

Malerba, ein Mann mit beträchtlichen diplomatischen Fähigkeiten, entwickelt die Position der Staatsanwaltschaft weiter, indem er einige zusätzliche Fragen klärt und Martins Bedingungen dann akzeptiert. Malerba hat dafür gesorgt, daß das Beerdigungsinstitut länger geöffnet hat, und bittet das Gericht, sich etwas früher zu vertagen, um den trauernden Angeklagten entgegenzukommen.

Die Geldwäscher

Donnerstag, 13. Februar 1986. Im Gerichtssaal. Heute kommt das größte der von der Staatsanwaltschaft zusammengestellten Schaubilder zum Einsatz. Trotz heftiger Proteste seitens der Verteidigung wird es während der endlosen Wochen, in denen man bis zur Bewußtlosigkeit die verwirrenden Aussagen zum finanziellen Aspekt des Pizza-Falles hört, mit nur wenigen Unterbrechungen im Blickfeld bleiben. Bei dem Schaubild handelt es sich um eine vielfarbige Schemazeichnung der Geldbewegungen von der Größe zweier Tischtennisplatten. Auf einem mattschwarzen Untergrund drängen sich Zahlen mit vielen Nullen, Pfeile, Linien, Flaggen, Namen internationaler Banken und Maklerhäuser, Symbole für Flugzeuge, Telefone, Schiffe, miteinander redende Leute und eine große Auswahl an Währungen aller Herren Länder – und das alles in hochglänzendem Gelb, Rot, Grün und Blau; die Geschichte sieht nicht weniger kompliziert aus als der Rohrleitungsplan der *Queen Mary* und sieht ihm wohl auch ähnlich.

Früher am Vormittag schon hat Kennedy dem Gericht ein Schreiben überreicht, in dem er sich im Namen aller Mitglieder der Badalamenti-Gruppe gegen die bevorstehenden Aussagen der Finanzsachverständigen verwehrt, weil sie nicht das geringste mit den Angeklagten der Badalamenti-Gruppe zu tun hätten und deren Chancen auf ein faires Verfahren nachhaltig beeinträchtigen würden. Noch bevor der erste Zeuge auftritt, schließen sich noch acht weitere Anwälte seinem Einspruch an.

Der nächste Zeuge der Staatsanwaltschaft, Salvatore Amendolito, 52, geboren im italienischen Tarent, ist genau das, was der farbenprächtigen Besetzungsliste des Pizza-Prozesses noch gefehlt hat: ein Finanzgauner, aalglatt, fleischig, mit buschigen Augenbrauen. Er trägt Seide in verschiedenen Grautönen, die geschickt auf sein volles, welliges silbergraues Haar und den silbernen Metallrahmen seiner Brille abgestimmt sind. Er sagt auf Englisch aus, das er mit einem üppigen italienischen Akzent spricht.

Auch sein zwielichtiger Hintergrund, seine Laufbahn als Krimineller sind genau das richtige. Amendolitos Akte bei der italienischen

Polizei umfaßt unter anderem eine Verurteilung wegen Betrugs aus dem Jahre 1969; auch dafür, daß er den Kilometerzähler eines Mietwagens manipulierte, hat man ihn einmal verurteilt. Später, als er das Land bereits verlassen hatte, sprach man ihn in Italien in absentia wegen »Zugehörigkeit zur Mafia« schuldig und verurteilte ihn zu vier Jahren Haft.

Im Juli 1983 wurde Amendolito in New Orleans verhaftet – diesmal von den Amerikanern – und einiger Devisenvergehen sowie der Beteiligung am Handel mit Betäubungsmitteln bezichtigt. Als man ihm Immunität zusicherte, erklärte er sich auf der Stelle bereit, mit den amerikanischen Behörden zusammenzuarbeiten. So kam es, daß Salvatore Amendolito, der unsaubere Finanzmann und berufsmäßige *spallone* (Geldwäscher), zum Orpheus wurde – auserwählt, diese Jury durch die dunkle und verwirrende Unterwelt der internationalen Geldwäscherei zu führen.

Unter der mit äußerster Sorgfalt vorbereiteten Befragung durch den Ankläger Louis Freeh, beschreibt sich der Zeuge selbst als »Finanzier«, der seine Geldgeschäfte seit neun Jahren in den Vereinigten Staaten betreibe. 1977 sei er in dieses Land gekommen, um eine geradezu geniale Geschäftsidee zu realisieren. Sie bestand darin, Fisch aus den fischreichen Gewässern des amerikanischen Nordatlantik sorgfältig zu verpacken und über Nacht in die Fischläden Europas zu fliegen.

Um die finanziellen und logistischen Balanceakte zu bewältigen, die vonnöten waren, um seine Ware innerhalb eines Tages in Brüssel oder Mailand auf den Tisch zu bringen, gründete Amendolito drei voneinander unabhängige Unternehmen: die Overseas Business Services, Inc., die International Fish Services und die International Fish Company. Bald jedoch sah sich der Finanzier in steuerlichen Untiefen und hatte dazu noch über 100 000 Dollar Schulden. Als hätte sie der Himmel geschickt, sprachen ihn just zu diesem Zeitpunkt zwei Sizilianer an, Giorgio Muratore und Mario Di Pasquale; sie behaupteten, sie wollten frischen Fisch aus New York direkt an die Palermitaner verkaufen.

Die Geschworenen haben bereits von Muratore gehört, aber es steht zu bezweifeln, daß sie sich noch an ihn erinnern. Er war der polizeibekannte Drogenhändler, der fotografiert wurde, als er sich mit Sal Catalano auf der Piazza Politeana in Palermo unterhielt, und den man später in den von den italienischen Behörden aufgezeichneten Telefongesprächen von Ciccio l'Americano sprechen hörte, womit er den Angeklagten Castronovo meinte. Wie auch immer, Muratore wollte also mit Amendolito ein Fischgeschäft ausarbeiten, das vorsah, daß Amendolito die Verantwortung für die Ladung an einem Punkt in der Nähe des John F. Kennedy International Airport übernehmen sollte. Amendolito sagte nein, seine persönliche Überwachung des Einfrierens und Verpackens sei absolut unerläßlich, wenn er sichergehen wolle, daß der Fisch sein Ziel frisch erreichte.

Um neue Kundschaft an Land zu ziehen, fuhr Amendolito nach Mailand und traf sich mit Salvatore Miniati, dem Geschäftsführer der dortigen Niederlassung der Finagest, einer internationalen Maklerfirma mit Sitz in der Schweiz. Nebenbei vertrat Miniati Amendolitos Fischgeschäft. In einer weiteren kleinen Nebenbeschäftigung betätigte sich Miniati als gewiefter Geldwäscher, als *spallone*.

Als Amendolito in die Vereinigten Staaten zurückgekehrt war, ließ Miniati wieder von sich hören. Diesmal, so sagte er, brauche er jemanden, der Gelder von gewissen Pizzeria-Besitzern in New York und New Jersey zu einer Baufirma auf Sizilien transferierte. Wenn das Hotel oder der Touristenkomplex erst einmal stünden, dann bekämen die Amerikaner ihr Geld wieder zurück. Aber sie verlangten keine Zinsen, und außerdem wollten sie nichts mit dem Finanzamt zu tun haben. Das Geld sollte zuerst in die Schweiz gebracht werden, sagte Miniati. Das sei der Teil des Geschäfts, über den er mit Amendolito sprechen wolle. Die Schweizer würden sich dann schon um den Weitertransport nach Sizilien kümmern. Der Betrag, um den es ging, belief sich auf neun Millionen Dollar.

Miniati erklärte, sein Klient sei ein gewisser Oliviero Tognoli, ein wohlhabender Mailänder Geschäftsmann auf Sizilien. Die Gelder gehörten jedoch nicht Tognoli selbst, er fungiere lediglich als Strohmann für eine nebulöse Gruppe von »Chefs« in Italien und vielleicht auch in den Vereinigten Staaten. Als er gehört habe, daß Bargeld aus Pizzerien – ausgerechnet! – nach Sizilien geleitet werden sollte, so versichert Amendolito den Geschworenen, habe er natürlich die notwendigen Schritte unternommen, um sich zu vergewissern, daß das Geld – abgesehen von der Umgehung des Finanzamts – auch sauber sei. Er habe zu seiner Befriedigung festgestellt, daß alles seine Richtigkeit hatte.

Im Juni 1980 bekam Amendolito von Tognoli eine Telefonnummer aus New Jersey, worauf er Kontakt mit einem Mann aufnahm, von dem er glaubte, er heiße Frank Ciccio. (Dieser wird sich als derselbe Ciccio l'Americano entpuppen, auf den die italienische Polizei so neugierig war – kurz gesagt als der Angeklagte Castronovo.)

An diesem Punkt unterbricht der silberhaarige Mann im Zeugenstand seine Geschichte. Auf eine Frage des Anklägers hin steht er auf und deutet auf den kleinen Mann mit dem Kräuselhaar und dem kantigen Gesicht in der letzten Reihe. Ja, der Angeklagte Frank Castronovo – der zwischen dem schlanken und eleganten Sal Greco und dem falkengesichtigen Gaetano Mazzara sitzt – sei der Mann, den er als Frank Ciccio gekannt habe. Aufmerksam beobachtet der Anwalt mit der schlechten Haltung, Kenneth Kaplan, während dieser Identifizierung seines Mandanten die Geschworenen.

Ciccio-Castronovo erklärte Amendolito, er wolle 300 000 Dollar ins Ausland transferieren. Der Finanzier sagte ihm, in diesem Falle beabsichtige er Bankschecks im Wert von nicht mehr als 10 000 Dollar pro Stück zu kaufen und die Schecks dann in die Schweiz kabeln zu lassen. (Ein Bundesgesetz erklärt Schecks mit einem Wert von über 10 000 Dollar für anzeigepflichtig. Diese Regelung ist vor allem dazu da, Steuerhinterzieher zu ertappen.) Castronovo meinte, seine Methoden interessierten ihn nicht. Da Tognoli ihn empfohlen habe, werde er schon wissen, was zu tun sei.

Von diesem ersten Betrag behielt Amendolito 28 000 Dollar für sich. Die Höhe seiner künftigen Gebühren variierten geringfügig, je nach den Schwierigkeiten – oder den Möglichkeiten –, die der einzelne Transfer mit sich brachte. Das Problem war nur, daß er handschriftlich Buch über diese Transaktionen führte, Aufzeichnungen, die schließlich in seiner Finanzbuchhaltung landeten. Dann kam jener Tag im Juni 1983, an dem der Finanzier während eines Auslandsaufenthalts angezeigt wurde, weil er seine Miete nicht bezahlt hatte. Seine Buchhaltung wurde beschlagnahmt und einem Liquidator zur Verwahrung übergeben; sie blieb sichergestellt, bis das FBI sie schließlich ausgrub.

Anfangs bot die Tätigkeit eines *spallone* keine weiteren Schwierigkeiten. Frank Castronovo war Mitinhaber des Restaurant Roma im Einkaufszentrum Menlo Park in Menlo Park, New Jersey. Amendolito sagte aus, Castronovo habe die Scheine für gewöhnlich in gebrauchte Spirituosenkartons gepackt. Der Finanzier fuhr dann ins Restaurant Roma, sah das Geld zusammen mit Castronovo durch und parkte dann seinen Kombi rückwärtig in eine Ladebucht, so daß Castronovo die Kartons auf die Ladefläche stellen konnte.

Beim ersten Mal – Amendolitos Ansicht nach eine Art Prüfung – hatte ihm Castronovo 100 000 Dollar in gebrauchten Fünfern, Zehnern und Zwanzigern gegeben. Die offiziell übliche Methode hätte nun darin bestanden, das Geld zu einem internationalen Bankhaus zu bringen, die nach den amerikanischen Bestimmungen nötigen Unterlagen auszufüllen und das Geld bei der Bank zu deponieren; die hätte die Summe dann telegraphisch an den Bestimmungsort in Übersee geschickt. Der Staat hätte die Summe von 100 000 Dollar als zu versteuerndes Vermögen des Geschäftsmannes angesehen. Wenige Tage bevor er Castronovos Geld übernahm, hatte Amendolito bei zwölf verschiedenen Banken in Lower Manhattan und Brooklyn Konten eröffnet. An dem Tag, an dem er das Geld bekam, ging er zu zehn dieser Banken und kaufte zehn einzelne Zahlungsanweisungen über je 10 000 Dollar. Dann ging er zu vier internationalen Bankhäusern – der Credit Suisse, der Swiss Bank Corp., der Citibank und der Lavoro Bank – und kabelte bei jedem dieser Besuche Geldanweisungen auf eines von drei Schweizer Konten, deren Namen und Nummern ihm Tognoli und Miniati gegeben hatten.

Am 11. und 14. Juli wiederholte Amendolito den Vorgang mit zwei weiteren Hunderttausenddollar-Lieferungen von Castronovo. Schon eine Woche später nahm Castronovo erneut Kontakt mit ihm auf und sagte, er habe noch mehr Geld zu verschicken. Als Amendolito sich daraufhin mit ihm in einem Motelzimmer in New Jersey traf, übergab ihm der Gastronom vier Koffer mit einer Gesamtsumme von 550 000 Dollar in abgegriffenen Fünfern, Zehnern und Zwanzigern. Der Finanzier fuhr damit nach Hause und nahm Kontakt zu seinen Vorgesetzten in Italien auf, um Instruktionen einzuholen.

Miniati sagte Amendolito, er solle das Manhattaner Büro von Finagest in der Park Avenue und einen gewissen Mr. Lanfranchi verlangen. Lanfranchi arbeitete zwar in der PR-Abteilung, aber seine Funktion bei Finagest schien sich auf den Einkauf von Büromobiliar und gelegentlichen Anrufen bei Banken zu beschränken, bei denen er Aufträge zu ergattern versuchte – allerdings mit geringem Erfolg. Dafür bezahlte man ihm 28 000 Dollar im Jahr. Nachdem er Amendolitos Anruf erhalten hatte, setzte sich Lanfranchi mit der Hauptniederlassung in Lugano in Verbindung, wo er die Weisung erhielt, das Geld zu den Conti Commodity Services im World Trade Center zu bringen.

Lanfranchi arrangierte mit Amendolito ein Treffen in der New Yorker Midtown. Er hatte einen Wagen gemietet, um das Geld zum World Trade Center zu bringen. Er las den Finanzier mit seinen vier Koffern voller kleiner Scheine mitten in Manhattan auf der Straße auf, dann fuhr das seltsame Paar ins Geschäftszentrum zu Contis Büro. Nun waren die Leute bei Conti jedoch nicht darauf eingerichtet, so mir nichts dir nichts eine derartige Summe Bargeld zu bewegen, und man riet Lanfranchi, es doch bei der Chase Manhattan zu versuchen, die ebenfalls im World Trade Center residiert. Also schleppten die beiden ihre vier Koffer zur Chase Manhattan, wo sie allerdings auch nicht mehr Glück hatten. Sie erfuhren, daß sie sich damit zur Hauptniederlassung begeben müßten.

So kämpften sich die beiden an diesem drückenden Julitag zur Chase Manhattan Plaza Eins, dem Marmorbau der Chase Manhattan Bank an der Kreuzung William Street/Pine Street. Einer der Geschäftsführer eskortierte sie in den Hauptzählraum, nur um festzustellen, daß sämtliche Zählmaschinen besetzt waren. Ob sie vielleicht am nächsten Tag noch mal vorbeischauen könnten?

Vierundzwanzig Stunden später waren Lanfranchi und Amendolito wieder im Geldraum der Chase Manhattan Bank. Die Zählung ergab, daß von der vereinbarten Transfersumme von 550 000 Dollar ganze 2500 Dollar fehlten. Amendolito ersetzte den fehlenden Betrag aus eigener Tasche, damit die Finagest nur endlich das Geld in ihre Obhut nehmen konnte. Die Koffer mit den gebrauchten Scheinen würden dem Konto der Finagest bei der Credit Suisse in Lugano gutgeschrieben werden; gewaschen würde das Geld dadurch, daß man es dort dem täglichen Bargeldtransfer aus zurückfließenden Entwicklungskrediten und Gewinnen zurechnete.

Vier Tage später traf sich Amendolito ein weiteres Mal mit Castronovo; dieses Mal bekam er 550 000 Dollar in zwei Koffern. Es war noch zu früh, um schon wieder die Route über Conti und die Chase Manhattan zu benutzen, und Amendolito war mittlerweile klar, daß eine derartige Summe mit einzelnen Zehntausenddollar-Anweisungen nicht zu bewältigen war. Hier war eine direktere Art der Geldbewegung vonnöten. Also charterte der Finanzmann einen Privatjet der World Airways und flog mit seinen beiden Koffern auf die Bahamas. Als er von Bord und auf die Zollkontrolle in Nassau zuging, begrüßte ihn ein äußerst zuvorkommender und gut unterrichteter Banker namens Peter Albisser, Geschäftsführer der Niederlassung der Banca della Svizzera Italiana – kurz BSI – auf den Bahamas.

Albisser erwartete ihn noch vor dem Zoll und wußte es einzurichten, daß Amendolito die Zollformalitäten umgehen und die Koffer ohne weiteres zu seinem Wagen tragen konnte. Sie fuhren zum Büro der BSI im Norfolk House, einem Bürogebäude an der Bay Street im Geschäftszentrum von Nassau. Amendolito wies Albisser – den Befehlen Miniatis folgend – an, das Geld telegrafisch auf das auf den Namen »Stefania« laufende Konto mit der Nummer 27971 bei der Niederlassung der BSI in Menderisio in der Schweiz zu transferieren.

Als sich Amendolito vergewissert hatte, daß der Transfer eingeleitet worden war, kehrte er zum Flughafen zurück, wo seine Maschine darauf wartete, ihn nach New York zurückzubringen. Die Transaktion hatte ihn weit weniger Zeit und Nerven gekostet als seine Spaziergänge zu den zehn verschiedenen New Yorker Banken, bei denen er nur 100 000 Dollar weißgewaschen hatte. Sieben Tage später, am 6. August, wiederholte der Finanzier die Bahamasreise mit weiteren 550 000 Dollar.

Bis zum 1. August hatte sich Amendolito für seine Overseas Business Services ein Büro an der Madison Avenue eingerichtet. Die ersten Augusttage des Jahres 1980 erwiesen sich für Salvatore Amendolito als eine ausgesprochen betriebsame und lukrative Zeit. Miniati rief aus Italien an, um ihm zu sagen, daß er einen neuen Klienten habe, dessen Namen er zwar nicht kenne, der Amendolito jedoch bald in seinem Büro anrufen würde. Am nächsten Tag schon meldete sich der geheimnisvolle Kunde. Seinen Namen wollte er nicht nennen, aber er schlug für den folgenden Nachmittag ein Rendezvous an einer Straßenecke in Queens vor. Amendolito fuhr zum vereinbarten Treffpunkt und wartete, wie man es ihm gesagt hatte. Bald kamen zwei Männer auf ihn zu und stellten sich als Vito und Sal vor. Amendolito war bei dieser Bordsteinkonferenz nicht ganz wohl in seiner Haut, er lud die beiden ein, in ein Restaurant oder eine Imbißstube zu gehen, wo man sich besser unterhalten könnte, aber Sal lehnte ab; er meinte, sie könnten sich genausogut in der schmalen Einfahrt ein paar Häuser weiter unterhalten.

Sal borgte sich von Vito eine Seite aus dessen Taschenkalender, kritzelte »Sal« und »Vito« und eine Telefonnummer darauf, von der er sagte, es sei die von Vito. Das Treffen in der Einfahrt löste sich auf, nachdem man übereingekommen war, daß man sich mit Amendolito in Verbindung setzen würde, wenn man das Geld beisammen hätte.

Der Finanzier kehrte in sein Büro zurück und legte den Zettel in die Rollaktei auf seinem Schreibtisch. Dann rief er Miniati an und beschwerte sich erst einmal über die Heimlichtuerei bei diesem Treffen. Miniati beschwichtigte ihn, indem er ihm erklärte, diese Leute hätten einfach eine Heidenangst davor, daß ihnen das Finanzamt auf die Schliche kommen könnte. Am nächsten Tag rief Miniati Amendolito an, um ihm mitzuteilen, daß 1,5 Millionen Dollar bereitlagen.

Amendolito rief die Nummer an, die man ihm gegeben hatte, und fragte nach Sal. Die Person am anderen Ende der Leitung bestritt, einen Sal zu kennen. Als Amendolito dann nach Vito fragte, sagte man ihm, Vito sei außer Haus. Amendolito legte auf, völlig verwirrt. Später am selben Tag bekam er einen Anruf von einem Sal, der ihm mitteilte, er habe eben erfahren, daß Amendolito ihn zu erreichen versuchte. Er würde am nächsten Tag wieder anrufen und ihm wegen des Geldes Bescheid geben.

Am 8. August rief Sal an: sie seien nun bereit; man sollte sich an derselben Straßenecke in Queens treffen. Als erstes mietete Amendolito ein Zimmer im Barbizon Plaza, am Südende des Central Park in Manhattan. Er hatte die Absicht, das Geld dort im Beisein von Sal zu zählen, damit alle Beteiligten beruhigt sein konnten. Er fuhr zu dem Rendezvous und sah, daß Sal bereits alleine in seinem Auto auf ihn wartete. Amendolito schlug vor, sich in das Hotelzimmer zu begeben. Sal hielt das nicht für nötig. Er wies Amendolito an, seinen Wagen rückwärts so an den seinen zu fahren, daß die beiden Kofferräume nebeneinander stünden. Dann packte Sal einen großen schweren und zwei kleinere Koffer in Amendolitos Wagen.

Amendolito war bestürzt. Was war mit dem Zählen? Sal knallte die Kofferraumhaube zu, sagte Amendolito, er solle sich keine Sorgen machen, sprang in seinen Wagen und brauste davon. Jetzt stand Amendolito da, an einer Straßenecke in Long Island City, Queens, mit anderthalb Millionen Dollar in losen Scheinen im Wagen.

Er fuhr zum Barbizon, ließ seinen Wagen am Randstein stehen und schleppte sich mitsamt seinen drei Koffern in die Halle. An der Rezeption herrschte das übliche mittägliche Chaos, ankommende Gäste stritten sich mit den Pagen um die Taschen, während die abreisenden Gäste darum kämpften, endlich die Rechnung zu bekommen. Amendolito versuchte verzweifelt, den Schatz, den man ihm eben anvertraut hatte, vor den Pagen zu retten, die sich seiner Koffer zu bemächtigen suchten, während um ihn herum Touristen zentnerweise sorgfältig aufeinander abgestimmte Gepäckstücke vorbeischleppten. Der Finanzier geriet langsam, aber sicher in Panik. Endlich taumelte er mit den anderthalb Millionen in sein Zimmer. Aber die Aufgabe, einen derartigen Haufen Geld wirklich Schein für Schein zu zählen, erwies sich als undurchführbar. Er begnügte sich schließlich damit, die Notenbündel zu zählen und schätzte, daß die Summe so ungefähr hinkommen dürfte. Er hatte es so eingerichtet, daß sein Banker von den Bahamas nach New York kam und das Geld abholte. Albisser, von seinem stellvertretenden Geschäftsführer unterstützt, machte sich bald mit den 1,47 Millionen Dollar – Amendolito hatte seine Gebühr abgezogen – auf den Weg zur International Bank of Boston, der nordamerikanischen Tochter der BSI.

Als Albisser in das Hotelzimmer zurückkam, war er ziemlich ungehalten: die Koffer hatten viele Tausend Dollar mehr enthalten als die 1,47 Millionen, auf die Amendolito den Betrag geschätzt hatte. Aber die Transaktion war glatt über die Bühne gegangen.

Zwischen Ende Juni und September wusch Amendolito etwa 3,4 Millionen Dollar. Dann entschloß er sich zu einer Reise in die Schweiz und nach Sizilien, um sich mit den Hintermännern dieses Geschäfts zu treffen. In Lugano traf er erst einmal Salvatore Miniati wieder, der ihm sagte, daß er mit der Operation soweit zufrieden sei, und ihm Franco Della Torre vorstellte, einen anderen »internationalen Finanzier«. Er schlug Amendolito auch eine Methode vor, die seine Aufgabe beträchtlich vereinfachen würde. Man könnte ihm berufsmäßige Schweizer Geldtransporteure zur Verfügung stellen. Sie würden direkt nach New York fliegen und das Geld gegen ein Honorar von 6 bis 6,5 Prozent persönlich transportieren. Aber Amendolito, der in diesem Stadium selbst schon 3 oder 4 Prozent bekam, war nicht gewillt, seine Goldmine anderen zu überlassen, die noch dazu mehr verlangten.

Amendolito fuhr mit Miniati nach Mailand und dann weiter nach Sizilien, um sich mit den führenden Köpfen zu treffen, Oliviero Tognoli und Leonardo Greco, dem Chef der mächtigen Familie aus Ciaculli, dem zweitwichtigsten Mann nach Luciano Leggio, dem Corleoneser, der damals die Vorherrschaft über die sizilianische Mafia zu erlangen suchte. Leonardo Greco ist außerdem der Bruder des Pizza-Angeklagten Salvatore Greco, dieses mageren, silberhaarigen Mannes mit der aristokratischen Haltung, der im Gerichtssaal gleich neben Castronovo sitzt.

Amendolito kehrte nach New York zurück. Im Oktober erhielt er einen weiteren Anruf von Miniati. 619 000 Dollar lägen bereit und warteten darauf, bei Castronovo in New Jersey abgeholt zu werden. Dieses Mal sollte die Übergabe in Franks Restaurant stattfinden, die Anweisungen waren jedoch etwas komplizierter als gewöhnlich: 290 000 Dollar sollte er einer Gruppe neapolitanischer Kürschner übergeben, die gerade zu Besuch in New York weilten. Amendolito fuhr mit seinem Leibwächter und Chauffeur zum Restaurant Roma. Das Geld lag schon bereit: 619 000 Dollar in bar in einem Plastiksack und einem Pappkarton verpackt. Während sein Fahrer über den Hudson zurückfuhr, überprüfte Amendolito die Pakete. Castronovo hatte ihm gesagt, der Plastiksack enthalte zwei kleinere Pakete, im einen 220 000 Dollar, im anderen 100 000 Dollar. Dieses Geld verstaute Amendolito in der einen Hälfte eines doppelseitigen Samsonite-Koffers; auf die andere Seite packte er den Inhalt des Pappkartons, etwa 299 000 Dollar.

Sie fuhren vor dem Hotel Southgate in der Nähe der Pennsylvania Station vor. Amendolito ließ den Fahrer auf das Auto aufpassen, während er mit dem Koffer in die Hotelsuite der Pelzhändler eilte. Vier pokerspielende Männer erwarteten ihn. Amendolito öffnete rasch den Teil des Koffers, in dem er den Inhalt der Pappschachtel verstaut hatte, und kippte das Ganze auf den Tisch. Einige der Geldbündel landeten auf dem Boden. Amendolito nahm 9000 Dollar von dem Haufen, so daß die 290 000 Dollar, die er laut Anweisung den Pelzhändlern zu übergeben hatte, übrigblieben. Als er wieder im Auto war, überprüfte er das restliche Geld im Koffer, und zu seinem Entsetzen mußte er feststellen, daß er jetzt nur noch 220 000, nicht 320 000 Dollar enthielt. Er sah in dem leeren Sack und dem Karton nach. Konnte man 100 000 Dollar einfach so verlegen?

Er geriet in Panik, stürzte aus dem Auto und rief Frank Castronovo in New Jersey an. »Nein«, sagte Frank, »das stimmt nicht. Ich habe dir doch gesagt, daß in dem Karton 399 000 Dollar sind und in dem Plastiksack 220 000.«

Amendolito raste in die Suite der Pelzhändler zurück, die gerade dabei waren, mit grimmigen Gesichtern die Bündel zu zählen. Hatten sie vielleicht überschüssige 100 000 Dollar in dem Haufen entdeckt? Tut uns leid, antworteten ihm die Pelzhändler und wandten sich wieder ihrer Aufgabe zu.

Amendolito fuhr zu seinem Büro. Er hatte 100 000 Dollar verloren, wie ein Kind einen Dollar auf dem Weg zum Lebensmittelladen an der Ecke verliert. Er rief Miniati an und beichtete ihm alles. Der Industrielle Oliviero Tognoli rief ihn zurück und sagte ihm mit ruhiger Stimme, daß er zwar für den Verlust verantwortlich sei, sich aber keine übertriebenen Sorgen machen sollte, und vor allem sollte er weiterhin mit Frank in Jersey Geschäfte machen.

Amendolito konnte kaum glauben, was als nächstes passierte. Er hatte 100 000 Dollar verloren – Geld, von dem er zu diesem Zeitpunkt längst den Verdacht haben mußte, daß es der Mafia gehörte –, und trotzdem gaben ihm dieselben Leute innerhalb drei Wochen weitere zwei Millionen, um sie außer Landes zu schaffen. Zwischen Oktober und Dezember wusch Amendolito insgesamt 6,4 Millionen Dollar durch die BSI in Nassau und die britische Bank of Butterfield auf den Bahamas. Um ihm den Weg weiter zu ebnen, stellte Peter Albisser ihm auf den Bahamas einen der dortigen Politiker vor, Dod Maynards, dessen Freund Deighton Edwards gerade zufällig dringend einen Kredit von, sagen wir mal, 230 000 Dollar brauchte. Amendolito, der einen Verteiler von Schmiergeldern auf Anhieb erkannte, setzte sich unmittelbar mit Tognoli in Verbindung, und kurze Zeit darauf hatte Edwards sein Geld. Als Leonardo Greco ihn Monate später in Sizilien bat, diese Anleihe zu erklären, bezeichnete Amendolito sie als »die Unkosten dafür, daß wir auf den Bahamas Geschäfte machen dürfen«.

Wenn man diese Geschichte jetzt in Richter Levals Gerichtssaal hört, erscheint es einem seltsam, daß diese umfangreichen, komplizierten und gut dokumentierten Kapitalschiebereien nicht schon viel früher zum Pizza-Prozeß geführt haben. Meldete denn kein Mensch diese Riesensummen, die da vom Winde verweht wurden? »Die Unkosten dafür, daß wir auf den Bahamas Geschäfte machen dürfen« müssen ihr Geld ja wirklich wert gewesen sein.

Um den November 1980 tauchten neue Probleme auf. Tognoli beschuldigte Amendolito, das Geld zu horten, um von den Zinsen zu profitieren. Amendolito schob die Schuld auf die Banken. Sie verlangten, daß das Geld bei ihnen verbleibe, erklärte er, und zwar lange genug, um aus der Transaktion etwas Kapital zu schlagen.

Im Dezember transferierte Amendolito annähernd drei Millionen in bar nach Bermuda, alles von Castronovo. Gleich im Januar 1981 bat Tognoli um ein Treffen im Hotel Queen Elizabeth in Montreal. Amendolito dürfe diese geheime Verabredung keiner Menschenseele gegenüber erwähnen, vor allem nicht gegenüber Frank. Der Finanzier staunte deshalb nicht schlecht, als er Frank Castronovo am Flughafen traf, und zwar in derselben Schlange wie er selbst, um an Bord derselben Maschine nach Montreal zu fliegen.

Im Hotel sah Amendolito noch einige andere interessante Gesichter, unter anderen Oliviero Tognoli und Adriano Corti, ein anderer bekannter italienischer Geldwäscher. Auch Giuseppe Ganci war dort. Trotzdem traf Amendolito auch dieses Mal nicht die führenden Köpfe. Man befahl ihm statt dessen ziemlich nachdrücklich, das Geld, das gegenwärtig auf den Inseln ruhte, unverzüglich an die Credit Suisse zu transferieren. Tognoli war jetzt nicht mehr bereit, die »Anleihe« an Edwards abzuschreiben – auch nicht die 100 000 Dollar, die bei der Lieferung an die Pelzhändler abhanden gekommen waren. Aber selbst wenn er das Geld abgeschrieben hätte, Amendolito wäre aus seinen Schwierigkeiten nicht heraus gewesen. Von dem Geld, das Tognoli jetzt auf die Credit Suisse transferiert sehen wollte, fehlten nämlich 140 000 Dollar. Es sei unabdingbar, daß sich Amendolito von Angesicht zu Angesicht mit den Chefs unterhielt, meinte Tognoli, um über die 470 000 Dollar zu sprechen, die er ihnen mittlerweile schulde.

Am 15. Mai 1981 flog Amendolito nach Sizilien. Ein Fahrer holte ihn von seinem Hotel in Palermo ab und fuhr ihn eine Zeitlang kreuz und quer durch die finsteren Gassen abseits vom Zentrum der Stadt. An einem bestimmten Punkt hielt er an und übergab Amendolito einem zweiten Fahrer, der ihn zu einem Rendezvous mit einem dritten Chauffeur brachte. Das dritte Auto fuhr dann aufs Land hinaus, bis man schließlich vor einem abgelegenen Landhaus hielt. In eben diesem Augenblick kam auch Oliviero Tognoli an und ließ den Finanzier ins Haus.

Falls es den Geschworenen schwerfällt, das ein oder andere von dem zu glauben, was sie hier zu hören bekommen, so lassen sie sich das jedenfalls nicht anmerken. Gelassen sitzen sie da und lauschen diesen sorgfältig choreographierten Reminiszenzen aus einem Leben in der Welt des großen Verbrechens; und das aus dem Mund eines Mannes, der behauptet, er habe der Mafia 470 000 Dollar geschuldet, man habe ihn durch die Gegend gefahren, bis er schließlich alleine vor einer alten Villa in den sizilianischen Bergen gelandet sei – und das alles in einem Ton, als habe man ihn zu einer Aufsichtsratssitzung einer Firma aus der *Fortune*-Liste der Fünfhundert gefahren. Kurz nachdem die beiden Männer das verlassene Haus betreten hatten, gesellte sich auch Leonardo Greco und ein weiterer älterer Herr zu ihnen. Greco sagte Amendolito, er solle alles in seiner Macht Stehende versuchen, die Anleihe an Edwards einzutreiben; dafür sei er bereit, den Verlust der 100 000 Dollar bei der Lieferung an die Pelzhändler zu vergessen. Das Treffen endete also damit, daß Amendolito den Chefs noch 370 000 Dollar schuldete.

Amendolitos Aktivitäten im Auftrag von Tognoli und den »Chefs« waren damit jedenfalls beendet. Wenige Wochen später hatte der Neue, Franco Della Torre, eine Suite im New Yorker Waldorf Astoria bezogen. Bald darauf setzte ein unablässiger Strom von Besuchern mit bauchigen Koffern ein.

Amendolito versuchte fortan mit diversen Finanzmanövern über die Runden zu kommen, bis er im Juli 1983 in New Orleans eine Gruppe arabischer Ölscheichs zu überreden versuchte, der Regierung von Costa Rica 50 oder 100 Millionen Dollar zu leihen. Eines Morgens wurde der Finanzier auf dem absteigenden Ast in seinem Hotelzimmer vom FBI geweckt, wegen Devisenvergehen verhaftet und gleich in New Orleans ins Gefängnis gesteckt. Wenige Tage später hatte er sich bereit erklärt, mit den Leuten, die ihn jetzt in der Hand hatten, gemeinsame Sache zu machen und gegen seine ehemaligen Geschäftspartner auszusagen. Man schaffte ihn nach New York und steckte ihn in ein ruhiges Motelzimmer in New Rochelle, um ihn näher am Zentrum der Pizza-Ermittlungen zu haben, die im Manhattaner FBI-Präsidium langsam, aber sicher, Gestalt annahmen.

Gegen November war sich Amendolito des Wertes, den er für seine neuen Arbeitgeber darstellte, in einem Maße bewußt, daß er sich veranlaßt sah, eine neue Übereinkunft mit ihnen auszuhandeln, nach der sich sein Status vom bloßen Gewährsmann zu dem eines bezahlten Untergrundagenten wandelte. Sein Honorar: 3000 Dollar im Monat, zuzüglich Spesen. Bis zu diesem Zeitpunkt hatte ihm die Regierung der Vereinigten Staaten schon etwa 70 000 Dollar Gehalt bezahlt, zuzüglich seiner Spesen, versteht sich.

Dienstag, 25. Februar 1986. Im Gerichtssaal. Richter Leval genehmigt sich eine Auszeit, um den Geschworenen noch einmal einige Worte zu einer spitzfindigen, aber wichtigen Angelegenheit zu sagen; es geht um das Beweisstück Nummer 4700 der Staatsanwaltschaft, das riesige Gelddiagramm. Am 18. Februar, dem Tag, an dem er das Diagramm als Beweismittel zuließ, hatte er ihnen folgendes gesagt: »Es handelt sich hier um ein Beweisstück, das in eine etwas außergewöhnliche Kategorie fällt ... Es ist im Grunde nicht selbständiger Beweisgegenstand an sich. Es stellt vielmehr eine Zusammenfassung der Aussagen des Zeugen Amendolito dar.«

Mit einem Kopfnicken an die Adresse von Louis Freeh befahl er: »In Ordnung. Sie können fortfahren.«

Aber so ganz in Ordnung war es vielleicht doch nicht. Das Diagramm war offiziell als Beweismittel zugelassen, aber fünf Verhandlungstage später nimmt sich Richter Leval noch einmal die Zeit, die Geschworenen daran zu erinnern, daß »als Beweismittel zugelassen« nicht gleichbedeutend sei mit »ist Beweisgegenstand«, und genaugenommen handle es sich bei dem bedrohlich vor uns aufragenden Schaubild, das groß genug ist, um bei einem Unwetter der gesamten 24köpfigen Jury als Regendach zu dienen, *nicht* um einen Beweisgegenstand.

»Das Diagramm ist nichts weiter als eine Übersicht, die Ihnen die Staatsanwaltschaft anbietet ... Ob Sie das, was hier abgebildet ist, akzeptieren oder ablehnen, liegt ganz allein in Ihrem Ermessen.«

Was heißt das im Klartext? Laut Levals Anweisung scheint es der Jury anheim gestellt, etwas zu tun, wozu sie gar nicht in der Lage ist: nämlich das Diagramm zu verstehen und dann zu entscheiden, welche Teile davon sie akzeptieren, welche sie ablehnen soll – falls sie nicht alles ablehnen soll.

Und jetzt eine kleine Vignette nebenbei. Amendolito befindet sich auf dem John-F.-Kennedy-Flughafen, er ist auf dem Weg zu einer Linienmaschine, die ihn auf die Bahamas bringen soll, als ihn eine weibliche Sicherheitsangestellte anhält, der aufgefallen ist, daß sein großer, weicher Koffer voller Papier zu sein scheint. Sie befiehlt, ihn zu öffnen, sieht die Bündel Knete und ruft die Polizei, die Amendolito darauf aufmerksam macht, daß man Formulare ausfüllen muß, wenn man das Land mit einer derartigen Ladung Bargeld verlassen will. Was für Formulare? Amendolito behauptet, er brauche das Geld nur für seine Fischgeschäfte auf den Bahamas, erklärt sich aber schließlich bereit, die Formulare auszufüllen, gibt 220 000 Dollar an – obwohl sich der Betrag in Wirklichkeit auf 400 000 Dollar beläuft –, und bis er damit fertig ist, hat er seine Maschine verpaßt und schreitet keck von dannen, ohne daß ihn jemand aufzuhalten versucht. Einige Tage später verfrachtet er seinen Schatz auf einer anderen Linienmaschine auf die Bahamas. Diesmal jedoch richtet er es so ein, daß ihn ein Panzerwagen – statt eines Taxis – vom Flughafen zur Bank befördert.

Mittwoch, 26. Februar 1986. Im Gerichtssaal. Louis Freeh kommt jetzt zu einer Brooklyner Telefonnummer, die unter dem Namen »Vito Parrucchiere« in Amendolitos Adreßbuch aus dem Jahre 1980 steht. Es handelt sich dabei um die Nummer des Kosmetiksalons von Sal Catalanos Bruder Vito. Sie erweist sich als identisch mit der Nummer auf dem Zettel in Amendolitos Rollaktei, jenem Zettel, den er damals in Queens von einem Mann erhalten hat, der sich Sal nannte, und auf dem die Namen »Vito« und »Sal« vermerkt waren. Mit diesem aufregenden Beweisstück schließt Freeh die Befragung des Zeugen ab.

Castronovos Anwalt, Ken Kaplan, ist der erste, der zum Kreuzverhör antritt, und er macht sich sofort daran, den Zeugen auf das festzunageln, was er fraglos ist, nämlich ein gerissener Finanzgauner. Amendolito wurde 1968 in Italien wegen Scheckbetrugs und anderen Betrügereien verurteilt. 1981 wurde er in New York verhaftet, weil er einen falschen Scheck über 4000 Dollar ausgestellt hatte. Mit einem beredten Lächeln gesteht er, er habe weit über hundert falsche Schecks ausgestellt.

Kaplans Kreuzverhör kommt nur im Schneckentempo vorwärts.

Amendolito leidet mit einem Mal an Gedächtnisschwund; er kann sich nicht mehr daran erinnern, mit wem er in Kanada oder Zürich Geschäfte abgewickelt hat. Ja, in Costa Rica sei er hier und da als Finanzmakler tätig gewesen, für arabische Klienten; auch eine »Verbindung nach London« gesteht er ein.

Der Finanzmann erweist sich als schlüpfriger Zeuge. Kaplan gibt sich alle Mühe, ihn festzunageln. Habe er nicht behauptet, 1980 zu Weihnachten zu Hause in seiner Wohnung in Spirituosenkartons verpacktes Geld gezählt zu haben? Nein, er habe gesagt, daß andere Leute auf dem Rücksitz seines Cabrios das Geld gezählt hätten, während er den Wagen durch Manhattan gesteuert habe.

Die Geschworenen lachen mittlerweile über die Szene. Sie sind ausgezeichneter Laune, als Leval die Verhandlung für diese Woche für beendet erklärt.

Dienstag, 4. März 1986. Im Gerichtssaal. Keine Verhandlung heute. Hinter den Kulissen ist ein bizarrer Streit entbrannt. Eine der Ersatzgeschworenen scheint ausgerastet zu sein, sie legt sich mit jedem an, schluchzt, wirft mit Beschuldigungen um sich und schlägt Fenster ein. Leval unterhält sich eben mit der Frau. Gegen elf erscheint er im Saal und verkündet: »Offensichtlich Familienprobleme... Der Ehemann leidet unter nervösen Symptomen als Folge seines Dienstes in Vietnam. Er wurde in ein Militärkrankenhaus eingewiesen...«

Es war im Wagen der Fahrgemeinschaft passiert. Die Geschworene habe es sich derart in den Kopf gesetzt, daß der Fahrer den falschen Weg eingeschlagen hatte, daß sie einfach ausgestiegen sei, berichtete einer der Marshals. Dabei habe sie die Wagentür so heftig zugeknallt, daß gleich die Scheibe zerbrochen sei. Während der letzten beiden Tage sei sie in immer schlimmere Streitigkeiten verwickelt gewesen, vor allem mit einem ihrer Mitgeschworenen; rassistische Schimpfnamen seien gefallen. Aber die Geschworene will dabeibleiben, sie spielt den Bericht des Marshals herunter und leugnet, am Vortag den Versuch gemacht zu haben, sich abzusetzen. Der Marshal jedoch berichtet, sie habe sich Mantel und Tasche gegriffen und geschrien: »Ich hau' jetzt ab, und wenn ihr euch auf den Kopf stellt! Sie werden's dem Richter schon beibringen!« Daraufhin sei sie davongestürmt.

Leval fragt die Anwälte um ihre Meinung. Was soll er tun? »Ich habe sie gefragt, ob der Prozeß für sie eine zu große Belastung darstelle«, berichtet Leval. »Sie verneint. Sie findet ihn entspannend.« Die Anwälte verziehen keine Miene.

Der Verlust dieser Frau hätte für die Verteidigung ernsthafte Folgen. Marvin Segal meint, es könne sich ja schließlich auch nur um eine vorübergehende Verwirrung handeln. »Die Art, wie der Marshal die Angelegenheit wiedergibt, verleiht ihr eine bestimmte Färbung, und meiner Meinung nach neigen Marshals zuweilen zu Übertreibungen. Ich würde vorschlagen, Sie machen weiter. Wenn sie sich nicht beruhigt, können wir immer noch sehen.«

Fisher stimmt mit Segal nicht überein. »Der Bericht des Marshals scheint mir durchaus überzeugend. Man darf rassistische Beschimpfungen nicht unterstützen.«

Leval weiß mehr dazu: »Sie behauptet, man habe ihr gegenüber im Auto eine rassistische Bemerkung gemacht.«

»Wir repräsentieren hier eine ethnische Minderheit«, meldet sich Ruggiero. »Es wäre angebracht, daß die Geschworenen eine rasche und klare Entscheidung unsererseits zu sehen bekämen.«

Die Diskussion hört sich bald wie eine Telefonkonferenz amerikanischer Psychiater an. Der junge Joe Calluori macht dem Ganzen ein Ende. »Das Verfahren dauert nun schon ziemlich lange. Wenn sie sich zutraut, weiter hier zu sitzen und sich die Beweisaufnahme anzuhören, ist das doch das Wichtigste.«

»Ich denke, wir sollten sie dabeibehalten«, verkündet Genay Leitman entschlossen. Aber Leval ignoriert sie einfach und entscheidet, daß die Sitzung mit dem Kreuzverhör Amendolitos fortgeführt werden soll. Über die Geschworene wolle er über Nacht entscheiden.

Am nächsten Morgen ist einer der Plätze auf der Geschworenenbank leer. Leval hat von seinem Vorrecht als Vorsitzender Gebrauch gemacht. Jetzt beginnt eine langwierige Parade von Nebenzeugen. Einige äußerst interessante Fakten werden zutage gefördert, so zum Beispiel, daß man dreieinhalb Stunden braucht, um 1,45 Millionen Dollar in vorwiegend 100-Dollar-Noten zu zählen. Aber während der nächsten Woche dösen die Geschworenen zumeist vor sich hin, während sich die Anwälte im Leerlauf bewegen.

Dann eine Tragödie. Der allseits beliebte Richter Henry T.

Friendly vom Zweiten Bundesappellationsgericht*, der seit dem Tod seiner Frau vor einem Jahr an Depressionen leidet, stürzt sich am Morgen des 11. März 1986 aus einem Fenster seiner Wohnung in der Park Avenue. Als Leval die Nachricht erhält, verkündet er den Selbstmord des 79jährigen mit einem gewaltigen Kloß im Hals und vertagt die Verhandlung. Levals erste Stellung nach seinem Studium in Harvard war die eines Sekretärs und Gehilfen von Richter Friendly gewesen, der seither nicht aufgehört hat, sein Idol zu sein. Leval wird seines Mentors später mit folgenden Worten gedenken: »So lange Rechtsgelehrte, Anwälte und Richter Hand, Brandeis und Cardozo zitieren werden, so lange werden sie auch Friendly zitieren.« In allen Bereichen der Rechtsprechung, mit denen er sich als Bundesrichter befaßt habe, »waren Henry T. Friendlys Meinungen richtungsweisend, seine Entscheidungen waren Orientierungshilfen und Wegweiser. Auf fast allen Gebieten des Rechts hatte er es zum Meister gebracht. In einigen Bereichen ist es unmöglich, eine Meinung zu Papier zu bringen, ohne sich auf seine Entscheidungen zu berufen.«

Michael Kennedy berät sich mit niemandem und traut keinem außer seiner Frau. Noch am selben Abend sagt er ihr: »Die verrückte Geschworene, es kann uns nur recht sein, daß sie weg ist. Ich weiß, die anderen sind da anderer Meinung, schließlich wollen wir ja Zwietracht unter den Geschworenen, aber sie muß ziellos sein; diese Frau hat den Streit polarisiert. Sie hat den Haß gerinnen lassen. Jetzt hat die Uneinigkeit wieder mehr Luft, sich zu entwickeln.«

Kennedys geheime Strategie hat jetzt eine vollkommen neue Gewichtung angenommen. Er glaubt, für die weniger wichtigen Mitglieder der Badalamenti-Gruppe einen durchaus attraktiven Handel herausschlagen zu können. Das würde es ihm erlauben, sich ganz und gar auf die Verteidigung des *Alten* zu konzentrieren. Als Chef der Verteidigung hat er bereits damit begonnen, sich klammheimlich mit Louis Freeh zu treffen, um die bestmöglichen Bedingungen auszuhandeln, und das nicht nur für die Familie Badalamenti, sondern soweit möglich auch für andere. In einem derart großen Prozeß ist es immer eine gute Strategie, so viele Angeklagte wie möglich dazu zu

* Die zweistufige Bundesgerichtsbarkeit teilt die USA in ca. hundert erstinstanzliche Bundesgerichtsbezirke (z. B. New York Süd) und zweitinstanzlich in insgesamt dreizehn Bundesappellationsgerichtskreise (A. d. Ü.)

bringen, sich für schuldig zu erklären*. Rein theoretisch neigen die Geschworenen dann in geringerem Maße dazu, das zu tun, was sie in komplexen Fällen mit vielen Angeklagten so oft tun, nämlich sich auf ein oder zwei besonders »schwere Jungs« zu konzentrieren, sie mit aller Härte zu beurteilen und die kleinen Fische laufen zu lassen. Leval selbst drängt Kennedy schon seit einer Weile, die Verhandlungen mit der Anklage endlich anzugehen. Auf diese Weise ließe sich die Blockierung der Behörde, die der Prozeß zu verursachen beginnt, am besten auflösen.

Segal wünscht sich sehnlichst, den Fall endlich zu den Akten legen zu können, und auch wenn Kennedy so etwas nie aussprechen würde, so ist wahrscheinlich auch er am Verzweifeln. Und so geht es auch allen anderen, die ihre Kanzlei als Einmannfirma betreiben. Abgesehen von den 500 000 Dollar, die Fisher bekommt, ist keines der Honorare hoch genug, um einen solo praktizierenden Anwalt in einem Prozeß dieser Länge über die Runden zu bringen. Ein wirklich langwieriger Prozeß richtet mehr an, als dem Anwalt die Zeit zu nehmen, sich um künftige Arbeit zu bemühen. Dauert er lange genug, dann macht sich nur allzu leicht der Eindruck breit, der Anwalt stehe überhaupt nie zur Verfügung, was in der Regel dazu führt, daß der Zustrom an Kundschaft, die ihm von Kollegen geschickt wird, immer dünner wird und womöglich ganz versiegt. Die einzigen Anwälte, die nicht aufhören wollen, sind die vom Staat bezahlten, denen einige ihrer Kollegen vorwerfen, sie »suhlen sich glücklich und zufrieden im öffentlichen Trog«.

Vom Timing her gesehen wäre es auch aus einem ganz anderen Grund günstig, jetzt zum Schluß zu kommen. Der Charakter des Prozesses ist unweigerlich in der Veränderung begriffen. »Die Geschworenen«, erklärt Kennedy, »sehen in Martin jetzt einen grimmigen Ankläger.« Aber früher oder später werde die Anklagevertretung fertig sein, die Verteidigung müsse beginnen, und die Geschworenen

* Im amerikanischen Strafverfahren ist es üblich, daß der Angeklagte für ein Schuldbekenntnis mit gewissen Zugeständnissen seitens der Anklage rechnen kann. Anklage und Verteidiger handeln dann »außergerichtlich« aus, ob der Angeklagte etwa wegen eines mindergewichtigen Delikts zur Rechenschaft gezogen wird oder ob gewisse Strafbestände vergessen werden. Bei einer Einigung spricht die Anklage gegenüber dem Richter eine Empfehlung aus. Freilich ist dieses Verfahren rechtlich nicht abgesichert und liegt letztlich im Ermessen des Richters (A. d. Ü.)

werden etwas ganz anderes sehen. Kennedys Meinung nach werden sie früher oder später erkennen, »daß dieses ganze System durch und durch scheinheilig und korrupt ist«.

Michael Kennedy war noch nie einer, der sich ein Blatt vor den Mund nimmt, außerhalb des Gerichtssaals noch weniger. »Diese fundamentale Scheinheiligkeit ist die Basis unseres Systems des Anklage- und Parteienprozesses«, sagt er in seiner umsichtigen, wohlgesetzten Diktion. »Und es gibt kein besseres System. Aber es ist nun einmal grundsätzlich nicht weniger fehlerhaft – freilich auch nicht fehlerhafter – als die menschliche Natur selbst.«

Die Große Wüste Gobi

Es ist nicht so, daß es jemand ankündigen, nicht daß Dick Martin aufstehen und eine Parteienübereinkunft verlesen würde, und auch Joe, der Gerichtssekretär, ändert nichts an seinem rituellen Aufruf. Trotzdem zieht die Pizza-Karawane im Frühjahr langsam, aber unaufhaltsam aus dem üppigen Regenwald der Superinformanten und verwegenen Untergrundagenten in die Einöde des Gerichtsalltags, eine wasser-, baum- und strukturlose weite Ebene trockener Fakten, die in den Kreisen der Verteidigung bald den Namen »Große Wüste Gobi« bekommt.

Es ist eine endlose Sandwüste aus offiziellen Beobachtungsberichten des FBI und unverständlichen Telefongesprächen. Die Stille dieser Wüste wird nur unterbrochen vom Gemurmel von gut hundert Sizilianern, bei deren geheimer Sprache die Bedeutung in der Nuance liegt. Eine einzige Silbe kann einen Witz zu einer Todesdrohung machen – je nach ihrer Modulation. Aber derartige Nuancen gehen in der Wüste Gobi verloren, da die Übersetzung jedes Wort breitschlägt und entschärft. Laut und auf englisch vorgelesen bleibt von den lebhaften Klängen der sizilianischen Mundart nichts mehr übrig, alles hört sich an wie die auf einen platten Reifen hinweisende Computerstimme eines modernen Sportwagens. Was den Inhalt anbelangt, klingen die Botschaften wie Bruchstücke aus einer schwachsinnigen Seifenoper, in der das ehebrecherische Liebespaar zwar ständig das letzte Wort seiner Pointen vergißt, sich die allgemeine Gefühlslage aber trotzdem irgendwie zu vermitteln vermag.

115 Tage wird es dauern, die trockene Gobi zu durchqueren. Wir hören die Aussagen Hunderter von Zeugen, die meisten Beamte, von denen jeder einzelne von jedem der Verteidiger, dem gerade danach ist, ins Kreuzverhör genommen werden kann. Gelegentlich – und je weiter die Zeit fortschreitet, desto häufiger – verzichten die Anwälte auf ihr Recht, einen Zeugen der Anklage ins Kreuzverhör zu nehmen. Solche Verzichtserklärungen werden die einzigen frischen Brisen sein, die über den brennenden Sand der Gobi streichen.

Zuweilen ist die Schinderei jedoch nicht zu vermeiden. Die vom

Gesetz peinlich genau festgelegte Prozedur der Beweisaufnahme ist schwierig, langwierig und ermüdend, aber unerläßlich, will man die Integrität der Beweismittel gewährleisten. Wenn das Beweismaterial aus Tonbändern, Beobachtungsprotokollen und mitgehörten Telefongesprächen besteht, die allesamt leicht zu manipulieren sind, dann werden die Regeln noch strenger. Der Umfang des Beweismaterials, das im Pizza-Fall angehäuft wurde, war kolossal. Die 55 000 Telefongespräche, die über fünf Jahre hinweg von Agententeams in Italien, den Vereinigten Staaten, Brasilien, der Schweiz, Sizilien, Mexiko und vielleicht auch noch anderswo aufgezeichnet worden waren, wurden ausgesiebt, bis noch gerade neunhundert übrigblieben; diese wurden ins Englische übersetzt und zu einer neunbändigen Serie gebunden. Darüber hinaus gehörten zum Beweismaterial noch siebenundzwanzig Bände Computerausdrucke über Telefongebühren und andere Angaben über diverse Fernsprechteilnehmer aus den Vereinigten Staaten, Sizilien, Brasilien und der Schweiz – das Ganze untermauert von einer entsprechenden Menge Registrierband. (Auf diesen Registrierbändern werden mit Hilfe eines speziellen Gerätes, das ohne Wissen des Fernsprechteilnehmers an seine Leitung gehängt wird, sämtliche Nummern aufgezeichnet, die der Teilnehmer angewählt hat.)

Obendrein hatte man noch Stöße von Bankbelegen, Kraftfahrzeugzulassungen von Albany bis Palermo, Ergebnisse von Drogenanalysen, und weiß Gott, was noch alles. Da der Staat gesetzlich verpflichtet war, der Verteidigung das alles zugänglich zu machen, stellte die Staatsanwaltschaft im Bundesgerichtsgebäude auf der anderen Seite des Foley Square – unserem Gerichtsgebäude gegenüber – einen großen Raum zur Verfügung, der von Wand zu Wand und vom Boden bis zur Decke mit Materialien zum Fall vollgestopft war. Die Anwälte jammerten, daß es bei all dem Material schwierig sei, das zu finden, wonach man suche. Es gab weder einen Bibliothekar noch einen Fotokopierer. Außerdem schrieben die Regeln ausdrücklich vor, daß zu jeder Zeit ein Beamter anwesend zu sein habe, wenn ein Anwalt Akteneinsicht nehmen wolle, und oft genug bekamen die Verteidiger zu hören, daß im Augenblick kein Beamter verfügbar sei. »Die guten Sachen« waren ohnehin allzu oft nicht greifbar; die hatte dann die Anklagevertretung, um »daran zu arbeiten«. Daß es bei einer so übermächtigen Fülle von »verfügbarem« Beweismaterial so gut wie unmöglich war, zu wissen, was davon nun relevant war und was nicht, versteht sich von selbst.

Kolossal war auch die Fülle der möglichen Irrtümer sowie womöglich auch der Gelegenheiten für die Staatsanwaltschaft zur subtilen Nachbesserung der eigenen Position. Kolossal war aber auch die Entschlossenheit der Verteidiger, der Staatsanwaltschaft nicht das Geringste durchgehen zu lassen. Forciert wurde dieser Eifer in einigen Fällen noch durch die unabdingbare Notwendigkeit, das Beweismaterial der Staatsanwaltschaft mit Dreck zu bewerfen oder Zweifel daran aufkommen zu lassen, und wenn das nicht gelang, dann wenigsten Verwirrung zu stiften; eine andere Verteidigungsstrategie stand nicht zur Verfügung.

Die große Wüste Gobi brach sowohl dem Frühjahr als auch dem Herbst das Kreuz, den Sommer verschlang sie mit Haut und Haaren. Zwischen März und Oktober hatte sie 194 Zeugen zu bieten, die insgesamt 356mal auftraten. Die 152, die zweimal oder öfter in Erscheinung traten, waren samt und sonders FBI-Beamte, Männer, die sich vor Sal Mazzurcos großem Haus in Baldwin, Long Island, die Nächte um die Ohren geschlagen und tagsüber in Sichtweite von Joe Gancis Garage gesessen hatten; Männer, die einander abgelöst und Berichte geschrieben hatten; Männer, die auf dem Southern State Parkway oder dem Queens Boulevard gefroren hatten, um drei Zips zu beobachten, die wie die Geier vor einem bestimmten öffentlichen Fernsprecher lauerten, dem heißesten aller angezapften Drähte zwischen Florida und Maine. Jetzt war es an der Zeit, diesen Agenten Gehör zu schenken.

Die Staatsanwälte vergrößerten zuweilen ganz bewußt die Verwirrung, wirbelten Sandstürme auf, indem sie Beweismaterial vorlegten, das noch gar nicht an der Reihe war, Fakten voneinander trennten, die nur zusammengenommen zu verstehen gewesen wären, und immer wieder darauf bestanden, scheinbar irrelevantes Beweismaterial *jetzt* zu bringen, wohl wissend, daß seine Bedeutung monatelang keinem Menschen einleuchten würde.

Leval verstand fast alles, und wenn er etwas nicht verstand, dann stoppte er die Verhandlung, schickte die Geschworenen in eine Pause und verlangte von der Staatsanwaltschaft eine Vorabanhörung der fraglichen Aussage. Dann entschied er über die Zulässigkeit des Beweismaterials: War es relevant? War es fair oder abträglich? Bestand die Gefahr, daß es vorurteilsbildend wirkte? Und so weiter und so fort.

Die Anwälte der Verteidigung verstanden viel, aber bei weitem nicht alles. Sie lasen das umfangreiche Material, das zur Verfügung zu stellen die Staatsanwaltschaft verpflichtet war. Sie beschwerten sich jedoch am laufenden Band, daß die Anklagevertretung ihnen vieles verheimlichte oder wesentliche Details falsch darstellte. Einige ihrer Beschwerden waren nichts weiter als Theater, andere dagegen kamen wahrscheinlich durchaus zu Recht.

In einem Schwurgerichtsprozeß spielen beide Parteien gefährliche Spiele. Bei einem Prozeß dieser Größe und dieses speziellen Charakters jedoch, der noch dazu politisch so brisant war, war der Gefahrenpegel hinsichtlich der Strategien und taktischen Manöver womöglich noch höher als gewöhnlich. Aber die Spiele sind im wesentlichen die gleichen. Es sind Spiele für Prozeßanwälte, weitreichende Strategien oder kurzfristige taktische Manöver in der Schlacht um das Urteil. Mehr noch als die satten Honorare, sogar mehr noch als die Schlagzeilen und die Scheinwerfer der Fernsehteams, die sein gieriges Ego füttern, ist es der Kitzel, der Spaß an der mit diesen Spielen verbundenen Gefahr, was einen Prozeßanwalt nicht aufhören läßt. Die Risiken dieses Berufs sind allgemein bekannt: Zynismus, Alkoholismus, Gier nach Ruhm und die Verkümmerung sowohl des persönlichen wie auch des Familienlebens. Der Prozentsatz an solchen, die ausbrennen, ist hoch. Aber wie der Athlet, der Spieler, der Flieger, der Artist, macht auch der Prozeßanwalt das, was er macht, weil er darin ein Hochgefühl, eine Befriedigung findet, die er nirgendwo sonst zu erlangen vermag.

Wieviel die Geschworenen von dem Beweismaterial verstanden, wird man nie erfahren. Nur ihr Urteilsspruch wird bekanntgegeben werden. Obwohl schon viele Juries in Aktion studiert wurden, bleibt das Geheimnis, wie sie zu ihren Urteilen kommen, ein gräßlicher Sumpf an Mythen und Mystischem innerhalb des ansonsten so aufgeräumten Hoheitsgebietes der Strafgerichtsbarkeit. Richter wie Anwälte schaffen einen geheimnisvollen Nimbus um die Jury, indem sie standhaft behaupten, sie komme so gut wie immer zu einem korrekten Urteil. Selbst wenn sie das Beweismaterial nicht verstehen, ja nicht verstehen können, selbst wenn sie unaufmerksam, strohdumm, faul oder unfähig sind – sie kommen angeblich trotzdem so gut wie immer zur korrekten Schlußfolgerung. Diesem Glauben, an dem man mit geradezu religiösem Eifer festhält und der mit solcher Frömmigkeit verkündet wird, liegt die oft wiederholte Behauptung zugrunde, das Schwurgerichtssystem der angelsächsischen Rechtsprechung sei die beste aller Methoden, zu Wahrheit und Gerechtigkeit zu gelangen, die sich der Mensch nur ausdenken könne. Jedenfalls habe bisher keiner mit einem besseren System aufwarten können, sagen die Anwälte, und sie haben recht. Bisher ist das wohl noch keinem gelungen.

Drei Dinge kann man jedoch als gesichert betrachten: Einige der Geschworenen, wie auch einige der Anwälte, und selbst – wenn auch wirklich nur selten – der Richter nickten immer wieder mal ein, während es durch die Gobi ging. Einige Geschworene schliefen die meiste Zeit über. Und kein einziger Geschworener oder Stellvertreter blieb die ganze Durchquerung über wach.

Freitag, 14. März 1986. In Richter Levals Räumen. Nach Beendigung der Sitzung an diesem letzten Tag jener Woche, in der Richter Friendly zu Tode kam, beruft Pierre Leval ein privates und inoffizielles Treffen aller Pizza-Anwälte – der Anklagevertretung wie auch der Verteidigung – ein. Es müsse einfach eine Methode gefunden werden, aus dieser Sackgasse auszubrechen und den Prozeß schneller voranzutreiben. Nicht nur er, auch die anderen Richter des Bezirks Süd machten sich Sorgen, läßt er sie wissen, und das gleiche gelte für das Appellationsgericht. Es sei wünschenswert, augenblicklich Verhandlungen in die Wege zu leiten, um so viele Angeklagte wie möglich dazu zu ermutigen, ihre Erklärungen von *nicht schuldig* auf *schuldig* zu ändern; falls sie sich bei reduzierten Anklagen als schuldig erklärten, so könnten sie mit milderen Strafen rechnen.

Leval weist dabei ausdrücklich auf seine großzügige Philosophie in Sachen Strafzumessung hin: Das höchste Strafmaß, das er je in einem großen Drogenprozeß verhängt habe, seien fünfzehn Jahre gewesen. Daraus schließen einige der Verteidiger sofort, fünfzehn Jahre sei die Höchststrafe, die er selbst für diesen Fall vorschlägt. Wenn dem so wäre, dann stünde für die weniger wichtigen Angeklagten eine Strafe mit Bewährung nicht außer Frage.

Diese Gedanken bleiben natürlich unausgesprochen. Laut nehmen die Verteidiger folgende Position ein: Es ist nicht unsere Politik, uns im Austausch für Zugeständnisse für schuldig zu erklären; wenn die Staatsanwaltschaft einen Handel haben will, dann lassen Sie sie uns ein Angebot machen. Die Reaktion der Anklagevertretung ist nicht weniger steif: Es ist nicht unsere Politik, Angebote zu machen; wenn die einen Handel wollen, dann sollen sie zu uns kommen. Richter Leval ermutigt beide Seiten dazu, endlich miteinander zu reden, und sagt, er erwarte binnen dreißig Tagen in dieser Sache zu hören.

Ebenso unausgesprochen bleibt eine Statistik, die allen Anwälten, Anklägern, Richtern und sonstigen Personen, die beruflich mit Bundesgerichten zu tun haben, bestens bekannt ist: Im Bundesgerichtsbezirk New York Süd hat die Staatsanwaltschaft eine Verurteilungsquote von nahezu neunzig Prozent.

Auf der Stelle beginnt man inoffiziell miteinander zu Rate zu gehen, Gespräche zu führen, die in Aufzügen, auf der Herrentoilette, in Bars und nächtlichen Anrufen für den Rest des Monats fortgesetzt werden. Diverse Anwälte der Verteidigung hören privat von diversen Mitgliedern der Anklagevertretung. Direkte Angebote und versteckte Andeutungen liegen in der Luft; das Jonglieren um vorteilhafte Abschlüsse hinter den Kulissen ist bald in vollem Gange. Einer der Beteiligten dazu: »Im Grunde sieht es so aus: Einige Anwälte werden vom Staat bezahlt; die wollen nicht, daß wir schon Schluß machen. Ein paar haben sich ganz einfach eingewöhnt, die sind froh, daß sie wissen, wohin sie jeden Tag gehen sollen. Andere amüsieren sich einfach königlich, bei diesem Moloch von einem Prozeß dabei zu sein. Das Ergebnis davon ist, daß die Interessen der Mandanten nur eine untergeordnete Rolle spielen.«

Privat gestehen die Ankläger ein, daß auch sie den Verlauf, den dieser Prozeß nimmt, zutiefst bedauern. Vor allem Martin und Freeh macht das Schneckentempo schwer zu schaffen; das Gefühl, nicht ihr Bestes geben zu können, frustriert sie, sie sind angespannt, gereizt, müde und nervös. Sie befürchten, daß die Geschworenen sich langsam, aber sicher, langweilen, unruhig und müde werden und daß sie den Anfang der ganzen Geschichte vergessen, noch lange bevor sie das Ende hören. Es ärgert sie, daß vier oder fünf Monate Arbeit nicht mehr als 9000 Seiten Protokoll ergeben haben. »Wir sollten längst 20 000 haben«, erklären sie. »Pierre treibt die Sache nicht genügend voran. Er sollte wirklich gescheiter sein. Schließlich war er selbst mal Ankläger.«

In ihrer Freizeit spricht die Verteidigung kaum von etwas anderem als den »Deals« mit der Staatsanwaltschaft. Die Anwälte aus New York und New Jersey sind sich mittlerweile darüber im klaren, daß sich Kennedy mit Freeh getroffen hat, und sie zerbrechen sich die Köpfe über eine alternative Strategie: Was würde passieren, wenn statt eines Pauschalabschlusses für die Badalamenti-Gruppe einer oder mehrere der »großen Fische« – jene, deren Schuld viel offensichtlicher ist – zu einem Eingeständnis ihrer Schuld überredet werden könnten? Wenn diese Schwergewichte erst einmal aus dem Weg wären, wäre die Jury weitaus geneigter, den »Gimpeln« gegenüber Milde walten zu lassen. Außerdem erleiden die »Gimpel« – Männer wie Trupiano, Vitale, Palazzolo und vielleicht auch DeVardo – große wirtschaftliche Verluste und emotionelle Härten, sie leben weit weg von ihren Familien in billigen Absteigen von Salami und Käse; denen wäre womöglich schon jetzt eine auf Bewährung ausgesetzte Strafe oder gar eine kurze Haftstrafe lieber als sechs weitere Monate in Richter Levals Gerichtssaal.

Um der Wahrheit die Ehre zu geben, viele Verteidiger wissen im Grunde gar nicht, was ihre Mandanten eigentlich wollen. Sie beklagen sich darüber, daß diese sich weigern, mit ihm zu sprechen, weil sie ihnen vermutlich nicht trauen; davon, daß man ihnen etwas *anvertraut*, kann ohnehin keine Rede sein.

Ein ganz anderes Problem hat Michael Kennedy. Gaetano Badalamenti hat ihm von Anfang an klargemacht, daß für ihn kein Kuhhandel in Frage käme. *Mai!* Er will noch nicht einmal etwas davon hören. Für ihn ist das sowohl eine Frage des Prinzips – kein Ehrenmann würde mit den Leuten, die ihn in der Hand haben, um das Eingeständnis einer geringeren Schuld feilschen – als auch eine des reinen Pragmatismus. Denn wie auch immer dieser Prozeß für ihn ausgehen wird, ihm stehen im sogenannten Maxi-Prozeß von Palermo noch weit gewichtigere Anklagen bevor. Dieses außergewöhnliche Verfahren, das sich Tag für Tag in einem eigens dafür gebauten unterirdischen Betonbunker abspielt, ist Italiens bisher größter Angriff gegen die Mafia. Aus Sicherheitsgründen erscheinen die 466 Angeklagten zusammen hinter vom Boden bis zur Decke reichenden Eisenstäben. Ihre grotesken Käfige sind durch unterirdische Tunnel direkt mit den Zellen verbunden, in denen die Männer zwischen ihren Auftritten vor Gericht leben. Im Fernsehen sieht diese Meute johlender und gestikulierender Männer aus wie eine Horde Löwen, die es kaum erwarten können, in die Arena zu kommen. Gaetano Badalamenti hat es nicht besonders eilig, sich ihnen anzuschließen.

Darüber hinaus gibt es in Italien nichts, was dem amerikanischen Handel zwischen Ankläger und Angeklagten entspricht. Die bloße Vorstellung, sich auf einen Kompromiß mit der Staatsanwaltschaft einzulassen, wird dort als schwere Ehrenrührigkeit betrachtet. Da sich Badalamentis Hintergrund und Verhaltenscodex nun einmal nicht ändern lassen, ahnt Kennedy die Schwierigkeiten, denen er sich gegenübersehen wird, wenn er seinen Mandanten dazu überreden will, wenigstens das ein oder andere Mitglied seiner Familie zu einem Handel mit den Staatsanwälten zu bewegen.

Was die übrigen nicht zu Badalamenti gehörenden vierzehn Angeklagten anbelangt, so hat man bei Prozessen, in denen so viele auf einmal angeklagt sind, im allgemeinen folgende Erfahrung gemacht: Wenn sich einige für schuldig erklären, dann neigen die Geschworenen in der Regel dazu, mit dem Rest nicht so streng ins Gericht zu gehen. Die Frage ist nur, wer erklärt sich für schuldig? Und für welche Strafbestände? Es überrascht also nicht, daß allenthalben das Mißtrauen grassiert. Wenn etwa Fisher sich Fogelnest vorknöpft und ihn drängt, seinen Mandanten für schuldig zu erklären, dann fragt sich der weniger wichtige Anwalt sofort: Warum ausgerechnet meiner? Ivan hat doch irgendwas in der Hinterhand. Ich kenne ihn doch. Mein Bursche heißt Sal. Seiner heißt auch Sal. Womöglich schiebt er in dem Moment, wo ich draußen bin, die ganze Schuld meinem Mann in die Schuhe! Schließlich weiß Fogelnest, daß auf einigen belastenden Aufzeichnungen der Name »Sal« erscheint – so etwa auf dem Zettel aus Amendolitos Rollaktei. Wenn Sal Salamone erst einmal aus dem Weg geräumt ist, kann Fisher vielleicht ein paar von den Geschworenen davon überzeugen, daß die Staatsanwaltschaft ihnen gegenüber die beiden Sals absichtlich vertauscht hat. Ähnliche Gedanken mögen auch Benfante, Schechter und Bronson durch den Kopf gehen, den Anwälten von Sal Mazzurco, Sal Lamberti und Sal Greco.

»Die kleinen Fische können doch nur davon profitieren, wenn die großen Fische sich für schuldig erklären«, drängt Lewis. Eine Strategie könnte zum Beispiel darin bestehen, zuerst einmal individuelle Abmachungen für die großen Fische auszuhandeln. Aber einige Anwälte von kleineren Fischen wollen lieber, daß die dabeibleiben; die Nähe zu den großen Fischen könnte ihre Chancen erhöhen, mit leichteren Strafen davonzukommen. Die Anwälte der großen Fische sehen das ganz anders: Einer von ihnen dazu: »Wir sollten geschlossen zur Anklagevertretung marschieren und denen sagen, wir verhandeln bloß, wenn eine Pauschale dabei rausschaut. Ihr gebt mir meinen Deal, und wenn der mir lecker genug ist, dann bring' ich noch sieben von den anderen Burschen mit.«

Am Wochenende nach dem Treffen bei Leval tritt Bundesanwalt Rudolph Giuliani im Fernsehen auf, um sich zu New Yorks neuestem Korruptionsskandal zu äußern. Für das Fernsehen hat man ihn nett zurechtgemacht: beiger Anzug, dezent kariert, dazu sorgfältig darauf abgestimmte Accessoires. Sein maskenhaftes Gesicht bewegt sich kaum, dafür blitzen die Augen vor Vitalität. Der Interviewer interessiert sich dafür, wie so ein Handel zwischen Ankläger und Angeklagtem denn ablaufe. Werde man auch diesem neuen eben verhafteten Politiker ein entsprechendes Angebot unterbreiten?

Personen, die der Korruption bezichtigt werden, könnten mit der Staatsanwaltschaft am besten ins Geschäft kommen, wenn sie sich »entschließen, mit uns zusammenzuarbeiten, bevor wir sie erwischen«, erklärt der bekannte Ankläger mit einem kaum merklichen Lispeln. »Das Nächstbeste ist, wenn sie kooperieren, bevor wir offiziell Anklage erheben.« Das Drittbeste sei der Entschluß zu einer Zusammenarbeit, bevor man sie verurteile. Am schlechtesten schnitten sie ab, wenn sie sich auch *nach* der Verurteilung nicht zu einer Zusammenarbeit bereit erklärten.

Im Gerichtsgebäude gehen klammheimlich Botschaften von hier nach da und wieder zurück. Kennedy schickt eine Botschaft an Leval: Beschleunigen Sie den Gang des Verfahrens, sonst schaden Sie Ihren Chancen, jemals Richter am Zweiten Appellationsgericht zu werden. Martin benachrichtigt Kennedy, daß er für sämtliche Angeklagten der Badalamenti-Gruppe ein Verfahren ohne Jury* diskutieren möchte. Ein Verfahren ohne Jury würde die Dinge enorm beschleu-

* Der Angeklagte hat das Recht, auf eine Jury zu verzichten, er wird dann allein vom Gericht, das heißt vom Richter abgeurteilt (A. d. Ü.)

nigen. Man könnte sich über eine ganze Menge des Beweismaterials einigen. Leval, der die Problematik, den Fall und das Gesetz kenne, würde die ganze Geschichte dann weitaus zügiger vorantreiben.

»Ein Verfahren ohne Jury wäre wie der Blitz über die Bühne«, stimmt ihm Kennedy zu. Aber was würden die Geschworenen anstellen, wenn plötzlich einige der Angeklagten fehlten? Und was diejenigen anbelangt, die unbedingt durchhalten wollen, Badalamenti, sein Sohn und der Neffe: »Die haben kein Interesse daran, weil sie, wenn die Geschichte hier zu Ende ist, ihre Zelte abbrechen und nach Palermo weiterziehen. Die denken sich, warum sollen wir uns beeilen?«

Andere Anwälte diskutieren die Möglichkeit eines Verfahrens ohne Geschworene für alle Angeklagten. Marvin Segal lehnt das strikt ab. »Wir können die Jury nicht nach Hause schicken. Gerade in diesem Fall kommen wir unmöglich ohne Geschworene aus«, meint er, »weil Leval alleine ihn nie und nimmer fair entscheiden würde. Unser Herr Richter hat sich doch bereits entschieden. Das ist doch zum Teil auch der Grund, warum er so sehr darauf bedacht ist, keine Fehler zu machen. Warum läßt er denn sämtliche Zeugen vorvernehmen? Weil der Mann sich den Rücken freihält.«

Dienstag, 18. März 1986. Im Gerichtssaal. Zur ersten graphischen Darstellung zum Thema Geldwaschen ist eine zweite hinzugekommen, und die Auseinandersetzungen dieses Tages beginnen mit dem Einspruch der Verteidigung gegen ein Feld ganz oben: »Castronovo/Ganci/O. Catalano/Tognoli/Cavalleri/Corti – Kanal« ist dort zu lesen. Kaplan argumentiert, die Staatsanwaltschaft habe – und das nicht zum ersten Mal – in so einem Kästchen Namen zusammengeworfen, die sie auf dem Schaubild sonst nicht habe in Verbindung bringen können. Das Feld sei zusammenfassende Übersicht und Ausführung in einem, sagt er, und wirke somit »verhetzend«. Leval stimmt dem zu. Freeh entfernt das Feld.

Mario Malerba, wie immer über alle Maßen höflich, fordert Leval auf, die Geschworenen bei der folgenden Instruktion noch einmal daran zu erinnern, daß die graphische Darstellung selbst kein Beweismittel darstelle, sondern lediglich eine Zusammenfassung sei. Leval, nicht weniger höflich, bittet ihn lediglich: »Ich wäre Ihnen dankbar, wenn Sie mich daran erinnerten, Mr. Malerba.«

»Aber gewiß doch«, erwidert Malerba und zeigt Catalano zum Zeichen seiner Zuversicht einen erhobenen Daumen.

Einer der Namen in dem soeben entfernten Feld ist der eines gewissen Antonio Cavalleri, einem hilfsbereiten Schweizer Banker aus Breganze, einem kleinen Ort am Fuße der italienischen Alpen. Über seinen Freund Sergio Dafond, einem hohen Tier bei dem Bankriesen Credit Suisse, eröffnete Cavalleri bei der Credit Suisse ein Konto auf den Namen »Traex«, das er dazu benutzte, die Mittel aufzunehmen, die ihm aus New York auf seine kleine Bank in Breganze gekabelt wurden. Als man einen neuen Geldwäscher benötigte, nachdem Amendolito und seine Helfer nicht weiter von Nutzen waren, war es Cavalleri, der einen Angestellten der Swissair anheuerte, dem er sagte, daß gewisse Schweizer Geschäftsleute ihre Profite gerne in bar nach Hause schaffen würden, ohne daß man ihnen groß Fragen stellte. Der Mann war hocherfreut, ihm gefällig sein zu können.

Eine der Örtlichkeiten, an denen der Mann von der Swissair das Geld übernahm, war ein Parkplatz in Brooklyn. Dort beobachtete das FBI, wie er von einem Mann in einem roten Chevy Blazer mit Nummernschild aus Pennsylvania einen Samsonite-Koffer erhielt. Dieser Mann entpuppte sich als Filippo Salamone, ein Bruder des Angeklagten Sal Salamone. Diesen beiden Brüdern gehörten gemeinsam zwei Pizzerien in der kleinen Stadt Bloomsberg, Pennsylvania: »Two Guys from Italy« und »Sal's Place«.

Die nächsten beiden Zeugen erscheinen nicht persönlich vor Gericht. Es handelt sich um zwei *spalloni* der untersten Kategorie, die sich ganz zufällig im August 1982 im eleganten Hotel Plaza verkrochen hatten. Ihre Plauderei am Telefon wurde vom FBI aufgezeichnet und von der Aufnahme eine Abschrift angefertigt. Staatsanwalt Martin schieb einen metallenen Beweismittelwagen – er ähnelt einem Instrumentenwagen in einem Krankenhaus – vor die Geschworenenbank und händigt jedem der Geschworenen einen schweren, gut sieben Zentimeter langen Loseblattordner aus. »Wenn Sie bitte Gespräch Nummer zwei aufschlagen würden«, fordert er sie auf. Die Geschworenen tun es. Sie wissen noch nicht, daß diese Bände vor ihnen neunhundert extrem bruchstückhafte, größtenteils unverständliche, in der sizilianischen Mundart geführte und ins Englische übersetzte Gespräche enthalten – und daß sie vom Schicksal dazu ausersehen sind, sich fast jedes einzelne Wort davon anhören zu müssen.

Die Verteidigung hat einverständlich außer Streit gestellt, daß es sich bei diesen Stimmen tatsächlich um diejenigen der beiden *spalloni* aus dem Plaza handelt. Jetzt wird mit verteilten Rollen gelesen, Martin liest den Text der einen Stimme, ein FBI-Mann im Zeugenstand den der anderen. Die Geschworenen wie auch Verteidiger und Richter folgen dem Ganzen in ihren eigenen Büchern; jedesmal, wenn all diese Seiten gleichzeitig umgeblättert werden, hört es sich an wie das Flügelschlagen eines aufgescheuchten Taubenschwarms. Von alledem unberührt schläft Baldo Amato den Schlaf der Gerechten, den Kopf nach hinten gegen den ellenhohen Stapel von Abschriften auf Mike Querques Tisch gelehnt, als ruhe er auf einem japanischen Holzkissen.

Dienstag, 1. April 1986. Im Gerichtssaal. Anna Rosario Kennedy ist auf den heutigen Tag genau neun Monate alt, und ihre Eltern haben beschlossen, sie heute zum ersten Mal mit ins Gericht zu nehmen. In Osterkleidchen und Häubchen, die Grübchen allerliebst, sitzt sie vor dem Saal auf dem Schoß ihrer Mutter, die auf die nächste Pause der Jury wartet. »Ich habe ja nichts gegen billige Tricks«, erklärt Eleanore ihr Warten, »aber nicht mit meinem Baby.«

Sobald die Geschworenen nach hinten verschwunden sind, trägt Kennedy sein Töchterchen zum Richtertisch. Richter Leval kommt herunter, um die Kleine girrend und säuselnd willkommen zu heißen. Seit er im letzten November von der Adoption gehört hatte, drängte er die Kennedys immer wieder, die Kleine doch einmal mitzubringen. Auch Martin, Freeh und Stewart kommen herüber, um das Kind zu bewundern. »Es war ein ganz, ganz besonderer Augenblick«, gestand Eleanore später. »Michael hatte ja gehofft, sie würde den Richter mit einem verächtlichen Brausebussi abtun. Aber sie war die perfekte Dame. Und Leval war von ihr aufrichtig angetan . . . Ach, wäre er doch bloß Juraprofessor! Oder am Appellationsgericht!«

Sandy Fox, die derbe, aber mütterliche Chefin der Marshals, hat Badalamenti gestattet, in den hinteren Teil des Sitzungssaals zu kommen, wo Kennedy ihm jetzt das Baby reicht. Er lächelt und läßt den Kennedys über eine Dolmetscherin ausrichten, daß er sich den Rest seines Lebens an diesen Tag erinnern werde. »Alles kann man sich ins Gefängnis bringen lassen: Drogen, Schnaps, Essen. Nur zwei Dinge nicht: Blumen und Babys.«

Das Baby muß schließlich wieder hinaus, die Geschworenen kommen zurück, und die Ankläger schieben zwei weitere Wagen in den Saal; auf dem einen stapeln sich die Tonbänder, auf dem anderen die Abschriften. Der nächste Zeuge arbeitet als Agent und Dolmetscher für die DEA, die amerikanische Rauschgiftfahndung, und gibt Auskunft über die Herkunft der Bänder. Wie betäubt starren die Geschworenen auf die beiden Wagen – völlig niedergeschmettert.

Lena Pecosi, die schicke Römerin, die für die Badalamenti-Gruppe dolmetscht, arbeitet schon seit Jahren als vereidigte Gerichtsdolmetscherin mit sizilianischen Verdächtigen und Angeklagten; sie ist schon fast selbst eine Rechtsgelehrte. Wenn sie auch keinen Abschluß einer juristischen Fakultät hat, so hat sie dafür vor Gericht und im MCC jede Menge praktische Erfahrung gesammelt, was die geheimnisvollen Sprechgewohnheiten und Verhaltensweisen der Sizilianer anbelangt. »Es ist nicht so, daß sie nicht genau wüßten, was sie sagen«, erklärt sie. »Sie sagen nur nicht genau, was sie wissen.«

Heute gibt Lena bekannt, daß die Angehörigen der Badalamenti-Gruppe von Schuldgeständnissen herzlich wenig halten. »Mit Sizilianern ist es immer das gleiche.« Wenn das Gericht sie für schuldig *erkläre,* dann sei das eine Sache; das könnten sie dann den Anwälten, dem Richter oder den Geschworenen in die Schuhe schieben. Aber sobald man sie auffordere, sich selbst schuldig zu *bekennen,* dann seien sie mit einem Mal Ehrenmänner. »Nun ja, sie haben eben das Gefühl, daß es dann mit ihrer Ehre ein für allemal vorbei ist.«

Mittagspause. Die Staatsanwaltschaft streckt immer noch still und leise die Fühler aus, um Schuldgeständnisse zu bekommen. Gestern abend hat man sich an Fogelnest gewandt, der mit seinem Mandanten – dem armen, spindeldürren Knastbruder Salamone – sicherlich eine Schwachstelle des Falles darstellt. Jetzt knöpft Fogelnest sich in der Cafeteria Kennedy vor. »Sie sagen mir, wir sollen uns schuldig bekennen. Was soll ich tun? Ivan und Mario liegen mir in den Ohren, ich soll darauf eingehen.« Aber es könnte ihn womöglich wie einen Feigling aussehen lassen. »Ich will nicht der erste sein, der sich mit einem Schuldgeständnis aus der Affäre zieht. Ich bin noch neu in New York.«

»Wenn Sie der Meinung sind, Sie können den Fall gewinnen, dann sieht die Sache natürlich völlig anders aus.« Was Kennedy damit sagen will, ist klar.

Aber Fogelnest sagt sich immer wieder das eine: Bleib dran, womöglich kannst du deinen Burschen ja auch herauspauken. »Wenn diese Geschworenen auch nur für einen Groschen Mitleid haben, das Geld könnte ich schon irgendwie erklären«, sagt er und erinnert Kennedy an eine Rede, die er den älteren Kollegen einmal vor einer Versammlung Washingtoner Anwälte hat halten hören. Die meisten Anwälte verbrächten den Löwenanteil ihrer Zeit nicht damit, Fälle zu verhandeln, sondern Schuldbekenntnisse für weniger schwerwiegende Delikte auszuhandeln. Achtzig oder neunzig Prozent der Fälle würden auf diese Weise geregelt. Wäre dem nicht so, würden die ohnehin schon überlasteten Gerichte völlig zusammenbrechen. Aber Kennedy hatte seine Zuhörer ermahnt, nicht immer gleich den Weg des geringsten Widerstands zu wählen. »*Probieren* Sie's vor Gericht – es wird Ihnen gefallen!« war sein Motto gewesen. Fogelnest hat das nie vergessen.

Jetzt sagt Kennedy Fogelnest folgendes: »Entweder Sie gehen mit und tun, was die sagen, oder Sie sehen zu, daß Sie herausfinden, was die sonst noch alles gegen Ihren Mann auf Lager haben. Nutzen Sie die Verhandlungen um das Schuldgeständnis zu Ihrem Vorteil. Versuchen Sie die Staatsanwaltschaft zu infiltrieren.« Sein Rat reflektiert seine Überzeugung, daß der Staat, wenn das System funktionieren soll, immer nach strengeren Maßstäben gemessen werden muß als jeder Angeklagte – und zwar ausnahmslos.

»Der Richter ist im Saal!«

Die nächste Zeugin ist eine Pizzeriakellnerin, zwei Dollar verdient sie die Stunde. Im Hochsommer 1982 bat sie ihr Chef, Sal Salamone, um einen Gefallen. Er brauche jemanden, der ihm etwas Geld wechsle, und zwar kleine Scheine in große. Er nahm die junge Frau mit in die Küche, holte 10 000 Dollar aus einem Koffer voller Scheine und packte sie in eine weiße Plastiktüte. Auch einige der anderen Angestellten standen dabei, und die aufmerksame Kellnerin bemerkte, daß fünf von ihnen ebenfalls weiße Plastikbeutel in der Hand hielten. Sal sagte ihnen, sie sollten zu verschiedenen Bankschaltern bei drei oder vier Banken in der Gegend von Bloomsburg gehen und nicht mehr als zwei- oder dreitausend Dollar auf einmal wechseln. Der Bedienung gelang es, insgesamt 30 000 Dollar zu wechseln. Im Restaurant sah sie, wie Salamone die Fünfziger und Hunderter in den Samsonite-Koffer packte.

Jenseits des Atlantik hatten die Empfänger der Samsonite-Koffer alle Hände voll zu tun, das Vermögen untereinander aufzuteilen. Schlüsselfiguren bei dieser Verteilung waren zwei wahrhaft schreckliche Türken: ein gewisser Paul Waridel und eine noch zwielichtigere Gestalt namens Yasar Musullulu. Beide waren sie Männer »aus gutem Hause«. Waridels Bruder ist Direktor einer Schweizer Versicherung. Keiner von beiden hält sich für einen Drogenhändler. Beide bezeichnen sich ziemlich großspurig als Importeure von Morphinbase.

Waridels Aussage ist von besonderer Bedeutung; sie ist der Schlüssel zum Aufbau dieser Konspiration. Waridel *ist* die Pizza Connection, die »Verbindung«. Er stellt das wichtigste Bindeglied zwischen den Lieferanten der Morphinbase im Nahen Osten und den sizilianischen Exporteuren des fertigen *heroina* dar. Aber die Geschworenen werden seine verzwickte, widersprüchliche und unglaubliche Geschichte nur als bruchstückhaft zu Protokoll gegebene eidesstattliche Aussage zu hören bekommen; es ist seinen Schweizer Anwälten gelungen, ihren Mandanten vor einer Auslieferung an die Vereinigten Staaten zu bewahren.

Paul Waridel hatte schon seit 1954 in der Schweiz gelebt. Ihm gehörten einige Schweizer Computerfirmen, in Spanien, Mexiko und anderswo betätigte er sich als Makler für Grundstücke und gebrauchte Boote. Waridel spricht fließend Türkisch, Griechisch, Französisch, Englisch, Deutsch, Italienisch und Spanisch.

1972 lernte Waridel im türkischen Izmir einen anderen türkischen Geschäftsmann mit Wohnsitz in der Schweiz kennen, Yasar Musullulu, alias Avni Karadurmus, alias Attila Oksuz. Beide handelten mit archäologischen Fundstücken oder gaben vielmehr vor, mit solchen zu handeln.

Ende 1976 liefen sich die beiden Türken in einem türkischen Restaurant in Zürich wieder über den Weg. Dieses Mal erzählte Musullulu Waridel, er sei Drogenhändler. Er erhalte große Mengen Morphinbase von korrupten bulgarischen Grenzbeamten, die die Konterbande beschlagnahmten, wenn sie aus den Mohnfeldern Afghanistans zur Weiterverbreitung nach Europa geschmuggelt wurde. Genaugenommen war Musullulu von bulgarischen Beamten angeworben worden, sagte er, um die beschlagnahmten Drogen auf Kommissionsbasis weiterzuverkaufen. Und natürlich dealte er auch ein wenig auf eigene Kappe. Waridel verstand. Er hatte selbst gewisse undurchsichtige Beziehungen, allerdings zu den griechischen Behörden.

Nicht lange darauf siedelte Waridel nach Rom um und lernte dort einen Mann kennen, der darauf brannte, Heroin zu kaufen. Und siehe da, schon bald darauf tauchte auch Musullulu in der Ewigen Stadt auf. Waridel vermittelte das Geschäft. Sein erster Einstieg in die Welt des Drogenhandels erwies sich jedoch als Katastrophe, wenigstens auf kurze Sicht. Die italienische Polizei hatte einen Hinweis erhalten – höchstwahrscheinlich von Musullulu selbst –, und Waridel verbrachte die nächsten drei Jahre im römischen Gefängnis Regina Coeli, wo er nicht nur einige wichtige Mafia-Führer, sondern auch ein paar ganz große Heroindealer kennenlernte.

Als er 1980 aus dem Gefängnis kam, freundete sich Waridel mit einem engen Geschäftspartner Tommaso Buscettas an, einem gewissen Nuncio LaMattina, einem der großen Tabakschmuggler der Mafia, der sich damals eben von Zigaretten auf Morphinbase umgestellt hatte. Einer seiner Hauptlieferanten war Musullulu, und die beiden lagen wegen elf Millionen Dollar im Clinch, die LaMattina Musullulu angeblich schuldete. LaMattina heuerte Waridel an, um für ihn die Verhandlungen zu führen. Als es diesem nicht gelang, die Schulden herunterzuhandeln, glaubte LaMattina, Waridel habe ihn verkauft und sich mit seinem türkischen Landsmann zusammengetan. Waridel, der um LaMattinas mächtige Position in der Mafia wußte, hielt es für eine gute Idee, Italien so bald wie möglich zu verlassen, und zog zurück nach Zürich. Das war 1981.

Im Jahr darauf lief er wieder einmal Musullulu über den Weg, und zwar in einem türkischen Nachtclub. Musullulu bat ihn, bei seinen Geschäften mit einer Gruppe Sizilianer als Dolmetscher zu fungieren. Einer der Sizilianer entpuppte sich als der Sohn LaMattinas, der seine Morphinbase jetzt wieder bei Musullulu kaufte, nachdem man die Schulden auf 1,5 Millionen Dollar herabgehandelt hatte. Als Musullulu sich bei der Mafia beschwerte, daß man ihn immer noch nicht bezahlt hatte, brachte LaMattina zu seiner Entschuldigung vor, sein Geldkurier sei auf dem Weg in die Schweiz ausgeraubt worden. Die Mafia glaubte LaMattina jedoch nicht, und er wurde umgebracht.

Jetzt wurde Waridel der Kurier zwischen den Sizilianern und Musullulu. Er nahm an langen Sitzungen in der Credit Suisse und anderen Schweizer Banken teil und half Unsummen zu zählen. Er fuhr mit millionenschweren Koffern durch die Gegend, und er lernte eine ganze Reihe neuer Mafia-Führer kennen, unter anderen Leonardo Greco, Franco Della Torre, Vito Roberto Palazzolo und Antonio Rotolo, den Mann, der LaMattina ersetzt hatte.

Waridel erfuhr, daß Musullulu eine Trampschiffflotte für sich arbeiten hatte, die im Libanon Morphinbase an Bord nahm und damit über das Mittelmeer fuhr, um sich vor der sizilianischen Küste mit den Schnellbooten der Mafia zu treffen. Wenn Musullulu entdeckt zu werden drohte, dann pflegte er seine Schiffe mit Mann und Maus zu versenken.

Das Monopol auf den Handel mit Morphinbase im Mittelmeerraum hatte Musullulu freilich nicht. Einer seiner Schmugglerrivalen war Giuseppe Ferrara, den Waridel ebenfalls im Gefängnis kennengelernt hatte. Schließlich entdeckte Waridel, daß Musullulu seinem Knastkumpan Ferrara einen seiner Dampfer verkauft und dafür 460 000 Dollar Anzahlung erhalten hatte, sich jetzt aber weigerte, das Schiff herauszugeben. Als Waridel Musullulu das nächste Mal über den Weg lief, und zwar in Bulgarien, stahl er ihm seine drei Pässe, nannte ihn eine »Küchenschabe«, übergoß ihn mit Benzin und steckte ihn an.

Wieder einmal war es an der Zeit, sich nach neuen Freunden umzusehen. Waridel suchte den Schweizer Vertreter der amerikanischen DEA auf und offerierte ihm seine Mitarbeit. Das war 1985.

Musullulu überlebte seine Verbrennungen und konnte Berichten zufolge mit weiteren 6 Millionen Mafia-Dollar aus Bulgarien fliehen. Waridel weigerte sich verständlicherweise, die Schweiz zu verlassen, weshalb im Sommer – vor Beginn des Pizza-Prozesses – die Anwälte Fisher, Bronson, Lombardino, Burke, Benfante, Moriarty und Kaplan zusammen mit den Staatsanwälten Martin und Freeh und einem amerikanischen Richter, Edmund Palmieri, sich auf Kosten des amerikanischen Steuerzahlers für eine sonnige Woche in ein direkt am See gelegenes Fünfsternehotel in Lugano begaben.

Kenneth Kaplan, 39, ist ein gescheiter, frustrierter, aber gesprächiger Mann, der seine Selbstsicherheit aus seinen Fähigkeiten als Anwalt zieht. Er ist einer der Anwälte der ersten Stunde im Pizza-Fall und vertritt den Pizzeria-Besitzer Frank Castronovo aus New Jersey. Er ist der Mann, der über die Geldwaschaspekte dieses Falles am besten Bescheid weiß. Er behauptet, die Pizza-Ankläger und die Geschworenen kämen deshalb so gut miteinander aus, weil die Jury längst am Stockholm-Syndrom leide, einem Zustand psychologischer Abhängigkeit eines Gefangenen von seinen Häschern und Bewachern; das Phänomen wurde nach einem berühmt gewordenen schwedischen Banküberfall benannt, bei dem sich einige Bankangestellte rasch in die Leute, die sie in der Stahlkammer als Geiseln festhielten, verliebten.

Kaplan war der maßgebliche Stratege der Verteidigung während der Protokollierung der eidlichen Aussage in der Schweiz. »Sinn und Zweck unserer Expedition nach Lugano war es, einige Zeugen ins Kreuzverhör zu nehmen, die nicht an die Vereinigten Staaten ausgeliefert werden konnten.« Vor allem handelte es sich um den italienischen Industriellen Tognoli, den Türken Waridel und um den Nachfolger Amendolitos, Franco Della Torre. Die Angelegenheit wurde auf Italienisch, nach Schweizer Recht in einem Gerichtssaal in Bellinzona, der Hauptstadt des Tessin, in dem Lugano liegt, abgewickelt. Der amerikanische Richter, Edmund Palmieri, 78, war vom Bundesgerichtsbezirk New York Süd zum Sondermagistrat ernannt. Den Vorsitz führten Schweizer Magistrate; das gesetzte zeitliche Limit war mörderisch. Zwei Stunden für die Staatsanwaltschaft der Vereinigten Staaten, zwei Stunden für das Kreuzverhör durch die Verteidigung.

Fisher war bereit, als erster zu fragen. »Ivan ist großartig. Aber auch ziemlich launenhaft«, sagte Kaplan später. »Er weiß das auch. Am letzten Abend hatten wir endlich einen sehr wichtigen Zeugen.« Nur Waridels Aussage konnte die Levantiner Dealer, die die Morphinbase nach Sizilien schmuggelten, mit dem Geld in Verbindung bringen, das aus Amerika über die Schweiz nach Sizilien zurückfloß.

18.30 Uhr sei es gewesen, als die Staatsanwaltschaft mit dem Zeugen fertig war. »Ivan will auf der Stelle loslegen, obwohl er noch unter den Auswirkungen der Zeitverschiebung leidet und so erschöpft ist, daß das, was er von sich gibt, kaum einen Sinn macht«, erzählte Kaplan später. »Er verbrauchte ganze zwanzig Minuten der uns insgesamt zur Verfügung stehenden Zeit. Also weigerten wir uns, unter derartigen Zwängen zum Kreuzverhör anzutreten. Und so kam es, daß wir die wichtigsten Zeugen überhaupt nicht ins Kreuzverhör genommen haben!«

Kaplan ist Martin schon einmal bei einem Heroinprozeß im Gerichtssaal gegenübergestanden und hält den Chef der Anklagevertretung für »leicht schizophren«. Eines Tages trifft Kaplan Martin auf dem Korridor. »Hey, Dick, haben Sie das Material für mich?« fragt er ihn, und Martin antwortet: »Leck mich am Arsch.« Am nächsten Tag fragt ihn Martin: »Na, wie geht's denn so?« Aus diesem Grund verhandelt Kaplan nur mit Freeh, den er für »aufgeschlossen und verantwortungsbewußt« hält.

Da Kaplan selbst acht Jahre als Bundesankläger gearbeitet hat, hält er sich einiges auf sein Wissen um die Denk- und Arbeitsweisen von Staatsanwälten zugute. »Ankläger gehen vor wie Pirandello«, meint er. »Sie stellen eine Anklage zusammen, konstruieren eine Geschichte, und zwar so, wie sie sich ihrer Meinung nach auf der Bühne am besten macht.«

Auch über den Ehrgeiz von Anklägern hat Kaplan Fundiertes zu sagen. Mitte der siebziger Jahre vertrat er in einigen von der Knapp Commission initiierten Prozessen die Anklage gegen korrupte Undercover-Polizisten. Nach den Unterlagen dieser Fälle entstanden später das Buch und der gleichnamige Film *Prince of the City*. Bezirksstaatsanwalt Thomas Puccio, der später in seiner privaten Praxis unter anderen Claus von Bülow rettete, war damals Kaplans Chef. Die unsauberen Polizisten, gegen die sie die Anklage vertraten, »waren im Grunde nichts weiter als Polizisten. Aber man schuf eine mystische Aura um die ganze Geschichte. Und schauen Sie sich mal an, wie viele Leute sich auf diesen Fällen eine Karriere aufgebaut haben! Nicht bloß Puccio. Giuliani! Alles basierte auf der Sonderermittlungsabteilung der New Yorker Polizei, eine Eliteeinheit – und durch und durch korrupt. Indem sie ihre Zielobjekte richtig aufbauten, bauten sich die Ankläger selber auf. Und die Korruption bei der Polizei wurde in einem Maße romantisiert, daß sich die Ankläger genau die Atmosphäre schaffen konnten, die sich auf ihr berufliches Fortkommen so unglaublich effektvoll auswirkte.«

Kaplan glaubt die grundsätzliche Sichtweise der Ankläger im Pizza-Fall zu durchschauen: »Da wir es hier mit internationalem Drogenhandel und Geldwäscherei zu tun haben, halten sie es für durchaus wahrscheinlich, daß es in *jedem* der Telefongespräche, das diese Leute miteinander geführt haben, um irgend etwas Illegales geht. Also gehen sie davon aus, daß es in *allen* ihren Telefongesprächen nur um Drogen geht – und dem ist nun mal nicht so. Ich behaupte nicht, daß mein Mandant unschuldig ist. Ganz und gar nicht. Aber die haben ja Hunderte von Castronovos Gesprächen abgefangen. In einem geht es um das Schneiden von Käse, und schon hat die Staatsanwaltschaft darauf geschlossen, daß es sich um einen Hinweis auf das Verschneiden von Drogen handle.«

Als Kaplan das Gespräch hörte, dachte er: Mein Lieber, das wird meinem Mandanten gewaltig zu schaffen machen! Aber als er sich mit Castronovo, der in der Lebensmittelbranche ist, unterhält, erfährt er, daß Käse, wenn er weich ist, an der Klinge der Schneidemaschine kleben bleibt. Einer seiner Arbeiter hat sich sogar die Fingerkuppe damit abgeschnitten. In dem abgehörten Telefongespräch witzeln die Chefs, jetzt könnten sie wirklich ein Fleisch-und-Käse-Sandwich machen.

Kaplan war, wie viele andere Pizza-Anwälte auch, über die aus der Heimat mitgebrachte altmodische Moral seines Mandanten erstaunt gewesen. Castronovo lebt in einem bescheidenen Haus, ißt sein Weißbrot mit Salami, Schinken, Mortadella und Mozzarella, fährt einen Mittelklasse-Audi. Er hat fünf Söhne, von denen einer einen Collegeabschluß hat und Kaplan auch schon mal als Kanzleigehilfe zur Hand gegangen ist. Dieser Junge hat seit Jahren dieselbe Freundin, und Kaplan staunte nicht schlecht, als er erfuhr, daß das Mädchen noch nie bei den Castronovos zu Hause gewesen war. Als Kaplan eine Bemerkung über diesen seltsamen Sachverhalt fallenließ, sagte ihm sein Mandant: »Was glauben Sie, was ich leite, einen Puff? Ich habe fünf Söhne!«

Montag, 7. April 1986. Im Metropolitan Correctional Center. Heute ist kein Verhandlungstag. Richter Leval wird damit beschäftigt sein, die Zeugen zu einem anderen Fall zu hören, nämlich der Beschlagnahme der Vermögenswerte des abgesetzten philippinischen Präsidenten Ferdinand Marcos durch die Vereinigten Staaten. Die spätabendlichen Diskussionen um die Schuldigerklärungen zwischen Kennedy und Freeh sind nun schon seit einigen Wochen im Gang. Vor einigen Tagen, bei einem heimlichen Treffen der Badalamenti-

Gruppe und ihren Anwälten im MCC, hat Kennedy den anderen auseinandergesetzt, was er bezüglich der Abkommen, die die Staatsanwaltschaft jedem einzelnen anbot, von Freeh erfahren hatte. Die einzelnen Anwälte hatten auch privat Angebote erhalten; deshalb war Kennedy schließlich zu Freeh gegangen und hatte ihn dazu bringen können, ihm alles schriftlich zu geben; er sagte ihm, er sei guter Hoffnung, irgendeinen Pauschalhandel ausarbeiten zu können. Die Anwälte hatten daraufhin ihren Mandanten erklärt, sie seien verpflichtet, sie über die einzelnen Angebote zu informieren. Aber Badalamenti war standhaft geblieben: kein Handel, weder für ihn noch für die anderen! Und keiner seiner Angehörigen hatte gewagt, dem Alten zu widersprechen – wenigstens nicht offen.

Für heute hat Kennedy ein Folgetreffen einberufen, und die Badalamenti-Anwälte und ihre Mandanten verbringen vier Stunden mit Lena Pecosi in einem fensterlosen Raum mit Metallwänden im MCC – bei einer Hitze, die ihnen wie fünfundvierzig Grad im Schatten vorkommt. Sie teilen die schriftlich fixierten Telefongespräche in Portionen auf, und als sie schließlich Schluß machen, weiß jeder der Anwälte, für welche Gespräche er verantwortlich sein wird. Psychologisch gesehen ist das Treffen ein Erfolg gewesen, weil es ein neues Gefühl der Zusammengehörigkeit unter den sieben Anwälten geschaffen hat. Vor der Zusammenkunft waren sie sich vor allem uneinig darüber, wie die unterschiedlichen Einstellungen ihrer Mandanten zu den Schuldbekenntnissen in Einklang zu bringen waren.

1983. Brooklyn. Buro der Bundesstaatsanwaltschaft, Bundesgerichtsbezirk New York Ost. Eine Genehmigung, ein Telefon abzuhören, ist nicht leicht zu bekommen. Die Regeln, die den im Vierten Verfassungszusatz garantierten Schutz gewährleisten sollen, sind da verständlicherweise sehr penibel. Bevor sie sich bei einem Gericht um die Genehmigung einer solchen Lauschaktion bemühen kann, muß die Staatsanwaltschaft beweisen, daß der begründete Verdacht besteht, daß über die betreffende Leitung illegale Vorgänge besprochen werden. Außerdem muß sie glaubhaft versichern, keine anderen Gespräche zu belauschen, die über dieselbe Leitung geführt werden – Plaudereien mit Ehefrauen, Ärzten, Freundinnen oder legitime Geschäftsgespräche jeglicher Art. Diese Prozedur, die die Privatsphäre des Sprechers und andere von der Verfassung garantierten Rechte schützen soll, nennt man »Minimalisierung«.

Wenn die Agenten sich nicht an die Spielregeln halten, kann der Richter das Band zurückhalten. Erweist sich das Band jedoch als ergiebig, so wissen die Ermittlungsbehörden inzwischen genau, wie mit Hilfe von mitgehörten Gesprächen der Verdacht auf ein Verbrechen hinreichend dokumentiert werden kann.

Das Statut III über das Abhören von Telefongesprächen aus dem Jahr 1970 macht es erforderlich, daß die Leute vom FBI mit der Staatsanwaltschaft enger zusammenarbeiten als je zuvor; außerdem ist die Aufgabe extrem personalintensiv. Jedes angezapfte Telefon muß rund um die Uhr von in Acht-Stunden-Schichten arbeitenden Agententeams überwacht werden. Jede gerichtliche Genehmigung muß monatlich erneuert werden, nachdem beeidete Erklärungen eingereicht wurden, die den Wert des Ertrags aus dem vorangegangenen Monat bezeugen. Das Netz an Lauschaktionen erhöht sich im Schneeballsystem: Ein Verdächtiger spricht vielleicht mit drei oder vier in Frage kommenden Verdächtigen, von denen jeder eine weitere Abhöraktion rechtfertigt. Darüber hinaus muß jeder Antrag zum Abhören eines Telefons dreifach gezeichnet sein – vom Bundesstaatsanwalt, vom jeweiligen FBI-Beamten und von der Dienststelle des Generalstaatsanwalts, also vom Justizministerium in Washington; ein Bundesrichter hat ihn zu überprüfen.

Im Frühjahr 1983, die Ermittlungen bezüglich der Geldwäschereien waren seit zwei Jahren im Gange, glaubten die Ermittlungsbehörden genug Material über Joe Ganci beisammen zu haben, um vom Gericht das Abhören seines Telefons genehmigt zu bekommen. Ab März 1983 hörte man dann auch das Restaurant Roma, die Bäckerei der Catalano-Brüder, Pronto Demolition, sowie die Telefone von Mazzurco und Lamberti ab. Schließlich hatten die Pizza-Ermittler Teams zu je sechs Agenten im Einsatz, die rund um die Uhr 47 verschiedene Telefone abhörten.

Montag, 14. April 1986. Federal Plaza, New York City. Die Checker-Limousine der Kennedys fährt vor, aber nicht etwa vor dem Bundesgerichtsgebäude, sondern vor dem modernen metallverkleideten Federal Building auf der andere Seite des Foley Square. Heute soll der

Kongreß der Vereinigten Staaten über eine Erhöhung der Militärhilfe an die nicaraguanischen Contras abstimmen. Contrafeindliche Demonstranten haben vor dem Federal Building, in dem auch die CIA Büros hat, Posten bezogen und erzwingen Massenverhaftungen, indem sie die Absperrungen der Polizei überklettern. Kennedy beurlaubt sich für einen Teil des Vormittags vom Pizza-Prozeß, um sich festnehmen zu lassen. Als altgedienter politischer Aktivist fühle er sich einfach nicht gesund, erklärt er, wenn er nicht wenigstens einmal pro Jahr die öffentliche Ordnung störe.

Er schreitet durch die Polizeiabsperrungen, und einige gelangweilte Polizisten führen ihn zu einer wartenden Grünen Minna. Während sie davonfährt, läuft Eleanore mit ihrer Kamera nebenher und hält Kennedys grinsendes Gesicht und seine hinter dem drahtverstärkten Glas zum Gruß geballte Faust fest. Das Foto wird in Baby Anna Rosarios Album wandern, zusammen mit den Fotos vom Vormonat, auf denen ihre Eltern Seite an Seite mit dem 86jährigen Michael Flannery, einem ehemaligen Mandanten, im Zug der St.-Patrick's-Day-Parade die Fifth Avenue hinaufmarschieren. 1983 hatte man Flannery zum Grand Marshal der Parade gekürt, nachdem Kennedy den alten Patrioten aus einer Klage wegen Waffenschmuggels nach Nordirland herausgepaukt hatte.

Auf den Fotos von der Parade trägt das Baby der Kennedys ein grünes Häubchen und einen Pulli, den eine weitere *Pro-bono*-Mandantin der Kennedys im Gefängnis gestrickt hatte – die ehemalige Internatsleiterin Jean Harris. Das Album soll das ernsthafte politische Engagement ihrer Eltern dokumentieren sowie deren eingefleischte Überzeugung, daß man Privatleben, Familie und Politik nicht trennen sollte.

10.04 Uhr. Im Gerichtssaal. Sonderagent Carmine Russo ist der Chef der Fremdsprachenexperten, die sich im Auftrag der Staatsanwaltschaft um die im Pizza-Fall aufgezeichneten Telefongespräche kümmerten. Er hat ein rundliches Gesicht, einen kleinen Schnurrbart, das schwarze Haar ist tadellos geschnitten und gekämmt; er trägt eine Brille mit Silbergestell, und sein Hemdkragen ist ihm viel zu eng. Der FBI-Agent legt der gähnenden Jury seine Referenzen vor. Russo und seine Frau sind beide geborene Sizilianer, bei ihnen zu Hause wird nur Sizilianisch oder Italienisch gesprochen. Er ist der Sachverständige, der sich als erster FBI-Mann die aufgezeichneten Gespräche angehört und die geheimnisvollen Anspielungen analysiert hat. Er war außerdem bei Verhören von Mafia-Informanten in Italien und den Vereinigten Staaten zugegen. Die Übersetzung ins Englische der meisten der in den neun Bänden archivierten Gespräche besorgte ein netter, pensionierter Agent der DEA, Anthony Mangiaracina, der sich während der letzten beiden Jahre mit diesen Übersetzungen 200 000 Dollar verdiente.

Der Ankläger bittet Russo, den sizilianischen Satz *Semu, pedi, pedi* zu übersetzen. Zögernd sagt ihm der Agent: »Ich bin auf der Straße. Ich werde warten.« Diese Antwort provoziert eine lebhafte Reaktion seitens der Angeklagten. Catalano lehnt sich nach vorne, um Fisher etwas zuzuflüstern, dabei bricht sein Stuhl zusammen, und er plumpst zu Boden. Die unerwartete Slapstick-Einlage reißt die Geschworenen und auch einige der Anwälte aus dem Schlaf.

Kennedy, den man nach der Feststellung seiner Personalien wieder hat laufen lassen, erklärt, er habe im Moment kein Interesse daran, den Zeugen zu befragen, will aber, daß der Agent während der Verlesung der Telefongespräche auf Abruf zur Verfügung steht. Badalamentis fünf oder sechs Anrufe aus Brasilien – alle auf Sizilianisch – sind alles, was in diesem Prozeß gegen ihn vorliegt. Wenn es Kennedy gelingt, die englischen Übersetzungen anzugreifen, ja nur den Schatten eines Zweifels auf sie zu werfen, dann könnte er damit dem Standpunkt der Staatsanwaltschaft einen schweren Schlag versetzen.

An diesem Abend faßt ein Beobachter der Verhandlungen um die Schuldbekenntnisse zusammen, was sich innerhalb der Badalamenti-Gruppe inzwischen abgespielt hat. Der amerikanische Mafia-Don Carmine »The Snake« Persico, der ebenfalls im MCC einsitzt, wartet auf seine Verhandlung innerhalb von Giulianis großem »Commissione«-Prozeß, der laut Plan in vier oder fünf Wochen beginnen soll. Persico und Badalamenti sind uralte Freunde. Ein Jahr vor Beginn des Pizza-Prozesses hatten die beiden zwei nebeneinanderliegende Zellen bewohnt, und der Alte hält große Stücke auf sein amerikanisches Pendant. Da Sizilianer in erster Linie auf Sizilianer hören, hört Badalamenti zuerst einmal auf Persico. Noch bevor Kennedy überhaupt Gelegenheit hatte, sich mit seinem Mandanten über den Handel mit der Staatsanwaltschaft zu unterhalten, hatte Persico Badalamenti schon fleißig gewarnt: Paß bloß auf Kennedy auf. Trau ihm ja nicht über den Weg. Der versucht deine Jungs zu verkaufen.

Da einige Anwälte der Badalamenti-Gruppe persönliche Gründe dafür haben, so lange wie möglich dabeizubleiben, haben auch sie ihre Mandanten gemahnt, standhaft zu bleiben, ganz egal, welche Annehmlichkeiten ihnen Freeh oder Kennedy in Aussicht stellen sollten. Als Badalamenti damit von Leuten aus der eigenen Familie dasselbe zu hören begann, was ihm Persico einflüsterte, faßte sein sizilianischer Dickschädel einen Entschluß: keinen Handel – für keinen von ihnen! Nicht einmal für sein eigen Fleisch und Blut, Vito. Und das, obwohl Freeh versichert hat, Vito könne als Gegenleistung für ein bißchen Entgegenkommen den Gerichtssaal als völlig freier Mann verlassen.

Obwohl Badalamenti also selbst weder Anlaß noch Absicht hatte, irgendwelche Verhandlungen zu führen, so gab es doch einen zwingenden strategischen Grund, seinen Familienmitgliedern zu raten, sich durch Abkommen mit der Staatsanwaltschaft aus der Affäre zu ziehen, auch wenn der Alte sich störrisch wie ein Maultier weigerte, diese Verhandlungen zur Kenntnis zu nehmen. Das Problem ist nämlich, daß Badalamenti, solange ihn diese Gruppe loyaler Familienmitglieder umgibt, den Eindruck eines gefährlichen Mafia-Patriarchen vermittelt. Nimmt man das Gefolge weg, so vergrößert man seine Chancen, von den Geschworenen als ausgebrannter, abgewrackter und längst nicht mehr gefährlicher Kriegsherr angesehen zu werden.

Als es Kennedy dämmerte, daß kein einziges der Familienmitglieder die Abkommen, die er ausgehandelt hatte, akzeptieren würde, rief er die Badalamenti-Anwälte zu einer Besprechung zusammen. »Bringen Sie Ihre Mandanten dazu, Ihnen das schriftlich zu geben«, riet er ihnen. »Man hat uns ein Geschäft angeboten – wir haben es abgelehnt. Andernfalls«, so warnte er sie, »wird Sie das noch einmal belasten, wenn der Bursche, den Sie vertreten, verurteilt wird.«

Insgeheim würden einige der Angeklagten aus der Badalamenti-Gruppe sehr gern auf einen Handel eingehen. Aber sie würden es nie wagen, dies ohne die Zustimmung des Alten zu tun. Sie sind zu familienorientiert, viel zu sizilianisch und viel zu eingefleischte Mafiosi, um sich gegen den Boß zu stellen. Er braucht den Mund erst gar nicht aufzutun. Sie interpretieren sein Schweigen, sein »Kein Kommentar« als negative Antwort, und es würde ihnen nicht im Traum einfallen, den Verdacht aufkommen zu lassen, sie könnten die Weisheit des *capofamiglia* anzweifeln.

»Diese typisch italienische Scheuklappenhaltung macht die ganze Geschichte zu einer Tragödie«, meint Eleanore Kennedy. »Und das Ende vom Lied? Sie gehen alle miteinander unter.«

1981. Bloomsburg, Pennsylvania. Der Angeklagte Sal Salamone hatte angefangen, sich mit Waffen einzudecken, was in Pennsylvania nun wirklich kein Problem ist; nur schien sich Salamone nicht darüber im klaren zu sein, daß ordentlich geführte Waffenhandlungen in der Regel enge Verbindungen zu den Behörden unterhalten. Nachdem er den Angestellten im Renco Gun Shop zu Bloomsburg erzählt hatte, daß er sich etwas zum Selbstschutz kaufen wolle, weil er öfter größere Summen zu transportieren habe, kaufte er sich ein Gewehr vom Typ AR-15 – die zivile Version des M-16, der Infanteriewaffe des amerikanischen Heeres –, dazu eine Maschinenpistole vom Typ MAC II. Der Verkäufer füllte für jede der Waffen das vorgeschriebene Verkaufsformular aus und schickte es an das Amt für Alkohol, Tabak und Schußwaffen (ATF). Ein Jahr später kam Salamone mit seinem Bruder in das gleiche Geschäft. Filippo Salamone kaufte sieben Gewehre vom Typ AR-15, sieben MAC-II-Maschinenpistolen und drei Uzi-Maschinenpistolen. Als das ATF die dazugehörigen Formulare überprüfte, stellte man fest, daß die Namen auf einigen von ihnen frei erfunden waren.

6 Uhr, Sonntag morgen, 9. April 1984. Clifton, New Jersey. Eines der Ziele der streng koordinierten Großrazzia des FBI war ein neuer Komplex mit Luxuseigentumswohnungen – das Patricia Village – an der River Road in Clifton, New Jersey. Im Apartment 46 fanden die Agenten zwei der AR-15 und eine der MAC-II-Maschinenpistolen, die Filippo Salamone in dem Waffengeschäft in Bloomsburg, Pennsylvania, gekauft hatte. Der Eigentümer der Wohnung war Joe Ganci.

Giuseppe Ganci wurde in dem kleinen Dorf San Giuseppe Iato in der Provinz Palermo auf Sizilien geboren und hatte es zu einem *soldato* der *famiglia* aus Santa Maria di Gesù gebracht. 1965, als wieder einmal einer der sizilianischen Mafiakriege seinen Höhepunkt erreichte, entschloß sich Ganci, in die Vereinigten Staaten auszuwandern.

»Il Bufalo« war ein kleiner, rundlicher Mann mit einem fleischigen, fröhlichen Gesicht, das von einer Fülle lockigen grauen Haares umrahmt wurde. Sein Spitzname bezog sich auf seinen beachtlichen Bauch, der Zeugnis über seine Vorliebe für das gute Leben, vor allem das gute Essen ablegte. Im Restaurant Villa Maria an der Fresh Pond Road in Queens, in der Nähe seines Zuhauses, hatte er im Hinterzimmer einen eigens für ihn reservierten Tisch neben einem bullernden Kaminfeuer. In Little Italy genoß er das Privileg eines ähnlichen Tisches neben dem Kamin im Restaurant Ruggiero in der Grand Street, einem bevorzugten Treffpunkt der Zips. Wenn sich der »Büffel« besonders wohl fühlte, dann entschied er sich oft für Il Valetto, eine schicke Futterstelle an der East Side, wo vor allem Spesenritter und UN-Diplomaten verkehren. Er hatte nicht die geringsten Bedenken, 400-Dollar-Rechnungen zu machen.

Ganci führte den Großteil seiner Geschäfte von seinem Zuhause in der 69. Straße im Middle Village in Queens aus, wo er mit seiner Frau und seinen beiden Töchtern lebte. Er konnte von hier aus seine eigene Pizzeria Al Dente am Queens Boulevard, der Hauptverkehrsader des geschäftigen Viertels, bequem zu Fuß erreichen oder zur nahegelegenen Bäckerei der Gebrüder Catalano spazieren. Er war außerdem Teilhaber bei Pronto Demolition, die zwar ihre Büros in der Provost Street in Brooklyn hatte, deren Teilhaber es jedoch vorzogen, die Treffen der Geschäftsleitung zu Hause bei Ganci abzuhalten.

So gut wie jeden Nachmittag fuhr Ganci in seine Wohnung in New Jersey. Der Komplex Patricia Village war von einem Bauunternehmen namens Polizzi Builders gebaut worden, eine Firma, die Gancis *compare* aus San Giuseppe Iato, dem Angeklagten Frank Polizzi, gehörte. Im Restaurant seines alten Freundes, der Casa Polizzi, hatte Ganci auch seine junge Geliebte kennengelernt, Carol Giuliano. Sie war eine attraktive Brünette Anfang Dreißig, und Ganci hatte großes Vergnügen daran, sie mit Geschenken zu überhäufen – Pelzmäntel, ein Auto, Ringe, Diamanten. Er hatte das Apartment im Patricia Village für sie gekauft. Nachdem sie dort den Nachmittag verbracht hatten, gingen Ganci und Carol für gewöhnlich aus, meist in Polizzis Restaurant, dann machten sie sich wieder auf den Weg in ihr Liebesnest. Ein angenehmes, ruhiges Leben.

Dienstag, 29. April 1986. Im Gerichtsgebäude. Im Frühlingslicht leuchten der sonnengebleichte Marmor und der Granit des Bundesgerichtsgebäudes wie der Kalkstein im Tal der Könige bei Luxor. Auch das Gerichtsgebäude mutet einen an wie ein Mausoleum, eine Lagerstätte mumifizierter Pharaonen, Schriftrollen und seltsamen, kaum zu entziffernden, weil vom ewig wandernden Sand fast verwischten Hieroglyphen. Der Prozeß scheint in eine Flaute geraten zu sein und die Geschworenen dazu verdammt, an diesem windstillen, pfad- und zeitlosen Ort durch das Geröll an unergründlichem »Beweismaterial« zu wandeln.

Die heutige Aussage geht zurück zum 9. April 1984, dem Tag, an dem der Angeklagte Sal Greco aus New Jersey verhaftet wurde, jener bleistiftdünne Mann, der in der letzten Reihe gleich am Mittelgang sitzt. Obwohl er so adrett aussieht wie Mr. Saubermann persönlich, ist Greco angeblich der arbeitssüchtige Besitzer und Chef einer kleinen Familienpizzeria in Neptune City, New Jersey. Fünfzehn Bundespolizisten nahmen an jenem Sonntag vor zwei Jahren um sechs Uhr morgens an der Razzia in Grecos bescheidenem Heim teil, und die Einzelheiten über die Durchsuchung seines Hauses werden mehr als vier Verhandlungstage in Anspruch nehmen. Ähnliche Listen von Beweismaterial müssen auch für jeden der anderen Angeklagten ertragen werden. Die Wirkung dieser zweiundzwanzig detaillierten Berichte über Durchsuchungen und Beschlagnahmen steht derjenigen eines starken Schlafmittels in nichts nach. Es ist jetzt gang und gäbe, sowohl auf der Geschworenenbank als auch in den Besucherreihen, schon vor dem Mittagessen ein kleines Nickerchen zu machen. Bis zum Nachmittag ist dann auch der ein oder andere Anwalt vom Schlaf übermannt. Bei ihren Mandanten ist das Schläfchen – wie alles andere auch – sehr professionell, sie dösen schon allein aus Imagegründen weg – um anzudeuten, daß sie das hier weder interessiert noch etwas angeht.

Die Verteidiger, normalerweise ganz und gar nicht auf den Mund gefallen, ringen nach Worten, um zu beschreiben, wie ihnen bei diesem Prozeß zumute ist. Während der vormittäglichen Kaffeepause findet Kennedy schließlich das richtige Wort. Es sei, sagt er, als würde man von einem Gletscher überholt.

Tony Lombardino schaut von seinem Gebäck auf. »Die reinste *Titanic* ist das, verdammt noch mal. Bloß daß wir keine Musik haben.«

Sonderagent Michael Lee, der dritte Zeuge, der zur Razzia bei Greco gehört wird, ist ein ansehnlicher, schlanker, wie aus dem Ei gepellter Schwarzer. Er beschreibt Robert Stewart, wie Greco den Agenten die Schlüssel zu seiner Pizzeria ausgehändigt und Grecos Sohn sie nach Neptune City begleitet habe. Dort hätten er, Lee, und sein Partner unter der eingezogenen Zwischendecke eine halbautomatische Uzi gefunden. Bei diesen Worten wachen einige der vor sich hindösenden Geschworenen auf. Das Waffenversteck enthielt außerdem eine MAC-II-Maschinenpistole, mit eingestecktem Magazin und durchgeladen, eine deutsche Pistole vom Typ Luger 9-mm mit einem voll bestückten Magazin, mehrere Schachteln mit Munition der Kaliber 9-mm und .38; einen Schalldämpfer für die Uzi und eine weitere Tasche mit losen Patronen vom Kaliber .223.

Auf einen vor die Geschworenenbank gerollten Wagen hat Stewart eine riesige gelbe Einkaufstasche gestellt. Aus ihr zieht er die Styroporschachtel mit der Uzi und legt sie vor den Zeugen. Das veranlaßt neun der Verteidiger und zwei Ankläger, auf der Stelle vor das Richterpult zu eilen. Es handelt sich hier um das erste von mehreren Waffenarsenalen, die bei der Razzia vom 9. April in den Häusern der Angeklagten sichergestellt wurden, und die Anwälte wollen von Anfang an klarstellen, daß sie gegen diese verhetzende Zurschaustellung »scheußlicher Gegenstände« Einspruch erheben.

Jawohl, der Agent erkenne das Beweisstück der Staatsanwaltschaft mit der Nummer 603 D-63. Es ist die Verpackung der Uzi, die jetzt mit einem Band als Beweisstück gekennzeichnet und mit Puder bestäubt ist. Er nimmt die wirkungsvolle kleine mattgraue Waffe heraus. Die jungen Männer unter den Geschworenen lehnen sich nach vorne.

Wie ein Weihnachtsmann bringt Stewart nach und nach aus seiner großen zerknitterten Tasche weitere Schußwaffen zum Vorschein. Erneut zieht er ein Gewehr heraus. Ja, sagt der Zeuge, das sei ein AR-15.

Fogelnest erhebt Einspruch. Der Zeuge sei nicht qualifiziert, solche Aussagen zu machen, platzt er heraus. Indem er das sagt, verstößt er gegen das Erste Gebot des Anwalts: Stell nie eine Frage, auf die du nicht bereits die Antwort weißt. Und schon rasselt Agent Lee seine Erfahrungen herunter: zwei Jahre beim Amt für Alkohol, Tabak und Schußwaffen, fünf Jahre bei der Terrorbekämpfung, zwei Jahre als Ausbilder an Handfeuerwaffen beim FBI.

Stewart bittet den Agenten, das Verschlußstück der Luger zurückzuziehen. Unbeabsichtigt schlägt Lee mit der Waffe gegen das Mikrofon und verursacht ein lautes *ptock!* Einige Geschworenen und der Protokollführer fahren erschrocken zusammen. Die Anwälte der Verteidigung beginnen wütend zu schreien.

Segal verlangt mit heiserer Stimme, das Verfahren abzubrechen. »Bei all unserer jahrelangen Erfahrung vor Gericht«, wütet er, »hat noch keiner von uns je eine Demonstration mit scharfer Munition vor den Geschworenen erlebt! Der einzige Sinn einer solchen Vorführung ist es, die Geschworenen zu verhetzen! Hier wird den Leuten Furcht eingeflößt! . . . Das ist doch eine reine Zirkusnummer.«

Er wird von anderen protestierenden Stimmen übertönt. Leval mischt sich ein: »Ich denke nicht, daß dies der richtige Ort ist, mit scharfer Mu -.«

»Euer Ehren, der Schaden ist bereits angerichtet . . .«

Martin ficht das nicht an. Fotografien alleine »sind völlig unzureichend, um die Dinge vorzuführen, die sich im Besitz des Angeklagten befanden . . . Ich bin nun seit sechs Jahren an diesem Gericht, und ich habe dutzendemal scharfe Munition mitgebracht.«

Vor dem Kreuzverhör instruiert Leval wieder einmal die Geschworenen: »Keinem der Angeklagten hier wird unbefugter Waffenbesitz vorgeworfen. Der Umstand, daß irgendeiner der hier Angeklagten sich im Besitz einer Schußwaffe befand, ist – wenn Sie so wollen – an sich kein Verbrechen. Es steht Ihnen allerdings frei, diesem Umstand jegliches Gewicht beizumessen, das Sie ihm geben wollen. Aber wie Sie sich erinnern, lauten die Anklagen hier auf Rauschgifthandel und Devisenvergehen.«

Fogelnest ist der erste, der zum Kreuzverhör antritt. Er betont, daß es vollkommen legal sei, wenn ein Zivilist mit einem Waffenschein eine Maschinenpistole vom Typ MAC II erwerbe, vorausgesetzt sie werde nicht für vollautomatisches Feuer umgebaut. Der Anwalt gibt sich zurückhaltend, höflich.

Später im Korridor lobt jemand den Ton seines Kreuzverhörs. »Na, hör mal«, sagt er darauf, »wenn du eins nicht machen darfst, dann ist das auf einen höflichen schwarzen Zeugen einzudreschen.« Bronson allerdings ist außer sich, fast sieht es so aus, als wollte er Fogelnest eins überbraten. Indem er die Frage nach der Legalität der Waffen aufs Tapet gebracht habe, habe Fogelnest ein ganz neues Thema angeschnitten, nämlich das der Illegalität des Schalldämpfers. Zum Glück habe das keiner der Ankläger mitgekriegt.

Larry Bronson, 50, Anwalt von Salvatore Greco, ist eine Frohnatur, der klevere, fleißige Sohn eines Ladenbesitzerehepaars aus New Jersey. Im Alter von vierzehn Jahren sah er einmal einen Film über einen faszinierenden Prozeßanwalt, und damit stand seine Zukunft fest. Er hat nie auch nur einen Augenblick geschwankt. Bevor er eine private Praxis eröffnete, arbeitete Bronson drei Jahre lang als Ankläger im Hudson County.

Wie viele andere Pizza-Anwälte auch, läßt Bronson es sich gerne gutgehen – von einer soliden bürgerlichen Existenz hält er nicht viel. Seine Kinder leben in Florida. Er selbst verbringt seit sechs Jahren seine Winter in der Park Avenue, während er sich im Sommer in der Toskana und in Monte Carlo mit einer flotten Biene namens Jill vergnügt, die er mit großer Zuvorkommenheit und viel Respekt behandelt.

Es handelt sich hier nicht um Bronsons ersten Fall mit mehreren Angeklagten. Er war in New Jersey an einem Kokain-Fall mit vierundvierzig Angeklagten beteiligt, er war Verteidiger in den großen Giftmüll-Prozessen in New Jersey, und außerdem wirkte er beim Serpico-Prozeß mit. Zu seinem gegenwärtigen Mandanten sei er auf die übliche Weise gekommen, sagt er; entweder bekomme er sie durch einen anderen Anwalt oder einen früheren Mandanten.

Die Pizza-Connection sei »ein sehr schwieriger Fall, wegen seines Umfangs. Und jetzt, nach acht Monaten, stehen viele der Anwälte am Rande der totalen Erschöpfung.«

Bronson fährt jeden Morgen Segal und Kaplan ins Gericht; er bekommt so aus nächster Nähe mit, wie die beiden Männer buchstäblich vor Müdigkeit verfallen. Beide zusammen scheinen sie mindestens 30 bis 40 Pfund verloren zu haben. Bronson selbst ist immer noch der Alte, stämmig, vergnügt und unerschütterlich.

Über die Ankläger sagt Bronson: »Louis Freeh ist ein wunderbarer Bursche. Er würde einem jeden Gefallen tun. Dick Martin ist da ganz anders. Er ist einfach nicht ehrlich. Er ist kein Gentleman.«

Über das Verteidigerteam sagt er: »Wir haben in diesem Fall vor allem ein Problem – eine Menge Nieten. Fünf von uns haben hier die Schwerarbeit geleistet. Kaplan, Fisher, Bergman und ich, wir haben die ganze Show auf die Beine gestellt. Michael Kennedy war anfangs nun wirklich keine Hilfe... Aus der Badalamenti-Gruppe hilft uns nur David Lewis. Alle anderen sind umgefallen.«

Besonders schlimm seien die Kollegen, die die Geschichte für sich selbst ausnutzten. So habe zum Beispiel der Staat die Reise nach Lugano übernommen, »aber einige der Jungs haben nichts weiter getan, als es sich dort gutgehen zu lassen. Sie sind noch nicht mal zu den Vernehmungen gekommen.«

Einer der härtesten Arbeiter sei Paul Bergman, der in diesem Prozeß eigentlich gar nichts mehr zu suchen habe, da Richter Leval ja das Beweismaterial zum Mord an Galante hinausgeworfen hat. »Aber er hat etwas wirklich Wunderbares geschafft. Er hat sich den Richter zurechtgebogen, und zwar in einem Maße, daß der Richter ihm jedes Wort glaubt, egal, was er sagt!« Auch Bergman sei ein ehemaliger Ankläger des Bundesgerichtsbezirks New York Süd, und zu Beginn des Prozesses, erzählt Bronson, habe er Levals Aufmerksamkeit erregt, indem er gegenüber dem Richter zu jedem Punkt ausführlich die Gesetze zitierte und auslegte. »Ständig kam er mit dem Gesetz daher, ständig hat er gesagt, aus *diesem* Grund sollten Sie so oder so entscheiden. Seine Argumentation fiel nicht immer zum größtmöglichen Nutzen der Angeklagten aus, aber gerade damit verschaffte Bergman sich beim Richter einen gewaltigen Respekt für alles, was er von sich gibt.« Einige der anderen Anwälte schickten Bergman nach vorn, damit er für sie ihren Standpunkt vertrete, »weil sie wissen, daß der Richter Bergman zuhört. Paul ist unser Mann für die Einreden.«

Im Pizza-Fall mag Sal Greco nur ein kleiner Pizzabäcker sein, aber Larry Bronson kann trotzdem mit großer Zufriedenheit sagen: »Ich habe hinsichtlich des Honorars ein prima Arrangement. Das kann hier nicht jeder sagen.« Es gebe immer wieder Mandanten aus dem Mob, die einfach nicht bezahlen, ganz gleich, wie die Abmachung hinsichtlich des Honorars gelautet habe.

Bronson und Mike Querques – »ein ausgezeichneter Anwalt« –

waren früher einmal Geschäftspartner. Aber wie die anderen solo praktizierenden Anwälte im Pizza-Fall, ist Bronson jetzt stolz darauf, seine Kanzlei als Einmannfirma zu betreiben, ein Mann mit Unternehmungsgeist, der »von einem großen Fall zum anderen zieht«. Als nächstes stehen in seinem Kalender ein Fall mit Todesstrafe in New Jersey – für ihn ein rarer und willkommener Fund – und ein Raubüberfall auf einen Panzerwagen.

Dienstag, 29. April 1986. Im Gerichtssaal. Endlich ist wieder ein Tag geschafft; Kennedy und Benfante warten vor dem Aufzug. Kennedy berichtet, Badalamenti und seine Familie wollten von Schuldgeständnissen noch nicht einmal was hören. »Der Begriff der Verlustminimierung ist für den Alten ein böhmisches Dorf.« Er erzählt Benfante einiges aus Badalamentis Biographie. Mussolini habe der Mafia die Flügel gestutzt. Nach dem Zweiten Weltkrieg hätten die Liberalen im OSS*, die Typen aus Harvard, Badalamenti und die anderen Mafia-Führer wieder an die Macht gebracht, weil sie einheimische Führer bevorzugten. »In Südostasien haben wir aus demselben Grund auch die falschen Führer unterstützt. Es ist eine Politik, die uns pragmatisch erscheint, die uns aber mit schöner Regelmäßigkeit auf der falschen Seite landen läßt.«

Benfante, der mit Politik nichts am Hut hat und der im Augenblick ohnehin nur daran interessiert ist herauszufinden, wie Badalamentis Verteidigung aussehen wird, erwähnt beiläufig, daß die Berichterstattung der italienischen Zeitungen über den »Maxi-Prozeß« von Palermo, wo im Augenblick Buscetta aussagt, Badalamenti sogar noch mehr entlastet als Buscetta. Was man ihm da drüben denn eigentlich vorwerfe?

Zuerst hätte er sich nur wegen Mafia-Mitgliedschaft zu verantworten gehabt. Aber als die amerikanische Regierung um seine Auslieferung nachgesucht hätte, da hätten die Italiener ihr zuvorzukommen versucht, »indem sie die amerikanischen Anklagepunkte in Bausch und Bogen übernommen und ihm zur Last gelegt haben.

* Office of Strategic Services (Büro für Strategische Dienste), 1942–1945 Nachrichtendienst der USA, zuständig für psychologische Kriegsführung, Guerillakrieg sowie Beschaffung und Analyse von Feindnachrichten (A. d. Ü.)

Dann haben sie den Alten und seine Familie aus dem Maxi-Prozeß ausgeklammert.« Aber die Anklagen seien noch immer anhängig.

In Italien sei schon die bloße »Zugehörigkeit zur Mafia« ein Verbrechen, erklärt Kennedy, im Gegensatz zu den Vereinigten Staaten. Eine Aussage seines Anwalts, daß Badalamenti Mitglied der Mafia sei, würde den italienischen Anklägern allerdings nichts nützen; trotzdem war Kennedy in seiner Eröffnungserklärung vorsichtig genug gewesen, von seinem Mandanten nur als »Ehrenmann« zu sprechen. Wenn jedoch Badalamenti selbst hier in den Staaten sagen würde, er sei Mitglied der Mafia, dann könnte diese Erklärung in Italien sehr wohl gegen ihn verwendet werden.

Kennedy weiß natürlich, daß Benfante im italienischen Recht bereits beschlagen ist. Ihm ist klar, was hier gespielt wird: Benfante brennt wie alle andern Pizza-Anwälte darauf, etwas über Kennedys Pläne hinsichtlich Badalamentis Verteidigung zu erfahren. Aber Kennedy hat nicht die Absicht, ihre Neugierde zu befriedigen. Er könne das einfach nicht riskieren, erklärt er privat. Die meisten seiner Kollegen würden diese Informationen nur allzu bereitwillig bei der Staatsanwaltschaft gegen den ein oder anderen Gefallen eintauschen. Die Wahrheit könnte freilich auch so aussehen, daß Kennedy selbst noch nicht weiß, was er plant.

März 1983. Die Überwachungsmaßnahmen des FBI. Über ein Jahr lang – vom 7. März 1983 bis zur großen Razzia am 9. April 1984 – überwachte das FBI die Angeklagten pausenlos, und zwar sowohl durch massive Beschattung als auch mit Hilfe von elektronischen Maßnahmen. Jede Sichtung, jedes aufgezeichnete Telefongespräch war ein Teilchen in dem riesigen Mosaik, das die Ermittlungsbehörde zusammensetzte, um es zu gegebener Zeit den Geschworenen zu präsentieren. Als die Zeit dann kam, wurde jede einzelne während der Überwachung eingebrachte Einzelheit den Geschworenen von einem oder gar mehreren der beteiligten Kriminalbeamten beschrieben. Diese Vignetten waren selten vollständig und wurden zudem in ziemlich launischer Reihenfolge präsentiert. Nichtsdestoweniger begann sich im Lauf der Monate so etwas wie ein Bild abzuzeichnen, die Skizze einer riesigen und komplexen Unternehmung. Der Gedankengang der Ankläger glich dabei dem der Paläontologen: Aus zwei

Rückenwirbeln und dem Fragment eines Backenknochens versuchten sie auf einen Dinosaurier zu schließen.

Einer der ersten Lauschangriffe erwischte Filippo Salamone, den Bruder des Angeklagten Sal, dabei, wie er Tommy Mazzara in New Jersey anrief, um ihm zu sagen, daß er vier Taschen voll Zwiebeln habe, die kurz vor dem Austreiben seien. Das FBI interpretierte das als die verschlüsselte Mitteilung, daß vier Geldtaschen zum Abtransport bereitstünden. Man beschloß, ein wenig für Unruhe zu sorgen.

Am 1. Juni 1983 schaute das FBI in der Pizzeria Sal's Place vorbei und verhörte einige der Angestellten über ihre Geldwechselaktivitäten der letzten Zeit. Die Schockwellen dieses Besuchs breiteten sich augenblicklich aus. Schon früh am nächsten Morgen hörte man, wie Salamone seiner Frau eindringlich mitteilte, daß sich große Probleme ergeben hätten; sie solle sofort seinen Bruder Filippo kontaktieren, und zwar unbedingt von einem öffentlichen Fernsprecher aus.

Der Besuch des FBI in der Pizzeria seines Bruders veranlaßte Filippo Salamone zu einigen überstürzten Maßnahmen, die einen weiteren sizilianischen Geschäftskontakt auffliegen ließen, nämlich den wohlhabenden Angeklagten Frank Polizzi. Am feuchtheißen Abend des 8. Juni beobachtete das FBI, wie Filippo in seinen Wagen sprang und die drei Stunden dauernde Fahrt zu Polizzis Belleville Motor Lodge in Belleville, New Jersey, antrat. Um 11 Uhr abends sahen sie, wie er Polizzi auf dem Parkplatz des Motels eine braune Papiertüte übergab, um dann schnurstracks nach Pennsylvania zurückzufahren.

Montag, 5. Mai 1986. Im Gerichtssaal. In den Observationsprotokollen des FBI wimmelt es nur so von braunen Tüten, weißen Tüten und Pappkartons. Heute beschreibt Sonderagent Alfred Genkinger, wie er den Parkplatz von Polizzis Motel in Belleville überwachte. Als das Kreuzverhör an der Reihe war, betritt Polizzis Anwalt, Mike Querques, das Podium, einen Stapel ganz gewöhnlicher brauner Papiertüten unter dem Arm, wie man sie im Lebensmittelladen bekommt, zirka zwanzig Zentimeter breit und etwa doppelt so hoch. Er bittet die Zeugen, eine leere Tüte so zu falten und zu schließen, daß sie der vollen Tüte, die er Salamone Polizzi auf dem Parkplatz habe geben sehen, möglichst ähnlich sehe. Der Kriminalbeamte gerät etwas ins Zittern, aber es gelingt ihm, die Tüte zu falten. Der Anwalt nimmt sie ihm ab, legt sie mit großer Geste unter einen Hefter, auf den er mit der Hand schlägt, um die Tüte mit einer Klammer genauso zu erhalten, wie sie gefaltet wurde. »Ist das die gleiche Tüte, die Sie an jenem Abend gesehen haben!« Ja.

»Die Tüte ist dem Beweismaterial hinzuzufügen!« schreit er. Es ist eine willkommene Vorstellung à la Perry Mason, und die Jury ist ganz Ohr. Querques nimmt eine weitere, allerdings volle braune Tüte vom Tisch der Verteidigung und faltet sie auf die gleiche Weise zurecht. Er hält die Tüte in die Höhe und schreit den Agenten an: »Wissen Sie, was da drin ist?«

Wütende Einwände seitens der Anklagevertretung. Leval ruft den Anwalt an den Richtertisch, wo Querques ihm zeigt, daß seine braune Tüte, die genauso aussieht wie diejenige, die der Agent gesehen hat, voller Sardinen ist. Er möchte den Inhalt seiner Tüte der Jury zeigen. Leval hält ihn zurück. »Der Kriminalbeamte hat nicht gesehen, was in der fraglichen Nacht in der Tüte war«, und deshalb habe der Richter nicht die Absicht, Querques den Inhalt seiner Tüte den Geschworenen zeigen zu lassen. Die Geschichte mit dem Fisch wird noch etwas warten müssen.

Juni 1983. Die Überwachungsmaßnahmen des FBI. Soweit die FBI-Leute es beurteilen können, ist Filippo Salamone mitsamt seiner Familie über Nacht verschwunden. Die Eingangstür ihres Hauses in Jackson, New Jersey, ist verschlossen, der rote Pickup ist verschwunden. Andere Agenten, die das Telefon von Sal Grecos Pizzeria in Neptune City überwachen, hören, wie Greco einem Anrufer sagt, Salamones Frau sei nach Italien gereist, und er meine, Filippo werde wohl bei ihr sein. Greco ist – wie sich herausstellt – durchaus einer, der es wissen sollte. Über Nacht hat er sowohl das Haus der Familie Salamone wie auch den roten Chevy Blazer gekauft – und das für insgesamt einen Dollar.

Dienstag, 6. Mai 1986. Im Gerichtssaal. Der Prozeß tritt in eine neue Phase. Zum ersten Mal seit seinem Beginn im vergangenen Oktober wird das Verfahren etwas liefern, was Anwälte »Fleisch« nennen. Das Beweismaterial, das die Staatsanwaltschaft gleich vorlegen wird, bezieht sich auf das einzige wesentliche Quantum Rauschgift, dessen man im ganzen Pizza-Fall habhaft werden konnte. Zwei Jahre nach der Pressekonferenz, bei der Generalstaatsanwalt William French Smith so überschwenglich Unmengen von Heroin erwähnte, als läge es in Ein-Pfund-Päckchen verpackt und zu einem großen Haufen gestapelt neben ihm auf dem blauen Teppich, paßt die Gesamtausbeute an Heroin, die man der Pizza-Connection nachweisen kann, in drei Plastikbeutel, die jetzt auf dem langen Tisch der Anklagevertretung liegen: zweieinhalb Kilo Heroin, die ein als Scheinaufkäufer auftretender Untergrundagent bei drei voneinander unabhängigen Käufen – alle von ein und derselben Quelle – erwarb und mit mehr als 600 000 Dollar in markierten Scheinen bezahlte, die der Staat zur Verfügung gestellt hatte.

Vier neue Schaubilder sind aufgefahren worden, auch sie quellen über vor Zahlen und Symbolen; sie tragen die Überschrift: CHRONOLOGISCHER ABLAUF DER EREIGNISSE. Der heutige Ankläger ist der apfelwangige Robert Bucknam, dem die Verteidigung den Spitznamen »The Pillsbury Dough Boy«* gegeben hat, der jedoch jetzt, nachdem er gut zwanzig Pfund seines normalen Gewichts verloren hat, direkt sportlich aussieht. Vielleicht läßt ihn aber auch nur der Kontrast mit seinem heutigen Zeugen schmäler erscheinen; der ist nämlich bestimmt einsachtzig und gebaut wie ein Footballspieler, sein fast schon kahler Kopf hat die Form einer Wassermelone, er trägt eine große Hornbrille und sein Oberlippenbärtchen à la Fu Manchu geht in einen sauber gestutzten Kinnbart über. Stephen Hopson ist einer der Spitzenleute der DEA, er ist Ende Dreißig, und er fühlt sich im Zeugenstand wohler als jeder andere, der in diesem Prozeß vor ihm dort gesessen hat. Ja, er strahlt schier vor Freude darüber, daß er hiersein darf. Die Anwälte Benfante, Segal, Lombardino und Kaplan wissen, daß ihre Mandanten nichts mehr zu lachen haben werden, wenn dieser sanfte Riese seine Aussage hinter sich hat.

Nach einer beeindruckenden Aufzählung der Referenzen des DEA-Agenten – über hundert Verhaftungen in Drogenfällen, hundert Waffenrazzien – hört die Jury zum ersten Mal den Namen Benito Zito. Er war der Mitinhaber einer Pizzeria in Philadelphia namens

* »Der Teigjunge von Pillsbury«: eine Zeichentrickfigur aus einem Werbespot für Pillsbury-Mehl (A. d. Ü.)

Mimmo's, die bei den Ermittlungsbehörden als Treffpunkt für zwielichtige Existenzen galt.

Im Frühjahr 1983 hatte die Ermittlungsbehörde einen Informanten bei Mimmo's arbeiten, und der stellte den Agenten Hopson Benny Zito vor. Diese Präliminarien bleiben der Jury freilich erspart. Bucknam beginnt seine Geschichte am 11. Juni 1983 um halb drei Uhr morgens im Kasino Caesar's Palace in Atlantic City. Hopson und sein Gewährsmann würfeln mit einem großen dunklen Sizilianer Ende Dreißig. Benny Zito hat ein Bündel Scheine im Wert von über 5000 Dollar in Fünfzigern und Hundertern dabei. Die drei frischgebackenen Freunde hatten laut Hopson einige Stunden miteinander gespielt, gegessen und getrunken.

Bevor sich die Gesellschaft dann gegen Morgengrauen auflöste, hatte Zito Hopson anvertraut, daß er als Pizza-Franchiser gut und gerne 200 000 Dollar im Jahr einsteckte, und bot seinem neuen Kumpel – Hopson – die Chance, sich einzukaufen. Sie verabredeten sich für später am selben Tag in einem der Restaurants, die Zitos Freund Dominick Minino, dem Boß der Pizzeria-Kette, gehörten. Hopson richtete es so ein, daß die DEA den Treff beobachten konnte.

Am Tag darauf trafen sich die neuen Freunde wieder im Mimmo's, und wieder wurden sie heimlich von DEA-Agenten beobachtet. Zito schlug vor, er und Hopson sollten zusammen ein Lokal eröffnen. Hopson gestand ihm, daß ihn die Gastronomie nicht interessiere und daß seine eigentliche Einkommensquelle der Heroinhandel sei. Er importiere immer gleich bis zu fünfzehn Kilo auf einen Schlag aus Bangkok. Da seine Quelle leider vorübergehend versiegt sei, habe er sich gefragt, ob Zito ihm wohl Heroin in Kilomengen liefern könne, nur vorübergehend, bis seine Connection nach Thailand wieder funktioniere. Extra für den Fall, daß die Geschworenen des metrischen Systems unkundig sein sollten, läßt Bucknam den Agenten erklären, daß ein Kilogramm 2,2 amerikanischen Pfunden entspreche.

Zito sei ihm zunächst ausgewichen; Heroin sei ein recht riskantes Geschäft. Zwischen Leuten, die sich zum Drogenhandel verabredeten, bestehe ein enges Band wechselseitiger Verantwortung. Hopson verstand. Er sagte Zito, er habe nur für den Anfang nach einem halben Kilo gefragt, um sich zu vergewissern, daß die Qualität auch gut genug sei. Für die Zukunft habe er weit größere Geschäfte im Auge. Die Geschworenen sind ganz bei der Sache.

Hopson erzählt, Zito habe sich mit ihm immer sehr zurückhaltend und recht geheimnisvoll unterhalten: »Hast du das Zeug für mich?«

Hopson hat als Scheinaufkäufer telefonisch mehr als hundert Heroingeschäfte ausgehandelt, und er weiß zu berichten, daß sich alle Drogenhändler auf diese Weise ausdrückten. Es würde ihnen nicht im Traum einfallen, Worte wie *Heroin, Kokain* oder *Amphetamine* in den Mund zu nehmen; sie gebrauchen ausschließlich verschlüsselte Ausdrücke.

»Benutzen sie oft öffentliche Fernsprecher?«

Benfante erhebt sofort lebhaften Einspruch. »Keine öffentlichen Fernsprecher bei den Transaktionen mit Zito!« Seine wilde Aufregung ergibt im Augenblick keinen rechten Sinn. Die Bedeutung, die öffentliche Fernsprecher in diesem Fall einnehmen, die Vorurteile, die durch die Erwähnung von öffentlichen Fernsprechern automatisch gegen einige der Angeklagten geweckt werden könnten, wird nicht vor Ablauf vieler weiterer Wochen zutage treten. Leval lehnt den Einspruch ab und ermahnt Benfante, vor den Geschworenen keine Kommentare abzugeben. Einige Augenblicke später erhebt Benfante wieder lauthals Einspruch. Diesmal ignoriert ihn Leval einfach, und die Staatsanwaltschaft bewegt sich mit der Gelassenheit eines dahingleitenden Eisläufers weiter.

Bucknam stellt noch weitere Fragen nach öffentlichen Fernsprechern. Die Einsprüche der Verteidigung hören sich an wie ein Froschchor im Frühling. Leval lehnt sie allesamt ab.

Dealer hätten ihm gesagt, es sei sicherer, seine Geschäfte über öffentliche Fernsprecher abzuwickeln, sagt Hopson. Das bringt gleich ein halbes Dutzend Einwände der Verteidigung. »Verfahrensfehler!«

»Ich denke doch, die Jury versteht, daß Agent Hopson aus seinem breiten Erfahrungsschatz spricht«, läßt Leval verlauten.

Bucknam schiebt einen Supermarkteinkaufswagen vor die Geschworenenbank und teilt wieder einmal Abschriften der mitgehörten Telefongespräche aus, eine für jeden Geschworenen, eine für jeden Stellvertreter. Die Anwälte haben ihre Exemplare bereits.

Bucknam bittet die Geschworenen, das Gespräch mit der Überschrift »13.00 Uhr, 20. JUNI 1983« aufzuschlagen; dann bittet er »die Vorleser« auf die Bühne. Hinter der Dolmetscherkabine treten zwei Männer und zwei Frauen hervor. Bei diesen »Vorlesern« handelt es sich um Berufsschauspieler, denen man bereits den Spitznamen »Die

Pizza-Truppe« gegeben hat. Die Staatsanwaltschaft hat sie eingestellt, damit sie den Geschworenen die übersetzten Gespräche vorlesen. Die Frauen – die eine blond, die andere rothaarig – sind beide Mitte Dreißig, beide kommen frisch vom Friseur und tragen falsche Wimpern. Die Männer sind schlank, athletisch gebaut, der eine ist fast kahl, den anderen schmückt üppiges graues Haar im Afro-Look. Alle vier sind todschick gekleidet und sehen aus, als kämen sie direkt aus einer der Seifenopern, die man tagsüber im Fernsehen sieht – und in gewissem Sinne ist das ja wohl auch der Fall.

Bei ihrem Debüt im Gerichtssaal vor etwa einem Monat las die Pizza-Truppe ihren Text mit dem breiten Akzent italienischer Leierkastenmänner – Chico Marx wäre vor Neid erblaßt –, so daß sie sich auf diese Weise mehr oder weniger wie die Angeklagten anhörten. Aber einige der Verteidiger nahmen daran Anstoß und unterstellten der Staatsanwaltschaft antiitalienische Tendenzen, und so befahl Leval den Schauspielern, »das Schauspielern« in Zukunft bleibenzulassen und nur den Text zu verlesen. Die Pizza-Truppe sitzt an ihrem eignen kleinen Tisch, direkt unterhalb des steil aufragenden Richterpults; sie sprechen in Mikrofone, die über Kabel mit einem klotzigen Aufnahmegerät verbunden sind. Das wurde nötig, als Joe Lambertis Anwalt, Tony Lombardino, auf seinem Recht bestand, alles aufzuzeichnen, was die Schauspieler *tatsächlich* sagen – im Gegensatz zu dem, was in den Büchern steht, aus denen sie vorlesen –, »damit wir in der Berufung demonstrieren können, was hier wirklich vor sich ging«. Bei dieser Gelegenheit hatte Dave Lewis angemerkt, wenn die Staatsanwaltschaft schon Schauspieler benutzen dürfe, dann behalte sich die Verteidigung das Recht vor, mit Handpuppen zu arbeiten.

In der Dolmetscherkabine sitzen zwei Gerichtsdolmetscher, um den englischen Text der Schauspieler ins Italienische beziehungsweise Sizilianische zurückzuübersetzen. Fast jeder im Gerichtssaal ist mittlerweile mit Abschriften und Kopfhörern versehen.

Gemäß dem Gerichtsprotokoll verkündete der kahlköpfige Mann mit dem rosigen Gesicht: »Ich werde den Text von Benito Zito lesen.« Der Mann mit den grauen Locken sagt: »Ich werde den Text von Giuseppe Ganci lesen.« »Ich werde den Text von Margarita Ganci lesen«, säuselt die Rothaarige.

Der Kahlköpfige (mit tiefer Stimme): »Hallo?«

Die Rothaarige (warm und herzlich): »Hallo.«

Der Kahlköpfige (mit fragendem Ton in der Stimme): »Ist Pinuzzo da?«

Die Rothaarige (mißtrauisch, nervös): »Wer ist denn da?«

Der Kahlköpfige (sachlich): »Toto.«

Die Rothaarige (erleichtert): »Nein, der ist nicht da.«

Der Kahlköpfige (tröstend): »Danke. Alles Gute.«

Ein halbes Dutzend ähnlicher Gespräche werden vorgelesen; alle führen sie zum ersten Heroinkauf des Undercover-Agenten.

Dann erzählt Hopson den Geschworenen, wie er 120 000 Dollar in Fünfzigern und Hundertern in einen grünen Karton packte, wie er den Karton zu Mimmo's brachte und ihn über die Ladentheke hinweg Benny Zito aushändigte: »Die hier ist für das halbe«, habe er dabei gesagt.

Jetzt hören die Geschworenen – aus dem Mund der Schauspieler –, wie Zito unmittelbar darauf Ganci anruft und ihm sagt. »Ich hab' den, wie sagt man ... ich hab' den jungen Burschen hier ... Wenn es möglich ist ... dann fahr' ich heut' spät am Abend los?« Sie hören, wie Ganci im Restaurant Roma anruft und nach Mazzara fragt. Der ist nicht da, also ruft Ganci bei Mazzara zu Hause an. Nicht da. Er ruft bei Castronovo zu Hause an. Einer von dessen Söhnen geht an den Apparat. Papa sei nicht zu Hause. Ganci ruft Zito zurück. »Wir werden bis morgen warten müssen.«

Im Gerichtsgebäude ist Mittagspause. Das durch Zito beschaffte Beweismaterial ist tödlich. Hopson ist ein ernstzunehmender Gegner. Nacheinander trudeln die Anwälte in der Cafeteria ein. »An Tagen wie heute«, meint Segal bitter, »würde man am liebsten sein Geld zurückgeben.« Sein Kommentar ist doppelt ironisch, da Mazzara ihm noch gar nichts bezahlt hat – oder jedenfalls nicht genug. Von allen Anwälten äußert Segal am deutlichsten sein Mißfallen darüber, in einem Prozeß gefangen zu sein, der nach und nach seine künftigen Verdienstmöglichkeiten unterminiert.

Genay Leitman sorgt sich darüber, daß das Gericht womöglich keine Sommerferien zulassen wird.

»Wieso ist Hopson eigentlich keiner vom Mob auf die Schliche gekommen?« brummt Lombardino. »Der Mann legt sich einen italienischen Decknamen zu, spricht aber kein Wort Italienisch. Und obendrein ist er den Kriminalern, die im Kino immer die Beschattung übernehmen, wie aus dem Gesicht gespuckt.«

»Der Richter ist im Saal!«

Es folgen noch einige Telefongespräche, dann hält Bucknam den Beweisgegenstand der Staatsanwaltschaft Nummer 500 in die Höhe: eine durchsichtige Plastiktüte, in der sich etwas befindet, was wie brauner Zucker aussieht – das halbe Kilo Heroin.

Hopson sagt aus, er habe dieses Heroin am 30. Juni erhalten. Fünf Tage später habe er sich erneut mit Zito getroffen. Dieses Mal schüttelte ihm sein Kumpel jedoch nicht die Hand, statt dessen strich er ihm über Rücken, Brust und Seiten. »Er tastete mich nach einem Sender ab.« Der Agent sagte, er habe schon zuvor zuweilen einen Sender getragen, sei aber zum Glück dieses Mal »sauber« gewesen. Zito habe ihn aufgefordert, in den hinteren Teil des Restaurants zu gehen. Während er nach hinten gegangen sei, »beobachtete mich Zito mit Luchsaugen, er musterte mich von Kopf bis Fuß.«

Sie setzten sich, und Hopson sagte, er sei mit dem ersten Kauf sehr zufrieden gewesen; ob er noch mehr kriegen könnte?

Zito antwortete ihm mit einem Kopfnicken. Er weigerte sich, etwas zu sagen.

»Gibt es ein Problem?« fragte Hopson.

»Ich habe kein gutes Gefühl . . .«

»Ich hab' dir eben 120 000 Dollar bezahlt«, sagte der Agent unverfroren. »Wenn ich 'n Bulle wär', dann würd' ich dich jetzt hopsnehmen.« Die Strategie funktionierte, und bald diskutierten Käufer und Verkäufer den Kauf eines ganzen Kilos.

In diesem spannungsgeladenen Augenblick unterbricht Bucknam Hopsons Geschichte und reicht das Heroin den Geschworenen. Denen scheint es Freude zu machen, Rauschgift im Wert von 120 000 Dollar in den Händen zu halten. Die Frauen kichern; die Männer werfen es wiegend von einer Hand in die andere. Das Paket knistert. Eine Frau in der letzten Reihe läßt es fallen, und alle lachen nervös.

Als Hopson sich das nächste Mal mit Zito traf, beklagte sich der Pizzabäcker darüber, daß er bei dem halben Kilo zu wenig verdient habe, wenn man bedachte, daß das Heroin noch »unberührt« gewesen sei – ein allgemein gebräuchlicher Ausdruck, erklärt Hopson, für »von sehr guter Qualität«. Während dieses Treffens enthüllte Zito, sein Lieferant sei »ein älterer Herr, der im sizilianischen Heroinhandel eine Menge Erfahrung hat, und der von seiner Garage aus verkauft.« Außerdem habe er eine Pizzeria.

Noch bevor sie zum Ende ihres Gesprächs kommen, hatte sich Hopson bereit erklärt, Zito den Handel mit zusätzlichen 5000 Dollar zu versüßen, so daß der Gesamtpreis 245 000 Dollar ausmachte. An diesem Abend rief Zito Ganci an und sagte ihm, er hätte ihn gern besucht.

Die Staatsanwaltschaft möchte jedem der Geschworenen eine Broschüre mit Tabellen aushändigen, als Ergänzung zu den Büchern mit den Gesprächen. Die Verteidigung erhebt Einspruch mit der Begründung, daß die Originaltabellen bereits dem Beweismaterial zugehörten und daß »eine Broschüre mit Tabellen einen *schriftlichen* Schuldindex darstelle und »zudem *selbst* noch einen Index« haben würde! Leval verwirft die Broschüre, jedenfalls fürs erste.

Bis zum 16. Juli hatte Hopson 245 000 Dollar in Fünfzigern und Hunderten besorgt und an Zito weitergegeben, der ihm versprach, er würde die Ware am folgenden Tag bekommen. Als Ganci Zito um 18.44 Uhr anrief, sagte Zito, er habe »einundzwanzigeinhalb Pralinen«. Zito hatte sich offensichtlich dazu entschlossen, die Differenz von »drei Pralinen« selber einzustecken.

Am gleichen Tag noch sahen andere Ermittlungsbeamte Tommy Mazzara vom Restaurant Roma in New Jersey zu Gancis Haus in Queens fahren. Die beiden Männer fuhren einmal zusammen um den Block, dann kehrte Mazzara wieder nach Hause zurück.

Um 2.17 Uhr am Morgen des 17. Juli 1983 wurde Zito dabei beobachtet, wie er einen Karton aus seinem Auto nahm und damit Gancis Haus in Queens betrat. 52 Minuten später kam er wieder heraus, eine braune Papiertüte in der Hand.

Am Abend desselben Tages holte Hopson das Heroin ab, man hatte es für ihn in einem Kleiderschrank in der Wohnung seines Gewährsmannes hinterlegt. Die Droge war in durchsichtige Plastiktüten gepackt und mit Alufolie umwickelt; das Ganze steckte in einer braunen Papiertüte.

Erst zweieinhalb Jahre später, am 27. November 1985, während Tommaso Buscetta im Zeugenstand vernommen wurde, erfuhr Marvin Segal, Tommy Mazzaras Anwalt, von der Staatsanwaltschaft, daß ein Handflächenabdruck seines Mandanten auf eben dieser braunen Tüte gefunden worden war.

Agent Hopson ist völlig entspannt. Während der kleinen Konferenzen am Richtertisch scherzt er mit dem Protokollführer oder grinst die weiblichen Geschworenen an, wenn er sie beim Flirten erwischt. Aber schnell sind seine anfangs so aufregenden Plaudereien über Heroin und das große Geld Routine geworden, und einige der Geschworenen sind bereits wieder eingeschlafen.

In der Woche darauf ruft Ganci Zito an: »Dieser Bursche, du weißt schon wer, hat zwei Öfen.« Daraufhin erfährt Hopson von Zito, daß seine beiden Kilos bereitliegen. Hopson sagte ihm, er stehe kurz davor, seine Verbindung mit seiner thailändischen Quelle wiederherzustellen.

Pause. Manny Moore findet sich zum Kaffeeklatsch ein; er ist ein Partner von Mario Malerba, ein hartgesottener, rasant gekleideter schwarzer Anwalt mit großer Erfahrung in Drogenprozessen. »Paßt bloß auf diesen Hopson auf. Der Mann ist erste Sahne. Habt ihr die Riesen-Goldrolex an seinem Handgelenk gesehen? Hat er wahrscheinlich einem Dealer geklaut. Der Mann ist ein Minenfeld, wenn es ans Kreuzverhör geht. Der kann euch übel mitspielen. Und ihr habt noch nicht mal die geringste Ahnung, ob ihr irgendwie von ihm profitieren könnt. Eine gute Frage in solchen Fällen ist: ›Sind Sie Ausbilder an der Schule, in der man Kriminalbeamten beibringt, wie sie vor Gericht auszusagen haben?‹ «

»Der Richter ist im Saal!«

Bucknam schreitet vor der Schranke der Geschworenenbank auf und ab und hält dabei den zweiten Kauf, ein Kilo reines Heroin – elfenbeinfarben, fast wie Mehl sieht es aus –, in die Höhe; es steckt in einem verschweißten Plastikbeutel von der Größe einer Wärmflasche.

Hopson fängt an, den Ablauf des dritten Kaufs zu schildern. Er besorgte sich weitere 250 000 Dollar an Regierungsmitteln; bei den zusätzlichen 10 000 Dollar handelte es sich um einen Bonus, den Zito für die besonders hohe Qualität seiner Ware verlangte. Dieses Mal packte der Agent die Scheine, nachdem er sie fotografiert und die Seriennummern notiert hat, in eine Schachtel mit einem besonders auffälligen Streifenmuster, um sicherzugehen, daß sie auf Überwachungsfotos deutlich zu sehen wäre. Am 2. August, auf dem Parkplatz des Tiffany Diner in Philadelphia, übergab er Zito den gestreiften Karton durch das Fenster seines Volkswagens; Zito sagte ihm, er würde »sein Päckchen am Tag darauf« bekommen.

Wieder einmal fuhr Zito zu Gancis Garage in Queens. Das FBI

filmte seinen Besuch mit einer verborgenen Videokamera. Am folgenden Tag überreichte Zito Hopson ein Kilo Heroin in einem blauen Hemdenkarton und sagte ihm: »Viel Spaß mit den Hemden.«

Das Heroin dieses dritten Kaufs war von »sehr guter Qualität«. Hopson sagt, er hätte einen Schmelztest gemacht. Diese Aussage zeitigt auf der Stelle ein vielstimmiges »Einspruch!« der Verteidigung. Hopson fehle die Sachkenntnis, um Drogentests durchzuführen. Als er das hört, verzieht sich Hopsons bärtiges Gesicht zu einem wirklich furchterregenden Grinsen. Wenn man ihm frontal ins Gesicht sieht, hat man das Gefühl, in den offenen Rachen einer Muräne zu schauen.

Beim nächsten Treffen, das im Hilton Inn stattfand, waren Zito, Hopson und ein weiterer Agent der DEA anwesend. Zito – wie schon damals in Atlantic City vom Spiel mit hohen Einsätzen geblendet – verkündete, er und seine Geschäftspartner würden so viel asiatisches Heroin kaufen, wie Hopson nur liefern könne. Die besäßen nämlich eine Abrißfirma in Brooklyn, fügte er hinzu, durch die sie die Möglichkeit hätten, die Ware zu transportieren und zu lagern. Und es verstehe sich von selbst, daß sie Benny Zito vertrauten.

Man begann über den Ankauf von zehn Kilo zu reden, die mit Mengenrabatt 900 000 Dollar kosten sollten. Hopson sagte, da müsse er erst einmal etwas Geld im voraus sehen, und außerdem wolle er sich persönlich mit Zitos Geschäftspartnern treffen, um sich zu vergewissern, ob sie für eine derartige Summe gut wären. Zito sagte ihm, er würde sehen, was sich machen lasse. Die beiden Agenten brachten ihn zu seinem Volkswagen zurück. Auf dem Parkplatz forderte Zito noch einmal 10 000 Dollar – für sich selbst. Die Agenten bezahlten ihn auf der Stelle.

Als Zito Ganci anrief, sagte ihm Il Bufalo, das müsse er schon selber erledigen. Er habe nicht die Absicht, sich mit irgend jemandem zu treffen. Die Antwort konnte die Agenten natürlich kaum überraschen. Ein echter Dealer sei nie besonders scharf darauf, sich persönlich in etwas hineinziehen zu lassen, erklärt Hopson. Er überlasse die gefährliche Arbeit seinen »Mulis« – Männern wie Zito und Ronsisvalle. Genau das sei es – unter anderem –, was es so schwierig mache, einen Dealer zu fassen und zu überführen. Wenn ein Verdächtiger also persönlich nicht mit Rauschgift in Berührung komme, lasse das nicht selten eher auf seine Schuld als auf seine Unschuld schließen.

Die Verteidigung will, daß die Geschworenen das Original des mitgeschnittenen Gesprächs hören, in dem Ganci Zito sagt, er solle alles selbst erledigen. Das Gespräch, das aus zu beiden Seiten des Sitzungssaals aufgestellten Lautsprechern dröhnt, klingt verkratzt und ist sehr schwer zu verstehen. Aber diejenigen unter den Geschworenen, die nicht schlafen, folgen ihm aufmerksam in ihren schwarzgebundenen Abschriften.

Am 21. August rief Zito Hopson an, er solle das Geschäft mit Bangkok aufschieben; in der Zwischenzeit erbot er sich jedoch, Hopson Geldwaschdienste zu vermitteln, und zwar aus derselben Quelle, aus der das Heroin gekommen sei.

Bucknam läßt den Agenten aussagen, daß dieser Heroin von überall her gekauft habe, »von Großhändlern bis hinunter zu Süchtigen auf der Straße«, und daß das Heroin, das Zito Hopson verkaufte, einen Reinheitsgrad von 73 bis 87 Prozent hatte, »das reinste, was ich je gekauft habe.«

Bucknam hebt jetzt das Beweisstück der Staatsanwaltschaft Nummer 502-A in die Höhe: den dritten Kauf, und Hopson sagt aus, es handle sich um zu etwa 78 Prozent reines Heroin.

»Euer Ehren!« ruft Benfante. »Ich erhebe Einspruch gegen dieses ewige Rumfuchteln mit dem Heroin da!«

Leval ignoriert ihn, und Hopson schätzt den Wiederverkaufswert dieser Menge gelassen auf »an die vier Millionen Dollar«. Der Zeuge hat es aufgegeben, sich die Mühe zu machen, sein nur allzu begründetes persönliches Interesse an der Sache zu verhehlen. Er ist Beamter. Er hat sein Leben aufs Spiel gesetzt, um einigen der Angeklagten in diesem Saal das Handwerk zu legen. Jedesmal, wenn Leval einen der Verteidiger in die Schranken verweist, gestattet sich Hopson ein zufriedenes kleines Lächeln.

Dienstag, 13. Mai 1986. Im Gerichtssaal. Unser Narrenschiff ist heute wirklich in die Kalmen geraten. Kennedy, Fisher und Malerba sind abwesend. Einige der Anwälte halten sich und andere während dieser öden Strecken durch sorgfältig ausgetüftelte Albereien wach. Erst vor kurzem hat Kennedy den Abbruch des Verfahrens beantragt, mit der Begründung, die Aufnahmefähigkeit der Jury sei »irreparabel geschädigt«. Pat Burke ist eines Tages mit T-Shirts für ein nichtexistentes Baseballteam der Pizza-Connection angekommen. In Rot,

Grün und Weiß, den Farben der italienischen Flagge, zeigen sie eine zur Hälfte gegessene Pizza mit dem Schriftzug *Porca Miseria!*

Dave Lewis verteilt zuweilen selbst verfaßte Kreuzverhörparodien, die sich extrem authentisch lesen, und er stellt sicher, daß auch Leval jedesmal ein Exemplar davon erhält, der dann vor unterdrückter Heiterkeit immer puterrot anläuft. Das von gestern lautet folgendermaßen:

Frage: Agent Hobson, wurden Sie in den polizeilichen Ermittlungstechniken unterwiesen?

Antwort: Nein, aber ich war bei unserer Außendienststelle in New Bedford, wo man mir beigebracht hat, wie man Wale aufspürt, die uns von den atheistischen russischen Ungeheuern an die Küste geschickt werden.

Frage: Wie steht es mit dem Entführen von Lastkraftwagen?

Antwort: Hatt' ich persönlich nie was mit zu tun.

Frage: Aber Sie waren in andere Entführungen verwickelt?

Antwort: Wer? Ich? Entführungen?

Frage: Flugzeugentführungen.

Antwort: Flugzeugentführungen.

Frage: Ach, Sie geben also zu, Flugzeuge entführt zu haben?

Antwort: Nein, nein, ich habe nur wiederholt, was Sie sagten.

Frage: Wiederholt, was ich sagte.

Antwort: Wiederholt, ja, wiederholt.

Frage: Wiederholt.

Frage: Keine weiteren Fragen.

Heute läßt Joe Calluori die Parodie einer Notiz des Richters herumgehen, die in ein Pseudotheaterprogramm übergeht, in dem die Besetzungsliste der Pizza Connection beschrieben wird:

AN: Die Geschworenen
VON: Richter Leval

Ich halte es zu diesem Zeitpunkt für angebracht, Sie davon in Kenntnis zu setzen, daß es sich bei diesem Prozeß um ein verhaltenspsychologisches Experiment gehandelt hat. Sämtliche Anwälte, die Zeugen und sogar meine Wenigkeit sind Berufsschauspieler. Sie werden sich an den »Zeugen« Ronsisvalle erinnern. Der wirkliche Name von Mr. Ronsisvalle ist Geoffrey Bishop. Mr. Bishop ist seit vielen Jahren Mitglied der Royal Shakespeare Company in London, England.

Salvatore Contorno spricht in Wirklichkeit gar kein Italienisch. Er ist portugiesischer Fischer, der sich darauf spezialisiert hat, in Filmen Kriegsschiffe zu spielen. Als Folge eines Arbeitsunfalls ist er vom Hals an abwärts gelähmt ... Mr. Contorno spielte in Filmen wie *Ein Kriegsschiff läßt das Mausen nicht*, *Ein Kriegsschiff für jede Jahreszeit* und *Das Alte Kriegsschiff und das Meer*. Am Broadway spielte er in der Unterwasserversion von *Das Leben des Jelly Fish Roll Morton*, mit dem Titel *Jelly Fish Roll Morton: Ein Leben*.

Salvatore Amendolito ist unglücklicherweise erst vor kurzem aus einer Nervenheilanstalt entlassen worden, er hält sich für einen Schweizer Bankier. In Wirklichkeit wohnt er einen Stock tiefer im selben Haus wie Frank Castronovo und ist von Beruf Zahnstocherschnitzer.

Was die Angeklagten betrifft, so haben einige von Ihnen sicher in Mr. Badalamenti den »Abgesägten« aus dem Film *Wie ein wilder Stier* erkannt. Sein Bühnenname ist Frederick Schwartz, obwohl sein wirklicher Name Bonario B. Bonario ist. Seine Freunde nennen ihn »Lucy«.

Vito Badalamenti, der in diesem Prozeß Gaetano Badalamentis Sohn spielt, hat bereits in zahlreichen Filmen mitgespielt, vor allem in Seifenopern aus dem Vorabendprogramm des japanischen Fernsehens.

Salvatore Salamone begann seine Karriere als Lehrbeauftragter für griechische Altertümer in Oxford. Bald schon erkannte er, daß seine wahre Liebe der Bühne gehörte. Mit 23 trat er zum ersten Mal in einer Amateuraufführung von *Guys and Dolls* auf, in der er Nathan Detroit spielte.

Baldo Amato hat, ganz im Gegensatz zur allgemeinen Ansicht, nicht einen einzigen Treffer zu verzeichnen.

Joe Benfante beginnt mit seinem Kreuzverhör des Agenten Hopson, eine Erfahrung, die der Anwalt später mit dem »Versuch, einen Schraubenzieher in Wasser anzusetzen« vergleicht. Benfante, hochintelligent, aber nicht gerade wortgewaltig, ist dem gelassenen, zungenfertigen DEA-Agenten nicht gewachsen. Zuweilen hat man den Eindruck, er wisse nicht, ob der Gegenstand seiner Frage nun Ganci oder Zito ist. Auch der Richter kann es nicht sagen. Aber Benfante wird nicht von falschem Stolz geplagt, und als er nicht mehr weiter weiß, sagt er rasch: »Tut mir leid, Euer Ehren. Das hab' ich wohl verbockt.« Wenn er auch etwas primitiv ist und sich gelegentlich nicht auszudrücken weiß, so hat Benfante doch einen gewissen plumpen Charme, dem man sich nicht zu entziehen vermag.

»Wissen Sie vielleicht, Agent Hopson, ob Benny Zito sich am 18. Juli 1983 in Joseph Gancis Haus außer mit Ganci noch mit jemand anderem traf, als er das Heroin abholen ging?«

Segal erhebt Einspruch. Leval gibt dem Einspruch statt.

Benfante fragt: »Darf ich an den Richtertisch vortreten? Ich würde gern überlegen, wie ich die Frage stellen soll.«

»Ich glaube nicht, daß Sie das schaffen«, sagt Leval.

»Deshalb würd' ich ja gern vortreten.«

Vorne am Richtertisch sagt ihm Leval, ihm falle nur einer ein, der die Frage so beantworten könne, wie Benfante sie gestellt habe – Benny Zito sei nur leider nicht hier.

Die meisten Anwälte sind der Meinung, Zito sei es nach einem Tip, daß Verhaftungen bevorstünden, gelungen, nach Sizilien zu fliehen.

»Der ist in Rußland, Euer Ehren«, sagt Benfante. »Er leitet jetzt den Kernreaktor in Tschernobyl.«

Das ist Bucknam endgültig zuviel. »Ich erhebe Einspruch gegen das ständige Gelächter auf dem Podium«, sagt er naserümpfend. »Das hier ist ein sehr schwerwiegendes Verfahren.«

Der gutmütige Joseph Benfante, 37, ist in Brooklyn geboren, seine Eltern sind Sizilianer, aufgewachsen ist er in Bensonhurst, einer Gegend mit einer zahlreichen italienischen, genauer gesagt sizilianischen Bevölkerung. Einer seiner Freunde aus der Kinderzeit ist sein Verteidigerkollege im Pizza-Prozeß Gerry DiChiara. Benfante absolvierte 1973 seinen Abschluß an der New York Law School und machte sich anschließend selbständig. Ein Jahr später heiratete er Maria Di Domenico, seine alte Liebe aus seinem Viertel. Heute leben die beiden mit Sohn und Tochter einige Meilen von Bensonhurst entfernt, in einer der Nobelvillen von Dyker Heights.

Benfante hat ein geradezu unheimliches Geschick, seine Mandanten vor den Strafkammern des Staats New York von Drogen- oder Mordanklagen zu befreien. Als Folge davon hat er eine der größten Kanzleien in der ganzen Stadt. Er hat vor dem Pizza-Prozeß schon viele Fälle aus dem organisierten Verbrechen bearbeitet. Fast zwei Wochen vor Beginn des Prozesses um die Pizza Connection erwirkte er einen Freispruch für zwei Angestellte der New Yorker Verkehrsbetriebe, die man mit einem Kilo Kokain in ihrem Hotelzimmer erwischt hatte.

Einer seiner Pizza-Kollegen schreibt Benfantes scheinbare Unbeholfenheit vor Gericht seiner mangelnden Erfahrung mit Bundesgerichten zu, vor allem dem etwas förmlich-steifen des Bezirks Süd. »Sie sollten ihn mal vor einem Staatsgericht zwischen Spucke und Sägespänen erleben! Dort kann Joe sich mit den Besten messen.«

Benfante schätzt das gute Leben. Er ißt gut, macht ausgiebig Urlaub. Sowohl er als auch seine Frau fahren einen Mercedes, Maria einen großen, geräumigen 300 SEL ganz in weiß, Benfante selbst ein kleines zweisitziges Cabrio. Das hatte er sich gegönnt, nachdem er den Freispruch für den Bezirksvorsitzenden der Teamsters* in New Jersey erwirken konnte; dieser Mann war bezichtigt worden, sich aus dem zahnärztlichen Fond seiner Gewerkschaft bedient zu haben.

Benfante scherzt gern mit den Geschworenen, und selbst an seinen zornigsten Einspruch hängt er oft noch ein rasches Lächeln in Richtung Geschworenenbank. Auf dem College war er Ringer gewesen, heute bewegt und kleidet er sich wie James Caan in seiner Rolle als Sonny im *Paten.* Von den alten Mobsters spricht er geradezu liebevoll, sie waren die Legenden seiner Kindheit, seines Viertels, Männer wie Meyer Lansky, der ganz Kuba kontrollierte, oder der 70jährige Carmine Lombardosi, der früher einmal mit Lansky zusammengearbeitet hat und heute zwar einen Rolls Royce fährt, aber noch immer in Wirtshauskeilereien gerät, nach denen ihn seine Frau dann verarzten muß.

Benfante wünscht, daß man den Geschworenen eines der während des letzten Geschäfts mit Zito aufgenommenen Videobänder vorspielt. Der Raum wird verdunkelt. Hopson sitzt mit dem Rücken zu den Geschworenen, sein Profil dem Publikum zugewandt; sein dunkler Bart und die bleichen Züge lassen ihn altmodisch aussehen, wie eine längst in Vergessenheit geratene Berühmtheit auf einer Briefmarke.

Das Video läßt nicht das geringste aus. Die Geschworenen sehen

* die größte Gewerkschaft der USA (A. d. Ü.)

Mazzurco und Lamberti aus einem braunen Mercedes steigen und durch die Tür im Erdgeschoß Gancis schmucke weiße Garage betreten. Zito kommt an, in seinem VW, und schlendert die Stufen zum Haupteingang hinauf. Er ist jung und rundlich, er raucht eine Zigarette. Sein Polohemd spannt sich über den muskulösen Brustkorb und ein leichtes Bäuchlein. Er verschwindet im Gebäude. Einige Augenblicke später kommen Lamberti und Mazzurco wieder aus der Garage und begeben sich zu ihrem Mercedes zurück. Kurz darauf geht Zito zu seinem Auto und holt sich den in das gestreifte Papier gepackten Karton, in dem sich die 250 000 Regierungsdollar befinden. Er klemmt ihn sich fest unter den linken Arm, steigt noch einmal die Stufen zum Vordereingang hinauf und geht hinein. Als er wieder auftaucht, trägt er den dunkelblauen Hemdenkarton, in dem sich das Heroin befindet, eben jene Schachtel, die die Geschworenen schon im Gerichtssaal gesehen haben, als ein FBI-Agent aussagte, er habe mit eigenen Augen gesehen, wie Mazzurco eben diese Schachtel in Gancis Haus getragen habe.

Ganz offensichtlich hat Benfante sich dieses Band wieder und wieder angesehen und es studiert. Aber er ist einfach nicht in der Lage, logisch zusammenhängende Fragen zu formulieren, und jedesmal, wenn Leval einem Einspruch der Staatsanwaltschaft stattgibt, verzerrt sich Hopsons Gesicht zu einem höhnischen kleinen Feixen.

»Ist das also zusammengefaßt die Substanz Ihrer Aussage: Daß mein Mandant, Mr. Mazzurco, Ihnen einen Karton gebracht hat und . . .«

Er macht einen weiteren Anlauf. »Am 31. Juli 1983 . . .« Und noch einen: »Letzte Woche haben Sie den Geschworenen gesagt, Sie hätten einen bestimmten Karton wiedererkannt. Auf einem Schwarzweißfoto. Sie sagten, sie hätten den Karton wiedererkannt, und daß er blau zu sein schien . . .«

Hopson ist bereit, ihm auf die Sprünge zu helfen. »Ich habe gewisse Markierungen auf dem Karton wiedererkannt. Dazu befanden sich noch die Fingerabdrücke Ihres Mandanten auf dem Seidenpapier«, platzte er heraus. Benfante ist außer sich. Die Geschworenen hatten bisher von den Fingerabdrücken keine Ahnung gehabt. Richter Leval schickt sie aus dem Saal. Der Anwalt beantragt, den Prozeß wegen eines Verfahrensfehlers einzustellen. »Der Agent handelt arglistig«, sagt er, und hat damit vielleicht gar nicht einmal so unrecht.

»Mit dem Handabdruck auf dem Seidenpapier ist er bewußt ungefragt herausgeplatzt.« Er wiederholt seine Forderung nach Abbruch wegen Verfahrensfehler.

»Abgelehnt«, sagt der Richter. Er kann nicht widerstehen, Benfante auch zu sagen, warum: »Ihre Frage war derart weitläufig formuliert, daß der Agent reichlich Gelegenheit hatte, in seine Antwort zu packen, was ihm paßte.«

Benfantes Kreuzverhör ist unter aller Kanone. Seine Anwaltskollegen in der Verteidigung meinen diplomatisch, seine Leistung sei nicht gerade raffiniert« gewesen. Aber der Umstand, daß er so sehr wie Archie Bunker wirkt, bringt ihm den ein oder anderen mitfühlenden Blick von der Geschworenenbank.

Am Spätnachmittag gibt es endlich mal eine erfreuliche Nachricht. Die Pizza-Anwälte, die eben das Gebäude verlassen, treffen auf einige Fernsehteams, die draußen auf den Stufen lauern. Ein anderer Mafia-Prozeß unter Giulianis Fittichen, die Verhandlung gegen Matty »The Horse« Ianello wegen betrügerischer Machenschaften im Geschäft mit der Müllbeseitigung, der parallel zur Pizza Connection verhandelt wurde, endete mit einem Freispruch in allen Anklagepunkten.

Mittwoch, 14. Mai 1986. Im Gerichtssaal. Heute vormittag macht Tony Lombardino die schwache Leistung seines Freundes Benfante wieder wett. Die Geschworenen kommen hereinspaziert, vom Frühling sichtlich mit neuer Frische erfüllt, und der christusbärtige Agent mit dem teuflisch flinken Mundwerk nimmt seinen angestammten Platz im Zeugenstand ein. Ja, er habe Zito im Mai 1983 kennengelernt. Zu diesem Zeitpunkt habe er von Charles J. Rooney, dem Einsatzleiter des FBI in Sachen Pizza Connection, und seinen sich damals anbahnenden Ermittlungen noch nichts gewußt, habe jedoch bald erfahren, daß in New Jersey und New York Ermittlungen im Gange waren, die in etwa parallel zu seiner eigenen Arbeit in Pennsylvania verliefen.

Lombardinos sauber strukturiertes Kreuzverhör vertreibt den Nebel der letzten Tage und ersetzt ihn durch die klare Luft der Logik. Geschickt fördert er zutage, daß Zito als Mittelsmann in der Lage war, an beiden Parteien zu verdienen.

»Haben ... Sie ... von ... Zito ... während jenes Zeitraums von sechs oder sieben Monaten auch nur von *einem* der in diesem Fall angeklagten Männer den Namen gehört?« Nein.

»Haben Sie mit Joe Lamberti gesprochen? Wissen Sie, in welcher Branche er ist?« Nein.

»Keine weiteren Fragen.«

Es folgt der Rechtsbeistand von Mazzara. Marvin Segal, in Begleitung von Harriet Rosen, einer gertenschlanken, feschen Assistentin um die Vierzig, schleppt einen gewaltigen Berg Materialbücher, Abschriften und gelber Kanzleiblöcke auf das Podium. Hopson hat zu gähnen aufgehört und zu seinem erwartungsvollen Muränenlächeln zurückgefunden.

Leise, als wäre er der ganzen Geschichte längst überdrüssig, fragt ihn Segal: »Am 28. Juni, haben Sie da Mr. Zito ein Paket überreicht?« Ja.

»Warum schauen Sie so zur Seite, Agent Hopson?« fährt Segal ihn an und impliziert damit, daß Hopson um Zeichen vom Tisch der Anklagevertretung nachsucht.

»Wir haben keine Handzeichen«, knurrt Hopson ihn seinerseits an.

Hopsons Stimme ist kieselhart. Er ist auf der Hut, sein Adrenalinspiegel steigt, aber er ist noch lange nicht in die Enge getrieben. Beide Männer sind kampferprobte Profis. Segal ist besser vorbereitet als die meisten anderen seiner Kollegen. Er zweifelt einige der früheren Aussagen des Agenten an; der stellt sofort die Stacheln auf. »Ich habe unter Eid ausgesagt. Und ich würde niemals lügen.«

»Weil die Wahrheit etwas Heiliges ist, Agent Hopson?«

»Aus einer ganzen Reihe von Gründen.«

Wann immer die Anklagemannschaft meint, Segal sei besonders unfreundlich, wenden sich sechs grimmige Gesichter wie von Puppenspielern bewegt zur Seite und bombardieren den schlanken Mann auf der Rednerbühne mit verächtlichen Blicken. Zu Martin, Freeh, Stewart und Bucknam hat sich ein junger Ankläger gesellt, der eben erst anfängt, Andrew McCarthy, und wie so oft, sitzt heute auch Agent Rooney am Anklägertisch.

In der Mittagspause vergleichen die Anwälte Segal mit dem unseligen Benfante. »Jurys sehen allemal lieber eine netten Kerl Mist bauen, als einen kleveren Burschen fies werden.«

Heute ist Baldo Amato davongeflitzt, um sich bei Dean & DeLuca's, einem Geschäft für importierte Delikatessen am Rand von Little Italy einige seiner Lieblingsleckerbissen zu besorgen, und jetzt macht er in der Cafeteria mit einer braunen Tüte und einem folienbedeckten Tablett die Runde und offeriert den Anwälten und ihren Mandanten süße Mandeldesserts und salzige Häppchen irgendeiner seltenen und sündhaft teuren Pastete aus Thunfischrogen, die ausschließlich auf Sardinien hergestellt wird. Die Kombination ist ebenso ungewöhnlich wie köstlich.

Jay Goldberg, der Anwalt von Matty »The Horse« Ianello, schaut vorbei, um die Lorbeeren für den außergewöhnlichen Sieg zu kassieren, den er gestern errungen hat. »Hundertsechsundfünfzigmal ›nicht schuldig‹ hintereinander – das war Musik in meinen Ohren, ein richtiges Arpeggio!«

Freitag, 16. Mai 1986. Im Gerichtssaal. Der nächste Zeuge der Staatsanwaltschaft ist ein altgedienter Fingerabdruckexperte, der schon in siebenundzwanzig Bundesstaaten vor Gericht ausgesagt hat. Am 23. August 1983 hatte man den Beamten gebeten, eine braune Papiertüte zu untersuchen, auf der er einen unvollständigen Handflächenabdruck fand. Mehr als zwei Jahre später, im November 1985, bekam er vollständige Sätze der Abdrücke aller im Pizza-Prozeß Angeklagten. Er stellte fest, daß Tommy Mazzaras Handflächenabdruck in siebenundzwanzig charakteristischen Punkten mit dem Abdruck auf der Tüte übereinstimmt. Für eine vor Gericht gültige Identifizierung sind nur vierzehn charakteristische Übereinstimmungen nötig.

Anwalt Segal bleibt nichts anderes, als die Methode aller zum Scheitern Verurteilter, er holt aus dem Zeugen heraus, daß letztlich kein Fingerabdrucksachverständiger unfehlbar sei und daß die Möglichkeit bestehe, einen Fingerabdruck mit Klebeband abzunehmen und auf eine andere Oberfläche zu übertragen.

Der nächste Agent beobachtete sowohl Mazzara als auch Castronovo beim Besuch von Gancis Haus sieben Tage vor dem ersten Deal zwischen Zito und Ganci. Ken Kaplan, der Anwalt Castronovos, tritt zum Kreuzverhör an. Er bekommt heraus, daß dies die erste Gelegenheit war, bei der der Agent Castronovo oder Mazzara sah. Er habe jedoch weder Fotos von den beiden gemacht noch habe er sie in seinem Protokoll beschrieben. Außerdem fördert Kaplan zutage, daß der Agent eineinhalb Jahre lang ausschließlich dem Pizza-Fall zugeteilt war, daß er einer der zehn Männer in den fünf Autos war, die fünf Tage die Woche Beschattungen durchführten und acht, manchmal zwölf und hin und wieder sogar vierundzwanzig Stunden am Tag arbeiteten.

Als nächste übernimmt die attraktive Harriet Rosen das Kreuzverhör. Ihr Boß, Marvin Segal, ist drauf und dran, ganz aus dem Gerichtssaal zu verschwinden; er gibt dafür finanzielle Härten an. Sie ist forsch und präzise, und immer, wenn der Agent schwach zu werden scheint, streicht sie diesen schwachen Punkt raffiniert heraus, indem sie ihn auffordert: »Könnten Sie das wiederholen?« oder: »Ich bin nicht ganz sicher, ob ich verstehe, was Sie da sagen.« Aber selbst solides Anwaltshandwerk vermag die Aufmerksamkeit der Geschworenen nicht über eine bestimmte Zeitspanne hinaus zu fesseln. Dann rutscht die ein oder andere Kehrseite auch schon wieder auf ihrem weichen grünen Ledersessel nach vorne, Ellenbogen verkanten sich auf den gepolsterten Armstützen, das Kinn wird in die Hände gelegt, die Augenlider schließen sich, und Leval verkündet lautstark: »Pause!«

25. August 1983. Die Überwachung durch das FBI, Middle Village, Queens. Das ständige Ein und Aus an der Garage im Erdgeschoß von Joe Gancis Haus wurde von den einander abwechselnden FBI-Teams, die in fünf Fahrzeugen rund um das Gebäude postiert waren, gewissenhaft aufgezeichnet. Während die Stunden dahinschlichen, wechselten sich die Gespanne im Rotationssystem ab – damit nicht ständig dieselben Leute den Punkt besetzten, von dem aus man die Vorgänge an der Garage am besten überblicken konnte. An diesem warmen Tag brauchte das Observationsteam nicht lange zu warten, da kamen auch schon Mazzurco und Sal Lamberti in Mazzurcos braunem Mercury gefahren. Sie öffneten den Kofferraum und verfrachteten einen Spirituosenpappkarton in die Garage. Als sie 36 Minuten später wieder auftauchten, hatte Lamberti ein weißes Paket bei sich. Einige Tage darauf war Lamberti wieder da; dieses Mal verließ er die Örtlichkeit mit einer weißen Plastiktüte. Kurz danach beobachteten andere Agenten, die vor Mazzurcos Heim in der Nobelvorstadt Baldwin auf Long Island auf der Lauer lagen, Mazzurcos Rückkehr. Als er seine

Garage öffnete, erspähten sie noch einige andere weiße Plastiktüten, die derjenigen glichen, die er aus Gancis Garage getragen hatte. An diesem Abend rief Ganci Mazzurco an und fragte ihn: »Ist der Bursche von droben gekommen?«

Noch nicht, antwortete Mazzurco, aber er erwarte seinen Anruf.

Für das FBI war diese Antwort Grund genug, Mazzurcos Haus rund um die Uhr observieren zu lassen. Nach zwei Tagen zahlte sich ihre Wachsamkeit aus. Um 18.46 Uhr fuhr ein Wagen vor Mazzurcos Haus vor, und der Fahrer ging hinein. Eine halbe Stunde später kam er in Begleitung seines Gastgebers wieder heraus. Mazzurco nahm eine braune Einkaufstasche aus seinem Auto und gab sie seinem Besucher.

Während der Mann davonfuhr, folgte das FBI ihm in gebührendem Abstand. Dreißig Minuten später stellte sich das Überwachungsfahrzeug, unterstützt von weiteren FBI-Teams, dem Wagen des Unbekannten den Weg und zwang ihn zum Anhalten. Er behauptete, sein Name sei Di Bartolo. Die Agenten durchsuchten ihn und fanden eine kleine Menge weißen Pulvers. Die Einkaufstasche, die Mazzurco ihm gegeben hatte, enthielt 40 000 Dollar in ziemlich abgegriffenen Scheinen. »Di Bartolo« wurde vorläufig festgenommen.

Seine Fingerabdrücke wiesen den Festgenommenen bald als einen bereits verurteilten Verbrecher aus: Giuseppe Baldinucci, ein bekannter Handlanger der Familie Bonanno, hatte sich aus dem Staub gemacht, nachdem er nach einer Verurteilung wegen Diebstahl und Betrug gegen Kaution vorübergehend auf freien Fuß gesetzt worden war. Das weiße Pulver, von dem er behauptet hatte, es handle sich um Kokain, welches er hin und wieder selbst zur Entspannung nehme, erwies sich als Heroin mit einem Reinheitsgrad von 82,9 Prozent.

9.30 Uhr, Mittwoch, 4. Juni 1986. Im Gerichtssaal. Ein herrlich sonniger Tag. Der *Alte* sitzt auf seinem Platz, er sieht bleich aus. Auf dem Korridor drängen sich wie gewöhnlich die rauchenden Zips. Ganz am anderen Ende des Flurs unterhält sich Kennedy leise mit Martin.

9.40 Uhr. Leval verliest die Anwesenheitsliste. »Das ist jetzt nicht für das Protokoll bestimmt: Mr. Di Chiara? Mr. Kaplan? Mr. Segal? Mr. Bronson?« Kaplan kommt herein, huscht auf seinen Platz. »Mr.

Kaplan, soll ich etwa selbst in die Cafeteria gehen und mich nach Ihren Kollegen umsehen? . . . Bitte, das nicht in das Protokoll aufzunehmen: Es ist ein Skandal. Es ist mir einfach unverständlich, warum die Herren Verteidiger sich nicht pünktlich hierherbequemen können. Dieses Verhalten läßt einen Mangel an Respekt gegenüber den Geschworenen, den Angeklagten und dem Gericht erkennen; so etwas ist ganz und gar unüblich.« Der Richter verkündet, er wolle die Anwälte der Verteidigung später in seinem Zimmer sehen.

Sonderagent William H. Lynch jr., gewichtig und fast schon kahlköpfig, gehörte zu jenem Team, das am 9. April 1984 den Wohnsitz der Mazzurcos durchsuchte. Der Stellvertretende Bundesanwalt Bucknam veranlaßt Lynch zu der Aussage, daß es sich bei der Vorrichtung, die der Agent im Augenblick in der Hand hält, um eine elektrische Geldzählmaschine handle, die er selbst in einem Schrank im Schlafzimmer des Angeklagten Mazzurco gefunden und beschlagnahmt habe. Im Nachttisch habe er eine geladene halbautomatische Pistole, Kaliber 9 mm, vom Typ Smith & Wesson mit abgefeilter Seriennummer gefunden.

Was sonst noch? »In einer unter dem Schlafzimmerschrank versteckten Falltür –.«

»Ich erhebe Einspruch gegen die Worte ›versteckte Falltür‹ –.«

»Abgelehnt, Mr. Benfante.«

Die Falltür also, von einem Teppichboden kaschiert, wurde von einem Hund der Drogenfahndung entdeckt. In einem Geheimfach befand sich eine zerrissene Zigarettenschachtel mit einigen Hohlspitzgeschossen vom Kaliber 9 mm. Außerdem enthielt das Versteck noch 38 000 Dollar in bar und ein Spiralheft mit rotem Deckel, in dem eine ganze Reihe von Tabellen, Initialen, Zahlen und Daten notiert waren.

Während der Aussage befingert der kleine, sonnengebräunte und wohlbeleibte Salvatore Mazzurco, der es sich ohne Krawatte und mit offenem Palm-Beach-Sakko bequem gemacht hat, gedankenverloren sein Kinn. Sein Gesicht hat einen heiteren Ausdruck; er scheint über eine lange, ruhige und ungetrübte Zukunft zu meditieren. Nichts in seinem Verhalten würde einem Beobachter verraten, daß dieses rote Notizbuch, eine detaillierte, mit Daten und Initialen versehen Aufstellung von – wie es die Staatsanwaltschaft sieht – Drogentransaktionen, womöglich das erdrückendste Beweisstück ist, das man gegen irgendeinen der in diesem Gerichtssaal sitzenden Angeklagten in der Hand hat.

Noch hat die Jury allerdings nicht die geringste Ahnung von der entscheidenden Bedeutung des roten Notizbuchs. Was die Verwirrung, die die Ankläger während des langen Trecks durch die Wüste Gobi stiften, so ärgerlich macht, wird vielleicht etwas verständlicher, wenn man sich klarmacht, daß noch drei weitere Monate vergehen werden, in denen ein Zeuge der Anklage nach dem anderen über zahllose andere Themen aussagen wird, bevor Arthur Eberhart, ein Dokumentensachverständiger des FBI, sein Urteil abgeben wird: Bei dem roten Spiralheft handle es sich um ein Hauptbuch, das die Zahlungen für eine bestimmte Handelsware belege. Es enthalte Aufzeichnungen vom 13. Januar 1982 bis zum 12. März 1982, aus denen sich Eintragungen für 13,8 Bilanzposten ergeben. Die Namen, oder vielmehr die Initialen Sal, Joe, J. G. und Leo erscheinen neben den einzelnen Einträgen. Die Gesamtsumme der Posten belaufe sich auf 1,1 Millionen Dollar. Für den August 1982 seien fünf weitere Posten zu insgesamt 165 000 Dollar aufgeführt; im September weitere vier Posten, wieder über 165 000 Dollar. Auf einer anderen Seite weise ein fortlaufendes Verzeichnis »41,4 Posten über eine Gesamtsumme von 662 300 Dollar auf.«

Benfante ist mit dem Kreuzverhör an der Reihe. »Also, Agent Lynch, können Sie mir definieren, wie Ihre Definition von einer Falltür aussieht? . . . In Ihrer Aussage geben Sie an, daß ein Spürhund Sie zu dieser Tür geführt hat. Haben Sie einen Spürhund zu Protokoll gegeben?«

»Habe ich nicht.«

»Wie ist der Name des Spürhundes?«

Dienstag, 10. Juni 1986. Im Gerichtssaal. Keiner bleibt von den Belastungen verschont, die dieser Prozeß mit sich bringt. Heute ist Gaetano Badalamenti krank, mit roten Flecken im Gesicht verbringt er die Mittagspause auf einer Bank liegend und wartet darauf, daß ihn die Gerichtssanitäterin untersucht. Die Geschworenen werden langsam, aber sicher, unruhig. Einer von ihnen hat Leval eine Nachricht zukommen lassen: Er könne nicht länger von den 35 Dollar leben, die der Staat einem Geschworenen am Tag erstatte. Eine zweite Geschworene hat zu verstehen gegeben, daß auch sie es allmählich leid werde, hier zur Verfügung zu stehen, auch sie könne von dem Geld nicht existieren. Im Gerichtssaal stellt Martin laut die Frage, ob es nicht irgendeine Möglichkeit gebe, zusätzliche Mittel aufzutreiben, um das Gehalt der Geschworenen bei diesem außergewöhnlich langen Prozeß ausnahmsweise aufzustocken. Die Anwälte der Verteidigung sind außer sich vor Zorn über diese Aussicht. Bergman schlägt vor, Pierre Leval solle den Geschworenen einmal ordentlich ins Gewissen reden.

»Haben Sie einen Vorschlag für den Text?« fragte ihn Leval und hebt die Augenbrauen.

Donnerstag, 19. Juni 1986. Im Gerichtssaal. Der erste Riß im Monolith der Verteidigung zeigt sich heute um 11 Uhr, als Badalamentis Neffe Vincenzo »Enzo« Randazzo sich vor Richter Leval zum Anklagepunkt der illegalen Einreise in die Vereinigten Staaten schuldig bekennt und den Gerichtssaal als freier Mann verläßt.

»Gott steh' den New Yorker Frauen bei«, sagt Kennedy, als er davon erfährt.

Im August 1983 hatte man Enzo in der Gesellschaft von Alfano und anderen in einer Imbißstube in Queens entdeckt. Die Einwanderungsbehörde hatte keinerlei Beleg darüber, daß er in die Vereinigten Staaten eingereist war. Rechtsanwalt Larry Schoenbach konnte die Staatsanwaltschaft dazu überreden, die Anklage wegen Verabredung zum Drogenhandel im Austausch für ein Schuldbekenntnis hinsichtlich eines Verstoßes gegen die Einwanderungsbestimmungen fallenzulassen. Die Höchststrafe hierfür beträgt fünf Jahre, und die Vereinbarung mit der Staatsanwaltschaft, die Randazzo eben unterschrieben hat, läßt ihn mit der Zusicherung davonkommen, die Strafe werde als abgesessen betrachtet.

Als der Stellvertretende Staatsanwalt Charles Rose, Chef der Rauschgiftabteilung im Bundesgerichtsbezirk Ost, von Enzos Abkommen hörte, war er »offen gesagt entsetzt«. Man hatte Randazzo in diesem Drogenring zu Beginn als ganz großen Fisch eingeschätzt. Die Staatsanwaltschaft hatte ihm eine Reihe gewichtiger Delikte zur Last gelegt und weder Kosten noch Mühen gescheut, um die Schweiz zu einer Auslieferung zu bewegen.

»Sich auf ein solches Schuldbekenntnis einzulassen, ist eine Schande! Ich für meinen Teil würde lieber vor die Hunde gehen«, erboste sich Rose. »Normalerweise«, fügte er hinzu, »hätte Martin einem derartigen Handel nie und nimmer zugestimmt. Eine reine Verzweiflungstat war das.

Martin muß wohl denken: Womöglich gewinne ich diese Geschichte gar nicht. Also ist es besser, den Kerl einfach loszuwerden. Der Knabe ist so offensichtlich *nicht schuldig*, daß die Geschworenen vielleicht denken: Was bezweckt die Staatsanwaltschaft damit, so einen unter Anklage zu stellen? Wenn die *so was* über die Bühne zu ziehen versuchen, wer weiß, was die noch alles schaukeln wollen?«

Falls persönliche Verbitterung hinter Roses Bemerkungen steht, so weiß er das gut zu verbergen. Rose ist eine Frohnatur, zwanglos und gewitzt, er zögert keinen Augenblick, seine Begeisterung für seinen Beruf zu zeigen. So extravertiert, energisch und humorvoll, wie er das Leben angeht, scheint er sich von den gesetzten Anwälten im Bezirk Süd nicht weniger zu unterscheiden, als sich Brooklyn von Manhattan unterscheidet. Roses Kritik an Martin könnte allerdings zum Teil auch darauf zurückzuführen sein, daß er selbst es war, der den Pizza-Fall ins Rollen gebracht hatte, ihn dann aber hatte abgeben müssen. Rose ist derjenige, der als erster nach Brasilien gereist war, um mit Tommaso Buscetta über eine Rückkehr in die Vereinigten Staaten zu verhandeln. Außerdem hatte Rose das Ermittlungsverfahren gegen die Pizza Connection geleitet, bevor Giuliani den Fall völlig unvermittelt vom Bezirk New York Ost in den Bezirk New York Süd verlegte.

Badalamenti reagiert auf Enzos Kuhhandel mit kalter Wut. Der Alte hatte Schoenbach vor langer Zeit an das Sprichwort von der Faust erinnert: »Nimm nur einen Finger weg, und sie ist keine starke Waffe mehr, sondern bloß noch ein Anhängsel.« Er hatte seinen Neffen in Gegenwart seines Anwalts gewarnt: »Wenn du dieses Geständnis ablegst, dann gehörst du nicht mehr zur Familie.«

Schoenbach hatte angenommen, daß die Sache damit erledigt wäre. Aber einige Wochen später rief Enzo ihn an und meinte ziemlich lautstark: »Sehen Sie bloß zu, daß Sie mich da rausholen!«

Am darauffolgenden Sonntag hatte Badalamenti den Anwalt mitsamt seinem abtrünnigen Mandanten wieder ins MCC zitiert. »Was geht hier vor?« wollte er ohne Umschweife wissen. »Hatten wir nicht abgemacht: Keine Verhandlung um Schuldbekenntnisse?«

»Ich sehe meinen Mandanten an. Der sitzt da, stumm wie ein Fisch«, erzählt Schoenbach später. »Badalamenti versteht genug Englisch, um die Geschichte ohne Dolmetscher zu erledigen. Also sage ich ihm: ›Hören Sie, es ist mir klar, daß wir das bei unserer Zusammenkunft damals so abgemacht haben. Aber mein Mandant hat nun mal seine Meinung geändert.‹« Darauf sei ein langes, hitziges Palaver auf Sizilianisch gefolgt. »Der Alte hat wohl meinem Mandanten seinen Ausschluß aus der Familie verkündet, und Enzo konterte, daß er sich mit fünfundvierzig für alt genug halte, seine eigenen Entscheidungen zu treffen.«

Die Entscheidung der Staatsanwaltschaft sei sicher darauf zurückzuführen, so Schoenbach, »daß sie Angst haben, die Jury zu verlieren. Die sind jetzt seit zehn Monaten am Werken, und womöglich brauchen sie noch weitere sechs. Es mußte einfach Bewegung in die Geschichte kommen. Enzo konnte dafür herhalten. Sie haben ihn geopfert, um das Eis zu brechen.«

Kennedy rief Martin augenblicklich an, um ihm zu gratulieren und ihm zu sagen, das Arrangement sei das Beste, was Enzo passieren konnte. Er behielt dabei freilich für sich, daß auch ihm selbst nichts Vorteilhafteres hätte widerfahren können, weil damit womöglich ein weiteres seiner Probleme vom Tisch war. Kennedy hatte nämlich schon seit langem das Gefühl, daß Genay Leitman einfach noch nicht erfahren genug war, um diesem Fall gewachsen zu sein. Jetzt konnte er sich die neueste Entwicklung zunutze machen und das Gericht womöglich dazu bewegen, Genay Leitman durch den kleveren Larry Schoenbach zu ersetzen.

Kennedy wettet, daß Enzo grinsend unter den Zuschauern sitzen wird, wenn das Gericht am Dienstag wieder zusammentritt. Wie wohl die Geschworenen darauf reagieren werden – und auf den leeren Platz neben Badalamenti? Nun, man kann wohl mit einiger Sicherheit davon ausgehen, daß sie trotz Levals häufiger Ermahnungen nicht nur in den Zeitungen über den Fall lesen, sondern auch im Fernsehen davon hören. Wenn dem so ist, dann dürften sie wohl wissen, was passiert ist.

Kennedy meint, daß die Ereignisse trotz Badalamentis offensichtlichem Mißfallen – der Alte ist der Meinung, Schoenbach habe ihn persönlich verraten – alles in allem eine Wendung zum Guten genommen haben. Und aller Wahrscheinlichkeit nach ziehen sie weitere Bewegungen nach sich. Als nächster Kandidat für eine Schulderklärung käme eventuell der fünfzigjährige Mazzurco in Frage. Dann wäre man Benfante los, was Kennedy nur recht sein kann. »Ich denke, ich habe aus seiner Kreuzverhörtechnik gelernt, was zu lernen ist«, meint er trocken.

Wenn Mazzurco auf schuldig plädiert, dann wird sich der Stau auflösen. Dann dürfte kurz darauf auch mit Schulderklärungen von DeVardo und Cangialosi zu rechnen sein. Ihre Anwälte jedenfalls sind bereit, auf einen Handel einzugehen.

Sal Mazzurco steckt von allen Angeklagten womöglich am tiefsten im Schlamassel, und Benfante gibt sich alle Mühe, für ihn den besten Deal herauszuschlagen. Seiner Meinung nach wären das so zwischen zehn und zwölf Jahre und die Chance, etwas von seinem Eigentum behalten zu dürfen. Mazzurco ist ganz gut betucht. Zusätzlich zu seinem großen Haus auf Long Island, dem Mercedes und den Bankkonten, gehört ihm auch noch ein Anteil an Pronto Demolition und der Löwenanteil am Upskate, einer Rollschuhbahn in New Windsor, New York. Mazzurco hat beträchtliche Investitionen in der kleinen Stadt am Hudson. Neben der populären Rollschuhbahn besitzt er dort gleich in der Nähe zusammen mit seinem Schwager Joe Lamberti auch noch eine Boutique für Damenmode namens »Pino Europa«.

Der Gerüchteküche nach ist Mazzurcos Handel schon unter Dach und Fach, bis auf den Umfang der Enteignung auf Grund der Anklage nach dem Paragraphen 848. Diese könnte ganz beträchtlich ausfallen. Charlie Rose hat es einmal so ausgedrückt: »Der Staat verdient heutzutage eine derartige Menge Geld mit dem Einzug von Vermögen, daß ich gar nichts dagegen hätte, das Ganze auf Profitbasis zu leiten. Teufel auch, ich würde es sogar auf Kommissionsbasis machen!«

Benfante weiß, daß es im Bundesgerichtsbezirk New York Süd keinerlei Garantien gibt. Schuldbekenntnisse im Tausch gegen Zugeständnisse seitens der Staatsanwaltschaft sind gesetzlich nicht anerkannt; die Verteidiger lassen sich auf Absprachen ein, weil sie von der etwas heiklen Voraussetzung ausgehen, die Ermutigung durch den Richter sei ein ernstzunehmender Hinweis darauf, daß ihrem Mandanten eine faire Behandlung zuteil wird. Benfante verläßt sich also auf Levals ausdrücklichen Wunsch, endlich Bewegung in die Sache zu bringen. Einige der anderen Anwälte glauben, mit etwas Glück könnten er und sein Mandant nächste Woche draußen sein.

Er hat kein Glück. Mazzurco lehnt die Absprache ab, die Benfante ausgehandelt hat; laut dieser könnte er sein Haus behalten plus 300 000 Dollar plus die Hälfte seines Geschäfts. Einige Anwälte meinen, Mazzurco handle aus reiner Habgier. Er würde lieber sitzen, als sein Eigentum einziehen zu lassen. Andere sind jedoch der Ansicht, irgend jemand übe starken Druck auf ihn aus, nicht auf die Absprache einzugehen, man tippt auf seinen Nachbarn auf der Anklagebank, den schweigsamen, aschfahlen Sal Lamberti.

Die Haltung Gaetano Badalamentis gegenüber sämtlichen Mitangeklagten, die nicht zu seiner Familie gehören, zeichnet sich durch steife Höflichkeit und Unnahbarkeit aus. Er hat nie etwas mit ihnen zu tun gehabt, die meisten von ihnen noch nicht einmal persönlich gekannt, bis er sich durch diesen vermaledeiten Prozeß mit ihnen in einen Topf geworfen sah. Eine Ausnahme bildet Sal Lamberti. Lamberti stammt aus Badalamentis Nachbardorf. Er steht Badalamenti altersmäßig am nächsten. Als junge Männer haben sie einander kennengelernt. Sal Lamberti hat von allen Angeklagten die frischesten Bindungen zur sizilianischen Mafia; er war erst drei Jahre vor seiner Verhaftung in die Vereinigten Staaten emigriert.

Mittlerweile hat Badalamenti es aufgegeben, sein Mißtrauen gegenüber den anderen für sich zu behalten. Er hat seine Leute bereits insgeheim wissen lassen, daß er Lamberti für gefährlich halte. Bei einer Gelegenheit bezeichnete er ihn als »rangmäßig zweithöchsten Mafioso der Welt«, wobei er wenig Zweifel daran ließ, wen er für die Nummer eins halte.

Wenn Badalamenti einen etwas paranoiden Eindruck macht, dann ist das nur zu verständlich. Immerhin ist er seit 1978 auf der Flucht vor den Corleonesern; erst zog er still und leise von Italien nach Paris, dann von Paris nach Nizza, von Nizza nach Brasilien, dann nach Spanien, womöglich auch noch anderswohin. Sein Anwalt schätzt, daß die Corleoneser und ihre Verbündeten bis auf den heutigen Tag ganze siebzehn Mitglieder seiner Familie ermordet haben.

In diesem Gerichtssaal sitzt Badalamenti von sizilianischen Mafiosi umgeben, von denen mit Sicherheit einige mit seinen Verfolgern im Bunde stehen. Er interpretiert so gut wie jeden Zug der anderen Anwälte als möglichen Hinweis auf eine Intrige gegen ihn. Von Zeit zu

Zeit läßt Badalamenti durchblicken, daß er hinter all diesen zwielichtigen Kabalen Salvatore Lamberti vermutet.

Lambertis Ansicht nach haben Badalamenti und Kennedy die Verteidigung so inszeniert, daß die anderen Angeklagten in einen Hinterhalt gelockt oder wenigstens als skrupellose Mafia-Killer hingestellt werden. Er sagt das allerdings nicht offen. Die Feindseligkeit auf beiden Seiten ist sehr sizilianisch: unerbittlich, aber unsichtbar. Begegnungen zwischen den Gegenspielern im Gerichtssaal laufen mit tadelloser Höflichkeit ab. Trotzdem wird die Wolke des Mißtrauens, die über dem Gerichtssaal hängt, immer dunkler und schwerer.

Oktober 1983. Die Überwachungsmaßnahmen des FBI. Die Bronx.
Eines Tages hörte das FBI einen Anruf mit, den Sal Mazzurco aus New Windsor bekam. Franco Marchese, sein Geschäftspartner im Upskate, der Rollschuhbahn, rief ihn an, um ein Treffen in der Stadt zu arrangieren. »Der Freund von mir, du weißt schon, der hätte heute gern wieder eines.«

Ein paar Stunden später traf Mazzurco sich mit Marchese an einer Ecke der Sedgwick Avenue, in einem Viertel der Bronx mit überwiegend spanischstämmiger Bevölkerung. Mazzurco nahm einen Schuhkarton aus dem Kofferraum seines Mercedes und gab ihn Marchese. Der fuhr einige Blocks weiter zur Webb Avenue. Vor der Nummer 2723, einem schon etwas heruntergekommenen Wohnblock, hielt er an und übergab den Schuhkarton einem Mann namens Mike Crespo.

Einen Monat später, am 16. November, rief Marchese wieder an. Crespo habe etwas für Mazzurcos Schwager Joe Lamberti. Mazzurco fuhr wieder in dieselbe Gegend in der Bronx. Crespo wartete in einem Lincoln Continental. Ein schmuddeliger Spanier mit einem Schnurrbart, Sadid Torres, stieg auf ein kurzes Schwätzchen zu Mazzurco in den Mercedes. Dann stieg Mazzurco aus und unterhielt sich mit Crespo. Torres stieg in Crespos Wagen, und die beiden Männer fuhren davon. Mazzurco folgte ihnen.

Vor der Webb Avenue Nummer 2723, wo Torres eine Wohnung hatte, hielt Crespo an, ging in das Gebäude und kam vier Minuten später mit einem in Papier gewickelten Paket wieder heraus, das er Mazzurco übergab, der daraufhin davonfuhr.

Am 25. November rief Mazzurco ein drittes Mal an. »Dein Schwager meint... wegen dem Ding... hast du es?« Mazzurco sagte ja, und am nächsten Tag fand er sich wieder in der Fordham Road in der Bronx ein. Dort traf er Crespos Bruder Nelson und übergab ihm eine braune Papiertüte. Nelson Crespo nahm die Tüte mit zu dem Wohnblock in der Webb Avenue. Am Tag darauf rief Marchese Mazzurco an, der ihm mitteilte: »Sein Bruder war da... Er hat das Hemd genommen.«

9. April 1984. Die große Razzia des FBI. Als die Bundeskriminaler die Wohnung 3K in der Webb Avenue 2723 stürmten, fanden sie eine abgesägte Flinte, 17400 Dollar in bar, eineinviertel Unzen Kokain, 1,1 Pfund Lactosepulver, Plastiktüten, Pergamintütchen und – das Markenzeichen des ordentlichen Dealers – eine kanadische Ohaus-Apothekerwaage. Es handelt sich dabei um eine einfache Präzisionswaage, die extra für Apotheken und chemische Labors hergestellt wird. Sadid Torres wurde verhaftet und ins Gefängnis verfrachtet.

Die Staatsanwaltschaft machte bei der Interpretation der Fahrten in die Bronx nicht viel Federlesens: Sal Mazzurco und sein Schwager Joe Lamberti belieferten einen Drogenring in der Bronx mit Kokain. Auf seiner ersten Fahrt brachte Mazzurco das »Coke« zu seinem Mittelsmann Marchese. Auf der nächsten Fahrt holte Mazzurco das Geld für die erste Lieferung ab. Dieses Geld habe nicht gereicht, deshalb das ganze Rein und Raus am Auto. Die dritte Fahrt war eine weitere Kokainlieferung, dieses Mal für einen Kokainring, der von der Wohnung mit der abgesägten Flinte aus geleitet wurde.

Wenn die Zips sowohl mit Kokain als auch mit Heroin handelten, erhob sich eine weitere Frage. Das Heroin kam aus Sizilien, wie mit den Brüdern Adamita und Bagheria und auch Waridel reichlich demonstriert wurde. Aber wo kam das Kokain her?

Dienstag, 1. Juli 1986. Im Gerichtssaal. Dieser brennend heiße Hochsommertag kennzeichnet den Beginn des 11. Verhandlungsmonats. Inzwischen wurde eine solche Masse an Informationen vorgebracht, daß selbst ein Mensch mit einem fotografischen Gedächtnis nicht mehr mitkommt.

Die Unmöglichkeit, das alles im Kopf zu behalten, führt dazu, daß die Strategiekonferenzen der Verteidigung zuweilen zu bloßen Streitereien darüber ausarten, was nun wirklich wann und wo geschah. Die Geschworenen gehen das Problem auf eigene Art und Weise an: Sie scheinen sich damit abgefunden und resigniert zu haben. Diejenigen unter ihnen, die nicht schlafen, wirken unaufmerksam. Einige ziehen die Schuhe aus oder kichern, flirten und unterhalten sich im Flüsterton, oder sie geben sich Zeichen, die sich auf die Bridgepartie beziehen, die im Zimmer der Jury im Gange ist. Man kann es ihnen nicht verdenken. Die Absurdität der Annahme, irgend jemand könnte dem, was er während dieses Trecks durch die Wüste Gobi zu hören bekommt, folgen – geschweige denn rationale Schlüsse daraus ziehen – ist längst offensichtlich.

Die heutige Zeugin ist Toxikologin und Gerichtschemikerin bei der DEA. Sie ist jung, modisch gekleidet, und beschreibt mit fast tonloser Stimme die vier chemischen Tests, mit denen sie feststellte, daß es sich bei dem Rest weißen Pulvers auf einer weiteren Ohaus-Waage – die in der Garage des Angeklagten DeVardo beschlagnahmt wurde – in der Tat um Heroin handelte. DeVardo? Wer ist das nun wieder? Der Name ist in diesem Raum zehn Monate lang nicht gefallen. Ach ja, es ist der dachsgesichtige Mandant des sommersprossigen Iren, James Moriarty.

»Ich habe an den Rückständen zuerst eine Dünnschichtchromatographie vorgenommen.«

»Enthielt der Rückstand Heroin?« Ja.

Die Vollstreckungsbehörden beschäftigen Hunderttausende solcher hochspezialisierter Sachverständiger wie diese junge Frau. Sie sind die Drogenbürokratie. Sollten Drogen in den Vereinigten Staaten jemals legalisiert werden, mit der Begründung, daß Drogenmißbrauch eine »Straftat ohne Opfer« sei, die niemandem schade außer dem Benutzer, wären sie alle arbeitslos. Auf der anderen Seite würde eine solche Gesetzgebung aber auch Tausende, vielleicht Zehntausende von gefährlichen Dealern arbeitslos machen.

Ihre eintönige Stimme ändert nie die Höhenlage. Die Angeklagten in der letzten Reihe schlafen alle bis auf einen, der ständig von Schmerzen geplagte Ligammari, der sich gegen die Wand lehnt. Sogar Paul Bergman sind die Augen zugefallen.

»Der schläft nicht wirklich«, witzelt Eleanore Kennedy. »Er versucht nur, sich in die Lage der Geschworenen zu versetzen, und signalisiert ihnen, daß es ihm genauso geht wie ihnen. In diesem Raum ist eben nichts unverfälscht und rein – außer dem Heroin.«

Dieser Dienstag ist ein großer Tag für Jimmy Moriarty und seinen Mandanten, Lorenzo DeVardo. Zehn Monate lang reglos und schweigend herumsitzen ist hart, wenn man unschuldig ist, und womöglich noch härter, wenn man schuldig ist. Die Durchsuchung von DeVardos Haus in Long Island City in Queens ist so unwichtig, daß die Staatsanwaltschaft ihrem Benjamin, Andy McCarthy, die Vernehmung überläßt. Das Gericht erfährt durch seine Fragen, daß man die Waage in DeVardos Garage gefunden hat und im obersten Fach eines Schlafzimmerschranks, unter einem zerknitterten Hochzeitskleid versteckt, eine 22er Halbautomatik mit einem Gewinde am Lauf, um einen Schalldämpfer aufzunehmen, und abgefeilter Seriennummer. McCarthy marschiert vor der Geschworenenbank auf und ab wie eine balinesische Stabpuppe, wobei er die tückisch aussehende Waffe in die Höhe hält.

Den Höhepunkt des Tages markiert die Aussage eines amerikanischen Zollbeamten, der zusammen mit einem Drogenspürhund an dieser Durchsuchung teilgenommen hat. Leval beruft auf der Stelle eine Besprechung am Richtertisch ein, und der Hund wird ab sofort nicht mehr erwähnt. Nachdem die Geschworenen dann für diesen Tag nach Hause gegangen sind, erklärt Leval, die Staatsanwaltschaft habe versucht, mit Beweisen vom Hörensagen – das heißt in diesem Fall mit von einem Hund beigebrachten Beweisen – zu belegen, daß sich in DeVardos Auto Rauschgift befand. Seiner Meinung nach sei es ein erheblicher Unterschied, ob der Hund die Beamten zu dem Rauschgift führe, oder aber der Beamte den Hund führe – bei letzterem Fall handle es sich um ein unzureichendes Beweisangebot.

Bei diesen Worten hebt Kennedy schweigend ein Bein. Badalamenti hinter ihm krümmt sich vor Lachen. Die vulgäre Einlage ignorierend, sagt Leval, er wolle klarstellen, daß »vor den Geschworenen keinerlei Fragen über Hunde gestellt werden, bevor ich es nicht ausdrücklich gestatte.« Einige der Verteidiger, angeführt von Benfante und Lombardino, verfallen in ein gedämpftes Bellen.

Samstag, 5. Juli 1986. Sag Harbor, Long Island. Um der öden Plackerei des Prozesses zuweilen zu entfliehen, hat der vierzigjährige Bob Fogelnest ein kleines Sommerhäuschen gemietet, ein ruhiges Plätzchen, wo er mit seinem Sohn die Wochenenden verbringen kann. An diesem Samstag abend verspürt Fogelnest ein extremes Unwohlsein, verliert aber kein Wort darüber. Am Montag, im Gerichtssaal, sagen ihm seine Freunde, er sehe ganz und gar nicht gut aus; man drängt ihn, zu einem Arzt zu gehen. Am folgenden Abend wird er von seinem Arzt erfahren, daß er übers Wochenende einen leichten Herzanfall gehabt hat und daß er sich ab sofort keinerlei Belastungen mehr aussetzen dürfe.

Mittwoch, 9. Juli 1986. Heute findet keine Verhandlung statt. Fogelnest hat den Rat seines Arztes beherzigt. Er hat Richter Leval eine Nachricht zukommen lassen, in der er um eine zweiwöchige Unterbrechung bittet. Zwei Wochen pausieren, das ist jedoch etwas, was keiner seiner Kollegen will. Diese Entwicklung löst eine ganze Reihe weiterer Bewegungen aus. Die Badalamenti-Gruppe ist gegen eine Vertagung. Pierre Leval schlägt schließlich vor, Larry Schoenbach könne Fogelnest vertreten. Aber auch dagegen verwahren sich die Leute um Badalamenti. Sie versuchen schließlich immer noch, mit Hilfe von Schoenbach die unerfahrene Genay Leitman aus dem Fall zu drängen. Miss Leitman, die Anwältin Palazzolos, wehrt sich nach wie vor dagegen, Schoenbach Platz zu machen. Auch Martin wehrt sich dagegen, sie zu verlieren.

Diese Entwicklung bringt Leval in große Verlegenheit. Er schiebt die Entscheidung über den Vorschlag, Genay Leitman durch Schoenbach zu ersetzen, nun schon seit zwei Wochen vor sich her. Heute, als er die Nachricht von Fogelnests Kollaps hört, sagt Leval: »Nun, Fogelnest hat doch einen hiesigen Rechtsbeistand.« Da Fogelnest Mitglied der Anwaltskammer von Pennsylvania ist, muß er laut Gesetz mit einem in New York zugelassenen Anwalt zusammenarbeiten, um vor dem Bundesbezirksgericht New York Süd auftreten zu können, für den Fall eines unvorhergesehenen Zwischenfalls. Also ist Merril Rubin, Fogelnests hiesiger Anwalt, gezwungen, in Levals Gerichtssaal zu rasen. Rubin fühlt sich ganz und gar nicht wohl in der Rolle als Ersatzmann für Fogelnest. Er hat nicht die geringste Ahnung von dem Fall und auch nicht die Absicht, für den Rest des Prozesses mit der übrigen Pizza-Mannschaft auf Eis zu liegen. Ebensowenig ist der Mandant Sal Salamone begeistert, von jemandem vertreten zu werden, der den Fall nicht kennt. Aber Leval besteht darauf, den üblichen Modus procedendi einzuhalten: Rubin hat für Fogelnest einzuspringen. Salamone jedoch kommt dem zuvor, indem er einen dritten Anwalt, Gus Reichbach, eine schriftliche Eingabe machen läßt, in der klargestellt wird, daß Salamone nicht bereit ist, Rubin als Anwalt zu akzeptieren. Als Schoenbach seinen Wunsch, Genay Leitman zu ersetzen, an Leval heranträgt, sagt ihm der Richter, die Staatsanwaltschaft habe dem Gericht bisher geheimgehaltene Beweismittel vorgelegt, die es Schoenbach verböten, irgendeinen anderen Angeklagten der Badalamenti-Gruppe zu vertreten.

»Ich habe mich später mit Freeh darüber unterhalten«, sagt Schoenbach. »Er sagte mir, daß es sich bei dem Beweismaterial um etwas handle, daß nicht einmal in der Berufung an die Öffentlichkeit gehen werde. Leval hat jedoch eingeräumt, daß es sich um einen schwierigen Interessenkonflikt handle, der nicht nur zu einer Verfahrensrüge führen, sondern auch Palazzolo gefährlich werden könnte.«

Eine Verfahrensrüge, oder gar ein Abbruch des Verfahrens, das ist eine Schreckensvorstellung für Leval. Joe Calluori drückt es so aus: »Natürlich hat Leval im Fall Westmoreland gute Arbeit geleistet. Aber Westmoreland war eine Zivilsache. Da gab es eine Menge Auswege. Nicht so in diesem Fall. In diesem Prozeß besteht nicht die Alternative, sich irgendwie aus der Affäre zu ziehen. Wenn er das Gefühl hat, das Verfahren für fehlerhaft erklären zu müssen, dann kann er sich gleich eine Kugel in den Kopf schießen. Man würde ihn an den Pranger stellen, nicht nur die Presse, die ganze Juristengemeinde. Der wird *alles* tun, um ein fehlerhaftes Verfahren zu vermeiden.«

Vito Badalamentis Anwalt, Bob Koppelman, stellt Vermutungen darüber an, wie dieser versteckte Interessenkonflikt aussehen könnte: »Die Staatsanwaltschaft könnte Bänder oder anderes Beweismaterial über irgend etwas haben, was Enzo gesagt hat und was für Palazzolo belastend sein könnte. Oder umgekehrt. Hier oder im Ausland. Aber höchstwahrscheinlich ist alles nur Quatsch. Die wollten bloß nicht, daß Schoenbach wieder in den Fall einsteigt.«

Da Rubin sich immer noch hartnäckig weigert, Salamone zu vertreten, und die Staatsanwaltschaft Schoenbach nicht haben will, ernennt Leval schließlich eine Anwältin aus dem Kontingent der vom Staat bezahlten Rechtsbeistände, Susan Kellman. Die macht sich auch gleich daran, das mittlerweile 21000 Seiten umfassende, in Blau gebundene Protokoll zu lesen. Die Alternative wäre gewesen, daß Fogelnest gemauert und darauf bestanden hätte, den Prozeß für einige Zeit stillzulegen; Kennedy hat ihn gedrängt, das zu tun. Eine Laune des Schicksals, ein ausgebliebener Herzschlag, hat diesem unbedeutenden Anwalt mit seinem nahezu bedeutungslosen Mandanten eine Gelegenheit in die Hand gegeben, die jedem anderen Prozeßteilnehmer versagt ist. Mit dem kleinen Finger könnte Fogelnest das Kommando geben, und die Zirkuszelte würden abgebrochen. Aber Fogelnest will sich nicht gegen Leval auflehnen.

Er läßt verlauten, daß er als Salamones Anwalt zurückkehren wird. Genay Leitman beschließt, Palazzolos Anwältin zu bleiben, obwohl sie sich völlig darüber im klaren ist, daß einige ihrer Anwaltskollegen aus der Badalamenti-Gruppe wochenlang intrigiert haben, um sie loszuwerden.

Mittwoch, 30. Juli 1986. Im Gerichtssaal. Auf dem Programm steht der Urteilsspruch für Enzo Randazzo, und zwar nach 16 Uhr, also wenn die Geschworenen bereits nach Hause gegangen sind. Um 15.40 Uhr erscheint er zum ersten Mal wieder im Sitzungssaal, begleitet von seinem Anwalt Schoenbach, und beide nehmen sie in der hintersten Besucherreihe Platz. Ihr Anblick verursacht unter den Geschworenen, die die beiden natürlich sofort erkennen, einige Aufregung. Nachdem die Jury entlassen ist, ergeht sich Dick Martin in einer langen Straftirade, die er ins Protokoll aufgenommen haben will, gegen Randazzos vorzeitiges Erscheinen vor Gericht; dann stapft er aus dem Saal, ohne auch nur ein Wort mit Schoenbach zu wechseln.

Leval gibt in seinem Urteil bekannt, Randazzos Haftstrafe gelte als abgesessen, und der Anwalt und sein Mandant ziehen von dannen. Auf der Treppe des Gerichtsgebäudes werden sie von einem Fernsehteam angesprochen. Randazzo teilt der Welt mit, er habe nie in seinem Leben etwas mit Drogen zu tun gehabt. »Sie brauchen mir ja nicht zu glauben. Tommaso Buscetta hat es gesagt.«

Der Reporter bittet den Anwalt um einen Kommentar, und

Schoenbach erklärt, er sei der Ansicht, der Handel bestehe aus einem stillschweigenden Zugeständnis der Staatsanwaltschaft, daß sein Mandant gegen die Paßbestimmungen verstoßen habe, weiter nichts. Als man ihm sagt, Rudolph Giuliani habe mit »Kein Kommentar!« reagiert, fügt Schoenbach hinzu, er finde es bemerkenswert, daß Giuliani, der sonst immer der erste sei, der mit einer Anklage zur Presse laufe, nichts zu sagen habe, wenn eine Anklage zurückgezogen werde.

Erst am folgenden Morgen erfährt Schoenbach, daß dieses Fernsehteam ausgerechnet für jene Abendnachrichtensendung arbeitet, die von Donna Hanover, Giulianis Frau, moderiert wird. Er erfährt es just in dem Augenblick, als Giuliani Louis Freeh wutentbrannt davon in Kenntnis setzt, daß sämtliche Absprachen damit gestrichen seien. Was ihn, Giuliani anbelange, so könnten die Anwälte ihren Kampf ruhig bis zum bitteren Ende führen; dann würden sie schon sehen, welche Beweise die Staatsanwaltschaft zu bieten habe.

Enzo Randazzo jedenfalls hat mit dem Pizza-Fall nichts mehr zu schaffen, wenn er auch noch lange nicht aus dem Schneider ist. Zwei entscheidende Fragen müssen noch geklärt werden. Müssen ihn die Vereinigten Staaten nach Italien zurückbringen, damit er sich dort vor Gericht verantworten kann, oder steht es ihm frei zu gehen, wohin er will? Zweitens, wird man ihm in Italien die vierzehn Monate Untersuchungshaft in den Vereinigten Staaten anrechnen? Dies sind wichtige Fragen, da das italienische Recht keine Haftentlassung gegen Kaution kennt. Wenn man ihm die abgesessene Zeit nicht anrechnet, muß Enzo womöglich drei Jahre in einem italienischen Gefängnis schmachten, während er darauf wartet, noch einmal wegen der gleichen Anklage vor Gericht gestellt zu werden wie in den Vereinigten Staaten.

Martin hat Schoenbach wissen lassen, wenn Randazzo nicht bei der ihm zugewiesenen Maschine nach Italien aufkreuze, »werden wir ihn verhaften lassen und persönlich zum Flughafen verfrachten.«

März–November 1983. Die Überwachungsmaßnahmen des FBI. Im März 1983 erhielt Joe Ganci einen Anruf von einer Nichte, die in Belleville, New Jersey, ein Reisebüro unterhielt. Es sei unbedingt nötig, daß ihr Onkel sie besuche, und sie habe es so eingerichtet, daß »der andere Herr« auch kommen würde. Der andere Herr war ein weiterer Onkel, der Angeklagte Frank Polizzi, der in Belleville ein Motel und eine Baufirma besaß.

Fünf Tage später stattete Ganci dem Reisebüro einen Besuch ab, traf sich mit Polizzi und ging dann zu einem nahegelegenen Münzfernsprecher. Polizzi sah ihm zu, wie er einen Anruf tätigte – ein Überwachungsteam des FBI ebenfalls.

Fast einen Monat später, am 4. April, rief die Nichte Ganci wieder an und bat ihn erneut, sie zu besuchen. Sie wollte, daß er »mit dem Typ da spreche«. Sie fügte hinzu, daß die Differenz jetzt fünf Stunden betrage, aber Ganci sagte nein, sieben Stunden. Am nächsten Tag beobachteten die Agenten, wie sich Ganci und Polizzi wieder vor einer Telefonzelle einfanden, die sie schon einen Monat zuvor benutzt hatten. Aber niemand rief an. Die Sommerzeit fängt in Sizilien einen Monat früher an als in den Vereinigten Staaten, und so hatten sie sich verrechnet.

Einige Tage später trafen sich die beiden Männer ein paar Blocks weiter an einem anderen öffentlichen Fernsprecher, den die Ermittlungsbehörde nicht angezapft hatte. Die Agenten beobachteten jedoch, wie Ganci in seinem Mercedes ankam und Polizzi in seinem großen Lincoln. Als um Punkt 10 Uhr das Telefon klingelte, sahen sie, wie Ganci abhob und elf Minuten lang sprach. Das FBI vermutete, daß Ganci und sein Freund, der Bauunternehmer, Anrufe von einem Kontaktmann auf Sizilien bekamen.

Wieder einen Monat später, am frühen Nachmittag eines Sommertags, trafen die beiden Lambertis mit Joe Lambertis silberfarbenem Mercedes bei Ganci in Queens ein. Sie befanden sich in Begleitung einer dritten Person, einem gewissen Giuseppe Soresi, der als Pförtner in einem Palermitaner Krankenhaus arbeitete und den Vereinigten Staaten einen kurzen Besuch abstattete. Soresi ist in Borghetto geboren, der gleichen sizilianischen Stadt, aus der auch die Lambertis stammen. Die italienische Polizei hatte dem FBI einen Hinweis gegeben, daß Soresi Verbindungen zu Drogenkreisen habe.

Kurze Zeit darauf kam auch noch Sal Catalano auf Gancis Haus zugeschlendert. Die Agenten beobachteten, wie die fünf Männer – Catalano, die beiden Lambertis, Ganci und Soresi – rauchend und plaudernd auf dem Gehsteig auf und ab spazierten. Dann fuhren die Lambertis und Soresi in dem silbernen Mercedes davon.

Vier Monate später rief Sal Mazzurco von Long Island aus Giuseppe Soresi in seinem Haus auf Sizilien an. Er bat Soresi, sich mit ihm in Rom zu treffen. Er brauche »einen Arzt« und habe gedacht, Soresis Sachverstand als Pförtner eines Krankenhauses könne ihm da vielleicht nützlich sein. Soresi sagte ihm, er sei der Meinung, Mazzurcos Chancen, einen Doktor zu finden, stünden in Borghetto weitaus besser als in Rom.

Drei Tage später traf Mazzurco in Rom ein. Seiner Frau berichtete er am Telefon, er habe den Mann getroffen, wegen dem er gekommen sei. Zwei Wochen darauf, er war bereits wieder zu Hause, rief ihn jemand aus Sizilien an. Der Anrufer habe die Telefonnummer verloren, die Mazzurco ihm gegeben hatte, und Mazzurco mußte sich beeilen, sie zu finden. Die verlorengegangene Nummer war die des öffentlichen Fernsprechers an der Straßenecke vor Joe Gancis Pizzeria Al Dente am Queens Boulevard.

Am nächsten Vormittag um 11 Uhr warteten Ganci und Mazzurco vor eben diesem Telefon, das vom FBI mittlerweile angezapft worden war und von mindestens fünf Agenten überwacht wurde. Ganci und Mazzurco warteten fünfzehn Minuten lang. Mazzurco war nervös, weil er befürchtete, Passanten könnten das Telefon benutzen wollen; schließlich nahm er den Hörer ab und tat so, als würde er sprechen, während er mit einer Hand den Haken nach unten drückte, damit der Apparat klingeln konnte.

Endlich kam Soresis Anruf aus Sizilien, und Mazzurco reichte Ganci den Hörer. Ihre Unterhaltung war lang und streckenweise recht scharf. Soresi bestand darauf, daß auf der Stelle jemand nach Sizilien fliegen sollte. Es hätten sich Probleme »beim Bau« ergeben.

Sechs Tage später flog Joe Lamberti nach Sizilien und wurde am Flughafen Punta Raisi von Soresis Sohn, Natale, abgeholt. Am nächsten Tag fuhr Soresi senior Lamberti zu einer kleinen Kapelle auf einem Hügel außerhalb von Borghetto, wo sie sich kurz mit einem dritten Mann trafen und dann wieder davonfuhren. Drei Tage darauf war Lamberti wieder zu Hause in New York.

Dienstag, 5. August 1986. Im Gerichtssaal. Fünf Monate sind jetzt vergangen, seit dieser anstrengende Treck durch die Wüste Gobi begann. Wenn auch selten in der richtigen Reihenfolge, so doch sehr detailliert, hat die Staatsanwaltschaft ihr Beweismaterial vorgelegt; das Waschen von Geld, die Drogengeschäfte Zitos, die angeblichen Kokaingeschäfte in der Bronx. Mit Hilfe eines ausgefeilten Systems von Notizbüchern, die farblich kontrastierende Register enthalten, damit unterschieden werden kann, was von den Anklägern kommt und was von den Angeklagten, schafft Richter Leval es bei alledem, nicht den Faden zu verlieren; seine Gehilfen halten ihm diese Bücher immer auf dem neuesten Stand. Notizbuch I ist eine Konkordanz, die nach den Angeklagten geordnet ist; alles, was einen bestimmten Angeklagten betrifft, ist mit entsprechenden Seitenzahlen unter seinem Namen eingetragen. Notizbuch II ist eine Zeugenkonkordanz, in der die Aussage eines jeden Zeugen kurz zusammengefaßt ist. Das System des Richters umfaßt mittlerweile siebzehn Bände. Ohne sie wäre es wohl ein hoffnungsloses Unterfangen, hier mitkommen zu wollen.

Aber die Gobi ist noch längst nicht überwunden. Das Beweismaterial der Staatsanwaltschaft wird, was Umfang und Detailliertheit anbelangt, ein schwindelerregendes Ausmaß erreichen. Das FBI ist in der Lage, Aufzeichnungen einer brasilianischen Telefongesellschaft vom März 1983 vorzulegen, die sich auf eine Reihe von Münzfernsprechern auf dem Galeão International Airport in Rio de Janeiro beziehen, um zu beweisen, daß am 10. März um 11.05 Uhr jemand von einem dieser Münzfernsprecher aus eine obskure Pizzeria in der kleinen Stadt Oregon in Illinois angerufen hat.

Die Ankläger werden ein geradezu phänomenales Geschick an den Tag legen, wenn es darum geht, mit Hilfe der Aufzeichnungen zweier Telefongesellschaften eine Verbindung zwischen zwei Telefonen herzustellen, diese Anrufe mit den Aktivitäten der Angeklagten in Verbindung zu bringen und schließlich auch noch der Jury die Schlußfolgerung zu ermöglichen, daß es sich bei den betreffenden Personen eben nur um jene beiden Angeklagten gehandelt haben kann und sonst niemanden. Jahrelang haben FBI und DEA sozusagen in einem Heuhaufen ermittelt und eine schwindelerregende Zahl in Frage kommender Anrufe und Telefonzellen durchgekämmt, bis sie ihre Nadel fanden: die Verbindung zwischen einer öffentlichen Telefonkabine in Brasilien und einem Münzfernsprecher in Illinois.

Wenn den Ermittlungsbehörden das tatsächlich gelungen ist, so bedeutet das, daß eine unter Kriminellen allgemein übliche Methode, etwas geheimzuhalten, ein für allemal zerschlagen wurde. Es ist damit noch nicht einmal mehr sicher, sich über 5000 Meilen und zwei Kontinente hinweg von Münzfernsprecher zu Münzfernsprecher zu unterhalten.

Bisher hatte sich das gesamte Beweismaterial auf die Angeklagten aus New York und New Jersey bezogen, und alles, was passiert war, hatte sich um den verstorbenen Joe Ganci, den Büffel, gedreht. Michael Kennedy und die anderen Anwälte der Badalamenti-Gruppe waren schweigend dabeigesessen, während die Staatsanwälte die Geschworenen mit einem Wust von Anrufen, Autofahrten, braunen Tüten und Schnapskartons verwirrten, die zusammengenommen angeblich ein kompliziertes Netzwerk von Rauschgiftgroßhändlern, Einzelhändlern, Käufern, Investoren, Schmugglern und »Mulis« ergaben.

Aber während der mühselige Marsch durch die Gobi sich hinzog, konnte man den ohnmächtigen Zorn geradezu spüren, der in dem Alten heranwuchs. Hier saß ein altgedienter sizilianischer Mafioso, ein Mann, der in einem Land gestählt und geprüft worden war, in dem einem Verfolgungswahn und Wachsamkeit ebenso zur zweiten Natur werden wie die Regel, daß man sich um seine Sicherheit am besten selbst kümmert. Badalamenti beherrschte viele Codes. Über lange Zeit hinweg sprach er überhaupt nur verschlüsselt; Zweideutigkeit war für ihn das A und O. Darüber hinaus hatte er sich jahrelang mit dem Geschick einer Schlange unerkannt von Land zu Land, von Wohnsitz zu Wohnsitz, bewegt. Im Lauf der Jahre hatte er für sich und seine Familie kartonweise gefälschte Dokumente und erfundene Identitäten besorgt. Und jetzt drohten ihm eben jene Vorsichtsmaßnahmen, die Badalamenti so sehr zur zweiten Natur geworden waren, zum Verhängnis zu werden. In den alten Tagen, daheim in Sizilien, hatte man seine Gespräche über Münzfernsprecher weder mithören noch zurückverfolgen können. Aber hier, auf Grund der erstaunlichen Überwachungstechniken des FBI, können sich die Geschworenen auch das letzte seiner verschlüsselten, vielleicht von irgendeiner einsamen Raststätte aus geführten Gespräche anhören, und ganz egal, was nun wirklich das Thema dieser zweideutigen Unterhaltungen gewesen sein mag, jedes dieser peinlich genau aufgezeichneten und übersetzten Gespräche wird den alten Don ein bißchen bedrohlicher erscheinen lassen.

In einer gnadenlosen Serie von Telefongesprächen, von Schauspielern vorgetragen, von Gebührenaufzeichnungen der Telefongesellschaften, Passagierlisten der Flugzeuggesellschaften, Kontrollabschnitten von Tickets, Hoteleintragungen und den Überwachungsprotokollen der Agenten untermauert, legt die Staatsanwaltschaft alles offen. Im Dunst des August, zunächst fast kaum wahrnehmbar, beginnt die Anklagevertretung die feinen Fäden des Netzes zu spinnen, in dem sich schließlich auch Badalamenti und seine amerikanischen Angehörigen verfangen werden.

Das Beweismaterial kommt in zusammenhanglosen und willkürlichen Portionen, angefangen von den ersten zaghaften Kontakten Ende 1982, Anfang 1983, als man Joe Lamberti im Laufe eines Gespräches über irgend etwas ganz anderes plötzlich sagen hörte: »Wegen des Termins mit dem Doktor... Er hat dir gesagt, daß sie rüberfahren... Er sagt: ›Ich schick' dir meinen Neffen.‹«

Am 2. Dezember 1982 wurde Joe Lamberti ein neuer amerikanischer Paß ausgestellt. Am 17. Dezember flog er mit einer Maschine der Varig Airlines zum Flughafen Galeão in Rio de Janeiro und kehrte kurze Zeit später wieder zurück. Im Februar 1983 wiederholte er die Reise, dieses Mal blieb er nur drei Tage.

Während des Frühlings und des Sommers 1983 gab es massenhaft geheimnisvolle Anspielungen auf »da unten«, »drüben« und den »Onkel«.

Anfang Juni 1983 führte man einen Schwung Gespräche zwischen Brasilien und dem Mittelwesten; während des gleichen Zeitraums telefonierte man fleißig zwischen dem Mittelwesten, Sal Mazzurcos Boutique Pino Europa in New Windsor und Pronto Demolition in Brooklyn.

Gegen Ende Juni wurde ein Gespräch vom Münztelefon in Alfanos Pizzeria in Oregon, Illinois zu einer Telefonzelle in der Nähe von Mazzurcos Haus auf Long Island aufgezeichnet. Einige Augenblicke später hörten die Agenten Mazzurco Ganci anrufen und sagen, »daß der Bursche, du weißt schon, morgen kommt«. Am nächsten Morgen fuhr Mazzurco zu Gancis Haus in Queens und holte eine Schachtel und eine braune Tüte ab. Ein Flug der American Airlines von Chicago nach New York wies einen Passagier namens P. Alano (sic) auf. Die Ermittlungsbehörden behaupten, Mazzurco und Alfano hätten sich an jenem Tag in New York getroffen.

Mitte Juli registrierte man einen weiteren Schwung Anrufe zwischen Alfanos Pizzeria und Pronto Demolition, und dazwischen immer mal wieder Anrufe aus und nach Brasilien. Dann, Ende Juli, noch einmal eine ähnliche Salve von Gesprächen.

Am 7. August kam dann der Durchbruch. Mazzurco rief Ganci an und sagte ihm, daß »Enzo . . . der Neffe des Herrn, du weißt schon . . . der Kerl von da unten . . . der ist hier in New York . . .« Diese Information galt eindeutig Enzo Randazzo. Was den »Kerl von da unten« anbelangte, so handelte es sich so gut wie sicher um Enzos berühmt-berüchtigten Onkel, den alten, entehrten Mafia-Boß Gaetano Badalamenti. Der Anruf machte außerdem klar, daß man Ganci über jede Entwicklung in dieser neuen Beziehung, die Sal Mazzurco da mit irgendwelchen Leuten aus dem Mittelwesten und Brasilien anbahnte, informiert hielt.

Aber erst am 26. September 1983 paßte im Pizza-Fall dann mit einemmal alles zusammen. An diesem Tag bekamen die Ermittlungsbeamten ihre erste Gelegenheit, den mysteriösen Telefongesprächen Gesichter zuzuordnen. Das FBI hatte Mazzurco zum Charcoal Grill, einem Imbiß in Queens, verfolgt. Er traf sich dort mit vier »unbekannten Männern«, die man jedoch später identifizieren konnte: Es handelte sich um Pietro Alfano, Besitzer einer Pizzeria in Oregon, Illinois, seinen Schwager Emmanuele Palazzolo, ebenfalls Pizzeriabesitzer, jedoch aus Milton, Wisconsin, und zwei Besucher aus Italien – Faro Lupo und Lupos Onkel, identisch mit dem Angeklagten Enzo Randazzo. Später am selben Tag traf sich Mazzurco noch einmal mit Lupo und Randazzo, und dieses Mal übergab er den beiden eine braune Tüte. Randazzo und Lupo gesellten sich dann zu Alfano und Palazzolo, die im Hotel Roosevelt in Manhattan auf sie warteten.

Das Treffen am 26. September in dem Imbiß in Queens weitete die New Yorker Ermittlungen über die Staats- und Landesgrenzen hinweg aus. Die riesige Ermittlungsmaschinerie des FBI nahm die Fremden aufs Korn, vor allem Alfano. Sie studierten die Gebührenaufzeichnungen des Münztelefons in Alfanos Pizzeria in Oregon und entdeckten die Verbindungen zu New York und Brasilien.

Die nächste wichtige Kontaktnahme fand am 10. Oktober statt. Am Vormittag dieses Tages erhielt Mazzurco einen Anruf aus Brasilien; der Anrufer war Enzo Randazzo. Die beiden Männer unterhielten sich ziemlich ausführlich über Sweatshirts, Kleider, Baumwollstoffe und Konfektionsgrößen. Das Gespräch schien sich perfekt mit den Interessen von Mazzurcos Boutique zu decken. Nach neun Seiten belangloser Plaudereien über Klamotten schaltete das FBI das Tonbandgerät ab.

An jenem Abend benachrichtigte Mazzurco seinen Schwager Joe Lamberti, daß Enzo ihm Grüße ausrichten lasse, und daß Mazzurco, obwohl der *Alte* mit keinem Wort erwähnt worden sei, alles in seiner Macht Stehende tue, um dranzubleiben, und daß der Alte – wie Lamberti ja wisse – »schlimmer als eine Schlange« sei. Ganz offensichtlich hatte also Mazzurcos Kontaktnahme mit Randazzo doch auch noch einen anderen Zweck verfolgt, als den, ein Verkaufsgespräch über Sweatshirts und Kleider zu führen.

Mittwoch, 6. August 1986. Im Gerichtssaal. »Wenn die Leser bitte vortreten wollen«, sagt Robert Stewart. Die Schauspieler sind heute hübsch kostümiert, ein leuchtend gelbes Hemd für den mit der Glatze, eine rosa Spange im Haar der Blondine. Der Ankläger bittet sie, das Beweisstück Nummer 7599 zu verlesen, einen Anruf vom Montag, den 10. Oktober, 18.22 Uhr, in dem der *Alte* erwähnt wird, ein Telefongespräch, »von dem die Staatsanwaltschaft behauptet, daß es zwischen Sal Mazzurco und Enzo Randazzo geführt wurde.«

Kennedy, in einem Anfall von kalter Wut, kann nicht an sich halten: »Euer Ehren, auch die Badalamenti-Gruppe *behauptet*« – Stewart verächtlich nachäffend, zieht er das Wort in die Länge -, »daß es Enzo Randazzo war.«

Die Schauspieler lesen ein langes Gespräch über einige Lieferungen von Trainingsanzügen vor. Kennedy beantragt eine Konferenz am Richtertisch, und als Ergebnis derselben wird der Jury das Originalband – auf Sizilianisch – vorgespielt. Es ist schlichtweg unverständlich. Catalano, Lombardino, Benfante und Lena Pecosi, die Dolmetscherin, scheinen völlig verblüfft über die schlechte, kratzige Qualität. Selbst die Schauspieler heben spöttisch die Augenbrauen in Richtung Stewart, der, die Arme vor der Brust gekreuzt, gegen die Schranke zum Zuschauerraum gelehnt dasteht, während die Stimmen vor sich hinbrabbeln.

November–Dezember 1983. Die Überwachungsmaßnahmen des FBI. Das FBI hörte zahlreiche Gespräche zwischen Alfano und Mazzurco mit, in denen Mazzurco auf die Lieferung »neuer Teile« zu drängen schien. Alfano antwortete ihm, die »Fabrik hat sie noch nicht fertig«. Das Unvermögen der Leute aus dem Mittelwesten, neue Teile zu liefern, ließ es den New Yorkern zweckmäßig erscheinen, einmal selbst mit dem *Alten* zu sprechen. Also gab Mazzurco Alfano die Nummer des Münztelefons vor Gancis Pizzeria Al Dente in Queens, damit der sie an Gaetano Badalamenti in Brasilien weitergebe.

Am nächsten Tag erzählte Mazzurco Sal Lamberti, daß ein Anruf des Alten zu erwarten sei. Am 14. Dezember klingelte das Münztelefon vor dem Al Dente. Mit Entsetzen mußten die Agenten mitansehen, wie ein nicht identifizierter Mann den Hörer abnahm und sagte, daß keiner da sei. Sechs Minuten später kreuzten dann Lamberti und Mazzurco auf und standen sich in der Hundekälte zwanzig Minuten lang vergeblich die Beine in den Bauch.

Erst am 20. Januar 1984 gelang es Gaetano Badalamenti endlich, direkt mit den New Yorker Zips in Kontakt zu treten.

Mittwoch, 13. August 1986. Im Gerichtssaal. Ein FBI-Agent mit aufgeplusterten grauen Haaren und einer Pilotensonnenbrille schildert, wie er am 20. Januar 1984 die beiden Lambertis aus Gancis Pizzeria Al Dente hat kommen und zu dem Münzfernsprecher einige Meter weiter an der Ecke 68th Road und Queens Boulevard hat gehen sehen. Der Agent hat sogar ein Video davon. Der Saal wird verdunkelt. Die Geschworenen sehen es sich auf dem großen, über Richter Levals Kopf montierten Fernsehmonitor an. Leval hat seinen eigenen kleinen Monitor auf dem Richtertisch.

Die beiden Männer in dem Film tragen die Krägen ihrer Sakkos hochgestellt, ihre Schultern sind nach vorn gekrümmt, es ist offensichtlich eiskalt. Joe Lamberti beugt sich auf seinem Platz nach vorne; er scheint Gefallen daran zu finden, ein qualitativ so hochwertiges Bild von sich zu betrachten.

»Halten Sie hier an!« kommandiert Bucknam.

»Euer Ehren«, fährt Kennedy rasch dazwischen. »Gaetano Badalamenti räumt ein, daß es sich bei der Stimme in diesem Gespräch in der Tat um die seine handelt.«

Die Jury bekommt das qualitativ miserable Band mit dem Gespräch trotzdem zu hören; selbstverständlich ist das Ganze abermals auf Sizilianisch. Das Video zeigt währenddessen Joe Lamberti beim Telefonieren, während Sal neben ihm aufpaßt.

Gaetano Badalamenti, in der ersten Reihe, hat seine Kopfhörer abgesetzt. Sein wächsernes Gesicht gibt nicht die geringste Regung preis; seine Finger betasten sein Kinn. Bucknam befiehlt, ein weiteres Bild anzuhalten; zu diesem verlesen die Schauspieler das Gespräch jetzt in der englischen Version.

Joe Lamberti spricht als erster: »Hat es irgendwelche Probleme gegeben?«

Badalamenti: »Nein. Keine.«

Lamberti: »Oh, wunderbar. Im Augenblick werde ich ab und zu beschattet.«

Dann unterhalten sich Lamberti und Badalamenti verschlüsselt über »die Sache vor vier oder fünf Jahren« und die »neue«.

Joe Lamberti übergibt den Telefonhörer seinem Cousin Sal, und Badalamenti sagt Sal: »Wir sollten vorsichtig sein. Ignazio wartet auf dich.«

Sal lacht. »Worum geht's denn?«

Badalamenti antwortet ihm: »Im März können wir ein Bündel Spargel abholen . . . Glaubst du, ihr seid der Sache im März gewachsen?«

Kennedy erhebt sich, um den Agenten ins Kreuzverhör zu nehmen. Seit vielen Monaten hat er nicht mehr auf dem Podium gestanden. Seine Strategie bestand darin, den Eindruck totalen Desinteresses zu vermitteln. Sein Gang zum Podium, in diesem Augenblick, soll den Geschworenen als Alarmzeichen dienen: *Behalten Sie dieses Gespräch im Gedächtnis. Es ist wichtig.*

»Wann wurde diese Telefonzelle zum ersten Mal angezapft?« Der Agent weiß es nicht. Wann wurde die Videokamera aufgebaut? Er kann sich nicht erinnern. Kennedy stellt diese Frage in der Hoffnung, irgendwie den Eindruck erwecken zu können, die beiden Lambertis hätten Badalamenti absichtlich dazu gebracht, über ein angezapftes Telefon zu sprechen. Aber seine Strategie wird durch die Unzugänglichkeit des Zeugen glatt und sauber pariert. Kennedy setzt sich wieder hin.

Martin verliest drei Parteienübereinkünfte – Erklärungen von Tatbeständen, über die sich Staatsanwaltschaft und Verteidigung einig sind; auch die Gruppe der Badalamenti-Anwälte hat ihren Segen gegeben – nur daß Paul Bergman sich jetzt auf einmal weigert, sie zu akzeptieren.

Kennedy beschuldigt Bergman, in böser Absicht zu handeln. Man habe sich schließlich über die Punkte geeinigt, um Zeit zu sparen; sie jetzt nicht anzuerkennen, laufe auf eine Riesenzeitverschwendung hinaus.

Im Grunde hat Bergman nur aus Prinzip Einspruch erhoben: Er macht geltend, die Anklagevertretung habe schon so oft ihre zunächst gegebenen Einverständniserklärungen zu groß angelegten Parteienübereinkünften rückgängig gemacht, daß man der Staatsanwaltschaft einfach nicht mehr über den Weg trauen könne.

Paul Bergman, 42, der Anwalt von Baldassare Amato, ist hochintelligent, aber ein schrecklicher Wichtigtuer, was ihn zuweilen schlichtweg unerträglich macht. Das Problem mit ihm ist, daß er sich seiner Wirkung auf seine Mitmenschen einfach nicht bewußt ist und merkt gar nicht wie unsensibel er ist. Dieser Charakterzug läßt ihn zwar etwas merkwürdig erscheinen, aber andererseits macht er ihn zu einem unerbittlichen und kompromißlosen Anwalt. Manchmal erinnert er an einen stets wachsamen afrikanischen Sekretärsvogel, der nicht zu picken aufhört, bis auch das letzte Paragraphenkernchen geknackt ist.

Schon Bergmans Vater war Anwalt, und Paul hegt die Hoffnung, sein fünfzehnjähriger Sohn werde der Familientradition folgen. Bergman absolvierte sein Studium auf der Brooklyn Law School, arbeitete danach ein halbes Jahr bei der Federal Aviation Administration* in Washington und dann zwei Jahre als Sekretär und Gehilfe von Richter George Beldock – »dem aufgeblasenen Esel«. Die nächsten beiden Jahre praktizierte er privat, dann folgten noch zwei Jahre als Chef der Rechtsmittelabteilung beim Bundesgerichtsbezirk New York Ost.

Bergman war schon früh an Bord des Narrenschiffs gegangen, und

* dem Ministerium für Verkehr unterstellte Behörde mit Zuständigkeit für die zivile und militärische Luftfahrt (A. d. Ü.)

zwar als Rechtsbeistand zweier kaum bedeutender Figuren, die das FBI in seinem weitgespannten und engmaschigen Netz mit an Land gezogen hatte. Sein gegenwärtiger Mandant war ursprünglich von James LaRossa, dem Seniorpartner in Bergmans Sozietät und womöglich besten Strafverteidiger New Yorks, vertreten worden. Als LaRossa sich entschloß, »Big Paul« Castellano im Prozeß um die Mafia-Kommission zu vertreten, erbte Bergman den schmierigen und bedrohlich wirkenden Amato.

Im Pizza-Fall hat Bergman einen unauslöschlichen Eindruck hinterlassen: Er kann auch nicht einen Augenblick lang den Mund halten. Keine Diskussion, kein Thema, zu dem man nicht mit einem Einspruch oder einer Klarstellung Bergmans rechnen darf – ungeachtet der Frage, um wessen Mandanten es gerade geht.

Er kann allerdings auch den größten persönlichen Sieg aller Anwälte in diesem Fall verbuchen – nämlich die richterliche Entscheidung, den Mord an Carmine Galante aus dem Prozeß auszuklammern. Damit verbinden seinen Mandanten mit dem Pizza-Fall nur noch einige geheimnisvolle Telefongespräche und die Tatsache, daß einige FBI-Agenten ihn bei verschiedenen Gelegenheiten gesehen haben wollen, was Bergman jedoch bestreitet. Und trotzdem ficht Bergman heftiger weiter als jeder andere Anwalt im Saal, wobei jedem seiner Worte eine Bewunderung für den Richter anzuhören ist.

Bergman sieht in Richter Leval ein Spiegelbild seiner selbst. »Leval und ich haben beide den gleichen beruflichen Hintergrund. Wir waren beide zur gleichen Zeit Chef der Rechtsmittelabteilung. Wir sprechen auf der gleichen Wellenlänge. Im Grunde unseres Herzens sind wir beide Akademiker. Wir haben einfach Freude an der Theorie.«

Ein weiterer Grund für die Bewunderung, die er Pierre Leval entgegenbringt, sei, daß »Pierre Leval sich ernst nimmt, ohne je zum Wichtigtuer zu werden.«

Bergman hat eine klare Meinung zu diesem komplexen Prozeß. »Die Staatsanwaltschaft hat die ganzen letzten fünf Monate gebraucht, um zu der Phase des Falles zu kommen, die im Grunde überhaupt erst den Pizza-Fall ausmacht. Alles, was vorher kam, war lediglich Prolog, womöglich aber auch ein nachträglicher Einfall.« Dadurch, daß sie Buscetta als ersten habe auftreten lassen, habe es die Staatsanwaltschaft geschafft, die Aufmerksamkeit der Geschworenen ganz für sich zu beanspruchen. Sie habe damit nämlich erreicht, daß die Geschworenen sich ganz und gar auf die Mafia, anstatt auf Drogen konzentrierten, und dabei habe sie es bis heute belassen, »auch wenn sie hier und da ein Quentlein Heroin ins Spiel gebracht hat«.

Februar 1984. Die Überwachungsmaßnahmen des FBI. Am 4. Februar fuhren Alfano und sein Schwager Palazzolo nach Temperance, Michigan, dem Wohnort von Sam Evola, dem Gatten von Badalamentis Lieblingsnichte Christine. Dort mietete Palazzolo ein Auto, mit dem er und Alfano zusammen weiter nach New York fuhren. In einem Burger-King-Restaurant am Queens Boulevard trafen sie sich mit Sal Mazzurco und übergaben ihm eine braune Tüte. Dann fuhren sie zum La Guardia Airport, lieferten den Mietwagen ab und flogen nach Chicago zurück.

Das FBI war der Ansicht, die Übergabe der »neuen« Sache zu beobachten, von der die Rede gewesen war, und daß es sich dabei um eine beträchtliche Menge Kokain handelte, die Badalamenti irgendwie von Südamerika zu seinen Verwandten in den Mittelwesten hatte schmuggeln können.

Am 9. Februar war Alfano wieder in New York, dieses Mal, um sich zusammen mit Joe Lamberti vor das Münztelefon beim Al Dente zu stellen und auf einen weiteren Anruf des *Alten* zu warten. Es kam keiner. Alfano und Sal Mazzurco fuhren in Richtung Manhattan davon, und das FBI verlor sie auf der Brücke über den East River. Schließlich flog Alfano wieder zurück in den Mittelwesten.

Am 8. Februar nahmen Mazzurco und die beiden Lambertis zum dritten Mal ihren Platz am Münzfernsprecher vor dem Al Dente ein. Badalamenti rief an und sprach als erstes mit Joe Lamberti. Sie begrüßten einander herzlich. Der Alte war böse auf den »kleinen Kerl« – vermutlich Mazzurco –, weil der ihm frech gekommen sei. Sehr förmlich brachte Badalamenti die Hoffnung zum Ausdruck, daß er und Sal Lamberti einander bald wieder einmal sehen würden. Lamberti reichte den Hörer an Mazzurco weiter, und Badalamenti fragte, ob er wisse, wo Fort Lauderdale sei. Mazzurco sagte ja, und Badalamenti daraufhin: »Ich denke, daß sie gegen Anfang nächster Woche ... mit zweiundzwanzig Paketen kommen ... oder mit elf – was immer euch Jungs lieber ist.«

Badalamenti fügte hinzu: »Ich habe den Burschen von vor fünf Jahren getroffen, den mit den Hemden . . . für den ist es ein bißchen problematisch. Aber es gibt hier noch einen anderen, der welche hat, allerdings mit zehn Prozent Acryl. Ich kenne mich in solchen Dingen nicht aus.«

»Zehn Prozent ist nicht schlecht«, meinte Mazzurco darauf.

Badalamenti: »Hier kostet das Stück ungefähr 45 Cent. Drüben kostet es ungefähr 60.«

Das Gespräch endete damit, daß Mazzurco ihm sagte, er wisse nicht, ob er zweiundzwanzig bewältigen könne und daß er einen Tag Bedenkzeit brauche.

Mittwoch, 27. August 1986. Im Gerichtssaal. Der wichtigste Zeuge der Anklage ist heute ein Sachverständiger für Mafia-Codes. Kennedy sitzt über einem der dicken Wälzer voller Telefongespräche, die er mit gelben Aufklebern übersichtlicher zu machen versucht, bis die Ränder schließlich aussehen wie die Flaggengala einer Yacht. Von schräg hinten sieht man von Kennedy nichts weiter als den teuren beigen Sommeranzug, das strohblonde Haar, eine hochrote Wange und etwas von dem dünnen goldenen Gestell seiner Brille. Trotzdem vermittelt er den Eindruck beherrschter Konzentration und ständiger Bereitschaft. Man kann sich gut vorstellen, wie sich unter dem blonden Schopf kleine, spitze Ohren zurücklegen – wie bei einem in Kampfstellung gehenden Wolf. Die Botschaft der Flaggensignale ist klar: ALLE LUKEN DICHT! HEFTIGER STURM IM ANZUG!

Leval kommt aus der Mittagspause ohne seine goldenen Locken – bei denen jeder Mutter warm ums Herz würde – zurück. Er war unter der Dusche oder beim Schwimmen, und so wie sein feuchtes Haar gegen den Schädel geklatscht ist, sieht er aus wie Abe Fortas, ein ehemaliger Richter des Obersten Bundesgerichts.

Heute ist Teresa Badalamenti, Gaetanos Frau und Vitos Mutter, zum ersten Mal im Saal; während einer Pause ist sie schnell hereingeschlüpft, begleitet von Christine Evola und Mrs. Alfano. Sie ist eine kleine, überraschend jung aussehende Frau, vielleicht 40, mit wunderschönem kastanienbraunem Haar, einer Brille mit Goldrand und einem traurigen Gesicht; sie trägt ein schlichtes Leinenkleid und echten Schmuck. Sie spricht kein Wort Englisch. Frau Badalamenti hat ihren Mann und ihren Sohn seit mehr als zwei Jahren nicht mehr gesehen. Als die beiden Männer sich umdrehen und sie sehen, scheinen mit einem Mal die herzlichen italienischen Familienbande durchzubrechen. Der Junge stürzt auf seine Mutter zu, und der Ehemann läßt ein warmes, offenes Lächeln sehen – etwas, was man in diesem aus sonnengebleichter Lava modellierten Gesicht nicht für möglich gehalten hätte.

»Bitten Sie Frank Tarallo herein.«

Ein gutgebauter Mann in schwarzblauem Anzug, malvenfarbenem Hemd und gestreifter Krawatte tritt auf; sein schwarzes Haar ist dick und fällt ihm in die Stirn; ein schmaler, graumelierter Schnurrbart rundet seine beeindruckende Erscheinung ab.

»Euer Ehren, ich habe da einen Antrag in bezug auf diesen Zeugen.« Kennedy geht extra ganz um die Geschworenenbank herum, damit er kurz auf den gutaussehenden Mann im Zeugenstand herablächeln kann, bevor er dem Richter seine Schriftsätze übergibt. Tarallo sieht aus wie ein italienischer Tenor, und auch sein Verhalten steht dem eines italienischen Tenors in nichts nach. Um den kleinen Mund liegt ständig ein affektiertes Lächeln. Er gibt sich ausgesprochen großspurig. Ein interessantes Duell steht uns bevor.

Martin verkündet, daß der Sachverständige studierter Ingenieur und seit zwei Jahrzehnten einer der führenden Agenten der DEA ist. Er spricht Italienisch und Sizilianisch, hat im Untergrund gearbeitet, außerdem beim Drogendezernat in Hollywood sowie in Palermo, Rom und Mailand; vier Jahre arbeitete er im Auftrag der DEA daran, die Einfuhr von über Jugoslawien kommender Morphinbase nach Italien zu unterbinden, und weitere vier Jahre – 1970 bis 1974 – war er der Leiter sämtlicher Operationen der DEA in Italien. Er sitzt da, das Kinn in die linke Hand gestützt, an deren Gelenk eine große Uhr funkelt, und erzählt mit leiser Stimme seine Geschichte; um so lauter ist seine Körpersprache, die seine arrogante Gelangweiltheit geradezu hinausschreit.

Kennedy erhebt den Einwand, daß die Zeit, in der der Mann sich ausgekannt habe, längst vorbei sei, und er somit als Sachverständiger für diesen Fall nicht in Frage komme. Abgelehnt.

Tarallos Kenntnisse in Sachen Drogen sind jedoch alles andere als veraltet. Er ist in der Lage, sämtliche Preise für sämtliche Drogen aufzuzählen, zu allen Zeiten, im Großhandel wie im Straßenverkauf.

Der gegenwärtige Preis für Morphinbase liege bei 10 000 bis 15 000 Dollar pro Kilo; der für Heroin bei 140 000 bis 190 000 Dollar pro Kilo – je nach Reinheitsgrad; der für Kokain liege bei 75 000 Dollar.

1977 hatte man Tarallo für ein zweijähriges Zwischenspiel als Untergrundagent nach Pakistan geschickt, mit dem Auftrag, den Weg zu erforschen, den Opium, Morphinbase oder Heroin in Richtung Westen nehmen. Dann wurde er nach Philadelphia versetzt, wo er die Ermittlungen in großen Rauschgiftfällen unter sich hatte und wo er auch selbst als Scheinaufkäufer größere Mengen Kokain, Amphetamine, PCB und Heroin erwarb. 1982 wurde Tarallo schließlich der ranghöchste Agent der DEA in New York, Chef einer Mannschaft von 85 Leuten. Er hat mitgeholfen, den Pizza-Prozeß vorzubereiten, er hat den Agenten Hopson in Philadelphia unterstützt. Am 16. August 1983 traf er zusammen mit Hopson Benny Zito, mit dem er sich auf Italienisch unterhielt. Er gab sich für einen Dealer aus, und behauptete, thailändisches Heroin für 100 000 Dollar pro »key« (Kilo) liefern zu können. Die Behörden haben sogar Fotos von dieser Unterredung.

Als Tarallo sagte, er würde »einige Garantien brauchen« – eine Kriegslist, um den unseligen Zito dazu zu bringen, ihn seinen Geschäftspartnern vorzustellen –, meinte Zito, er würde »mit seinem Blut dafür garantieren.«

Martin verteilt 50 Kopien dieser Unterredung an Anwälte und Geschworene und schaltet sein Bandgerät ein; auf der Stelle raspelt Joe Gancis heisere Stimme durch den Saal: »Nein, ich bin nicht daran interessiert, ihn zu treffen . . . Er muß schon mit dir reden, Zito.«

Dann läßt Martin Tarallo eine Anzahl verschiedener, von Drogenhändlern benutzter Codes analysieren. Tarallo sagt, »ein Dollar« bedeute 100 000 Dollar; »zwölf Meilen« bedeuteten einen Verkaufspreis von 120 000 Dollar, und so weiter. Gebräuchliche Ausdrücke für Drogen seien *Hemden, Anzüge, Hosen, Schuhe, Zeug*. Martin deckt eine Liste solcher Wörter auf, die an die Tafel geschrieben ist. Während seine Befragung ihren Lauf nimmt, schreibt der Ankläger weitere Worte dazu: *Sweaters, Öfen, Klamotten, Autos.*

Die Spitznamen von Dealern seien genauso simpel. Eine Person mit rotem Haar werde automatisch zu »Red«. Örtlichkeiten bezeichne man für gewöhnlich mit »dort oben« oder »da unten«. Dann kommt Martin auf die Großhandelspreise zu sprechen:

Während der ganzen Zeugenaussage brüllen die lauteren, weniger raffinierten Anwälte – Lewis, Benfante, Lombardino, Bergman und einige mehr – »Einspruch!«, »Formulierung!«, »Suggestivfrage!«, »Irrelevant!« und ähnliches – erreichen damit jedoch nicht das geringste. Es kommt jedoch zu mehreren längeren, gutbesuchten Besprechungen am Richtertisch, was darauf schließen läßt, daß es um wichtige juristische Probleme geht. Einmal – zum ersten Mal in diesem Prozeß – greift Leval gar nach einem dicken blauen Paperback: *Die Regeln der Beweisführung in der Bundesgerichtsbarkeit.*

Martins Fortschritte vermögen die Konferenzen am Richtertisch allerdings nicht zu bremsen. Jetzt fördert er zutage, daß zwischen 1974 und 1978 in Italien der Großhandelspreis für Heroin zwischen einem Minimum von 60 000 bis 90 000 Dollar und einem Maximum von 140 000 bis 190 000 Dollar lag. »Transportkosten« variierten zwischen 5000 und 15 000 Dollar pro Kilo.

»Sind unter Drogenhändlern schriftliche Aufzeichnungen üblich?« will Martin wissen.

»Das Bezeichnendste an Aufzeichnungen über Drogengeschäfte ist, daß man sie gut versteckt hält.«

Die Gesamtwirkung von Tarallos Aussage ist verheerend. Einige der Angeklagten wurden mit 5000 oder 10 000 Dollar erwischt – also mit dem Honorar für Kurierdienste, wie die Anklage jetzt zu Recht behaupten kann. Wenigstens einer, nämlich Mazzurco, ist im Besitz eines Buches, das ganz nach versteckten Aufzeichnungen über Drogengeschäfte aussieht.

Den Rest des Vormittags teilen sich die Anwälte, die als Traube um den Richtertisch versammelt stehen, während auf der Geschworenenbank geflüstert und gekichert wird; dazwischen sitzt Tarallo schweigend auf seinem nach hinten gekippten Stuhl und starrt vor sich hin. Man könnte einschlafen, so langsam und zäh geht alles voran. Der Grund liegt nach Dave Lewis' Meinung auf der Hand: »Leval bewegt sich hier auf sehr dünnem Eis, und das weiß er.«

Tarallo ist von der Staatsanwaltschaft als Sachverständiger geladen. Leval hat erklärt, »es kommt dem Sachverständigen zu, dergestalt auszusagen, daß seine Aussage Rückschlüsse auf Sachverhalte erlaubt, die andernfalls zu Verwirrungen Anlaß geben könnten.« Mit anderen Worten, der Zeuge kann ausgedehnte Erklärungen abgeben, solange er sich in seinem Fachgebiet bewegt – dem Rauschgifthandel.

Die Anwälte der Verteidigung kämpfen verzweifelt darum, ihm einen Knebel in den Mund zu schieben – oder wenigstens sein Fachgebiet einzuengen. Leval, als Richter, ist dafür verantwortlich, die Grenzen einer Vernehmung abzustecken.

Kennedy erhebt sich zum Kreuzverhör. Sein Ton ist forsch, aber höflich. »Guten Morgen, Mr. Tarallo. Kennen Sie Gaetano Badalamenti? Vito Badalamenti? Mrs. Badalamenti?« Während er spricht, bedeutet er jeder der genannten Personen mit einer Handbewegung sich zu erheben. Der Agent kenne keine der Personen.

Ob der Agent zugehört habe, als die Pizza-Truppe die Gespräche vorlas? Ja.

Leval ermahnt Kennedy, sich nicht noch einmal dieser scherzhaften Bezeichnung zu bedienen.

Ob es Worte gebe, die in einem Code nicht benutzt werden könnten? Nein.

Es könne in einem Code also *jedes* Wort benutzt werden? Ja.

Ob er in seiner langjährigen Erfahrung sowohl sorgfältig geplanten als auch Ad-hoc-Codes begegnet sei, also solchen, die man einfach so beim Sprechen erfinde?

»Beide sind gleich häufig.«

Ob man die Wörter des öfteren wechsle?

»Wenn einem einer auf die Schliche kommt, wechselt ... nein, warten Sie, aus meiner vierundzwanzigjährigen Praxis kann ich Ihnen sagen, daß die sogar ins Gefängnis gehen, und wenn sie wieder herauskommen, dann verwenden sie die gleichen Ausdrücke wieder – und zwar immer und überall, sogar wenn sie den Verdacht haben, daß man ihre Telefone abhört.«

»Aber wie kommen Dealer damit durch?«

»Sie arbeiten eben im Verborgenen. Sie haben einen Haufen Geld, um sich zu schützen.«

»Sind Sizilianer da genauso wie wir?«

»Klar.«

»Haben Sie eine Vorstellung davon, wieviele Gespräche abgehört wurden? Würde Sie die Zahl von 55 000 überraschen?«

»Keine Ahnung.« Tarallo habe sich weniger als ein Prozent aller Gespräche angehört. Und von denen habe er nur eines oder zwei ein zweites Mal gehört. Eine der Unterhaltungen Badalamentis habe er sich zweimal angehört.

Wer ihn auf die Gespräche Badalamentis aufmerksam gemacht habe?

»Hopson und diejenigen unter den Agenten, die Italienisch sprechen.«

»Wie, Sir, sind Sie zu dem Entschluß gekommen, sich bei diesem unglaublichen Chaos an Material ausgerechnet auf Mr. Badalamentis Gespräche zu konzentrieren?«

Die Antwort kommt wie ein Aufschlag beim Tennis: »Weil ich die Reputation dieses Herrn kenne.«

Aber Kennedy kann den Aufschlag retournieren. »Entspricht es der Wahrheit, wenn ich sage, daß Ihre Meinung über Mr. Badalamenti zum Teil auf dem basiert, was Sie von Ihren Kollegen erfahren haben – einschließlich Mr. Martin?«

»Ich bilde mir meine Meinung auf der Grundlage des Beweismaterials.«

»Haben Sie denn anderes Beweismaterial?« Die Frage kommt wie ein taumelnder Effetball; hier gibt es nur zwei Möglichkeiten: Entweder der Gegner schlägt ihn ins Aus, oder er knallt ihn zurück, daß einem Hören und Sehen vergeht. Einige Anwälte verziehen das Gesicht. Ein derart weitgereister und erfahrener Agent könnte aus seiner vierundzwanzigjährigen Arbeit im Untergrund alles mögliche ausgraben. Wieder einmal ist es Kennedy selbst, der gegen das Erste Gebot des Anwalts verstößt: Stell nie eine Frage, auf die du nicht schon die Antwort weißt. Er hat es bereits geschafft, daß der Spitzenzeuge der Anklage, Buscetta, seinen Mandanten entlastet. Jetzt versucht er den gewieftesten aller Untergrundagenten zu der Aussage zu bringen, er kenne kein Beweismaterial außer den Telefongesprächen.

»Nein.«

Am Nachmittag liefern sich die beiden Duellanten eine weitere Runde. Diesmal zeigt sich Kennedy als wahrer Meister, indem er dem Zeugen ein »Nein« entlockt, das ganz nach einem »Ja« klingt.

»Sie haben Ihr ganzes Leben der Pflichterfüllung geopfert, ist es nicht so? Ihrer Arbeit? Sie haben Ihr Leben nicht wegen des Geldes riskiert, nicht wegen Ihres Gehalts – oder? Fünfhundertmal haben Sie eine Rolle gespielt. Fünfhundertmal mußten Sie andere davon überzeugen, daß Sie kein Agent der DEA sind, sondern ein Drogenhändler... Sie würden doch also wohl sagen, Sie verfügen über eine gewisse Fähigkeit, Leute davon zu überzeugen, daß Sie etwas sind, was

Sie in Wahrheit nicht sind, oder? Sie müssen fähig sein, selbst einen Hochstapler übers Ohr zu hauen, um Ihre Rolle zu spielen, nicht wahr? Hatten Sie eine spezielle Ausbildung, was das Lügen anbelangt, Mr. Tarallo? Oder sind Sie einfach ein Naturtalent?«

Einen Augenblick lang ist der Zeuge um eine Antwort verlegen. Dann schießt er zurück: »Es ist wie bei einem Schauspieler... Lügen Schauspieler etwa, Herr Rechtsanwalt?«

Kennedy weiß, Leval wird ihm nicht gestatten, diese Frage zu beantworten, und so fragt er: »Dürfte ich um die Erlaubnis bitten, die Frage zu beantworten, Euer Ehren?«

»Nein.«

Kennedy dringt weiter auf den Mann ein, vielleicht etwas zu heftig. »Wollen Sie, daß die Anklagevertretung hier Erfolg hat – ja oder nein?«

»Ja.« Sein Gesicht bekommt rote Flecken. »Bei dieser Art von Leuten – ja!«

Dave Lewis, der als nächster zum Kreuzverhör antritt, hält sich einiges auf seine Fähigkeiten als findiger Ermittler zugute. Während des Prozesses um die Waffenlieferungen an die IRA, war er übers Wochenende nach Paraguay geflogen, hatte einen Schlüsselzeugen aufgespürt – und den Mann dazu überredet, mit ihm nach New York zu kommen und vor Gericht auszusagen. Dieses Mal glaubt er, in Camden, New Jersey, auf Gold gestoßen zu sein. In der Pause strahlt er übers ganze Gesicht. »Ich habe da eine kleine Überraschung für Mr. Tarallo. Dem werd' ich was vor den Latz knallen.«

Lewis wartet schon auf dem Podium, als die Jury hereingeführt wird. Tarallo nimmt im Zeugenstand Platz, und Lewis geht schnurstracks drauflos. »Agent Tarallo, haben Sie sich nicht zusammen mit Agent Hopson und einem weiteren Agenten am 19. November 1979 in einer Bar in Camden, New Jersey, der tätlichen Beleidigung, der Körperverletzung, der Schikanierung, des Hausfriedensbruchs und einer ungesetzlichen Inhaftierung schuldig gemacht?«

»Nein, Sir.«

Martin schreit los: »Einspruch! Ich möchte, daß das aus dem Protokoll gestrichen wird.«

Lewis zerreißt es schier vor nervöser Spannung. Er wendet sich an den Ankläger. »Tut mir leid, Mr. Martin, aber ich glaube nicht, daß Sie die Möglichkeit haben, das zu veranlassen.«

Leval gestattet ihm, die Frage zu präzisieren. Waren Sie betrunken? Nein.

Haben Sie tatsächlich jemanden tätlich angegriffen, körperlich verletzt, seinen Besitz gestört oder ihn ungesetzlich arretiert? Nein.

Hat man Sie beschuldigt, Rauschgift im Wert von 300 000 Dollar in Ihrem Auto gehabt zu haben? Nein.

Wissen Sie, ob man Sie in jener Nacht irgendeines Vergehens bezichtigt hat?

Es habe einige Vorwürfe gegeben, ja.

Haben Sie in der Bar getrunken?

Nein, das habe er nicht.

Die Staatsanwaltschaft hat zwar keine Einwände geäußert, aber Leval klopft mit seinem Hammer und schickt die Geschworenen aus dem Saal. Der Richter spricht mit dem jungen Anwalt wie ein zorniger Vater. »Ihre Fragen, das wissen Sie sehr wohl, sind keineswegs geeignet, die Glaubwürdigkeit des Zeugen in Frage zu stellen.«

Lewis bringt seine Beweise vor. Frank Tarallo sei degradiert worden. Bei der DEA habe man ihm gesagt, er habe unprofessionell gehandelt. Er behauptete, die Regierung habe es auf seinen Kopf abgesehen. Lewis liefert eine reichlich tollpatschige Vorstellung. »Pat Burke hätte das bei sich unterbringen können«, flüstert Fisher. »Aber David wollte es unbedingt selber übernehmen, weil er es war, der die Geschichte ausgegraben hat.«

Leval ist verärgert, und Lewis poltert drauflos, bis seine Worte fast keinen Sinn mehr ergeben ... Warum nur grinst die Staatsanwaltschaft so?

Die Geschworenen kommen zurück, und Leval instruiert sie, die unpassenden Fragen, die sie eben bezüglich einer Auseinandersetzung in einer Bar gehört haben, nicht zu beachten. Frank Tarallo, wieder im Zeugenstand, sieht aus, als wäre sein hübsches Gesicht am Abbröckeln. Seine gewohnheitsmäßige Geste, die Hand ans Gesicht zu legen, wirkt jetzt, als habe er Zahnschmerzen.

Als nächstes deutet Lewis an, der Agent habe, während er in Islamabad Heroinschmuggler jagte, einem Informanten gestattet, Heroin im Wert von 300 000 Dollar in seinem von der US-Botschaft zur Verfügung gestellten Wagen zu transportieren, und Tarallo habe es sechs Wochen lang versäumt, einen Bericht über eben dieses Heroin einzureichen.

Warum ist die Anklagevertretung nur so still? Hat Martin vielleicht darauf gehofft, das alles würde sich einfach in Luft auflösen?

Wieder wird die Jury aus dem Saal geschickt. Jetzt ist Dick Martin bereit, sich zu äußern. Leval fragt den Ankläger, ob er mit den Sachverhalten vertraut sei, die Lewis eben angesprochen habe?

»Ich bin mit dem Zwischenfall in Camden vertraut, Euer Ehren, und ich weiß, daß er nicht nur keine Anklagen zur Folge hatte, sondern daß Agent Tarallo und Agent Hopson obendrein in einem Zivilprozeß recht gegeben wurde.«

Lewis ist bestürzt. »Davon ist mir nichts bekannt. Gegen wen?«

Leval hat von dem Debakel genug. Sein Gesicht zeigt seine Mißbilligung auf geradezu alttestamentarische Weise. Er sehe keinen Grund dafür, warum man die Verteidigung auf den Umstand, daß erfundene Vorwürfe wieder zurückgenommen wurden, vorzeitig hätte aufmerksam machen sollen. Auf jeden Fall seien die abgewiesenen Klagen eine ungeeignete Grundlage für ein Kreuzverhör.

Der Tadel schmerzt. Lewis gibt vor, ihn nicht mitbekommen zu haben. »Keine weiteren Fragen«, verkündet er. Mit seiner kleinen Einlage als Detektiv, bei der er leider nicht gründlich genug gearbeitet hat, hat er sich ganz schön zum Narren gemacht. Kennedy hatte versucht, ihn zum Schweigen zu bringen, wenigstens solange er nicht die ganze Geschichte kenne, aber der junge Mann war einfach nicht zu bremsen gewesen. Kennedy predigt seinen Studenten in Vorbereitungskursen und Seminaren immer wieder, das Schwerste bei der Prozeßarbeit sei es zu lernen, den Mund zu halten. Lewis hat seine Lektion nicht gelernt, und wie Kennedy zu seinem speziellen Leidwesen gleich erfahren muß, gilt das auch für Tony Lombardino, der als nächster zum Kreuzverhör antritt.

Tarallo gegen Lombardino: das gerät zu einem Zusammenstoß zweier alter Büffel. *Klamotten* und *Schuhe* seien also zwei Ausdrücke aus dem Rauschgiftmilieu, sagen Sie. Würde das auch dann zutreffen, wenn der Sprecher in der Bekleidungs- und Schuhbranche wäre? Ja.

Tarallo sei Ende 1982 in die Ermittlungen gegen die Pizza Connection einbezogen worden. Haben Ihnen die Ankläger die Abschrift zu lesen gegeben? Lambardinos Stimme dröhnt durch den Saal.

»Ich wäre dem Herrn Anwalt sehr verbunden, wenn er seine Lautstärke etwas drosseln würde.«

»Tut mir leid.« Lombardino holt tief Atem, dann brüllt er noch lauter: »Hatte die Anklage nicht einen ganz bestimmten Grund, Ihnen die Abschrift zu geben?«

Darauf folgt ein weiterer gereizter Schlagabtausch. »Sie stellen mir da zwei oder drei Fragen auf einmal.«

»Und damit kommen Sie wohl nicht zurecht, was?«

»Solange es von Ihnen kommt, komme ich mit allem zurecht.«

Lombardino verliert die Fassung. Er versucht es mit etwas ziemlich Riskantem. »Welche Rolle spielte Joe Lamberti in diesem Fall?«

Der Agent schießt scharf zurück: »Er handelte mit Heroin.«

»Wissen Sie, wer Joe Lamberti ist?... Können Sie ihn identifizieren?«

»Nein.«

Ohne es zu bemerken, hat sich Lombardino an den Rand eines Abgrunds manövriert. Er versucht es jetzt mit einem Effetball à la Kennedy. »Welche Informationen aus erster Hand verraten Ihnen, daß Joseph Lamberti mit Drogen handelte?«

Der Agent drischt den Ball zurück, weit über das Spielfeld hinaus und macht seinen Punkt. »Seine Telefongespräche mit Badalamenti!«

»Einspruch!« Kennedy verlangt auf der Stelle, den Prozeß wegen fehlerhafter Führung einzustellen.

»Dem Einspruch wird stattgegeben. Der Antrag auf eine Verfahrensrüge ist abgelehnt.«

Pause. Kennedy ist wütend. Weil ein »Sachverständiger« die Meinung geäußert hat, daß es sich hier um Gespräche über Rauschgift handle, darf, was bisher als Indizienbeweis zu gelten hatte, von jetzt an als über jeden Zweifel erhaben betrachtet werden.

»Diese Art der Befragung gibt einem Geschworenen, der auf einen Schuldspruch aus ist, die Beweistatsachen an die Hand, die ihm den Schuldspruch gestatten. Aus eben diesem Grund ist eine sogenannte Sachverständigenaussage dieser Art auch oft gar nicht zugelassen«, erklärt Kennedy. »Die Geschworenen glauben nämlich einem Sachverständigenurteil, das in Wirklichkeit gar nicht existiert.« In diesem Fall ist der angerichtete Flurschaden derart groß, daß Freeh herüberkommt, um zu kondolieren. Er begreift, daß Lombardino Kennedys Mandanten damit in die schlimmstmögliche Gesellschaft eingereiht hat und daß es keine Möglichkeit gibt, ihn da wieder herauszuholen.

Paul Bergman führt jetzt ein scheinbar endloses Kreuzverhör über Herointermini und Heroinpreise. Ja, *Blusen, Schuhe, Krägen* seien Codewörter. *Weiche Krägen* seien Kokain, *harte Krägen* seien Heroin. Was bezweckt Bergman damit? Nichts von alledem hat irgend etwas mit Amato zu tun; es läßt den Sachverständigen nur um so glaubwürdiger erscheinen.

Beim Mittagessen jedoch bedanken sich die Kennedys bei Bergman. Er hat in mühseliger Kleinarbeit aufzuzeigen versucht, daß keine einzige von Tarallos Angaben über Heroinpreise mit den Zahlen aus den Telefonaten übereinstimmt. Aber auch auf diese Tatsache hinzuweisen spielt jetzt kaum eine Rolle mehr, nachdem Lombardino den Kopf verloren hat. Kennedy hatte bereits ganz zu Anfang seinen Einspruch eingereicht – und zwar schriftlich: Frank Tarallos intime Kenntnis des Falles würde die Geschworenen zu dem Schluß verleiten, er wisse, wovon er spricht – vor allem, was die Pizza Connection anbelange. Daß man ihm verboten hätte, vor Gericht die Bedeutung einzelner Codewörter zu diskutieren oder zu analysieren, würde die Sache auch nicht mehr herausreißen. Eine der wichtigsten Entscheidungen von Richter Friendly am Appellationsgericht besagte, daß man sich sehr wohl seinen eigenen Zeugen aufbauen könne, auch wenn das Gesetz dies verbiete. Martin ist das mit Tarallo sehr geschickt gelungen. Kennedys Antrag wurde abgelehnt.

Jetzt, wo der Agent ausgesagt hat, was *Hemden* seiner Meinung nach bedeuten, sind die Angeklagten wohl oder übel gezwungen, ihrerseits auszusagen, was *sie* mit *Hemden* hatten sagen wollen.

»In diesem Punkt«, meint Kennedy, »hat Leval am deutlichsten gezeigt, daß er auf der Seite der Staatsanwaltschaft steht.«

Als Bergman Stunden später endlich mit seinem Kreuzverhör fertig ist, tritt Martin zu einer knallharten und äußerst effektiven zweiten Vernehmung des Zeugen an. »Sie erinnern sich daran, daß Mr. Kennedy Sie gefragt hat, ob Sie Mr. Badalamenti kennen und um seinen Ruf wüßten?« Ja.

»Eine solche Frage habe ich niemals gestellt«, fährt Kennedy ihn an. »Ich bin nicht im geringsten an seiner Meinung über Mr. Badalamentis Ruf interessiert.«

Tarallo wisse also um Badalamentis Ruf durch seine Kollegen von den italienischen Ermittlungsbehörden? Ja.

Sie erinnern sich an Mr. Kennedys Fragen zur Kryptologie? Ja. Als

Sie von einem Code der Rauschgifthändler sprachen, meinten Sie das im Sinne der Kryptologie? Nein. Sind Ihnen jemals Rauschgifthändler untergekommen, die keinen Code benutzten? Nein.

In bezug auf die Schlägerei in jener Bar in Camden fördert Martin zutage, daß es sich bei dem Geschäftsführer der Bar um einen verdächtigen Polizeibeamten gehandelt habe, gegen den die DEA damals ermittelt habe. Bei dem Disziplinarverfahren, das man ihm innerhalb der Behörde gemacht habe, sei Tarallo vollkommen entlastet und sogar befördert worden. Daraufhin habe er die Stadt Camden verklagt, und es seien ihm 100 000 Dollar Entschädigung zugesprochen worden. Seine augenblickliche Position? Er sei der Leiter der gesamten Sicherheitsabteilung der DEA.

Schlimmer hätte es kaum kommen können. Jemand kommt vorbei, um Eleanore Kennedy zu bedauern. »Es beweist immerhin, daß das System funktioniert«, sagt sie tapfer. »Michael sollte jetzt – natürlich wird er es nicht tun – hingehen und die billigste aller Fragen stellen: Besteht nicht die Möglichkeit, Agent Tarallo, daß für meinen Mandanten dasselbe gelten könnte wie für Sie, der Sie fälschlicherweise beschuldigt und freigesprochen wurden?«

Später legt der Senior des Verteidigerteams ein gutes Wort für den Benjamin ein. Segal ist nach einigen Wochen Abwesenheit, während der er seinen Platz Harriet Rosen überlassen hatte, wieder im Saal, und er macht keinen Hehl daraus, wie bestürzt er darüber ist, daß sich die Dinge derart verschlechtert haben. Die bloße Länge des Prozesses, der jetzt in den zwölften Monat gehe, habe auch das Reaktionsvermögen der Verteidiger geschwächt. Die Kollegen seien träge geworden und nicht annähernd so schnell zur Stelle, wie dies der Fall sein sollte.

Aber am meisten ärgere ihn die Demütigung von Dave Lewis. »Das ist eine Verletzung des Brady-Paragraphen. Der besagt nämlich, daß der Verteidigung *sämtliches* relevante Material zur Verfügung gestellt zu werden hat, damit sie taktische Erwägungen über ihren Modus procedendi zu treffen in der Lage ist. Wenn die Verteidigung nicht alles bekommt, dann heißt das, daß die Burschen im Hintergrund« – er nickt verächtlich in Richtung Richtertisch und dahinter – »kontrollieren, was hier vorne vor sich geht. Dave kannte nur Dreiviertel der Geschichte um Frank Tarallo; er wußte nicht, daß das alles vergeben und vergessen war. Er war also nicht richtig gesattelt und gezäumt in die Schlacht gegangen. Er hätte als erster die Wahl haben sollen, ob er sich dafür entscheiden wollte, die Vergangenheit des Zeugen aufs Tapet zu bringen oder nicht. Indem die Staatsanwaltschaft ihm Informationen vorenthielt, hat sie ihn um die ihm von Rechts wegen zustehende Entscheidungsfreiheit betrogen.«

Während die Anwälte den Gerichtssaal verlassen, schüttelt Larry Ruggiero, der Anwalt von Giuseppe Vitale und Giuseppe Trupiano, bestürzt den Kopf. Er mißtraue grundsätzlich *jedem* Ermittlungsbeamten im Zeugenstand, vor allem den Erfahrenen. Die Sorte kenne er nur zu gut. Er wisse, daß sie einem kaum je eine Frage direkt beantworten. Er wisse auch, daß »sie viel zu eifrig darauf bedacht sind, ihren Herren zu dienen« und daß sie immer versuchen, »dem Ganzen einen gewissen Effet zu geben«.

Lawrence Ruggiero, 45, ist ein leidenschaftlicher Mann, der auf allen Posten des Strafrechtssystems gearbeitet hat, außer auf dem Richterstuhl. Er ist ein einsatzfreudiger Strafverteidiger, war früher ein einsatzfreudiger Ankläger und davor ein ehrlicher Beamter der Steuerbehörde, der ein gefährliches Spiel spielte: er entlarvte korrupte Beamte – jene Leute, die für ihn »die Ursache allen Übels in der Strafgerichtsbarkeit sind«. Die Angeklagten im Pizza-Fall kennen Ruggieros Biographie und verachten ihn für das, was er getan hat. Für sie ist er nichts weiter als ein Verräter.

1979 und 1980, als Ruggiero einer der leitenden Ankläger bei der Drogenabteilung des Bundesgerichtsbezirks New York Süd war, gehörte Richard Martin zu den besonders gescheiten und dynamischen Anwälten der Abteilung. Ruggiero hatte den Jüngeren damals bewundert und ihm beträchtliche Sympathien entgegengebracht. »Zuerst ist er ziemlich zurückhaltend, mit der Zeit öffnet er sich dann. Im Grunde ist er ein netter Kerl. Wunderbare Familie. Aber im Pizza-Prozeß haben wir es auf einmal mit einem ganz neuen Schlag von Anklägern zu tun. Martin & Co. scheren sich keinen Deut darum, was sie im Leben der Menschen anrichten. Nehmen Sie meinen Burschen, Vitale, der sitzt hier, und während der letzten sieben Monate hat man noch nicht einmal seinen Namen genannt!« Dann auf einmal erzähle man den Geschworenen aus heiterem Himmel etwas über einen Anruf von Alfano für Vitale. »Aber kein Mensch sagt der Jury, daß die beiden Frauen, Ms. Alfano und Ms. Vitale, Geschwister sind!« Es ist natürlich klar, daß Ruggiero dies aufs Tapet bringen wird, wenn die Zeit für seine Verteidigung gekommen ist.

Ruggiero wuchs bei Onkel und Tante auf, beide beseelt von einem unerschütterlichen Glauben an das amerikanische System. Nach seinem Jurastudium an der St. John's University in Brooklyn begann er 1965 seine Laufbahn als Agent der Steuerbehörde in Yonkers. Da er nicht nur ein abgeschlossenes Jurastudium aufzuweisen hatte, sondern auch Wirtschaftsprüfer war, übertrug man ihm die Aufgabe, in Sachen Steuerhinterziehung gegen die Mafia zu ermitteln.

»Ich begann Akten über Typen aus dem organisierten Verbrechen anzulegen.« Der Mob schickte dem jungen Mann bald einen Anwalt, der ihn zu bestechen versuchte. »Er legte mir außerdem nahe, meinen eigenen Landsleuten gegenüber etwas kürzer zu treten.« Bei diesem Annäherungsversuch schrillten bei Ruggiero die Alarmglocken, die beiden Prinzipien, die sein Berufsleben bestimmten, traten miteinander in Konflikt: sein Abscheu vor Korruption und seine Empfindlichkeit gegenüber Verleumdungen seiner italienischen Landsleute. Erstaunt und verletzt zugleich meldet Ruggiero die Begegnung umgehend seinen Vorgesetzten.

Sechs Monate später wurde Ruggiero auf einer Fahrt auf dem Cross County Parkway von demselben Anwalt angehalten. »Warum tun Sie Ihren eigenen Leuten so was an?« fragte ihn der Mann. »Kommen Sie ihnen doch etwas entgegen, sie werden Sie sogar dafür bezahlen. Spielen Sie mit. Es wird sich lohnen.«

Das war 1967. Abermals erstattete Ruggiero seinen Vorgesetzten Bericht über diese Begegnung. Man ließ ihn nach Washington kommen, zitierte ihn ins Büro des Leiters der Steuerbehörde und fragte ihn in Gegenwart des Chefs der Steuerfahndung, ob er bereit sei, im Untergrund zu arbeiten. »Auf gar keinen Fall!«

Einige Monate später tauchte der Mob-Anwalt ein drittes Mal auf, diesmal in einem Restaurant in Westchester, und erzählte ihm Ausführlicheres über die zahlreichen Steuerbeamten, die bereits ihren Lohn durch das organisierte Verbrechen bezogen. Wieder war Ruggiero völlig fassungslos, wieder flog er nach Washington, wieder schlug er den Vorschlag, als Untergrundagent zu arbeiten, aus. Doch der Gedanke begann an ihm zu nagen, und bald raubte er ihm den Schlaf. »Ich arbeite in einer Behörde voller korrupter Beamter«, erzählte er seiner Frau. »Ich bin davon überzeugt, daß man dort Akten en gros kauft und verkauft.« Einige Wochen später, erinnert er sich, »höre ich mich zu meiner Frau sagen: ›Also gut, ich werd's tun.‹«

»Damit sie dich dann umbringen«, sagte sie. »Ich habe keine Lust, ständig Angst um dich zu haben. Wenn du es tust, dann ohne mich.« Er tat es – und sie hielt Wort.

Während der beiden folgenden Jahre arbeitete er im Untergrund, mit Mikro und Sender am Körper, »und da sah ich dann nach und nach, wie weit die Korruption ging.« Bald bemerkte er, daß ihn die ranghöheren Sonderagenten, die Leute in den Führungspositionen der Steuerbehörde, bei weitem besser behandelten als zuvor. So sagte ihm etwa einer mit einem Augenzwinkern: »He, ich hab' gehört, Sie kennen Billy jetzt auch.« Billy war der Anwalt, den der Mob ihm geschickt hatte. »Ich sagte mir: Großer Gott im Himmel, das geht ja bis weit nach oben!«

Zu diesem Zeitpunkt hatte Ruggiero bereits Material über siebzehn korrupte Steuerbeamte, die sich mit Leuten aus dem organisierten Verbrechen eingelassen hatten, auf Band. Sein entscheidender Zug sah folgendermaßen aus: Er sprach mit Billy: »He, hören Sie, ich bin Geschäftsmann, und Sie und ich, wir sind in der gleichen Branche. Wir sind Geschäftspartner. Ich denke, ich sollte wissen, was hier so vor sich geht, für den Fall, daß Sie mal nicht in der Stadt sind.« Er gab Billy eine Liste mit Namen von Steuerbeamten und sagte ihm. »Ich hätte gern ein Kreuzchen hinter dem Namen von jedem, der in Ihrer Gegenwart geschmiert wurde.« Dies war der Anfang einer vierstündigen Sitzung.

»Und jetzt will ich noch ein Fragezeichen hinter all jenen, von denen Sie *glauben,* daß sie geschmiert werden.«

»Dazu erzählte er mir auch gleich die jeweilige Fallgeschichte – warum er glaubte, daß der Betreffende geschmiert werde.«

Dann bat Ruggiero noch um eine Null hinter jedem Beamten, der Schmiergelder abgelehnt hatte. Die Kreuzchen und die Fragezeichen summierten sich zu fünfunddreißig Prozent aller Namen auf einer Liste mit vielleicht zweihundert Beamten einschließlich der Abteilungsleiter.

Billy gab ihm einen Rat: »Larry, ich sage Ihnen, gehen Sie zur Berufungsabteilung, und Sie werden steinreich.« Also entschloß sich der Anwalt, die Korruption in der Berufungsabteilung der Steuerbehörde zu untersuchen, »wo der wirklich große Kuhhandel ablief«. Zu diesem Zeitpunkt brauchte er bereits zwei Vollzeitassistenten, »weil die Typen aus dem organisierten Verbrechen ständig wollen, daß man ihnen einen Gefallen tut – mal in dem Vorgang nach dem Rechten sehen, mal dort ...« Eines Tages sagte ihm einer dieser Leute, daß sie einem seiner Assistenten nicht über den Weg trauten und vorhatten, ihn in der folgenden Nacht aus dem Weg zu räumen. Daraufhin beendete Ruggiero seine Laufbahn als Untergrundagent so rasch wie möglich.

Bis dahin hatte er gegen vierzehn Beamte Prozesse angestrengt. Von 1970 bis Mitte 1973 sagte er vor dem Bundesbezirksgericht New York Süd in sechzehn Prozessen als Hauptbelastungszeuge aus, und zwar sowohl gegen korrupte Steuerbeamte, als auch gegen Leute aus dem organisierten Verbrechen. Während dieser Zeit genoß er den gleichen Schutz, den die Regierung Kronzeugen gewährleistet. Allmählich wurde er zu einer Art ständigem Sachverständigen in Sachen Korruption bei Regierung und Behörden – der Steuerbehörde, dem FBI, dem Zoll, der Nationalgarde, dem Bürgermeisteramt, dem Stadtrat und so weiter. »Es wurde quasi mein Beruf. Das Ergebnis davon ist, daß ich als Ankläger wie auch als Verteidiger letztlich jedem Beamten unglaublich skeptisch gegenüberstehe, vor allem denen vom FBI. Als das FBI die DEA übernahm, sagte ich mir: Na denn gute Nacht! Meiner Meinung nach ist das FBI womöglich die größte Gefahr, von der sich unsere Republik bedroht sehen muß – lassen Sie sich das von jemandem gesagt sein, der siebzehn Jahre im Vollzug gearbeitet hat!«

Ruggiero weiß, daß die besonders gerissenen Agenten hier das Sagen haben »Sie müssen sich nur einmal darüber klarwerden, welchem Druck diese Agenten ausgesetzt sind. Kein junger Ankläger, der gerade drei Jahre Erfahrung in irgendeiner gepflegten Anwaltskanzlei gesammelt hat, kann es mit diesen kleveren alten Hasen aufnehmen. Und nicht nur, daß er es mit denen aufnehmen muß, er muß ihnen auch auf die Finger sehen. Da brauchen Sie schon Bundesankläger, die stark genug sind, um ehrlich zu bleiben. Sie können unmöglich von irgendwelchen Muttersöhnchen erwarten, daß sie mit derart ausgebufften Agenten umzugehen wissen. Die ereilt alle das gleiche Schicksal: sie werden nach Strich und Faden über den Tisch gezogen – einer nach dem anderen.«

Ruggiero hat Martin schon des öfteren gesagt: »Leg dein Amt nieder, wenn du deine Seele retten willst. Mach irgendwas anderes. Werd' Busfahrer, wenn es sein muß.« Sein Argument ist, daß der ehrgeizige Martin, unter Giuliani, der noch erheblich ehrgeiziger ist und vor Selbstgerechtigkeit nur so strotzt, dem Druck auf Dauer einfach nicht standhalten wird. Wie ein Kollege es ausgedrückt hat: »Martin lügt. Er würde zwar nie und nimmer Geld nehmen, um jemanden laufen zu lassen, aber er lügt, um ihn hinter Schloß und Riegel zu bringen.«

Dazu Ruggiero: »Ich habe noch nie zuvor erlebt, daß das ganze System derart auf Abwege gerät wie in diesem Fall. Ich spreche vom Mißbrauch des Systems durch die Anklagebehörde. Als ich Ankläger war, hatte ich die Situation zu jeder Zeit im Griff. Wenn ich den Eindruck hatte, daß Agenten Hintertreppchen benutzten, sich die Tat zurechtbogen oder etwas zu raffiniert wurden, konnte ich den Fall jederzeit hinwerfen – und das habe ich auch getan.« Er erinnere sich da an einen Kokainprozeß mit acht Angeklagten. Die Agenten seien mit der Qualität einer ihrer Bandaufnahmen nicht zufrieden gewesen, die Stimme des Sprechers sei zu schwer zu identifizieren gewesen. Also habe man sich nach der offiziellen Anklageerhebung daran gemacht, das Beweismittel »nachzubessern«: Ein Agent habe den Angeklagten angerufen, sich als dessen Bewährungshelfer ausgegeben und ihn so dazu gebracht, laut und deutlich über eine angezapfte Leitung zu sprechen.

»Es sind die Agenten, die bestimmen, was wirklich in einem Gerichtssaal abläuft. Als Ankläger können Sie die Agenten überwachen. Das heißt, daß Sie es in der Hand haben, sie nach rechtsstaatlichen Grundsätzen aussagen zu lassen.« Aber das treffe für diesen vom Übereifer der Anklage gezeichneten Monsterprozeß nicht zu. Und die Agenten hätten nicht die geringsten Skrupel. Sie glaubten fest daran, »sich um die Angelegenheit kümmern zu müssen«, sie glaubten, sie handelten richtig.

»Der Pizza-Prozeß zeigt, was das System den Menschen antun kann, wie weit es gehen kann.« Ruggiero war empört, Giuliani in einer Fernsehshow zu sehen – und das noch bevor der Pizza-Prozeß überhaupt begonnen hatte! –, um der Öffentlichkeit zu sagen: Die Mafia arbeitet nach Art der CIA mit Maulwürfen, und Trupiano und Vitale sind nichts anderes als Spione, von der Mafia aus Sizilien herübergeschickt, um das Herzland Amerikas zu unterwandern.

»Noch bevor man sie überhaupt offiziell unter Anklage gestellt hatte, verglich Rudi Trupiano und Vitale schon mit ausländischen Agenten! Und das, obwohl er wußte, daß die beiden aus dem mittleren Westen kommen, und obwohl er wußte, daß diese Bemerkung sie mitsamt ihren Familien ruinieren würde – noch lange vor dem endgültigen Urteilsspruch.«

Gänzlich aus der Fassung geriet Ruggiero, als er seinen Mandanten Trupiano weinen sah. Der Mann war in Tränen ausgebrochen, als Ruggiero ihn bat – und nicht etwa in Gegenwart der Geschworenen –, Richter Leval zu sagen, was ihn dieser Fall finanziell und emotionell koste. Trupiano und Vitale sind so gut wie mittellos. Ruggiero ist einer der vom Staat bezahlten Anwälte.

»Ich kann Trupiano das Ganze nicht mehr erklären«, sagt sein Anwalt. »Ich verkrafte es einfach nicht mehr, mitansehen zu müssen, was mit meinen beiden Leuten und ihren Familien passiert.« Beide Männer leben in Provinzstädtchen in Illinois. »Vitale ist vierundvierzig Jahre alt und hat vier Kinder im Teenageralter. Er spricht zwar noch mit breitem Akzent, aber seine Kinder gehören bereits der Pepsi-Generation an, sie sind stinknormale Teenager aus dem Mittelwesten. Trupiano hat drei Kinder, die ein paar Jahre jünger sind als die von Vitale, und auch sie leiden darunter, in der Schule geschnitten und verhöhnt zu werden. Und diese sinnlose Quälerei der beiden Familien dauert nun schon über zwei Jahre – und die beiden sind noch nicht einmal in irgendeinem Punkt schuldig gesprochen worden!

Die Leute aus ihren Heimatstädten haben den Medienrummel natürlich mitbekommen und wollen nichts mehr mit ihnen zu tun haben. Ihre Restaurants sind leer. Die Kinder hören in der Schule von ihren Mitschülern: ›Dein Vater bringt Leute um!‹ Die Banken haben jetzt angefangen, ihre Kredite einzufordern. Jetzt ist einer von den beiden drauf und dran, sein Haus zu verlieren!

Ich mache mir wirklich Sorgen um meine beiden Mandanten. Anwaltskollegen meinen, ich mache mir zuviel Sorgen. Aber ich kann sie nun mal nicht erfolgreich verteidigen, wenn ich ihre Schicksale nicht ernst nehme. Also stirbt man eben mit ihnen.«

Ruggiero ist der Meinung, daß Martins Strategie von Anfang an darin bestanden habe, die Anwälte der Verteidigung gegeneinander auszuspielen.

»Jeder der Anwälte hier verliert seinen Glauben an das System.

Und dabei sind das die Leute, die dieses System von Grund auf sanieren könnten. Vom ersten Tag an hat mich dieser Prozeß angewidert – von dem Augenblick an, als ich sah, daß die Staatsanwaltschaft versuchte, in einem derart komplexen Fall die Geschworenenbank mit den größten Ignoranten zu besetzen, die sie auftreiben konnte.«

14. Februar 1983. Die Überwachungsmaßnahmen des FBI. Bis zum Valentinstag war Alfano wieder in New York. Es schneite an jenem Tag, und sein Flug wurde zum John-F.-Kennedy-Flughafen umgeleitet. Trotzdem stand er um 18.55 Uhr wieder einmal vor dem Münzfernsprecher in der Nähe des Al Dente.

Der *Alte* rief an und sprach als erstes mit Alfano. Er wollte, daß jemand »in eine Stadt mit viel Sonne« fahre. Eine Anspielung auf Fort Lauderdale in Florida war schon in einem früheren Gespräch gefallen. »Sie sollten hundert mitbringen.« Dann übergab Alfano den Hörer Mazzurco. Badalamenti wollte wissen, warum »der Boß« nicht komme. Mazzurco sagte ihm, weil er »einen Schatten« habe.

Nach dem Anruf fuhr Mazzurco Alfano schnurstracks zurück zum La-Guardia-Flughafen, wo er den nächsten Flug nach Chicago nahm.

Bis zum 18. Februar schien Pete Alfano dann in seinen Geschäften mit den New Yorkern auf beträchtliche Schwierigkeiten gestoßen zu sein. Als Badalamenti anrief, berichtete ihm Alfano: »Die Burschen drüben sind blank wie ein Heiligenschein«, was soviel hieß wie, daß sie kein Geld hatten. Der Alte gab sich damit jedoch nicht zufrieden. Er befahl Alfano: »Geh hin und hol es, weil hier unten einer rumläuft.«

Am Tag darauf wählte Badalamenti wieder den Münzfernsprecher beim Al Dente an. Sal Lamberti nahm den Anruf entgegen. Badalamenti sagte ihm, man sollte Alfano »die achtzig« geben. Ansonsten würde der Alte in Verlegenheit geraten, weil »der Bursche mit den zweiundzwanzig« unterwegs sei. Die Staatsanwaltschaft interpretierte das so, daß man Badalamenti nicht bezahlt hatte und daß der auf der Stelle sein Geld sehen wollte.

Zwei Tage später rief Mazzurco Joe Ganci an, der ihm sagte, das mit der »Sache« sei heute ein Problem. In zwei Tagen würde er sie haben. An den nächsten beiden Tagen wurden aufgeregt Münztelefone und Privatanschlüsse angewählt. Das Problem hieß Geld. In New York beobachtete das FBI, wie die Angeklagten Catalano, Ganci, Mazzurco, die beiden Lambertis und Ligammari in einen Nachbarschaftsklub in der Rutledge Avenue in Queens gingen.

Im Mittelwesten schienen Alfano und Evola ebenfalls verzweifelt dabeizusein, Geld einzutreiben, das man ihnen schuldete. Vor allem waren sie hinter einem Geschäftspartner namens Giralamo Vito Palazzolo, einem Verwandten des Angeklagten Palazzolo, her. Alfano rief wiederholt im Haus des Mannes an und sagte Evola schließlich: »Sobald du ihn siehst, hau ihm auf den Kopf, nimm sein Geld und bring es her.«

Am 27. Februar fuhr Alfano zu einem Münztelefon in einer Spirituosenhandlung in Oregon, Illinois, um einen Anruf von Mazzurco entgegenzunehmen. Auch dieser Apparat war angezapft worden, und die Agenten hörten, wie Alfano Mazzurco instruierte, zu einer Mrs. Anna Alvarado zu gehen und nach dem Konto von Duke zu fragen. Am Tag darauf beobachteten andere Agenten, wie Mazzurco mit einer Aktentasche in das Büro von Manfra, Tordella & Brookes, einer Devisenmaklerfirma im World Trade Center in New York, ging. Anna Alvarado war dort die Vizepräsidentin.

Zwei Stunden nachdem Mazzurco dort gewesen war, war er bereits wieder am Telefon, rief Alfano an und schrie: »Wo zum Teufel glaubst du, daß du mich da hingeschickt hast?! Weißt du, was die sehen wollten? Pässe, Dokumente, Papiere! Die müssen so was *anmelden!*«

Alfanos Probleme erdrückten ihn schier. Wieder rief Badalamenti ihn an, um ihm zu sagen, er habe eine Telefonnummer vergessen und werde ihm eine andere geben. Alfano buchstabierte U - R - E - R - M - E - S und versprach ihm, in zwanzig Minuten dort zu sein.

Martin ruft noch einmal den Agenten Carmine Russo, den Chefübersetzer des FBI, in den Zeugenstand. Die Gruppe der Badalamenti-Anwälte wird unruhig; die Bücher mit den Abschriften werden studiert. Lena Pecosi, die Dolmetscherin, steht neben Kennedy, der sich vornübergebeugt mit seinem Mandanten unterhält.

Martin verkündet, er werde jetzt eine Reihe von Buchstaben auf ein noch unbeschriebenes Feld auf seiner Tafel schreiben. Er schreibt:

TERMINUSA.

Russo sagt ihm, er erkenne das Wort nicht.

Als nächstes schreibt Martin:

IMRSURR
STEUTRERMES
ERMES PEP SPOARET
STEANAETM

Russo sagt aus, die Buchstaben hätten keinerlei Ähnlichkeit mit irgendwelchen italienischen oder sizilianischen Wörtern. Keine weiteren Fragen. Martin setzt sich wieder. Die Geschworenen sehen völlig verständnislos aus.

Kennedy ist der erste, der zum Kreuzverhör antritt. Die Geschworenen richten sich in ihren Sesseln auf – eine Pawlowsche Reaktion: Kennedy bedeutet *action*.

»Agent Russo, hat man Ihnen gesagt, daß es sich bei dem Wort TERMINUSA in Wirklichkeit um einen Code handelt?« Ja.

Kennedy tritt an die Tafel und malt die Buchstaben untereinander:

T = 1
E = 2
R = 3
M = 4
I = 5
N = 6
U = 7
S = 8
A = 9

»Agent Russo, ist das der Schlüssel zu diesem Code?« Ja.

Als nächstes schreibt der Anwalt die Buchstaben IMRSURR auf das Blatt, die entschlüsselt 543-8733, die Telefonnummer von Badalamentis Wohnung in São Paulo, ergeben. Kennedy setzt sich wieder hin.

Pause. Lächeln auf dem Korridor. Kennedy ist der Meinung, daß seine Strategie funktioniert hat. Martin, sagt er, sei ein Narr gewesen, den Code vorzubringen, ohne einen Kryptologen in den Zeugenstand zu rufen. Kennedy hat mit seinem Vorgehen anerkannt, daß es sich bei diesen geheimnisvollen Buchstabenreihen um einen Code handelt, und den Geschworenen gleichzeitig angekündigt, daß man ihnen zur gegebenen Zeit alles erklären werde. Martin hätte wohl nur zu gern bei jeder entschlüsselten Nummer »Rauschgifthandel!« geschrien. Kennedy hat diesen Schrei zumindest etwas gedämpft.

Bei der Enthüllung des TERMINUSA-Codes hatte sich Dave Lewis umgedreht und seinen Mandanten angestarrt. Evola hatte allen und jedem – einschließlich seiner Anwälte – erzählt, daß TERMINUSA der Name der Lieblingskuh seines Onkels sei. Mit einem kurzen Blick auf die Tafel zuckte Evola in typisch sizilianischer Manier die Achseln und ließ Lewis wissen: »Das kann es natürlich auch heißen.«

Mittwoch, 10. September 1986. Im Gerichtssaal. Den ersten schweren Schicksalsschlag erlitt das Lager der Evolas vor einigen Wochen, als Sam Evola sich entschlossen hatte, zu Hause einiges zu reparieren, dabei vom Gerüst gefallen war und sich einen doppelten Beinbruch zugezogen hatte. Man traf die notwendigen Vorkehrungen, um vorübergehend ohne ihn weiterzuverhandeln. Jetzt ist er wieder im Gerichtssaal, auf Krücken, ganz grau im Gesicht und immer noch mit beträchtlichen Schmerzen. Die Anwälte der Badalamenti-Gruppe erwägen, den robusten blonden ehemaligen Bauarbeiter in den Zeugenstand zu rufen, weil er der attraktivste und sprachlich gewandteste der Familie ist. Damit würde sich auch gleich eine gute Gelegenheit bieten, den Geschworenen seine reizende Frau und vielleicht einen seiner strammen Söhne vorzuführen – möglichst den, der Medizin studiert.

Diese Hoffnungen zerschlagen sich jedoch, als Sonderagent Delmar Ward von der FBI-Dienststelle in Ann Arbor, Michigan, in den Zeugenstand tritt. Als man Evola verhaftet und ihm seine Rechte verlesen hatte, sagte er: »Ihr könnt mir überhaupt nichts beweisen.« Die Staatsanwaltschaft wertet das als Eingeständnis dafür, daß es etwas zu beweisen gab. In Evolas Brieftasche fanden die Agenten einen rätselhaften Zettel, auf dem die Worte TERMINUSA und IMRSURR gekritzelt waren. Später, nachdem man Evola unter Bewachung der FBI-Dienststelle von Detroit überstellt hatte, verzichtete er auf sein von der Miranda-Regel* garantiertes Recht, vor einer Vernehmung mit seinem Anwalt zu sprechen, und erzählte den Bundeskriminalbe-

* laut Entscheid des Obersten Bundesgerichts im Fall »Miranda gegen Arizona« (1966) hat eine in Polizeigewahrsam genommene Person bestimmte Rechte, über die sie bei Einschränkung ihrer Bewegungsfreiheit sofort aufzuklären ist; bei Zuwiderhandlungen dürfen etwaige Aussagen – auch Geständnisse – der betreffenden Person im Prozeß nicht gegen sie verwendet werden (A. d. Ü.)

amten, die ihm den Zettel unter die Nase hielten, die alberne Geschichte von der Kuh seines Onkels.

Gegen Ende der Vernehmung durch das FBI befragte man Evola zu den 27 Gramm weißen Pulvers, das man in seinem Haus gefunden hatte. Ob es sich dabei um Heroin handle? Nein, sagte er, es sei Kokain. Auf die Frage, ob er noch mehr davon habe, sagte er, er hätte ein ganzes Kilo gehabt und verkauft; das bißchen hätte er als Probe behalten. Woher er das Rauschgift hatte, das zu sagen weigerte sich Evola.

Niemand legt gesteigerten Wert darauf, den Agenten Ward ins Kreuzverhör zu nehmen. Seine Aussage war ein vernichtender Schlag gegen Evola und die Badalamenti-Gruppe.

März 1984. Die Überwachungsmaßnahmen des FBI. Die Beziehungen zwischen Alfanos Gruppe im Mittelwesten und Mazzurcos Leuten aus New York wurden immer gespannter. Joe Lamberti teilte Mazzurco mit, Alfano bestehe darauf, »die Sache« zu bekommen. Zur gleichen Zeit sagte Alfano dem *Alten* in Brasilien, daß den Leuten aus New York »noch sechs Hemden fehlen«.

Baldo Amato war zu jener Zeit damit beschäftigt, sein Café Biffi, ein schickes neues italienisches Kaffeehaus mit Bar an der Upper East Side von Manhattan, einzurichten. Als das FBI sah, daß sich Amato, Bonventre und die Angeklagten Catalano, Ganci, Polizzi und Joe Lamberti an der Baustelle versammelten, schloß man daraus, daß diese Zusammenkunft dazu dienen sollte, das Geldproblem zwischen den New Yorkern und der Badalamenti-Gruppe zu lösen – was ja auch der Grund war, warum Mazzurco »noch sechs Hemden« fehlten.

Außerdem war zwischen den New Yorkern und den Leuten aus dem Mittelwesten ein Streit darüber ausgebrochen, wer nun »hinfahren« sollte. Alfano hatte seinen Schwager Palazzolo angerufen und ihm gesagt, er solle sich bereit halten, die Autofahrt anzutreten. Er hatte einen anderen Schwager, Trupiano, angerufen und noch mehr über eine lange Autofahrt erzählt, eine Fahrt, die nötig sei, »weil der Kerl da drüben nicht gehen will« (damit meinte er Mazzurco); er hätte sich jedoch zu einem Treffen »zwei- oder dreihundert Meilen vorher« bereit erklärt.

Beim FBI legte man diesen Anruf so aus, daß Mazzurco offensichtlich nicht willens war, nach Florida zu fahren und die zweiundzwanzig Pakete selbst abzuholen, jedoch bereit war, sich zwei- oder dreihundert Meilen außerhalb von New York mit dem Kurier zu treffen. Dann versuchte Alfano jemanden zu finden, der die lange Fahrt übernahm. Der Plan sah vor, nach Fort Lauderdale zu fliegen, dort ein Auto zu mieten und damit die Küste entlang nach Norden zu fahren.

Donnerstag, 11. September 1986. Im Gerichtsgebäude. Die Staatsanwaltschaft hat die Ausführungen zu ihrem Standpunkt nahezu vollständig vorgebracht. Bald wird die Verteidigung beginnen. Aber hinter den Kulissen ist die Verteidigung seit Wochen keine einheitliche Front mehr. In Prozessen mit mehreren Angeklagten ist es immer am besten, als letzter zu den Ausführungen anzutreten, und das hat seinen Grund. Der letzte Platz gibt einem Anwalt Gelegenheit, den Schaden wiedergutzumachen, den seine Kollegen seinem Mandanten zugefügt haben, und bietet außerdem den einzigen sicheren Schutz vor einem Stich in den Rücken. Seit Wochen ist unter den Verteidigern ein unerbittlicher Kampf um den ersten und letzten Platz im Gange.

Noch ernster wird dieses Spiel, als durchsickert, daß Kennedy gesundheitliche Probleme hat. Der Anwalt weiß schon seit geraumer Zeit, daß er ins Krankenhaus muß, um sich einer heiklen Gesichtsoperation zu unterziehen, worauf einige Wochen Ruhe folgen müßten. Während eines Tauchurlaubs im letzten Jahr war Kennedy plötzlich mit der Taucherbrille voll Blut aufgetaucht; die Ärzte hatten daraufhin einen Tumor in der Nase diagnostiziert. Er ist zwar gutartig, aber er wächst und muß entfernt werden, bevor er den Knorpel befällt. Kennedy hatte gehofft, die ganze Geschichte bis nach dem Prozeß hinausschieben zu können, und Eleanore hatte zum Scherz gesagt, sie würde es sich überlegen, die Spitze ihrer herrlichen italienischen Nase beizusteuern. Aber jetzt haben sich bei Kennedy Blutungen eingestellt, und die Ärzte wagen nicht, noch länger zu warten.

Kennedy hat dies alles dem Gericht schriftlich mitgeteilt und Leval vorgeschlagen, sich beurlauben zu lassen, nachdem die Anklage ihre Ausführungen beendet hätte.

Wenn es in Prozessen mit mehreren Angeklagten daran geht, einen Zeugen der Anklage ins Kreuzverhör zu nehmen, ruft man die

Verteidiger für gewöhnlich in der Reihenfolge ihres Erscheinens auf der Anklageschrift auf. Im Pizza-Prozeß ist Kennedy immer der erste gewesen, den man gefragt hat, ob er antreten will, Ryan der letzte. Wenn schließlich die Verteidigung an der Reihe ist, ihren Standpunkt vorzutragen, wird diese Reihenfolge oft umgedreht, um einen gewissen Ausgleich zu schaffen. Manchmal fällt diese Entscheidung der Richter, in anderen Fällen überläßt er sie den Anwälten, die die Frage dann unter sich klären; Leval hält es mit letzterem Verfahren. Kennedy hat Leval in seinem Brief darauf aufmerksam gemacht, daß er, falls die Verteidigung ihren Standpunkt tatsächlich in der umgekehrten Reihenfolge vorbringen würde – Ryan als erster, er selbst als letzter – genügend Zeit hätte, sich operieren zu lassen und zu genesen, ohne den Prozeß irgendwie zu bremsen oder ihn gar abbrechen zu lassen.

Unglücklicherweise hat Kennedy seinen Waffenbrüdern von der Verteidigung keine Kopien dieses Briefs zukommen lassen. Das Maß an Mißtrauen ist mittlerweile so groß, daß die anderen, als sie davon hören, erst einmal kein Wort glauben. Sie argwöhnen, Kennedy und Badalamenti hätten die Absicht, irgendeinen faulen Trick abzuziehen. Und dieses eine Mal stimmen einige Anwälte der Anklage denen der Verteidigung zu. Martin schreibt Leval, Kennedys Notfall sei »nicht lebensbedrohlich«.

Was die Mandanten anbelangt, von denen traut Kennedy ohnehin keiner so weit, daß er ihn als letzten antreten lassen würde, dem Alten traut sowieso keiner. Sie glauben, er habe seinen Anwalt dazu gezwungen, sich die zweifelhafte Geschichte mit der Operation auszudenken.

Ivan Fisher hat vom ersten Tag an klargemacht, er wolle sich in allen Fragen so nah wie möglich an Kennedys Seite stellen. Vor dem Prozeß setzte er sich dafür ein, Badalamenti und Catalano nebeneinander sitzen zu lassen, und hätte womöglich auch Erfolg gehabt, hätten die Bundesmarshals nicht darauf bestanden, die vier im MCC einsitzenden Angeklagten aus Sicherheitsgründen nebeneinanderzusetzen. Aber selbst Fisher fordert mit zunehmender Heftigkeit, daß seine eigene Verteidigung nach derjenigen Kennedys kommt, anstatt ihr voranzugehen. Andere Anwälte haben sich Fisher angeschlossen; ihre Mandanten sind einverstanden. Niemand außer Kennedy selbst, so scheint es, traut dem Alten über den Weg.

Die Gespräche auf dem Korridor laufen darauf hinaus, daß die Mafia-Mitglieder unter den Angeklagten darauf gefaßt sind, daß Badalamenti ihnen in den Rücken fällt, wenn er nur irgendeine Möglichkeit sieht. Sal Lamberti ist Mitglied der Mafia; das gleiche gilt für Castronovo, Greco, Mazzara und Catalano. Von diesen fünfen ist Mazzara der einzige, der nicht darauf drängt, daß Kennedy als erster antritt.

Ein weiterer Grund, warum man will, daß Kennedy als erster antritt, ist, daß man herausfinden will, wie seine Strategie aussehen wird, um möglichst viel Zeit zu haben, ihr gegebenenfalls entgegenzuarbeiten oder alternative Strategien auszuarbeiten. Kennedy bleibt eisern: Er wird seine Verteidigung nicht offenlegen. Dahinter steckt seine feste Überzeugung, seine Strategie würde unweigerlich zur Anklage durchsickern, wenn er sie seinen Kollegen offenbarte.

Freitag, 12. September 1986. Im Gerichtssaal. Die Schauspieler nehmen ihre Plätze ein. Es hört sich ganz so an, als wären die Gespräche, die sie jetzt vorlesen, für Badalamenti besonders schädlich. Er und Alfano sprechen über »Sachen . . . kleine Hemden . . . einen Fahrer«. Der Schauspieler, der Alfano spielt, und vorliest, wie dieser zu Evola sagt, er solle jemanden »auf den Kopf hauen«, trägt heute zufällig ein schwarzes Hemd und eine weiße Krawatte und sieht damit aus, als hätte er sich für die Rolle des Nathan Detroit in *Guys and Dolls* kostümiert. Marvin Schechter protestiert gegen diese Art, »sich für eine Rolle einzukleiden«. Bergman sagt dem Schauspieler, er könne sich sehr schnell selbst auf der Anklagebank wiederfinden, wenn er nicht aufpasse.

Kaffeepause. In der Schlange in der Cafeteria nähert sich der gutaussehende Baldo Amato, ehemals Leibwächter von Carmine Galante, langsam der fröhlichen drallen jungen Frau hinter der Registrierkasse. Er trägt eine Tüte Milch. Als er vor der Frau steht, schlägt er sein Sakko zurück, zieht eine Banane aus seinem Gürtel und zielt damit auf sie. »Das iest ein Iberrfall!« sagt er. Die Frau kichert.

Mittwoch, 17. September 1986. Im Gerichtssaal. Am Ende des heutigen Verhandlungstags wird der Sitzungssaal geräumt werden, um den Anwälten der Verteidigung Gelegenheit zu einer Beratung zu geben, um ein für allemal zu klären, wer nun als erster und wer als letzter antritt.

Der Richter hat seinen Platz geräumt. Die Marshals sind nach Hause gegangen. Die Verteidiger rekeln sich auf den Besucherbänken. Kennedy erklärt, er habe die Absicht, eine aggressive Verteidigung zu führen, um die Telefonate zu erklären. Er könne den anderen Anwälten jedoch nicht sagen, wie seine Strategie im einzelnen aussehen werde, könne ihnen aber versichern, daß sie ihnen zusagen werde.

Benfante und Lombardino, den beiden Anwälten, denen neben Schechter die belastenden Telefongespräche vor dem Al Dente am meisten zu schaffen machen, genügt das ganz und gar nicht. Ob denn Kennedy überhaupt schon wisse, wie Badalamentis Verteidigung aussehen werde? Ja, er wisse es. Viele Anwälte sind nicht zufrieden. »Was soll ich tun?« will Benfante wissen. »Soll ich vielleicht zu meinem Mandanten gehen und ihm sagen, ich habe keine Ahnung, wie die Verteidigung aussehen wird, aber sie wird dir gefallen?«

Lombardino ist weitaus direkter. »Sagen Sie Badalamenti, er kann mich mal!«

Die Versammlung löst sich auf. Kennedy wird als erster aufs Podium und die Operation verschieben müssen, bis er dem Gericht und den Geschworenen die Handlungsweise seines Mandanten erklärt hat.

Montag, 22. September 1986. Nach der Sitzung. Die Gruppe der Badalamenti-Anwälte versammelt sich jetzt jeden Abend mit ihren Mandanten und untereinander zum Brainstorming. Kennedy hat viele Stunden im MCC verbracht, um sich mit dem Alten zu beraten. Die Anwälte der Badalamenti-Gruppe haben das gesamte Beweismaterial untereinander aufgeteilt; jeder hat einen Teil davon zu studieren und eine Erwiderung auszuarbeiten. Die Nervosität ist groß. Die einzelnen Familienangehörigen sitzen schweigend dabei; sie erinnern an Schafe; sie warten grundsätzlich darauf, daß Badalamenti ihnen sagt, was zu tun ist. Der normalerweise eher leise Pat Burke macht seinem Ärger über die mangelnde Reaktion Luft, die die Anwälte für ihre Bemühungen von den Sizilianern bekommen. So hatte Burke zum Beispiel für heute ein ausgefeiltes Kreuzverhör für einen der Zeugen der Anklage erarbeitet, in dem er eine vernünftige Erklärung für einen besonders belastenden Anruf aus Brasilien entwickelte. Burke brachte alles zu Papier und ging damit zu einer »Audienz beim Papst« in das MCC.

»Er hat es einfach abgeschossen!« empört sich Burke nicht ohne Bitterkeit. »Diese Kerle sind derartige Schwachköpfe. Die Feindseligkeit, die mir der Mann jetzt auf einmal entgegenbringt! Wie soll ich so nur arbeiten? So was von bescheuert!«

Patrick Burke, 42, hat seine Praxis in Suffern, einer kleinen Stadt im Staat New York, etwa vierzig Meilen nordwestlich von Manhattan. Geboren ist er in Scranton, Pennsylvania; seine Eltern sind Amerikaner irischer Abstammung, die später in die Bronx nach New York zogen. 1966 machte er sein Examen an der Fordham Law School, heiratete Jane Kennedy und ging kurz darauf als Militäranwalt zur Marineinfanterie. Er arbeitete in der Dienststelle des Kriegsgerichtsrats in Quantico, Virginia. Bei seiner Entlassung drei Jahre später hatte er es bis zum Oberstleutnant gebracht. 1969 ging er zur Bundesstaatsanwaltschaft des Bundesgerichtsbezirks New York Süd. 1975 ließ er sich in Suffern nieder und tat sich mit George McGlinn, einem dort praktizierenden Anwalt, zusammen.

Abgesehen von dem handgemalten Schild an der Vorderveranda unterscheidet sich das Bürogebäude der Kanzlei Burke & McGlinn nicht im geringsten von den anderen zweistöckigen, schindelgedeckten Häusern an der Washington Avenue. Burke und sein Sozius haben sich mit betrunkenen Autofahrern, Handgreiflichkeiten und Schadensersatzklagen eine geschäftige und lukrative Praxis aufgebaut.

1983 trat ein Kollege an Burke heran und fragte ihn, ob er daran interessiert sei, im Bundesgerichtsbezirk Ost einen Heroin-Fall zu übernehmen, in dem man einige Sizilianer beschuldigte, in Kisten mit italienischem Marmor Heroin in die Staaten geschmuggelt zu haben. Burke erreichte einen Freispruch für seinen Mandanten, und schnell verbreitete sich im MCC die Kunde, wie gut sich der Anwalt geschlagen hatte. Bald darauf erhielt Burke einige Anfragen von Angeklagten im Pizza-Fall.

Im Juni 1984, kurz nach den Verhaftungen, erhielt Burke einen

Anruf von Pete Alfanos Frau. Sie warte darauf, daß die Spanier ihren Mann auslieferten und brauche einen amerikanischen Anwalt, der die Verhandlungen mit den spanischen Behörden übernahm. Schließlich wurden die drei Männer von Madrid nach New York überstellt, und Burke wurde gebeten, sich mit Gaetano Badalamenti im MCC zu treffen. Der Alte sah sich gerade die für ihn in Frage kommenden Anwälte an. Burke fühlte sich von Badalamentis Bauernschläue abgestoßen. Badalamenti prüfte ihn mit durchtriebenen Fragen, die darauf abzuzielen schienen, Burkes Verständnis der Anklage auszuloten, und der Anwalt empfand das als herabwürdigend. Als nächstes bat Pete Alfano Burke, ihn zu verteidigen, und nach viel Gefeilsche einigte man sich schließlich auf ein Honorar.

Die Länge des Prozesses hat sowohl hinsichtlich seiner Anwaltspraxis als auch familiär ihren Tribut gefordert. Während seiner Militärzeit hat Burke gelernt, alles zu tun, um sich für den ständigen Kampf gegen Schlaf und Unachtsamkeit im Gerichtssaal fit zu halten. Sehr zeitig schon fährt er jeden Morgen nach Manhattan und joggt einige Meilen im Central Park, bevor er im New Yorker Athletic Club die Kleidung wechselt und mit der U-Bahn zum Gericht fährt. Burke ist ein begeisterter Sportler, und seine vier halbwüchsigen Söhne, ebenfalls Sportler, spielen alle in Mannschaften und wollen hart trainiert und unterstützt werden. Jetzt sieht er sich gezwungen, die Samstagvormittage und Sonntagabende dem Pizza-Fall zu widmen. Seine Frau Jane, die in der High School der Jungs als Krankenschwester arbeitet, mußte wohl oder übel als Fahrerin der Basketballmannschaft einspringen.

Burke ist der Meinung, die Staatsanwaltschaft habe einen eindrucksvollen Fall aufgebaut, der allerdings einige gravierende Widersprüche in sich berge. »Hören Sie sich die Bänder an. Da laufen die New Yorker 1984 herum, um 80 000 Dollar aufzutreiben. Das war für diese Burschen doch Taschengeld!« Als die Staatsanwaltschaft die Beweismittel über das Waschen von Geld vorgebracht habe, habe man doch Millionen Dollar in Schnapskartons ausgetauscht. Was denn mit dem ganzen Zaster passiert sei?

Dann die ganzen Telefonate zwischen Mazzurco und den Lambertis darüber, Enzo zur Seite zu stehen, und darüber, daß Mazzurco nicht zu genau nachforschen sollte, wo der Alte sich aufhält, damit die Leute im Mittelwesten keinen Rückzieher machen.

März 1984. Die Überwachungsmaßnahmen des FBI. Mazzurco schien immer noch Probleme damit zu haben, das Geld zusammenzukriegen, und so rief er Alfano an, um ihn zu bitten, seine Reise nach New York um ein paar Tage zu verschieben. Am 7. März rief Mazzurco Soresi in Borghetto auf Sizilien an und sagte ihm, daß ein Mann kommen würde, der so schnell wie möglich im Krankenhaus untersucht werden müßte.

Der Angeklagte Lorenzo DeVardo, der Anstreicher aus Queens, den das FBI für Soresis amerikanischen Kontaktmann hielt, flog nach Sizilien, und die italienische Polizei berichtete, daß er mit Soresi Kontakt aufzunehmen versuche. Vier Tage später kehrte DeVardo in die Vereinigten Staaten zurück und traf sich am 14. März mit Joe Lamberti. Noch am selben Abend erzählte Lamberti Ganci, daß er sich mit dem Burschen getroffen habe, der »drüben« gewesen sei, und daß alles vorbereitet sei. »Aber dann kriegten wir schlechtes Wetter und mußten uns unterstellen.« Das FBI interpretierte das als Anspielung auf die starke Überwachung Soresis und seiner sizilianischen Kontaktleute durch die dortige Polizei. Lamberti fügte hinzu, daß »der Bursche von drüben«, also Soresi, ihn angerufen und »seinen Cousin« geschickt habe.

Am nächsten Tag fuhr Mazzurco zum John-F.-Kennedy-Flughafen, um eine Maschine aus Rom abzupassen. Er holte einen sizilianischen Lastwagenfahrer ab, den Angeklagten Giovanni Cangialosi, den Cousin von Soresis Frau. Dieser ruhige Mann, der wie eine kleinere Ausgabe von Harpo Marx ohne Perücke aussieht, sitzt nun schon seit zwölf Monaten schweigend am äußeren Ende der Mittelreihe.

Am folgenden Tag beobachtete man, wie sich Cangialosi und Joe Lamberti auf dem Parkplatz eines Einkaufszentrums auf Long Island mit DeVardo trafen. Vier Tage später, am 20. März, warteten Mazzurco und Cangialosi an einem Münztelefon am Southern State Parkway auf Long Island, als Soresi aus Sizilien anrief. Das FBI hatte den Apparat angezapft, nachdem aufgefallen war, daß Mazzurco davor herumlungerte.

Zuerst sagte Soresi etwas von »Graupelschauern«, eine Anspielung auf die starke Überwachung durch die italienische Polizei. Das Wetter in diesem sizilianischen Vorfrühling war nämlich ausgesprochen mild. Soresi sagte Cangialosi, er solle auf eine Antwort warten, bevor er wieder herkomme.

Sechs Tage später waren dieselben drei Personen wieder zur Stelle und unterhielten sich über dasselbe Münztelefon. Soresi berichtete, das Wetter sei immer noch miserabel, und Cangialosi müßte fürs erste in den Staaten bleiben. An jenem Abend traf sich Cangialosi wieder mit DeVardo.

Alfano, der im Mittelwesten die Stellung hielt, wurde langsam, aber sicher unruhig. Seit achtzehn Tagen hatte man nichts mehr von Badalamenti gehört. Als der Onkel schließlich am 28. März anrief, sagte Alfano: »Du bringst mich noch um.« Badalamenti befahl Alfano, am nächsten Tag zum Feigenkaktus – einem weiteren Münzfernsprecher – zu gehen.

In Erwartung von Badalamentis Anruf rief Alfano seinerseits Mazzurco an, worauf Mazzurco eine recht merkwürdige Unterhaltung mit Joe Lamberti hatte. Mazzurco sagte, er wolle Alfano gegenüber »einfach die Achsel zucken.« Aber Lamberti warnte ihn. »Wenn der sieht, daß wir ihn loswerden wollen, dann müssen wir hinter ihm her...« Das harmonische Einvernehmen von 1983 schien völlig verschwunden. Jetzt sprachen die Geschäftspartner davon, einander aus dem Weg zu räumen.

Am Telefon beim Feigenkaktus hörte sich Badalamenti seinerseits besorgt an. »Worte rutschen einem so heraus«, mahnte er. Dann sagte er Alfano: »Ich komme nicht rüber... du solltest mit ihnen reden...«

Noch am selben Abend rief Mazzurco Joe Lamberti an: »Ich muß mich morgen früh mit dem Neffen treffen.«

Am 30. März flog Alfano unter dem Namen Joe Musso zum La-Guardia-Flughafen und wurde dort von Mazzurco und Cangialosi abgeholt. Sie fuhren ihn zu Pronto Demolition in Brooklyn, wo Joe und Sal Lamberti sie erwarteten. Vierzig Minuten später fuhr man Alfano zum La-Guardia-Flughafen zurück, von wo er eine Maschine nach Chicago nahm.

Am 5. April rief Badalamenti Alfano wieder am Feigenkaktus an. »Sieh zu, daß du nach Madrid kommst. Steck dir etwas Geld ein... aber nicht zuviel.«

»Fünf?«

»Sagen wir zehn.«

Alfano buchte einen Flug mit offenem Rückflugtermin auf einer Maschine der KLM von Chicago nach Madrid. An jenem Abend rief er Sam Evola an, erzählte ihm von seinen Reiseplänen und beschrieb ihm das Treffen bei Pronto Demolition. Der Ton ihres Gesprächs war geheimnisvoll. »Ich war mit allen dreien dort... Ich habe ihnen gesagt: Liebe Freunde, wenn ihr alle sagt, daß ihr ihn gern habt, dann müssen wir ihm auch zeigen, wie gern wir ihn haben... Was kann ich ihm sagen?... Sie haben dich gern, aber sie bleiben lieber zu Hause?«

Als Alfano mit der Maschine der KLM aus Chicago abflog, waren Agenten der DEA und des FBI an Bord. Am Flughafen Baraja in Madrid wurde Alfano herzlich von Badalamentis Sohn Vito empfangen. Sie nahmen ein Taxi zu dem Apartmenthaus an der Santa-Virgilia-Straße. Am nächsten Morgen, Sonntag, den 8. April, um 11.30 Uhr verhaftete die spanische Polizei in Zusammenarbeit mit dem FBI und Interpol Gaetano Badalamenti und Pietro Alfano, just in dem Augenblick, in dem sie an der örtlichen Polizeidienststelle vorbeispazierten. Dann folgte die Razzia in der Wohnung, bei der Vito festgenommen wurde.

Man brachte die drei Männer auf die Polizeiwache und durchsuchte sie. Gaetano Badalamenti und Vito Badalamenti gaben falsche Namen an. Alfano gestand zwar gleich seinen richtigen Namen, bestritt aber, Badalamenti zu kennen. Bis 19 Uhr dann hatte er jedoch eine Erklärung unterschrieben, daß Badalamenti ihn eingeladen habe, ihn in Madrid zu besuchen; Badalamenti sei der Onkel seiner Frau. Er identifizierte außerdem ein Bild des Onkels.

Die nächsten sieben Monate verbrachten Badalamenti und sein Sohn in spanischen Gefängnissen; sie bestanden weiterhin auf ihren falschen Identitäten. Erst als er sich an Bord eines amerikanischen Militärflugzeugs befand, das ihn am 15. November 1984 in die Vereinigten Staaten brachte, bekannte sich Badalamenti dazu, Badalamenti zu sein.

Als der Alte nach seiner Verhaftung zum ersten Mal durchsucht worden war, hatte die spanische Polizei eine kleine Papierkugel in seinem Brillenetui gefunden. Sie rollten sie auf und lasen die Worte ERMES PEP SROARET. Mit Hilfe des TERMINUSA-Codes wurde SROARET zu 830-9321, und genau das ist die Nummer des Münztelefons vor Joe Gancis Pizzeria Al Dente.

5. bis 9. April 1984. Die große Pizza-Razzia. Die Vollstreckungsbehörden dreier Länder arbeiteten bei den Verhaftungen der Pizza-Partner zusammen: Randazzos am 5. April in Zürich, die der beiden Badalamentis und Alfanos am 8. April in Madrid, die des Angeklagten Cangialosi am 8. April auf dem John-F.-Kennedy-Flughafen und schließlich die der amerikanischen Angeklagten in ihren Wohnungen am 9. April. Durchsuchungstrupps arbeiteten sich daraufhin durch diverse Wohnsitze und Geschäftsräume in Spanien, der Schweiz und den Vereinigten Staaten.

In Zürich beschlagnahmte die Polizei Vincenzo Randazzos Paß und sah, daß er 1983 zehnmal in Brasilien ein- und wieder ausgereist war.

In Badalamentis Madrider Wohnung fand die spanische Polizei in einem Damenschuh und von einem Gummiband zusammengehalten 10 000 Dollar in Hundertdollarnoten. Das FBI nahm an, daß es sich dabei um die »Zehn« handelte, die Alfano Badalamenti zu bringen hatte.

Die spanische Polizei beschlagnahmte Alfanos amerikanischen Paß und sah, daß er 1982 viermal in Brasilien gewesen war. Bei zwei Besuchen war er noch am Tag seiner Einreise wieder abgereist.

Giovanni Cangialosi wurde in dem Augenblick verhaftet, als er eine Maschine der Alitalia nach Rom bestieg. In seinen Taschen fand man 8000 Dollar in bar, ein Blatt Schreibpapier aus einem Hotel mit den Nummern von acht Münzfernsprechern auf Long Island, einen Paß, ein Heiligenbild und einen Zettel mit einer geheimnisvollen handgeschriebenen Notiz: *Dottore a Nice, Francia, nipote Zurich, nipoti Americana.* Frei übersetzt bedeutet das: »Doktor in Nizza, Frankreich, ein naher Verwandter in Zürich, einige nahe Verwandte in Amerika.«

Bei den Razzien quer durch die Vereinigten Staaten beschlagnahmte die Polizei neunzehn Pistolen und Revolver, zwei davon mit Schalldämpfern versehen, neun schwere Gewehre, sechs Flinten, eine abgesägte Flinte, vier Maschinenpistolen, zwei davon mit Schalldämpfer, ein Gewehr, wie Veterinäre es zur Tiernarkose benutzen, zwei kugelsichere Westen und drei Ohaus-Apothekerwaagen.

Zusammen mit diesen Beweisgegenständen entdeckten die Agenten noch eine ganze Menge Dokumente: Telefonbücher, Alben mit Hochzeitsfotos, gesperrte Schecks, Kreditbelege, gebrauchte Flugtickets, Hotelrechnungen. In diversen Verstecken fand man große

Summen Bargeld. So hatte Mazzurco über 67 000 Dollar in einer ganzen Reihe verschiedener Währungen im Haus, Mazzara 63 000 Dollar, Joe Lamberti 7800 Dollar.

Nur einige schlüpften durch die Maschen des Netzes. Als das FBI an die Türen von Baldassare Amato und Cesare Bonventre klopfte, war keiner der beiden zu Hause. Einen Monat später stellte sich Amato freiwillig den Behörden.

Cesare Bonventre war kurz vor den Verhaftungen verschwunden. Ganci und andere machten sich Sorgen. Das FBI hörte mit, wie sich Gancis Geliebte mit ihrer Mutter darüber unterhielt. Theresa Bonventre erwartete ihr erstes Kind und stand kurz vor der Entbindung.

Der jüngste Bonventre, ein Sohn, wurde am 10. April geboren, einen Tag nach den Massenverhaftungen. Nur drei Wochen später fand man den zerstückelten Körper seines Vaters in drei Leimfässern in New Jersey.

Die Verteidigung

Donnerstag, 9. Oktober 1986. Im Gerichtssaal. Nachdem sie 236 Zeugen aufgeboten und über ein Jahr lang Beweismittel vorgebracht hat, schließt die Staatsanwaltschaft heute ihre Beweisaufnahme ab. Jetzt ist die Verteidigung an der Reihe. Wie wird sie aussehen? Gerüchte allenthalben. Das Gerangel hinter den Kulissen ist in vollem Gange.

Die Staatsanwaltschaft hatte zuerst angekündigt, sie würde schon letzte Woche zum Ende kommen. Dann gab Leval einem Antrag der Verteidigung auf eine dreitägige Unterbrechung statt, damit sie ihren Standpunkt vorbereiten könne. Seither reicht die Staatsanwaltschaft ständig neue Beweismittel nach; im letzten Augenblick kommen noch weitere Schußwaffen, Dokumente und Zeugen dazu.

Am letzten Montag um sieben Uhr früh rief Ivan Fisher Eleanore Kennedy an, um ihr zu berichten, daß Freeh das ganze Wochenende über bei den Anwälten der Verteidigung herumtelefoniert habe, um herauszubekommen, ob an dem Gerücht, Kennedy wolle Badalamenti selbst in den Zeugenstand rufen, etwas dran sei. Noch vor Tagesanbruch, so Fisher, habe ihn Paul Bergman angerufen, um ihm dieselbe Frage zu stellen.

Eleanore war der Meinung, »Ivan wollte mich aushorchen«, aber sie wußte nicht recht worüber. »Inzwischen traut keiner dem anderen mehr über den Weg.«

Freeh würde trotzdem nur zu gern wissen, ob Kennedy tatsächlich die Absicht hat, Badalamenti in den Zeugenstand zu rufen – was ein ausgesprochen kühner Zug wäre –, oder ob er, was weitaus wahrscheinlicher ist, darauf spekuliert, die Staatsanwaltschaft mit einem Bluff dazu zu bringen, ihren bisher zurückgehaltenen Trumpf in Sachen Beweismittel aus dem Ärmel zu holen. Man kann mit einiger Sicherheit davon ausgehen, daß die Ankläger irgendein deftiges Beweisstück zurückgehalten haben, um den Standpunkt der Verteidigung mit einer Erwiderung zu beantworten.

Das Bluffen in diesem Spiel läuft laut Eleanore Kennedy folgendermaßen ab: »Für den Fall, daß die Staatsanwaltschaft Beweismittel zurückhält, um uns am Schluß noch eins überzubraten und wir den Beweisvortrag dann doch für abgeschlossen erklären und Mr. B. gar nicht mehr auftreten lassen«, habe die Staatsanwaltschaft ihre mit Sicherheit erdrückende letzte Beweistatsache umsonst bis zum Schluß zurückgehalten. Sollte Kennedy – im Vertrauen auf die Schwäche des gegnerischen Beweismittels und die seinem Mandanten bis zum Urteil von Rechts wegen zustehende Unschuldsvermutung – den Beweisvortrag für abgeschlossen erklären, könne er im Schlußvortrag argumentieren, die Staatsanwaltschaft habe ihren Standpunkt nicht zweifelsfrei bewiesen, worauf die Staatsanwaltschaft dann keine Gelegenheit mehr zu einer Erwiderung hätte. Wenn Kennedy seinen Beweisvortrag für abgeschlossen erkläre, komme auch die Staatsanwaltschaft nicht mehr zum Zug. Für den Fall, daß Kennedy jedoch einen entlastenden Standpunkt präsentieren sollte, habe die Staatsanwaltschaft mit Sicherheit einen soliden Schlag in petto.

»Unser Problem läuft also auf folgendes hinaus: Wo und wann setzen *wir* unser gutes Material ein? Wenn die etwas in der Hinterhand haben, um uns am Schluß noch eins überzuziehen, und wir erklären den Beweisvortrag jetzt für abgeschlossen, tja, dann haben wir keine Möglichkeit, Mr. B. in den Zeugenstand zu rufen, aber wir hindern auch die Staatsanwaltschaft daran, ihr bestes Beweismittel zu präsentieren. Weißt du, was ich wirklich glaube? Ich glaube, die Staatsanwaltschaft versucht uns eine Falle zu stellen.«

Eleanore hatte die Vermutung gewagt, die Anklagevertretung werde ihren Beweisvortrag nicht vor Donnerstag mittag abschließen, was Kennedy zwingen würde, mit der Präsentation seines Standpunktes noch am Donnerstag nachmittag und Freitag vormittag anzufangen. Damit hätte sich die Staatsanwaltschaft dreieinhalb Tage gesichert, um ihre Erwiderung auf das, was Kennedy auch immer präsentieren mag, vorzubereiten.

Eleanore hat damit den Nagel auf den Kopf getroffen. Um 10.21 Uhr verkündet Louis Freeh: »Der Beweisvortrag der Staatsanwaltschaft ist hiermit abgeschlossen.«

Zwei der Geschworenen schauen verblüfft auf, einige reagieren schwach, der Rest bleibt völlig ausdruckslos. Die Anwälte nehmen das als Bestätigung für ihre Vermutung, daß irgend jemand – wahrscheinlich einer der Marshals – die Jury unerlaubterweise mit Nachrichten versorgt.

Kennedy springt aufs Podium. Er sagt, er habe jetzt drei Möglichkeiten: Keine Verteidigung vorzubringen und einfach festzustellen, daß die Staatsanwaltschaft die seinem Mandanten zur Last gelegten Taten nicht bewiesen habe; eine Verteidigung ohne seinen Mandanten zu präsentieren; oder Badalamenti in den Zeugenstand zu bitten. »Ich ziehe letzteres vor.« Aber es gebe da einige Probleme.

Der Rechtsbeistand und sein Mandant hätten sich in letzter Zeit mit italienischen Rechtsanwälten darüber unterhalten, inwiefern Badalamentis Aussage vor diesem Gericht sich auf seinen Status vor den italienischen Gerichten auswirken könne. Kennedy bitte Leval deshalb, von der Staatsanwaltschaft eine Erklärung darüber zu fordern, mit welcher Droge Badalamenti denn nun gehandelt haben soll.

Mit beiden, so hat man mir mitgeteilt, antwortet Leval, und Martin nickt zustimmend. Und was mit den zweiundzwanzig Behältern sei, fährt Kennedy höflich fort. Was die Staatsanwaltschaft bezüglich deren Inhalt vermute?

Leval fragt Martin, ob er darauf eine Antwort habe. Als der verneint, empfiehlt Kennedy, die Behälter aus dem Spiel zu lassen. Es handle sich dabei zugegebenermaßen um ein »ungewöhnliches Ansinnen«, aber sicher kein müßiges. In Italien liege gegen seinen Mandanten nämlich keine Anklage wegen Kokainhandels vor.

»Sie äußern da sehr vernünftige ... sehr begründete Bedenken«, sagt Leval, nicht weniger verbindlich. Aber die Anklage der Staatsanwaltschaft laute auf *Verabredung zum Handeltreiben*, und somit sehe das Gericht keine gesetzliche Verpflichtung, die Droge näher zu spezifizieren. Mit einem Wort, das Gesetz – diese äußerst präzise und spitzfindigste aller Disziplinen – verpflichtet die Staatsanwaltschaft keineswegs, die Droge zu benennen, mit der zu handeln sich diese Männer laut Anklagesatz zusammengetan hätten.

Wenn die Staatsanwaltschaft erkläre, sie wisse es nicht eigentlich, dann sei das in Ordnung, sagt Kennedy. Aber wenn Martin sich »lediglich ziert« – wenn er es doch wisse, sein Blatt aber aus taktischen Gründen nicht aufzudecken bereit sei –, dann bitte möge das Gericht noch einmal mit sich zu Rate gehen.

Eine lange Pause entsteht, während der die Ankläger Rücksprache nehmen und Kennedy auf und ab geht. Im Grunde genommen ziert sich hier jeder: Kennedy wie auch der Richter wissen mittlerweile nur zu gut, daß die Anklage der Staatsanwaltschaft auf Kokain *und* Heroin lauten wird. Jeder außer den Geschworenen weiß, daß Badalamenti in Italien keine Anklage wegen Kokainhandels zu gewärtigen hat. Um das zu wissen, braucht hier keiner einen italienischen Anwalt zu konsultieren. Martin sagt, der Staatsanwaltschaft lägen Beweise vor, die den Vorwurf der Verabredung stützten, und er sei nicht der Ansicht, daß sie in irgendeiner Weise verpflichtet sei, deren Beschaffenheit vorab zu enthüllen. Auch das weiß jeder außer den Geschworenen. Im Grunde werfen sich beide Seiten lediglich in Positur – so wie ein Stier mit den Hufen scharrt, bevor er angreift.

Kennedy geht zum nächsten Punkt über. Er verlangt von der Staatsanwaltschaft, genau zu spezifizieren, »wer es denn nun im einzelnen ist, den Badalamenti laut Anklagesatz angeleitet, befehligt und beaufsichtigt hat«. Seine Frage bezieht sich auf den Anklagevorwurf nach Paragraph 848, auch als »Königskegelstatut« bekannt; er findet Anwendung auf Personen, die sich neben dem Tatbestand der Verabredung auch noch des fortgesetzten Handeltreibens mit Betäubungsmitteln schuldig gemacht und daran verdient haben; der Paragraph schreibt außerdem vor, daß sie dies im Einvernehmen mit mindestens fünf weiteren Personen getan haben müssen, die sie auf die ein oder andere Weise organisiert, befehligt oder beaufsichtigt haben. Da Badalamenti, sein Sohn und sein Neffe Alfano die einzigen Angeklagten sind, gegen die keine Anklage nach dem RICO-Paragraphen vorliegt, stellt der Vorwurf, gegen den Paragraphen 848 verstoßen zu haben, den Hauptanklagepunkt gegen sie dar. Eine Verurteilung aufgrund des Paragraphen 848 bedeutet automatisch mindestens zehn Jahre bis lebenslänglich.

Zu Beginn des Prozesses hat Freeh Kennedy ein Schreiben überreicht, in dem fünfzehn Personen aufgeführt sind, die angeleitet, befehligt und beaufsichtigt zu haben sein Mandant beschuldigt werde. Kennedy will, daß die Liste zurechtgestutzt wird, weil »sich die Jury auf etwas konzentrieren muß«. Auch dieses Argument, wie das vorhergehende, zielt letztlich nur darauf ab, dem Anwalt die Möglichkeit an die Hand zu geben, sich auf die Hauptanklagepunkte zu konzentrieren und die Staatsanwaltschaft daran zu hindern, in ihrem Plädoyer quer durch das Gemüsebeet zu trampeln.

Sechs der fünfzehn auf der Liste Aufgeführten sind Mitangeklagte: Alfano, Vito Badalamenti, die beiden Lambertis, Sal Mazzurco und der bereits ausgeschiedene Neffe Randazzo. Kennedy hätte die anderen gern aus Mangel an Beweisen gestrichen. Drei von ihnen seien Personen, die kein einziges Mal erwähnt wurden. Drei weitere seien »unbekannte männliche Personen«, auf die nur in den Telefongesprächen Bezug genommen werde. Bei den restlichen drei handle es sich um Personen, die angeblich daran beteiligt gewesen waren, für Badalamenti Gelder nach Brasilien zu schaffen.

Kennedy versucht die Angriffsfläche noch einmal zu verkleinern und erklärt, er habe nicht die Absicht, die Anklagepunkte gegen jeden der Angeklagten einzeln zu widerlegen, weil das hinsichtlich der Zukunft seines Mandanten in Italien unverantwortlich wäre, abgesehen davon habe die Staatsanwaltschaft ohnehin keinen einzigen offenkundigen Tatbestand herausgearbeitet ...

Antrag abgelehnt.

Kennedy schlägt vor, daß die Dolmetscherin über das Wochenende einige Stunden mit seinem Mandanten verbringt. »Das wird die Sache enorm beschleunigen, wenn er im Zeugenstand ist.«

»Eine sehr gute Idee.«

Dann wird es kritisch: Wir haben Donnerstag vormittag, und es ist einfach völlig unmöglich, daß Kennedy vor nächstem Dienstag anfangen kann. »Ich bin ganz einfach noch nicht soweit.«

Dann solle man doch einen anderen Angeklagten vorziehen, schlägt Leval vor. Aber keiner der anderen Angeklagten ist gewillt, vor Badalamenti anzutreten.

Es sei schon schwierig genug gewesen, die dreitägige Unterbrechung von letzter Woche zu rechtfertigen, sagt Leval. Ergo: *Wir machen sofort weiter.*

Es ist mir einfach nicht möglich, vor Dienstag anzufangen, insistiert Kennedy. Er sitze jetzt seit zwölf Monaten für Mr. Badalamenti hier, und der sitze seit zweieinhalb Jahren im Gefängnis!

Leval schaut absichtlich nicht auf.

»Denken Sie an all die halben Tage, die Sie Leuten mit Zahnschmerzen geschenkt haben! Was ist mit einem Mann, dessen Leben auf dem Spiel steht?«

Levals kalte Wut ist deutlich zu hören. »Sie überfallen mich damit in genau dem Augenblick, in dem ich Ihre Verteidigung erwarte ...« Er gewährt Kennedy lediglich eine kurze Unterbrechung, damit er sich mit seinen Kollegen beraten und einen Ersatzmann bestimmen könne. Als sich der Anwalt umdreht, um zu gehen, sieht man sein kleines Lächeln. Einige Kollegen erheben sich ebenfalls und schließen sich ihm an.

»Was machen wir jetzt?« flüstert Dave Lewis. Nach Auffassung der Verteidigung hat Leval eben das juristische Gegenstück zu einem Menschenopfer verlangt. Im Falle einer Weigerung würde man ihn so gut wie sicher wegen Mißachtung des Gerichts belangen.

»Wir halten Kriegsrat«, sagt Kennedy. »Trommel sie irgendwie zusammen, Dave.«

»Ich bestehe auf meinem Recht, als letzter dranzukommen«, verkündet Ryan, noch nicht einmal zur Tür hinaus.

»Ich weigere mich, als erster anzutreten. Ich habe sowieso keine Verteidigung«, sagt Fogelnest.

»Ich habe keine Zeugen«, sagt Schechter.

»Ich bin noch nicht soweit«, knurrt Lombardino.

Und wie ist es mit Joe Benfante? Der Kriegsrat findet auf dem Korridor gleich vor dem Sitzungssaal statt.

Lombardino schüttelt den Kopf. »Wir gehören zusammen wie siamesische Zwillinge. Ich habe noch keinen Richter gehabt, der einen derart unter Druck setzt«, fügt er hinzu. »Ich nehme an, er hat Probleme mit der Jury.«

Wie auch immer, auf jeden Fall hat die Verteidigung »Probleme mit dem Richter«. Eine Pattsituation; irgendeiner wird nachgeben müssen.

Wenn schon einer wegen Mißachtung des Gerichts dran glauben müsse, meint Fisher, dann sei er bereit, sich freiwillig zu melden. Es stehe ohnehin Jom Kippur vor der Tür, »da muß ich sowieso fasten. Das kann ich genausogut im Gefängnis tun. Ich brauche bloß Mario meine Brieftasche zu geben, und schon kann's losgehen.«

Kennedy schaut in die Runde, um einen anderen zu rekrutieren. Eleanore flüstert: »Was können wir Pierre sonst noch geben, um das Gesicht zu wahren?«

Benfante senkt seine Stimme und murmelt: »Ich nehme an, Michael Kennedy steht gewaltig unter Druck, weil ihm seine Exzellenz erst gestern zu stecken geruhte, wo seine Probleme liegen.«

Die kurze Unterbrechung ist vorüber. »Ich *kann* jetzt nicht anfangen«, sagt Kennedy dem Gericht. »Ich könnte ein Füllsel einschieben. Ich könnte sämtliche Badalamentis aus dem Telefonbuch von Rio de Janeiro vorlesen.« Aber das sei nicht sein Stil. Auch Ivan Fisher sei noch nicht bereit. »Ich habe versucht, andere dazu zu überreden, vor mir anzutreten, und irgend etwas vorzubringen. Ich hatte keinen Erfolg.«

Levals Gesicht scheint sich zu verschmälern; mit einem Blaustift kratzt er sich am Kopf. Eine ausgesprochen spannungsgeladene Minute kriecht vorüber. Leval hält den Blick zur Seite gerichtet, zupft an seinen Locken, befingert sein Kinn. Auch Kennedy, Fisher und Martin starren auf den Boden. Schweigen.

Dann auf einmal: »Wie die Natur ein Vakuum verabscheut, so verabscheue ich das Schweigen, also –« Es ist Paul Bergman, wer sonst?

»Ich würde mich lieber weiter mit diesem Problem befassen«, unterbricht ihn Leval. Also weiteres Schweigen. Die Lippen des Richters öffnen sich – wie die eines Fisches – drei- oder viermal, aber es kommt kein Ton. Dann: »Was mir bei diesem Antrag Kopfzerbrechen bereitet, ist, daß er ohne vorherige Ankündigung vorgebracht wird, nämlich erst genau in dem Augenblick, in dem die Staatsanwaltschaft ihren Beweisvortrag abschließt.«

Er habe, erklärt Kennedy, die Entscheidung Badalamentis und seines italienischen Anwalts darüber, was sein Mandant zur Selbstverteidigung vor diesem Gericht vorbringen könne, ohne sich hinsichtlich des Prozesses in Italien der Gefahr einer Doppelbestrafung auszusetzen, schon letzte Woche erwartet; sie werde nicht später als heute abend oder morgen eintreffen, und dann werde er um die Absichten seines Mandanten wissen.

Hätte er dies dem Gericht oder seinen Kollegen beizeiten mitgeteilt, dann hätte man sich darauf einstellen können, sagt Leval.

Kennedy meint dazu, er habe nicht gewußt, wann die Staatsanwaltschaft den Beweisvortrag abschließen werde. »Ich hatte eine bestimmte Hoffnung, aber ich wußte es nicht.«

»Ich werde Ihnen bis morgen früh geben . . . und ich denke, ich übe mich da wirklich in Großzügigkeit.«

Kennedy verschwindet mit seinem Mandanten in Levals Zimmer; man will in Palermo anrufen, um herauszufinden, warum sich die Angelegenheit so hinzieht. Leval entläßt die Jury für den Rest des Tages.

Kennedy kommt zurück und berichtet, die Ankunft des italienischen Anwalts verzögere sich deshalb, weil es die US-Behörden bisher versäumt hätten, auf seine Fragen bezüglich der Verpflichtungen zu antworten, die sich aus dem neuen Vertragsverhältnis zwischen den beiden Staaten ergäben.

Als Fogelnest aus dem Saal schlendert, faßt er den Tag zusammen. »Es war ein in seiner Art einmaliger und absolut verabscheuungswürdiger Akt des Richters, der Staatsanwaltschaft zu gestatten, ihren Beweisvortrag derart abrupt abzuschließen und Michael zum Weitermachen zu zwingen, wo er ganz einfach noch nicht soweit ist – und dann auch noch der Staatsanwaltschaft das lange Wochenende zu geben, damit sie sich neu formieren kann.«

Freitag, 10. Oktober 1986. Im Gerichtsgebäude. Es ist ein klarer, schneidend kalter Morgen. Der Gerichtssaal ist eisig. Das Gericht wird sich über das Jom-Kippur-Wochenende und den Columbus Day vertagen. Bereits jetzt herrscht Stoßverkehr.

»Wir haben dreieinhalb Stunden zu füllen, aber wir haben nur für zwei Stunden Material«, flüstert Eleanore. »Wir beten schon die ganze Zeit, daß die U-Bahn ausfällt oder einer der Geschworenen zu spät kommt, irgendwas ...« Wie viele der Anwälte erscheint auch sie heute in nagelneuer, ausgesprochen flotter Garderobe, um der Bedeutung des Tages gerecht zu werden.

Jetzt, da die Verteidigungsmannschaft endlich zum Zug kommt, fordert Bergman, daß das riesige Schaubild, das die Staatsanwaltschaft über die Geldbewegungen hat anfertigen lassen, entfernt wird. Burke berichtet, die *New York Times* habe heute morgen Gaetano Badalamenti als »anerkannten Mafia-Chef« bezeichnet und direkt mit Catalano in Verbindung gebracht.

Leval ist damit einverstanden, die Geschworenen zu fragen, ob einer von ihnen den Artikel gelesen hat. »Mr. Kennedy, wie stehen Sie zu der Sache?«

»Aufrecht, Euer Ehren.«

Die Geschworenen kommen herein. Ihre Zahl hat sich während der letzten Monate auf neunzehn verringert, da noch vier weitere aus verschiedenen Gründen entlassen wurden. Feierlich schauen sie drein, sie sind nun wieder ganz präsent. Keiner von ihnen habe die *Times* gesehen. Leval ermahnt sie, »geistig offen zu bleiben« und immer daran zu denken, daß keiner der Angeklagten verpflichtet sei, jetzt etwas zu seiner Verteidigung vorzubringen. Die Beweislast liege ganz und gar bei der Staatsanwaltschaft.

Kennedy wird mit einer abermaligen Verlesung einiger nun schon ein ganzes Jahr alter Zeugenaussagen über Badalamenti und Catalano beginnen. Die Staatsanwaltschaft fordert – und bekommt – Zeit, um die betreffenden Seiten zu finden, durchzusehen und zu vergleichen. Indem Kennedy Staatsanwaltschaft und Gericht gestattet, »sich in ihrer eigenen Zwanghaftigkeit zu fangen«, hat er eine weitere Unterbrechung erwirkt und damit dreißig oder vierzig Minuten herausgeschlagen.

»Wenn das kein produktiver Tag wird!« bemerkt Koppelman sarkastisch. »Und das bloß, weil uns dieser Trottel nicht vier Stunden freigeben wollte.«

Zwölf frustrierende Monate lassen selbst den schweigsamen Mike Querques den Mund auftun. Seine Bemerkung erinnert an Spencer Tracys Beschreibung von Katharine Hepburn: »Viel Fleisch ist ja nicht dran. Aber was dran ist, ist erste Wahl.«

»Was diesen Prozeß für uns so unerquicklich macht«, sagt Querques und starrt trübsinnig in seine Kaffeetasse, »ist die Tatsache, daß wir als Verteidiger gegen zwölf Monate Zeugenaussagen der Gegenpartei ankommen müssen. Ganz zu schweigen von den wahrscheinlich berechtigten Befürchtungen, daß diese Aussagen entsprechend »zurechtgebogen« sind. Denken Sie nur an die ominösen Morde oder an Zeugen wie Contorno oder Ronsisvalle. Und die Geschworenen? Deren Aufgabe wäre sogar unlösbar, wenn sie Genies wären. Selbst von den intelligentesten Richtern wissen wir, daß sie die gesetzliche Bedeutung des Begriffs der ›Verabredung‹ nicht wirklich verstehen, obwohl sie ihn studieren und Tag für Tag damit umgehen.« Was den RICO-Paragraphen und den 848er anbelange, so seien beide relativ neu, und Leval habe weder mit dem einen noch dem anderen große Erfahrung.

Und was hält der Anwalt von Pierre Leval? »Ein brillanter Trottel. Er kennt die Gesetze. Er ist ausgesprochen methodisch. Aber manchmal bedeutet das, daß man das Naheliegende aus den Augen verliert. Ein Richter, der weniger brillant – und dafür realistischer – wäre, hätte abgetrennt. Er hätte drei oder vier Prozesse gehört, die dann aber wirklich das gewährleistet hätten, was die Gerichte bei diesen Riesenprozessen immer fordern: Fairness und einen ökonomischen

Modus procedendi. Wissen Sie, was allein dieses letzte Schaubild gekostet hat? 17 000 Dollar! Dieses Verfahren zeigt letztlich, daß das System zusammengebrochen ist. Jeder ist überfordert. Wie soll ein normaler Bürger damit zu Rande kommen, in einen derartigen Fall verwickelt zu werden? Beruflich ein ganzes Jahr zu verlieren. Seine emotionelle Gesundheit zu verlieren. Seine Familie. Und warum das alles? Wo man das doch wirklich anders machen könnte! Und besser! Wenn diese Geschichte vorbei ist, würde ich Leval gern eine einzige Frage stellen: Wenn er das Ganze nochmal zu machen hätte, würde er dann abtrennen?«

Über Richard Martin sagt Querques: »Man sagt ihm nach, er sei übereifrig. Ist er nicht! Er handelt vorsätzlich! Man lügt nicht aus Versehen. Das ist alles wohl überlegt!«

11.06 Uhr. Die Geschworenen sind wieder da. Pat Burke tritt in den Zeugenstand. Er wird die Aussage des Zeugen verlesen. So langsam, wie sie es nur wagen, verlesen sie Teile einer gut ein Jahr alten Aussage. Die Geschworenen Nummer sieben, zwölf und vierzehn schlafen; Nummer zwölf hat seinen Sessel umgedreht, so daß er mit dem Gesicht zur Wand sitzt. Kennedy liest und liest, seine präzise Aussprache durchschneidet die verbrauchte Luft des Gerichtssaal wie ein Laser. Als er zu dem Augenblick im Jahr 1978 kommt, in dem Badalamenti aus der Commissione der Mafia ausgeschlossen wird, werfen ihm die Geschworenen Nummer eins und zwei einen scharfen Blick zu, so als hätten sie das längst vergessen. Aber schon wenige Augenblicke später scheinen einige – trotz Kennedys forscher Vortragsweise – wieder eingenickt zu sein. Sie hören nicht, wie Kennedy vorliest: »Verhielten sich die Corleoneser gegenüber Gaetano Badalamenti wie erbitterte Verfolger?«

Ebensowenig hören sie Buscettas Antwort: »Sie versuchten ihn umzubringen.«

Es gelingt Kennedy, das Vorlesen bis 12.47 Uhr auszudehnen. Die Geschworenen werden hinausgeschickt. Dann ruft er seinen ersten Zeugen auf. Es ist Enzo Randazzo, Badalamentis Neffe Nummer eins, der Mann, der hier im Saal an der Seite seines Onkels saß, bis er dann im Sommer zu einer Schulderklärung bereit war und aus dem Blickfeld der Geschworenen verschwand. Auch sein Anwalt, Larry Schoenbach, ist wieder da; das Gericht hat ihm gestattet, sich neben Randazzo zu stellen, um ihm bei seiner Aussage zur Seite zu stehen. Die dralle Miss Dolmetscherin sitzt auf der anderen Seite. Der schmalgesichtige Zeuge, der auf Kennedys Wunsch gerichtlich aufgeboten wurde, macht einen ausgesprochen unglücklichen Eindruck.

Leval warnt Randazzo; er ermahnt ihn und seinen Anwalt »sich die gesetzlichen Implikationen dieser Aussage klar vor Augen zu führen. Wenn Sie irgendwelche Fragen beantworten, dann könnte die Staatsanwaltschaft sich auf den Standpunkt stellen, Sie hätten die Abmachung bezüglich Ihrer Schulderklärung verletzt, und Sie könnten sehr schnell wieder zum Angeklagten werden und des Drogenhandels und der Konspiration bezichtigt wird. Ich sage das nicht, weil ich selbst einen bestimmten Standpunkt vertrete, sondern lediglich zu Ihrem eigenen Schutz.«

Während Leval spricht, wirft Badalamenti seinem Neffen einen so wütenden Blick zu, daß man es mit der Angst zu tun bekommen könnte.

Die Geschworenen erscheinen wieder.

»Sind Sie jener Enzo Randazzo, der in diesem Fall einer der Angeklagten war?«

Enzo beruft sich auf den Fünften Verfassungszusatz*. Kennedy bittet das Gericht um eine Entscheidung. Martin sagt, er habe nichts dagegen einzuwenden, daß Enzo antwortet. Schoenbach jedoch hat sehr wohl etwas dagegen. Leval bittet darum, weitere Fragen zu hören, so daß er sich ein Bild darüber machen kann, welche Richtung die Verhandlung einschlagen werde.

Kennedy erbietet sich, sämtliche Fragen vorzulegen.

Schoenbach sagt, sein Mandant bleibe bei seinem Standpunkt, ganz gleich welche Fragen man ihm stellen werde.

Manny Moore, der juristische Berater von Anwalt Malerba kommt vorbei, und Kennedy flüstert ihm zu: »Machen Sie sich keine Gedanken darüber, was hier vor sich geht, ich weiß es selber nicht.«

»Köstlich!« flüstert Ken Kaplan. »Einfach köstlich.«

»Ich will sehen, wie der Richter ins Schwitzen kommt«, sagt Ruggiero.

Leval zupft nervös an seinen Augenbrauen.

* der unter anderem bestimmt, daß niemand gezwungen werden kann, in einem Strafverfahren Zeuge gegen sich selbst zu sein oder Aussagen zu machen, die zu einem Verfahren gegen die eigene Person führen könnten (A. d. Ü.)

»Welcher Art war das Geschäft?« fragt Kennedy und bezieht sich dabei auf die italienischen Sportmodenartikel, die Randazzo als Großhändler in den USA vertrieb.

»Ich verweigere die Antwort mit der Begründung, daß sie dazu ...«

Nach einigen weiteren Weigerungen, Kennedys Fragen zu beantworten, fordert Leval Martin zum Kreuzverhör auf. Schoenbach verkündet, er behalte seine Haltung auch Fragen der Staatsanwaltschaft gegenüber bei.

Mit dem Anflug eines Lächelns wendet sich Kennedy ab. Spielt er hier mit seinem aufgeweckten jungen Freund Schoenbach, dem bärtigen Chorknaben, nur Spielchen, um die Zeit totzuschlagen? Oder hat er das angezettelt, um sich den Spaß zu gönnen, Martin im Wind hängen zu sehen? Der Mann, den zu fangen die Staatsanwaltschaft einst weder Kosten noch Mühen gescheut und dann aus taktischen Gründen wieder hatte laufen lassen, dieser Mann wurde jetzt unter Strafandrohung vorgeladen, um gegen die Staatsanwaltschaft auszusagen. Und darüber hinaus basiert seine Weigerung zu antworten auf der Befürchtung, eben jene von Martin und Schoenbach ausgearbeitete Abmachung womöglich zunichte zu machen. Oder sollte hier irgendein ganz anderes ergötzliches Spiel im Gange sein?

Martin fragt weiter: »Sie waren in den Vereinigten Staaten, um Geld aus Rauschgiftgeschäften abzuholen, ist das richtig?«

»Ich verweigere die Antwort.«

Kennedy kichert.

Kaplan ruft von ganz hinten hervor: »Wie können Sie die Glaubwürdigkeit eines Zeugen erschüttern, der gar nicht aussagt?«

»Das ist *Theater*, Kenny«, sagt Kennedy sotto voce.

Randazzo dreht die Augen gen Himmel, bis nur noch das Weiße zu sehen ist.

»Wieviel Heroin haben Sie in den letzten fünf Jahren in die Vereinigten Staaten geliefert?« bellt Martin.

Kennedy erhebt Einspruch. »Sie gehen von einer Tatsache aus, die nicht bewiesen ist.«

Martin fährt unbeirrt fort: »Und Sie kamen, um eine große Lieferung Heroin vorzubereiten?«

Nun tritt Koppelman auf den Plan. »Es ist mittlerweile klar geworden, daß Dick Martin diese Fragen in der Hoffnung stellt, es befinde sich ein Reporter hier im Saal, der in seiner Zeitung schreibt, der

Zeuge Randazzo habe sich bei all diesen Fragen auf den Fünften Verfassungszusatz berufen –«

Leval fuchtelt mit dem Arm und schreit fast: »Mr. Koppelman. *Setzen Sie sich!*«

»– aber er beruft sich gar nicht auf den Fünften Verfassungszusatz«, fährt Koppelman unbeirrt fort. »Er sagt, daß er wegen der ausgehandelten Schulderklärung nicht antworten kann.«

Kennedy hat sich während dieser Szene einen Sessel in der leeren Geschworenenbank ausgesucht und rekelt sich mit einem diabolischen Lächeln. Ihm ist eine gute Frage für seine abermalige Vernehmung des Zeugen eingefallen. »Mr. Randazzo, wenn Sie so ein großer, böser Rauschgifthändler sind, warum hat die Staatsanwaltschaft Sie dann laufen lassen, nachdem Sie eine kleine Verletzung der Einwanderungsbestimmungen zugegeben hatten?«

Der wütende Einspruch wird – natürlich – abgelehnt.

Koppelman beantragt offiziell, das Protokoll über die heutige Sitzung zu versiegeln und eine Schweigepflicht zu verhängen, um sie von der Presse fernzuhalten. Leval dazu: »Sie haben selbst alles menschenmögliche getan, um das Problem zu verschärfen ... aber einverstanden, das Protokoll wird versiegelt, zumindest vorläufig.«

Der widerspenstige Zeuge und sein Rechtsbeistand verlassen den Sitzungssaal, beide mit einem schiefen Lächeln auf den Lippen. Richter Leval hat angeordnet, Randazzo auszuweisen. Er muß am Sonntag abend die Maschine nach Rom nehmen. Kennedy und die Dolmetscherin machen sich auf den Weg zu Badalamenti ins MCC.

Dienstag, 14. Oktober 1986. Im Gerichtssaal. Das lange Wochenende ist vorüber. Enzo Randazzo hat seine Maschine nach Rom nicht genommen. Polizeibeamte durchsuchten daraufhin seinen letzten Wohnsitz, ein Apartment im Greenwich Village. Er war nicht da.

Die Spieler haben sich zur nächsten Runde versammelt.

»Rufen Sie bitte die Geschworenen herein.«

Kennedy und sein Mandant lächeln sich freundlich zu. Aus den Kulissen dringt Gelächter. Der Anführer der Parade, die Nummer acht, kommt pfeifend in den Saal geschlendert.

Kennedy erhebt sich. »Ich rufe Gaetano Badalamenti in den Zeugenstand.«

Alles im Saal scheint einen Augenblick lang den Atem anzuhalten. Der kleine Mann geht steifbeinig zum Zeugenstand hinüber.

Sie sind Gaetano Badalamenti? *Si.*

Dann geht es gleich in medias res. »Haben Sie, Mr. Badalamenti, zu irgendeiner Zeit Ihres Lebens, irgend etwas mit Drogen oder dem Handel von Drogen zu tun gehabt?«

»*Mai!*« Die Stimme ist kräftig, herausfordernd.

»Niemals«, zirpt die Dolmetscherin und lächelt.

Die zweite Frage des Anwalts bringt den gefährlichen Zusammenhang zum Ausdruck, in dessen Licht sämtliche jetzt vom Angeklagten zu erwartenden Aussagen zu sehen sind. »Sie sehen sich in ... Palermo einer weiteren Anklage gegenüber, nicht wahr? ... Kann die Aussage, die Sie vor diesem Gericht machen, in dem italienischen Verfahren gegen Sie verwendet werden?«

»Ja.«

Leval macht den Eindruck, als wäre ihm ausgesprochen unbehaglich zumute.

»Sie sprechen doch ein wenig Englisch, Mr. Badalamenti, oder?«

Ja. Er habe es im Gefängnis gelernt. Zweieinhalb Jahre. Er versteht offensichtlich inzwischen eine ganze Menge, und das Dolmetschen verhilft ihm zusätzlich zu einigen Augenblicken, in denen er sich seine Antworten zurechtlegen kann. Aber das Eingreifen der Dolmetscherin hat auch einen Nachteil: Es nimmt seinen Antworten die Unmittelbarkeit, verwischt ihr besonderes Flair und beraubt den Zeugen zudem der Möglichkeit, direkt mit den Geschworenen zu kommunizieren, das heißt noch bevor Freeh oder Leval die Inhalte anfechten oder gar stoppen können. Kennedy bittet Teresa Badalamenti aufzustehen. Dann stellt er den Geschworenen die in ihrer Treue nicht zu erschütternde Nichte Christina Evola vor und noch einige andere Mitglieder der Familie, wobei er Badalamenti jeweils nach dem Verwandtschaftsgrad fragt. Palazzolo? »Seine Mutter ist eine Cousine von mir.« Alfano? »Seine Frau ist die Tochter meiner Cousine.« Trupiano? »Der Sohn meiner Cousine.« Vitale? »Er ist mit einem der Kinder meiner Cousine verheiratet.« Kennedys Fragen weisen den Angeklagten als Patriarchen einer engen Familiengemeinschaft aus.

Badalamenti beschreibt seine Madrider Festnahme, nach der er darauf bestandene habe, Paolo Alves Barbosa zu heißen. »Warum bestanden Sie darauf?«

»Als man mich verhaftet hat, befand ich mich gerade im Besitz eines Passes auf diesen Namen«, zirpt die Stimme von Miss Dolmetscherin. Eine ziemlich merkwürdige Antwort – nicht nur, weil sie nicht direkt auf Kennedys Frage eingeht –, aber der macht weiter, als sei nichts gewesen. Sollte er den Eindruck haben, sein Mandant beginne sich ganz sachte zu sträuben, so läßt er es sich jedenfalls nicht anmerken.

»Warum besaßen Sie einen falschen Paß?«

Jetzt sträubt sich Badalamenti schon heftiger. »Ich kann das nicht mit einem Satz beantworten.«

»Ich bin sicher, das Gericht wird Ihnen gestatten, das ausführlich zu erklären, Mr. Badalamenti.«

Kennedys Fragen scheinen darauf abzuzielen, den Alten zu der Aussage zu bringen, er habe damals befürchten müssen, sein Leben durch die Hand der Corleoneser zu verlieren. Aber er sagt es nicht. »Mein ganzes Leben lang hatte ich alle möglichen Qualen durchzustehen ... Ich fühlte, daß man mich verfolgte ... Ich hatte schon früher daran gedacht, meinen eigenen und den Namen meiner Familie zu verändern ... Ich wechselte den Namen. Die Dokumente waren nicht gefälscht.«

Kennedy versucht es noch einmal. »Welche Gründe veranlaßten Sie dazu, Mr. Badalamenti, unter einem angenommenen Namen zu leben?«

»Ich habe bereits erklärt, warum. Sollte meine Antwort nicht klar genug gewesen sein, kann ich sie wiederholen.«

Kennedy bleibt nichts anderes, als seine Versuche zu intensivieren. »Was meinten Sie mit *Verfolgung?*«

»Es handelt sich nicht um eine bestimmte Verfolgung ... Es geht um ein ganzes Leben ...«

Kennedy versucht es noch einige Male. Schließlich entlockt er Badalamenti die einzige Antwort, die zu geben er gewillt scheint: »1981 wurde eine Klage gegen mich zurückgezogen. Vier Tage später wollte ich mich ... aus Sizilien absetzen, und das erste, was ich dazu brauchte, war ein anderer Name. Ich machte mir Sorgen darüber, daß dieses Erbe schließlich an meine Söhne fallen würde. Ich kam darauf, das Land zu wechseln, den Namen, einfach alles, um ihnen das nicht anzutun ...«

Mehr wird Badalamenti Kennedy nicht geben. Worin besteht dieses schlimme Erbe? Meint er seine Vergangenheit als Mafioso? Oder meint er seine gegenwärtigen Feinde in der Mafia, die Corleoneser und ihre Verbündeten, die Leute, die ihn umzubringen versuchen, seitdem sie ihn damals aus Sizilien vertrieben haben? Oder meint er die italienische Polizei? Womöglich ist seine ausweichende und geheimnisvolle Unbestimmtheit sogar Absicht, Teil eines sorgfältig geplanten Spiels seiner Verteidigung.

Kennedy wendet sich Badalamentis Überführung von Spanien nach New York zu; drei FBI-Agenten bewachten ihn auf dem Flug. Hier bietet sich Kennedy eine gute Gelegenheit, den Geschworenen vor Augen zu führen, daß Badalamenti selbst außerhalb Siziliens ständig mit einem Racheakt der Mafia zu rechnen hatte. Kennedy versucht, diese Bedrohung durch eine Bemerkung eines der Agenten selbst deutlich zu machen. Aber auch hier reagiert Badalamenti nicht auf das Stichwort seines Anwalts. Kennedy wartet darauf, von ihm zu hören, an was die FBI-Leute ihn erinnerten: »Die Gegenseite wird Sie umbringen. Sie werden sterben, wenn Sie nicht mit uns kooperieren.« Aber es kommt nicht. Statt dessen bekommen die Geschworenen eine geradezu unglaubliche Erklärung zu hören: »Ich habe denen gesagt, daß ich auf Sizilien keine Feinde habe, und auch nicht in Italien ... daß ich in den Vereinigten Staaten nur Freunde hätte ... keinen, vor dem ich mich hätte fürchten müssen.«

Wenn er keine Feinde hat, warum ist er dann auf der Flucht?

Kennedy wechselt das Thema. »Lassen Sie mich Ihnen einige Fragen über andere Leute stellen, Mr. Badalamenti. Vincenzo Randazzo?«

»Enzo ist der Sohn meiner Schwester Rosa.« Man bekommt ein Gefühl für die Unvermeidlichkeit, mit der das Leben dieses Mannes in einer bestimmten Bahn verlief. Er ist ein Patriarch, der in die Mafia hineingeboren wurde. Wiederum macht Kennedy den Versuch, das Erbe dieses Mannes zu vermenschlichen, indem er ihn als Relikt einer längst überholten Robin-Hood-Welt darzustellen versucht. Aber am Erscheinungsbild dieses Mannes ist mit Worten nichts zu ändern. In seinem Gesicht spiegelt sich nichts als Argwohn.

Der Anwalt veranlaßt den *Alten,* seine Lebensgeschichte zu erzählen: geboren 1923 in Cinisi, eines von neun Kindern einer Bauernfamilie von bescheidenem Wohlstand. »Und Sie sind der Jüngste der Familie.«

»Ich habe mir lange Zeit gelassen, aber ich hatte einen Mordsspaß dabei.« Ein alter Witz unter sizilianischen Bauern, der Tag für Tag in Tausenden von sizilianischen Cafés zu hören ist.

Er ging vier Jahre zur Schule, und mit zehn schickte man ihn zur Arbeit aufs Feld. Mit achtzehn wurde er zum Militär eingezogen, desertierte jedoch noch bevor die Amerikaner landeten. »Wir sahen uns als Partisanen. In Wirklichkeit waren wir nur Deserteure.« Nach dem Krieg brachen in Cinisi harte Zeiten an. 1947 drängte ihn sein Bruder Emmanuele, nach Amerika zu kommen, um dort sein Los zu verbessern.

Leval unterbricht die Verhandlung für eine Pause. Auf dem Korridor ist man sich einig, daß die Sache nicht allzu gut läuft. Zu oft scheint Badalamenti seine eigenen Antworten zu geben anstatt jene, die sein Anwalt von ihm hören will. Wenn er keine Feinde habe, wer verfolge ihn dann?

Die Sitzung wird wieder aufgenommen, und der Zeuge erzählt, wie er 1947 als blinder Passagier nach Amerika fuhr und – in Baltimore, so glaubt er– vom Schiff sprang, um zu seinem Bruder nach Monroe, Michigan, zu gehen, wo er drei Jahre im Lebensmittelladen der Familie arbeitete, bevor er von der Einwanderungsbehörde verhaftet und ausgewiesen wurde. Kurz nach seiner Rückkehr nach Sizilien heiratete er seine Frau und begann seine erfolgreiche Laufbahn als Viehzüchter und Zitronenpflanzer.

1960 begann Palermo einen neuen Flughafen für Düsenmaschinen zu bauen. Die Badalamentis besaßen in der Nähe einen Berg, die nächstliegende Quelle für Steine, Kies und Sand. Bald gehörten Gaetano Badalamenti zwei Baufirmen, eine Betonfabrik und ein ansehnlicher Fuhrpark.

»Das hört sich an, als hätten Sie beim Bau des Flughafens an der Punta Raisi viel Geld verdient.« Kennedy versucht seinen Mandanten als rechtschaffenen Geschäftsmann auszuweisen. Aber für Badalamenti ist das Geschäft eine nicht weniger intime Angelegenheit als die Familie selbst.

»Ich habe meine Steuern immer bezahlt«, ist alles, was er dazu zu sagen hat.

In der Mittagspause bittet Martin Leval als vorsitzenden Richter, einen Haftbefehl für Enzo Randazzo auszustellen.

Auf dem Korridor versucht Kennedy, die Aussage seines Mandanten zu erklären: »Für ihn ist es eine Ehrensache zu sagen ›Ich habe in Palermo keine Feinde‹. Er würde das auch noch vor einem Erschießungskommando behaupten.« Der Anwalt gesteht jedoch ein, daß sich vieles von dem, was sein Mandant so von sich gebe, seinem Verständnis entziehe. »Einige der Antworten sind Fallen, die er für die Staatsanwaltschaft eingebaut hat. Andere sind schlicht und ergreifend das Ergebnis seiner Widerspenstigkeit. Manchmal ist es mir einfach unmöglich, ihn zu irgend etwas zu bewegen.« Aber Kennedy hat eine Strategie, auf die er im Notfall zurückgreifen kann. Wann immer sein Mandant »zu sizilianisch« wird, kann er immer noch so tun, als käme er selbst bei Leval in Schwierigkeiten, damit der alte Krieger ihm aus der Bredouille hilft.

Nach dem Mittagessen ist es an der Zeit, sich mit Badalamentis Akte bei der italienischen Polizei zu befassen. Kennedy wählt die direkte, die kühne Methode. Sind Sie je verhaftet worden? Ja, mehr als einmal. Er sei auch zweimal verurteilt worden, das erste Mal 1968 wegen Tabakschmuggels, das zweite Mal 1976 wegen Zugehörigkeit an einer »mafiosen Vereinigung«.

Ob er damals angeklagt worden sei, ein Mafia-Capo zu sein?

»So lautete die Anklage, aber verurteilt wurde ich deswegen nicht.« Die Strafe für einen Mafia-Anführer kann bis zu einundzwanzig Jahre betragen. Badalamenti wurde jedoch nur wegen Mafia-Mitgliedschaft verurteilt und saß dafür zwei Jahre im Gefängnis.

Er sei auch einiger Drogenvergehen bezichtigt worden. Waren diese von dem Anklagevorwurf der Mafia-Zugehörigkeit getrennt oder Teil ein und derselben Anklage? Badalamenti möchte diese Frage nicht beantworten und versucht zunächst auszuweichen, bevor er schließlich doch eingesteht, wegen Handels mit Betäubungsmitteln verhaftet, aber sofort wieder auf freien Fuß gesetzt worden zu sein. »Wenn Sie wollen, erzähle ich Ihnen, warum.«

Einspruch! Stattgegeben.

Kennedy scheint erstaunt. »Euer Ehren gestatten ihm nicht, zu sagen, warum die Anklage fallengelassen wurde?«

Genau so ist es.

In den frühen Morgenstunden hat Kennedy sich die heutige Vernehmung zurechtgelegt. Laut Plan will er um 15 Uhr aufhören, um seinen Zeugen nicht unnötig zu ermüden und falls nötig noch etwas Zeit zu haben. Es ist 14.26 Uhr, als er seinem Mandanten sagt: Ich möchte, daß Sie sich ganz auf die Ereignisse im April 1984 in Madrid konzentrieren. Wie haben Sie damals die in Italien gegen Sie erhobenen Anklagevorwürfe verstanden?

»Man hat mir in Spanien nichts davon gesagt, weil ich in Spanien sagte, daß ich ... Barbosa ... heiße ... später sagte man mir dann, daß Gaetano Badalamenti in den Vereinigten Staaten, in Italien, in der Schweiz, in Spanien, Kanada, in Brasilien und in Venezuela des Handels mit Betäubungsmitteln angeklagt sei.« Die Grundlage für diese Anklagen war überall die gleiche: die vom FBI angestellten Ermittlungen.

Wurde am 7. August 1981 in Italien eine gegen Sie laufende Anklage wegen Handels mit Betäubungsmitteln fallengelassen?

Ja, vier Tage später habe er Italien dann in Begleitung seiner Frau, seines Sohnes und einigen angeheirateten Verwandten freiwillig verlassen und sei nach Paris gegangen.

Wie lange blieben Sie in Paris?

Auf diese Frage folgt eine seltsame Antwort; die maultierhafte Störrigkeit meldet sich wieder. »Es handelte sich nur um wenige Monate. Ich wäre Ihnen, Mr. Kennedy, jedoch dankbar, wenn Sie dieses Thema beiseite lassen würden.«

Die Familie zog weiter nach Nizza. Dort erhielt der Alte eine Nachricht aus Brasilien. »Können Sie uns sagen, von wem die Nachricht kam?«

Schweigen.

Kennedy versucht es auf andere Weise: Wie er auf diese Nachricht reagiert habe?

»Ich ging nach Brasilien.«

Er sei nicht unter seinem eigenen Namen gereist. Warum?

»Ich wollte keine Hinweise hinterlassen. Ich ließ meine Familie in Nizza zurück, und ich wollte keine Spuren hinterlassen ...«

Wieder: Warum?

Die Frage ist eine direkte Aufforderung, den Mafiakrieg zu erwähnen, die Verfolgung, die Todesdrohungen, daß man ihn aus Sizilien vertrieben hat, die Todesgefahr, in der seine Familie schwebte. Aber Badalamenti sträubt sich dagegen, etwas darüber zu sagen. Schließlich kommt aber doch eine, wenn auch nicht ganz aufrichtige, Antwort: »Was soll ich Ihnen sagen? Ich wollte nicht, daß der Aufenthaltsort meiner Familie bekannt würde. Ich wollte nicht, daß mein

Aufenthaltsort bekannt würde. Ich tat es für ihre Sicherheit, zu ihrem Schutz, ihrem Seelenfrieden.« Mehr wolle er dazu nicht sagen.

Kennedy geht zu einem ergiebigeren Gebiet über, indem er seinen Mandanten dazu bringt, über seine geschäftlichen Transaktionen mit Randazzo und anderen zu sprechen – in Brasilien oder anderswo; es geht um Lederwaren, Kleidung, Holz, Minen, Gold und Edelsteine. Ja, er habe Edelsteinproben bei sich gehabt, als er in Madrid verhaftet worden sei. Dies deutet darauf hin, daß Kennedys Verteidigung darauf abzielt, die Telefongespräche über Hemden, Container und so weiter zu erklären.

1982 besuchten Alfano und Evola ihn in Brasilien, aber ihre Besuche »hatten mit Drogen nichts zu tun«. Er traf sich auch mit anderen Verwandten, mit denen er sich zu einigen geschäftlichen Unternehmungen zusammentat. So kauften sie zum Beispiel kleine Grundstücke und bebauten sie; sie investierten oder verliehen Geld. 1983 kehrten er und seine Familie nach Italien zurück, um seinen sterbenden Bruder noch einmal zu besuchen. Seine Frau war krank und völlig erschöpft; also ließ er sie in Spanien, damit sie sich ausruhen konnte. Jede Erwähnung Teresa Badalamentis ist ihrem Gatten sichtlich unangenehm.

Bei seiner Rückkehr nach Brasilien machte er einen Abstecher nach Paraguay, wo er mit Krokodilhäuten handelte. Im Oktober 1983 wurde sein Sohn Leonardo verhaftet und mußte zwei Monate ins Gefängnis, weil er falsche Papiere bei sich gehabt hatte. Als er entlassen wurde, bat ihn sein Vater, seine Mutter in Madrid zu besuchen.

»Ist Leonardo Badalamenti von Brasilien nach Spanien gereist, nachdem man ihn aus dem Gefängnis entlassen hatte?«

Diese harmlose Frage zeitigt eine ganz und gar außergewöhnliche Reaktion. Der Alte läuft rot an, schnappt nach Luft und sagt dann: »Aber ich dachte, ich hätte gesagt, daß ich meine Familie aus dem Spiel –« Er spricht den Satz nicht zu Ende. Kennedy wechselt rasch das Thema.

Der Grund für seinen Besuch in Madrid sei gewesen, seine Frau nach Brasilien zurückzuholen. Pete Alfano sei am 7. April zu ihm gestoßen. Er habe 10 000 Dollar in bar mitgebracht, jene zehntausend, die die Polizei in seiner Wohnung gefunden habe. Das Geld habe mit Drogen überhaupt nichts zu tun gehabt.

Ob seine oder Alfanos Anwesenheit in Madrid irgend etwas mit Drogen zu tun gehabt hätte? Nein.

Mit dröhnender Stimme fragt ihn Kennedy dann: Haben Sie je etwas mit einer Person namens Giuseppe Ganci zu tun gehabt? Nie gesehen. Cesare Bonventre? Nie. Er bestreitet, irgendeinen von den Dutzenden von Sizilianern zu kennen, die von der Staatsanwaltschaft als die Geldwäscher, Investoren oder Kuriere dieser Drogengeschäfte bezeichnet werden. Schließlich macht Leval dem Ganzen für heute ein Ende.

»Das war die schwierigste Vernehmung, die ich in einem Gerichtssaal je zu führen hatte«, gesteht Kennedy später. Er müsse drei Schlachten auf einmal schlagen: eine mit den Anklägern, eine weitere mit dem Richter und die dritte mit seinem Mandanten. Am Tag zuvor habe er sieben Stunden damit zugebracht, seinen Mandanten im MCC vorzubereiten. »So lange habe ich gebraucht, um ihm die Antwort ›um meine Familie zu schützen‹ abzuringen – und was macht er? Er gibt sie mir nicht! Ich bin in der Pause zu ihm gegangen und habe ihm eine gehörige Standpauke gehalten: ›Sie haben Ihr Wort gebrochen! Sie haben keine Ehre!‹ Ich bin völlig ... ausgelaugt.«

Mittwoch, 15. Oktober 1986. Im Gerichtssaal. Am Vormittag findet keine Sitzung statt. Die Ankläger haben um eine Unterbrechung gebeten, um der Beerdigung eines Kollegen beiwohnen zu können. Als die Geschworenen und Mr. Badalamenti nach dem Mittagessen den Sitzungssaal betreten, verlassen vier Männer aus der hintersten Reihe hastig den Saal; sie sind ganz in Schwarz – vielleicht die Sargträger von der Beerdigung.

Kennedy hat seinen Mandanten nun durch ein Minenfeld zu führen, eine heikle Geschichte. Er schreitet die hinterste Reihe der Angeklagten ab und bleibt hinter jedem einzelnen stehen – Ligammari, Casamento, Polizzi, Mazzara und Greco. Einen nach dem anderen bittet er aufzustehen. Zu jedem kommt Badalamentis Kommentar: »Ich kenne ihn nicht ... Ich habe nie etwas mit ihm zutun gehabt ... Ich habe ihn erst im MCC kennengelernt ...« Castronovo streckt das Kinn vor und nimmt eine geradezu napoleonische Haltung an; Mazzara lächelt, Greco zieht eine Schnute wie Charles Laughton, Amato schmollt.

Badalamenti räumt ein, Sal Lamberti vor mehr als vierzig Jahren gekannt zu haben. Lamberti habe damals mit Fahrzeugen gehandelt und ihm einen Traktor verkauft. Die Felder ihrer beiden Familien hätten nebeneinander gelegen. »Ich besitze Land zwischen Cinisi und Borghetto, und er hat es für mich bestellt.« Es stellt sich heraus, daß Badalamenti den Traktor nur zum Teil bezahlt hat, nur acht Millionen von den vereinbarten elf Millionen Lire, »weil er den Kaufvertrag nie herausgerückt hat, und auch keine Ersatzteile«. Ist es möglich, daß unter diesen seltsamen archaischen Leuten eine nicht vollständig beglichene Rechnung für einen Traktor oder ein längst vergessenes Gerangel um Grundstücksgrenzen der Ursprung von soviel Feindseligkeit sein kann?

Jetzt steht Sal Mazzurco auf. »Ich kenne ihn. Sal Lamberti hat uns 1977 oder '78 vorgestellt.« Jetzt ist Lamberti an der Reihe, in Verlegenheit zu geraten. Der Alte sagt, er habe Mazzurco dann Randazzo vorgestellt. Beide hätten sie italienische Sportkleidung importiert und so das ein oder andere Geschäft miteinander gemacht.

Joe Lamberti steht auf. »Ja, auch ihn kenne ich.«

Als nächster erhebt sich Sal Salamone. »Ich habe ihn im MCC kennengelernt, und –« Die Dolmetscherin zaudert. Die anderen Angeklagten lachen. »Nein! Übersetzen Sie das nicht!« platzt Badalamenti heraus. Aber Martin, der fließend Italienisch spricht, hat den Versprecher mitbekommen und besteht auf eine vollständige Übersetzung.

»– und wir teilen uns jeden Morgen ein Paar Handschellen.«

Einer der Geschworenen bricht in schallendes Gelächter aus.

Eigentlich sollten die Geschworenen von den Handschellen nichts erfahren. Salamones Anwalt, Bob Fogelnest, steht vor dem Richter und trägt wütend seine Beschwerde vor. Leval instruiert die Jury so eindringlich wie nur möglich, aus dieser Bemerkung »keinerlei Schlußfolgerungen zu ziehen«.

Der Richter kann Fogelnest dazu bewegen, sich fürs erste wieder hinzusetzen, und Badalamenti beendet seine Führung durch die Reihen seiner Mitangeklagten mit dem haigesichtigen Catalano. »Ich habe ihn hier zum ersten Mal gesehen. Ich habe nie etwas mit ihm zu tun gehabt.«

Jetzt kommt eine kritische Frage: »Wir haben Tonbänder gehört, auf denen Sie und Sal Lamberti sich miteinander unterhalten. Hatten Ihre Unterhaltungen irgend etwas mit Drogen oder dem Drogenhandel zu tun?«

»Ja, wir haben miteinander gesprochen. Aber nie über Drogen.«

Und wie war das mit den Unterhaltungen mit Mazzara?

»Ich habe mit ihm gesprochen. Aber nicht über Drogen.« Die gleiche Antwort gibt Badalamenti auch in bezug auf die anderen, mit denen er telefoniert hat: Joe Lamberti, Pete Alfano und Sam Evola.

»Sind Sie persönlich gegen den Handel mit Drogen?« Die Geschworenen starren den Mann im Zeugenstand an.

»Ich glaube, daß Leute, die sie benutzen, nicht wissen, was sie tun.«

Haben Sie je einen anderen dazu ermutigt, mit Drogen zu handeln?

»Wenn ich die Macht gehabt hätte, dann hätte ich das Gegenteil getan.« Seine Antworten nehmen zwischen den rotbemalten Lippen der vergnügten, matronenhaften Dolmetscherin eine unwirkliche Qualität an. Sie hören sich an wie der Dialog eines sizilianischen Kasperletheaters, und nicht im entferntesten wie die Antworten eines Mannes, der hier seine Lebensprinzipien zum Ausdruck bringt.

Ob Badalamenti irgend etwas mit der Unze Kokain zu tun gehabt habe, die man in Sam Evolas Haus gefunden hat? Diese Frage löst ein nachdrückliches »Nein!« aus. Er habe zum ersten Mal in diesem Gerichtssaal von dem Kokain gehört, und er glaube kein Wort davon. Dann läßt Kennedy ihn aussagen, daß Evola vier Söhne im Alter von sechzehn bis sechsundzwanzig hat, die alle noch zu Hause wohnen.

Aus den bisherigen Antworten läßt sich mittlerweile folgendes erahnen: Badalamenti schuldet Sal Lamberti Geld, und Mazzurco handelt gemeinsam mit Randazzo mit Kleidung. Dies könnte die Telefongespräche erklären. Was das Kokain Evolas anbelangt, das gehörte seinen Söhnen.

Kennedy tritt an die Tafel und wendet sich dem TERMINUSA-Code zu. »Warum hielten Sie, Mr. Badalamenti, einen Code für nötig?«

»Ich bin immer der Meinung gewesen, daß es besser ist, wenn andere nicht über meine Angelegenheiten, meine Geschäfte Bescheid wissen.« Aber zum Drogenhandel habe er den Code nie und nimmer benutzt.

»Um was ging es dann in diesen Gesprächen wirklich?«

Eine Pause, dann geradezu unverschämt: »Mr. Kennedy, das werde ich nicht erklären.«

Das kommt wie ein Schock. Gleich springt ein ganzes Dutzend Anwälte auf und eilt an den Richtertisch. Leval entläßt die Geschworenen, damit die bevorstehenden Auseinandersetzungen offen ausgetragen werden können.

Kennedy fragt Badalamenti noch einmal: »Aus welchen Gründen weigern Sie sich, uns zu sagen, um was es bei den Gesprächen auf den Bändern geht?«

»Das hat zweierlei Gründe. Der eine ist, daß ich meine Geheimnisse noch nie verraten habe und auch nie verraten werde. Der andere ist, daß es mir in Italien schaden würde.«

Kennedy will eine Suggestivfrage stellen. Freeh erhebt Einspruch. Leval gibt diesem statt, sagt Kennedy jedoch, er dürfe seinem Mandanten etwas zuflüstern.

Kennedy fühlt sich beleidigt. »Die Geschworenen sind nicht anwesend! Ich habe nicht die Absicht, ihm etwas *zuzuflüstern*. Dies ist eine Anspielung, gegen die ich mich verwahre!«

»Dann stellen Sie ordentliche Fragen«, fährt Leval ihn an.

Was Badalamenti damit meine, wenn er sage, seine Antworten vor diesem Gericht würden ihm in Italien schaden?

»... der Mafia-Prozeß in Italien ist eine schlimmere Sache. Es würde mir in diesem Prozeß Schaden zufügen.«

»Wenn es in Ihren Gesprächen nicht um Drogen ging, wie –«

»Einspruch!«

»Warten Sie gefälligst, bis ich meine Frage gestellt habe! Womöglich gefällt Sie Ihnen sogar«, meint Kennedy bissig. »Inwiefern würden Ihre Antworten vor diesem Gericht Ihnen in Italien schaden?«

»Ich habe den Eindruck, daß hier in diesem Gerichtssaal italienische Magistrate zuhören.«

»Aber wenn es in den Gesprächen nicht um Drogen ging, wie sollten Ihnen Ihre Antworten dann in einem italienischen Prozeß schaden?«

»In Italien erwartet mich nicht nur ein Prozeß wegen Drogen ... Es ist eine schreckliche Sache ...«

Bucknam grinst, McCarthy trägt ein affektiertes Schulbubengrienen zur Schau, Freeh und Martin schmunzeln.

»Welche Anklagen erwarten Sie in Italien außer der des Drogenhandels?«

»In Italien erwartet mich ein Prozeß, in dem man mich den ... den Capo der ›Verlierer‹ nennt.« Badalamenti schiebt das Kinn vor. Diesen beleidigenden Beinamen sieht er offensichtlich als den unfeinsten aller Seitenhiebe gegen sich. Die Anklagen dort lauteten auf Mitgliedschaft in einer kriminellen, mafiosen Vereinigung und Beteiligung am Mafia-Krieg.

»Sie befürchten also, Ihre Antworten vor diesem Gericht hier würden Ihnen hinsichtlich Ihrer Mafia-Anklagen schaden?«

»Da bin ich ganz sicher.«

»Ist das der Grund, warum Sie sich weigern, mir zu sagen, um was es in diesen Gesprächen ging?« Ja. Ob seine Weigerung etwas mit den Anklagen wegen Drogenhandels zu tun hätte, sei es hier in den Vereinigten Staaten oder in Italien? Nein.

Genau diese Frage will Kennedy ihm auch in Anwesenheit der Geschworenen stellen. Freeh erhebt Einspruch. »Entweder er antwortet oder er antwortet nicht. Oder er beruft sich auf den Fünften Verfassungszusatz. Jedenfalls, meine ich, kann er vor der Jury keine Erklärungen abgeben.«

Leval erkundigt sich nach Kennedys Standpunkt in der Angelegenheit. Der Verteidiger bringt eine schwierige Rechtsfrage zur Sprache, die das Gericht sieben Tage lang beanspruchen wird. Badalamenti habe, so Kennedy, den Fünften Verfassungszusatz in bezug auf die die Mafia betreffenden Anklagepunkte in Anspruch genommen, nicht aber in bezug auf den Vorwurf des Drogenhandels. Die Staatsanwaltschaft werde natürlich dahingehend argumentieren, seine Aussageverweigerung erschüttere seine Glaubwürdigkeit und er verweigere die Antwort nur deshalb, weil die fraglichen Gespräche ihn mit dem Drogenhandel in Verbindung bringen würden.

»Hier jedoch handelt es sich um eine Schlußfolgerung, um deren Unrichtigkeit die Staatsanwaltschaft sehr wohl weiß«, behauptet Kennedy. »Man sollte ihr nicht gestatten, diese Schlußfolgerung den Geschworenen zu präsentieren. Man sollte vielmehr den Geschworenen gestatten, die Frage nach Mr. Badalamentis Glaubwürdigkeit selbst zu entscheiden.

Es ist doch offensichtlich, daß es nicht der hier in den Vereinigten Staaten oder in Italien gegen ihn erhobene Vorwurf des Drogenhandels ist, der ihm zu schaffen macht. Es sind die Anklagevorwürfe der Mafia-Mitgliedschaft und der Beteiligung am Mafia-Krieg, die ihn befürchten lassen müssen, daß seine Antworten auf die Fragen bezüglich der Telefongespräche ihn belasten könnten. Und die Geschworenen sollten in der Lage sein, dies abzuwägen.«

Leval gibt Freehs Einspruch trotzdem statt. Daraufhin erwähnt Kennedy zwei Präzedenzfälle, und Leval unterbricht für eine halbe Stunde, die es ihm gestatten soll, die beiden Berufungen auf Grundsatzentscheidungen nachzublättern. Strahlend tritt Kennedy ab. »Jetzt habe ich Pierre Leval, wo ich ihn haben will«, sagt er zu seiner Frau. »Dem werd' ich die Locken schon gradebiegen.«

Man könnte Badalamenti seine Weigerung, die Telefongespräche zu erklären, natürlich als Verfolgungswahn auslegen; nur daß sich schließlich herausstellt, daß die vier schwarzgekleideten »Sargträger« in der hintersten Besucherreihe in Wirklichkeit vier italienische Magistrate waren, die sich in der Stadt aufhalten, um sich mit einigen Beamten der Ermittlungsbehörden zu beraten.

Die halbstündige Pause wird zu einer ganzen Stunde, während der einige Anwaltsassistenten in der Literatur nach den passenden Stellen suchen. In der Cafeteria – die wieder einmal mit Pappkürbissen, Hexen und Besenstielen dekoriert ist – tritt der allseits geschätzte Gerichtsreporter der *New York Times*, Arnold Lubasch, an Eleanore Kennedy heran, um mit ihr Badalamentis seltsame Reden zu diskutieren. Lubasch sagt, er verstehe sie. »Der Mann lügt nicht. Er ist nur nicht in der Lage, einen klaren Gedanken zu fassen.«

Mario Malerba geht näher auf diesen Gesichtspunkt ein. »Sizilianer sprechen nun einmal nicht wie andere Leute. Wenn man einem Sizilianer eine Frage stellt, dann zielt seine Antwort darauf ab, herauszufinden, wo das Gespräch hingehen soll. Wenn Sie eine unverbindliche freundliche Antwort bekommen, dann gehen wir als Freunde auseinander. Wenn Sie eine scharfsinnige Antwort kriegen – na ja, dann werden wir sehen. Sie schneidern Ihre Antwort darauf zu, dem Gegenüber die nächste Frage zu entlocken.«

Warum Sizilianer so sprechen? Das sei wohl eine Reaktion, die auf die harte Geschichte ihrer Insel zurückzuführen sei. »Wenn Sie von Natur aus mißtrauisch sind, wenn es keine behördliche Autorität gibt, auf die Sie sich verlassen können, dann könnte ihnen jede Antwort schaden.« Das mache einen außergewöhnlich vorsichtig, zurückhaltend. Sizilianer seien mit gutem Grund sehr wachsame, zynische Naturen. Warum Steuern zahlen? Die Steuereintreiber schieben sie ja doch nur in die eigene Tasche. Warum sich den Befehlen des Landesfürsten beugen? Womöglich stürzt ihn ja doch bald einer. In einer solchen Atmosphäre seien einige Leute, einige Familien womöglich seit Generationen dabei, einander umzubringen, ohne auch nur ein Wort darüber zu verlieren. Und trotzdem tauschen die Mitglieder solcher Familien, wenn sie sich im Dorf oder in der Kirche begegnen, ihre Höflichkeitsfloskeln aus.

»Fragen beantwortete man sich nur durch Parabeln oder Andeutungen.« Diese Angewohnheit mache die Beziehung zwischen Anwalt und Mandant ausgesprochen schwierig. Die meisten der Pizza-Anwälte hätten Malerba ihr Leid darüber geklagt, daß ihnen ihre sizilianischen Mandanten nichts verraten wollten, was es fast unmöglich mache, eine Verteidigung aufzubauen. Und ganz gewiß leide auch Kennedy, selbst wenn er sich nicht beklage, unter diesem tief wurzelnden Argwohn. Daß Badalamenti Kennedy überhaupt so vertraue, hänge wahrscheinlich größtenteils mit dem Umstand zusammen, daß er eine italienische Frau hat.

Malerba illustriert seinen Standpunkt mit einer Geschichte über das Mißtrauen seines Mandanten Catalano gegenüber seinem 500 000-Dollar-Anwalt Ivan Fisher. Catalano schulde Fisher ein paar hundert Dollar für kleinere Auslagen in bar, und Fisher habe auf Zahlung gedrängt. Malerba zieht ein von einem roten Gummi zusammengehaltenes Bündel Geldscheine von der Größe eines Baseballs aus der Tasche. Fisher sei gestern den ganzen Tag über im Gericht gewesen, aber Catalano habe ihm das Geld nicht persönlich geben wollen. Er habe gewartet, bis Malerba heute morgen auftauchte und bat ihn dann, Fisher das Geld zu übergeben – jetzt, wo der nicht mehr da ist.

Dieses argwöhnische Naturell erschwere die Vorbereitung der Zeugen ungemein. Malerba habe versucht, in seinem Büro probeweise Verhöre durchzuspielen, »und sogar mit *mir* treiben sie ihre Spiele. Ich muß sie richtiggehend drillen: Antworten Sie mir in einem Satz! Man kann diese Burschen einfach nicht präparieren!«

Sobald das Gericht wieder zusammenkommt, beantragt Joe Benfante, das Verfahren wegen Fehlerhaftigkeit abzubrechen, zumindest vorübergehend, und zwar im Namen von Mazzurco, den beiden Lambertis und Cangialosi. Nach und nach schließen sich die restlichen Anwälte, soweit sie nicht zur Badalamenti-Gruppe gehören, seinem Antrag an. Benfante begründet ihn folgendermaßen: Die Weigerung Badalamentis, sich zum Inhalt der Gespräche zu äußern, bringe jene Angeklagten, mit denen Badalamenti telefoniert habe, in eine Position, in der ihr verfassungsmäßiges Recht, nicht als Zeuge auszusagen, beeinträchtigt, wenn nicht gar beschnitten werde. Badalamentis Weigerung, sich zu erklären, zwinge sie vielmehr geradezu dazu auszusagen. Andernfalls könne die Jury zu dem Schluß kommen, die Gespräche hätten sich womöglich auf noch viel schlimmere Delikte bezogen als die, die man ihnen hier zur Last legt.

Kennedy würde es begrüßen, wenn das Gericht die Geschworenen darüber belehrte, daß aus Badalamentis Schweigsamkeit keinerlei Schlüsse gezogen werden können.

Nein, meldet sich Freeh, beides könne der Angeklagte nun wirklich nicht haben. Es gehe einfach nicht an, daß er vor den Geschworenen Erklärungen abgebe. Badalamenti habe den Geschworenen gesagt, um was es in diesen Gesprächen *nicht* gegangen sei, aber er weigere sich zu sagen, um *was* es gegangen sei. »Aus diesem Grund meine ich, muß er für sich den Fünften Verfassungszusatz in Anspruch nehmen.«

Leval meint, in Badalamentis Fall sei die Furcht vor der ausländischen Anklagebehörde durchaus realistisch.

Das schon, gesteht Sal Lambertis Anwalt Marvin Schechter zu, aber genausogut könne es der Fall sein, daß Badalamenti die Antwort verweigere, um seine taktische Position in *diesem* Prozeß zu verbessern, ohne sich auch nur einen Deut um irgendeinen der anderen Angeklagten zu scheren.

Leval wird es langsam müde. »Mr. Kennedy, ich hatte gehofft, so etwas ließe sich vermeiden – warum fahren Sie nicht einfach mit der Vernehmung Ihres Mandanten fort ...« Da er ahnt, daß dies seine Zeit brauchen wird, läßt Leval die Geschworenen benachrichtigen, daß sie für heute nach Hause gehen können.

Jetzt gestattet er Kennedy, eben jene Suggestivfrage zu stellen, die der schon vorher hatte anbringen wollen: Basiere Badalamentis Antwortverweigerung auf den in Italien gegen ihn anhängigen Anklagevorwürfen der Beteiligung am Mafia-Krieg und der Mafia-Mitgliedschaft?

Ja. Und mit einem Mal legt der Alte eine ganz exzeptionelle Kenntnis der englischen Sprache an den Tag. Die Dolmetscherin übersetzt seine Worte mit ». . . weil ich mich in Italien vor Gericht wegen eines Vorwurfs zu verantworten habe, laut dem ich ein Mafioso bin und an einem Mafia-Krieg beteiligt war.«

Sofort fällt ihr Badalamenti ins Wort: »Madame! Ich sagte *angeblich* ein Mafioso bin! Ich bin kein Mafioso! Ich sagte *angeblich*.«

Leval entscheidet zugunsten der Staatsanwaltschaft. »Der Angeklagte versucht sowohl das eine als auch das andere zu bekommen . . . Das hätte eine vollkommen unbillige Situation zur Folge.« Es würde der Staatsanwalt die Gelegenheit verwehren, den Zeugen ins Kreuzverhör zu nehmen.

Freeh möchte noch einmal überdenken, ob man den Richter nicht bitten sollte, die letzten Fragen aus dem Protokoll zu streichen.

Leval ist einverstanden. Für ihn komme das alles völlig überraschend. »Mir ist kein anderer Fall bekannt, wo ein Angeklagter erst als Zeuge auszusagen bereit ist, im Zeugenstand seine Unschuld beteuert und sich dann, wenn es um das Hauptbeweismaterial gegen ihn geht, auf den Fünften Verfassungszusatz beruft.«

Kennedy wendet sich vom Richter ab, lächelt, dreht sich wieder um und sagt ruhig: »Es ist jetzt auf die Woche genau ein Jahr her, daß wir während der Geschworenenauswahl« – in Badalamentis schriftlichem Antrag auf Abtrennung seines Verfahrens – »auf die große Wahrscheinlichkeit einer insgesamt gesehen antagonistischen und inkonsistenten Verteidigung hinwiesen und vorschlugen, hinsichtlich dieser Zwangslage unter Ausschluß der Öffentlichkeit ein Beweisangebot zu unterbreiten. Und das Gericht . . . hat unseren Antrag verworfen.«

Leval geht zum nächsten Punkt über, der Übersetzung der Geschichte mit den Handschellen. Fogelnest behauptet, Martin habe genau gewußt, daß diese Bemerkung »unangebracht, unzulässig und schädlich« sei, und trotzdem habe er auf eine Übersetzung bestanden. Der Anwalt verlangt eine formelle Befragung: Er will, daß man Martin vereidigt. Fogelnest schäumt vor Wut; Martin läßt sich lachend vereidigen und tritt in den Zeugenstand.

Fogelnest fragt nach seinen Italienischkenntnissen.

Schweigen.

Fogelnest verlangt vom Richter, er solle Martin anweisen, die

Frage unverzüglich zu beantworten »und keine Spiele mit ihm zu treiben.«

Leval sagt: »Er hat gesagt, er habe Ihre Frage nicht verstanden.«

»Und ich nenne ihn einen Lügner!« schreit der Anwalt. Martin kichert. Man entscheidet sich für eine formelle Verhandlung der Angelegenheit, bei der Malerba Fogelnest vertreten wird und Freeh Martin.

Martin behauptet steif und fest, er habe gar nicht gehört, was Badalamenti wirklich gesagt habe; nur seine Aufforderung an die Dolmetscherin, es nicht zu übersetzen, habe er mitbekommen. Aus diesem Grund habe er zu Recht verlangt, daß es übersetzt werde.

»Was machen wir jetzt?« schreit Fogelnest. Dank Martin wüßten die Geschworenen jetzt, daß Salamone jeden Tag an den Hauptangeklagten – den Chef der sizilianischen Mafia! – gefesselt ins Gericht gebracht wird, der sich noch dazu weigert, zu erklären, was es mit seinen geheimnisvollen Telefongesprächen auf sich hatte... »Ich bin der Ansicht, daß einem Menschen unter diesen Umständen kein faires Verfahren zuteil werden kann!«

Der Anwalt fängt geradezu an zu toben; man fürchtet schon, er könnte einen weiteren Herzanfall erleiden. Aber er läßt sich nicht zum Schweigen bringen. »Herr Richter! Es ist mir völlig einerlei, ob ich in diesem Sitzungssaal tot umfalle! Sie können das als meine Nachrede betrachten, und Sie und Dick Martin werden damit zu leben haben, und es schert mich einen feuchten Dreck... Ich bitte um eine Viertelstunde, um mich wieder zu sammeln.«

»Nehmen Sie sich eine halbe«, sagt Leval.

Donnerstag, 16. Oktober 1986. Im Gerichtssaal. Kennedy wiederholt sein Gesuch, seinem Mandanten zu gestatten, den Geschworenen in seinen eigenen Worten über die Telefongespräche zu berichten, so daß sie – und nicht das Gericht – über die Glaubwürdigkeit seiner Weigerung entscheiden könnten. Leval sagt, er halte eine solche Entscheidung für »außerordentlich unfair«, und läßt nach den Geschworenen schicken.

»Mr. Kennedy, Sie können fortfahren.«

»Angesichts der Entscheidung, die Euer Ehren eben getroffen haben, habe ich zu diesem Zeitpunkt keine weiteren Fragen an Mr. Badalamenti.«

Kennedys Sache hat sich mit einem Mal zum Schlechten gewendet. Womöglich könnte er vorankommen, wenn die Geschworenen über die Angelegenheit zu entscheiden hätten; womöglich ließe sich ein Weg finden, sie dazu zu bringen, das unerträgliche Dilemma zu verstehen, in dem sich sein Mandant befindet: Hier die Wahrheit zu sagen, hieße sich selbst zum sicheren Tod in einem italienischen Gefängnis verurteilen. Allein schon aus Altersgründen hätte er mit dem Tod zu rechnen, da er 21 Jahre Haft zu gewärtigen hat. Aber viel wahrscheinlicher noch wird man ihn ermorden. Ob er in einem Gefängnis, in dem es von seinen Erzfeinden – Verbündeten jener Faktion, die ihn seit 1978 aufzuspüren und zu töten versucht – nur so wimmelt, auch nur 21 Monate überstehen würde, steht zu bezweifeln. Wenn die Mörder bis in Michele Sindonas isolierte, streng bewachte Country-Club-Zelle in Voghera vordringen konnten, welche Chance hätte dann Badalamenti im Ucciardone, dieser gräßlichen mittelalterlichen Festung? Das Schlimme ist nur, daß der Alte nur ungern über die Todesgefahr spricht, in der er schwebt – wenn er sich nicht überhaupt weigert, davon zu sprechen. Ein Ehrenmann zeigt keine Furcht. Niemals, gegenüber niemandem – nicht einmal um in einem amerikanischen Gerichtssaal seine Haut zu retten. Geschickt präsentiert könnten solche Argumente bei den Geschworenen vielleicht ankommen. Bei Leval jedenfalls hat man damit nicht die geringste Chance.

Louis Freeh steigt auf das Podium, einen dicken, vor Dokumenten überquellenden Ordner in der Hand. Dann schleppt er einen Obstkarton voller weitere Dokumente zu einem kleinen Tisch neben dem Podium; er geht steifbeinig, watschelnd, wie ein Pinguin; vielleicht eine alte Verletzung. Er macht ein ernstes Gesicht, man merkt ihm seine Anspannung an. Alle seine Fragen werden darauf abzielen, den Verdacht aufkommen zu lassen, daß dem Hauptangeklagten während der letzten beiden Tage eine Falschaussage nach der anderen über die Lippen gekommen ist.

»Haben Sie nicht 1957 in Palermo zusammen mit Tommaso Buscetta und Joe Bonanno an einem Treffen der Cosa Nostra teilgenommen?« Nein.

»Sind Sie jemals Mitglied der Cosa Nostra geworden?«

Die Geschworenen machen ausnahmsweise einmal einen überaus aufmerksamen Eindruck. »Ich habe das nie behauptet. Und wenn ich ein Mitglied wäre, dann würde ich es nicht sagen! Wenn ich eines wäre, würde ich es Ihnen nicht sagen ... weil ich den Eid respektieren würde.«

Die Anwälte der Verteidigung protestieren, daß in einem Verfahren, das notwendigerweise mittels Übersetzungen verhandelt werden müsse, Martins Italienischkenntnisse zur Folge hätten, daß er – und nicht der Richter – hier den Vorsitz führe. Martin kontrolliere so den Fragefluß. Er kontrolliere, was die Geschworenen zu hören bekommen und was nicht.

Badalamenti hatte folgendes gesagt: »Sie wissen sehr wohl, Mr. Freeh, daß ich – sollte ich Ihre Frage beantworten – in Italien in große Schwierigkeiten kommen würde.« Martin ist es gelungen, zu verhindern, daß die Geschworenen diese Antwort zu hören bekommen.

Freeh wendet sich Badalamentis Rolle im Zweiten Weltkrieg zu. »Haben Sie, Gaetano Badalamenti, persönlich gegen die Faschisten gekämpft.« Ja.

»Sie sind sehr stolz darauf, nicht wahr?«

»Stolz? Nein. Ich habe es eben getan.«

Freeh hat den Feldzug der Alliierten in Italien offensichtlich sorgfältig studiert. Er hat die Absicht aufzuzeigen, daß Badalamenti darin keine Rolle gespielt haben kann und versuche, die Verdienste seines Bruders als seine eigenen auszugeben. Freeh bittet den Zeugen, sich eine Karte anzusehen und den Geschworenen zu zeigen, wo er desertiert und ein *partigiano* geworden sei. Der Alte setzt sich eine schwere Hornbrille auf, steht auf, dreht sich um, legt den Kopf nach hinten, um zur Karte hinaufzuschauen. Sein fast schon kahles Haupt schimmert matt im schwachen Deckenlicht. Er deutet auf eine Gegend östlich von Palermo.

Freeh sagt, die alliierten Streitkräfte seien an zwei Stellen in Sizilien gelandet, die eine Landung habe General Patton geführt, die andere Feldmarschall Montgomery.

»Ich habe nie gesagt, daß ich dort war, wo die Alliierten gelandet sind. Ich habe nur gesagt, daß ich einer von denen war, die die Gegend säuberten.«

Freeh gibt sich spöttisch. »Welche Gegend haben Sie denn gesäubert?«

»Wir haben es so eingerichtet, daß keine Deutschen mehr da waren, als die Alliierten gelandet sind.«

Der Alte pariert Freehs Frage damit nur, er beantwortet sie nicht. Er könnte lügen, versucht vielleicht aber auch nur, Freeh auf die Palme zu bringen. Der Tonfall – sei er nun energisch, unverschämt oder ironisch – und jede weitere stimmliche Nuance, die normalerweise einem Geschworenen helfen könnte, die Glaubwürdigkeit eines Zeugen zu beurteilen, das alles fehlt hier völlig. Die forsche Stimme der koketten Dolmetscherin läßt einen Satz wie den anderen klingen.

»Können Sie mir einen Ihrer Waffenbrüder nennen?«

»Es waren so viele.«

»Nennen Sie uns einige Namen. Bitte.«

Er nennt einen Namen.

»Aus welcher Gegend war der?«

Badalamenti kann es nicht sagen und kann keinen einzigen weiteren Kriegskameraden nennen. Freeh erhebt frustriert die Stimme – ein Fehler, den der Zeuge rasch zu seinem Vorteil nutzt.

»Aber warum sind Sie so ärgerlich? Was ist los?«

Freeh geht zum nächsten Thema über. »Haben Sie die Eröffnungserklärung Ihres Anwalts gehört? . . . Trifft es zu, daß – wie Ihr Anwalt behauptet hat –, die Amerikaner zum Zeitpunkt der Invasion von Anzio Kontakt mit Ihnen aufnahmen? Ist das wahr?«

»Anzio ist nicht auf Sizilien.« Wieder eine jener ausweichenden Antworten.

Freeh wiederholt seine Frage, und abermals wird seine Stimme lauter. »Traten bezüglich *irgendeiner* Invasion *irgendwo* in Italien amerikanische Agenten an Sie heran?« Schließlich schreit er fast. »*Wer* hat Sie mit Waffen versorgt?«

Deutlich vernehmbar flüstert Badalamenti: »Ich habe ihn nicht gehört. Vielleicht sollte er etwas lauter sprechen.« Dann sagt er, Waffen habe er von einem Professor Cartinelli bekommen. Während der immer unglaubhafter werdenden Aussage behält er seine Heiterkeit bei. Die Geschworenen können natürlich nicht wissen, daß es in Italien zum guten Ton gehört, im Zeugenstand zu lügen; und daß das Lügen von vielen als die einzige ehrenvolle Art betrachtet wird, eine solche Vernehmung durchzustehen.

Freeh zeigt seine Verachtung jetzt ganz offen. »Und er nahm mit Ihnen, einem zweiundzwanzigjährigen Deserteur Kontakt auf, damit Sie General Pattons Invasion auf Sizilien unterstützten! Ist das Ihre Aussage?«

Freeh wendet sich dann Kennedys Eröffnungserklärung zu und fragt, indem er daraus zitiert: »Ist Ihnen, Sir, ›von der Regierung der Vereinigten Staaten Anerkennung zuteil geworden für Ihre Unterstützung der Alliierten gegen die Faschisten 1943‹?« Freeh beabsichtigt sowohl Kennedy als auch seinen Mandanten als Lügner hinzustellen.

»Gott sei's gedankt, daß ich nichts bekommen habe ... Die Leute, die so etwas bekommen haben, sind alle tot.«

Freeh wechselt das Thema. »Erinnern Sie sich daran, wo Sie am 26. April 1950 waren?«

»Ich denke in den Vereinigten Staaten.«

»Erinnern Sie sich an eine Erklärung, die Sie damals unter Eid abgegeben haben?«

»Nein. Ich habe keine eidlichen Erklärungen abgegeben.«

Freeh reicht Kennedy ein Dokument und es wird sofort klar, daß er dem Anwalt eine Handgranate in den Schoß gelegt hat. Auf der Stelle wird eine Flüsterkonferenz am Richtertisch einberufen. Kennedys Gesicht ist rot angelaufen; man sieht deutlich, daß er wütend ist. Freeh versucht das Verhör wieder aufzunehmen.

»Antworten Sie nicht!« schreit Kennedy. »Ich weise Sie an, nicht zu antworten!« Sein Gebrüll schreckt den ganzen Saal auf.

»Mr. Kennedy, Ihr Verhalten verstößt gegen die Regeln des Gerichts!«

»Mr. Badalamenti, antworten Sie nicht, bis ich dieses Dokument hier zu Ende gelesen habe, das mir die Staatsanwaltschaft bisher vorenthalten hat.«

Mit vor Wut bebender Stimme befiehlt Leval der Staatsanwaltschaft fortzufahren. Freeh stellt seine Frage.

Der Zeuge: »Darauf antworte ich nicht ...«

»Mr. Badalamenti, weigern Sie sich zu antworten?« will Leval wissen.

»Ich warte nur auf meinen Anwalt ... Ich weigere mich nicht ...«

»Mr. Badalamenti, hat man Ihnen vor 36 Jahren diese Frage gestellt, und haben Sie folgendermaßen darauf geantwortet ...?«

Der Geschworene Nummer eins, der fast schon kahlköpfige Mann von der Müllabfuhr und Obmann der Jury, wendet sich nach hinten, um Nummer zehn zuzugrinsen, dem dicken Betonarbeiter aus der

South Bronx. Das Grinsen besagt deutlich: »Jetzt kriegen sie ihn dran!«

Langsam wird es wirklich kritisch. Es wird in zunehmendem Maße schwieriger, Badalamentis Antworten Glauben zu schenken. Wer Kennedy bewundert, wird sich jetzt auf dessen Seite stellen. Wer ihn dagegen nicht mag, wird sich durch diesen Ausbruch noch mehr abgestoßen fühlen. Und wer es mit Leval hält, wird entsetzt sein. Eines ist jedoch gewiß: Nach zwölf Monaten Verhandlung hat jeder Geschworene begriffen, wie wichtig er für den gerechten Ausgang dieses Prozesses ist. Wie viele der Geschworenen mögen wohl jetzt denken, daß eine Mißachtung des Gerichts einer Mißachtung der Jury gleichkommt?

Kennedy beginnt aus dem alten Schriftstück vorzulesen, zwei hauchdünnen Blättern, die die Staatsanwaltschaft aus Badalamentis Einwanderungsakte gefischt hat. Sechsunddreißig Jahre ist diese Akte jetzt alt. Ihre Ausgrabung aus den verstaubten Archiven der Einwanderungsbehörde ist eine Großtat bürokratischer Archäologie und erinnert zugleich daran, daß ein Bundesankläger jederzeit Zugang zu Steuerakten, Krankengeschichten, Personenstandsregister und ähnlichen Dokumenten jedes x-beliebigen Bürgers hat.

Bei der nächsten Ermahnung des Richters knallt Kennedy das Mikrofon auf den Tisch und instruiert seinen Mandanten mit lauter, deutlicher Stimme: »Wenn man Ihnen dieses Dokument übersetzt hat, können Sie alle Fragen beantworten. Vorher brauchen Sie das nicht zu tun!« Die Geschworenen haben das bereits erlebt: Wenn Kennedy wütend wird, bietet er Leval offen die Stirn. Und Leval läßt sich das erstaunlicherweise gefallen.

Wieder wird eine Konferenz am Richtertisch einberufen. Darauf folgt eine zehnminütige Unterbrechung.

Die Verteidiger halten auf dem Korridor Kriegsrat. Die Anwälte der Badalamenti-Gruppe legen eine erstaunliche Fähigkeit zur Selbsttäuschung an den Tag. »Die Geschworenen mögen Badalamenti«, sagt Koppelman. »Wenn man sich vorstellt, daß Freeh einen ganzen Vormittag mit Anzio und Montecatini verschwendet hat!« meint Calluori naserümpfend. Sie scheinen sich nicht darüber im klaren zu sein, daß dieser Vormittag – mit großem Erfolg – darauf verwendet wurde, die Glaubwürdigkeit des Hauptangeklagten zu erschüttern.

Auf der anderen Seite des Korridors spricht Kaplan für alle Anwälte, die nicht zur Badalamenti-Gruppe gehören: »Badalamenti ist als Zeuge eine Katastrophe. Der schlimmste, den ich je gesehen habe! Eine Berufung auf den Fünften Verfassungszusatz wirkt sich immer verheerend aus. So etwas kann man vor einer Anklagejury bringen, oder bei einer Anhörung vor dem Senat. Aber eine Schwurgerichtsjury schert sich doch keinen Deut um den Fünften Verfassungszusatz. Die kapieren den noch nicht mal. Wenn ein Zeuge die Antwort verweigert, dann bedeutet das für die nur eines: Der Mann ist schuldig! Und seine Schuld überträgt sich auf sämtliche kleinen Fische in der Familie Badalamenti.«

Weiter den Korridor hinunter erzählt Kennedy, daß die Akte von der Einwanderungsbehörde für ihn völlig überraschend kommt. Vor vielen Monaten habe er sich nach ihr erkundigt. »Freeh hat gelogen. Er hat eine Erklärung präsentiert, die weit schlimmer ist als eine bloße Lüge. Er sagte, er hätte die Akte nicht und er wäre sich noch nicht einmal sicher, ob sie überhaupt noch existiere. Dann hat er noch behauptet, einer meiner Assistenten habe ihm gesagt, ich wolle die Akte nicht haben und würde sie – falls ich meine Meinung ändern sollte – durch eine richterliche Anordnung anfordern.«

Dann grinst Kennedy. »Aber ganz ungelegen kommt mir das nicht. Ich habe damit die beste Berufungsbegründung, die der ganze Prozeß bisher hergegeben hat: Leval hat einem Zeugen nicht erlaubt, die Papiere einzusehen, zu denen man ihn befragt hat!«

Das Gericht tritt wieder zusammen, und noch bevor die Geschworenen zurückkommen, beantragt Kennedy, das Verfahren wegen eines Formfehlers einzustellen: der Verteidigung sei in unzumutbarer Weise ein Dokument vorenthalten worden.

Falls Leval immer noch wütend ist, so läßt er sich das jedenfalls nicht anmerken. Freundlich sagt er: »Wenn Sie darum gebeten hätten ... hätte man Ihnen fraglos Einsicht gewährt.«

»Ich habe darum gebeten!« donnert Kennedy los. »Die Art, wie Sie hier den Vorsitz führen, bringt die Verteidigung in die größte Verlegenheit!«

»Ihre persönliche Meinung über mich ist mir egal, aber –«

»Solange Ihnen nur klar ist, was für eine Meinung ich von Ihnen habe!« knurrt Kennedy.

Leval ist nicht zu erschüttern: »– aber sprechen Sie nicht über

Dinge, die vor den Geschworenen zu erwähnen Sie nicht befugt sind. Und jetzt lassen Sie uns fortfahren.« Er schickt nach den Geschworenen.

Freeh bittet die Dolmetscherin, gemeinsam mit dem Zeugen die Maßnahmen der Einwanderungsbehörde aus dem Jahr 1950 gegen ihn durchzugehen. Badalamentis Reaktion darauf ist völlig absurd. »Dieses Dokument sollte für ungültig erklärt werden ... Ich war zu jener Zeit dumm ... Ich hatte keine Ahnung, was da vor sich ging ... An jenem Tag konnte ich mich noch nicht mal an mein Geburtsdatum erinnern. So dumm, daß ich noch nicht mal wußte, daß ich Gaetano Badalamenti heiße. Ich habe ›Gaeto‹ hingeschrieben.« Meint er das ironisch? Schwer zu sagen. Der gleichbleibend freundliche Ton der Dolmetscherin bügelt sämtliche Nuancen aus.

Ob er damit sagen wolle, er habe das nicht unterschrieben?

»Nein. Ich sage nur, daß ich – für den Fall, daß ich so ein Papier unterschrieben habe – nicht ganz bei mir war. Mein Gehirn hat offensichtlich nicht richtig funktioniert. Ich kann auch nicht behaupten, daß es jetzt richtig funktioniert ...«

»Sie bestreiten also, daß es sich hier um Ihre Unterschrift handelt?«

»Ja.«

Diese ganze Aussage ist verheerend. Wie konnte Kennedy diesen unglaubwürdigen alten Scharlatan nur in den Zeugenstand rufen?

»Wenn Sie im Juli desertiert sind, wie lange haben Sie dann als *partigiano* gekämpft?« Freeh schaut ihn skeptisch an. »Sie wissen nicht, wie lange General Patton brauchte, um vom Landekopf nach Palermo zu gelangen?«

Badalamenti sagt ihm, er habe noch nicht einmal gewußt, daß es einen General Patton gab. »Bis Sie ihn heute erwähnten. Und von einem Feldmarschall Montgomery habe ich auch noch nie was gehört ...«

Diese Aussage ist geradezu dreist. Falls es natürlich nicht doch zufällig die Wahrheit ist.

»Ist es nicht eher so, daß Sie nie ein *partigiano* gewesen sind? Daß Sie das erfunden haben? Ist das nicht einfach alles gelogen?«

»Nein.«

»Entspricht es nicht eher den Tatsachen, daß Sie das alles erfunden haben, um die Geschworenen glauben zu lassen –«

»Ich will nicht, daß sie glauben, ich will, daß sie urteilen.« Der ehemalige *capo di tutti capi* versucht nichts geringeres, als eine Volksabstimmung über seinen Charakter zu erreichen. Was diesen alten Mann am meisten wurmt, ist die Aussage des Agenten Tarallo, der behauptete, er habe zwar Badalamenti persönlich nie gekannt, aber dafür »seinen Ruf«.

Nach dem Mittagessen bestreitet Badalamenti, daß er 1947 in die Vereinigten Staaten geflogen sei und daß ihn in Sizilien die Polizei suchte. Freeh sagt dem Gericht: »Es handelte sich hier beileibe nicht um einen normalen Ausländer, der als blinder Passagier einreiste. Nein, sogar der italienische Botschafter wurde eingeschaltet.« Die italienische Regierung habe um die Auslieferung eines bekannten Kriminellen ersucht, der wegen Zugehörigkeit zu einer kriminellen Vereinigung und Entführung gesucht worden sei. Auch von Mord und Raub sei in dem Schriftwechsel die Rede gewesen.

Die Geschworenen kommen zurück, und Freeh verliest ein Dokument von Interpol, in dem von einem am 23. März 1946 ausgestellten Haftbefehl für Gaetano Badalamenti die Rede ist. »Sie sagen also aus, Sie wußten nichts von einem Haftbefehl und Sie sind nicht vor der Polizei geflohen?« *Si.*

Einem Lügner über längere Zeit hinweg ins Gesicht zu sehen, ist recht schwierig. Kaum einer im Saal schaut Badalamenti noch an außer Kennedy, die Ankläger und einige Mitangeklagte. Allmählich bekommt man das Gefühl, daß Badalamenti hier nicht für die Geschworenen spielt oder das Publikum oder seine Familie. Er spielt für einen ganz bestimmten Kreis von Angeklagten: die Catalano-Faktion, die Lamberti-Mazzurco-Faktion und die Leute aus New Jersey – eben all diejenigen, von denen er bei der ersten Befragung behauptet hat, er kenne sie nicht oder kaum. Er spielt letztlich für die Mafia.

Kennedy beantragt, die gesamte Akte der Einwanderungsbehörde aus dem Verfahren auszuklammern.

Der Angeklagte habe sich in Bezug auf das wichtigste Beweismaterial in diesem Prozeß auf sein Recht berufen, sich nicht selbst belasten zu müssen, sagt Leval. Die Staatsanwaltschaft sei jedoch berechtigt, ihn zu weniger wichtigen Sachverhalten zu befragen. »Treten Sie an den Richtertisch.«

Die Anwälte, die in der Zwischenzeit auf dem Korridor warten, sind in heller Aufregung. Wenn Badalamenti nur gesagt hätte: »Natürlich habe ich gelogen. Jeder illegal eingereiste Ausländer lügt der Einwanderungsbehörde etwas vor«, dann wäre er um vieles glaubwürdiger gewesen.

Als das Gericht in Abwesenheit der Geschworenen fortfährt, hat es den Anschein, als habe Leval bei seinem Zusammenstoß mit Kennedy ein weiteres Mal klein beigegeben. »Ich habe womöglich nicht richtig verstanden, was Mr. Kennedy wollte . . .«

Der Anwalt sagt, er wolle lediglich, daß die Geschworenen direkt aus dem Munde von Mr. Badalamenti folgendes hören: Ich weigere mich zu antworten, mit der Begründung, daß mich meine Antworten hinsichtlich der Mafia-Anklagepunkte in Italien belasten könnten.

Ob er sich denn nicht zu den Anklagepunkten äußern wolle, die sich auf den Drogenhandel beziehen, fragt Leval.

»Nein.«

Freeh erhebt Einspruch. »Und ich werde immer noch keine Antwort von ihm bekommen, was die Anrufe anbelangt.«

Kennedy erinnert das Gericht an die Vernehmung von heute vormittag. »›Sind Sie nun Mitglied der Cosa Nostra, ja oder nein?‹« Und die Antwort: »›Sie wissen, daß mir das in Italien schaden könnte.‹«

Benfante springt auf. »Es wäre nicht im Interesse unseres Mandanten, wenn er sich in bezug auf die Anklagevorwürfe zum Drogenhandel auf den Fünften Verfassungszusatz beruft, weil es unweigerlich zu Vorurteilen führen würde.« Kennedy wird später darauf hinweisen, daß Benfante in seinem kindlichen Übereifer viel zu voreilig war und die Frage viel zu früh angesprochen hat – nämlich vor der Entscheidung des Richters.

Lombardino schaltet sich ein und brummt: »Wenn Sie Badalamenti gestatten, sich auf den Fünften Verfassungszusatz zu berufen, dann fordern wir eine Abtrennung!«

Leval entscheidet, er werde die eben angesprochene Erklärung vor der Jury zulassen, unter der Voraussetzung, daß Kennedy sich einverstanden erkläre, im Plädoyer nicht »mit der anderen Seite der Münze zu argumentieren« – das heißt, seine Argumentation dürfe nicht darauf hinauslaufen, daß die Tatsache, Badalamenti habe sich auf den Fünften Verfassungszusatz berufen, darauf hinweise, daß die verschlüsselten Anrufe sich *nicht* auf Drogen bezogen hätten.

Kennedy erklärt: »Mr. Badalamenti wird jede Frage über Drogen beantworten, aber keine Fragen über Telefongespräche. Und zwar aus dem Grund, daß seiner Meinung nach – die Sie uns hier nicht zum Ausdruck bringen lassen – solche Antworten dazu neigten, ihn hinsichtlich der Mafia-Anklagen in Italien zu belasten.«

Kennedy hat einigen Freunden anvertraut, er glaube, in den Telefongesprächen sei es hauptsächlich um vergangene und künftige Morde gegangen, und er hoffe das herauszuarbeiten; Morde, die in Zusammenhang mit den Clankriegen der sizilianischen Mafia stünden. Die in Italien anhängigen Anklagevorwürfe legen Badalamenti die Verantwortung für gut hundert Morde zur Last, vor allem an Magistraten und Richtern. Um seine alte Macht wiederzuerlangen und den entwürdigenden Titel »Capo der Verlierer« loszuwerden, ließen sich gewisse Morde nicht vermeiden. Aber es hat den Anschein, daß der alte Spitzbube sich das jetzt zuzugeben weigert, oder wenn er es eingesteht, dann nur indirekt. Wenn seine Weigerung nicht Teil irgendeiner umfassenden Strategie ist, die noch nicht deutlich geworden ist.

Die Geschworenen kommen wieder zurück, und Badalamenti macht in seinem alten Stil weiter und pariert die Fragen der Anklagevertretung mit Gegenfragen. Aber seine Stimme klingt jetzt viel selbstsicherer.

»Sie haben uns gesagt, Sie seien in Italien wegen Zigarettenschmuggels verurteilt worden.«

»Ich habe Ihnen schon einmal gesagt, daß ich mich nicht mehr an die Namen der Leute erinnere, die mir dabei geholfen haben ...«

»Stimmt es, daß Sie viele Jahre lang der Kopf der Commissione der sizilianischen Mafia oder Cosa Nostra waren?«

»Wenn Sie das für den italienischen Prozeß brauchen, dann tut es mir leid. Von mir werden Sie nichts bekommen.«

»Haben Sie Tommaso Buscettas Aussage zu diesem Punkt gehört?«

»Ja. Aber das war seine Behauptung. Nicht meine.«

»Sie wußten, daß er über fünfunddreißig Jahre lang ein Mitglied der Cosa Nostra war, oder etwa nicht?«

»Habe ich Ihnen das gesagt, Mr. Freeh? Ich erinnere mich nicht daran.«

»Ich frage Sie jetzt. War Tommaso Buscetta ein Mitglied?«

»*Sie* wissen doch, daß es stimmt?«

»Wissen *Sie* es?« schreit Freeh ihn an.

Badalamenti wirft Freeh einen Blick zu, daß einem das Blut in den Adern gefrieren könnte. »Ich bitte Sie, Ihre Stimme nicht zu erheben. Sie können mir keine Angst einjagen.« In der Tat, es ist Badalamenti, vor dem man in diesem Gerichtssaal Angst haben muß. Nicht einmal Kennedy weiß, woran er bei ihm ist.

Noch am gleichen Abend kommentiert Ivan Fisher Badalamentis Vorstellung und Kennedys Strategie. »So schlecht Badalamenti vor der Pause war, so großartig war er während der letzten zwanzig Minuten. Er war großartig, weil er ihnen die Wahrheit gesagt hat... nämlich daß er das Blaue vom Himmel herunter gelogen hat. Das war Spitze! Auf längere Sicht gesehen ist Michaels Strategie freilich ins Auge gegangen. Leval hat ihn jetzt dick und die anderen Angeklagten und ihre Anwälte fühlen sich aufs Kreuz gelegt. Aber das schlimmste sind natürlich die Telefongespräche! Die lassen sie alle miteinander ganz schön alt ausschauen; da hätte statt Badalamenti auch Kardinal Cooke an der Strippe sein können, bei dem, was da zu hören ist, würde man glatt auch den für einen Dealer halten. Und mit einem Sal Mazzurco am anderen Ende der Leitung besteht natürlich erst recht kein Zweifel daran! Aus diesem Grund wird Kennedys Verteidigung nicht funktionieren, und wenn er den alten Knaben zehnmal als Ehrenmann hinstellt. Es paßt einfach zu gut. Diese ›zweiundzwanzig‹ könnten alles mögliche sein – 22 Goldbarren, 22 Ster Holz, 22 Kühe, 22 Schafe – es hätten sogar 22 Finger sein können, vielleicht war der Mann ja ein Fingerfetischist. Nur eben, daß er mit Mazzurco sprach, und daß der nun mal nicht mit Kühen handelt. Der handelt mit Heroin. Kennedy befindet sich in einer sehr, sehr schlechten Position. Er hat den Geschworenen in seiner Eröffnungserklärung eine Menge Versprechungen gemacht, und jetzt kann er sie nicht einhalten, weil der Alte seine eigenen Versprechungen gegenüber Michael nicht gehalten hat. Ich glaube, er hat nicht mit der Wirkung gerechnet, die Mazzurcos Heroingeschäfte auf die Geschworenen haben würden. Mazzurcos Gespräche, vor allem die mit Badalamenti, sind der Schlüssel zu diesem Fall. Ich glaube nicht, daß Michael Kennedy geahnt hat, daß diese Gespräche für seinen Mandanten so gefährlich werden würden. Seine Eröffnungserklärung war grandios – den alten Mafioso zum großen Familienoberhaupt hochzuspielen. Weiß der Kuckuck warum. Ich hege den starken Verdacht, das Bild von der Familie hat Michael einfach zu gut gefallen.«

Hat Badalamenti nun mit Rauschgift gehandelt oder nicht? Fisher meint dazu: »Ich glaube nicht, daß der Alte mit Heroin handeln wollte. Aber er wollte etwas anderes: nämlich seine alte Macht in der Mafia wiedererlangen. Er wollte nicht sterben und seine Familie mit dem Erbe, dem Ruf, er sei der ›Capo der Verlierer‹ gewesen, zurücklassen. Aber dazu brauchte er viel Geld. Und um das zu bekommen, war er auch bereit, mit Drogen – Heroin und vielleicht auch Kokain – zu handeln.«

Am nächsten Tag, Freitag, findet keine Sitzung statt, aber die Anwälte beraten sich per Telefon. Einer von denen, die sich kein Blatt vor den Mund nehmen, ist Joe Benfante. »Es war fürchterlich, die miserabelste Aussage, die mir je untergekommen ist – nichts als Arroganz, Trotz und Selbstdarstellung.«

»Fürchterlich ist noch zu milde ausgedrückt«, meint sein Freund Dave Lewis. »Sein wirkliches Problem ist seine fast panische Angst davor, das Gesicht zu verlieren.«

»Es ist eine Katastrophe«, sagt der schweigsame Mike Querques. »Der Mann hat statt Blut Eis in den Adern. Er saß da und hat den ganzen Vormittag über nur zweimal die Hände bewegt. Einmal hat er seinen Kragen links gelockert, einmal rechts. Den Rest der Zeit hockte er da wie versteinert, nicht einmal geschwitzt hat er. Ich hatte richtig Mitleid mit Michael Kennedy. Ich habe mir den ganzen Tag über das Gehirn zermartert, wie man ihm helfen könnte.«

Aber es besteht kein Zweifel daran, daß Kennedy seinem Mandanten gute Direktiven gibt. »Einer der Gründe, warum Badalamenti sich für Kennedy entschlossen hat«, sagt Lewis, »ist der, daß Michael Badalamenti den Respekt zuteil werden läßt, den der Alte zu verdienen glaubt.« Sein vorheriger Anwalt, der erfahrene Charles Carnesi, schien seinem Mandanten nicht ehrerbietig genug gewesen zu sein. »Der Alte hatte das Gefühl, Charlie behandle ihn wie einen Liliputaner-Catcher.«

Keinem der Angeklagten schadet die gestrige Aussage so sehr wie Sal Mazzurco. Bis jetzt, sagt sein Anwalt Benfante, sei er recht zuversichtlich gewesen, daß Kennedys Voraussage sich erfüllen würde, laut der »etwas wirklich Umwerfendes passieren würde«. Er gibt die Schuld für diese Enttäuschung jedoch nicht dem Anwalt, sondern dessen Mandanten.

»Der Typ ist machthungrig, fies und eigensinnig. Alles, was der will, ist eine gute Figur machen; die Leute sollen über ihn schreiben, daß er niemanden verpfiffen hat«, schimpft Benfante.

Und in der Tat, genau das konnte man heute in allen Morgenblättern lesen.

»Mir hat vor allem Kennedy leid getan. Es besteht durchaus Grund zur Annahme, daß Badalamenti sogar versucht hat, seinen eigenen Anwalt auszutricksen. Ich nehme an, der Alte hat schon vor Monaten beschlossen, daß er auf keinen Fall irgend etwas zugeben würde, was ihm in seinem italienischen Prozeß schaden könnte; schon gar nicht die Wahrheit, nämlich daß er versucht hat, Geld für die Mafia zusammenzukratzen. Ich habe ihn vor zwei Jahren im MCC kennengelernt, und er war schon damals so seltsam. Ich traf mich zum Beispiel mit ihm und versuchte, ihm die Wahrheit über diese Telefongespräche beizubringen. Aber er wollte nichts hören; er saß da und starrte mich so lange an, bis ich wieder ging. Er wollte einen Anwalt, der ihn mit Respekt behandelt. Aber ein Arschloch wie der verdient keinen Respekt.«

Die Anwälte, die mit der Badalamenti-Gruppe zu tun haben, sind verständlicherweise zurückhaltender, sie wollen sich nur inoffiziell dazu äußern. So sagt einer, der die Situation gut kennt: »Sie müssen verstehen, daß man mit diesem Badalamenti einfach nicht reden kann. Er hält sich für den kleversten Kerl der Welt. Er läßt sich nichts sagen. Er duldet es nicht, daß man ihn korrigiert. Und ein bißchen bekloppt ist er obendrein. So sagte er mir zum Beispiel einmal: ›Wissen Sie, wenn ich wollte, könnte ich dieses Verfahren stoppen. Ich bräuchte mich bloß einverstanden erklären, nach Italien zurückzugehen.‹ Das Problem ist nur, daß Michael ihm glauben wollte. Ich habe ihm immer wieder gesagt: ›Glaub dem alten Arsch nicht‹, aber er wollte ja nicht auf mich hören.«

Vielleicht. Aber es könnte auch sein, daß Kennedy Badalamenti einfach glauben *mußte*, daß er das brauchte. Noch viele Monate nach dem Prozeß brachten beide Kennedys ihren unerschütterlichen Glauben zum Ausdruck, daß Gaetano Badalamenti nie und nimmer ein Rauschgifthändler gewesen sei. Aber zu diesem Zeitpunkt war Kennedy immerhin soweit sich einzugestehen: »Ich brauche diesen Glauben nun einmal. Wenn ich nicht glaube, kann ich für meinen Mandanten nicht eintreten.«

Montag, 20. Oktober 1986. Im Gerichtssaal. Am zweiten Tag seines Kreuzverhörs befragt Freeh den Zeugen systematisch über dessen Flucht nach Paris, Nizza und Brasilien. Er nimmt seine Finanzen unter die Lupe und beschäftigt sich mit dem Problem seiner falschen Visa und Pässe. Obwohl Badalamenti so aalglatt und durchtrieben ist wie eh und je, verhält er sich längst nicht mehr so katastrophal wie letzten Donnerstag. Er vermittelt jetzt das Bild eines erfahrenen alten Ganoven, der sich ausgezeichnet hält.

Über das Wochenende hat Kennedy mit seinem Mandanten eine neue Verhaltensstrategie einstudiert: »Wir haben das Ganze von einer formalen auf die menschliche Ebene verlegt. Wir sprechen jetzt nicht mehr über Telefongespräche. Die Geschworenen haben von nun an einen Menschen, eine Biographie vor Augen. Freilich ist er kein Chorknabe. Er ist ein alter Mafia-Häuptling. Aber er besitzt doch so etwas wie Ehre. Einige Geschworene werden vielleicht sagen: ›Der alte Bursche hat wirklich Mumm in den Knochen.‹ «

Nur einen einzigen Geschworenen braucht Kennedy zu überzeugen. Der wird dann ein oder zwei andere bekehren, und schon ist die Jury nicht mehr einstimmig, und sein Mandant hat vielleicht eine Chance.

Am Tag darauf beschäftigt sich das Kreuzverhör mit der Aussage Buscettas, der Flucht nach Spanien und immer wieder mit Geld und falschen Papieren.

»Haben Sie Buscetta je gesagt, daß Sie gegen Drogen sind?«

»Dem war das klar ... Ich weiß nicht mehr, ob ich es ihm gesagt habe. Aber ich glaube, er wußte es.«

»Haben Sie je auf einem Treffen der Cosa Nostra zum Ausdruck gebracht, daß Sie gegen Drogen sind?«

»Aber ich habe doch nie behauptet, daß ich Mitglieder der Cosa Nostra kannte!«

»Und? Haben Sie welche gekannt?«

»Das habe ich nie gesagt.«

Er mauert wieder einmal.

Seine Äußerungen über eine Reise zum Hotel Copacabana in Rio erscheinen besonders absurd. Die Staatsanwaltschaft hat mehrere Hotelangestellte vorgeladen, die ihn gesehen haben. Er behauptet trotzdem, er sei nie dort gewesen. Er hat zwar die beiden weiblichen Hotelangestellten gehört, wie sie unter Eid aussagten, daß er sich unter dem Namen Marco Ruffino eingetragen habe. Er hat die Aussagen gehört, daß man die Fingerabdrücke seines Sohnes auf einer der Anmeldekarten gefunden habe. Aber trotzdem bestreitet er alles. Es ist geradezu peinlich.

Vito Badalamenti, der seinen Vater im Zeugenstand beobachtet, ist aschfahl geworden.

In der Pause tut Larry Bronson seine Meinung kund. »Mit dieser Aussage hat er seine Verurteilung schon in der Tasche. Ich verstehe nicht, warum er offensichtlich lieber in den Vereinigten Staaten im Gefängnis bleibt, als nach Italien zu gehen. Aber die Atmosphäre im Sitzungssaal ist mittlerweile für alle Angeklagten sehr schlecht. Der Sache ist keine positive Seite mehr abzugewinnen. Die einzige Frage, die hier noch zu stellen bleibt, lautet: Wer in aller Welt hat sich diese Strategie ausgedacht?«

Wieder zurück im Sitzungssaal nimmt Freeh noch einmal die zentrale Frage seines Kreuzverhörs auf: »Über was haben Sie sich am Telefon unterhalten?«

»Unsere Geschäfte ... Kann sein, daß wir übers Geschäft geredet haben, kann sein, daß wir über andere Dinge geredet haben.«

»Also beispielsweise auch über Drogen?«

Zum ersten Mal läßt sich der Alte auf diesen brisanten Punkt ein: »Wenn es um Drogen gegangen wäre, dann hätten Sie mit meiner Verhaftung doch noch ein paar Tage gewartet – um mich damit *in flagranti* zu erwischen. Die Tatsache, daß Sie sich so beeilt haben, beweist doch, daß Sie wußten, es ging nicht um Drogen.«

Freeh kontert sofort. Er darf nicht das Risiko eingehen, daß den Geschworenen dieses knifflige, aber doch brauchbare Argument einleuchtet. »Sie wollen also sagen, wir haben sie verhaftet, bevor Sie Gelegenheit hatten, die Drogen außer Landes zu schaffen, richtig?«

»Nein. Sie haben es getan, weil Sie wußten, daß es nicht um Drogen ging.«

Jetzt ist Freeh soweit, die aufgezeichneten Gespräche des Alten durchzugehen. Er hat etwa zwanzig davon ausgewählt und zu einem Heft binden lassen, das er an den Richter, die Anwälte, die Geschworenen und die Dolmetscher verteilt.

Marvin Schechter, der Rechtsbeistand von Sal Lamberti, bringt den Einwand vor, daß alle jetzt bevorstehenden Fragen die im Fünften und Sechsten Verfassungszusatz garantierten Rechte seiner Mandanten verletzten, ganz zu schweigen von einem halben Dutzend Entscheidungen des Obersten Bundesgerichts. Mit einem starken Argument beantragt er einen Dauereinspruch gegen jede der folgenden Fragen. Indem Badalamenti den Zeugenstand betreten, sich dann aber geweigert hat, bestimmte Fragen zu beantworten, habe er das im Fünften Verfassungszusatz garantierte Zeugnisverweigerungsrecht aller anderen Angeklagten beeinträchtigt. Sie müßten jetzt aussagen, um die höchst abträgliche Wirkung von Badalamentis Bemerkung zu neutralisieren.

Mittwoch, 22. Oktober 1986. Im Gerichtssaal. Freeh hat mit seinem Kreuzverhör kaum begonnen, als Richter Leval ihn mit ausgesprochen gestrenger Miene unterbricht. Er schickt die Geschworenen hinaus und bittet Freeh und Koppelman vorzutreten. Vito Badalamenti sei ernsthaft erkrankt. Man habe ihn mit heftigen Magenschmerzen ins Krankenhaus gebracht, dort habe man starke innere Blutungen festgestellt. Kennedy steht bei seinem Klienten am Zeugenstand. Auch Mrs. Badalamenti ist im Saal, zusammen mit Christina Evola, sie weiß jedoch noch nichts. Kennedy geht den Mittelgang zu den beiden Frauen hinunter. »Bitte erklären Sie Mrs. Badalamenti, daß man Ihren Sohn im Krankenhaus untersucht hat: Vito ist zwar ziemlich erschöpft, aber man glaubt nicht, daß es etwas Ernstes ist.«

Koppelman hatte Leval gestern davon in Kenntnis gesetzt, daß Vito krank sei. Was dem Richter im Augenblick ziemlich zu schaffen macht, ist ein Anruf aus dem Beekman Downtown Hospital: Vito habe fast die Hälfte seines Blutes verloren.

Badalamenti hat sich darüber derart aufgeregt, daß Kennedy um eine Vertagung der Sitzung auf morgen ersucht. Der Alte besteht jedoch darauf weiterzumachen. Genay Leitman erbietet sich, Mrs. Badalamenti und Mrs. Evola ins Krankenhaus zu begleiten, um sicherzugehen, daß man die beiden auch vorläßt. Als sie gerade aufbrechen wollen, kommt Freeh auf Mrs. Badalamenti zu, um ihr zu sagen, wie leid ihm tue, was da passiert sei.

Larry Ruggiero hat zu berichten, die »Hinterbänkler« bezeichneten Kennedys Verteidigung als »Scharade«.

»Eigentlich«, sagt Kennedy, »ist es ja mehr ein Eiertanz als eine

Scharade: Ich mußte Badalamenti in den Zeugenstand bringen, ohne daß die Staatsanwaltschaft ahnte, daß er nicht antworten würde.«

Die Wahrheit sei doch, meint Manny Moore, der nicht nur selbst ein erfahrener Strafverteidiger in Sachen Drogen, sondern auch ehemaliger Ankläger ist, daß die Staatsanwaltschaft daran interessiert ist, daß Badalamenti weiterhin die Aussage verweigert. Auf diese Art und Weise bekomme die Jury den Eindruck: »So was von arrogant wie dieser Kerl. Der stellt sich doch glatt über die Gesetze der Vereinigten Staaten.«

13.20 Uhr. Die Jury kommt zurück und bemerkt natürlich sofort die Abwesenheit eines halben Dutzends Angeklagter und Familienmitglieder. Die Angeklagten Vitale, Trupiano, Evola, Palazzolo und Alfano sind alle im Krankenhaus, um sich als Blutspender bereitzuhalten; ihre Frauen sind bei ihnen.

Leval dankt den Geschworenen für ihre Geduld. Die Verzögerung sei nicht von Bedeutung. Einige Angeklagte hätten darum gebeten, sich vorübergehend entfernen zu dürfen. »Sie dürfen daraus keinerlei Schlüsse ziehen.«

Badalamenti ist wieder im Zeugenstand. Worum handelt es sich bei der »Sache von vor vier oder fünf Jahren«?

»Falls Sie wissen wollen, ob es Drogen waren: Es waren keine. Wenn Sie eine ausführliche Antwort wollen, sollen Sie sie auch haben . . . Wie Sie sehr wohl wissen, hat die amerikanische Staatsanwaltschaft von der Badalamenti-Gruppe vierhundert Tonbänder zusammengestellt . . . Wenn man die den Geschworenen alle vorgestellt hätte, dann bedürfte es keiner Erklärung, weil sie sich als Ganzes genommen selbst erklären würden . . . Aus diesen hat sich die amerikanische Staatsanwaltschaft sorgfältig ungefähr fünfzig herausgesucht und nach Italien geschickt. In Italien hat man sie benutzt, und auch das wissen Sie. Wenn Sie wollen, kann ich es Ihnen erklären. Zunächst einmal hat das einen schon laufenden Haftbefehl verstärkt, der wegen Mafia-Mitgliedschaft und Teilnahme am Mafia-Krieg, wegen Waffeneinfuhr, illegalen Geldbewegungen und Handels mit Betäubungsmitteln ausgestellt worden war. Als Sie von der ›Sache von vor vier, fünf Jahren‹ sprachen: In seiner Eröffnungserklärung hat Mr. Stewart kurz darauf angespielt. Später tauchte eine Zeugenaussage auf, die ich noch zu entkräften hoffe. Darüber hinaus benutzen Sie, um diese Sache von vor fünf Jahren zu stützen, ungefähr zwanzig von diesen vierhundert Gesprächen und erklären die Dinge, wie Sie das auf Ihre Art so gut machen, und ich muß hier zu Drogen Stellung nehmen. Und nicht genug, ich muß auch noch Erklärungen zur Mafia, zum Mafia-Krieg, zum Import von Waffen und so weiter, zu all diesen Dingen abgeben.«

Wie Kennedy in seiner Eröffnungserklärung schon sagte, Sizilianer sprechen *immer* verschlüsselt. Um seiner Geringschätzung Ausdruck zu geben, setzt Freeh sich einfach hin. Badalamenti fährt mit seiner »Erklärung« fort.

»Und jetzt, was diese Sache von vor fünf Jahren anbelangt, wie Sie sagen, so hat sie einen Namen, einen Namen, den ihr nicht Sie, aber Ihre Behörde gegeben hat, und es ist derselbe Name, den man ihr in Italien gegeben hat. Ich glaube, daß weder der eine noch der andere zutreffend ist. Wie auch immer, ich bin in diesem Augenblick nicht imstande, irgend etwas zu erklären. Sie wissen, so wie es hingestellt wurde, ist dieses Kapitel vielleicht das wichtigste Kapitel meines ganzen Lebens. Das ist auch genau der Grund, warum ich Ihnen zu der Sache von vor fünf Jahren keine Antwort geben kann.«

»Sind Sie fertig, Sir?«

»Ja.«

Freeh verlangt diese Antwort aus dem Protokoll zu streichen und daß man den Zeugen anweise, endlich auf seine Frage zu antworten.

Leval verliest der Jury eine wichtige Belehrung: Da dieser Angeklagte sich entschieden hat, in den Zeugenstand zu treten, hat er auf sein Recht auf Aussageverweigerung verzichtet, und den Geschworenen steht es somit frei, diese Weigerung als Teil des Beweismaterials gegen den Angeklagten zu sehen.

»Die Staatsanwaltschaft ist der Meinung, Sie sollten Gaetano Badalamentis Weigerung, ihre Fragen zu beantworten, als Ausflucht betrachten. Gaetano Badalamenti dagegen behauptet, bestimmte Gründe dafür zu haben, die nichts mit irgendeinem Schuldbewußtsein seinerseits zu tun haben.«

Freeh fährt mit seiner Vernehmung fort: »Entspricht es nicht den Tatsachen, daß es sich bei jener ›Sache von vor vier Jahren‹ um eine Heroinquelle handelte, die Sie damals hatten?«

»Nein.«

»Entspricht es nicht den Tatsachen, daß mit ›dem Neuen‹ Kokain gemeint ist?«

»Nein.«

»Sag ihm, daß du Fisch willst!« Ob »Fisch« ein Codewort sei?

»Ja.«

»Wofür? . . . Ist es ein Codewort für Geld?«

»Nein.«

»Für Drogen?«

»Nein.«

»Für was dann?«

Diese Frage wird einfach nicht beantwortet.

»Ist Ihnen der Begriff *la stessa cosa* vertraut?«

»Natürlich.«

»Ist dieser Begriff allgemein gebräuchlich, wenn man jemanden als Mitglied der Cosa Nostra ausweisen will?«

»Um die Sache zu beschleunigen, weigere ich mich zu antworten.«

Eleanore Kennedy beugt sich nach vorn zu einem Anwalt, der nur zu Besuch im Saal weilt, und fragt ihn: »Wären Sie je darauf gekommen, daß es sich dabei um Waffen handelte? Waffen, die er für den Mafia-Krieg brauchte? Aber er wird die Wahrheit nicht sagen. Die Wahrheit könnte ihm hier einen Freispruch bringen. Aber drüben würde Sie ihm das Genick brechen – also behält er sie für sich.«

Donnerstag, 23. Oktober 1986. Im Gerichtssaal. Bis zum nächsten Morgen haben sich die Positionen verhärtet. Badalamentis Gesicht hat einen finsteren, brutalen Ausdruck angenommen, das Gesicht eines Cholerikers. Der Tag verspricht schwierig zu werden.

Man hat bei Vito drei blutende Magengeschwüre gefunden, die zweifelsohne seiner psychischen Belastung zuzuschreiben sind. Aber die Blutungen haben nachgelassen, und seine Jugend – er ist erst achtundzwanzig – wird das ihre tun.

Die Staatsanwaltschaft fordert, sämtliche Fragen, auf die Badalamenti die Antwort verweigerte, aus dem Protokoll zu streichen, ihn wegen Mißachtung des Gerichts zu belangen und Kennedy nicht zu verbieten, seinen Zeugen noch einmal nach den Gründen für seine Zeugnisverweigerung zu fragen. Wie Freeh schon gesagt hat: »Es geht hier nicht mehr einfach nur darum, daß dieser Angeklagte Antworten verweigert. Er sagt, es könnte sein, es könnte aber auch nicht sein. Er spielt Katz und Maus mit diesem Gericht! Er könnte auch da oben Platz nehmen und sagen: ›Hören Sie, Mr. Freeh, ich werde Ihnen keine einzige Frage zu diesem Anruf beantworten.‹ Dann könnte der Ankläger zum nächsten Anruf übergehen. Badalamenti aber nutzt die Gelegenheit, um eine ausgesprochen gerissene Aussage zu machen.«

Die Kennedys meinen, Leval sei drauf und dran, Kennedys Verteidigung »auf die Schliche zu kommen«, er habe ihm gesagt: »Sie versuchen wohl, die Staatsanwaltschaft der Vereinigten Staaten hereinzulegen.« Leval sei wütend, meint sie.

Er hat gesagt, er werde über den Antrag der Staatsanwaltschaft, Badalamenti wegen Mißachtung des Gerichts zu belangen, nach dem Kreuzverhör entscheiden; das gleiche gelte für seine Entscheidung darüber, ob er Kennedy eine nochmalige Vernehmung des Zeugen gestatten werde.

Badalamentis Weigerungen sind heute unerbittlicher denn je. Seine Antworten bestehen nur noch aus einem Grunzen. Er hatte die ganze Nacht Zeit gehabt, darüber nachzudenken, was mit Vito passiert ist. Mittlerweile jedoch erscheinen die Spielchen des Alten nur noch als prahlerisch-hohle Zurschaustellung sizilianischer Tapferkeit – sie nehmen sich eher kindisch aus als gefährlich.

Teresa Badalamenti und Mrs. Evola ziehen ihre Mäntel an und verlassen den Sitzungssaal, um sich ins Krankenhaus zu begeben. Badalamenti starrt ihnen nach, und der Blick seiner furchtbaren Augen verrät eine tiefe Sehnsucht.

Freeh stellt noch weitere Fragen über Codes, stößt aber nur auf weitere Weigerungen, sich zu erklären. Der Ankläger tut alles in seiner Macht stehende, um bei den Geschworenen das Gefühl zu verstärken, Gaetano Badalamenti beleidige und verhöhne sie mit seinen Weigerungen persönlich.

»Ist Ihnen bekannt, ob Mr. Alfano am 4. Februar 1984 Mr. Mazzurco Rauschgift nach New York gebracht hat?«

»Nein.«

»Euer Ehren, damit ist meine Vernehmung für den Vormittag beendet.«

Die Anwälte halten Badalamentis heutige Vorstellung für schlechter als die gestrige. Bis zum Ende der Mittagspause ist man sich einig: »Badalamenti geht den Bach runter und zieht seine ganze Familie mit.« Außerdem beklagen sich die Anwälte, daß Levals Entscheidungen eine Menge schlimmer Präzedenzfälle schafften: was strafbare Verabredungen mit vielen Beteiligten anbelange, was Abtrennungen anbelange, was Sachverständigenaussagen anbelange – wie zum Beispiel die des »Drogenjargon-Sachverständigen« und DEA-Mannes Tarallo –, ganz zu schweigen von den Entscheidungen, die die Mafia an sich schon als kriminelle Vereinigung klassifizieren.

Die Geschworenen sind wieder im Saal. Der Alte ist immer noch im Zeugenstand. Seine Augen haben den Ausdruck eines unrettbar Verlorenen. Eine unbeantwortete Frage folgt der nächsten. »Ich werde das nicht erklären . . . Auch das werde ich nicht erklären.« Leval unterdrückt sein Gähnen.

»Euer Ehren«, sagt Freeh schließlich und sammelt seine Aktendekkel zusammen. »Mein Kreuzverhör ist beendet.«

Leval unterbricht die Verhandlung für 10 Minuten, und um 15.31 Uhr sagt er: »Bitten Sie die Geschworenen herein.« Es ist Zeit für die zweite Runde von Kennedys Vernehmung.

Michael Kennedy erhebt sich. Er ist entweder ein wirklich superber Schauspieler oder der größte Masochist aller Zeiten – oder sollte er doch etwas zur Verteidigung seines Klienten vorzubringen haben? Er bittet Badalamenti um eine Antwort auf die Frage: »Sind Sie oder waren Sie jemals ein Mitglied der Cosa Nostra?«

Man sieht den Geschworenen an, daß sie vor Langeweile fast vergehen. Sie vermeiden es, den Zeugen anzusehen, was immer ein schlechtes Zeichen ist.

Jetzt verliest Kennedy die Antwort seines Mandanten. »›Mr. Freeh, Sie wissen sehr gut, daß mir das in Italien große Schwierigkeiten ein –‹ «

Freeh unterbricht ihn mit seinem Einspruch – dem jedoch nicht stattgegeben wird.

Was Badalamenti damit gemeint habe?

»Das habe ich bereits erklärt«, beginnt er, nicht weniger arrogant als bisher. »In Italien läuft ein Verfahren gegen mich. Ich glaube, daß die Ermittlungen dazu . . . 1982 begonnen haben.«

Wieder bringt Freeh einen Einwand vor – diesmal wird ihm stattgegeben, und Kennedy bittet, vortreten zu dürfen.

Leval erklärt, Kennedys Klient antworte doch wohl ziemlich exzentrisch, und außerdem basierten seine Antworten nur auf Vermutungen. Warum sollte man ihm gestatten, als Zeuge »über alle möglichen Sachverhalte auszusagen, von denen er glaubt, sie könnten seiner Sache nützen, so zum Beispiel wenn er andeutet, er sei bei einem Treffen deshalb nicht dabeigewesen, weil er nicht verhaftet worden sei?« Kennedy erlaubt sich, dem Gericht seinen eigenen Zorn über den Angeklagten anzudeuten. »Was er sagen wollte – zugegebenermaßen ziemlich umständlich, was vielleicht auf seine sizilianische Herkunft zurückzuführen ist, obwohl beispielsweise die Iren da auch nicht anders sind – was er sagen wollte, war, daß ihm eine Anklage wegen Teilnahme am Mafia-Krieg bevorsteht. Ich nehme an, genau das war es, worauf er hinauswollte – soweit ich ihn überhaupt dazu bringen kann, auf irgend etwas hinauszuwollen.«

Noch schlimmer wird es, als Kennedy sich Badalamentis Soldatenlaufbahn zuwendet. Er kann Badalamenti zwar zu der Aussage bewegen, er habe persönlich auf die Deutschen geschossen, aber als Kennedy ihn bittet, auf der Karte die Stelle zu zeigen, wo das gewesen sein soll, kann er sie nicht finden. Schließlich sagt er: »Um ehrlich zu sein, ich kann noch nicht einmal Cinisi ausmachen.«

Mit diesem schwachen Akkord klingt die Verhandlung für heute aus. Kennedys Ringen um eine Rehabilitation des Alten ist zwar geradezu heldenmütig, aber die Unterstützung durch seinen Klienten ist gleich Null.

An diesem Abend erzählt Badalamenti seinem Anwalt eine lange Geschichte, eigentlich eine Parabel, die die beiden Männer sich vor Lachen auf die Schenkel schlagen läßt. Kennedy kommt zwar nie ganz dahinter, was der Alte mit seiner Fabel wirklich zum Ausdruck bringen wollte, aber sie will ihm trotzdem wochenlang nicht mehr aus dem Sinn.

Es war einmal, da kamen die Tiere überein, den Wolf zum König des Waldes zu küren. Es war ein extrem langer, kalter Winter, und nach einiger Zeit hatte keines der Tiere mehr genug zu fressen. Langsam, aber sicher wird die ganze Gemeinschaft verhungern müssen. Da beschlossen die Tiere einstimmig, daß ab sofort jegliches Futter an eine zentrale Stelle zu bringen sei, wo dann alle Tiere etwas davon abhaben sollten – alles sollte zu gleichen Teilen aufgeteilt werden. Die Aufgabe des Wolfes war es, über die Einhaltung dieses Beschlusses zu wachen.

Eines Tages ging ein junger Hirsch allein durch den Wald und sah ziemlich hoch auf einem Baum ein einzelnes Blatt. Hungrig wie der

Hirsch war, fraß er das Blatt auf. Einige der anderen Tiere beobachteten ihn dabei, fingen ihn ein und schleppten ihn vor den Wolf. Der Hirsch verteidigte sich beredt: »Ach bitte, mein Herr! Ich hatte nicht die Absicht, mich dem Befehl zu widersetzen. Aber ich war so furchtbar hungrig, ich mußte einfach essen.«

Der Wolf jedoch kannte keine Gnade: »Du hast unserem Gesetz nicht gehorcht und mußt deshalb mit deinem Leben bezahlen.« Kaum hatte er das gesagt, exekutierte der Wolf den Hirsch und befahl – da der Hirsch nun einmal tot war, und den anderen Tieren der Hungertod drohte –, sein Fleisch an die anderen Tiere zu verteilen.

Kurze Zeit später in diesem furchtbarsten aller Winter erfuhr der Wolf, daß ein hungriger Löwe, der den gefrorenen Wald durchstreifte, ein umherirrendes Lamm gefunden und gefressen hatte. Schon bald darauf führte man den Löwen vor den Wolf. »Ich war so hungrig«, brüllte der Löwe, »daß ich einfach essen *mußte.*«

Darauf der Wolf: »Na ja, wenn man Hunger hat, dann muß man essen.«

Kennedy hatte Joe Calluori gefragt, was es mit dieser Geschichte seiner Meinung nach auf sich habe. »Ich nehme an, sie bedeutet, daß Mr. Badalamenti nicht mit Heroin handeln wollte, sich aber dazu gezwungen sah; daß ihm die Umstände keine andere Wahl gelassen haben.«

»Ja«, meinte Kennedy. »Aber angenommen, Mr. Badalamenti war der Hirsch?«

Eleanore Kennedy wurde zu Rate gezogen. »Der Boß der Bosse würde sich doch nie mit einem Hirsch vergleichen«, sagte sie. »Ich glaube nicht, daß es in dieser Geschichte überhaupt um Heroin geht – es geht um Macht. Ich denke, sie bedeutet, daß man aus einer Machtposition heraus handeln muß. Sie drückt Mr. Badalamentis Weltsicht aus: Wenn man stark ist, dann kann man tun und lassen, was immer man will.«

Freitag, 24. Oktober 1986. Im Gerichtssaal. Als die Geschworenen ihre Plätze eingenommen haben, hält Leval eine kleine Ansprache: »Joe sagte mir eben, daß es gestern genau ein Jahr her war, daß ich Sie zu Ihrer Wahl als Geschworene beglückwünschte... Ich hätte damals nicht im Traum daran gedacht, daß wir ein Jahr später zusammen ein Jubiläum begehen würden.« Seine Worte werden mit einem herzlichen Gelächter quittiert.

»Ich möchte darüber hinaus noch meine aufrichtige Anerkennung für Ihre geduldige Mitarbeit zum Ausdruck bringen. Ich weiß, daß Ihnen hier einiges zugemutet wird, und danke Ihnen daher auch vielmals im Namen des Gerichts ...«

Als nächstes erfolgt die von der Staatsanwaltschaft geforderte erneute Rechtsbelehrung der Geschworenen. Mr. Badalamenti habe gestern gesagt, er glaube, seine Aussage sei wahr, korrekt und vollständig. »Das Gesetz sieht nicht vor, daß ein Zeuge darüber entscheidet, wann er antworten will und wann nicht. Das Gericht hat ihm befohlen zu antworten. Er hat sich geweigert. Das Recht eine Antwort zu verweigern wird ihm vom Gesetz nicht eingeräumt, somit sind seine wiederholten Weigerungen als Zuwiderhandlungen gegen die entsprechenden Gesetze zu sehen.«

»Guten Morgen, Mr. Badalamenti.«

»Guten Morgen, Mr. Kennedy.« Die Stimme des Alten ist hörbar kräftiger. Er weiß, daß Vito letzte Nacht einen weiteren Liter Familienblut bekommen hat und daß es ihm besser geht. Kennedy läßt seinen Mandanten noch einmal kurz auf seine früheren Aussagen hinsichtlich seiner Erfahrungen als Soldat, Deserteur, Partisan und Zivilist während des Zweiten Weltkriegs zusammenfassen. Seine Antworten sind brauchbar und überzeugend. Er ist präzis und bescheiden und spuckt nicht mehr die großen Töne von gestern.

»Haben Sie 1950 Ihrem Rechtsbeistand gesagt, daß Sie während des Zweiten Weltkriegs den Vereinigten Staaten auf Sizilien Ihre Dienste zur Verfügung gestellt hatten?«

»Nein, Sir.«

Auf den ersten Blick scheint die Antwort verheerend. Aber wieder einmal wird sich herausstellen, daß Badalamenti unglaublich präzise sein kann. Nicht er hat diese Aussage gemacht, sondern sein Bruder. Warum nur sagt er das nicht dazu? Für den Augenblick hat Kennedy keine andere Wahl, als darüber hinwegzusehen.

Er zeigt Badalamenti das sechsunddreißig Jahre alte Dokument. Laut diesem wurde er ausdrücklich gefragt, ob er begreife, daß er unter Eid stehe.

»Daran, Mr. Kennedy, erinnere ich mich nicht mehr. Wir saßen beide zusammen darüber, ich und der von der Einwanderungsbehörde, der nur recht wenig Italienisch sprach und noch weniger Sizilianisch. Wir hatten derartige Schwierigkeiten, uns zu verständigen, daß wir unsere Fragen und Antworten niederschreiben mußten.«

»Haben Sie damals verstanden, daß Sie unter Eid standen?«

»Nein, Sir.«

Kennedy liest aus dem Dokument vor: »Gaetano Badalamenti stand auf, hob die Hand und wurde vereidigt, die Wahrheit zu sagen.«

»Sind Sie aufgestanden?«

»Nicht daß ich mich erinnere... Aber die Wahrheit habe ich jedenfalls nicht gesagt!«

»Warum nicht?«

»Ich hätte die Person, der ich meine Anwesenheit hier zu verdanken habe – und auch meinen Bruder – in große Schwierigkeiten gebracht; und was anderes wollten die schließlich gar nicht erfahren.«

»Warum haben Sie 1950 gelogen, obwohl Sie heute unter Eid eingestehen, daß er Ihnen geholfen hat?«

»Nun ja, mein Bruder ist mittlerweile gestorben.«

Diese zweite Vernehmungsrunde ist für Kennedy eine Sisyphusarbeit. Man meint zusehen zu können, wie er sich zunehmend verspannt, während er sich abmüht, seinem sonderbaren, dünkelhaften Klienten mit dessen unklarer Ausdrucksweise immer wieder aufs neue eine vermeintlich hilfreiche Antwort abzutrotzen.

»Mr. Badalamenti, Sie gestehen ein, Tabak geschmuggelt zu haben. Aber sie bestreiten, jemals Drogen geschmuggelt zu haben. Worin besteht Ihrer Meinung nach der Unterschied?«

»Für mich liegt dazwischen ein Abgrund.«

»Beschreiben Sie ihn.«

Bei Zigaretten werde nur der Staat betrogen. Mit Drogen sei das eine ganz andere Sache.

Worin der Unterschied denn bestehe?

»Sie schaden den Menschen.«

Kennedy macht weiter. »Mr. Badalamenti, die Anklagevertretung hat Sie gefragt, ob Sie ein Vorsitzender des Aufsichtsrats der sizilianischen Mafia waren. Was meinten Sie, als Sie sagten: ›Wenn Sie das für den italienischen Prozeß brauchen, dann tut es mir leid. Von mir werden Sie nichts bekommen‹?«

»Weil ich glaube, daß das in Italien wichtig ist.«

»Aber das Gericht hat Ihnen gesagt, es sei hier wichtig. Sie *müssen* antworten ... Wenn ich Sie das fragen würde, was der Ankläger Sie gefragt hat, würden Sie mir dann antworten, Mr. Badalamenti?«

»Nein.«

»Warum nicht, Mr. Badalamenti?« Der Anwalt ist dem Zeugen halb zugewandt, seine Haltung erinnert an die eines Matadors, der einen Stier ins Auge faßt.

»Ich habe es schon einmal gesagt: nein. Aus zwei Gründen. Der erste ist ein Verfahren, das mich in Italien erwartet. Der zweite ist, daß – wenn man mir etwas im Vertrauen gesagt hat – ich es nicht verraten würde.«

»Was haben die Anklagepunkte ›Zugehörigkeit zur Mafia‹ und ›Teilnahme am Mafia-Krieg‹ mit Ihrer Weigerung in diesem Prozeß zu tun, Mr. Badalamenti?«

»Weil die das benutzen würden. In Italien. Sie haben auch schon alles andere benutzt.«

»Einspruch!« Freeh beantragt, letzteres zu streichen, und Leval gibt dem statt.

»Während Sie hier als Zeuge vernommen wurden, haben Sie da Personen in diesem Gerichtssaal gesehen, die Sie für italienische Magistrate hielten?«

»Einspruch! Das gehört nicht zu Sache!« Leval gibt auch diesem Einspruch statt.

Es mag vom juristischen Standpunkt aus nicht hierhergehören, von Badalamentis Standpunkt aus aber ohne Frage.

»Sie haben in einem dieser Telefongespräche gesagt, daß Sie gern zu einem Termin in die Vereinigten Staaten kommen würden, das war 1983. Was war das für ein Termin?«

»Ich wollte einen Termin mit Lamberti und Pietro Alfano haben.«

»Warum?«

»Mr. Kennedy, ich denke nicht, daß das Dinge sind, die diesen Prozeß betreffen.«

»Sie weigern sich also, meine Fragen zu beantworten, Mr. Badalamenti?«

»Ja. Weil sie Familienangelegenheiten betreffen, die die Öffentlichkeit nichts angehen.«

Wieder erhebt Freeh Einspruch und verlangt, sämtliche vorangegangenen Antworten zu streichen.

»Dagegen muß ich mich verwahren! Es widerspricht der Übereinkunft, die ich mit Ihnen zu haben glaubte«, protestiert Kennedy. Sie treten vor, um die Sache vor dem Richtertisch und damit außer Hörweite der Geschworenen auszutragen.

Ivan Fisher ist auf den Platz hinter Eleanore Kennedy geschlüpft. »Das ist eine internationale Premiere in der Strafgerichtsbarkeit!« schmunzelt er kopfschüttelnd. »Er widersetzt sich der Anklage, er widersetzt sich dem Gericht, und jetzt widersetzt er sich auch noch seinem eigenen Anwalt!«

Fisher bietet seine Hilfe an. Kennedy sollte seiner Meinung nach einen italienischen Anwalt in den Zeugenstand rufen, der Badalamentis mißliche Lage erklären könnte. »Die Staatsanwaltschaft«, so sagt er, »hat es so hingestellt, als habe Badalamenti sie aufs Kreuz gelegt – während in Wirklichkeit sie diejenigen sind, die hier jemanden aufs Kreuz legen! Wenn er hier zugibt, er gehört zur Mafia, dann bedeutete das drüben automatisch 21 Jahre.« Wenn schon Fishers ehemaliger Mandant Sindone, der milliardenschwere Bankier, es nicht habe verhindern können, daß man ihm in der italienischen Schutzhaft Zyankali serviert, was für eine Chance habe dann Badalamenti?

Kennedy stellt eine Reihe von Fragen, die die Gefängnislaufbahn seines Mandanten zum Thema haben. Dann: »Man hat Sie gefragt, ob Sie Saca Catalano kennen.« (Saca ist ein Cousin von Salvatore; man hat ihn 1983 erschossen in Queens in einem Auto gefunden.)

»Ja.«

»Sie sagten, Sie und er seien Mitglieder einer Vereinigung gewesen.« Badalamenti war damals mit 113 anderen vor Gericht gestellt worden.

»Ja. Man nannte das damals den ›Bund der 114‹. Der Prozeß wurde in Palermo verhandelt.«

»Wo man Sie schuldig befand, ein Mitglied der Mafia zu sein?«

»Ja, Sir.« Kennedy hat damit einen raffinierten Weg gefunden, den Geschworenen zu sagen, daß sein Mandant ein Mafioso ist, ohne daß dem das selbst über die Lippen kommen mußte.

»Gestern haben Sie ausgesagt, daß einige Worte Codeworte seien. Zum Beispiel *Tomate*. Haben Sie das Wort ›Tomate‹ jemals benutzt, um damit das Gemüse, die Tomate, zu bezeichnen?«

»Ja.«

»Haben Sie jemals mit dem Wort Dose eine Dose bezeichnet?«

»Ja.«

Kennedy, mit volltönender Stimme: »In den Gesprächen, die hier dem Gericht vorgespielt wurden, haben Sie da jemals von Waffen gesprochen – ich meine verschlüsselt?«

Freehs sofortiger Einrede wird stattgegeben, und die Anwälte werden gebeten, zum Richter vorzutreten.

Wie nicht anders zu vermuten, läßt Leval die Andeutung, daß es sich bei der verschlüsselt erwähnten Konterbande um Waffen und nicht um Drogen gehandelt haben könnte, streichen. Aber Eleanore merkt ganz richtig an: »Man kann ein Glockenläuten nicht rückgängig machen.«

Kennedys Dilemma sah folgendermaßen aus: Sollte er das Verteidigungsargument mit den Waffen jetzt anbringen, oder sollte er es bis zu den Schlußvorträgen zurückhalten? Um der Staatsanwaltschaft seine Strategie nicht vorzeitig zu enthüllen, war er eher geneigt, so lange wie nur irgend möglich zu warten. Leval löst das Problem für ihn, als er entscheidet, Kennedy dürfe diese zweite Vernehmungsrunde nicht dazu benutzen, Fragen einzubringen, die zu stellen er in der ersten Runde versäumt habe. Badalamenti selbst war es, der diese Situation geschaffen hat: Als Kennedy, sein eigener Anwalt also, ihn in der ersten Runde danach gefragt hatte, hatte er nicht zugegeben, daß seine Unterhaltungen verschlüsselt waren; er hatte sich ganz einfach geweigert, sie zu diskutieren. Beim Kreuzverhör dann hatte er jedoch Freeh herausfordernd gesagt, ja, es habe sich um verschlüsselte Gespräche gehandelt. Dieses Eingeständnis kam für Kennedy natürlich völlig überraschend. Jetzt wollte er dieses im Kreuzverhör gemachte Geständnis als Basis für weitere Fragen in der zweiten Runde benutzen. Aber Freeh beanstandet dies, und Leval gibt seiner Einwendung statt. Andernfalls käme Kennedy zweimal zum Zug, während die Staatsanwaltschaft nur eine Chance gehabt hätte; und Badalamenti wäre letztendlich dafür, daß er gegen seinen eigenen Anwalt gemauert und sich der Opposition – wenn auch noch so geringfügig – geöffnet habe, belohnt anstatt bestraft worden. Das Gericht würde Badalamenti immerhin Gelegenheit geben, über Waffen, den Mafia-Krieg oder sonstige seinen Zwecken dienliche Beweistatsachen zu sprechen, »die Mr. Freeh zu geben er sich geweigert hatte.«

Als die Geschworenen zurückkommen, erklärt Kennedy: »In Anbetracht der Entscheidung des Gerichts habe ich keine weiteren Fragen.«

Auch Freeh hat keine weiteren Fragen. Der Zeuge kehrt auf seinen Platz zurück; das erste Mal seit einer geschlagenen Woche lächelt er.

Kennedy spielt im Augenblick insgeheim ein gefährliches Spiel. Er hat nicht gesagt: »Die Verteidigung schließt ihren Beweisvortrag ab.« Er wartet ab, um zu sehen, ob das Gericht dem Antrag der Staatsanwaltschaft, die gesamte Zeugenaussage Badalamentis aus dem Protokoll zu streichen, zustimmt oder nicht.

Er wird länger darauf warten müssen, als irgend jemand voraussehen konnte. Benfante hat einen Zeugen aufgeboten, der darauf wartet, außerhalb der Reihe gehört zu werden; es handelt sich um einen Häftling, den man eigens für seine Aussage aus dem Gefängnis geholt hat. Der Dealer Sadid Torres aus der Bronx, den die Staatsanwaltschaft als Mazzurcos Kokain-Connection bezeichnet, ist auf Grund des Kokains, das man bei der Razzia am 9. April in seiner Wohnung gefunden hatte, bereits verurteilt und sitzt seit über einem Jahr im Gefängnis. Torres ist entweder ausgesprochen mutig, ausgesprochen dumm oder ausgesprochen gierig. Obwohl er kurz davor steht, zur Bewährung entlassen zu werden, tritt er hier an, um den Geschworenen zu sagen, er habe Sal Mazzurco noch nie in seinem Leben gesehen.

Martins Kreuzverhör ist kurz und brutal. Nachdem er Torres als plumpen und stupiden Lügner entlarvt hat, fragt er ihn: »Entspricht es nicht der Wahrheit, daß Sie zwischen Ihrer Verurteilung und dem Tag der Urteilsverkündung versucht haben, ein Abkommen zu erwirken, und daß Sie – als Sie und Ihr Anwalt sich mit Mr. Freeh trafen – sagten, Sie hätten eine Todesangst davor, gegen Mr. Mazzurco und seine Leute auszusagen ...«

Zwischenrufe allenthalben: »Unerhört!« »Verfahrensfehler!« Die Anwälte behaupten, Martin habe die Phrase »und seine Leute« bewußt eingestreut. Er habe dies getan, um sämtliche Angeklagten auf einen Streich anzuschwärzen. Die Geschworenen werden aus dem Saal geschickt. Es folgt eine bösartige Debatte. Die Staatsanwaltschaft bleibt bei ihrer Behauptung, Torres habe ihr, nachdem Freeh dem Rauschgifthändler gesagt hatte, es würde kein Abkommen geben, bevor er nicht den Namen seines Lieferanten preisgebe, gesagt, er könne das nicht tun, weil er wüßte, »was Mr. Mazzurco und seine Leute mit ihm anstellen würden.« Dave Lewis bezichtigt Martin eines »ungebührlichen Verhaltens«, was ihm sofort eine Retourkutsche einbringt: »Und das ausgerechnet von dem Mann, dem wir die Fragen über den Agenten Tarallo verdanken! Danke schön, Mr. Lewis, danke!«

Leval macht dem Gezänk ein Ende, aber Torres hat die Verbindung zwischen – zumindest einigen – Pizza-Angeklagten und dem Gelichter auf der untersten Sprosse der Drogenleiter nachdrücklich bestätigt.

Benfante steigert sich in einen typisch italienischen Wutanfall hinein – kaum daß er seine Worte richtig herausbringt. »Wenn sich die Staatsanwaltschaft nicht entblödet, mit allen möglichen illegalen Mitteln zu arbeiten – einschließlich der Erpressung dieses Zeugen – ... weil dieser Mann entsetzliche Angst vor der Staatsanwaltschaft hat, vor Mr. Freeh ... Wenn Sie mich zum Schweigen bringen wollen oder wegen Mißachtung belangen, dann tun Sie das nur ...« Tränen kullern ihm über die Backen.

Im Tonfall eines geduldigen Vaters sagt Leval: »Sie haben das alles selbst ans Tageslicht gezerrt, und die Glaubwürdigkeit Ihres Zeugen wurde auf völlig korrekte Weise erschüttert ... Ich glaube nicht, jemals erlebt zu haben, daß die Glaubwürdigkeit eines Zeugen derart einwandfrei erschüttert wurde.«

Sämtliche Anwälte im Saal schließen sich einem Antrag auf ein fehlerhaftes Verfahren an. Martin verteidigt sich. Dieser Mann sei hier hereingekommen und habe eine Aussage gemacht, die völlig lächerlich sei. Das Motiv – das sei hier das Schlüsselelement. Eben diese Macht, die »diese Leute« über Männer wie Torres haben, sei es, worum es in der RICO-Anklage gehe. (Der RICO-Paragraph erlaubt der Staatsanwaltschaft zu behaupten, die Mafia sei an sich schon eine auf kriminelle Geschäfte ausgerichtete Organisation.)

Leval befürwortet die Position der Staatsanwaltschaft, wenn auch mit dem Hinweis, daß die Frage vorab mit ihm am Richtertisch hätte geklärt werden müssen. Wäre das geschehen, so hätte er als Vorsitzender bestimmt, die Phrase »und seine Leute« wegzulassen. Aber »daß Mr. Torres hier überhaupt in den Zeugenstand geraten ist, ist das schlimmste, was irgendeinem der Angeklagten in diesem Prozeß bisher passiert ist. Die Aussage hat ein schreckliches Blutbad unter den Angeschuldigten angerichtet.«

Die anhaltenden Forderungen nach einem Abbruch des Verfahrens wegen Fehlerhaftigkeit – die ebenso hartnäckig abgeschmettert werden – sind längst nicht mehr nur das rituelle Sich-in-Pose-Werfen, wie es pro forma in jedem Prozeß üblich ist. Der Pizza-Prozeß ist längst kein gewöhnlicher Prozeß mehr. Mit jedem Tag, den er sich voranwälzt, rückt für das Gericht die Alternative, den Prozeß für fehlerhaft zu erklären, weiter aus dem Bereich des Möglichen.

Beim Mittagessen reden sich die Anwälte von der Leber, was sie vor Gericht nicht sagen konnten: sie seien sich sicher, daß Martin Torres nicht richtig zitiert habe. Wenn sein Zitat den Tatsachen entspräche, dann wäre es bereits während der Kautionsverhandlungen gefallen oder bei der Beweisaufnahme durch die Staatsanwaltschaft. Leval müsse das doch klar sein. Er möge ja noch nicht allzuviel Erfahrung mit dem RICO-Gesetz oder dem Paragraphen 848 haben, aber er habe doch schon in unzähligen Kautionsverhandlungen den Vorsitz geführt.

Als nächster steht Ivan Fisher auf dem Podium. Fishers Strategie besteht darin, seinen Angriff auf die drei erdrückendsten Beweise gegen seinen Mandanten zu konzentrieren. Der erste ist Sal Catalanos angebliches Treffen mit Ganci und einigen anderen Mafiosi am Valentinstag 1980 auf der Piazza Politeama, nur wenige Wochen vor dem angeblichen Drogentest in dem Bauernhaus in Bagheria. Der zweite ist die Aussage Ronsisvalles über die Heroinlieferung, die per Auto aus Florida gekommen sei. Die dritte Beweistatsache ist die Behauptung Amendolitos, »Sal« habe ihm auf einer Straße in Queens 1,5 Millionen Dollar in bar in die Hand gedrückt.

Fisher besteht darauf, daß man seinen Mandanten durch falsche Beschuldigung reingehängt habe, und er glaubt, wenn er auch nur einen zentralen Punkt der Geschichte, die die Staatsanwaltschaft hier auftischt, entkräften kann, kann er die Geschworenen dazu bringen, die ganze Geschichte in Zweifel zu ziehen.

Einige von Fishers Zeugen sind eigens aus Sizilien eingeflogen worden. Während sie im Zeugenstand aussagen, sitzt Malerba auf Kennedys Platz – er ist dem Zeugenstand am nächsten – und lächelt den Entlastungszeugen aufmunternd zu. Als erste tritt Catalanos Schwiegermutter auf, eine auffallend schick gekleidete Frau mit ganz kurzem grauem Haar. Sie hat kaum zwei Sätze über die Lippen gebracht, und schon verdickt sich die Minestrone aus sizilianischen Namen zu einem unverdaulichen Eintopf. Ihr Name ist Maria Catalano. Der Name ihres Mannes ist Sal Catalano. Aber weder sie noch ihr Mann waren mit dem Angeklagten Catalano verwandt, bis er ihre Tochter heiratete. Beide Familien stammen jedoch aus Cimina, einem Dorf in der Nähe von Palermo an der Straße nach Bagheria, wo allem Anschein nach so gut wie jeder Catalano heißt.

Mamma Catalano macht ihre Aussage mit einer schwermütigmonotonen Stimme vor einem geschrumpften Publikum. Die Geschworenen Nummer drei, sieben und zwölf sind bald völlig weggetreten, während fünf Anwälte – Benfante, Lombardino, Schechter, Bronson und Burke – abwesend sind. Maria Catalano beschreibt den Hochzeitsempfang für ihre Tochter, der gemäß der in Cimina herrschenden Tradition am Sonntag nach der kirchlichen Trauung – die ebenfalls an einem Sonntag stattfindet – bei ihr zu Hause abgehalten wurde. Fisher bringt ein ledernes Fotoalbum mit farbenprächtigen Hochzeitsfotos zum Vorschein und läßt Mamma Catalano in lebendigen Bildern einen fröhlichen und aufwendigen sizilianischen *sposalizio* beschreiben. Unter Fishers gekonnter Regie skizziert sie etwas, das sich ganz nach der Festszene aus der *Cavalleria Rusticana* anhört.

Mamma Catalano habe eigenhändig für alle gekocht: Eltern, Kinder, Eingeheiratete, Brüder und Schwestern beider Familien Catalano, einschließlich dem Bruder der Braut, dessen Name natürlich Sal Catalano ist. Den ganzen Nachmittag über bis in den Abend strömten die Gäste ins Haus, um den Frischvermählten zu gratulieren und Geschenke zu überbringen, von denen – nach sizilianischem Brauch – viele aus dicken geldgefüllten Kuverts bestanden. Der Bräutigam war die ganze Zeit über dabei, von Mittag bis ungefähr halb elf abends, als der letzte Gast nach Hause ging.

Fisher zeigt Mrs. Catalano das Foto eines unrasierten Mannes, das am Spätnachmittag des 14. Februar 1980 auf der Piazza Politeana in Palermo aufgenommen wurde. Es handelt sich dabei um jenes Foto, das laut Staatsanwaltschaft den Angeklagten Sal Catalano zeigt, wie er sich, einige Wochen bevor man in dem Bauernhaus in Bagheria die einundvierzig Kilo Heroin prüft, mit Ganci und den beiden Drogenhändlern der Mafia trifft. Fisher entlockt Mrs. Catalano, daß sich ihr Schwiegersohn jeden Tag rasiere. Der Angeklagte Catalano hört aufmerksam zu, einen Zeigefinger quer über seinen geschlossenen Mund gepreßt.

Ankläger Stewart ist kurz angebunden, ja barsch. Er begrüßt Mrs. Catalano noch nicht einmal mit ihrem Namen. Er benutzt ihre Aussage, um eine Reihe anderer Fotos vom Hochzeitsempfang ins Spiel zu bringen, die zeigen, daß die Feierlichkeit von etwa dreihundert Leuten besucht war, unter denen sich einige Mafiosi von ganz oben befanden, so etwa der sizilianische Mafia-Boß Leonardo Greco. Sie identifiziert auch andere Aufnahmen. Auf einer ist der verstorbene Joe Ganci zu sehen, der Taufpate ihres Enkelkindes; sie sagt jedoch, sie erinnere sich nicht, ihn auf irgendeiner der Hochzeitsfeierlichkeiten gesehen zu haben. Sie identifiziert einen gewissen »Toto« Sal Catalano als den Cousin des Angeklagten Sal »Toto« Catalano und Bruder von Onofrio Catalano, der damals noch einen Landmaschinenverleih betrieben habe.

Und was macht Onofrio jetzt?

»Jetzt ist er ein Flüchtling« antwortet sie.

»Der Vater von Salvatore ›Saca‹ Catalano und Onofrio Catalano heißt ebenfalls Salvatore, nicht wahr?«

Nein. Der heiße Antonio. Aber alle nennen ihn Giuseppe.

Die Marshals flüstern einander zu, daß Stewarts schwerfälliger Vernehmungsstil ihm bei den Geschworenen den Spitznamen »Nitol« eingebracht habe. Der ehemalige Ankläger Ruggiero meint: »Ich hätte ihr zwei Fragen gestellt: ›Mrs. Catalano, lieben Sie Ihren Schwiegersohn?‹ Und zweitens: ›Sie würden doch nicht wollen, daß ihm etwas Schlimmes zustößt, oder?‹« Statt dessen frage Stewart der Zeugin ein Loch in den Bauch, um die Namen weiterer Mafiosi zu erfahren, um weitere Akten anlegen zu können. »Die haben doch wirklich die Mentalität von Polizisten, nicht von Anwälten«, bemerkt Kennedy.

Auch Fishers zweiter Zeuge war Gast jener Hochzeitsfeier, ein kleiner weißhaariger Schmied mit einer grimmigen Miene. Er heißt Vito Marcello, ist fünfundsechzig Jahre alt und ein enger Freund des Angeklagten Catalano. Der Anwalt kommt ohne Umschweife zur Sache. »Wann haben Sie an jenem Tag den Catalanos Ihren Besuch abgestattet?«

Zwischen halb vier und halb fünf nachmittags, ja, und er habe Sal Catalano auf dem Hochzeitsempfang gesehen.

Auch ihn nimmt Stewart ins Kreuzverhör. Bei der Staatsanwaltschaft hat sich bereits ein Frageschema herausgebildet. Die ersten

Fragen gelten immer Namen, Adresse, Adresse während des letzten Aufenthalts in den Vereinigten Staaten – eben all jenen Daten, die man benötigt, um die Akte bei der Einwanderungsbehörde eines jeden Zeugen einer Routineprüfung unterziehen zu können. Mr. Marcello hat 1969 fast ein ganzes Jahr in den Vereinigten Staaten verbracht und bei seiner Schwiegermutter in Chicago gewohnt.

Stewart nimmt sich diesen Zeugen weitaus intensiver zur Brust als Signora Catalano. Er befragt ihn zu seiner beruflichen Laufbahn, wann er in Rente gegangen sei, wer ihn aufgefordert habe, hier in den Vereinigten Staaten auszusagen, und wo er in New York untergekommen sei.

Dann wendet er sich einem anderen Thema zu: Ob der Zeuge davon Kenntnis habe, daß das Dörfchen Cimina der Sitz einer gewissen Mafia-Familie sei? Als sich der alte Schmied so urplötzlich in diesem mit Tabu belegten Thema gefangen sieht, sucht er seine Zuflucht im sizilianischen Bauernhumor. »Mafia – was soll denn das sein? Ich weiß noch nicht mal, was das ist! Ist das was zum Essen?« Die Antwort verdirbt Stewart das Konzept, er setzt sich wieder auf seinen Platz.

Fisher muß sich vor der zweiten Runde seiner Befragung des Zeugen mit ihm besprechen, und Leval unterbricht die Verhandlung. Als sich die Spieler wieder versammeln, und noch bevor die Geschworenen wieder in den Saal zurückkehren, erklärt Fisher, es werde keine abermalige Vernehmung geben. Stewart springt erschrocken auf und beantragt, das Kreuzverhör der Staatsanwaltschaft noch einmal aufnehmen zu dürfen. Er macht geltend, daß eben Marcellos Einwanderungsakte aus Chicago eingetroffen sei und daß sie nachteilige Informationen enthalte. Fisher zeigt ihm sein strahlendstes Lächeln. Die Staatsanwaltschaft habe einen Hinterhalt zu legen versucht: Sie wollte Fisher mit einigen harmlosen Fragen in die abermalige Vernehmung wandern lassen, um ihm dann mit der Einwanderungsakte gehörig eins überzubraten. Fisher hat ihr diese Tour wenigstens vorübergehend vermasselt, und Stewart sieht aus, als wollte er an seinem Zorn ersticken. In der Akte des Schmieds ist eine vierzig Jahre alte Verurteilung wegen Raubs verzeichnet, aufgrund der man ihm nur ein beschränktes Visum für die USA gewährt hat. Leval entscheidet jedoch zu Fishers Ungunsten. Er muß seinen Zeugen für eine weitere Befragung durch die Staatsanwaltschaft zur Verfügung halten.

Fishers nächste Zeugin ist die Ehefrau seines Mandanten, Catarina Catalano, eine attraktive Frau Ende Dreißig, konservativ gekleidet, das kastanienbraune Haar elegant frisiert. Sie macht einen nervösen und empfindlichen Eindruck. Der Anwalt formuliert seine Fragen auf eine ländlich-freundliche Art. »Kennen Sie den Burschen da drüben?« Er nickt dabei in Richtung ihres Gatten. Er gibt sich große Mühe klarzustellen, daß Catarina Catalano den ganzen 14. Februar über mit ihrem Mann zusammen war, außer für vierzig Minuten am Nachmittag, als er seinem Freund, dem Metzger von Cimina, einen Besuch abstattete.

Fisher zeigt sich von seiner humorvollsten, entwaffnendsten Seite und bringt die ängstliche Frau geschickt dazu, eine solide, herzerwärmende Vorstellung zu geben. Ohne viele Worte und auf angenehme Art erzählt sie, wie sie ihren Mann kennengelernt und geheiratet hat und dann in die Vereinigten Staaten zog. Sie gibt über verschiedene Beziehungen innerhalb der Familie Catalano und im Freundeskreis ihres Mannes Aufschluß. Joe Ganci sei der Taufpate ihrer Tochter gewesen. Sie selbst sei eine enge Freundin von Margarita Ganci, Joes Witwe. Ja, sie kenne auch Baldo Amato; er sei der Taufpate von Sals Nichte. Fisher wendet sich ihren diversen Familienfotoalben zu, die die Hochzeitsfeierlichkeiten in Sizilien und später im Marina del Rey in der Bronx dokumentieren. Er formt ihre Aussage zu einer Daueranklage gegen die Methode der Staatsanwaltschaft, durch Anspielungen und Zuordnungen Schuld zu suggerieren. Aus seiner Perspektive werden die schauerlichen Fotos der Mobgrößen wieder zu dem, was sie ursprünglich auch waren: Fotos aus Frau Catalanos ganz privatem Hochzeitsalbum; und ihre Beschreibung der Beziehungen innerhalb der Familie und des Freundeskreises lassen die Anwesenheit der Mitbeschuldigten Amato und Ganci in diesen völlig logisch erscheinen.

Stewart tritt zum Kreuzverhör an. Er verfolgt die Beziehungen, über die Mrs. Catalano eben ausgesagt hat, zurück und fordert sie auf zu erklären, woher sie Frank Polizzi kenne. Das Bindeglied ist der gemeinsame Freund des Ehepaars Catalano, der verstorbene Joe Ganci, der in der Verabredung zum Drogenhandel, die hier verhandelt wird, Funktion und Position eines Universalgelenks innegehabt hatte, Stewart forscht ein wenig tiefer. Er frage sich, wie nahe sie ihrem Gatten wirklich stehe und wie mitteilsam er ihr gegenüber wohl sei, wenn es um seine geschäftlichen Aktivitäten gehe.

Toto sei nicht ein einziges Mal von zu Hause weggewesen, egal wie lange, ohne daß sie gewußt hätte, wo er sei. Ach ja? Dann könne sie ihm auch sicher sagen, was er in der Dominikanischen Volksrepublik zu suchen hatte? Nein, daß er in der Dominikanischen Volksrepublik gewesen sei, davon habe sie nichts gewußt. Der Ankläger zeigt ihr Catalanos Paß mit dem Stempel der Ein- und Ausreisedaten. Soviel zur vorbildlichen Ehefrau. Keine weiteren Fragen.

Im Korridor geht sie dann mit ihrem Gatten auf und ab und redet leise, aber schnell auf sizilianisch auf ihn ein. Ihrer beider Intimität scheint sowohl Catalanos maskenhaftes Gesicht, als auch den für ein Rauhbein wie ihn typischen Watschelgang zu mildern.

Leval gestattet Stewart, noch einmal Marcello in den Zeugenstand zu rufen, um ihn zu diversen Ungereimtheiten in seiner Einwanderungsakte zu vernehmen. Die Chicagoer Adresse, zum Beispiel, stimme nicht mit derjenigen überein, die er vor siebzehn Jahren der Einwanderungsbehörde angab. Der alte Sizilianer meint, er sei verwirrt gewesen und habe sie vergessen. Genau das ist es, was Stewart hören will, denn das erlaubt es ihm, erst die richtig harten Bälle zu werfen: Aber Sie erinnern sich präzise daran, wo Sie am Valentinstag 1980 zwischen 15.30 Uhr und 16.30 Uhr waren. Habe ich Ihre Aussage richtig verstanden, Sir?

Fishers nächster Zeuge ist Dominic Tartamella, ein kleiner, stämmiger Mann mit einem anmaßenden Auftreten. Ihn in den Zeugenstand zu rufen ist ein gewagter Zug, denn es handelt sich hier um eben jenen Tartamella, von dem der Zeuge der Anklage, Ronsisvalle, behauptet, er habe 1978 den roten Porsche mit dem Kilo Heroin gesteuert. Mit seiner Anwesenheit vor diesem Gericht kann Fisher den Geschworenen eine unausgesprochene Botschaft signalisieren: »Schauen Sie her, dieser Bursche hier läuft frei herum! Wenn es diesen roten Porsche tatsächlich gegeben hätte, dann säße dieser Mann jetzt wohl im Gefängnis!«

Der Zeuge kennt Ronsisvalle, bestreitet aber, jemals einen roten Porsche gefahren zu haben, und schon gar keinen mit einem Kilo Heroin. Fisher benutzt Tartamella, um große Farbfotografien der Bäckerei der Gebrüder Catalano ins Spiel zu bringen, damit die Geschworenen sehen können, was für einen ansehnlichen, sauberen Betrieb sein Klient führt.

Louis Freeh führt sein Kreuzverhör mit ungewöhnlicher Vehemenz, ganz offensichtlich will er Blut sehen. Tartamellas Antworten werden immer vager. Er kann sich nicht mehr an die Tage, Zeitspannen, Daten erinnern, an denen er einer Arbeit nachgegangen ist. Freeh bringt ein Observierungsfoto zum Vorschein, das ihn in angeregter Unterhaltung mit Amato auf einer Parkbank in Queens zeigt. Damit geht Fishers riskantes Spiel nach hinten los. Tartamella ist nicht in der Lage, eine zufriedenstellende Erklärung für dieses Treffen zu liefern. »Wir trafen uns, um Fußball zu spielen«, sagt er, aber auf der Aufnahme sind weit und breit weder Ball, Spieler noch Trikots zu sehen.

Das feingesponnene Netz von familiären, gesellschaftlichen und kriminellen Banden in diesem Prozeß läßt jede sonst völlig normale Verteidigungsstrategie zu einem Risiko geraten. Eine völlig harmlose Begegnung führt womöglich irgendwo zu einem nur schwer zu erklärenden kriminellen Bindeglied – man braucht nur tief genug zu graben. Je verzweifelter die Angeklagten versuchen, sich aus dem Netz zu befreien, desto schlimmer verfangen sie sich darin.

Mit verhaltenem Zorn schiebt sich Fisher aus seinem Sessel. Er muß unbedingt noch einmal auf das eine Faktum in dieser Aussage zurückkommen, das für ihn von Nutzen ist: »Hat Freeh Ihnen auch nur eine einzige Frage zu jenem Tag gestellt, an dem mein Mandant Sal Catalano angeblich im Caffè del Viale aufgetaucht, sich Sie geschnappt und Ihnen gesagt haben soll, den roten Porsche wegzufahren?« Fisher dreht sich auf dem Absatz um, dann wirbelt er plötzlich wieder herum und fügt hinzu: »Eine einzige?«

»Nein.«

Der nächste Zeuge ist wieder ein Catalano. Benny Catalano ist nicht mit dem Angeklagten verwandt, aber er ist der Schwager des verstorbenen Angeklagten Joe Ganci, was bedeutet, daß Ganci mit einer gewissen Margarita Catalano verheiratet war, die ebenfalls nicht mit dem Angeklagten Catalano verwandt ist. Benny ist Schneider, und seine Funktion besteht darin, auszusagen, wie er dem Angeklagten Catalano geholfen hat, vor einem Urlaub Koffer in Gancis Wagen zu verstauen, um dabei festzustellen, daß Gancis Garage voller Kartons mit importiertem Mineralwasser der Marke Fiuggi war. Ganci, ein durstiger, aber mäkliger Gourmet, trank kein anderes, es mußte Fiuggi sein. Das soll erklären, warum an Gancis Garage ein so reger Verkehr mit Kartons herrschte.

Dick Martin schlägt direkt nach der Drosselvene. »Haben Sie jemals Kartons mit Bargeld in Mr. Gancis Haus gesehen?« Nein.

»Haben Sie jemals gesehen, daß Mr. Ganci kiloweise Heroin verpackte?« Nein.

»Haben Sie je Schußwaffen in seinem Haus gesehen?« Nein.

Martin lächelt in Richtung der Geschworenen, dann kehrt er wieder an seinen Platz zurück. Von allen Anwälten im Saal sitzt Martin den Geschworenen am nächsten, und es kommt höchst selten vor, daß er ihnen sein affektiertes, selbstzufriedenes Grinsen erspart.

Donnerstag, 6. November 1986. Im Gerichtssaal In seinem großen Finish greift Fisher den erdrückendsten Beweis gegen seinen Mandanten an, die handgeschriebene Notiz, die »Sal« Amendolito nach dessen eigener Aussage auf einer menschenleeren Straße in Queens übergeben hat und die zur Übergabe der anderthalb Millionen Dollar in bar führte. Auf dem Zettel standen die Namen »Sal« und »Vito« sowie eine Telefonnummer. Es ist noch immer die Nummer von »Alexander's Coiffure«, einem Schönheitssalon in Queens, der Sal Catalanos Bruder Vito gehört. Fisher ruft Vito Catalano in den Zeugenstand, der zugibt, daß die Notiz in der Handschrift seines Bruders Sal abgefaßt ist und daß die Telefonnummer mit der seines Salons übereinstimmt. Er bestreitet jedoch von Amendolito zu irgendeinem Zeitpunkt angerufen worden zu sein, ja, er bestreitet überhaupt je von dem Mann gehört zu haben.

Freeh stellt ihm nur eine einzige Frage, bevor er ihn entläßt. »Würden Sie lügen, wenn Sie Ihren Bruder damit vor einer Verurteilung retten könnten?«

Fisher erklärt seinen Beweisvortrag für abgeschlossen. Mag sein, daß es ihm gelungen ist, den ein oder anderen Zweifel an den von der Staatsanwaltschaft gegen seinen Klienten vorgetragenen Beweistatsachen zu schüren, aber im Sitzungssaal beginnt sich eine Nüchternheit breit zu machen, die solchen Gedanken den süßlichen Duft der Selbsttäuschung verleiht.

Jeden Abend treffen sich Gerry Di Chiara und Pat Burke mit Joe Benfante und seinem etwas kurz geratenen Mandanten in Benfantes nobler Kanzlei am Broadway. Badalamentis Weigerung, auch nur eine der Fragen zu den Telefongesprächen zu beantworten, hat Mazzurco dazu veranlaßt, selbst auf einem Auftritt im Zeugenstand zu bestehen. Kennedy glaubt allerdings, daß ihn der kränkelnde, aber mächtige Sal Lamberti dazu zwingt. In der Gerüchteküche heißt es, Lamberti sei zu dem Schluß gekommen, daß von allen Angeklagten nur der kleine Bauunternehmer klever genug sei, sie da wieder herauszureißen.

Bis lange in die Nacht hinein arbeiten die drei Anwälte, unterziehen Mazzurco einem gespielten Kreuzverhör und bombardieren ihn mit einem Schnellfeuer knallharter Fragen. Später stellt sich der kleine Sizilianer zur Entspannung an die Bar, um einige doppelte Schnäpse zu kippen.

Auf Catalano folgt in der Anklageschrift Joe Lamberti. Der Umstand, daß Badalamenti es unterlassen hat, die Telefongespräche vor dem Al Dente zu erklären, hat ihn ernsthaft in Schwierigkeiten gebracht, so ernsthaft, daß sein Anwalt sich entschlossen hat, die Telefongespräche völlig links liegen zu lassen. Statt dessen hat Lombardino eine kleine Gruppe von Zeugen aufgeboten, die Zweifel an anderen Gliedern in der Beweiskette der Staatsanwaltschaft aufkommen lassen sollen. Wenn er seine Argumente richtig anbringe, sagt er, dann seien ihm ein oder zwei zweifelnde Geschworene gewiß, und mehr brauche er schließlich nicht.

Sein erster Zeuge ist ein weißhaariger Sizilianer; er ist in Borghetto geboren, lebt jedoch jetzt in Queens. Er kennt Joe Lamberti schon sein ganzes Leben lang. Im Juni 1983, so erzählt er, habe Joe Lamberti ihn zusammen mit Giuseppe Soresi, einem weiteren gebürtigen Borghetteser, in seiner Wohnung in Queens besucht. Soresi ist der Mann, den die Staatsanwaltschaft bezichtigt, Badalamentis zweiter Lieferant zu sein; außerdem wirft man ihm vor, nach New York gereist zu sein, um ein Drogengeschäft abzuwickeln. Lombardino versucht aufzuzeigen, daß dieser Besuch einem ganz und gar legitimen Zweck diente. Er habe ganz einfach versucht, das Haus des Zeugen in Borghetto zu kaufen. Diese Aussage könnte es Lombardino womöglich auch erlauben, im Plädoyer zu argumentieren, Lambertis sämtliche Treffen mit Soresi – einschließlich ihrer anschließenden Zusammenkunft auf Sizilien – hätten ausschließlich mit dieser Immobilientransaktion zu tun gehabt – und nichts mit Betäubungsmitteln.

Als nächstes ruft Lombardino einen Architekten in den Zeugenstand, der über Jahre hinweg immer wieder geschäftlich mit Lamberti zu tun gehabt hat. Dies sieht ganz nach einem Versuch aus, eine harmlose Erklärung für die Telefongespräche mit Mazzurco zu finden, in denen Lamberti davon spricht, sich mit dem »Architekten« zu treffen.

Lombardinos dritter Zeuge ist ein muskulöser junger Bauarbeiter, den Richard Martin allerdings kurz und schmerzlos vom Tisch fegt. Carmello Marrabello sagt aus, er habe für Lorenzo DeVardo eine Farbprobe an eine Adresse in der Bowery geliefert. Wiederum versucht Lombardino genügend Beweismaterial für seine Verteidigung zu sammeln, um im Schlußvortrag dahingehend argumentieren zu können, bei einigen der abgehörten Telefongespräche habe es sich in Wirklichkeit um völlig harmlose Verhandlungen über Baumaterialien gehandelt.

Ohne den Mann auch nur eines Grußes zu würdigen, fragt Martin ihn: »Für wen arbeiten Sie?« Er arbeite für seinen Onkel Angelo, der im Baugewerbe sei.

»Was fängt man im Baugewerbe mit einer Waage an, an der sich Spuren von Heroin befinden?«

»Einspruch!« brüllt Lombardino. Es gebe keine gutgläubige Basis für diese Frage.

Er wird jedoch abgewiesen, und Martin fährt den jungen Mann an: »Wozu benutzen Sie im Baugewerbe Munition vom Kaliber .45? Und schallgedämpfte Schußwaffen? ... Was hat Ihnen Ihr Onkel Angelo eingeschärft, als Sie hierher kamen, um als Zeuge auszusagen?« Onkel Angelo, ein großer, düsterer Mann mit Schnurrbart wartet in der letzten Reihe darauf, daß sein unseliger Neffe endlich aus dem Zeugenstand schwankt. Martins Ingrimm ist derart groß, daß der Onkel von Glück sagen kann, wenn er diesen Sitzungssaal ohne gerichtliche Vorladung verlassen darf.

Jedesmal wenn Lombardino versucht, die Samen für eine alternative Geschichte zu säen, führen die Ankläger einen erfolgreichen Gegenschlag. Sein letzter Versuch heißt Giuseppe LoPiccolo, 62, ein faßrunder Hühne mit einem Schock weißer Haare. Als man ihm sagt, er solle seine rechte Hand heben, entbietet er einen zackigen Faschistengruß. Die Angeklagten brechen in schallendes Gelächter aus. Die Geschworenen lachen vergnügt in sich hinein.

LoPiccolo ist ein ehemaliger Schauermann, der jetzt in edlen Steinen macht. Er ist in Partinico auf Sizilien geboren und kennt Joe Lamberti seit fünfzehn Jahren. Im September 1983 habe er in New York von der Ankunft eines alten sizilianischen Freundes erfahren, einem Juwelenhändler namens Vito Roberto Palazzolo, den die Staatsanwaltschaft bereits als einen Schweizer Geldwäscher identifiziert hat. LoPiccolo habe sich auf der Stelle mit ihm getroffen, und einige Tage später habe er Joe Lamberti besucht, um ihm seinen Freund offiziell vorzustellen. Vielleicht könnten sie zusammen einige Edelsteingeschäfte tätigen. Diese Geschichte ist Lambertis Erklärung für das Rendezvous, das er mit Palazzolo an den Docks hatte; das FBI hatte die beiden nämlich vor dem Anlegeplatz der *Queen Elizabeth II.* in Manhattan beobachtet.

Lombardino beabsichtigt anzuführen, Lamberti und sein Schwager Mazzurco hätten, nachdem der Zeuge LoPiccolo Lamberti mit dem Juwelenhändler bekannt gemacht hatte, mit Palazzolo in der Schweiz Edelsteine zu handeln begonnen. Dieses Alibi würde gewisse Aufzeichnungen erklären, die man in Mazzurcos Haus gefunden hat, und nicht zuletzt auch die großen Summen Bargeld in den Häusern der beiden Angeklagten.

Stewart übernimmt das Kreuzverhör. Ein größerer Kontrast als der zwischen dem steifen Beamten und dem sizilianischen Komiker ist kaum vorstellbar. LoPiccolo mimt den Bauerntölpel, schlägt sich gegen die Stirn, wenn er sich an einen Namen nicht mehr erinnert, um Stewart dann die Antwort derart entgegenzuschleudern, als wäre es eine Zumutung, ihm überhaupt eine so lächerliche Frage zu stellen. Mit seinem derben Bauernhumor gleicht er Badalamenti, der diese Vorstellung entsprechend genießt.

Einmal verwechselt LoPiccolo den Namen des Züricher Juwelenhändlers mit einem anderen. Als Stewart die Geschichte zu entwirren versucht, entwickelt sich ein Dialog, der sich anhört, als gäben Abbott und Costello ihre Baseball-Nummer »Who's on first?« Badalamenti und Sal Catalano kugeln sich vor Lachen.

LoPiccolo erzählt: »LoBaido hat zu mir gesagt: ›Weißt du, wer hier ist? Vito Spalieri.‹« Der Zeuge schlägt sich gegen die Stirn und wirft die Hände in die Luft. »Ach was. Vito *Palazzolo*, verdammt noch mal!«

»Also wer ist es jetzt?«

»Vito Palazzolo.«

»Sind Sie sich jetzt sicher?«

»Ich schwör's bei Gott.«

»Dieser Bursche ist ja wie Graf Dracula! Wechselt ständig hin und her.«

»Einspruch gegen Graf Dracula«, bellt Lombardino. Geschworene wie Angeklagte prusten vor Lachen.

Der einzige, der das alles ganz und gar nicht komisch findet, ist Pierre Leval. Um Punkt vier entläßt er die Geschworenen und den Zeugen mit der nachdrücklichen Anweisung, mit keiner Menschenseele über diese Aussage zu sprechen. Morgen ist Veteran's Day, ein staatlicher Festtag, aber der Richter ist so erpicht darauf, den Prozeß endlich abschließen zu können, daß er sich entschlossen hat, die Verhandlung trotzdem fortzusetzen.

Dienstag, 11. November 1986. Im Gerichtssaal. Heute morgen ist das Gerichtsgebäude eine Gruft; außer dem Echo vereinzelter Schritte und dem Summen des Metalldetektors vor der Tür zum Sitzungssaal ist nichts zu hören. Die Marshals bitten jeden Besucher, den Grund seiner Anwesenheit anzugeben. Offiziell ist das Gerichtsgebäude geschlossen, nur Personen, die mit dem Pizza-Fall zu tun haben, dürfen die Kontrolle passieren.

Im Sitzungssaal gesteht Lombardino dem Richter, daß LoPiccolo verschwunden sei, wohin, das wisse er nicht. Also ist der Anwalt gezwungen, seinen nächsten Zeugen aufzurufen. Ein Marshal flüstert Lombardino etwas ins Ohr. Mr. LoPiccolo ist schließlich doch noch aufgekreuzt. Er war heute morgen pünktlich am Gerichtsgebäude erschienen, aber die Marshals haben ihm gesagt, daß das Gericht heute wegen des Feiertags geschlossen sei, und da ist er wieder nach Hause gegangen.

Überall im Saal wird gekichert, als man seine Verspätung erklärt. LoPiccolo reagiert mit einem albernen Lächeln. Stewart ist ganz und gar nicht zum Lächeln. Er hat beide Arme voll mit Abschriften von Telefongesprächen.

»Haben Sie einen Führerschein des Staates New York? . . . Haben Sie ihn dabei?« Ja. »Kann ich ihn sehen?«

Der gerissene Alte macht sich daran, mit übertriebener Gestik Brieftasche und Taschen zu durchstöbern; immer wieder haut er sich dabei klatschend gegen die Stirn oder fuchtelt mit den Armen durch die Luft. »Ich ihn hab' nicht dabei, unmeeglich!«

Als Unterhaltungskünstler hat Stewart gegen diesen Zeugen sicher keine Chancen, aber der Ankläger aus New Jersey hat über Nacht seine Hausaufgaben gemacht. LoPiccolo hat bereits zugegeben, den Angeklagten Mazzara zu kennen. Die Possen des Alten ignorierend fördert Stewart zutage, daß LoPiccolo Mazzara einmal in dessen Restaurant Roma besucht hat. Nach einigem Hin und Her sagt der Zeuge schließlich aus, daß er nur aufs Geratewohl in Mazzaras Restaurant vorbeigeschaut hätte, also ohne vorher anzurufen oder eingeladen worden zu sein.

Der Blick Stewarts gleicht dem eines Anglers, bei dem eben etwas ganz Großes angebissen hat. In Wirklichkeit hat LoPiccolo an jenem Tag nämlich viermal angerufen, und das FBI hat alle vier Anrufe auf Band.

Stewart: »Sie gingen also um drei Viertel zwei hin, und Sie trafen sich mit ihm hinter der Pizzeria, nicht wahr?«

LoPiccolo: »Was heißt hinter? In der Pizzeria? Warum hinter?« Seine Antworten sind peinlich und fallen einem langsam auf den Wecker. An jenem Tag waren rund um das Restaurant FBI-Leute postiert. Der alte Narr hat nicht nur ruiniert, was Lamberti womöglich an Entlastungsmaterial gehabt hätte, er hat auch Mazzara belastet.

»Sie haben Mazzara mit Don Tanino angesprochen, weil er ein wichtiges Mitglied der Mafia ist, oder?«

»Nein, nicht mal im Spaß. Ich würde nicht im Traum an so was denken!«

Die Verteidigung Lambertis ist wirklich erbärmlich. Die Verteidigung insgesamt ist kaum besser. Mehr und mehr macht sich der fatale Eindruck breit, daß es einfach unmöglich ist, aus einigen dieser Sizilianer auch nur ein einziges wahres Wort herauszubekommen. Schlimmer noch, ihre Aussagen beleidigen sowohl den Richter als auch die Geschworenen.

Während die Verteidigung Mazzurcos immer noch hinter den Kulissen wartet, macht der gescheite junge Gerry DiChiara eine scharfsinnige Bemerkung: »Das, was diese Leute geschmuggelt und worüber sie sich am Telefon verschlüsselt unterhalten haben, könnten auch Edelsteine gewesen sein. Ob wir mit einer Verteidigung auf dieser Basis durchkommen? Es ist nur eine Geschichte. Aber in einem Prozeß, in dem weit und breit keine Drogen zu sehen sind, ist unsere Geschichte nicht schlechter als die der Staatsanwaltschaft. Es müssen Juwelen gewesen sein – oder Waffen. Es lügt also einer von ihnen, entweder Badalamenti oder Mazzurco. Es sei denn, beide lügen, und es ging wirklich um Drogen.«

Der erste Zeuge von Mazzurcos Anwalt Benfante ist ein kahlköpfiger Gemmologe in einem schwarzen Anzug namens Bluestone. Mit drei gekonnten Zügen fegt Martin den Mann vom Brett. Wie hoch denn sein Honorar für die Aussage vor diesem Gericht sei?

»3500 Dollar.« Die Geschworenen sind entsetzt.

»Mr. Bluestone, kann man aus Heroin Edelsteine gewinnen? ... Haben Sie in Ihrem Geschäft in irgendeine Weise Verwendung für Heroin?«

Selbstverständlich nicht!

»Keine weiteren Fragen«, sagt Martin blitzschnell und nimmt wieder Platz.

Benfantes nächster Zeuge ist Mazzurcos Geschäftspartner bei gewissen Instandsetzungsarbeiten an »wertgeminderten« Wohnungen in Harlem. Kurz gesagt, ein »Slumlord«, einer, der sein Geld mit der Vermietung abbruchreifer Häuser verdient. Der Anwalt läßt ihn aussagen, daß Lamberti und Mazzurco einen Vertrag über 600 000 Dollar hatten. Die Aussage hört sich wichtig an wegen der Anspielungen auf den »Architekten« und den »Ingenieur« in den Anrufen.

Der nächste Zeuge ist ein weißhaariger Anwalt, der sich um Mazzurcos Immobiliengeschäfte kümmerte und verpflichtet worden war, die Zwangsvollstreckung von Giuseppe Baldinuccis Haus zu betreiben. Es wird impliziert, daß es sich bei der Tasche voller Bargeld, die man bei Baldinucci fand, um so etwas wie eine verspätete Hypothekenzahlung handelte, nicht um Drogengeld. Aber beim abermaligen Kreuzverhör bekommt Bucknam heraus, daß die Hypothek gar nicht für verfallen erklärt werden hatte können, da Baldinuccis Eigentum damals bereits von der Bundesregierung beschlagnahmt worden war. Sofort schlägt Lombardino einen Mordsradau, mit dem Ergebnis, daß man der Staatsanwaltschaft verbietet, hier die Gründe vorzubringen, aus denen Baldinuccis Eigentum beschlagnahmt wurde.

Sal Mazzurco sitzt halb nach hinten gedreht in seinem Stuhl und versucht unter herzhaftem Gelächter mit Carol Novack zu flirten.

Nichts hätte die Behauptung der Anwälte, die hier vor Gericht stehenden Sizilianer verstünden ihre Anwälte ebensowenig wie umgekehrt die Anwälte ihre sizilianischen Mandanten, besser untermauern können. Ohne die besänftigende, ständig vermittelnde Gegenwart Mario Malerbas liefe die ganze schwerfällige Verhandlung ständig Gefahr, völlig zum Stillstand zu kommen.

»Gestatten Sie mir fortzufahren, Euer Ehren?« fragt Bucknam. Das hänge von seiner Frage ab, antwortet ihm der Richter. Die Geschworenen Nummer eins und zwei und einige ihrer Kollegen lächeln ob des neugewonnenen Verständnisses für solche gesetzlichen Schutzmaßnahmen. Ein Jahr und achtzehn Tage nach Beginn dieses Prozesses sind aus dem Mann von der Müllabfuhr, dem EDV-Mann und ihren Mitgeschworenen leidliche Amateuranwälte geworden. Als Bucknam fragt, ob Mazzurco oder Lamberti den Zeugen je darüber in Kenntnis gesetzt hätten, welche Geschäfte Baldinucci betrieb, oder jemals gefragt hätten, warum sein Eigentum eingezogen worden sei, brauchen unsere Geschworenen die Antwort erst gar nicht zu hören; sie haben längst gelernt, daß die Fragen die Antworten bereits implizieren.

Es sind noch zwei Wochen bis Thanksgiving. Leval verkündet, daß in der Thanksgiving-Woche nur am Montag und Dienstag Sitzungen gehalten werden und daß man vom Freitag, den 19. Dezember, bis einschließlich Sonntag, den 28. Dezember, Weihnachtsferien machen werde.

Für sein Debüt im Zeugenstand hat Mazzurco einen Anzug in Trauerschwarz mit rosa Brokatkrawatte gewählt und sich die Haare schneiden lassen. Auf den Schautafeln sind heute meterhohe Vergrößerungen einiger Seiten seines berühmten roten Notizbuchs zu sehen. Auch Benfante trägt einen neuen Anzug. Der geradezu winzige Zeuge, der jetzt 51 ist, erzählt den Geschworenen, daß er seit seinem achten Lebensjahr – seit dem Tod seines Vaters – arbeiten mußte, um mitzuhelfen, den Lebensunterhalt für seine Mutter und seine beiden jüngeren Geschwister zu verdienen. Als er elf Jahre alt war, verließ die Familie Borghetto und ging nach Amerika; jetzt ist er amerikanischer Staatsbürger.

»Wie gefällt Ihnen dieses Land?«

»Ich liebe es!«

Ob es ihn nervös mache, jetzt hier zu sitzen.

Ja, allerdings.

Der elfjährige Mazzurco bekam augenblicklich Arbeit als Schuhputzer und arbeitete später in einem Lebensmittelladen, einer Bäckerei, einem Obstgeschäft, während er auf eine Berufsschule ging, um dort das Schreinerhandwerk zu erlernen. Zwei Jahre lang arbeitete er als Expedient in der Versandabteilung einer Firma für Plastikartikel und fünf Jahre als Galvaniseur in einer Uhrenfabrik. Dann eröffnete er zusammen mit einem Schwager einen Obstladen. Martin bedient sich bei diesem Zeugen wieder seiner altbewährten Einschüchterungstaktik und unterbricht ihn bei jeder Gelegenheit, um sicherzugehen, daß er sämtliche Familiennamen und Adressen aus ihm herausbekommt.

1958 wurde Mazzurco eingezogen und zum Panzerkanonier ausgebildet; beim Militär verbrachte er auch einige Jahre in Deutschland. Er wurde ehrenhaft im Rang eines Feldwebels entlassen und blieb noch zwei Jahre bei der Reserve.

Sein Schwager Joe Lamberti ist ein Freund aus Borghetteser Kindertagen. In den sechziger Jahren gründeten er und Joe eine Baufirma, wechselten ins Bäckereigeschäft über und betrieben eine Kette von Imbißständen auf diversen U-Bahnhöfen. Bis 1970 hatten sie dann die Baufirma »Lamberti Contracting Company« gegründet.

Mazzurco vermittelt den Eindruck eines geradlinigen, intelligenten, verantwortungsbewußten und fleißigen Mannes. Benfante entlockt ihm, daß er als Bauunternehmer auch einige Gebäude für eben jene Bundesregierung renoviert hat, die ihn jetzt für immer hinter Gitter zu bringen versucht. Gegen Ende der siebziger Jahre betätigte er sich auch mit Erfolg als Hersteller von Bekleidungsartikeln und machte als solcher zahlreiche Auslandsreisen. Er absolvierte einen Fernkursus in Elektronik und wurde Fernsehtechniker. Seit seiner Zeit in der Uhrenfabrik hat er ständig nebenher auch mit Uhren, Edelsteinen, Ringen und dergleichen gehandelt. Bald begann er selbst Edelsteine zu importieren. Er beteiligte sich an einer Sargfabrik. Er gründete »Roma Imports«, eine Firma, die Teigwaren, Tomaten und Pilze importiert ... Er ist der klassische Typ des amerikanischen Geschäftemachers, wie ihn Horatio Alger nicht besser hätte schaffen können; ein talentierter, ja geborener Kapitalist, der es im Land der unbegrenzten Möglichkeiten zu etwas gebracht hat.

1982 traten dann Joe Lamberti und Joe Ganci an ihn heran, ob er nicht bei Pronto Demolition einsteigen wolle, eine Firma, die damals in einem kläglichen Zustand war. In allen Einzelheiten beschreibt er, wie er die Firma mit harter Arbeit und vernünftiger Geschäftsführung wieder aufgepäppelt habe.

Pause. Pat Burke läßt sich über Mazzurcos Verteidigung aus: »Er ist ein aufrichtiger Bursche, der in schlechte Gesellschaft geraten ist – man hat ihn benutzt. Damit kommt man bei den Geschworenen durch, es sei denn, es kommt einer dahinter, daß er vor seiner Zeit beim Militär lediglich untergeordnete Arbeiten verrichtete, danach aber immer als Investor auftrat. Wo hatte er plötzlich das Geld her?«

Die Verteidigung kommt zu dem Tag, an dem Zito Gancis Haus einen Besuch abstattete. Das vom FBI aufgenommene Videoband wird noch einmal abgespielt. Die Geschworenen sehen schweigend ein weiteres Mal zu, wie Zito mit dem in gestreiftes Papier gewickelten Paket das Haus betritt. Mazzurco hat seine eigene Version von den Ereignissen jenes Tages. Er sei um 16.23 Uhr am Haus von Ganci angekommen. Das paßt ausgezeichnet zu dem Anruf um 14.55 Uhr, in dem Ganci Joe Lamberti sagt, er solle ihn bei sich zu Hause treffen, nicht in der Pizzeria.

Mazzurco erzählt weiter, er habe sich im Keller mit Ganci unterhalten, als jemand – Joes Frau oder Tochter – Ganci nach oben gerufen habe. Mazzurco habe zu diesem Zeitpunkt keine Ahnung gehabt, daß Ganci Besuch bekommen hätte. Fünf Minuten später sei Ganci wieder bei ihm im Keller gewesen. Seiner Version nach müßte es sich bei diesem Burschen wohl um Zito gehandelt haben, aber gesehen habe er ihn nicht.

Mittwoch, 12. November 1986. Im Gerichtssaal. Mazzurco tritt seinen zweiten Tag im Zeugenstand mit anderem Anzug und neuem Verhalten an. Er hat keine Angst mehr. Die Geschworenen behalten jedoch ihre ausdruckslosen Gesichter bei.

Mazzurco gibt zu, Giuseppe Baldinucci zu kennen. Der Mann habe früher einmal bei Lamberti Construction gearbeitet, und da beide Männer aus Borghetto seien, hätten sie einander hin und wieder auf Hochzeiten und Beerdigungen getroffen.

Die Staatsanwaltschaft hat sich darauf verlegt, gegen fast jede Frage Einspruch zu erheben, und Leval gibt diesen Einsprüchen statt.

Schließlich warnt er Benfante, falls er nicht endlich eine zulässige Frage stelle, sei die Vernehmung beendet.

»Ich tue mein Bestes, Herr Richter«, antwortet ihm der Anwalt liebenswürdig.

In der Pause geraten die Anwälte in Streit. Burke hat nämlich ein sorgfältiges Kreuzverhör für Mazzurco ausgearbeitet, das darauf abzielt, die schädlichen Aspekte der Telefongespräche zu entschärfen. Benfante will das Kreuzverhör Burke selbst überlassen; der engelszüngige Burke werde die Geschworenen leichter beeindrucken können, meint Benfante. Burkes Mandant Alfano will jedoch von einer solchen Einmischung seines Anwalts nichts wissen, zweifelsohne deshalb, weil es Badalamenti in Rage bringen würde. Burke und Benfante haben sich miteinander angefreundet, und diese Situation strapaziert ihre junge Freundschaft. Benfante meint, wenn Burke »den Schneid gehabt hätte, von Anfang an ›nein‹ zu sagen – zu Badalamentis Forderung, die Verteidigungsstrategien der ganzen Familie zu kontrollieren –, dann gäbe es jetzt keine Probleme.«

Benfante schiebt Kennedy den Schwarzen Peter zu. Kennedy sagt, er selbst werde das Kreuzverhör nicht übernehmen; sein Mandant wolle nicht, daß irgend jemand aus der Familie Badalamenti in irgendeiner Weise mit Sal Mazzurco in Verbindung gebracht werde.

Wieder im Sitzungssaal, beschäftigt sich Benfante weiterhin mit Baldinucci. Mazzurco bestreitet, etwas davon gewußt zu haben, daß Baldinucci mit Rauschgift zu tun hatte oder zur Zeit seines Besuchs Heroin mit sich führte.

Joe Benfante mag wie ein italienischer Joe Palooka aussehen, aber er ist ungemein liebenswert, und unter den Anwälten ist man sich einig, daß seine Praxis die größte aller solo praktizierenden Strafverteidiger der ganzen Stadt ist. Es ist eine alte Anwaltsbinsenweisheit, daß kein Mandant je weiß, wie gut oder wie schlecht sein Anwalt ist. »Sal Mazzurco hat nicht die geringste Ahnung!« sagt Lewis. »Man kann sich mit Joe so erfrischend herzlich unterhalten. Mazzurco ist der Ansicht, der Richter entscheide ständig gegen ihn, weil das Richter so an sich haben.«

Bei der Durchsuchung von Mazzurcos Haus wurde im Schlafzimmerschrank eine Tasche mit dem Aufdruck der Boutique Pino Europa gefunden, die einige in Plastikfolie gewickelte Päckchen mit weißem Pulver enthielt. Der Angeklagte sagt, er habe gewußt, daß es sich bei dem Pulver um Gips handelte, weil er es vor einem Jahr hatte analysieren lassen. Warum?

»Wegen dem Fundort.« Eine Gruppe Arbeiter, die den Auftrag hatten, auf dem Betriebsgelände von Pronto Demolition rein Schiff zu machen, hätten im Hinterhof einen großen Karton gefunden, den sie sofort zu ihrem Boß gebracht hätten. In dem Karton habe man eine kleinere Schachtel mit einer Waage sowie vier oder fünf Päckchen mit weißem Pulver gefunden. Mazzurco habe ähnliche Waagen schon gesehen, als er noch in der Uhrenfabrik gearbeitet habe.

»Sal, als Sie das weiße Pulver ins Labor brachten, hat man Ihnen da gesagt, um was es sich handelte?«

»Ja, Kalziumsulphat« – also Gips.

»Haben Sie dieses Kalziumsulphat eigenhändig in Ihren Schrank gelegt?«

Ja. Er habe seiner Frau gesagt, er hätte gedacht, es könnte sich um Rauschgift handeln, und sie habe ihm gesagt: Laß es nicht offen rumliegen. Er habe auch schon einen Verdacht gehabt, was die Herkunft des weißen Pulvers anbelangte, und habe darüber auch mit seiner Frau und Joe Lamberti gesprochen, nicht aber mit Joe Ganci – von dem die Geschworenen jetzt ganz offensichtlich annehmen sollen, er sei Mazzurcos Hauptverdächtiger gewesen.

Als Mazzurco dann die Ergebnisse des Labors hatte, vergaß er um die Päckchen in seinem Schrank. Und jetzt wird die Geschichte etwas seltsam. Er habe nicht gewußt, daß es sich bei dem anderen weißen Pulver – dem Zeug, das die Beamten in seiner Garage fanden – um Laktose gehandelt habe, also pulverisierten Milchzucker, wie man ihn zum Verschneiden von Drogen benutzt. Er habe angenommen, es hätte sich auch dabei um Gips gehandelt. »Ich konnte mich noch nicht einmal mehr daran erinnern. Ich hatte so viele weiße Pulver in meiner Garage: Gips, sackweise Zement ... meine Garage war ein ziemlicher Saustall.«

In einer Sitzungspause sagte mir Eleanore Kennedy, sie und Michael hatten befürchtet, Mazzurco könne »Badalamenti, seinen Todfeind, in die Pfanne hauen. Er versucht schließlich noch immer, Mr. Badalamenti umzubringen. Die Mafia-Kriege sind immer noch im Gange. Das ist auch der Grund, weshalb Sal Lamberti Michael nicht als letzten drankommen lassen wollte.« Aus diesem Grund konnte auch Schechter nicht auf seinen Mandanten einwirken, weil Sal Lamberti nun einmal fürchtete, sowohl von Kennedy als auch von Badalamenti hintergangen zu werden.

Überraschend kommt das nicht. Die Welt, so wie Badalamenti sie sieht, ist nun einmal ein gefährliches Pflaster. Seit Monaten sagt er den Kennedys schon, daß einige seiner Mitangeklagten Verbündete der Corleoneser seien. Diese Männer hätten es auf sein Leben abgesehen, und versuchten schon eine ganze Weile, ihn zu töten, vielleicht schon seit damals, als er 1978 unter so geheimnisvollen Umständen aus der Mafia hinausgeworfen worden war und sich gezwungen sah, aus Palermo zu fliehen. Zuweilen hat er behauptet oder angedeutet, der Führer seiner Feinde in der Mafia sei Sal Lamberti, der älteste und ranghöchste Mafioso im Gerichtssaal.

Als nächstes beschäftigt sich Benfante mit Mazzurcos Schußwaffen. Mazzurco erklärt, er habe sie sowohl zu seinem Schutz als auch zum Scheibenschießen besessen. Bei dem Achtunddreißiger handle es sich um ein Geschenk von Ganci. Er habe noch nie im Leben eine Waffe auf jemanden gerichtet. Um einen Waffenschein habe er nie eingereicht, weil seines Wissens nach pro Firma nur ein Waffenschein ausgegeben werde, und den habe bereits sein Partner Ganci gehabt.

Und die Waage, die man in seinem Auto gefunden hat? Die habe mit seinem Importgeschäft für italienische Lebensmittel zu tun. Er verdächtige seine italienischen Lieferanten, beim Gewicht der Teigwaren zu mogeln, und diese Waage gehe auf ein Sechzehntelpfund genau. Benfante weist eine gerichtliche Vorladung vom Städtischen Amt für Verbraucherfragen vor, die sich auf seine Anzeige, die Makkaroni seien zu leicht, bezieht.

Während man all diese Angelegenheiten bespricht, spielt Mazzurco mit einigem Erfolg die Rolle des verantwortungsbewußten, informierten, kompetenten Geschäftsmannes. Jetzt wendet sich sein Anwalt dem privaten Bereich zu. »Mr. Mazzurco, wie fühlen Sie sich im Augenblick?«

»Müde.«

Mazzurco behauptet, man habe seine auf Band aufgezeichneten Gespräche falsch übersetzt und einige der Leute, mit denen er sich getroffen habe, mit anderen verwechselt.

Der Tag geht zu Ende. Draußen fällt der erste Schnee dieses Winters. Die Kennedys gehen mit Burke auf ein Bier. »Ich habe ja schon viel Bockmist gehört«, bemerkt Kennedy, »aber das war die bescheuertste Zeugenaussage, die mir in den letzten fündundzwanzig Jahren untergekommen ist! Sie ist schon an sich völlig unglaubwürdig. Sal Lamberti ist hier derjenige, der den Ton angibt. Jeder kriegt seine Befehle von ihm, Benfante eingeschlossen.« Was auch immer passiere, fügt Kennedy noch hinzu, »Mazzurco ist dem Untergang geweiht. Wenn er fällt, dann nimmt das vielleicht etwas Druck von Sal und Joe.«

Kennedy rechnet damit, daß Joe Benfante »den Befehl hat, den Lambertis aus dem Graben zu helfen. Aber im Grunde sieht es so aus, daß Louis Freeh Sal Mazzurco die anderen zwanzig Angeklagten an die Füße bindet. Der wird alle mit in die Tiefe ziehen, bloß weil er in den Zeugenstand getreten ist.«

Donnerstag, 20. November 1986. Im Gerichtssaal. Heute ist der dritte Tag von Mazzurcos Aussage, und sowohl der Anwalt als auch sein Mandant sind vor Erschöpfung ganz wächsern im Gesicht. Wenn das hier überstanden ist, will Benfante erst einmal nach Florida entfliehen. Gestern war Mazzurco so müde, daß er fast im Zeugenstand eingeschlafen wäre. Seine heutige Aussage konzentriert sich auf seine Aufzeichnungen und Notizbücher. Einmal hält Benfante das rote Spiralheft in die Höhe. Der Angeklagte sagt, bei den Eintragungen handle es sich um »Einheitstransaktionen«.

»Welcher Art?«

»Edelsteine.«

»Wieviel haben Sie bei diesen Transaktionen verdient?«

»Etwas über 100 000 Dollar.«

Benfante verteilt an jeden Geschworenen einen Packen von Vergrößerungen bestimmter Seiten aus dem Heft. Er geht die »Einheitstransaktionen« durch. »Seite 50 gibt eine Übersicht über die Preise, die für die Steine bezahlt wurden ... 4 zu 130 = 520 bedeutet vier Einheiten zu 130 000 Dollar pro Einheit ... Seite 53: 540 = 4 à 135, das bedeutet, daß der Verkaufspreis 540 ist, der Kaufpreis 520; somit beträgt Sal Mazzurcos Profit an vier Kilo Edelsteinen 20 000 Dollar.«

Dieses Zahlenkauderwelsch geht noch eine Weile weiter. Immer wieder entstehen längere Pausen, wenn Mazzurco sich abmüht, seine umständliche Buchführung zu erklären. Sal Catalano trägt bei alledem sein Haienlächeln zur Schau; ihm bereitet dieses Zahlenlotto um hohe Einsätze sichtlich Vergnügen. Louis Freeh fährt sich mit der Zunge über die Lippen.

»Sal, erklären Sie doch den Geschworenen, wie Sie dazu kamen, mit Edelsteinen zu handeln.«

Die Geschichte, die auf diese Frage folgt, verbindet Mazzurco zum ersten Mal mit den Badalamentis. Kein Wunder, daß der Alte es vorzog, auf Distanz zu bleiben.

Mazzurco hatte Enzo Randazzo in Europa kennengelernt. Badalamenti selbst hatte sie einander vorgestellt. Mazzurco kannte Badalamenti aus Palermo, die beiden waren sich auf den Stufen des dortigen Gerichtsgebäudes zum ersten Mal begegnet. Er war mit einem Freund gekommen, der einen bestimmten Anwalt sprechen wollte, deshalb hatten sie sich vor dem Gericht eingefunden. Sie trafen den Anwalt im Gespräch mit Badalamenti. Man plauderte über die Bekleidungsbranche. Badalamenti sagte, er habe einen Neffen in diesem Geschäft. Am nächsten Tag traf Mazzurco Randazzo in einem Laden der Familie Badalamenti in der Via Leonardo da Vinci. Später dann fragte Randazzo Mazzurco, ob der nicht vielleicht in Amerika einen Abnehmer für Edelsteine auftun könnte.

Während der ganzen Aussage bleiben die Gesichter der Badalamentis vollkommen ausdruckslos. Vito, blaß wie Elfenbein, sitzt wieder neben seinem Vater. Jeder Fremde könnte im Augenblick die Mitglieder der Familie Badalamenti unter den Angeklagten herauspicken – nur auf Grund der maskenhaften Ausdruckslosigkeit ihrer Mienen.

Als er wieder in den Vereinigten Staaten war, bat Mazzurco Joe Lamberti, ihm zu helfen, einen Käufer für die Steine zu finden. Er setzte sich außerdem mit Santo Caruso in Verbindung, einem Freund von Randazzo in Houston, Texas; der sagte ihm, er werde die Steine dort auf Kommissionsbasis verkaufen. Schön, meinte Randazzo, dann würde er sich nach jemandem umsehen, der die Steine so rasch wie möglich in die Staaten brächte. Anfang Mai trafen dann 9,3 Kilo Steine ein. Während der ganzen Aussage hört Sal Lamberti nicht einen Augenblick auf zu lächeln.

Während der Pause sind vor allem die jüngeren Anwälte völlig außer sich. »Das ist ja furchtbar!« »Wen meint er, kann er damit verarschen?« »Wie groß sind Sie? Einsachtundfuffzig. Das war die erste ehrliche Antwort, die er gegeben hat!« »Würden Sie vielleicht einen

Schritt kürzer treten, Mr. Pinocchio?« »Der zieht alle anderen mit in den Abgrund!«

Wieder im Zeugenstand sagt Mazzurco, er habe die Grippe und fühle sich »unglaublich schlecht«. Er fügt hinzu, daß er vorhin Probleme gehabt habe, seine Aufzeichnungen zu verstehen. Er stellt außerdem klar, daß er selbst niemals Geld für die Steine ausgelegt habe. Er sei lediglich ein Mittelsmann gewesen, ein Makler.

»Wieviel haben Sie zum Beispiel an einem Kilo Smaragden verdient?«

Mazzurco sagt, er könne das nicht im einzelnen beantworten. Man sortierte nicht nach Sorten. Er könne nur die Zahlen für die ganze Lieferung angeben.

Sämtliche Zahlen in dem Notizheft beziehen sich also auf Edelsteine. »Wenn Sie im Heroingeschäft wären, würden Sie dann Aufzeichnungen führen?«

»Nein, Sir.«

»Nun zu Ihren Unterhaltungen mit Gaetano Badalamenti. Worum ging es in denen?«

»Um Drogen jedenfalls nicht.«

Mazzurco habe sich mit Badalamenti, Alfano und Randazzo über das Edelsteingeschäft unterhalten. Mit letzterem habe er auch über Geschäfte mit Lebensmitteln, Bekleidungsartikeln und Goldbarren gesprochen. Im Folgenden hätten er und Randazzo dann sowohl Geschäfte mit Bekleidungsartikeln als auch mit Edelsteinen gemacht.

Im Speisesaal war folgendes aufzuschnappen: Heute morgen um ein Uhr habe Ivan Fisher Mazzurco angerufen und ihn gewarnt: »Sprechen Sie von sich aus auf keinen Fall Saca Catalano an.« Sals ermordeter Cousin war Edelsteinhändler gewesen. Und dann habe heute nacht noch ein anderer Mazzurco angerufen, und der habe gedroht, ihm ein Loch in den Pelz zu brennen. Die Anwälte sind sich einig: Hätte Mazzurco sich Levals Wunsch gebeugt und sich für schuldig erklärt, dann wäre er mit sieben Jahren davongekommen. Die Vorstellung, die er jetzt liefert, garantiere ihm wenigstens einundzwanzig.

Louis Freeh eröffnet sein Kreuzverhör mit einer Frage und einer ganzen Latte von Fakten. »Stimmen Sie mir zu, wenn ich behaupte, daß Sie sich am 9. April in einer ziemlich mißlichen Lage befanden?«

»Ja.«

Freeh zählt einige Einzelheiten dieser mißlichen Lage auf. »Baldinucci wurde gesehen, als er Ihr Haus betrat und wieder verließ, und er hatte eine Probe hochwertigen Heroins in seiner Tasche. Sie waren in Joe Gancis Keller, während Ganci und Zito direkt über Ihrem Kopf ein Heroingeschäft tätigten. Auf dem Seidenpapier aus dem blauen Karton, in dem das Heroin geliefert worden war, fand man Ihren Handflächenabdruck. Hinter dem Ersatzreifen im Kofferraum Ihres Mercedes fand man eine Präzisionswaage, auf der sich Spuren eines weißen Pulvers befanden. Sie kannten die Gebrüder Adamita, und unglücklicherweise hatte einer der beiden bei seiner Verhaftung Ihre Telefonnummer in seinem Adressbuch. Sie hatten in Ihrem Haus eine Anwaltsinformation, einen Schriftsatz, der sich auf den Tatbestand der internationalen Verabredung zum Heroinhandel bezog –«

Benfante unterbricht: »Einspruch! Ich beantrage eine Streichung! Ich verlange, das Verfahren für fehlerhaft zu erklären ...«

Dem wird jedoch nicht stattgegeben, und Freeh holt aus Mazzurco heraus, besagte Anwaltsinformation seien in einem Schrank im Badezimmer gefunden worden, Mazzurco habe sie jedoch nur aus dem Englischen ins Italienische übersetzt, nicht gegen Honorar, nur als Gefälligkeit für einen Freund.

»Sie hatten in Ihrem Schlafzimmer einen Revolver neben Ihrem Bett, einen geladenen Revolver, dessen Seriennummer unkenntlich gemacht war.«

Dieser tödlichen Aufzählung folgt ein langer Streit am Richtertisch, in dem es um die Erklärung geht, die Mazzurco nach seiner Verhaftung abgab.

In dieser Flaute flüstert Kennedy: »Ich wette, Ihnen ist gar nicht aufgefallen, daß Sal Mazzurco in Wirklichkeit Japaner ist... Das, was Sie hier erleben, ist nämlich eine Form von Harakiri.« Er fügt hinzu, er glaube, Sal Lamberti habe Mazzurco mit voller Absicht befohlen, diese Aussage zu machen, »um die gesamte Badalamenti-Gruppe zu versenken.«

Dann steht Freeh wieder auf dem Podium. Mazzurco bestreitet, an jenem 9. April die die Verhaftung vornehmenden Beamten belogen zu haben. »Haben Sie dem FBI etwas gesagt, was nicht der Wahrheit entsprach?«

»Nein.«

»Entspricht es nicht den Tatsachen, daß Sie mit Drogen handelten und auch darüber sprachen?«

»Nein.«

»Geben Sie zu, am Schmuggel von Edelsteinen beteiligt gewesen zu sein?«

Benfante erhebt Einspruch, und Leval ruft ihn wieder einmal zu sich an den Richtertisch. Während der langen Unterredung starrt Mazzurco vor sich hin oder in Richtung der Geschworenen. Nur das Weiße seiner kleinen Schweinsäuglein ist zu sehen.

Und jetzt zu den Telefongesprächen. Mazzurco gibt zu, daß Badalamenti und Alfano ihn angerufen haben, ebenso, daß er selbst Alfano häufig zu Hause angerufen habe.

»Entspricht es nicht den Tatsachen, daß Sie, um Alfano anzurufen, zu dem Süßwarenladen in der Nähe ihres Hauses gingen, damit man auf Ihrer Telefonabrechnung keine Aufzeichnungen über das Gespräch finden würde?«

»Als ich anfing, mich mit Mr. Badalamenti zu unterhalten, machte er mir klar, daß er nicht wollte, daß sein Aufenthaltsort bekannt werde.«

»Warteten Sie bei Frostwetter am Münzfernsprecher vor Gancis Pizzeria Al Dente auf einen Anruf?«

»Ja.«

»Haben Sie etwas ins Land geschmuggelt?«

»Ja.«

»Waren es Hemden?«

»Nein.«

»Es handelte sich also um einen Code?«

»Ich würde das nicht als Code bezeichnen, ich würde sagen, wir haben uns so unterhalten, daß uns niemand versteht.«

»Die Unterhaltungen hatten doch nichts mit Kleidung zu tun, oder? ›Hemden‹ bezog sich auf etwas, für das Sie in den Vereinigten Staaten der Makler waren. Sie behaupten also, es handelte sich um Edelsteine.«

»Es *waren* Edelsteine!«

Montag, 24. November 1986. Im Gerichtssaal. Während der letzten Wochen hat Chefankläger Rudolph Giuliani in zwei anderen Gerichtssälen wichtige Siege verbuchen können. Einen Stock tiefer, auf der dritten Etage, hat eine Jury die Köpfe von drei der fünf in der amerikanischen Mafia-Kommission vertretenen Familien – Carmine Persico, Tony »Ducks« Corrallo und »Fat Tony« Salerno – im Sinne der Anklage für schuldig gesprochen. Auch in New Haven, wo Giuliani fünf Wochen lang höchstpersönlich die Anklage gegen eine Reihe von Beamten der Stadt New York vertreten hatte – es ging um Korruption in der Stadtverwaltung, in der ein Parkuhrenskandal eine Rolle spielte –, stimmte die Jury für eine Verurteilung in fast allen Anklagepunkten. Die Wochenendausgaben der Zeitungen und das Fernsehen waren voller Kommentare über die beiden großen Siege des Oberbundesanwalts. Trotzdem schwören heute morgen sämtliche noch verbliebenen neunzehn Pizza-Geschworenen bei Leval Stein und Bein, sie hätten nichts gesehen, nichts gehört und nichts gelesen.

Heute gräbt sich Louis Freeh noch tiefer in Mazzurcos Aufzeichnungen und Notizbücher. »Haben Sie etwas über Edelsteine, Juwelen oder andere wertvolle Steine geschrieben?«

Mazzurco verneint, und er habe auch nicht gekauft oder verkauft. Er habe nur als Makler fungiert, gegen eine Kommission; gehandelt habe es sich dabei um Aquamarine, Smaragde, Topase und Berylle.

»Und das ist nicht zufällig ein Thema, worüber Sie sich in den letzten Wochen etwas angelesen haben, oder?«

»Nein, Sir. Ich habe seit den fünfziger Jahren mit Juwelen zu tun.«

»Bei Erhalt der Steine haben Sie selbstverständlich eine Quittung ausgestellt?«

»Nein, Sir.«

Mazzurco lügt so offensichtlich, es ist schon richtig peinlich – allen außer ihm selbst. Der kleine Mann rutscht noch nicht einmal unruhig auf seinem Stuhl hin und her. Er macht einen völlig gelassenen Eindruck.

Freeh hat die Geschworenen seinerseits mit Kopien der wesentlichen Seiten aus dem Notizbuch versorgt. Mazzurco sagt aus, um die eigentlichen Geldangelegenheiten habe sich Joe Lamberti gekümmert.

»Um ungefähr eine Million innerhalb von drei Monaten?«

»Ja.«

Lamberti habe das Geld dem Mittelsmann, Caruso, gegeben, der es dann Randazzo gebracht habe.

Freeh gibt sich ungläubig. »Sie haben keinerlei Kenntnis davon, in welcher Form Caruso die Million zu Enzo schaffte?«

Nein. Joe Lamberti habe ja nicht Buch geführt, und außer seinen eigenen existierten keine Aufzeichnungen. Mazzurco ist zungenfertig und mit seinen Antworten rasch zur Stelle. Die Geschworenen sind ungeduldig, ja feindselig: Nummer drei, der junge unverheiratete Kaufmann aus Westchester, renkt sich vor Gähnen schier den Kiefer aus; Nummer sechs, die blauäugige ungarische Kichertante, stützt den Kopf mit den Händen auf, die Ellenbogen auf die Schranke gestützt; Nummer sieben, der schwarze Abteilungsleiter der Verkehrsbetriebe, trommelt rhythmisch auf seine Bluejeans-Knie.

Mittwoch, 28. November 1986. Sayreville, New Jersey. Das Gericht pausiert heute. Morgen ist Thanksgiving. Heute abend kommt der falkengesichtige Angeklagte mit den roten Bäckchen Gaetano Mazzara, Frank Castronovos Geschäftspartner im Restaurant Roma, nicht nach Hause. Er hat den Tag damit zugebracht, seine Anwältin Harriet Rosen kreuz und quer durch New Jersey zu chauffieren, um mit ihr zusammen seine Verteidigung vorzubereiten. Am Spätnachmittag setzte er sie an einer Bushaltestelle ab, fuhr dann zur Bäckerei seiner Freundin und sagte ihr, er fahre nach New York zurück.

Als er am Abend des Thanksgiving-Tages noch immer nicht zurück ist, ruft seine Freundin die Polizei an und meldet ihn als vermißt. Über das Feiertagswochenende widerruft die Staatsanwaltschaft bei zehn Angeklagten die aufgrund ihrer Sicherheitsleistungen gewährte Haftverschonung und steckt sie ins MCC; die Begründung: man befürchte, die Angeklagten könnten kautionsflüchtig werden.

9 Uhr morgens. Montag, 1. Dezember 1986. Auf dem Korridor vor dem Gerichtssaal. Heute ist man schon früh da. Das Gericht hat noch nicht zur Ordnung gerufen. Die Anwälte der Verteidigung beraten sich auf dem Korridor. Sie haben eben erfahren, daß Mazzaras eigentlicher Anwalt, Marvin Segal, herkommen wird: »Da scheint doch höhere Gewalt im Spiel zu sein ...«

Ivan Fisher kommt aus dem Urlaub zurück, obwohl dieser gerade erst zur Hälfte vorbei ist; er ist sonnengebräunt und schlank.

Theorien gibt es im Überfluß. Mazzara ist nach Italien geflohen. Er hat sich der Staatsanwaltschaft als Informant zur Verfügung gestellt. Man hat ihn entführt.

»Den haben sie umgebracht«, meint Kennedy mit ausdrucksloser Stimme.

Malerba stimmt ihm zu. »Wenn die hätten flitzen wollen, dann wären sie alle auf einmal auf und davon.«

Der Sitzungssaal wird zur Ordnung gerufen. Eine Anzahl zusätzlicher Justizwachtmeister bewacht den Saal. Eine ungewöhnlich große Zahl von Familienmitgliedern und Freunden der Angeklagten ist anwesend, dafür sind um so weniger Angeklagte da. Segal erhebt sich. »Euer Ehren, ab sofort ist Gaetano Mazzara als unerklärlicherweise abgängig zu betrachten.«

Jetzt werden die Angeklagten Catalano, Greco, Polizzi, die beiden Lambertis und Mazzurco durch den Geschworeneneingang in den Saal geführt. Jeder wird von einem eigenen Marshal bewacht. Nach zwei Nächten im MCC sehen die Männer zerknittert und erschöpft aus. Auf den hinteren Bänken des Sitzungssaals drängen sich die weinenden Ehefrauen mit den größeren Kindern.

Nicht anwesend ist Castronovo. Bei ihm waren 1983 an vier Stellen Bypass-Operationen vorgenommen worden, letzten Oktober diagnostizierte man dann noch eine akute Angina; seither ist er nicht mehr im Saal.

Cangialosi sitzt auf seinem üblichen Stammplatz. Er hat sich auf sein eigenes Kautionsversprechen hin gestellt, aber man sieht in ihm eine derart marginale Figur, daß es das ganze Wochenende über niemand für nötig hielt, seine Kapitulation entgegenzunehmen.

Jetzt tritt eine weitere strengbewachte Gruppe von Häftlingen ein: die beiden Badalamentis und Sal Salamone werden von ihren drei Marshals hereingeführt. Die beiden Häftlingsgruppen erinnern an zwei Trupps Zirkusponys, die von ihren Abrichtern in die Manege geführt werden.

Segal gibt dem Gericht bekannt, daß Mazzaras Ehefrau »vor Sorge arbeitsunfähig« sei und fügt unheilvoll hinzu: »Seine Abwesenheit ist keine Abwesenheit aus freien Stücken. Ich habe allen Anlaß, mich um sein Wohlergehen zu sorgen. Wenn Tommy Mazzara hätte fliehen wollen, dann wäre das schon weitaus früher passiert ... Außerdem verfügte er nur über beschränkte Mittel und hat sehr starke Bindungen an seine Familie.« Von seinem Bankkonto sei kein Geld abgehoben worden, ebensowenig fehlten Kleidungsstücke. Und dennoch habe man ihn seit dem letzten Mittwoch nachmittag nicht mehr gesehen.

»Darf ich um eine Stellungnahme der Staatsanwaltschaft bitten«, sagt Leval.

Freeh steht auf. »Der Zeitpunkt seines Verschwindens ist mit einer freiwilligen Abwesenheit nicht in Einklang zu bringen.« Die Staatsanwaltschaft sei der Meinung, Mazzara habe das Heroin an Ganci geliefert, womöglich habe er aber auch von Ganci Drogen oder Geld bekommen. Freeh meint, auch die Geschworenen würden aufgrund von Mazzurcos Aussage zu diesem Schluß kommen.

Im klaren Licht dieses Montag morgens bittet Leval Freeh, die ursprüngliche Annahme der Staatsanwaltschaft vom Freitag abend zu überprüfen; man war davon ausgegangen, daß Mazzara geflohen war und daß nur eine rasche Inhaftierung das heutige Erscheinen von zehn seiner Mitbeschuldigten garantieren könnte; Leval – als vorsitzender Richter – hatte auf Martins Drängen selbst übers Wochenende die Haftbefehle ausgestellt.

Als die Polizei zum Haus der Mazzaras kam, war sein Partner Castronovo bereits da, um seiner Frau und den Kindern Trost zuzusprechen. Frau Mazzara weigerte sich, die Polizei in irgendeiner Weise zu unterstützen. Einer seiner Söhne sagte, ja, der Papa sei verschwunden, in einem Subaru. Josephine DeMaria, die Freundin, war ebenfalls da. Er hatte ihr nur gesagt, daß er nach Manhattan in die 44. Straße wolle.

»Das ist doch absurd«, flüsterte Eleanore. »Wenn er die Absicht gehabt hätte wegzugehen, dann hätte ihn seine Frau als letzte gesehen und nicht seine Freundin.«

»Es handelt sich hier offensichtlich um eine sehr ernste Angelegenheit. Und um eine höchst bedauerliche obendrein«, sagt Leval. »Der naheliegendste Schluß ist, daß der Angeklagte sich dem Verfahren durch Flucht entzogen hat, womit er der zweite Angeklagte wäre, der innerhalb von zwei Monaten einen Fluchtversuch unternimmt.« Die Anspielung gilt dem Verschwinden Enzo Randazzos im Oktober.

Martin sagt, daß auch für Alfano und Evola Haftbefehle ausgestellt worden seien, die beide über das Feiertagswochenende zu ihren Familien nach Hause gefahren sind; man habe sie jedoch nicht vollstreckt, weil wertvolle Gerichtszeit verlorengegangen wäre, wenn die Fluchtverdächtigen im Mittelwesten von der Polizei festgehalten worden wären. Er will jetzt, daß Alfano zusammen mit den anderen inhaftierten Angeklagten im MCC festgehalten werde. Leval stimmt dem zu, obwohl Alfano bisher noch nicht einmal offiziell verhaftet worden ist. Er schickt einen der Marshals in den Warteraum der Geschworenen, um sie für den Rest des Tages zu beurlauben; dann erklärt er die Verhandlung für unterbrochen. Die Marshals bestehen darauf, daß die Familien sitzen bleiben, bis sie ihre Gefangenen hinter die Kulissen eskortiert haben.

Während sie auf den Korridor hinausdrängen, bemerken die Besucher Mrs. Catalano, die in einem roten Mantel in der hintersten Reihe sitzt und gotterbärmlich vor sich hin schluchzt. Martin hat einen seiner seltenen Auftritte auf dem Korridor und ist sofort von Presseleuten umringt. Morgen kann man also mit einer groß aufgemachten Berichterstattung rechnen.

Im Sitzungssaal hat Ken Kaplan zugestimmt, daß sein rekonvaleszenter Klient zu Hause bleibt und dort der Staatsanwaltschaft jederzeit zur Verfügung stehen wird. Daraufhin wird der Antrag der Staatsanwaltschaft, Castronovos Haftentlassung gegen Kaution zu widerrufen, zurückgenommen. Die anderen Angeklagten, die jetzt wieder in Haft sind, sollen in Verwahrung bleiben, während ihre Anwälte die Kautionsanträge erneuern. Noch am selben Tag werden die ohnehin schon enormen Kautionssummen – für Mazzurco und Catalano jeweils drei Millionen Dollar, eine Million für Cangialosi – noch einmal erheblich aufgestockt.

Bis zum Abend ist für jeden außer Lamberti eine neue Kautionssumme festgesetzt. Die Staatsanwaltschaft macht geltend, man habe Lamberti dabei erwischt, wie er mit 20 000 Dollar in Schecks in der Tasche im Eiltempo von seinem Haus weggefahren sei, und das nur wenige Augenblicke, nachdem die Mazzaras ihm telefonisch mitgeteilt hatten, daß die Polizei Sal verhaftet habe. Unsinn, behauptet Lombardino, sein Anwalt. Bei den Schecks habe es sich um nicht einlösbare Schecks an Dritte gehandelt, die nur zur Verrechnung ausgestellt gewesen seien. Ganz offensichtlich habe er der Familie seines Schwagers zu Hilfe eilen wollen. Leval überzeugt das nicht und er ordnet an, Lamberti mit den anderen über Nacht im MCC zu belassen, bis die entsprechende Kautionssumme hinterlegt sei.

Er entläßt das Gericht und ruft Mazzaras Anwälte, Segal und Rosen, sowie den Staatsanwalt in sein Zimmer; er möchte ihnen etwas sagen, was die Presse nicht erfahren soll. »Sämtliche Informationen ... rechtfertigen die Annahme, daß Mazzara sich aus freien Stücken entfernt hat. Natürlich muß man immer auf Überraschungen gefaßt sein ... Zum gegenwärtigen Zeitpunkt jedoch deutet alles darauf hin, daß er geflohen ist.«

Dienstag, 2. Dezember 1986. Im Gerichtssaal. Die Häftlinge kehren wieder mit ihren Wächtern zurück. Während man auf einen der Geschworenen wartet, der sich verspätet hat, sagt Leval: »Lassen Sie mich meine ganz besondere Freude darüber zum Ausdruck bringen, hier heute morgen alle Angeklagten wohlbehalten wiederzusehen.« Ein böser Witz, über den niemand zu lachen vermag.

Bald hat man wieder zur Prozeßroutine zurückgefunden, und Mazzurco klettert so unbekümmert in den Zeugenstand, als passiere eigentlich nichts Ungewöhnliches. Ihm steht ein Kreuzverhör durch Michael Kennedy bevor, der antritt, um seinen Mandanten in Schutz zu nehmen. Damit ist es also soweit: Die »widersprüchlichen Verteidigungskonzepte«, von der Staatsanwaltschaft erhofft, von der Verteidigung befürchtet, stehen kurz davor, frontal aufeinanderzuprallen.

Die Geschworenen betreten den Saal. Anwälte wie Angeklagte versuchen auf ihren Gesichtern zu lesen. Es scheint einfach unmöglich, daß sie aus den Zeitungen nichts über Mazzaras Verschwinden erfahren haben sollten.

Kennedy erhebt sich. »Sie verstehen, daß es meine Aufgabe ist, Sie zu vernehmen, während Ihre Aufgabe darin besteht, auszusagen?«

»Ja.«

»Warum sagen Sie hier als Zeuge aus?«

»Einspruch!«

»Stattgegeben.«

»In Ihrer Aussage haben Sie versucht, sich selbst zu helfen. Haben Sie auch einer anderen Person zu helfen versucht?«

»In der Hauptsache habe ich versucht, mir selbst zu helfen.«

»Haben Sie versucht, jemandem zu schaden?«

»Nein.«

»Bestreiten Sie, daß Sie auf Befehl handelten, als Sie sich mit Mr. Badalamenti am Telefon unterhielten? Entspricht es nicht eher den Tatsachen, daß Sie überhaupt nicht mit Mr. Badalamenti sprechen wollten?«

»Ja.«

»Und das trifft auch auf Ihre Geschäfte mit Alfano zu?«

»Ja.«

Kennedy hofft, mit Hilfe von Mazzurco herauszustellen, daß es sich bei den Gesprächen zwischen Badalamenti und der New Yorker Gruppe lediglich um komplizierte Schachzüge und Täuschungsmanöver im Krieg der sizilianischen Mafia handelte. Diese Aussicht – zusammen mit der Aufregung über Mazzaras Verschwinden – hält Anwälte wie Angeklagte kerzengerade auf ihren Sitzen. Aber die Geschworenen scheinen diese Spannungen nicht wahrzunehmen. Die meisten starren ausdruckslos vor sich hin, einige sind eingedöst.

Ob er mit Schußwaffen gehandelt habe? Mazzurco windet sich, dann bestreitet er es, macht aber in zunehmendem Maß den Eindruck, als sei ihm nicht ganz wohl in seiner Haut. Sal Lamberti flüstert während der ganzen Aussage mit Amato. Badalamenti hat inzwischen alle außer die Geschworenen wissen lassen, daß es Lamberti darauf abgesehen habe, ihn umzubringen.

Kennedy wendet seine Aufmerksamkeit einem Zettel zu, den man am 9. April in Mazzurcos Mercedes gefunden hat. Auf dem Zettel stehen Alfanos Adresse und Telefonnummer, sowie die Nummer eines Versandhauses, das auf militärische und nachrichtendienstliche Gerätschaften spezialisiert ist – eine Art Ausstatter für die CIA.

Mazzurco interessierte sich für eine im Katalog als »Körperschild« bezeichnete kugelsichere Weste, eine weiche Körperpanzerung, die sämtliche Kugeln der Kaliber .22, .32, .38, .357 Magnum und 9 mm standzuhalten verspricht.

Kennedy geht zu den Kartons mit dem Beweismaterial auf dem Tisch der Anklagevertretung und hält die beiden sperrigen Kleidungsstücke in die Höhe – man hat sie in Alfanos Haus gefunden. Ob er Alfano diese Dinger gegeben habe? Ja, als sie sich in Queens trafen. Mazzurco schluckt, entsetzt über die Richtung, die die Fragen jetzt nehmen.

»Konnten Sie Alfano gut leiden?«

Mazzurco murmelt eine unhörbare Antwort. Kennedy verlangt, er solle sie wiederholen.

»Ja, Sir!« bellt Mazzurco ebenso laut wie unglücklich.

»Sie bestreiten also, Salvatore Lamberti gesagt zu haben, daß Sie Pietro Alfano für einen Wichser halten?« Wie ein Turm steht Kennedy über dem kleinen Mann.

Mazzurco verachtete Alfano, was er in den Telefongesprächen auch zum Ausdruck brachte. Es herrschte überhaupt eine tiefe Feindseligkeit zwischen den Leuten aus New York und Badalamentis Truppe aus dem Mittelwesten. Dieser versteckte, auf Gegenseitigkeit beruhende Haß, verbunden mit Angst, bilden den Kern von Kennedys Verteidigungsstrategie. Er versucht den Geschworenen zu zeigen, daß Mazzurco richtiggehend davor graute, irgend etwas mit Gaetano Badalamenti zu tun zu haben, und daß er sich dabei nicht etwa vor der Polizei oder dem FBI fürchtete, sondern vor einer anderen, viel finstereren Macht. Mazzurco zögert, auf diese Linie einzuschwenken, aber schon allein dieses Zögern unterstreicht Kennedys Standpunkt. Womöglich hat Mazzurco im Augenblick genausoviel Angst wie damals, als er ans Telefon mußte, um sich mit dem Capo der »Verlierer« zu unterhalten.

Kennedy bedrängt ihn aufs heftigste. »Entspricht es nicht den Tatsachen, daß Sie mit Mr. Badalamenti Geschäfte gemacht haben, weil man Sie angewiesen hat, mit Mr. Badalamenti Geschäfte zu machen?«

»Man bat mich darum.«

Der Anwalt verliest eine Passage aus Mazzurcos bisheriger Aussage. »›Wir machten uns Sorgen, daß jemand erfahren könnte, daß wir mit Mr. Badalamenti in Kontakt standen. Weil es damals tabu war, Kontakt mit Mr. Badalamenti zu haben. Es war zuviel passiert.‹ Wer hat dieses Tabu verhängt?« Was soviel heißt wie: Wer ist der Böse in diesem Spiel?

Sal Mazzurcos Bösewicht, so stellt sich heraus, ist derselbe wie derjenige Ronald Reagans: »Die Medien«, sagt er.

»Was haben Sie mit ›tabu‹ sagen wollen?«

Darauf folgt eine seltsame Antwort: »So was wie Hexerei.« Nahe dran, aber noch nicht nahe genug.

Kennedy versucht es anders herum: »Entspricht es nicht den Tatsachen, daß die Mafia ein Tabu über Mr. Badalamenti verhängt hat?« Damit handelt er sich die unvermeidliche Doublette »*Einspruch! – Stattgegeben!*« ein.

Jetzt versucht Kennedy seine Fragen so zu formulieren, daß die Geschworenen das Gefühl bekommen müssen, der Zeuge weigere sich zu antworten oder weiche zumindest aus – und zwar wegen eben jenem Mafia-Tabu, über das er nicht sprechen darf.

»Hatten Sie vor Mr. Badalamentis Feinden Angst? Wollten Sie vermeiden, daß Mr. Badalamentis Feinde erfahren, daß Sie Geschäfte mit ihm machten? Trifft es etwa nicht zu« – und hier senkt der Anwalt seine Stimme fast zu einem Flüstern –, »daß Sie mit Mr. Badalamenti . . . Waffengeschäfte tätigten?«

Mazzurco bestreitet, das große Waffenlager gesehen, geschweige denn geliefert zu haben, das man später in Alfanos Haus fand.

Kennedy rasch: »Aber die beiden kugelsicheren Westen geben Sie zu?« Ja. Keine weiteren Fragen.

Grüppchenweise verlassen die Leute den Saal. Die verhafteten Angeklagten nehmen ihre Plätze neben den Marshals ein und verschwinden mit ihnen im hinteren Teil des Gerichtsgebäudes.

Eine Stunde später, die Jury ist noch nicht wieder im Saal, und Stewart ist eben dabei, einen eintönigen Vortrag über irgendwelche medizinischen Befunde zu halten, kommt eine völlig aufgelöste Harriet Rosen in den halbleeren Sitzungssaal gestürmt.

»Euer Ehren!« Ihr Gesicht ist aschfahl. Leval hebt eine Hand, um Stewart Einhalt zu gebieten.

»Euer Ehren . . . ich erfahre soeben, daß mein Mandant, Gaetano Mazzara, tot aufgefunden wurde.«

Augenblicklich legt sich ein Schweigen über den ganzen Saal. Leval scheint schockiert. Einige Anwälte, die eben hereingeeilt kommen, bleiben unwillkürlich stehen. Die Angeklagten dagegen behalten ihre Pokergesichter bei. Nicht einer zeigt auch nur die Spur einer Gefühlsregung.

Leval bittet um eine Stellungnahme der Staatsanwaltschaft. Martin sagt, man habe ihm mitgeteilt, daß die Polizei eine männliche Leiche gefunden hätte, in deren Taschen sich Papiere fanden, die darauf hindeuteten, daß es sich um Mazzara handelt. Der Mann dürfte innerhalb der letzten vierundzwanzig Stunden getötet worden sein.

Man hatte den verstümmelten Körper Tommy Mazzaras mit zwei

Plastikmüllsäcken umwickelt in einen Rinnstein in der Gardner Street, einer Straße in einem Gewerbegebiet von Greenpoint in Brooklyn, geworfen. Er wurde heute vormittag um 10.20 Uhr gefunden, nachdem zwei Passanten die Polizei benachrichtigt hatten, sie hätten aus einem Plastiksack Füße herausragen sehen. Zuerst war die Polizei der Meinung, man habe dem Mann wiederholt mit einem Fleischerbeil in den Kopf gehackt. Später stellte man dann fest, daß man ihm zweimal aus kürzester Entfernung in den Kopf geschossen hatte. In seinen Taschen fand man seine Brieftasche und 700 Dollar in bar. Die Stelle, wo man ihn aus einem Wagen geworfen hatte, ist nur zwei Meilen von der Knickerbocker Avenue entfernt.

Kennedy, als Chef der Verteidigung, ergreift als erster das Wort. »Ich entbiete der Familie mein aufrichtiges Beileid. Es ist eine schlimme Tragödie für sie.«

Die Geschworenen sind noch nicht zurück. Der Richter muß zunächst einmal das Problem ins Auge fassen, was man mit ihnen anstellen soll, um die Auswirkungen dieses Mordes von ihnen fernzuhalten. Schon beginnt sich der Sitzungssaal mit Zeitungsreportern zu füllen, und auch die Zeichner vom Fernsehen sind bereits dabei, Blöcke und Stifte auszupacken.

Kennedy verlangt eine zeitlich begrenzte Abschirmung der Geschworenen. Sie sollen – von Justizwachtmeistern bewacht und von allen äußerlichen Einflüssen abgeschirmt – in einem Hotel untergebracht werden, bis sich die unvermeidliche Aufregung wieder gelegt hat. Sämtliche Anwälte sind dafür, das Verfahren für fehlerhaft zu erklären und abzubrechen. Es sei völlig ausgeschlossen, daß ihren Mandanten in der jetzt herrschenden Atmosphäre eine faire Verhandlung zuteil werde. Vor allem Kaplan ist eisern in seiner Behauptung, daß Frank Castronovo, dem invaliden Cousin des Ermordeten und sein angeblicher Partner bei den Geldwäschereien und den Heroingeschäften, unter diesen Umständen kein fairer Prozeß gemacht werden könne.

Leval will über die Anträge auf Erklärung eines fehlerhaften Verfahrens später entscheiden. Im Augenblick geht es ihm darum, Meinungen darüber zu hören, was man mit den Geschworenen machen soll. Mit unendlicher Geduld und Nachsicht hört er die Anwälte beider Seiten, soweit sie etwas zu sagen haben. Er verkündet eben seinen Entschluß, die Geschworenen nicht abzuschirmen, sondern sie über

Mazzaras Tod zu informieren und kollektiv wie auch einzeln zu instruieren, sich für einige Tage von Zeitungen, Radio und Fernsehen fernzuhalten, als Marvin Segal hereinplatzt, völlig außer Atem und wütend. Er schiebt Harriet Rosen beiseite und sagt: »Darf ich eine Erklärung abgeben?«

»Später«, sagt Leval. »Rufen Sie die Jury herein.«

Im Gänsemarsch kommen sie herein, und einige sind nicht wenig überrascht über die vollbesetzten Presse- und Besucherbänke, die vor dem Mittagessen noch fast leer gewesen waren. Drei der Gerichtszeichner machen sich sofort an ein Gruppenporträt der Geschworenen. Alle – Anwälte wie Angeklagte – starren auf die Geschworenenbank und versuchen in den Gesichtern zu lesen.

Leval spricht sie sehr förmlich an. »Mitglieder der Jury, ich habe die traurige Pflicht, Ihnen mitzuteilen, daß einer der Angeklagten, Gaetano Mazzara, heute verstorben ist. Wir haben die Nachricht eben erhalten.«

Die Geschworene Nummer dreizehn, die angenehme Frau mit dem Mondgesicht, hält den Atem an und legt sich eine Hand über den Mund. Auch Nummer achtzehn, die rothaarige Puertoricanerin, hält den Atem an. Nummer zwei, ein grauhaariger Telefontechniker im Ruhestand, wirft Nummer eins, dem Obmann, einen raschen Blick zu, so als wollte er sagen: »Sehen Sie, was habe ich prophezeit!«

Leval legt den Geschworenen nahe, sie müßten nun besonders darauf achten, den Medien aus dem Weg zu gehen. Sicher wüßten sie ja – oder könnten es sich zumindest denken –, daß Mazzara ermordet worden sei. Das Wort »verstorben« hat die Atmosphäre der Dringlichkeit und Gefahr, die Richter und Anwälte ganz offensichtlich gepackt hat, ganz und gar nicht vermitteln können. Man hat im Augenblick das ungute Gefühl, der Mafia-Krieg, von dem die Anwälte gesprochen haben, sei mit einem Mal aus den Schienen gesprungen und in den Gerichtssaal eingedrungen. Warum ausgerechnet Mazzara dran glauben mußte, ist noch unklar.

Mittwoch, 3. Dezember 1986. Im Gerichtssaal. Bevor das Gericht heute vormittag zusammentrat, gab sich Leval die größte Mühe, jeden Geschworenen einzeln einer Vernehmung zu unterziehen. Er berichtet, kein einziger habe zugegeben, auch nur ein Wort über den

Mord gehört zu haben. Als die ganze Parade jedoch im Gerichtssaal einmarschiert, ist kaum einer darunter, der nicht einen verstohlenen Blick auf den leeren Sitz in der dritten Reihe riskiert, wo Mazzara sonst immer gesessen hat. Als sie alle Platz genommen haben, ermahnt der Richter sie noch einmal: Zuweilen komme es vor, daß ein Geschworener zufällig etwas erfahre... Falls einer von ihnen tatsächlich – ohne es zu wollen – etwas gehört haben sollte, so dürfe er es auf keinen Fall einem der anderen Geschworenen mitteilen.

Das Gericht versucht in die alte Routine zurückzufinden. Mehrere Anwälte der Verteidigung haben heute ihre Absicht angemeldet, Mazzurco ins Kreuzverhör zu nehmen, der im Augenblick so eine Art Aussätziger ohne Glocke ist. Malerba – nicht Fisher – besorgt das Kreuzverhör für Catalano. Auch bei ihm heißt die Devise, maximale Distanz zu wahren, und so stellt er rasch klar, daß sein Mandant keine wie auch immer geartete Geschäftsbeziehung zu dem jetzt so schlimm gezeichneten Mazzurco unterhielt. Durch Ganci hätten sich die beiden einmal kurz getroffen, aber zu keinem Augenblick habe Catalano etwas mit Pronto Demolition zu tun gehabt, und er sei auch »nie bei Sal zu Hause gewesen und umgekehrt«.

»Haben Sie je irgendwelche Geschäfte mit Catalano gemacht? Edelsteine? Pizza? Hot Dogs? *Irgend etwas?*«

»Nein, nie.«

Marvin Schechter entlockt ihm, daß Pronto Geschäftsbeziehungen zu Sal Lambertis Firma »BIG L – Ausschachtungen und Abriß« unterhalten habe.

Paul Bergman zitiert ausgiebig aus den als Beweismaterial zugelassenen Observationsberichten und stellt endlos Fragen über Prontos Praxis der Rechnungsstellung. Erst ganz am Ende seiner Befragung kommt er zur Sache: Bevor sich die beiden im MCC kennengelernt hätten, habe Sal Mazzurco Baldo Amato oder Bonventre nicht ein einziges Mal gesehen oder gesprochen.

Aber schon springt Louis Freeh auf, ein gestochen scharfes Foto in der Hand, das Catalano auf dem Gelände von Pronto Demolition zeigt. Mazzurco, Präsident von Pronto Demolition, beeilt sich klarzustellen, er habe keine Ahnung, was Catalano dort gewollt haben könnte. Auch erinnere er sich nicht daran, Catalano oder Amato auf der Hochzeitsfeier der Bonos gesehen zu haben. Freeh bringt ihn schließlich soweit, zuzugeben, daß er Catalano einmal im Glendale

Social Club gesehen habe, einem dem Toyland Social Club ähnlichen Mobstertreff.

Benfante erhebt bei jeder Frage Einspruch, sie gehöre nicht zur Sache, aber er wird ein ums andere Mal abgewiesen.

Selten ist der Wahnsinn und die Gefahr einer schlechten Verteidigung beredter demonstriert worden. Es ist weit besser, überhaupt nicht zur Verteidigung anzutreten oder nur die ein oder andere Passage aus dem Protokoll zu verlesen, um etwas richtigzustellen oder Widersprüche aufzudecken, und sich ansonsten ganz und gar auf den Schlußvortrag zu verlassen. Vor dem Mittagessen setzen Marvin Schechter und Carol Novack das Gericht im Namen ihrer Klienten Sal Lamberti und Giovanni Ligammari von ihrer Absicht in Kenntnis, ebendies zu tun. In den folgenden Tagen werden die Anwälte Lewis, Koppelman, Burke, Leitman und DiChiara das gleiche im Namen ihrer Mandanten Evola, Vito Badalamenti, Alfano, Palazzolo und Cangialosi tun.

Ruggiero dagegen nimmt von einer Verteidigung aus einem ganz anderen Grund Abstand: Er ist der Meinung, das Beweismaterial gegen seinen Mandanten sei vom rechtlichen Standpunkt her unzureichend. In einem der Telefongespräche weigert sich Trupiano gar, die Fahrt nach Florida zu machen: Er hätte dazu seine Pizzeria schließen müssen. In einem anderen Telefonat sagt Alfano zu Palazzolo: »Ich habe eben mit unserm Rodolfo Valentino Trupiano gesprochen; er will nicht mitmachen.« Ruggiero möchte nicht riskieren, aus Versehen das dürftige Beweismaterial zu vergrößern, indem er Mrs. Trupiano oder einen anderen Zeugen aufbietet. Das Beweismaterial gegen Vitale ist seiner Meinung nach aus den gleichen Gründen nicht weniger dürftig.

»Ich denke, ich habe eine reelle Chance, meine beiden Burschen da rauszukriegen«, meint er. Die Ironie dabei ist, daß ein Freispruch für Trupiano oder Vitale das Schicksal einiger anderer besiegeln könnte, weil die Geschworenen nach so langer Zeit das Gefühl haben dürften, irgend jemanden müßten sie schließlich schuldig sprechen. Ruggiero hatte von Anfang an das Gefühl, daß die Staatsanwaltschaft seine beiden Klienten aus genau diesem Grund in die Verabredung miteinbezogen hat: Sie sind seiner Meinung nach nichts weiter als von der Staatsanwaltschaft einkalkulierte Verluste, menschliche Lockvogelprodukte für die Geschworenen.

Als er zum ersten Mal von Mazzaras Verschwinden hörte, dachte Ruggiero, er sei geflohen, »und ich war froh, daß er es überstanden hatte.« Später dachte er dann, Mazzara könne sich dazu entschlossen haben, mit der Staatsanwaltschaft zu kooperieren. »Er war ein derart gutmütiger Bursche, womöglich hatte er sich gesagt: Anstatt meiner Familie so was anzutun – ins Gefängnis zu gehen und sie im Stich zu lassen –, arbeite ich lieber mit denen zusammen.«

Newsday bringt einen Artikel, in dem spekuliert wird, daß Mazzara sich womöglich entschlossen hatte, für die Staatsanwaltschaft zu arbeiten, und Ruggiero ist beeindruckt, da er selbst an ähnlichen Manövern beteiligt war, als er noch bei den Vollstreckungsbehörden gearbeitet hat. »Ich dachte, Dick Martin habe Mazzara vielleicht erlaubt, Informant zu werden. Es ist natürlich eine ausgesprochen riskante Sache, einen Spion ins feindliche Lager zu setzen«, aber Ruggiero kenne Martin gut genug, um zu wissen, daß so ein Schachzug sicher seine Reize für ihn hätte. Er würde seinem Spion auftragen, mit den Anwälten zu plaudern, soviel wie möglich über ihre Prozeßstrategien in Erfahrung zu bringen, »und dann läßt sich ein anderer Staatsanwalt alles erzählen und filtert heraus, was Martin seiner Meinung nach von Nutzen sein könnte«. Auf diese Art und Weise bleibe Martin selbst sauber. »Dick Martin ist weit und breit bekannt dafür, solche ›Chinesischen Mauern‹ zu bauen.«

Es gibt noch etwas, was Larry Ruggiero in diesem Prozeß seit geraumer Zeit schon Kopfzerbrechen bereitet, etwas, worüber er sich allerdings erst in letzter Zeit so richtig klar zu werden begann. Der Mord an Mazzara hat diese Grübeleien ausgelöst, obwohl Ruggiero noch nicht dahintergekommen ist, wie er in das Gesamtbild paßt. Ungefähr einen Monat vor dem Mord war Ruggiero aufgefallen, daß Mazzara und Catalano in jeder Sitzungspause ausgedehnte Spaziergänge auf dem Korridor unternahmen, wobei sie sich angeregt unterhielten. »Tommy machte einen ausgesprochen besorgten Eindruck, als laufe da eine ganz und gar faule Sache ab. Außerdem ist Sal Lamberti ein ausgesprochen übler Charakter, und jetzt ... jetzt macht *er* die Spaziergänge mit Catalano.«

Ruggiero geht mittlerweile davon aus, daß Badalamenti »den Prozeß womöglich absichtlich in den Graben fährt. Die Verteidigung mit dem Mafia-Krieg war doch gut. Damit wäre man vielleicht sogar durchgekommen. Sie hätte die Waffen erklärt und auch die Telefonate. Sie hätte in der Presse die großen Schlagzeilen gebracht, und bei den Geschworenen wäre sie ausgesprochen wirksam gewesen. Das wäre doch immerhin richtiges Mafia-Material gewesen: Der Alte, der seiner Bande einflüstert: ›Macht euch an die Burschen in New York ran. Informiert euch über sie! Macht ihnen was vor!‹ Dann haben Sie Pete Alfano, der auf seinem Waffenarsenal hockt und wartet, und Badalamenti sagt: ›Wenn die über'n großen Teich kommen wollen, dann laßt sie doch kommen!‹ Und Sal Lamberti sagt seinen Leuten: ›Sorgt nur dafür, daß er weiterredet. Behaltet ihn im Auge! Wir müssen zu jedem Zeitpunkt wissen, wo er steckt.‹ Und genau das gleiche sagt der große böse alte Boß über *sie:* ›Ihr müßt immer wissen, wo eure Feinde stecken.‹ Lesen Sie mal Alfanos Gespräche. Das ist doch alles Hinhaltetaktik! Das ist derart offensichtlich. Also warum hat der Alte die Verteidigung nicht zugelassen? Warum hat er Kennedy gestoppt? Warum?«

Freitag, 5. Dezember 1986. Im Gerichtssaal. Wieder einmal ist alles in hellem Aufruhr. Gestern nacht führten Bundesmarshals zusammen mit dem FBI in einer Wohnung im Greenwich Village südlich vom Washington Square eine Razzia durch und verhafteten dabei keinen anderen als den flüchtigen Enzo Randazzo. Die Wohnung war von seiner neuen amerikanischen Freundin gemietet worden, die unten im Gerichtsgebäude darauf wartet, einer Anklagejury vorgeführt zu werden; diese wird entscheiden, ob man Anklage gegen sie erhebt oder nicht. Die Geschworenen, die wie immer von nichts eine Ahnung haben, spielen im Geschworenenzimmer Bridge und warten darauf, daß die Pflicht sie wieder ruft.

Martin hat sich erhoben, Angeklagte wie Anwälte hören ihm aufmerksam zu. Daß Randazzo entdeckt wurde, ist das Ergebnis der großen Fahndungsaktion, mit der die Staatsanwaltschaft nach dem Verschwinden Mazzaras die Angeklagten zusammensuchte. Die Beamten hatten sämtliche Telefongespräche verfolgt, die Alfano und Palazzolo von ihrem heruntergekommenen Hotelzimmer aus tätigten. Eine ganze Reihe dieser Anrufe galten einem Telefonsex-Service, ein Anruf ging jedoch an eine zwei Blocks vom Hotel entfernte Wohnung. Die Beamten stürmten die schäbige Wohnung und fanden nicht nur Randazzo, sondern auch Notizen zu Mazzurcos Aussage sowie gerichtliche Schriftsätze, die nach Randazzos Verschwinden aufgesetzt worden waren. Martins Geschichte ist wenig geeignet, das Bild von einem milliardenschweren internationalen Rauschgiftring zu bestätigen.

Die Staatsanwaltschaft beantragt, Larry Schoenbach – Randazzos Anwalt – von der weiteren Vertretung seines Mandanten zu entbinden. Warum, das will Martin vor versammeltem Gericht nicht sagen, aber er deutet an, Schoenbach habe um Randazzos Aufenthaltsort gewußt. Freeh geht sogar soweit, darauf zu drängen, daß man Schoenbach, der während dieser Anhörung wieder auf seinem alten Platz in der ersten Reihe sitzt, des Saales verweisen solle, noch bevor die Geschworenen hereinkommen. Der junge Anwalt könne sich nämlich sehr bald selbst im Zeugenstand wiederfinden, und deshalb sollte er, wie jeder andere potentielle Zeuge auch, von der Verhandlung ausgeschlossen werden. Außerdem fordert die Staatsanwaltschaft, die auf Grund ihrer Sicherheitsleistungen gewährte Haftverschonung für die Angeklagten aus dem Mittelwesten rückgängig zu machen, also Alfano, Palazzolo, Trupiano und Vitale, die bisher alle zusammen in einem schmuddeligen Hotel wohnten, während das Gericht verhandelte.

Im Sitzungssaal herrscht eine gespannte Atmosphäre. An keinem der Prozeßteilnehmer sind die Schockwellen, die der Mord an Mazzara ausgelöst hat, spurlos vorübergegangen, und jetzt sieht es auch fast noch so aus, als drohe einem der Verteidiger möglicherweise selbst ein Strafverfahren. Leval, der wieder einmal einen völlig hilflos-verblüfften Eindruck macht, fragt Schoenbach, ob er zu bleiben beabsichtige. Sein Gehen würde es allen hier leichter machen. Aber der bärtige Chorknabe besteht trotzig darauf zu bleiben, zumindest noch für eine Weile. Leval verschiebt seine Entscheidung. Fürs erste darf Schoenbach bleiben – auf einer der Besucherbänke. Was die Angeklagten von außerhalb anbelangt, so haben sie im Sitzungssaal oder auf dem Korridor unmittelbar vor dem Saal zu bleiben; andernfalls riskieren sie den Einzug ihrer Kaution.

Vor dieser trostlosen Kulisse wartet Paul Bergman voller Ungeduld darauf, seine, wie er meint, starken und gut durchdachten Argumente zur Verteidigung seines Mandanten Baldo Amato vom Stapel zu lassen. Endlich treten die Geschworenen auf, und eine Frau, eine angenehme Erscheinung in einem teuren Kostüm, rutscht auf eine der Zuschauerbänke – es ist Baldos Frau Madeline Amato. Neben ihr sitzt ein schmaler, schwarzhaariger junger Mann, der mit einiger Sicherheit Baldos Bruder sein dürfte. Aber er hat das Gesicht eines Wolfes, sein Haar ist ungekämmt, seine konservative Kleidung sitzt schlecht, und außerdem fehlt ihm die Nonchalance seines Bruders.

Zu einem früheren Zeitpunkt des Prozesses hatte Bergman einen großen Sieg verbuchen können, indem er bewies, daß das FBI auf einem Foto, das angeblich die heimliche Übergabe von 100 000 Dollar zeigte, fälschlicherweise einen anderen für Amato gehalten hatte. Um seinen Sieg noch einmal gebührend herauszustellen, hat er einige fast einen Meter breite Vergrößerungen jener Fotos mitgebracht, die er jetzt den Geschworenen zeigt. Bergman hat wiederholt klargestellt, daß Understatement seine Sache nicht ist, und er hat die Absicht, den Schnitzer des FBI maximal auszuschlachten.

Sein Hauptzeuge ist Amatos jüngerer Bruder, der jetzt selbstbewußt auf den Zeugenstand zustolziert. Vito ist 1969 nach Amerika gekommen, zusammen mit dem Rest der Familie, und hat sich im Brooklyner Stadtteil Bensonhurst niedergelassen. 1975 kauften die beiden Brüder in Manhattan an der Second Avenue/Ecke 82. Straße einen Delikatessenladen. Sowohl Vito als auch Baldo arbeiteten dort als Geschäftsführer. 1982 ruinierte ein Brand die Inneneinrichtung des Ladens. Die Versicherung zahlte den Amatos 200 000 Dollar, und die Familie beschloß, das Café Biffi, »die einzige authentische italienische Café-Bar in New York«, aufzumachen.

Da es mit den Bauarbeiten am Café Biffi nicht so recht vorangehen wollte, feuerte man den ursprünglichen Planer und wandte sich an den Bauunternehmer Sam Conovo, der mit seinen Initialen »SC« laut Mazzurco in dessen verhängnisvollem roten Notizbuch vertreten ist. An dieser Stelle will Bergman, der diese Vernehmung häufig lächelnd und ständig zwischen Podium und Zeugenstand auf- und abgehend absolviert, als Beweisstück Sam Conovos Geschäftskarte einführen. Wie ein Stehaufmännchen springt Martin auf und verlangt eine Vorvernehmung ohne Geschworene. Als Martin sich dem Zeugenstand nähert, erstarrt Vito sichtlich.

Bergman nimmt seine Vernehmung wieder auf, indem er erklärt, die Geschäftskarte sollte nur dazu dienen, das Gedächtnis des Zeugen aufzufrischen – ein typisches Beispiel Bergmanschen Overkills. Die Konfrontation mit Martin hat Vito gefährlich nervös werden lassen.

Das Café Biffi hatte ernsthaft Schwierigkeiten. Nicht nur, daß man den ursprünglichen Bauunternehmer feuern mußte, es wurden auch noch die Baugenehmigungen ausgesetzt, weil man gegen die Bauvorschriften verstoßen hatte. Ob Baldo Amato diese Probleme mit Joe Ganci diskutiert habe? Ja.

Bis zum Mittagessen hat Bergman geschickt das Fundament für eine Erklärung jener Zusammenkunft im März 1984 gelegt, als sich Ganci, Catalano, Polizzi, Mazzurco, Joe Lamberti, Bonventre und Amato an der Baustelle des Café Biffi trafen.

In der Gerichtscafeteria äußern sich andere Anwälte besorgt über die ungewöhnlich aufgeladene Atmosphäre für das bevorstehende Kreuzverhör. Martin kann ausgesprochen grimmig werden, und er hat jetzt Blut geleckt.

Der Ankläger wartet, bis sich der Zeuge in seinem Sessel zurechtgesetzt und von einem Wasserglas genippt hat, dann betritt er rasch das Podium, um dem jungen Mafioso seinen Degen geradewegs unter die Nase zu halten.

Wann Vito Amato Cesare Bonventre zum letzten Mal gesehen habe.

Im Winter 1983.

Aber Vito sei doch auch im Café Biffi gewesen, als Catalano, Bonventre und einige Freunde zu dem Treffen im März 1984 gekommen seien? »Somit haben Sie Mr. Bonventre auch 1984 noch gesehen?« Ja.

Schon hat ihm Martin den ersten Schmiß beigebracht, aber der Schnitt ist so fein, daß Amato ihn noch nicht bemerkt zu haben scheint.

Wie konnten Vito, Baldo und ihre Familie zwischen 1982 und 1984 Rechnungen über 500 000 Dollar für die vorgenannten Bauarbeiten bezahlen?

»Ich habe zwei Jahre lang auf Kreditkarten gelebt«, prahlt er. »Mastercard und Visa sind einfach himmlisch.«

Ob er nicht auch einen Nebenberuf gehabt habe?

»Um genau zu sein, im Mai 1984 ... da begann ich Festessen zu organisieren.«

Das Thema wechselnd fragt Martin ihn, ob er Dominic Tartamella kenne, den Mann mit dem roten Porsche, der als Zeuge für Ivan Fisher auftrat. Vito Amato bestreitet ihn zu kennen. Tartamella hat jedoch bereits ausgesagt, daß Baldo Amato früher einmal für ihn gearbeitet hat. Martin fügt hinzu, daß Tartamella auch bei der Taufe von einem von Baldos Kindern gewesen war. Ja, jetzt erinnere er sich wieder an Tartamella.

Der Ankläger entlockt dem Zeugen eine lange Reihe von Dementis, was seine Bekanntschaft mit führenden Mobstern aus der Familie Bonanno anbelangt; Martin zählt dabei all jene auf, die das FBI bei der Hochzeit Bonos vor dem Hotel Pierre oder im Toyland Social Club in Little Italy fotografiert hat. Just in dem Augenblick, als sich der Zeuge wieder wohler zu fühlen beginnt, wirft der Ankläger die längst zum Ritual gehörende Handgranate, indem er die Einwanderungsakte aufs Tapet bringt.

»Übrigens, Sie haben uns doch vorhin gesagt, daß Sie als äh . . . was gearbeitet haben?«

»Organisator von Banketten.«

»Und das ab Mai 1984?«

»Ja.«

»Entspricht es nicht den Tatsachen, daß Sie mit dieser Arbeit schon im Juni 1983 begannen?«

»Ich? Nein, Sir.«

»Sind Sie sich da sicher?«

»Ganz sicher, ja.«

»Lassen Sie mich Ihnen ein Dokument zeigen . . .«

Sämtliche Verteidiger im Saal werfen einander verstohlene Blicke zu. Bergman ist auch schon aufgestanden und bittet darum, das Dokument einsehen zu dürfen. Wacker versucht er seine Verzweiflung zu verbergen.

Zu den Papieren, die Martin in Händen hält, gehört auch Amatos erst vor fünf Monaten eingereichter Antrag auf die amerikanische Staatsbürgerschaft; dort heißt es schwarz auf weiß, daß er vom Juni 1983 an als Organisator von Banketten gearbeitet hat.

Der Narr weiß noch nicht einmal, daß er damit tödlich verwundet ist. Wenn er nämlich jetzt eingesteht, in dem Antrag gelogen zu haben, könnte das zu einer Anklage wegen Urkundenfälschung führen.

»Jeder andere Ankläger würde ihm das eine Lehre sein lassen, aber nicht Martin, dieses perverse Schwein«, schimpft einer der Anwälte später. »Wenn er ihn nicht selber anklagt, dann informiert er garantiert die Einwanderungsbehörde. Seine amerikanische Staatsbürgerschaft kann der Junge vergessen.«

Martin hat in den Reihen der Verteidigung große Niedergeschlagenheit ausgelöst. Carol Novack gesteht nach der heutigen Sitzung, sie halte das alles kaum noch aus, der ganze Prozeß sei verabscheuungswürdig, und das Gefühl, daß hier ein bösartiger Riese systematisch kleine Leute zertrete, denen einmal eine kleine Dummheit passiert sei, mache sie ganz krank. Einer der älteren Anwälte bemerkt, Bergman zeichne sich womöglich durch die einzigartige Leistung aus, einen seiner eigenen Zeugen auf die Anklagebank gebracht zu haben.

Bei einigen Anwälten hat die geistig-seelische Verfassung einen Tiefstand erreicht, was bei einem Aufmarsch an fürchterlichen Zeugen, wie sie ihn miterleben mußten, nicht weiter verwundert. Bergman, der bis heute eine zwar etwas schwerfällige, aber alles in allem doch solide Verteidigung führte, hat völlig versagt. Sein Starzeuge hat der Staatsanwaltschaft ausgezeichnete Munition in die Hände gespielt: Das Treffen auf der Baustelle war also eine Gipfelkonferenz der Zips, und der Angeklagte Amato konnte es sich leisten, beim Bau des Cafés erhebliche Summen zu verschwenden.

Larry Bronsons Verteidigung konzentriert sich ganz und gar auf die Notwendigkeit, den Beweis dafür zu führen, daß sein Mandant Sal Greco Anfang März 1980 weder in einem Bauernhaus in Bagheria war, noch an einer Qualitätskontrolle für Heroin teilnahm. Bronson will aufzeigen, daß Greco schön brav zu Hause in New Jersey war und arbeitete. Er ruft Grecos Steuerberater und engen Freund Justin Pisano in den Zeugenstand, ein Mann, der über seine Termine sehr sorgfältig Buch führt. Unter Bronsons geduldiger Befragung erzählt der Zeuge bis in alle Einzelheiten, wie er an drei Sonntagen im März an die Küste New Jerseys gefahren sei, um Grecos Bücher durchzugehen und mit seinem Klienten einige Pizzerien der Gegend abzuklappern, um deren Geschäfte mit dem von Grecos eigener Pizzeria in Neptune City zu vergleichen.

Sein Kreuzverhör von Pisano gerät Stewart zur Sternstunde. Der Ankläger konzentriert sich ganz auf die Eintragungen, die der Zeuge im fraglichen März in seinem Terminkalender vorgenommen hat.

»Am 2. März, ja, da fuhr ich zu Greco hinunter«, sagt Pisano, »wir aßen in aller Ruhe zu Abend.«

»Sie haben uns gestern gesagt, daß Sie es nicht im geringsten eilig hatten, stimmt das?«

»Ja.«

»Und das ist die Wahrheit, die ganze Wahrheit und nichts als die Wahrheit?«

»Ja.«

»Wie verhält es sich dann mit diesem Termin hier um 19 Uhr mit Troviatta?«

»Nur eine Steuersache. Anfang März ist Einkommensteuerzeit, da traf ich mich mit vielen Steuerklienten sonntags oder auch mal abends, um alle unterzukriegen.«

»Wie heißt Troviatta mit Vornamen? Wo wohnt er?«

Daran erinnere er sich nicht. »Ich glaube noch nicht einmal, daß ich für die noch die Steuern mache.«

Dafür erinnert sich Stewart. Er sagt Pisano auf den Kopf zu, er sei an jenem Abend von Grecos Pizzeria 35 Meilen weit weg gewesen, mitten im Herzen Manhattans, nämlich im Lincoln Center, in der Oper.

Pisano bestreitet dies nachdrücklich. Er sei nur einmal im Leben im Lincoln Center gewesen, und zwar um Pavarotti zu hören.

»Sind Sie ein Opernliebhaber?«

Ach was. In der Oper sei er nur ein einziges Mal gewesen, da sei er noch auf die High School gegangen. Stewart zeigt dem Zeugen und dann auch den Geschworenen die Ausgabe eines Abendblattes vom Sonntag, den 2. März 1980: Unter der Rubrik »Oper« wird für das New York State Theater im Lincoln Center *La Traviata* angekündigt.

Bronson erhebt Einspruch. »Irreführung des Zeugen, Euer Ehren.« Der Steuerkunde seines Zeugen heiße »Troviatta« – mit zwei »t«.

»Und in der Opernankündigung steht ›Traviata‹, nicht wahr?« fragt Stewart.

»Nein. Es heißt *La* Traviata«, sagt Pisano mutig.

»La Traviata?«

»Richtig. Ich sehe keinen Zusammenhang mit Troviatta.«

»Außer dem Zeitpunkt. Das ist doch ein Zufall, oder etwa nicht?«

Dem stimmt Pisano zu, und Stewart sagt ihm, er solle sich den Eintrag für den Sonntag zwei Wochen darauf, also am 16. März, um ein Uhr nachmittags ansehen.

»Meinen Sie Carmen? Carmen Sangari? Ihre Steuern mache ich schon lange nicht mehr.«

»Carmen Sangari?« Stewart bringt eine Ausgabe der *New York Times* zum Vorschein und bittet Pisano, die Opernankündigungen für jenen Sonntagnachmittag laut und deutlich vorzulesen. Pisano sieht nach und gibt ihm recht, es handle sich da in der Tat um einen erstaunlichen Zufall.

Einige Zuschauer können sich ein Kichern nicht verkneifen. Aber Stewart ist noch nicht fertig. Er lenkt die Aufmerksamkeit des Zeugen auf einen Eintrag für den folgenden Sonntag 19 Uhr. »Ist das auch einer Ihrer Steuerkunden?«

Das Kichern schwillt zu einem schallenden Gelächter an. Im Notizbuch steht: »Barbier von Sevilla.«

Das Gelächter übertönend fällt Pisano mit einem Mal ein, daß er damals gerade eine Freundin hatte, die ganz verrückt nach Opern war, und die irgendwann im März Geburtstag hatte. »Sie hatte sich drei Opern ausgesucht, die sie sehen wollte – aber wir sind nicht dazu gekommen, uns auch nur eine davon anzuschauen.«

»Das haben Sie doch eben erfunden, oder nicht?« fragt ihn Stewart kaum hörbar, weil der ganze Saal vor Lachen brüllt. Leval ist puterrot angelaufen. Stewart behält – wie üblich – sein Pokergesicht bei, und der gutmütige Bronson, der vor Lachen zittert, hält den Kopf gesenkt; Tränen kullern ihm über die Backen.

Montag, 5. Januar 1987. Im Gerichtssaal. Auch das neue Jahr hat dem angeschlagenen Pizza-Prozeß keine neue Kraft einhauchen können. Die Atmosphäre in unserem kalten und trostlosen Sitzungssaal gleicht der einer Krankenstube. Um es auf einen Nenner zu bringen, die Vereidigungsstrategien funktionieren nicht. Einer der Anwälte, Mike Querques, will etwas ganz Neues ausprobieren – keine Wunderdroge, soviel steht fest, wohl schon eher eine juristische Hühnerbrühe, aber wie man so schön sagt, schaden kann's auch nicht. Querques hat ein Potpourri interessanter Zeugen aufgeboten, die für den großen, freundlichen, kummervoll dreinschauenden Frank Polizzi sprechen sollen, den die Staatsanwaltschaft als die wichtigste Kapitalquelle der hier verhandelten Drogengeschäfte bezeichnet. Querques hat die Absicht aufzuzeigen, daß der Restaurantbesitzer, Bauunternehmer und mindestens sechsfache Millionär auf die mühsame Art zu seinem Geld gekommen ist, nämlich durch seiner Hände Arbeit.

Der Zeuge Felix Busby ist Maschinenbauingenieur und hat zusammen mit Polizzi am Sally-Mathis-Gardens-Projekt gearbeitet, einem von der Gemeinde in Auftrag gegebenen Bauprojekt von 150 Wohnungen im Brooklyner Stadtteil Brownsville. Polizzi war bei diesem Projekt der Hauptvertragspartner der Stadt, und Busby ist hier, um auszusagen, wie sehr ihnen dieser Auftrag zu schaffen machte. Brownsville ist ein Armenviertel, ein von einer hohen Kriminalitätsrate geplagtes Ghetto voller verlassener Gebäude und unbebauter Grundstücke. Die Arbeitslosenquote ist hoch, und der Kampf um die kostbaren Arbeitsplätze auf der Baustelle war mörderisch. Angeblich versuchten nicht weniger als drei Interessengruppen der dortigen Minoritäten, die Bauunternehmer unter Druck zu setzen, damit sie ihre Leute einstellen. Zwei dieser Organisationen, »Fight Back« und »Free at Last«, hätten sich für die Schwarzen eingesetzt, während die »Fair Start Coalition« als Lobby der Spanischstämmigen aufgetreten sei. Ständig seien diese Gruppen in die Baustelle eingedrungen und hätten versucht, durch Streikposten, zuweilen aber auch durch Drohungen oder offene Gewalt ihren Mitgliedern eine Anstellung zu erpressen. Irgendwie sei es Polizzi jedoch gelungen, das Projekt trotzdem durchzuziehen.

Die Produzenten von Fernsehshows würden einander die Köpfe einschlagen, um sich einen so auffallenden Typ wie Querques nächste Zeugin zu schnappen. »Mrs. Susan Reddick«, verkündet der Anwalt mit einer dramatischen Geste in Richtung des hinteren Teils des Sitzungssaals. Eine dreiundsechzigjährige Schwarze, ebenso rund wie groß, in weißer Webpelzkosakenmütze, dicker irischer Strickjacke, geblümter Bluse und einem Paar stattlicher Lederstiefel kommt den Mittelgang heruntergestapft. Über dem Arm trägt sie einen schweren Mantel, und in ihrer Handtasche könnte man mühelos ein gut Teil des Prozeßprotokolls davonschleppen. Sie legt den Eid ab, setzt sich und unterzieht die Geschworenen einer gründlichen Inspektion.

Querques Gesichtsausdruck ist der eines gekraulten Hundebabys. Mrs. Reddick lebt seit gut vierzig Jahren in Brownsville, und sie bewohnt jetzt eine der Wohnungen in den Sally Mathis Gardens.

»Wie viele Kinder gibt es in Ihrer Familie, Mrs. Reddick?« Zwölf.

»Ja, die ham sich ganz schön gerauft«, damals, als die Wohnungen noch im Bau waren. Und Susie Reddick hat zu der Zeit auf der Baustelle als Wache gearbeitet, »damit da nix wechkommt und so«.

»Wer war denn der Bauunternehmer?«

»Na ja, für mich war der immer der Mr. Frank. Wie der wirklich geheißen hat, das weiß ich nicht.« Querques bittet Polizzi aufzustehen. »Jou! Das issa, der Boß!« johlt sie begeistert auf.

»Sie sagten eben, daß es dort zu Gewalttätigkeiten gekommen sei, Mrs. Reddick?«

»Nu, die ham da doch ein' erschossen, nicht, und ei'm andern ham sie auf den Kopf gehaun, und mit 'nem Messer, da gab's auch was. Die Koalitionen, wissen Sie, die ham sich gegenseitig den Schädel eingeschlagen – Sie wissen schon, die Fight-Back-Koalition und die Free-At-Last-Koalition. Aber Mr. Frank, der hat einfach weitergemacht.«

»Hatten Sie damals Angst, Mrs. Reddick?«

»Das können Sie sagen. Die ham ja sogar auf mich geschossen.«

»Haben Sie etwas zu Ihrem Schutz unternommen?«

»Das können Sie sagen. 'ne Schrotflinte hab' ich mir besorgt.« Die Angeklagten, die Geschworenen, die Anwälte, alle biegen sich vor Lachen. Der ganze Saal mag sie.

Dick Martin steht auf, um sie ins Kreuzverhör zu nehmen. Selbst er, der unbarmherzigste aller Verhörspezialisten, würde es nicht wagen, auf dieser Frau herumzutrampeln. Er stellt nur rasch klar, daß es verboten ist, verborgene Waffen mit sich herumzutragen. »Mrs. Reddick, Sie haben dieses Schrotgewehr doch nicht etwa unter Ihrer Kleidung versteckt getragen, oder?«

»Nein, Sir, nicht doch, ich trag's so, dasses jeder sehn kann.«

Der Ankläger setzt sich wieder.

Mrs. Reddick wirft ihren Mantel über den Arm, nimmt ihre Handtasche und marschiert nach hinten zur Tür. Es fehlt nicht viel, und der ganze Saal würde in Beifallstürme ausbrechen. Badalamenti macht seine höflichste Verbeugung vor ihr.

Querques macht seine zahlreichen Punkte an zwei Fronten zugleich: Zum einen hat er die Millionen seines Mandanten desinfiziert, indem er sie auf das amerikanische Ethos von harter Arbeit und Erfolg zurückführt, zum anderen hat er klargestellt, wie gewalttätig es in Brownsville zugeht und somit die beiden Schußwaffen erklärt, die das FBI in Polizzis Haus gefunden hat.

Der nächste Zeuge des Anwalts ist nicht weniger freimütig und sympathisch. Jasper Canella ist Frank Polizzis Cousin sowie Koch und Geschäftspartner in ihrem gemeinsamen Restaurant. Er ist ein vergnügter rundlicher Mann, dem es weder an Humor noch an Ghettogrips fehlt. Für jede Werbeagentur an der Madison Avenue könnte er Pasta tonnenweise verkaufen.

Joe Ganci war einer von Canellas besten Kunden. Er hat ihn als lebhaften, ja ausgelassenen Mann in Erinnerung, der sich vor allem in Gesellschaft seiner Freunde wohlfühlte. Am liebsten habe er sich übers Essen, über Frauen und über das Leben im allgemeinen unterhalten, und wenn er mit seiner Freundin Carol zusammen gewesen war, dann war er ein ausgesprochen glücklicher Mann.

Bob Stewart eröffnet das Kreuzverhör mit einer jener auf ein sofortiges K. o. abzielenden Standardfragen der Staatsanwaltschaft. »Mr. Canella, glauben Sie an die Mafia?«

Canella lacht. »Und ob ich an die Mafia glaube! Ich hab' darüber in den Zeitungen gelesen, und im Fernsehen gab's auch was. Der Präsident hat doch sogar einen Untersuchungsausschuß gegen sie eingesetzt, um Himmels willen.«

Der Ankläger ist von dieser Offenheit betroffen und verwendet viel zuviel Zeit darauf, Jasper Canellas Glauben an Frank Polizzi zu knakken. Ein hoffnungsloses Unterfangen, und der kugelrunde Zeuge tritt lächelnd wie eh und je wieder ab.

In Anbetracht der miserablen Vorstellungen, die Badalamenti und Mazzurco als Zeugen in eigener Sache boten, hat sich Querques dazu entschlossen, nicht Frank Polizzi, sondern dessen hübsche Frau Cecilia in den Zeugenstand treten zu lassen. Sie soll den Wohlstand und die gesellschaftlichen Verbindungen der Familie erklären.

Die blonde 46jährige in Amerika geborene Mutter dreier Kinder sagt dem Gericht, ihr Gatte sei ein äußerst fleißiger Mann. Schon damals, als er ihr noch den Hof machte, habe er zwei Jobs zugleich gehabt. Als die Baufirma und der Motelkomplex wuchsen, habe er bis spät in die Nacht hinein gearbeitet. Ja, sie habe ihren Gatten auf viele gesellschaftliche Feierlichkeiten der hiesigen Sizilianer begleitet – Hochzeiten, Taufen, Schulabschlüsse, Beerdigungen. Bei diesen Festlichkeiten habe sie auch die Catalanos, die Amatos, die Lambertis und die Ligammaris kennengelernt. Sie alle seien bei der Hochzeit der Bonos, der von Joe Lambertis Tochter und auch der Taufe von Sal Catalanos Kind dabeigewesen.

Die Frau ist einer großen Belastung ausgesetzt, ihre Stimme zittert. Querques spricht einen Schlüsselpunkt im Beweismaterial gegen ihren Gatten an. Am 8. Juni 1983 um 11 Uhr abends hat man Frank Polizzi beobachtet, wie er sich mit dem der Geldwäscherei verdächtigten Filippo Salamone, dem Bruder des Angeklagten Salvatore Salamone, auf dem Parkplatz von Polizzis Motor Lodge in Belleville, New Jersey, traf. Salamone war von Bloomsburg, Pennsylvania, herübergefahren, eine dreistündige Fahrt. Die beiden Männer unterhielten sich, und die Beamten sahen, wie Salamone Polizzi eine braune Papiereinkaufstüte übergab.

Mit seinem ganzen Gewicht stützt sich Querques auf die Schranke vor dem Podium, das Gesicht der Jury zugewandt, immer auf der Jagd nach dem Blick jener Geschworenen, die eben einzunicken drohen. »Hat Ihr Gatte 1983 zu irgendeinem Zeitpunkt eine Tüte mit Fisch nach Hause gebracht?«

»Ja, das hat er.« Cecilia Polizzi erzählt, wie sie eines Morgens in die Küche kam und eine Tüte mit zwei Pfund *sarde* auf der Anrichte fand. *Sarde* – frisch gefangene Sardinen – sind der Hauptbestandteil für die *pasta allesarde,* ein Gericht aus Makkaroni, Fisch, Rosinen und Gewürzen, von dem man annimmt, daß es arabische Invasoren im 10. Jahrhundert auf Sizilien einführten. Es gilt als sizilianisches Nationalgericht.

Querques versucht zu beweisen, daß die Tüte, die Salamone Polizzi an jenem Abend vor dem Motel gegeben hatte, Sardinen enthielt. Er hält eine braune Papiereinkaufstüte in die Höhe; sie ist oben geschlossen, und ganz offensichtlich ist etwas drin.

»Habe ich Sie gebeten, ein Duplikat jener Tüte mitzubringen, wie Ihr Gatte sie damals mitgebracht hat?«

»Ja, das haben Sie.«

»Ist das hier das Duplikat, das Sie heute morgen vorbereitet haben?«

»Ja.«

Querques bittet Mrs. Polizzi, dem Gericht und der Jury den Inhalt ihrer braunen Papiertüte zu zeigen. Sie hält zwei Eisbeutel und zwei Pfund halb aufgetauter Stinte in die Höhe, wobei sie erklärt, daß im Augenblick saisonbedingt keine frischen Sardinen zu haben seien. Mit großer Geste bringt Querques eine weitere braune Tüte zum Vorschein, gefaltet und mit Heftklammern verschlossen – eben jene

Tüte, die die Geschworenen vor Monaten den Agenten haben falten sehen, damit sie jener ähnelte, die Salamone Polizzi auf dem dunklen Parkplatz übergeben hatte.

Querques bittet Mrs. Polizzi, den Fisch von ihrer Tüte in diese umzupacken, damit die Geschworenen sehen könnten, daß auch diese für zwei Pfund Fisch mitsamt Eisbeuteln groß genug ist. Die ganze Geschichte ist natürlich reine Effekthascherei – und das Theater gerät unfreiwilligerweise zu einer Farce, als Cecilia Polizzi ihre Tüte hochhebt. Das schmelzende Eis hat das Papier aufgeweicht, und die ganze Ladung Fische fällt durch den matschigen Boden, die Lake spritzt in alle Richtungen und Polizzis Fall ist gestorben. Die Anklagevertretung braucht noch nicht einmal darauf hinzuweisen, daß keine Einkaufstüte aus Papier eine dreistündige Autofahrt an einem Juniabend hätte überstehen können. Die Verteidigung hat das soeben höchst effektvoll bewiesen.

Mittwoch, 14. Januar 1987. Im Gerichtssaal. Mittlerweile hat jeder Anwalt seine Chance gehabt. Auch Kennedy muß jetzt endlich seinen Beweisvortrag schließen. Anstatt einen italienischen Magistraten in den Zeugenstand zu rufen, der Badalamentis juristische Probleme erläutert, ruft er einen bärtigen Geheimschriftsachverständigen mit wüster Haartracht und dem herrlich passenden Namen Dr. Cipher A. Deavours auf.

Kennedy hat auf der großen Schautafel den in den Telefongesprächen benutzten Code aufgemalt.

T = 1
E = 2
R = 3
M = 4
I = 5
N = 6
U = 7
S = 8
A = 9

Die korrekte Bezeichnung dafür sei nicht »Code«, sondern »Schlüssel«, erklärt der Sachverständige. Freeh scheint über diesen in letzter Sekunde aufgebotenen Sachverständigen wütend zu sein, und auch

Leval hat sein Mißfallen kundgetan. Aber die Geschworenen sind gespannt und erwartungsvoll.

Zunächst wendet sich Kennedy den Lauschangriffen zu. »Wenn man Ihnen Tausende von Tonkassetten mit auf Sizilianisch geführten Gesprächen gäbe, wie würden Sie eine Analyse angehen?«

»Übersetzungen sind an sich schon Verzerrungen eines Textes und könnten schon deshalb nicht als Duplikate der Originale gelten.«

»Und wenn die Sprecher einander sehr gut kennen, wenn sie sich schon sehr oft miteinander unterhalten haben?«

»Tja, das würde den Entschlüsselungsprozeß natürlich beträchtlich erschweren.« Als er sich diese Unterhaltungen angehört habe, habe er sich gefragt: Haben Worte wie »es... das... Sache« eine verschlüsselte Bedeutung? Um das herauszufinden, habe er sieben Schlüsselgespräche dieses Falles analysiert – Zito und Ganci, die Lambertis mit Badalamenti, Badalamenti, Mazzurco und Sal Lamberti und so weiter. Außerdem habe er sich die Aussage des Agenten Tarallo noch einmal vorgenommen.

»Irgendwelche Probleme dabei?« will Kennedy wissen.

Ja. Die Übersetzungen strotzten nur so von »idiomatischen Wendungen«, und solche Wendungen ergeben wörtlich übersetzt nicht den geringsten Sinn. Die aufgezeichneten Gespräche »wimmeln von solchen Sachen«.

Wiederholt erhebt die Staatsanwaltschaft Einspruch gegen seine Aussagen. Leval überlegt sich seine Entscheidungen sorgfältig. Es handelt sich hier um problematisches Beweismaterial.

»Befinden sich denn überhaupt Codewörter in den Unterhaltungen?« fragt Kennedy.

»Ja. Meiner Meinung nach stehen ›Hemden‹ für etwas anderes.« Das gleiche gelte für »Acryl« und »Baumwolle« sowie die kleinen Geldbeträge. Aber auch nur eines dieser Codeworte zu entschlüsseln, nein, dazu sei er nicht imstande gewesen.

Freeh zittert vor Anspannung. »Wenn Sie den Auftrag bekämen, den Code in einem Gespräch wie, sagen wir einmal dem mit den ›zweiundzwanzig Behältern‹ zu knacken, wie würden Sie da vorgehen, Sir? Würden Sie uns das noch einmal erklären.«

Deavours ist einer der in diesem Prozeß so seltenen gut vorbereiteten Sachverständigen. Seine Antwort beschreibt genau das, was die Staatsanwaltschaft laut dem Vorwurf der Verteidigung zu tun versäumt hat, bevor man sich an die Verhaftungen machte. »Ich würde diese Personen überwachen und versuchen, sie *in flagranti* bei einem Drogengeschäft zu ertappen, um den Beweis zu führen, daß bei diesem Geschäft zweiundzwanzig – was weiß ich – im Spiel waren.«

Kennedy ist schon drauf und dran, seinen Beweisvortrag für geschlossen zu erklären, als Benfante verkündet, er wolle zum Kreuzverhör antreten. Kennedy läuft rot an, sagt aber nichts. Den Mund zu halten, das ist das Wichtigste und Schwierigste, was ein Prozeßanwalt zu lernen hat – wie dieses Verfahren zur Genüge bewiesen hat. Diese Männer sind virtuose Solisten; die meisten sind von sich selbst eingenommen wie Tenöre oder Diven. Die Zunge im Zaum zu halten, ist für sie etwas Unnatürliches und erfordert deshalb eine geradezu japanische Disziplin.

Richter Leval ruft Benfante zu sich an den Richtertisch. »Sind Sie sicher, daß Sie das wollen?«

Der Anwalt ist erbost. »Ich nehme das persönlich, Euer Ehren.«

Leval versucht ihn zu beschwichtigen. »Regen Sie sich nicht gleich auf. Im Eifer des Gefechts fällt man zuweilen eine übereilte Entscheidung ... Ich will Ihnen nur einen Augenblick Zeit geben, um sich das noch einmal zu überlegen.«

Benfante schafft es, sich an die Kandare zu nehmen. »Tut mir leid, so reagiert zu haben.« Die Sitzung wird für zehn Minuten unterbrochen.

Benfante verkündet, daß er nicht mehr zum Kreuzverhör antreten werde, und Kennedy erklärt den Beweisvortrag für abgeschlossen.

Die Staatsanwaltschaft hat die Absicht, eine Widerlegung zu führen. Freeh steht auf dem Podium und spricht von »sechs Kilo Kokain, die man in Florida bei einer Person namens Guido Cocilovo beschlagnahmt hat«.

Die Anwälte der Verteidigung sind außer sich. Sechzehn Monate dauert der Prozeß jetzt, man steht wenige Tage vor den Plädoyers, und die Staatsanwaltschaft kommt mit einer Mordsmenge Kokain daher und verspricht, sie unanfechtbar mit Salvatore Mazzurco in Verbindung zu bringen. Eleanore Kennedys schlimmste Befürchtungen haben sich erfüllt. Bob Koppelman spricht allen aus der Seele, als er sagt: »Das nennt man jemandem hinterrücks eins über den Schädel ziehen, sonst nichts.«

Leval weist Freeh an fortzufahren.

1983, erzählt der Ankläger, wurde Guido Cocilovo, ein Schiffsmakler, auf dem Bahnhof in Miami von der Bahnpolizei angehalten, als er eben in einen Zug nach New York steigen wollte. Eine Durchsuchung seines Koffers förderte sechs Kilopakete Kokain zutage; in seinen Taschen fand sich ein Adreßbuch mit den Telefonnummern der Angeklagten Mazzurco und Joe Lamberti.

Freeh macht sein Recht geltend, dieses Beweismaterial in die Widerlegung einzubringen, weil Genay Leitman in ihrer Verteidigung eine Reihe von Übersetzungen abgehörter Telefongespräche vorgelegt hatte, die die Staatsanwaltschaft ihrer Meinung nach unterdrückt habe. In einem Gespräch zwischen Alfano und Palazzolo vom Februar 1984 wird eine Person namens Cocilovo erwähnt. Als Freeh den Namen hörte, klingelte es bei ihm. Er erinnerte sich an die Verhaftung in Miami und daß da eine vage Verbindung zu Mazzurco bestand. Er bat das FBI, der Sache auf den Grund zu gehen.

Die Beamten vom FBI untersuchten noch einmal das bei Cocilovo in Florida sichergestellte Material und fanden einen Zettel, auf dem die Reiseroute aufgezeichnet war, die er am Tag seiner Verhaftung hatte nehmen wollen. Auf demselben Zettel befand sich auch die Telefonnummer von Pronto Demolition und die Notiz »S. hat zweimal angerufen«.

Das ist einfach zuviel. Seit Monaten geht das Gerücht, die Staatsanwaltschaft habe noch ein As im Ärmel. Jetzt hat sich die Verteidigung plötzlich mit einer Rauschgiftmenge herumzuschlagen, die größer ist als alles andere, was bisher in diesem Fall aufgetaucht war. Koppelman beantragt, Freeh unter Eid zu stellen und ihn in einer Vorvernehmung ohne Geschworene zu fragen, ob die Anklagevertretung die Vorwürfe um Cocilovo bewußt aus ihrem bisherigen Beweismaterial herausgehalten habe, um die Verteidigung auf dem falschen Bein zu erwischen.

Freeh gesteht Koppelman gegenüber ein, daß das FBI und seine eigene Dienststelle beträchtliche Informationen über den Drogenkurier hatten. Man hatte ihn vor eine Anklagejury gezerrt und ihm Straffreiheit zugesichert; als er darauf immer noch die Aussage verweigerte, habe man ihn wegen Mißachtung des Gerichts eingesperrt. Im Augenblick sitzt er im MCC. Die Staatsanwaltschaft hat ihn aus Florida heraufbringen lassen, damit sie, sollte er sich erneut auf sein Aussageverweigerungsrecht berufen, ihrerseits das Recht hat, ins

Protokoll des Pizza-Prozesses die Erklärung mitaufzunehmen, die er gegenüber der Polizei in Miami abgegeben hat.

Na schön, meint Koppelman, es sei nur so, daß es sich bei dem Cocilovo, den Palazzolo in dem Telefongespräch erwähnt, um einen ganz anderen Mann handle! Jener Cocilovo sei ein Opfer des Mafia-Kriegs gewesen, ein Mann, der 1984 – ein Jahr nach der Verhaftung seines Namensvetters in Miami – auf Sizilien ermordet worden sei. Aber Leval entscheidet, daß Mazzurcos schrecklich weitschweifige Aussage nichtsdestotrotz genügend Ansatzpunkte bietet, dieses neue Beweismaterial mitzuberücksichtigen. Der Richter will sich den Sachverhalt übers Wochenende noch einmal gründlich durch den Kopf gehen lassen.

An diesem Wochenende sieht sich Benfante von einigen seiner Mitstreiter heftig bedrängt: Er solle doch Cocilovo im MCC aufsuchen und ihn zu einer Aussage bewegen, um den Schachzug der Staatsanwaltschaft, die bei seiner Verhaftung gemachte Aussage als Beweismittel einzubringen, zu vereiteln. Aber Benfante hat genug. »Ich habe keine Lust mehr, mir ständig den Schwarzen Peter zuschieben zu lassen. Schickt doch einen anderen hinüber, der sich mit diesem Arschloch unterhält!«

Seit dem Tag, an dem der Versuch Mazzurcos, sich durch Verhandlungen mit der Staatsanwaltschaft Vorteile zu verschaffen, scheiterte, geht das Gerücht, daß sowohl er als auch Benfante von anderen Angeklagten unter Druck gesetzt worden sei, keinen Deal mit der Staatsanwaltschaft abzuschließen, sondern im Prozeß zu bleiben. Einer der Anwälte behauptet, Baldo Amato habe sich an einen Mitarbeiter Benfantes gewandt und ihn gebeten, er möge doch Benfante »ermutigen«, nicht auf den von der Staatsanwaltschaft vorgeschlagenen Handel einzugehen. Einige der Anwälte aus der Badalamenti-Gruppe glauben, bestimmte Angeklagte hätten Mazzurco in den Zeugenstand gezwungen. Es hätte ihnen nicht genügt, den ganzen Dreck auf den toten Ganci zu kippen; sie hätten ein Menschenopfer gebraucht.

Am Montag morgen gibt Leval seine Entscheidung bekannt: ». . . besteht nicht der geringste Anlaß für die Annahme, die Staatsanwaltschaft habe sich in irgendeiner Weise ungebührlich verhalten . . . kein Grund, warum man ihr eine Erwiderung verweigern sollte.«

Die Staatsanwaltschaft führt im Zeugenstand einen kleinen Trupp Agenten auf, die die Geschichte der Kokain-Connection erzählen; außerdem sprechen sie von geheimnisvollen Kisten mit Büchern, die Cocilovo 1979 nach Miami verschifft hätte. Das war genau fünf Jahre vor jenem Anruf Badalamentis, in dem von »der Sache von vor fünf Jahren« die Rede war. Den Anwälten der Badalamenti-Gruppe ist sonnenklar, welche Schlußfolgerungen die Anklagevertretung daraus in den bevorstehenden Schlußvorträgen ziehen wird. Der *Alte* sei nicht nur der Lieferant »von vor fünf Jahren« gewesen, sondern auch der Lieferant zur Zeit der Verhaftungen – also 1984. Kurz und gut, er sei einer der wesentlichen Drogenquellen der New Yorker Gruppe gewesen.

Mit diesem erdrückenden Material läßt die Staatsanwaltschaft den Vorhang über die Beweisaufnahme zur Pizza-Connection fallen.

Die Plädoyers

9.40 Uhr, Dienstag, 27. Januar 1987. Im Gerichtssaal. Beide Seiten haben ihre Beweisvorträge abgeschlossen. Es ist Zeit für die Schlußvorträge: erst kommt die Staatsanwaltschaft, dann die Verteidigung, dann die Erwiderung der Staatsanwaltschaft. Die Anklage kommt zweimal zum Zug und hat das letzte Wort, da sie die Beweislast trägt – ebenso wie dem Angeklagten bis zur Urteilsverkündung die Unschuldsvermutung zusteht.

Der große Tisch der Anklagevertretung, auf dem sich so lange Plastikbeutel mit Heroin, außerdem Waffen, Munition, Panzerwesten, Drogenzubehör sowie Berge von Dokumenten getürmt hatten, ist jetzt blank gefegt. Es hat den Anschein, als hielten es die Staatsanwälte dort nicht mehr länger aus. Alle sind sie auf den Beinen, während die Verteidiger ihre letzten Anträge vorbringen. Nach einer Weile ist Freeh immerhin entspannt genug, um sich zu setzen; für Martin wäre das undenkbar.

Leval erkundigt sich bei jedem Anwalt, wieviel Zeit er für sein Plädoyer brauchen wird, addiert die Angaben und veranschlagt vierzehneinhalb Tage, also drei ganze Fünf-Tage-Wochen, die »die Geschworenen ziemlich mitnehmen werden ... Ich vermute, die Jury wird die Nase gestrichen voll haben ... Ich möchte Sie also ermahnen, sie weder anzugreifen noch zu brüskieren, indem Sie sie einfach übergehen.«

Er bittet die Marshals, die Geschworenen hereinzubegleiten. Mittlerweile sind nur noch sechs der Ersatzgeschworenen mit von der Partie.

»Meine Damen und Herren Geschworenen, Sie haben die Beweislage zu diesem Fall gehört. Wir kommen jetzt in eine neue Phase, nämlich zu den Plädoyers. Es ist jetzt wichtiger denn je, daß Sie diesen Prozeß mit niemandem diskutieren und keine Zeitungen lesen.«

Die Geschworenen sehen wie ausgewechselt aus, sie machen wieder einen nüchternen und vernünftigen Eindruck. Sogar als Leval ihnen sagt, die Plädoyers dürften drei Wochen, eventuell sogar noch etwas länger dauern, zuckt keiner von ihnen auch nur mit der Wimper – sie scheinen überhaupt nicht zu reagieren.

Es gibt Rätsel für Kinder, bei denen man mit Zahlen versehene Punkte miteinander verbinden muß. Wenn das Kind dabei die richtige Reihenfolge einhält, bekommen die zunächst willkürlich anmutenden Punkte einen Sinn, ein Bild erscheint. Anwälte verlangen in ihren Plädoyers von den Geschworenen genau das gleiche. Um den Geschworenen ihre Aufgabe zu erleichtern, um *sicherzugehen*, daß sie nicht die falschen Punkte miteinander verbinden, haben die Ankläger sie mit einer 450seitigen Loseblattsammlung voller Tabellen, Karten, Symbolen für Telefongespräche, Flüge, Geldtransfers, Fahrzeugobservierungen und dergleichen versorgt. Auf jedem Geschworenensessel liegt heute morgen eines dieser Sammelwerke; es ist nicht weniger dick als das Telefonbuch von Manhattan, doch die Nummer des jeweiligen Geschworenen auf dem Deckel gibt ihm eine »persönliche Note«. Trotz aller vorherigen Ermahnungen des Vorsitzenden, daß Schaubilder keine Beweismittel, sondern lediglich Zusammenfassungen von Beweismitteln seien, hat man den Geschworenen – in der Absicht, sie auf ihrem Weg durch das vor ihnen liegende Beweismitteldickicht bei der Hand zu nehmen – jetzt Bücher in die Hand gedrückt, die nur noch Zusammenfassungen von Zusammenfassungen darstellen.

Zusätzlich zu ihren gedruckten Führern und den Karten können die Geschworenen damit rechnen, daß ihnen die Ankläger persönlich Orientierung verschaffen. Martin verkündet, daß Louis Freeh den ersten Teil des Plädoyers für die Staatsanwaltschaft übernehmen werde. Das kleine Podium ist direkt vor die Geschworenenbank gerollt worden, obenauf steht ein Glas Wasser und daneben ein Karton voller Beweismittel.

Es ist dies das große Finale. Sämtliche Anwälte sind anwesend, einschließlich der Assistenten. Die Schlüsselfiguren vom FBI sind zur Stelle. Die attraktiven jungen Sekretäre und Gehilfen Levals sind vollzählig neben ihm auf der Richterbank, alle fünf. Die Robe des Richters kommt frisch aus der chemischen Reinigung. Die Geschworenen schauen aufmerksam und wachsam drein. Es ist 9.59 Uhr.

»Mr. Freeh, Sie dürfen beginnen.«

»Sie hatten Gelegenheit, diese internationale Verabredung zum Drogenhandel über zehn Jahre und vier Kontinente hinweg zu verfolgen ...«

Mit Adleraugen sondieren die Verteidiger die Gesichter der Geschworenen.

Freeh eröffnet mit einigen aufmunternden Worten, die auch in die Umkleidekabine einer Fußballmannschaft gepaßt hätten: Lassen Sie sich durch die Länge dieses Prozesses nicht einschüchtern. Sie schaffen das schon! Wir sind voller Zuversicht, daß Sie zu einem Wahrspruch gelangen werden.

»Umfangreiche Ermittlungen waren nötig, um in dieses komplexe Netz einzudringen.« Freeh läßt den Geschworenen eine Blitzführung durch seine Geld-für-Drogen/Drogen-für-Geld-Geschichte angedeihen, und als großes Finale führt er die 50 Millionen Dollar an, deren Weg die Staatsanwaltschaft tatsächlich verfolgen kann, dazu 4000 Pfund Morphinbase und die zweieinhalb Kilo Heroin erster Qualität, die seine Behörde von Zito gekauft hat. Er fügt hinzu, die Angeklagten hätten eine Kokain-Lieferung der Badalamenti-Gruppe erwartet, als man sie verhaftete. Nachdenklich am Daumen knabbernd hört Leval zu.

Um 10.32 Uhr setzt sich Freeh wieder auf seinen Platz, und Martin steht auf, um die Anklagevorwürfe zu erläutern. Er hat sich einen neuen Bürstenhaarschnitt gegönnt, offensichtlich mit einem stumpfen Messer. »Sämtlichen hier Angeklagten wird Verabredung zum Handel mit Betäubungsmitteln zur Last gelegt.« Alle seien sie vereidigte Mitglieder oder wenigstens Geschäftspartner einer konspirativen kriminellen Vereinigung, die unter dem Namen La Cosa Nostra bekannt sei; ein geheimer Kodex verbinde sie alle miteinander. Das Ziel ihrer strafbaren Handlungen sei es gewesen, die daran Beteiligten zu bereichern. Allen außer dreien – den beiden Badalamentis und Alfano – lege man den RICO-Paragraphen zur Last. »Das sind die Anklagevorwürfe. Ich werde sie in den nächsten Stunden näher erläutern. Die Mitwirkung der Mafia bei diesem Fall ist praktisch unbestritten« – ein gutes Argument, und Martin kann einfach nicht widerstehen, es mit einer höhnischen Bemerkung auszuschmücken – »es sei denn von Vito Marcello, der fragte, ob die Mafia etwas zu essen sei.«

Und jetzt zu seinem Hauptpunkt: Es könne kein besseres Beispiel für die Arbeitsweise der Mafia geben als die Art, wie Gaetano Badalamenti hier ausgesagt habe. Freilich, er habe sich in den Zeugenstand gesetzt und einen Eid abgelegt. Aber *er selbst* habe sich auch die Fragen ausgesucht, die er zu beantworten gedachte. Gaetano Badalamenti habe sich *diesem Gericht widersetzt!* Er habe sich den Gesetzen der Vereinigten Staaten widersetzt, und dieser offene Widerstand habe auch gleich die passenden Zeugen auf den Plan gerufen: Sadid Torres, Dominic Tartamella, Vito Amato.

Martin bietet eine runderneuerte Version von Buscettas Geschichte der Mafia. Meine Damen und Herren Geschworenen, bitte schlagen Sie in Ihrem Gesangbuch die Seite drei auf und betrachten sie das Schaubild »Die Kommission der sizilianischen Mafia«, und stimmen Sie in Richard Martins schönen alten Refrain ein: Wie die Mafia in der Art einer Familie organisiert ist, und wie Palermo in die Territorien der einzelnen Mafia-Familien unterteilt ist. Noch einmal geht er das alles durch, und besonders die Geschworenen Nummer eins, zwei, vier und acht lauschen ihm andächtig.

Die Staatsanwaltschaft behauptet: Nicht die Drogen waren es, gegen die Gaetano Badalamenti etwas hatte, es waren die Corleoneser. Und bis auf den heutigen Tag will Badalamenti seine einstige Macht zurückhaben! Warum? Weil Macht und Kontrolle ein und dasselbe sind.

Und was Gaetano Mazzaras Reise nach Bagheria anbelange . . .

Spätestens an diesem Punkt läßt sich der Schlußvortrag nicht mehr vom Beweisvortrag unterscheiden; ein glasiger Glanz überzieht die Augen der Geschworenen.

In der Pause kommen die Anwälte zum Meinungsaustausch zusammen. Fogelnest meint, Martin sei ausgezeichnet in Form. Laut Segal sei Freeh gut gewesen, Martin jedoch nicht, weil er viel zu sehr ins Detail ging. Fisher bezeichnet Martin als »fürchterlich«, er mache viel zu viele Fehler.

Draußen hat es minus 12°, und im Sitzungssaal scheint es nicht viel wärmer zu sein. Um die Geschworenen am Einschlafen zu hindern, halten die Marshals auf Levals Anweisung hin die Temperatur im Saal so niedrig, daß die Anwesenheit schon einer Bestrafung gleichkommt.

Martin macht sich über die Troviattas und Carmens lustig. Noch einmal bringt er den 1980er Terminkalender des opernbegeisterten Steuerberaters zur Sprache. »Dieses Buch ist ein gefälschtes, fabriziertes Alibi für Sal Greco, und das sagt mehr über die Wahrhaftigkeit von Contornos Aussage als alles andere. Die offensichtlichste Lüge bestand darin, Ihnen weißmachen zu wollen, er habe sich mit Greco in Sal's Pizza in Neptune City getroffen. Sal Greco hat die Pizzeria in Neptune City jedoch erst 1982 gekauft – zwei Jahre nachdem dieses Buch zusammengestellt wurde. »Dieses Buch ist eine wohlkalkulierte Lüge, mit der Sal Grecos Anwesenheit in Bagheria in Abrede gestellt werden sollte.«

In der nächsten Pause sind sich die Anwälte der Verteidigung einig: Martin ist jetzt viel besser, weil er sich konzentriert und auf den Punkt kommt. Der gefälschte Opernterminkalender ist verheerend. »So ein Material können die auf jede Bank tragen!«

Es ist schon nach vier Uhr nachmittags, als Martin dann zur Aussage von Ronsisvalle kommt. »Und was das wichtigste ist, Ronsisvalle wurde nach Florida geschickt ... jenen Staat, von dem aus Badalamenti und seine Familie Dutzende von Pfunden Kokain nach New York geschickt hat.« Dieses eine Mal schießt Martin wohl etwas über sein Ziel hinaus; es hat nie eine Aussage gegeben, die das behauptet hätte. Aber im Schlußplädoyer haben die Anwälte beider Seiten genügend Spielraum, so gut wie alles anzubringen, was ihnen gefällt, und die Gerichtsetikette verlangt von der gegnerischen Seite, es schweigend hinzunehmen. Damit gehört Florida in Martins Welt jetzt Badalamenti, und die Tonnen kolumbianischen Koks oder die Schiffsladungen Haschisch aus Jamaika sind mit einem Mal vergessen. Alles ist ganz einfach. Miami, größte Schnee-Metropole der Welt, wurde soeben auf den Status einer Zwischenstation für sizilianische Drogenhändler degradiert, nur um die Stadt mit aller Gewalt in das Puzzle der Staatsanwaltschaft einpassen zu können.

Als nächstes folgen noch einige der horrenden Geldangaben der Staatsanwaltschaft. Alles in allem lieferte Ronsisvalle mehr als 300 Kilo Heroin aus. 1977 und 1978 transportierte er allein 600 Pfund nach Chicago. »Allein die Lieferungen dieses Mannes brachten zwischen 14 und 45 Millionen Dollar ein – und kosteten nicht mehr als 12000! Im Jahr 1980 dann war diese Unternehmung richtig in Schwung gekommen. Sie dauerte bis zu jenem 9. April, an dem diese Männer hier verhaftet wurden, um Ihnen vorgeführt zu werden. Sie haben über sie zu urteilen. Es war mir eine Ehre, ihnen meine Ausführungen unterbreiten zu dürfen. Haben Sie vielen herzlichen Dank.«

Mittwoch, 28. Januar 1987. Im Gerichtssaal. Heute morgen erscheinen die Geschworenen in Sweatern und karierten Holzfällerhemden. Das 2 × 6 Meter große Schaubild, das über die Geldwäschereien Auskunft gibt – Freeh bezeichnet es als »Ungeheuer von einem Schaubild« –, ist wieder aufgebaut worden.

Woher das Bargeld gekommen sei? Vom Verkauf von Hemden oder Pizza oder Edelsteinen? Und wo ging es hin? Wir sagen, es stammt aus dem Verkauf von Betäubungsmitteln. Sehen Sie in Ihren Büchern auf den Seiten 27 bis 30 nach, dort finden Sie Orientierungshilfen für die Preise von Heroin und Morphinbase in Italien – Jahr für Jahr.

Zwei Gruppen kümmerten sich um das Geld: die Catalano-Gruppe und die Badalamenti-Gruppe. Evola und Alfano flogen es an ihrem Körper versteckt nach Brasilien. Ein Vorwurf, der ebenso verblüffend wie neu ist; die Geschworenen sind ganz bei der Sache.

Weitere Neuigkeiten werden aufgetischt. Mr. Phelan bei E. F. Hutton gab Vito Roberto Palazzolo in der Schweiz einen Tip. Eine Uhr von Cartier im Wert von 15 000 Dollar entschädigte ihn für seine Mühe. Während Freeh spricht, beäugen die Geschworenen das Monster-Schaubild. Jetzt verweist er sie wieder auf ihre roten Gesangbücher, damit sie dem Vorgang der Geldweißwäsche folgen, Kanal für Kanal, einen nie versiegenden Fluß hinab. Freeh ist gut in Form, gestikuliert mit seiner Linken, ein ausgezeichneter Schulmeister und Lektor. Martin, hellwach, macht sich hier und da eine Notiz, während er Wort für Wort verfolgt. »Kein Cent von diesem Geld ist offiziell gemeldet . . . Jetzt kommt Amendolito in die Vereinigten Staaten zurück und trifft sich auf dem John.-F.-Kennedy-Flughafen mit einem Kurier, der Castronovos Geld bei sich hat.« Die Augen der Geschworenen werden langsam, aber sicher wieder glasig. Es ist wirklich schwierig, alledem zu folgen. Nur die Nummer acht, der Buchhalter, studiert seine Tabellen, schüttelt den Kopf und wiegt das Kinn. Dieses Zahlengestrüpp ist sein natürlicher Lebensraum. Was ihn anbelangt, so kann die Staatsanwaltschaft mit einem todsicheren Schuldspruch rechnen.

Freeh drängt weiter, wirbelt großzügig mit seiner finanziellen Erbfolge und dem dazugehörigen Schlüssel: Keimende Zwiebeln sind grün, ergo bedeuten sie Dollars. Einige der Geschworenen haben sich jetzt tief in ihre roten Bücher versenkt und folgen seinen Ausführungen aufmerksam, fraglos beeindruckt von diesem Ozean an Beweismaterial.

»Die Auflistung der Waffen, die dem Schutz der Verabredeten dienten – Seite 68 – zeigt Ihnen die Beziehung zwischen den Geldwäschern und den Drogenverteilern in diesem Fall.« Seite 68 sieht aus, als hätte man sie aus einem bebilderten Waffenkatalog gerissen. Wenn man genauer hinsieht, zeigt es sich, daß nur sechs der siebzehn großkalibrigen Waffen, die hier abgebildet sind, zu dem in diesem Prozeß zugelassenen Beweismaterial gehören; es sind jene, die Sal Salamone in Bloomsburg gekauft hat und von dem die Ermittlungsbehörden durch die Formulare des Amts für Alkohol, Tabak und Schußwaffen erfuhren. Zwei wurden in Carol Giulianos Wohnung in New Jersey gefunden; zwei in der Zwischendecke von Sal Grecos Pizzeria in Neptune City und zwei weitere in einer anderen Pizzeria, die einem jener 283 Verabredeten gehört, die nicht unter Anklage gestellt wurden.

Donnerstag, 29. Januar 1987. Im Gerichtssaal. Es ist nun der dritte Tag der Plädoyers, die roten Gesangbücher sind verknittert und schmuddelig; die Plastikbeutel mit dem Heroin liegen wieder auf dem Tisch. Bucknam steht heute im Mittelpunkt; er trägt sein Anliegen mit einer altmodischen Rhetorik vor, die er noch im Debattierklub auf der High-School gelernt haben muß. Sein Chef, Giuliani, ist kurz hereingeschlüpft, um seiner Antrittsvorstellung beizuwohnen. Er ist gut. Seine Aufgabe besteht darin, die Rolle eines jeden einzelnen Angeklagten zu umreißen, und so wie er das macht, treten die Unterschiede zwischen all diesen Männern, deren Namen sich nicht weniger ähneln als ihre Gesichter, zutage wie nie zuvor. Jedesmal, wenn er den blauen Hemdenkarton anspricht, der Mazzurcos Heroin enthielt, deutet sein Zeigefinger geradewegs nach unten, selbstbewußt wie der Daumen eines römischen Kaisers. Er hat wirklich eine Gabe dafür, trockene Überwachungsberichte vorzulesen, auf Zusammenhänge hinzuweisen und sie in dramaturgisch wirksame Handlungen umzusetzen. Er ist kugelrund, doch hat er eine spitze Nase und ist klever.

Auf dem Korridor hört man die erregten Stimmen der Anwälte. Calluori: »Na und, der zeigt zwar Zusammenhänge auf, aber Korrelation ist schließlich nicht gleich Kausalität.« Ryan: »›Ich behaupte‹

heißt doch nichts anderes als *wir wissen es nicht.«* Kaplan: »Mazzara ist tot und kann sich nicht mehr verteidigen. Das gibt mir natürlich den Rest.« Bergman: »In einem Prozeß von dieser Komplexität wird sich jeder Geschworene nur auf seine eigene Interpretation des Beweismaterials verlassen.«

Bucknam legt eine Fülle äußerst phantasievoller Schlußfolgerungen der Staatsanwaltschaft vor und präsentiert sie als Fakten: Ein weiteres Verteilernetz sei von Temperance, Michigan, aus geleitet worden, und zwar von dem Mann vor Ort: Sam Evola. Pete Alfano habe mit Kokain aus dem Hause Evola gehandelt. Sam Evola habe bei seiner Verhaftung seine Schuld eingestanden. Seine Aussage »Ihr könnt mir aber auch rein gar nichts beweisen«, sei als Eingeständnis dafür zu werten, daß es etwas zu beweisen gab. Er selbst habe ausgesagt, das Kokain, das man in seinem Haus gefunden hat, sei eine Probe des zu 95 Prozent reinen Kokains, das er verkauft habe. Es sei deshalb so gut gewesen, sagt Bucknam, weil es von ganz oben gekommen sei, das heißt von Badalamenti, und zwar über Alfano.

Eine weitere kreative Schlußfolgerung: Die Häufung der Anrufe nach Mazzurcos Anruf bei Cocilovo bedeutete, daß Cocilovo von Sal Mazzurco und Joe Lamberti nach Florida geschickt wurde. Als Mazzurco aus Italien zurückgekommen ist und beim Zoll einen zweihundert Pfund schweren Karton »gebrauchter Bücher ohne Wert« deklarierte, war deren Bestimmungsort Miami, und der Name des Maklers auf der Zollerklärung lautete Cocilovo. »Diese Bücher *sind* die Sache von vor fünf Jahren.«

Stewarts Plädoyer teilt die Angeklagten in den »Kern«, die »Verteiler« und die »Schmuggler«. Er hat kaum fünf Minuten geredet, da sind Lamberti, Greco und die Geschworenen Nummer fünf und zehn auch schon eingeschlafen. Bald darauf ist sogar Badalamenti selbst eingedöst.

Am 28. April 1983, sagt Stewart, tat Joe Ganci etwas Ungewöhnliches. Er geht zu einem anderen als seinem üblichen Münzfernsprecher, um einen ganz besonderen Anruf aus Italien entgegenzunehmen, »und Frank Polizzi steht draußen neben der Zelle. Warum? Er ist dabei, um für Ganci zu *bürgen*, damit das Problem mit der Lieferung und der Qualitätskontrolle endlich gelöst werden kann und die Heroin-Pipeline wieder in Gang kommt.«

Stewarts Behauptung ist ein gutes Beispiel dafür, was den Anwälten beider Seiten in ihren Plädoyers alles erlaubt ist. Daß ein Mann deshalb vor einer Telefonzelle steht, weil er für denjenigen, der in der Zelle mit jemandem auf Sizilien spricht, »bürgen« soll – dabei aber noch nicht einmal selbst an den Apparat geht –, das ist eine kreative Schlußfolgerung und hat mit Tatsachen nichts mehr zu tun. Die weitere Behauptung, der Zweck seines Dabeiseins habe darin bestanden, »das Problem mit der Lieferung und der Qualitätskontrolle« zu lösen, damit »die Heroin-Pipeline wieder in Gang kommt«, ist eine barocke Ausschmückung der ursprünglichen imaginären Konstruktion.

Dann folgt ein »wichtiges Treffen« im Restaurant Casa Polizzi, zu dem Ganci, Joe Lamberti, Amato, Bonventre, Castronovo, Mazzurco, Ligammari und einige andere kommen, und auf dem vor allem Frank Polizzi zu Wort kommt. Dieser Frank Polizzi – auch ihn hat man nur beobachtet ohne zu hören, was er sagte –, dieser »reiche Mann«, der »die auf der anderen Seite des Atlantik beruhigte, indem er als Bürge einsprang, und damit das große Problem mit der Pipeline löste«, bringt endlich jenen Charakter in die Besetzungsliste der Pizza-Connection, den der passionierte Kinobesucher als »Mafioso« kennt: den finsteren, zwielichtigen Paten, von dem ein Augenzwinkern alles ändern und einen Mann zum Tode verurteilen kann.

Freitag, 30. Januar 1987. Im Gerichtssaal. An diesem verschneiten, naßkalten Vormittag platzt Seiner Ehren schließlich der Kragen. Die Sitzung war für Punkt 9 Uhr anberaumt. Um zwanzig vor zehn weist Leval den Protokollführer an: »Bitte vermerken Sie im Protokoll, daß ich nach häufigem Fehlen des Geschworenen Nummer 308 den Einwendungen der Verteidigung zum Trotz ohne diesen fortfahre.« (Während des Auswahlverfahrens wurde jedem Geschworenen eine willkürliche Nummer zugewiesen, um seine Anonymität zu wahren.)

Damit sind die Geschworenen auf siebzehn geschrumpft. Ausgerechnet ein Geschworener, auf den die Verteidigung großen Wert gelegt hatte, ist aus dem Spiel ausgeschieden; die Stellvertreterin mit der Nummer eins zieht für ihn in die eigentliche Jury ein. Es handelt sich um eine 34jährige Sozialarbeiterin und Sozialhilfesachverständige aus den Bronx, eine Frau, die dem links gerichteten Anwalt William Kunstler zugelächelt hat, als der kurz im Sitzungssaal aufgetaucht war, und deren Augen sich mit Tränen füllten, als die Nachricht vom Tod Mazzaras eintraf. Sie gilt als diejenige unter den Geschworenen, die der Verteidigung am nächsten steht.

In der Pause meint Eleanore: »Diese Anwälte sind doch hirntot! Wie konnten sie den Verlust von 308 einfach so hinnehmen? Der Mann war unser zweitbester Geschworener! Pierre Leval sortiert die Geschworenen jetzt eigenhändig!«

Freeh ist wieder an der Reihe. Er werde versuchen, heute zum Ende zu kommen, verspricht er, »aber ich bitte Sie, sich darüber im klaren zu sein, daß wir in unserem Buch noch immer zweihundert Seiten zu erledigen haben.« Leval verfolgt die Geschichte in seinem eigenen Exemplar; kopfnickend verfolgt er darin die Argumentation der Staatsanwaltschaft.

Im Augenblick ist in jedem der von Freeh zitierten Gespräche von Mazzurco die Rede. Der Sal Mazzurco aus Fleisch und Blut sitzt, die Hände in die Taschen gestemmt, das Gesicht von der Jury abgewandt, halb liegend auf seinem Klappstuhl und hört sich das Ganze mit einem verträumten Ausdruck an – ganz so, als durchlebte er diese Höhepunkte seines Lebens ein weiteres Mal.

Als man das rote Buch endlich durchhat, greift Freeh noch einmal Badalamentis Soldatenlaufbahn an. Wie tanzmüde Revuemädchen werden ein letztes Mal Zitos Herointüten in die Höhe gehoben. Gegen Ende schließlich wenden sich Freeh und seine Kollegen nach links und starren in Richtung Geschworenenbank – auf ihren Gesichtern spiegelt sich ihr nicht zu verhehlender Eifer.

Montag, 2. Februar 1987. In Kürze werden die Plädoyers der Verteidigung beginnen. Jeder Anwalt hält sein Plädoyer natürlich für den Höhepunkt des Prozesses; es ist das gefährlichste aller gefährlichen Spiele und der Augenblick, auf den man sechzehn Monate lang hingearbeitet hat. Um der Gerechtigkeit willen werden die neunzehn noch im Prozeß verbliebenen Verteidiger in der umgekehrten Reihenfolge der Anklageschrift antreten, so daß der reizbare kleine Joe Ryan mit seinem Plädoyer für Filippo Casamento, den Besitzer der Eagle Cheese Company, den Anfang machen wird.

Ein frischer Wind belebt den Gerichtssaal. Leval hat befohlen, die ersten drei Zuschauerreihen – die der Geschworenenbank am nächsten sind – für die Dauer der Plädoyers zu räumen; damit sind die Geschworenen wirkungsvoll von der »Gemeinde« isoliert. Reihe vier ist ein Fries abgehärmter sizilianischer Mütter mit ihren Söhnen und Töchtern; sie alle sind hier, um ihren Familienoberhäuptern Mut zu machen. Badalamenti lächelt die Frauen fast heiter an, wenn dieses Wort bei einem derart zerfurchten, finsteren und verschlossenen Antlitz überhaupt angebracht ist.

Ryan trägt seine Kampfausrüstung: einen förmlichen dunkelblauen Anzug, eine teure Seidenkrawatte, und einen grimmigen Ausdruck auf dem glattrasierten Gesicht. Der Anwalt ist wütend; bereits seit letzter Woche verlangt er von der Staatsanwaltschaft gewisse Schaubilder, Tabellen und Dokumente, und erst vor wenigen Minuten mußte er hören, wie Freeh dem Richter mitteilte: »Euer Ehren, sie existieren nicht mehr. Sie wurden bereits wieder zerlegt.«

»Wo ist da der Unterschied zum Vernichten von Beweismaterial? Ach ja, ich erinnere mich«, schnaubt er verächtlich, »›die Schaubilder sind ja keine Beweismittel.‹«

Um 10.07 Uhr betritt die Jury, von herzhaftem Gelächter hinter den Kulissen angekündigt, die Geschworenenbank.

Freeh bringt die letzten paar Seiten des Gesangbuchs hinter sich, dann entbietet er den zwölf Geschworenen und ihren fünf Stellvertretern sein Adieu. »Es war ein langer Prozeß mit einer Unmenge von Beweismaterial. Sie, die Geschworenen, haben dieses Beweismaterial jetzt zu würdigen. Wenn Sie das Informationsbuch der Staatsanwaltschaft zu Hilfe nehmen, wissen wir, Sie werden in der Lage sein, mit diesem Beweismaterial zurechtzukommen und zu einem Urteil zu gelangen. Sie haben eine einzigartige Qualifikation, sich mit dem Beweismaterial zurechtzufinden – nach sechzehn Monaten! Das ist länger, als die Ausbildung eines FBI-Agenten dauert.« Er vergißt dabei geflissentlich, daß die Geschworenen nicht die geringste Ausbildung genossen haben, was die Würdigung von Beweismaterial anbelangt, sondern bestenfalls konditioniert wurden. »Sie *können* es ... Wenn Sie einige Seiten aus Ihrem Buch herausreißen und einem anderen geben würden, der dürfte damit beträchtliche Schwierigkeiten haben. Sie dagegen nicht!« Alle Geschworenen haben die gleiche feierliche Miene aufgesetzt – wie High-School-Schüler am Tag der Abschlußfeier. »Wir wissen, Sie werden jeden der Angeschuldigten im Sinne der Anklage für schuldig befinden.«

Ryan händigt jedem der Geschworenen ein schmales schwarzes Buch mit Anmerkungen aus; es wird das rote Gesangbuch, das längst voller Eselsohren ist, ersetzen. Es handelt sich dabei um den Standpunkt, den die Verteidigung zu dem gegen Casamento vorliegenden Beweismaterial einnimmt. Ryan vermeidet es, auf das Podium zu steigen, außerdem trägt er ein kleines Mikrofon am Revers, das verleiht ihm die nötige Bewegungsfreiheit. Er bittet seinen kleinen gokkelgesichtigen Klienten mit dem gekräuselten weißen Haar aufzustehen. »Vier Tage«, sagt Ryan so langsam wie nur möglich, »ganze vier Tage hat es gedauert, das Beweismaterial gegen meinen Mandanten vorzubringen – vier Tage von eineinhalb Jahren.« Die Geschworenen sehen Ryan an, das ist immer ein gutes Zeichen. »Ich trau' mich wetten, Sie haben immer gedacht, das einzige Mal, wo Sie Ihrem Land dienen müßten, das wäre beim Barras. Sie haben noch nicht mal im Traum gedacht, noch mal ranzumüssen, bis Sie Ihre Aufforderung bekommen haben, hier Geschworene zu sein...« Er grinst. Dann wird er ernst: »*Sie* sind jetzt die Richter in diesem Prozeß. Sie haben mehr Macht als Richter Leval. Bei neun Gelegenheiten hat man Ihnen gesagt, mein Mandant habe mit Drogen gehandelt.« Die Geschworenen beobachten Ryan ganz genau, als er das Beweismaterial Punkt für Punkt denunziert. Seine Manieren sind einwandfrei, aber selten verbindet er die richtigen Punkte miteinander. Er präsentiert eine Reihe von anscheinend willkürlichen Szenen, Gedanken und Themen, denen jeglicher rote Faden fehlt. Außerdem imitiert er zuweilen Bucknam und Freeh und wird dann zu einer schrillen Karikatur des Staatsanwalts, der er selbst einst gewesen ist. So kurz vor Feierabend bewirkt er damit genau das Gegenteil von dem, was er eigentlich erreichen wollte.

»Warum, so frage ich Sie, hat man in all den Jahren, die die Ermittlungen dauerten, nie das Telefon der Firma Eagle Cheese angezapft, oder das im Haus der Casamentos? Warum noch nicht einmal eine einzige Durchsuchung?« Eine berechtigte Frage. Aber längst macht Ryan den Eindruck, als hätte man ihn in Cellophan eingeschweißt; er spricht nur noch mit sich selbst. Aber trotz seiner etwas manierierten Redeweise sät er womöglich hier und da doch ein Körnchen jenes »vernünftigen, auf konkrete Gründe gestützten Zweifels«, von dem das Gesetz spricht. Ohne das exzentrische Gehabe wären seine Argumente allerdings bei weitem wirkungsvoller.

Ryan läßt seinen eigenen Satz Fotos herumgehen; sie zeigen Ganci beim Verlassen von Casamentos Lebensmittelladen, auf jedem Arm trägt er einen Karton. Der Deckel des Kartons steht deutlich sichtbar offen, er ist nur nach unten geknickt. Im Ton höchster Empörung deklamiert er: »Man besitzt die Unverfrorenheit, Ihnen weismachen zu wollen, es handle sich hier um einen Karton voll Drogengeld, obwohl man ... noch ... nicht einmal weiß, was sich in diesem Karton befindet, der da eben aus einem Lebensmittelgeschäft in der Avenue U in Brooklyn kommt.«

Er tritt vor die Tafel. »Filippo Casamento wurde in diesem Raum sechzehn Monate als Geisel festgehalten! Mr. Casamento ist Sizilianer, er stammt aus einer vielköpfigen Familie. Er hat zusammen mit Tommaso Buscetta auf dem Bau gearbeitet. Aber noch nicht einmal Mr. Badalamenti könnte sagen, daß Mr. Casamento ein Mafioso ist! Man hat von Zito Drogen gekauft! Was hat man von Casamento gekauft?« Er deutet auf die Tafel, wo in großen Buchstaben folgendes geschrieben steht:

KEINE WAFFEN
KEINE DROGEN
KEIN GELD
KEIN CODE
KEINE MAFIA

Es ist ein sauberer Schluß à la Perry Mason. Der Anwalt eilt zu seinem Mandanten und legt dem freundlichen kleinen Mann im kastanienbraunen Pulli einen Arm um die Schulter. »Sie brauchen Mr. Casamento gar nicht mehr länger anzusehen. Mögen Sie in seinem Fall zum richtigen, wahren Urteil gelangen.«

Als das Gericht wieder zusammentritt, hat man den Eindruck, in eine Kunstakademie geraten zu sein. Vier hölzerne Staffeleien sind vor den Geschworenen aufgebaut worden. Die Geschworenen scheinen sich sehr dafür zu interessieren. Mike Querques bedankt sich zunächst dafür, »daß Sie solche Super-Leute, solche Super-Geschworenen sind«. Dann eine dringende Bitte: »Für Mr. Polizzi brauche ich Ihre Intelligenz, Ihre Integrität, Ihr Gewissen und Ihre Fairness ... Ich spreche hier nicht von begründeten Zweifeln. Ich spreche von absoluter, totaler Unschuld! Frank Polizzi ist eine ... eine amerikanische Tragödie! Wegen dieser Anklagevertretung und ihrem Mangel an ... Format.« Er bedient sich keiner Notizen. Er braucht kein Mikrofon. Wenn er spricht, geht er leicht in die Knie – wie Groucho Marx.

»Ich bin in einfache Verhältnisse hineingeboren. Man hat mich in einfachen Verhältnissen großgezogen ... aber ordentlich. Ich werde versuchen, mich mit Ihnen in einer sehr einfachen, in einer würdigen Art und Weise zu unterhalten. Was mich wirklich beunruhigt, ist die Komplexität dieses Prozesses, immerhin sind hundertfünfzig Personen daran beteiligt!«

Die Vorwürfe? »*Firlefanz!*« Hölle und Verdammnis predigend schreitet Querques auf und ab. Aber einem religiösen Eiferer zuzuschauen ist nun einmal nicht komisch, und die Wahrscheinlichkeit, daß er jemanden rettet – namentlich seinen Mandanten Polizzi –, ist herzlich gering. Es ist eine schauspielerische Leistung, sicher, aber überzeugen kann sie keinen.

Dienstag, 3. Februar 1987. Im Gerichtssaal. Heute präsentieren Querques Staffeleien acht Diagramme; es wimmelt nur so von *Post-it*-Aufklebern, maschinebeschriebenen Karteikarten und handgeschriebenen Notizen. Aber genaugenommen verdeutlichen und klären diese zusammengestöpselten Beweisstücke die sich überlappende, konfuse und akausale Folge von Ereignissen besser als die luxuriösen graphischen Darstellungen der Staatsanwaltschaft. Auch wenn sie weniger leicht zu entziffern sind als die sauberen Kästchen in den Bilderrätseln der Staatsanwaltschaft, so sind sie doch letztlich klarer.

»Wir gehen jetzt zusammen in die Schule«, verkündet Querques. Als erstes spielt er einige Telefongespräche vor, die unmißverständlich Gancis eheliche Probleme zum Thema haben und von der Staatsanwaltschaft deshalb gar nicht beachtet wurden. Dann zeigt er auf, daß die verschlüsselten Gespräche, die von der Staatsanwaltschaft in das Beweismaterial eingebracht wurden, sich *ebenfalls* auf häusliche Probleme beziehen. »Frank Polizzi, Gancis langjähriger Freund, befindet sich in einer Zwickmühle.« Er habe versucht, die Auswirkungen von Gancis Liebesaffäre auf seine eigene Frau und die Familie zu mildern. »Drückt er sich etwa? Oder nimmt er sich der Sache an wie ein ganzer Mann? ... Ich wünsche *Ihnen* einen so feinen Burschen zum Freund!«

Was die beiden Turteltauben des Pizza-Falles anbelangt, so faßt der einfache Mann das Problem in der Tat in einfache Worte: »Ich nehme an, mit einem um die Fünfzig, der sich in ein zwanzigjähriges Mädchen verliebt, kann man wohl nur Mitleid haben.« Bei diesen Worten öffnet Geschworener Nummer vier, ein älterer Herr, die Augen. »Aber was brachte Joe Ganci nach Belleville? Der Magnet Jugend war es! Schönheit! Die große Leidenschaft mit fünfzig! Sie war der *Magnet*, der ihn dorthin zog, nicht Frank Polizzi!«

Als nächster steht Kaplan vorne – um Frank Castronovo zu retten; eine Aufgabe, die eines Herkules würdig wäre. Der Besitzer des Restaurant Roma hat zwei gewichtige Probleme: das Bauernhaus in Bagheria und Amendolitos Geldkartons.

Kaplans erstes Angriffsziel ist »der berufsmäßige Kriminelle und Lügner« Sal Contorno, jener Zeuge der Anklage, dessen Aussage seinen Mandanten nach Bagheria plaziert hat. »Ist das die Art von Mensch, die wir in unserem Land haben wollen? In welcher Branche wird er sich in seiner neuen Heimat betätigen? Im Mordgeschäft, Bankbetrug, Meineid?«

Das Argument ist gut, aber die Geschworenen scheinen einfach nicht zum Zuhören aufgelegt zu sein – ein Alptraum für jeden Anwalt. Die Staatsanwaltschaft brauchte Contorno verzweifelt, meint Kaplan, »um Castronovo eine Beteiligung am Betäubungsmittelgeschäft anhängen zu können.« Kurzum, Castronovo war ebensowenig in Bagheria wie Catalano oder Sal Greco.

Ein noch viel größeres Problem stellt für Kaplan der Hauptzeuge der Staatsanwaltschaft gegen seinen Mandanten dar, Amendolito, »dieser Schlangenölverkäufer«. Kaplan kann die vielen Geldlieferungen, die vom Restaurant Roma ausgingen, unmöglich bestreiten, also argumentiert er folgendermaßen: »Ich werde Ihnen die Frage beantworten, ob in diesen Kartons Geld war. Aber sicher! Mein Mandant hat Amendolito große Summen Bargeld in Kartons anvertraut. Aber mein Mandant war an keiner Verabredung zum Drogenhandel beteiligt, und er hat auch keine Gesetze gebrochen.« Hier wird nach dem Prinzip »Rette sich, wer kann« verteidigt: Gib nur das zu, was du unbedingt zugeben mußt, und dem versuchst du, etwas Effekt zu geben, damit es nicht ganz das aussagt, was es auszusagen scheint. Von der Geschworenenbank starren ihm siebzehn zweifelnde Gesichter entgegen.

Castronovo ist kein Rauschgifthändler! »Wenn er so ein großer, reicher Mann ist, wie kommt es dann, daß er den ganzen Tag mit einer Pizzeriaschürze herumläuft und wie ein Sklave in seinem Restaurant schuftet – und das sogar nach seiner Bypass-Operation und trotz seiner Nierensteine?«

Die Staatsanwaltschaft behauptet, sein Mandant habe gewußt, daß es sich dabei um Drogengeld gehandelt hat. Nur daß die Staatsanwaltschaft keine Drogen finden könne, die zu dem Geld gehörten. Sie könne noch nicht einmal beweisen, daß Castronovo gewußt habe, was in den Kartons gewesen sei. Dem Gesichtsausdruck der Geschworenen nach zu urteilen, braucht das auch niemand zu beweisen – es versteht sich von selbst.

Kaplan wendet sich seinem zweiten, dem größeren Problem zu. »Amendolito hat ausgesagt, *er selbst* habe nicht gewußt, daß es sich um Drogengeld handelte.« Und die Staatsanwaltschaft habe sich entschieden, dieser Aussage Glauben zu schenken – »gab vor, seiner Aussage Glauben zu schenken« wäre wohl zutreffender. »Nehmen Sie sich in acht vor dem großen Moloch Staatsanwaltschaft, meine Damen und Herren.« Dieser Hinweis kann nie schaden. Aber es steht zu bezweifeln, ob er damit etwas bei einer Jury erreicht, die sich nach sechzehn Monaten in der Obhut der Marshals und des Oberhirten Pierre Leval längst als Teil der Staatsgewalt sehen dürfte.

Kaplans Vortrag ist insgesamt professionell. Er nennt Amendolito einen »ehemaligen Angeklagten, der Mr. Freeh die Daumenschrauben angelegt hat, um Geld zu erpressen«, eine Bemerkung, mit der er die Aufmerksamkeit der Geschworenen wiedergewinnt. Sie wissen ja bereits, daß Amendolito ein verlogener, habgieriger Prahlhans ist. Als Kaplan unterstellt, er habe nicht nur von Castronovo, sondern auch aus anderen Quellen illegales Geld bekommen, scheinen die meisten das zu akzeptieren. Bei Nummer sechs weiß man das nicht so genau. Sie hat sich angewöhnt, sich nach vorne zu beugen und ihr Kinn auf die Schranke zu legen, was ihr das unheimliche Aussehen einer Medusa auf der Geschworenenbank verleiht.

Kaplan schließt damit, daß er den gefährlichsten Anklagevorwurf ins Lächerliche zu ziehen versucht, den nach Paragraph 848, der seinen Mandanten zum Boß einer Bande macht, die sich zum fortgesetzten Handel mit Drogen verbunden hat. Auf der Liste der Leute, die

Castronovo angeblich organisiert, befehligt und beaufsichtigt hat*, stehen »einige Personen, die er noch nicht einmal kennt, und sogar ein paar, die seine Chefs sind«. Kaplan beendet sein Plädoyer; er weiß, er hat für seinen in höchster Gefahr schwebenden Klienten getan, was er tun konnte.

Schon am nächsten Tag machen die Geschworenen einen erschöpften Eindruck; die vielen Appelle, die man hier schreiend und gestikulierend an sie heranträgt, scheinen ihnen zugesetzt zu haben. Sie haben die ganze zweite Hälfte des Vormittags Larry Bronson zugehört, der Contorno zu vernichten und den Opernliebhaber Pisano zu rehabilitieren versucht. Eine Leistung, die – wäre sie geglückt – der Wiedererweckung eines Toten gleichgekommen wäre.

Jetzt versucht Bob Fogelnest, der ehemalige Exzentriker des Verteidigerteams, sein Glück. Sein Mandant, Sal Salamone, ist eindeutig nur am Rande an den hier verhandelten Drogengeschäften beteiligt, und Fogelnest hat die letzten sechzehn Monate vor allem damit zugebracht, sich von sämtlichen Faktionen zu distanzieren. Zuweilen schlug er sich auf die Seite Kennedys, zuweilen lieferte er sich wilde Wortgefechte mit den Anklägern – wieder einmal jemand mit besonders ausgeprägtem Ego in diesem Rudel juristischer Einzelgänger. Er will, daß die Geschworenen Salamones ähnlich isolierte Stellung anerkennen und seinen Fall unabhängig von dem seiner Mitbeschuldigten bedenken.

»Es ist wohl offensichtlich, daß man nicht am Drogenhandel der Mafia beteiligt sein kann, ohne davon auch nur die geringste Ahnung zu haben.« Sal mag ja in Bloomsbury Schußwaffen gekauft haben, und er mag auch Leute angewiesen haben, kleine Scheine in große umzutauschen, aber der Mafioso war sein Bruder Filippo – und der hat Sal nie auch nur ein Sterbenswörtchen davon gesagt.

Fogelnest erinnert die Geschworenen an den Sachverständigen für Mafia-Fragen, den Untergrundagenten Joe Pistone. Pistone war derjenige, der die Geschworenen darüber aufgeklärt hat, daß ein Mafioso sauber und ordentlich herumzulaufen hat – kein Bart, kein Schnurrbart, nichts. Fogelnest bringt ein Foto seines zerzausten Mandanten

* § 848 definiert die »fortgesetzte Tat« im Sinne des amerikanischen Betäubungsmittelgesetzes und besagt u. a., daß der Angeschuldigte mindestens fünf weitere Personen organisiert, beaufsichtigt und auf die ein oder andere Art befehligt haben muß (A. d. Ü.)

zum Vorschein. »Schauen Sie sich das hier an! Das ist doch ein Hippie! Sieht der in Ihren Augen aus wie ein Mafioso?«

Damit hat der Anwalt die Aufmerksamkeit der Geschworenen. Er redet mit ihnen in kurzen, prägnanten Sätzen. »Könnte man von der Mafia benutzt werden, ohne daß man etwas davon weiß? Sicher könnte man das. Mr. Bucknam selbst hat es Ihnen gesagt. Sie benutzen ständig Leute, die das noch nicht einmal ahnen.«

Um das zu beweisen, hat Fogelnest ein Tonband zusammengestellt, das er »Sals Greatest Hits« nennt, ein Zusammenschnitt von Salamones Telefongesprächen mit einem Mann, den er zum Geldwechseln angeworben hatte. Auf diesem Band droht Salamone dem Betreffenden, ihn vor Gericht zu verklagen, wenn er ihm die 3500 Dollar nicht zurückgebe, die er ausgehändigt bekommen hatte.

»Sie haben das Band gehört«, sagt der Anwalt. »Sind das die Worte eines Mannes, der bis über beide Ohren ins internationale Drogengeschäft der Mafia verwickelt ist, das er gefährden würde, wenn er wegen 3500 Dollar vor Gericht ginge?«

Als Finale fordert Fogelnest seinen jungen Mandanten auf, sich zu erheben. Dann wendet er sich den Besucherbänken zu. »Da hinten sitzt seine Familie.« Eine einfach gekleidete dunkelhaarige Frau mit Ringen unter den Augen steht auf und zieht einen Jungen und ein engelhaftes kleines Mädchen an ihre Seite. »Sie beten darum, daß Sie sich Ihrer Aufgabe gewachsen zeigen.«

Gerry Di Chiara, der Lieblingsanwalt der weiblichen Geschworenen, trägt seinen besten Zweireiher und sein breitestes Lächeln. Er hat die Absicht, sein Schlußplädoyer mit ebensoviel Charme vorzutragen wie seine Eröffnungserklärung. Sein Mandant, der kleine dunkelhäutige Lastwagenfahrer, ist der größte Pechvogel in diesem Prozeß. Im März 1984 verlor Giovanni Cangialosi in Sizilien seinen Führerschein und kam nach New York, um sich Arbeit zu suchen. Schon im April war er im Gefängnis gelandet.

Di Chiara erinnert an ein Kriterium, das Geschworene bei ihrer Urteilsfindung grundsätzlich berücksichtigen sollten: »Wenn die Angeklagten am Ende dieses Verfahrens eine Kapuze tragen würden, und die Kapuze mit dem Namen Cangialosi würde nach Ihrem Urteilsspruch weggezogen, und es käme darunter ein Mitglied Ihrer eigenen Familie zum Vorschein, wäre Ihnen dann bei Ihrem Urteil immer noch wohl in Ihrer Haut? Ich danke Ihnen.«

Pat Burke ist von den Anwälten der Badalamenti-Gruppe dazu auserkoren, für die Geschworenen die besonders heiklen Telefongespräche aufzubereiten, einzuordnen und zu interpretieren. Er soll beweisen, daß hier in Wahrheit nicht von Rauschgift, sondern vom Mafia-Krieg die Rede ist, jenem blutigen Konflikt, der seit den späten siebziger Jahren die sizilianische Mafia so stark dezimiert hat, und der jetzt im Begriff ist, sich auch jenseits des Atlantik auszubreiten und damit Sizilianer in Nord- und Südamerika in Gefahr bringt. Burke hat da keine leichte Aufgabe.

Er hält sein Plädoyer ohne Notizen; seine Sprache ist einfach. Er hat sich eine übergreifende, wenn auch fade Metapher zurechtgelegt, um sein zuweilen abstraktes, zuweilen äußerst diffizeles Beweismaterial unter einen Hut zu bekommen. »Wir werden uns hier alle als Detektive betätigen, meine Damen und Herren«, beginnt er. »Warum, meine sehr verehrten Detektivkollegen, sollte ein verstoßener Mafia-Führer, der sich in Brasilien versteckt hält, warum sollte der Kontakt mit Leuten aufnehmen, die Verbindungen zur New Yorker Mafia haben, wo er doch ganz genau weiß, daß zwischen New York und Sizilien ein heißer Draht besteht?« Wenn er also weiß, daß jedes Gespräch mit New York eine potentielle Gefährdung seines Verstecks darstellt.

Hat uns die Staatsanwaltschaft »nicht selbst gesagt, daß hier oben, irgendwo in Michigan, ein Verteilernetz existiert, dessen er sich hätte bedienen können ... *ohne* das Risiko einzugehen, daß man in Sizilien seinen Aufenthaltsort erfuhr? Und noch eine wichtige Frage. Wie wir von den anderen Detektiven in diesem Fall erfahren haben, sind tatsächlich zweiundzwanzig Kilogramm einer wertvollen Ware nach Florida geliefert worden ... Aber aus irgendeinem unerfindlichen Grund platzte das Geschäft wegen 10 000 Dollar. Der Sachverständige der Staatsanwaltschaft selbst hat uns bestätigt, daß eine einzige dieser Einheiten einen Wert von 70 000 Dollar hatte. Zweiundzwanzig davon hätten also einen Wert von 1,54 Millionen Dollar gehabt. Also warum sollte ein Geschäft dieser Größenordnung wegen 10 000 Dollar in die Binsen gehen, vor allem, wenn Sie bedenken, daß die Leute, die das Geld angeblich aufbringen sollten, allesamt Millionäre sind. Das sind die Fragen, die wir uns stellen.«

Die Geschworenen sind ganz und gar bei der Sache – ein gutes Zeichen.

»Alles, was wir über Pete Alfano wissen, ist, daß er in dem unbekannten Ort Oregon in Illinois – westlich von Rockford – lebt, und das seit 1967.«

Nun, was wissen wir über Gaetano Badalamenti? Was haben unsere vier Zeugen hier vor uns ausgesagt? Tommaso Buscetta kannte massenhaft Leute in der Mafia. Der zweite, ein Bursche namens Contorno, war ein Soldat der Mafia. Der dritte, Ronsisvalle, »dieses Ungeziefer«, kannte Mafia-Leute zu beiden Seiten des Atlantik. Und der vierte, Agent Pistone, kannte Mitglieder der amerikanischen Mafia. Und *nicht einer* von diesen Leuten sagte uns etwas, was Mr. Badalamenti irgendwie mit Drogen in Verbindung gebracht hätte.

Burke spaziert zu seinen Requisiten hinüber. »Diese beiden Tafeln hier werden die Notizbücher sein, die wir bei unserer Arbeit als Detektive mitnehmen. Die Staffelei wird das Diagramm halten, das wir in unserem Büro stehen haben. In regelmäßigen Abständen werden wir unsere Schlußfolgerungen auf dieses Diagramm übertragen. Von 1967, als Alfano aus Cinisi in die Vereinigten Staaten kam, bis 1982 wissen wir nicht das geringste über Pete Alfano. Aber sein Paß zeigt uns, daß er im Juli 1982 in Brasilien war. Wo ist Badalamenti zu diesem Zeitpunkt? In Brasilien. Und Sam Evola befindet sich zu jener Zeit ebenfalls dort. Wir wissen, daß sich die drei Männer getroffen haben. Wir haben es hier in diesem Saal von Zeugen gehört. Wer ist eigentlich dieser Sam Evola, der seit so vielen Monaten dort drüben sitzt? Er ist ein unbeschriebenes Blatt. Erhebt sich die Frage: Was haben er und Alfano mit dem Mann in Brasilien zu schaffen? Nun, wie wir wissen, ist Alfano aus derselben Stadt wie Badalamenti, nämlich Cinisi, und mit diesem durch seine Ehefrau verwandt.« Burke erinnert die Geschworenen daran, daß Mrs. Badalamentis Mädchenname Trupiano, daß ihr Bruder der Angeklagte Trupiano ist und daß die beiden anderen Trupiano-Schwestern mit den Angeklagten Vitale und Palazzolo verheiratet sind. Die Geschworenen haben Evolas ausgesprochen attraktive Frau ja bereits kennengelernt, die fast den ganzen Prozeß über neben ihrer Tante, Frau Badalamenti, gesessen hat. »Ihr Name ist Christine Badalamenti Evola, und sie ist die Tochter von Mr. Badalamentis älterem Bruder, dem Lebensmittelhändler, bei dem er – wie er uns erzählt hat – in den fünfziger Jahren gewohnt und gearbeitet hat.«

Was hatte man also bei jenem Treffen in Brasilien zu besprechen?

Burke beantwortet sich die Frage gleich selbst: Badalamenti wollte mit den Vereinigten Staaten Verbindung aufnehmen, weil er dort vor vielen Jahren Geld zurückgelassen hatte. Er hatte in Grundbesitz investiert und einige private Anleihen vergeben, »und jetzt, wo er sich gewissermaßen in einer Zwangslage befand, wollte er dieses Geld zurückhaben. Das war ein Teil seines Plans. Denken wir also einen Augenblick nach – wie ordentliche Detektive. Welchen der beiden jungen Männer würden Sie zu Ihrem Repräsentanten in den Vereinigten Staaten machen? Ganz offensichtlich würden Sie Alfano nehmen. Er ist weniger auffällig. Er lebt in einer Stadt, von der kein Mensch je gehört hat. Der andere, Evola, ist zu leicht aufzuspüren; er ist immerhin mit Ihrer Lieblingsnichte verheiratet und lebt in Michigan, wo Sie ja selbst einmal gelebt und in Grundbesitz investiert haben.

Der TERMINUSA-Code wurde erfunden, damit man zwischen Brasilien und den Vereinigten Staaten in Verbindung bleiben konnte. Außer Badalamenti selbst kannten ihn nur zwei Leute: Alfano und Evola. Und er funktionierte nur in eine Richtung: Er diente dazu, Badalamenti in Brasilien ausfindig zu machen und gestattete ihm gleichzeitig, sich weiterhin versteckt zu halten. Es ging also einzig und allein darum, ein Kommunikationssystem innerhalb eines möglichst sicheren Netzes aufzubauen.

»Wer war sonst noch in Brasilien? Erinnern Sie sich, meine Detektivkollegen.« Eine lange Pause entsteht, die Gesichter der Geschworenen sind ausdruckslos. »Es war Tommaso Buscetta. Er sagte uns, daß er sich dort im Juni, Juli, August und September 1982 mit Badalamenti getroffen hätte. Das letzte Mal hätten sie einander im März 1983 gesehen, und Buscetta sagte uns außerdem, Badalamenti hätte ihn gebeten, mit ihm nach Sizilien zurückzukehren. Warum? Damit er das Ruder wieder übernehmen könnte.«

Burke tritt vor die Staffelei. »Jetzt sind wir wieder in unserem Büro.« Er nimmt einen Filzstift zur Hand und schreibt: »BADALAMENTI PLANT: 1) verstecken 2) auf sicherem Weg mit USA in Verbindung bleiben Warum? Geld 3) Sizilien« Badalamenti habe in bezug auf Sizilien so seine Pläne gehabt.

»Als nächstes erfahren wir aus den Eintragungen in seinem Paß, daß Alfano noch zwei weitere kurze Reisen nach Brasilien unternahm, im August und im Oktober. Wir ersehen daraus, daß Badalamenti tatsächlich Alfano – und nicht Evola – zu seinem Boten und sichersten Kontaktmann in den USA gemacht hat. Und wie geht es weiter? Von nun an treten die New Yorker auf den Plan. Lassen Sie uns den ersten Hinweis notieren: Im Dezember 1982 und dann noch einmal im Februar 1983 reiste jemand von New York nach Brasilien. Aber Sie erinnern sich sicher nicht mehr daran, wer das war. Es war Joe Lamberti! Aber Badalamenti sagte uns, er und Joe Lamberti hätten einander nicht getroffen. Am 8. März 1983 bekommen wir unsere große Chance. Wissen Sie auch, worin die besteht? Das FBI zapft die Geschäfts- und Privattelefone des Mafia-Drogenhändlers Joe Ganci an. Und just in diesem Monat findet die erste telefonische Kontaktaufnahme zwischen Brasilien und dem kleinen Oregon in Illinois statt. Wir haben allerdings nur die Aufzeichnungen der Telefongesellschaft, keine Gespräche.«

Es ist mucksmäuschenstill im Sitzungssaal, alles lauscht gespannt dem höflichen irischen Anwalt. »Innerhalb eines Monats nach diesem in den Aufzeichnungen der Telefongesellschaft verzeichneten Anruf in Oregon, Illinois, erfolgt der Anruf von Oregon nach New York.«

An dieser Stelle wird eine weitere Figur zur Beweisführung hinzugezogen – Enzo Randazzo, Badalamentis Neffe. Randazzo ist »ein Phantom ... Er kann auftauchen und spurlos wieder verschwinden! Sie haben ihn ja selbst in diesem Gerichtssaal gesehen, aber jetzt ist er schon nicht mehr hier.«

Burke erwähnt es nicht, aber vor vier Nächten, am 5. Februar, wurde Randazzo unter schwerer Bewachung aus dem MCC geholt, zum John-F.-Kennedy-Flughafen eskortiert und in eine Maschine nach Italien gesetzt. Er wartet jetzt in einem römischen Gefängnis auf ein Verfahren wegen der gleichen Anklagen, denen er sich auch in diesem Gerichtssaal stellen mußte.

»Seine Schritte sind nicht nachzuvollziehen. Wir wissen, daß er im Sommer und im Herbst 1982 in New York war, aber in seinem Paß ist darüber nichts zu finden. Wir haben ein Foto von 1983 vor uns, das ihn in den Vereinigten Staaten zeigt, aber wiederum ist darüber in seinem Paß nichts vermerkt. Vom 7. bis zum 9. März jenes Jahres war auch er in Brasilien, und laut Paß hat er das Land am 20. Mai wieder verlassen. Aus dem Paß geht jedoch nicht hervor, wo genau er sich aufhielt. Dem Himmel sei Dank, daß das FBI die Telefone abgehört hat. Das wahre Beweismaterial ist nämlich in den Anrufen zu finden, nicht in den Büchern, die die Staatsanwaltschaft hier verteilt hat. Leider sind in Ihrem Buch die Anrufe nicht registriert, und so ist es schwierig, dort nachzuschlagen. Außerdem listet das Buch nicht sämtliche Anrufe auf. Ebensowenig bringt es jene Gespräche, die tatsächlich aufgeführt sind, immer in ihrer vollen Länge – womöglich ein Versuch, Ihnen die Angelegenheit nicht allzu einfach zu machen. Lassen Sie uns also einen Blick auf unseren ersten guten Hinweis werfen, das Beweisstück Nummer 7337, den Anruf, der am 27. Juni 1983 bei dem Lauschangriff auf Ganci mitgehört wurde.«

Joe Lamberti sagt hier zu Ganci: »Wir müssen uns treffen.« Er sei ausgesprochen beunruhigt. Er habe schon zwei Verabredungen mit dem »Doktor« – das könnte Badalamenti sein – sausen lassen. Er sagt: »Wir sollten zusehen, es frei-.«

»Vorsicht, Vorsicht!« unterbricht ihn Ganci. »Es wird heute abend oder morgen freiwerden. Der Bursche soll kommen.« Ganci versucht Lamberti zu beruhigen.

Wichtig sind Lambertis folgende Worte: »Hör mal, wir teilen es uns schon ein. Aber es ist schon drei Monate her! Später kommt er dann vorbei.« Nun, drei Monate zuvor, das war März, genau der Zeitpunkt, da Randazzo Brasilien verließ.

»Später, vielleicht, da könnte er vorbeikommen. Und wenn wir verlieren ... verstehst du, was dann passiert?« Das sind ausgesprochen seltsame Worte für ein Gespräch über Drogen. Jetzt überlegen Sie mal, verehrte Detektive. *Könnte* es sich bei diesem »er« womöglich um Gaetano Badalamenti handeln?

Ganci sagt: »Er hat dir doch gesagt, daß sie rübergehen.« Was meint er mit »rüber«? Sizilien? Wer ist »er«? Randazzo?

Zum ersten Mal in diesem Prozeß sind die beiden Lambertis und Mazzurco, der seinen Kopf auf die Hände gestützt hat, voll bei der Sache. Auch Pierrre Leval ist ganz Ohr. Burke verliest einige Passagen aus Gesprächen, die die Geschworenen bisher nicht zu hören bekommen haben.

»Joe Lamberti sagt: ›Wenn er – Badalamenti – sagt, treffen wir uns lieber dort anstatt hier, was sollen wir dann tun?‹ Ganci antwortet ihm: ›Weiß ich auch nicht.‹«

Dann, erzählt Burke, folgt eine lange Pause, eine echte Pause. Lamberti macht sich ernsthaft Sorgen. Das hat man in dem Buch, das

Ihnen die Staatsanwaltschaft gegeben hat, herausgelassen. Er sagt: »Wir ziehen die Geschichte jedesmal in die Länge. Und dann stehen wir dumm da. Wenn wir's wirklich verlieren – dann kannst du's vergessen!« Geht es hier um Drogen? Nein. Zu diesem Zeitpunkt, im Sommer 1983, war New York mit Drogen überschwemmt. Das war die Zeit, in der das Geschäft mit Zito lief.

Dann fragt Joe: »Wer wird denen schon zuhören? Die anderen –«. Er bringt den Gedanken nicht zu Ende, aber Ganci weiß, wovon er spricht.

Ganci mag das gewußt haben, und vielleicht weiß es auch Burke, aber trotz seiner sorgfältigen Analyse wird hier nur sehr wenig klar. Die sizilianische Verdunkelungsstrategie bleibt nach wie vor wirksam.

»Was wissen wir über die Pläne der New Yorker Gruppe?« fragt Burke. »Erstens, sie werden sich *hier* treffen, nicht dort. Und wenn wir's verlieren . . . die anderen«.

Laut Burke haben wir eindeutige Beweise dafür – Flugreservierungen und Gespräche –, daß Pete Alfano am 30. Juni nach New York kam, von Mazzurco etwas Geld erhielt und dann nach Hause zurückkehrte. Die Agenten sahen, wie Mazzurco zu Gancis Haus ging und das Geld abholte. Da Ganci es von einem Bündel Scheine pellte, das er in der Tasche hatte, konnte es keine ungeheuerliche Summe gewesen sein. Freilich, die Beamten haben Mazzurco auf dem Weg zum LaGuardia-Flughafen, wo Mazzurco das Geld übergeben sollte, aus den Augen verloren. »Aber am selben Abend sagt er Ganci, daß er sich mit dem Neffen des Doktors getroffen hat, daß er zufrieden abgedampft ist, und daß sie sich so bald wie möglich sehen sollten.«

Erinnern Sie sich noch daran, was Badalamenti laut eigener Aussage im Sommer 1983 in Brasilien machte? Erinnern Sie sich daran, daß er und seine Familie falsche Pässe benutzten und nach Europa reisten, um seinen Bruder zu besuchen, der schwer krank war? Nun, am 19. Juli ruft Ganci wieder bei Joe Lamberti an. Wiederum ein Gespräch, das in den Dossiers, die Ihnen die Staatsanwaltschaft gegeben hat, nicht numeriert ist. Was sagt er? »Du kennst doch den Doktor von drüben? Er muß jetzt auf *die* Seite rüber.« Wir wissen, daß »die Seite« Europa bedeutet. Und wie sieht Lambertis Antwort aus? »Wir warten ab, was zu tun sein wird. Wir müssen es *ihm* nur auf der Stelle sagen.« Das große Geheimnis: Wer ist »ihm«?

Burke spricht immer noch langsam und ruhig. »Wir befinden uns jetzt im Juli 1983, und wir haben noch nicht ein Wort über Drogen gehört. Behalten Sie die Fakten im Auge und nicht das absurde Szenario der Staatsanwaltschaft.«

Im August ist Randazzo in New York. Am 7. August teilt Mazzurco das Ganci mit. Am 9. August ruft Mazzurco wieder an und sagt ihm: »Ich hab' mit dem Burschen geredet. Ich hab' ihn hingehalten.« Mit anderen Worten, führt Burke aus, die New Yorker Gruppe kommt nicht darauf, was Enzo und sein Onkel im Schilde führen. Mitte August kommt Alfano, wie immer unter falschem Namen, nach New York, um sich mit Enzo Randazzo zu treffen.

Als nächstes findet im September ein ausgesprochen interessantes Treffen in Queens statt. Anwesend waren vier Leute, die alle mit Badalamenti zu tun hatten – Alfano, Trupiano, Palazzolo und Randazzo, von dem niemand wußte, daß er dort war. Sie trafen sich mit Mazzurco. Wir haben ja die Fotos.

Die Anklagevertretung nimmt an, daß die Badalamenti-Gruppe die Leute aus New York »mit schlimmen Sachen« versorgt, sagt Burke. Er dagegen behauptet, daß in Wirklichkeit die New Yorker in Erwartung eines Mafia-Krieges in den Vereinigten Staaten die Leute aus dem Mittelwesten mit Waffen versorgten.

Nun, Sie wissen ja jetzt, was passiert ist. »Sie kommen mit kugelsicheren Westen zurück nach Illinois.« Die Geschworenen sitzen da wie versteinert.

Beim nächsten Treffen gibt jemand Randazzo Geld. Am 2. Oktober verschwindet er hier. Am 3. Oktober reist er in Brasilien ein. Das steht in seinem Paß.

Der 10. Oktober liefert uns einen »entscheidenden Hinweis, der in Ihrem Diagramm nicht verzeichnet ist«, sagt Burke. Joe sagt zu Mazzurco: »Gestern haben Sie mich von der anderen Seite angerufen.«

Sal fragt: »Gut oder schlecht?«

Joe sagt ihm: »Nur um mir Grüße auszurichten. Sie wollten wissen, ob es in bezug auf ihn was Neues gibt.«

Sal sagt ihm, daß alles Menschenmögliche getan wird, um Kontakt zu halten ... und die ganze Zeit über dranzubleiben. Aber du weißt ja, wie der ist. Schlimmer als 'ne Schlange!

Burke breitet die Arme aus. »Nun, meine Damen und Herren, hört sich das nach einem Betäubungsmitteldeal an? Nein, es hört sich an, als versuchten sie dranzubleiben.«

Am 13. Oktober sagt Mazzurco Alfano, dem Boten: »Ruf den Burschen an und sag ihm, er soll mit mir reden.«

Irgend etwas geht da vor in Brasilien im Oktober 1983. Buscetta wird verhaftet, zusammen mit Leonardo Badalamenti, Vitos jüngerem Bruder, und beide Männer haben gefälschte Papiere bei sich.

Als nächstes ruft Mazzurco Sal Lamberti an, der ihm sagt: »Ich befürchte, daß uns da Leute für dumm verkaufen, die dümmer sind als wir.« Was sagt uns das? Daß zwischen denen aus New York und den anderen ein erheblicher Mangel an Vertrauen herrscht.

Am 29. November ruft Alfano Mazzurco an. Er hat nichts gehört. »Ich habe den Draht verloren«, das heißt der Code funktioniert nicht mehr. »Es ist hier Mitternacht«, das heißt: Ich tappe völlig im dunkeln. Der TERMINUSA-Code ist zusammengebrochen.

Es ist mittlerweile Dezember. Immer noch kein Hinweis auf Drogen. Man unternimmt mehrere vergebliche Anstrengungen, sich mit Badalamenti in Verbindung zu setzen.

Am 4. Dezember ruft Alfano von zu Hause aus Mazzurco zu Hause an, und Mazzurco fragt nach Badalamentis Telefonnummer. Alfano kann oder will sie ihm nicht geben. Sie unterhalten sich über Anzüge.

Alfano gerät in Wut und sagt: »Ich werde zusehen, daß er sich direkt mit dir in Verbindung setzt. Ich bin Pizzabäcker und kein Schneider!«

Im Zusammenhang mit Betäubungsmitteln ergibt dies nicht den geringsten Sinn. Es bedeutet ganz einfach, daß Alfano langsam, aber sicher die Nase voll hat, immer den Botenjungen zu spielen und deshalb versuchen will, Mazzurco, der eine Boutique besitzt, direkt mit dem Bekleidungsimporteur Randazzo zusammenzubringen.

Am 17. Dezember sagt Mazzurco Sal Lamberti: »Ich habe mit Pete Alfano gesprochen. Ich habe ihn nach dem Onkel gefragt.«

Lamberti sagt ihm: »He! Laß es gut sein, junger Mann.«

Mazzurco geht sofort in die Defensive: »Aber nein, das war doch nur natürlich. Wir sind während der Unterhaltung darauf zu sprechen gekommen. Nichts, worüber du dir Sorgen zu machen brauchst. Ich hab' schon darauf geachtet, daß es nicht so aussieht, als würden wir rumschnüffeln ...«

Burke wendet sich an die Geschworenen. »Diese Unterhaltungen deuten darauf hin, daß etwas im Gange ist – aber es hat nichts mit Drogen zu tun. Badalamentis Hauptinteresse gilt seiner Sicherheit!«

Burke geht auffallend vorsichtig vor und achtet geschickt darauf, keinem der anderen etwas anzuhängen, vor allem nicht der Staatsanwaltschaft, dem FBI oder der DEA. Seine detaillierte Präsentation dessen, was er die korrekte Interpretation dieser Anrufe nennt, erfolgt ohne jede Verbitterung.

Jetzt haben wir Februar 1984, fährt Burke fort. Die Telefone im Mittelwesten werden angezapft. »Gott sei Dank hat man das damals alles aufgenommen! Die Lauschangriffe beweisen nämlich, daß das, was in den Köpfen der New Yorker vorgeht und das, was sie den anderen sagen, nicht notwendigerweise dasselbe ist.«

Die aufgezeichneten Gespräche aus dem Mittelwesten, in denen Alfano mit seinen dortigen Verwandten spricht, sind da bei weitem aufschlußreicher. Diese Leute enthüllen einander, was in ihren Köpfen vorgeht. Wogegen es in den Gesprächen von New York nach Brasilien und von New York in den Mittelwesten immer »Parade, Stoß, Parade, Stoß« geht. Sie sind immer auf der Hut, ihre Worte sind verschlüsselt.

Zu Beginn des Jahres 1984 wird Pete Alfano das reinste Jo-Jo, so oft eilt er zwischen Michigan und New York hin und her, als er und Evola in Michigan das Geld für Badalamenti aufzutreiben versuchen. »*Gott sei Dank* haben wir die von der Staatsanwaltschaft aufgezeichneten Gespräche, die Ihnen sagen werden, was da wirklich vor sich ging!«

Kennedy hat die ganze Zeit über aufmerksam zugehört und sich Notizen gemacht. Das Mittagessen der Badalamenti-Anwälte in der Cafeteria gerät zu einer wüsten Angelegenheit. Benfante, der sich eben noch wie ein Irrer gebärdete und schreiend mit der Faust gegen die Wände schlug, ist jetzt auf der Herrentoilette. Sein Mandant Mazzurco, der Edelsteinimporteur, wurde von Burke als ein Kriegstreiber in den Mafia-Kriegen hingestellt.

Ruggiero hat Schwierigkeiten, den anderen seinen *paisan* – seinen Landsmann – zu erklären: »Jeder schiebt ihm irgendwas in die Schuhe – der Richter, sein Mandant, die Kollegen! Er verkraftet das nicht. Jeder übt Druck auf ihn aus.«

»Dem brennt bloß die Sicherung zu schnell durch«, meint Kennedy.

»Aber warum lädt er seinen Dreck ausgerechnet auf uns ab?« fragt Eleanore. »Warum will er gerade uns treffen? Der geht her und vernichtet uns!«

»Das ist schon in Ordnung«, meint Kennedy. »Je mehr er auf uns ablädt, desto besser stehen wir da.« Er fügt hinzu, daß Joe bei Martin und der Staatsanwaltschaft einen Stein im Brett habe. »Für die ist er hier der Hofnarr.«

Kennedy hat ein weitaus schwerwiegenderes Problem. Badalamenti hat seinem Anwalt eben mitgeteilt, er wolle nicht, daß man für seine Leute Plädoyers halte – weder Kennedy, noch Koppelman.

»Der Mann springt geradewegs in den Abgrund. Er wird in einem italienischen Gefängnis keine zwei Monate überstehen, aber er will nicht vor aller Welt ausposaunen, daß er sich versteckt hat, daß er vor seinen Feinden geflohen ist.«

Auf lange Sicht ist Kennedy der Meinung, daß sich sein Klient irrt. »Wenn er kein Geständnis ablegt und wegen Drogen verurteilt wird, ist sein Leben vorbei.»

Die Anwälte schlendern auf den Korridor hinaus. Von der Herrentoilette im Treppenhaus ganz am Ende des Korridors ist noch immer das Geschrei des tobsüchtigen Benfante zu hören. Einige Augenblicke später, als der aufgebrachte Anwalt wieder auftaucht, legt Kennedy ihm einen Arm um die bulligen Schultern, und bald darauf lachen beide wieder.

Burkes sorgfältige Schilderung dauert den ganzen Nachmittag an.

Mitte Januar ruft Mazzurco bei Joe Lamberti an: »Erinnerst du dich noch an den Mann, den wir immer den ›Großvater‹ genannt haben? Den Burschen von da unten? Ich hab' es in den italienischen Zeitungen gelesen. Sie sagen, daß ihn womöglich einer seiner Neffen umgebracht hat.«

»Na prima!« ruft Lamberti auf Englisch aus.

»Ich behaupte, meine Damen und Herren, daß hier viel mehr im Gange ist, als die Anklage Sie glauben machen will. Diese Anrufe sind in Ihren Listen deshalb nicht aufgeführt, weil sie auf eine völlig entgegengesetzte Sichtweise des Beweismaterials hindeuten.«

Gegen Februar gibt es dann sehr ernsthafte Gespräche über Geld. Aber es handelt sich ganz eindeutig nicht um Drogengeld. Die Leute aus dem Mittelwesten sind wirklich arme Leute, und sie versuchen etwas für den Alten zusammenzukratzen. Dabei fragen sie sich: Wie kriegen wir das Geld zu Badalamenti, ohne seinen Aufenthaltsort preiszugeben?

Am 8. Februar dann ruft Badalamenti die Lambertis direkt an, und zwar über das Münztelefon vor dem Al Dente. Alfano hat von diesem Anruf keine Ahnung. Der Alte verlangt zunächst Joe Lamberti. Man sagt ihm: »Der ist nicht da.« Das ist eine Lüge, weil ihn nämlich das FBI am Al Dente sieht. »Sie sehen also, daß die beiden Männer einander nicht immer die Wahrheit sagen.«

Als nächstes weist Badalamenti Alfano an: »Bring etwas Geld nach Fort Lauderdale.« Aber Badalamenti, gerissen wie er ist, hat seine vertraulichen Informationen unter mehrere Leute aufgeteilt, so daß keine der Personen die ganze Botschaft kennt. »Einer weiß, um welche Stadt es sich handelt, Fort Lauderdale. Ein anderer kennt den Treffpunkt, ein Motel der Howard-Johnson-Kette.«

Die Staatsanwaltschaft behauptet, man rauft sich um 10 000 Dollar. »Sie behaupten, daß es die Geschichte mit Cocilovo war, wegen der keiner nach Florida fahren wollte – nur, daß die erst nachträglich in den Fall eingepaßt wurde.« Cocilovo wurde nämlich zufällig schon lange vorher, im Juni 1983, verhaftet. »Also, warum kann das Treffen dann nicht stattfinden? Es sind nicht die 10 000 Dollar, und es ist auch nicht Cocilovo ... nein, darum geht es nicht.« Es geht darum, den Ort für das Treffen auszusuchen. »Nicht dort, sondern hier«, sagt Badalamenti. »Nein«, sagt die andere Seite, »wir wollen es hier und nicht dort.«

Immer wieder ruft Enzo Randazzo aus Europa an und fragt nach Geld. »Er kann die Hotelrechnung nicht bezahlen.« Burke zuckt die Achseln und breitet die Arme aus. »Das sollen Drogenhändler sein? Das sind kleine Leute, die im Mittelwesten ihren kleinen Berufen nachgehen – und den Beweis dafür liefern die Anrufe. Bei der Ware handelt es sich nicht um Drogen, sondern um Geld, und das Geld sollte zu Badalamenti gebracht werden.«

Burke kommt zu seinem großen Finale. Die Geschworenen hören Alfanos Schwager sagen: »He, Pete, hast du das mit Augustinello gehört? Den haben sie in Deutschland erwischt. Nicht in Sizilien! Nicht mal in Italien! Mensch! Glaubst du, die könnten auch über den Ozean kommen?«

»Ganz am Anfang sagte uns einer der Herren Ankläger, daß wir etwas von Millionen von Dollar zu hören bekommen würden, die aus Pizzerien in ganz Amerika stammten. Nun, sehen Sie genau hin und fragen Sie sich einmal, womit bewiesen ist, daß die Millionen aus dem Laden dieses kleinen Mannes in Oregon stammen. Es gibt keinen Beweis! Es ist einfach nicht richtig, bei diesem Fall alles in einen Topf werfen zu wollen und die Geschworenen mit fünftausend italienischen Namen zu konfrontieren!«

Im April ging Alfano nach Madrid. Und es folgte ihm jemand, so wie Badalamenti es die ganze Zeit über befürchtet hatte.

Aber bevor Alfano nach Madrid flog, machte er noch einen Abstecher nach New York. Das war am 30. März. Mazzurco holte ihn am Flughafen ab, auch Cangialosi war dabei. Sie fuhren zu Pronto Demolition und trafen sich mit den beiden Lambertis. Cangialosi nahm von diesem Treffen einen sehr wichtigen Hinweis mit nach Hause . . .

Als Alfano nach Hause kommt, erzählt er Evola, was passiert ist. »Ich hab' mich mit allen dreien getroffen – bloß mit Cangialosi nicht; aber der zählt sowieso nicht. Ich hab' ihnen gesagt: Meine Freunde, wenn ihr alle sagt, daß ihr ihn gern habt, dann müssen wir ihm das auch zeigen.« Er ist wütend, weil nichts zustande kommt. »Sie, meine verehrten Geschworenen, wissen aus dem Beweismaterial, daß Alfano keine Ahnung davon hat, was diese New Yorker von ihm denken, daß sie ihn ›einen Idioten, einen Wichser‹ nennen.«

Auf dem Treffen bei Pronto sagt Alfano: »Wenn ihr ihn gern habt, dann könnt ihr ihn nicht so behandeln.« Die Frage, die ihm dabei durch den Kopf geht, ist: ›Werdet ihr ihn finden oder nicht?‹ Laut sagt er jedoch: »Was soll ich ihm sagen? Sie haben dich gern, aber sie bleiben lieber zu Hause?«

»Von wem spricht er?« Burkes Stimme wird schneidend, sein Gesicht rötet sich. »Es gibt im Mittelwesten keine Drogen – keine Spur davon! Pete Alfano ist kein Drogenboß. Madrid ist kein Drogenhafen, sondern ein Hafen der Zuflucht!« Seine Stimme wird vor lauter Mitgefühl mit seinem Mandanten ganz brüchig.

Auf dem Korridor bedrängen die anderen Anwälte der Badalamenti-Gruppe Kennedy, Badalamentis neueste Forderung, kein Plädoyer zu halten, einfach nicht zu beachten. »Mach es trotzdem!« drängen sie ihn.

Seinem Mandanten zu trotzen, hieße nicht nur, den Anwaltsberuf als Guerilla, sondern obendrein auch noch als Kamikaze zu betreiben.

»Der hat das doch nicht wirklich ernst gemeint«, sagt Koppelman. »Das war wieder eine seiner sizilianischen Gesten.«

Als nächstes tritt Dave Lewis sein Plädoyer für Sam Evola an. Es läuft nicht gut. »Meine Damen und Herren, Sie sind müde, und ich habe Angst«, beginnt er. Bis zum Ende des Nachmittags hat er vier der eigentlichen Geschworenen, nicht etwa die Stellvertreter, in tiefen Schlaf geredet. Es ist erst sein zehntes Plädoyer überhaupt, und er hat wirklich Angst.

Die Geschworenen werden nach Hause geschickt, und Leval verkündet seine Pläne bezüglich der Urteilsberatung der Geschworenen. Die Jury soll abgeschirmt werden*, und er hält es für besser, ihnen diese schlechte Nachricht so schnell wie möglich beizubringen. Er ist aufrichtig betroffen, daß die Verteidigung sich gegen eine Abschirmung noch immer so heftig sträubt. »Das wird in jedem Prozeß dieser Art so gehandhabt. An den Gerichten der Bundesstaaten ist es sogar Vorschrift.«

Paul Bergman springt auf, nur mit Mühe kann er seinen Zorn in Zaum halten. »In einem Zehn-Tage-Verfahren, ja, weil man da für die Beratung zwei Tage ansetzen kann. In *diesem* Verfahren jedoch verlangen Sie, daß man die Jury für zwei Monate einsperrt! Es besteht nicht die geringste Chance, daß unsere Jury das Beweismaterial in einer Beratungszeit von weniger als einem Monat ordnet und versteht.« Mit dieser völlig unvorhergesehenen leidenschaftlichen Rede hat Bergman seine größte Stunde in den achtzehn Monaten, die das Verfahren jetzt dauert.

Leval macht einen kleinen Rückzieher, aber nicht mehr. »Ich bin bereit, zu sagen, daß es sich nicht um einen *fait accompli* handelt, aber um eine große Wahrscheinlichkeit.«

»Ich würde sagen, daß ist eine Unterscheidung ohne Unterschied«, bemerkt Fogelnest höflich. In der Tat handelt es sich hier nur um eine weitere winzige Zunahme der vielleicht nötigen Heuchelei seitens des Richters. Leval, der hier einem ganzen Saal voller Anwälte gegenübersteht, sieht sich oft in der Situation eines Löwenbändigers, der mit nichts als einem Stuhl und einer Peitsche bewaffnet ist.

* um die Unvoreingenommenheit der Jury zu gewährleisten, kann sie unter eine Art »Quarantäne« gestellt werden, sie wird »abgeschirmt«, d. h. sie wird während des Prozesses oder auch nur während ihrer Urteilsberatung so untergebracht, daß sie mit nichts in Berührung kommt als dem vor Gericht zugelassenen Beweismaterial; man bringt sie dazu unter strenger Bewachung in einem geheimgehaltenen Hotel unter und chauffiert sie jeden Tag vor Gericht (A. d. Ü.)

Burke bittet Leval, die ständig einnickende Geschworene mit der Nummer neun zu entfernen und für sie einen aufmerksamen Stellvertreter einzusetzen.

Als nächstes bekommt Larry Ruggiero seine Chance am Rednerpult. Er bittet seine beiden Mandanten aufzustehen und erklärt der Jury: »Der linke, das ist Trupiano.« Er sagt dies, weil er genau weiß, daß nicht einer unter den Geschworenen die beiden kleinen dunkelhäutigen Männer identifizieren könnte. Sogar einige Anwälte dürften ihre Schwierigkeiten damit haben.

In gemessenem, spöttischem Tonfall sagt Ruggiero den Geschworenen, sie seien »Teil eines Prozesses, der Geschichte machen wird, aber nicht etwa, weil er so lange gedauert hat, sondern weil es sich hier um einen vorsätzlichen Versuch seitens der Staatsanwaltschaft handelt, die ausgezeichnete Errungenschaft der Unschuldvermutung zu manipulieren und zu zerstören, unter deren Schutz in unserem System jeder Beschuldigte steht.« Seine beiden Mandanten säßen nun seit sechzehn Monaten hier, und seit zweieinhalb Jahren – seit ihrer Verhaftung – lebten sie dafür, daß man hier 53 Minuten Beweismaterial gegen sie vorbringe. Warum? Nur aus dem einen Grund, daß sie einen entfernten Verwandten hätten, der angeblich ein hohes Tier bei der Mafia sei!

»*Sie* selbst haben zehn Monate hier zugebracht, bevor sie den Namen Vitale zum ersten Mal hörten . . . und zwölf Monate, bevor Sie zum ersten Mal den Namen Trupiano zu hören bekamen!«

Er bittet die Geschworenen eindringlich, sich nicht auf das in unfairer Weise manipulierte Tabellenbuch der Staatsanwaltschaft zu verlassen, sondern sich die vollständigen Fassungen der übersetzten Gespräche anzusehen. Von diesen hat er Vergrößerungen anfertigen lassen, die er auf den Staffeleien anbringt. »Fragen Sie sich doch einmal, warum die Anklage entscheidendes Beweismaterial weggelassen hat, das die Unschuld meines Mandanten aufzeigen könnte! Weil die Staatsanwaltschaft gewinnen will. Und so sehr liegt ihr das am Herzen, daß sie einfach eine Gruppe von Leuten mit einer Reihe von Verbrechen in Verbindung bringt, ohne auch nur ein einziges Mal genau anzugeben, welche Person nun welches Verbrechen begangen haben soll! Freeh sagte in seinem Plädoyer: ›Das Beweismaterial zeigt, daß die beiden Angeklagten Vitale und Trupiano ebenfalls bereitstanden und darauf warteten, die in diesem Fall so wichtige Fahrt nach Florida anzutreten, die dann jedoch nie stattfand.‹ Meine Damen und Herren, man wirft meinen Mandanten ganz offensichtlich vor, ›bereit‹ gewesen zu sein und ›gewartet‹ zu haben.«

Es sei reiner Übereifer seitens der Anklage, Telefongespräche so zusammenzuschneiden, daß all das fehle, was *für* die Angeklagten spreche. Der Anwalt wendet sich den großen Papptafeln zu und liest einige der Gespräche in voller Länge vor. Es ist nicht leicht, ihnen zu folgen, aber Ruggiero erklärt, daß Trupiano Pete Alfano etwas über einen Mann namens Galbo erzähle, und außerdem etwas von Alcamo, einer Stadt auf Sizilien. Im nächsten Gespräch spricht Galbo mit Alfano über einen Mann namens Agostino: »Sie haben ihn da oben erwischt und erledigt ... am Tag, nachdem sie den in Cinisi kaltgemacht haben.«

Ruggiero übersetzt: Dieser Agostino Badalamenti, ein Neffe des Alten, sei in Deutschland ermordet worden, und zwar »am Tag nachdem in Cinisi jemand ermordet worden war. Ich sage Ihnen, in Cinisi ... und Alcamo ist ein Mafia-Krieg ... ausgebrochen!« Mafia-Kriege, so versichert er ihnen, »werden mit unglaublicher Brutalität ausgefochten, brutaler, als Sie sich das je vorgestellt haben ... Und wenn Sie vom Mittagessen zurückkommen, dann werden Sie noch ein wenig mehr darüber erfahren«.

Nach der Mittagspause liest Ruggiero weitere Gespräche vor, die deutlich werden lassen, daß in Cinisi noch ein anderer Mord begangen wurde. Was den verstorbenen Agostino Badalamenti anbelange, so könnte sein Mord »vielleicht ein Racheakt an seinen Brüdern« gewesen sein, wirft Alfano ein.

»Unglaublich!« antwortet Trupiano. »Hoffen wir, daß sie nicht über den großen Teich kommen.«

Darauf Alfano: »So wie die über den Ozean kommen können, können das auch andere.« Ruggiero, der Sizilianisch spricht, interpretiert diese unbeholfen übersetzte Passage folgendermaßen: »So wie *die* über den Ozean kommen können, so können die Leute in Europa – Deutschland –, die diese Leute umbringen, auch über den Ozean kommen. Und die Staatsanwaltschaft besitzt die Unverfrorenheit zu behaupten, daß es sich hier um ein Gespräch über Rauschgift handle!«

Als die palermitanische Zeitung eintrifft, die Palazzolos zu Tode geängstigte Tante Lia geschickt hat, erfahren die Leute aus dem Mittelwesten mehr. Agostino wurde »gefoltert und zerstückelt«.

Die meisten Anwälte, die während des Prozesses ihre Vertreter geschickt haben, sind zum Schlußplädoyer wieder da, in der Absicht, sich für ein paar Soloparadestückchen ins Scheinwerferlicht zu stellen, um die Geschworenen – und den Mandanten – zu blenden, während die Assistenten wieder im Hintergrund sitzen. Genay Leitman jedoch darf ihr eigenes Plädoyer halten, und es wird ihr bester Auftritt. Schlank, frisch, in einem neuen lila Kleid, das ihr ausgezeichnet steht, hält sie ihren Schlußvortrag schlicht und mit Charme.

Ihr Mandant sei nicht im geringsten mit dem Schweizer Geldwäscher Vito Roberto Palazzolo verwandt; ebensowenig mit Giralamo Vito Palazzolo oder Filippo Palazzolo, die hier ebenfalls erwähnt worden seien. Sie bittet Emmanuele Palazzolo, den schüchternen schlanken Mann im Khakijackett, aufzustehen. Sie sagt den Geschworenen, daß seine Mutter, Tante, der Bruder und die Schwestern und viele Nichten und Neffen noch immer in Cinisi leben. Sie hätten ihn wegen der dortigen Mafia-Morde angerufen und hätten ihm sizilianische Zeitungen geschickt. Emmanuele stehe Todesängste um die Sicherheit seiner Familie aus. Seine Tante Lia habe ihn gewarnt, die Telefone der Familie in Cinisi würden abgehört, »und wir erfahren schließlich, daß der amerikanische Teil der Familie Badalamenti befürchtet, sie könnten die nächsten Opfer sein, ... daß die Mörder über den Ozean kommen könnten. Man hat in der Tasche von Mr. Emmanuele Palazzolo einen Scheck gefunden. Nun, lassen Sie mich Ihnen eines sagen: Rauschgifthändler stellen keine Schecks aus! Rauschgifthändler mieten keine Autos auf Kreditkarten, wie Emmanuele das gemacht hat. Rauschgifthändler machen es nicht wie Hänsel und Gretel und hinterlassen eine Fährte aus Brotkrumen!«

Genay Leitman scheint den Tränen nahe. Sie paraphrasiert Blackstones *Kommentar zu den Gesetzen Englands:* »Es ist besser, zehn schuldige Personen bleiben unbestraft, als daß ein Unschuldiger leide.«

»Als ich mich vor eineinhalb Jahren zum ersten Mal an Sie wandte«, fährt sie fort, »habe ich Ihnen erzählt, daß Emmanuele, wie viele andere Einwanderer auch, ... nach Amerika kam, weil er an die Werte dieses Landes glaubte und weil er sich ein besseres Leben schaffen wollte. Ich bitte Sie, Emmanuele zu zeigen, daß dieses großartige Land wahrhaftig ein Land ist, in dem die Freiheit regiert und die Gerechtigkeit obsiegt.«

Robert Koppelman, der Anwalt Vito Badalamentis, sieht aus wie eine etwas stattlichere Ausgabe von Woody Allen. Er hat die sechzehn Monate über so gut wie nichts von sich gegeben, und es besteht keinerlei Grund zur Annahme, daß sein Schlußvortrag besonders beredt ausfallen wird. Vito, dessen dunkelroter Pulli die Blässe seines Gesichts noch betont, sitzt still an der Seite seines Vaters. Auch die Geschworenen sind ganz bei der Sache. Koppelmans langes Schweigen zahlt sich also aus, noch bevor er auch nur den Mund aufmacht.

Vito Badalamenti werde nur der erste Punkt der Anklage zum Vorwurf gemacht, erklärt der Anwalt. Aber die Verabredung zum Drogenhandel, an der teilgenommen zu haben man ihn bezichtigt, sei weitläufig. »Sie haben die Aufstellungen gesehen; sie standen ja fast während des gesamten Prozesses vor Ihnen.« Die umfangreiche Verabredung umfasse Schweizer Bankkonten, Betäubungsmittel aus der Türkei und Bulgarien, Drogen von Benny Zito, Drogen aus Bagheria, 60 Millionen Dollar und eine Reihe der ganz großen mit der Mafia in Verbindung gebrachten Namen des internationalen Drogenhandels wie Rotolo, LaMattina, Crespo, Aiello oder Musullulu. »Nun wird aber Vito nicht nur vorgeworfen, Teil dieser Verabredung zu sein, ihm wird nicht nur vorgeworfen, er habe versucht, seinem Vater zu helfen. Man legt ihm gleich *alles* zur Last! ... Wenn man Vito im Sinne des ersten Anklagepunktes für schuldig spricht, heißt das, daß man ihn strafrechtlich für *alles verantwortlich macht.*«

Robert Stewart, so fährt Koppelman fort, habe in seiner Eröffnungserklärung versprochen, er werde beweisen, daß Vito von Brasilien aus nicht nur Drogengeschäfte ausgehandelt, sondern auch selbst Drogen geliefert hat. »Was jedoch hier geschah, ist genau das Gegenteil. Seit eineinhalb Jahren sitzen wir nun alle hier, und wir haben nicht ein einziges Wort gehört, das gegen ihn spricht. Es gibt keine einzige Zeugenaussage, aus der hervorgeht, daß er Drogen verkauft oder daß er Drogen gekauft hat; es gibt keinen Beweis dafür, daß er bereit war, Drogen zu kaufen oder zu verkaufen; es gibt keinen Beweis dafür, daß Vito zugegeben war, wenn solche Gespräche geführt wurden; es wurde während dieses Prozesses keinerlei Beweismaterial dafür vorgelegt, daß Vito Badalamenti jemals im Besitz von Drogen war, und nichts beweist, daß er mit jemandem zusammen war, der Drogen besaß; es gibt keinen Hinweis darauf, daß er über Drogen sprach, es gibt weder einen Beweis dafür, daß er jemandem Pakete überbrachte, noch dafür, daß er von jemandem Pakete bekam; es gibt keinen Beweis dafür, daß Vito Aufzeichnungen über Drogengeschäfte geführt hat. Er besaß kein Drogenzubehör. Nichts deutet darauf hin, daß er eine Schußwaffe besaß oder über riesige Summen verfügte.«

In keinem einzigen der vielen tausend Telefongespräche sei seine Stimme zu hören. Nun bestehe aber das Beweismaterial in dieser massiven Verabredung in der Hauptsache aus den Telefongesprächen. Wie könne man also an dieser Verabredung beteiligt sein, wenn nicht *ein Wort* auf Band existiere?

In diesem Fall sei von so vielen Vitos die Rede: Vito Grimaldi, Vito Aiello, Vito Roberto Palazzolo, Giralamo Vito Palazzolo, Vito Randazzo. »Jede Menge Vitos. Aber keiner von diesen ist *mein* Vito.« Er deutet auf seinen bleichen jungen Mandanten. »Das hier ist mein Vito!«

Durch seine wiederholten Anspielungen auf »meinen Vito« bringt Koppelman mit subtilem Spott seine Verachtung gegenüber den Anklägern zum Ausdruck. Das wird noch schlimmer, als er einen blauen Zettel erwähnt, der bei der Durchsuchung von Joe Lambertis Haus gefunden wurde. Darauf sind auf der einen Seite Name, Adresse und Telefonnummer Alfanos vermerkt, auf der anderen steht »Vito« und darunter die Telefonnummer eines Rechtsanwalts in Brasilien.

Die Anklage bestehe darauf, daß es sich bei dem Vito auf dem blauen Zettel um »seinen Vito« handle. Wenn sie damit richtigliege, dann habe sie die Badalamentis freilich um einiges enger mit den anscheinend schuldigen Lambertis oder Mazzurco verknüpft. Aber sie liege nun einmal falsch, und Koppelman könne den Geschworenen sogar beweisen, daß die Anklage sehr wohl wisse, daß sie auf dem Holzweg sei. Er zeigt ihnen haufenweise Dokumente, die sowohl in Madrid als auch in den Vereinigten Staaten beschlagnahmt wurden, Dokumente, aus denen hervorgeht, daß der volle Name von Badalamentis Neffen Enzo Vincenzo Vito Randazzo sei und daß er sich häufig Vito nenne und selbst im Telefonbuch von Mailand als »Randazzo, Vito« stehe. *Dieser* Vito ist der Vito auf dem blauen Zettel, demonstriert Koppelman, und die Staatsanwaltschaft müsse das die ganze Zeit über gewußt haben.

»Haben sie sich denn keines dieser Dokumente angesehen? Das wäre in der Tat schlimm, denn schließlich hängt das Leben eines jungen Mannes davon ab.« Bitter fügt er hinzu: »Wissen Sie, keiner kommt hier gern nach vorn, um Staatsanwälte zu beschuldigen. Und das hat seine Gründe. Erstens will man selbst nicht wahrhaben, daß sie betrügen. Und zweitens wollen einem die Geschworenen das meist nicht glauben.«

Inzwischen sind alle – Geschworene, Anwälte und Angeklagte gleichermaßen – hellwach und hören aufmerksam zu.

Koppelman zeigt ein sicheres Gespür für Dramatik und Tempo. Schon vorher hat er Kopien der wenigen Gespräche verteilt, in denen von »seinem Vito« die Rede ist. »Ich will nicht abstreiten, daß Vito nicht an irgendeiner machiavellistischen Intrige beteiligt war«, räumt er ein und gibt zu: »Es ist ganz offensichtlich, daß hier *irgend etwas* vor sich geht. Aber es hat nichts mit Drogen zu tun.« Die Verfolgung Vito Badalamentis durch die Anklagebehörde »ist ein Versuch, einen zum Scheitern verurteilten Prozeß zu retten. Dieser Prozeß ist bereits gescheitert.«

Er bittet die Geschworenen, sich jenes Gespräch anzusehen, in dem Alfano Gaetano Badalamenti fragt: »Hätte ich denn nicht hingehen sollen, wo mich dein Ältester hingeschickt hat?«

Koppelman schlägt den Geschworenen vor, diese Aussage erst einmal so zu nehmen, wie sie dastehe. Wenn Sie es so akzeptierten, wenn es sich also weder um eine verschlüsselte Aussage noch um einen Versprecher handle, was beweise sie uns dann? Ja, es heißt hier »Ältester«, und Vito ist der ältere Sohn. Leonardo Badalamenti ist der jüngere Sohn, obwol er größer und kräftiger ist als Vito. »Dieser eine Satz, diese beiden Worte ... von hunderttausenden ... sollen Sie von etwas überzeugen, was außerhalb jedes vernünftigen Zweifels liegt?« Dieser eine Satz solle sie so einfach vergessen lassen, daß gegen seinen Vito sonst nicht das geringste Beweismittel vorliege?

Selbstverständlich beweist diese Aussage nichts. Im Saal herrscht jetzt vollkommenes Schweigen. Man würde in diesem Augenblick gerne die Gesichter der Ankläger sehen, aber die sitzen alle vier über ihren Tisch gebeugt mit dem Rücken zum Saal. Die Geschworenen starren Koppelman an. Pierre Leval, der ihn ebenfalls anstarrt, notiert sich etwas, hält inne, und fängt dann energisch zu schreiben an.

»Aber das wirklich Schlimme an dieser Abschrift ist, daß sie tatsächlich etwas beweist« – aber es handle sich nicht um einen Beweis gegen »seinen Vito«, sondern um einen Beweis gegen die Staatsanwaltschaft selbst oder zumindest gegen den Agenten Russo.

Koppelman demonstriert nun, daß Russo, der Chefübersetzer der Staatsanwaltschaft, das italienische Wort für den »Größten« als »Ältester« übersetzt hat, um Vito mit hineinzuziehen. Der Anwalt legt eine andere Übersetzung desselben Gesprächs vor, die ein anderer Übersetzer der Behörde angefertigt hat. In dieser fragt Alfano: »Hätte ich denn nicht hingehen sollen, wo mich dein Größter hingeschickt hat?«

»Wie hat man diese Zauberei zuwege gebracht?« Koppelmans Stimme wird etwas tiefer. »Wie wurde ›Größter‹ zu ›Ältester›? Wie wird eine Abschrift, die Ihrem Fall nicht weiterhilft, zu einer Abschrift, die Ihrem Fall sehr wohl weiterhilft? Wie bekommen wir so plötzlich, aus heiterem Himmel, eine Abschrift, die einen Hinweis auf Vito darstellt? Nun, das ist ganz einfach – Agent Russo ändert sie ab. Und nicht zufrieden damit, die Frage verändert zu haben, verändert er auch gleich noch die Antwort! Er läßt Badalamenti auf Englisch mit ›Yeah‹ antworten – als würde er zustimmen, daß es sich um seinen ältesten Sohn handelt. Aber sehen Sie sich die Übersetzung an, die nicht von Russo, sondern von dem anderen Übersetzer der Staatsanwaltschaft stammt. In dieser antwortet der Alte nicht mit ›Yeah‹ sondern mit ›Eh‹?«

Koppelmans Augen funkeln vor Wut. »›Eh‹ wird zu ›Yeah‹. ›Größter‹ wird zu ›Ältester‹ – und schon haben wir Beweismaterial gegen Vito Badalamenti. Eine Schande ist das! Diese Art von Beweismittel würde keinen Hund hinterm Ofen vorlocken!« Der Geschworene Nummer fünf, der junge schwarze EDV-Mann, schüttelt fassungslos den Kopf, er kann es nicht glauben.

»Ob Sie Vito nun mögen oder nicht, eines wissen Sie: Er ist kein Hund! Er ist ein Mensch aus Fleisch und Blut, wie Sie und ich. Wenn Sie ihn schneiden, blutet er wie Sie und ich auch. Und es steht ihm ein faires Verfahren zu, das ist das mindeste.«

Auf brillante Weise hat Koppelman sein Schlußplädoyer so arrangiert, daß die Geschworenen zunächst einmal sehen, daß der Staatsanwaltschaft Fehler unterlaufen sind, um dann aufzuzeigen, daß sie diese Fehler vorsätzlich gemacht hat, bis er schließlich den Beweis erbringt, daß sie sogar Beweismaterial gefälscht hat – und das nur, um sich einen jungen Mann zu schnappen, der nun schon drei Jahre seines Lebens im Gefängnis verbracht hat, ohne daß tatsächlich Beweismaterial gegen ihn vorliegt.

Koppelmans Schlußplädoyer liefert den schlagenden Beweis für etwas, was Ivan Fisher schon vor vielen, vielen Monaten gesagt hat: Sag ihnen die Wahrheit, und die Geschworenen werden sie immer erkennen.

Fünfundvierzig Minuten hat das Ganze gedauert. Als eine Pause angesetzt wird, bricht Vitos Mutter in Tränen aus. Beim Verlassen des Saales beugt sich jedes der Familienmitglieder über sie, um ihr ein Wort des Trostes zuzuflüstern oder eine Hand auf die Schulter zu legen. Auch Eleanore kann sich der Tränen nicht erwehren. »Wenn Sie *ihn* nicht für unschuldig erklären, dann sind wir alle verloren«, sagt sie. Ivan Fisher putzt sich in seiner luftigen Höhe geräuschvoll die Nase.

»Er hat ihn herausgepaukt!« Kaplan bekommt vor Bewunderung den Mund nicht zu. Währenddessen schleicht sich Leval wie ein Hund mit eingeklemmtem Schwanz hinter seinem Richtertisch hervor. Er ist ein ehrbarer Mann, und er scheint sich zu schämen.

Auf dem Korridor drängen sich die anderen Anwälte um Koppelman, um ihm zu gratulieren. Sein kantiges Gesicht ist von alttestamentarischem Ernst, als er ihnen sagt: »Pierre Leval weiß genau, daß Vito Badalamenti nur aus einem einzigen Grund hier ist: um die Geschworenen zu einem Kompromiß zu zwingen – sie lassen den Jungen laufen und behalten den Alten da. Leval weiß seit drei Jahren, daß die keinerlei Beweise gegen Vito haben«, fügt er bitter hinzu. »Lesen Sie meinen Antrag gemäß Paragraph 29. Da steht alles drin.«

Fast jeder Anwalt bringt seine Requisiten mit. Die Staatsanwaltschaft hatte natürlich ihre Gewehre – Typ AR 15 –, ihre Geldbündel und die Beutel mit Heroin. Dagegen setzt die Verteidigung ihre hausgemachten Schaubilder, Vergrößerungen von Fotos und ihre eigenen Tabellenbücher, die eine andere Sichtweise des Beweismaterials bieten als die umfangreichen Zusammenfassungen der Staatsanwaltschaft. Bergman hat eine kleine Sturmwolke aus Pappe dabei, eine amüsante Anspielung auf eine Bemerkung Stewarts, daß »sich jetzt die Sturmwolken der Verteidigung« zusammenzögen.

Bald schon zieht Bergmans Plädoyer wie eine einsame Wolke von den Parkplätzen Long Islands über Russos Übersetzung und Amatos Beziehung zur Familie Catalano zu Bonventres Ferrari. Es ist Bergman in Reinkultur: Warum etwas in zehn Worten sagen, wenn man es auch mit zehn Seiten sagen kann? An einer Stelle spricht er davon, daß die Staatsanwaltschaft »Badalamenti importiert« habe; Kennedys Gesicht ist zwar nicht zu sehen, aber sein Rücken scheint sich zu verspannen.

Das Ende des Sitzungstages bringt Bergmans Versprechen, morgen werde er versuchen, sich kurz zu fassen. Wenn er versprechen würde, sich vor ihren Augen ein Bein abzusägen, würden ihm die Geschworenen wahrscheinlich eher glauben.

Nach der Sitzung versammeln sich die Angeklagten aus dem Mittelwesten am Fuß der Treppe vor dem Gericht, um sich zwei Taxis zu ihrem Hotel zu teilen. Alfano und seine Frau, Palazzolo und seine Frau, Vitale, Trupiano und Badalamentis Nichte Christine Evola sind auf dem Rückweg zu ihrer spartanischen Unterkunft am Washington Square in Greenwich Village, wo sie fast während des ganzen Prozesses gewohnt haben. Da sie es sich nicht leisten können, im Restaurant zu essen, werden sie unterwegs an einem Lebensmittelladen haltmachen. Sam Evola ist nicht dabei. Als Dolmetscher der Familie wurde er ins MCC gerufen, um mit Badalamenti und Kennedy an den Plädoyers zu arbeiten.

Auf der Sixth Avenue im Herzen des Greenwich Village sorgen die Pendler für ein hektisches Treiben, mit Wollmützen und Schals vor den Gesichtern gegen die schneidende Februarkälte gewappnet eilen sie nach Hause. Der Duft frisch gemahlenen Kaffees und geräucherter Fleischwaren erfüllt die Straße vor Balduccis Delikatessengeschäft. Pete Alfano verläßt den teuren Gourmettempel mit einer großen Einkaufstüte voller Brot, Käse und Salami. Hinterdrein bummeln die anderen Angeklagten und die Frauen.

Niemand bemerkt den viertürigen roten Chevrolet, der an der Ecke zur Neunten Straße neben dem Gehsteigt hält. Alfano und seine Gruppe schlendern auf der Sixth Avenue in Richtung Süden. Zwei Männer steigen aus dem Auto. Ein stämmiger Mann in einer Lederjacke holt hinter Alfano auf, als der eben auf der Höhe des Black Rock Café ist. Der Kerl mit der Lederjacke drückt Alfano einen Achtunddreißiger ins Kreuz und drückt dreimal ab. Der Attentäter und sein Komplize sprinten um die Ecke in die Zehnte Straße; Panik bricht aus. Die Leute laufen vor Angst in alle Richtungen davon, der Verkehr auf der Sixth Avenue kommt mit quietschenden Reifen zum

Stehen. Passanten sehen den Schützen durch die offene Hecktüre in einen schwarzen Lieferwagen springen, der in der Zehnten Straße auf ihn gewartet hat und dann in Richtung Broadway davonbraust.

Zwei Männer liegen auf dem Gehsteig. Eine Kugel steckt in Alfanos Rückgrat, eine andere durchschlug seinen Körper und traf noch einen eben vorbeikommenden Angestellten der Verkehrsbetriebe in den Oberschenkel. Innerhalb weniger Minuten trifft schon die erste Ambulanz aus dem nahegelegenen St. Vincent's Hospital ein.

Im MCC ist Kennedy mitten in einer Diskussion mit Badalamenti und Evola, als Dave Lewis mit der schlimmen Nachricht hereinplatzt. Der Alte nimmt es mit stoischer Ruhe auf. Die beiden Anwälte machen sich sofort auf den Weg ins St. Vincent's Hospital.

Eine kleine Gruppe von Pressefotografen und Reportern hat ihr Lager vor dem Eingang zur Notaufnahme des modernen Krankenhauses aufgeschlagen. Ein uniformierter Polizist bewacht den Eingang, zwei Kriminalbeamte haben sich im Wartebereich des Korridors postiert. Die anderen Angeklagten und ihre Frauen werden in einem kugelsicheren Raum in einem der anderen Stockwerke bewacht.

Kennedy und Lewis sind der Meinung, der Anschlag sei eine direkte Folge des Konzepts der Verteidigung, den Mafia-Krieg ins Spiel zu bringen. Badalamentis Feinde – entweder die Corleoneser oder ihre Stellvertreter unter den Pizza-Angeklagten – hätten einen Vergeltungsschlag gegen die Badalamenti-Gruppe geführt. Kennedy ruft beim FBI an und verlangt, die anderen Angeklagten aus der Familie Badalamentis in Schutzhaft zu nehmen. Bundesbeamte holen Evola, Trupiano, Vitale und Palazzolo im Krankenhaus ab und fahren sie ins MCC zu Badalamenti und seinem Sohn.

Eleanore Kennedy, die im Büro der Kennedys wartet, ist beunruhigt. Sie hat Pat Burke, Alfanos Anwalt, nicht auftreiben können. Er ist nicht zu Hause angekommen. Ein Anruf im Athletic Club brachte auch nichts. Niemand erinnert sich daran, ihn in der Garage gesehen zu haben, in der er für gewöhnlich seinen Wagen unterstellt. Seine Frau erfuhr um 18 Uhr von den Schüssen auf Alfano. Während der letzten Monate hat Jane Burke ihren Mann so oft von Mafia-Kriegen und dem Mord an Tommy Mazzara reden hören, daß sie bis um acht, als Pat Burke endlich die Auffahrt zu seinem Haus heraufkommt, vor Angst schon fast wahnsinnig ist. Burke hat den frühen Abend in einem der oberen Räume des New Yorker Athletic Club verbracht, um unerledigte Post aufzuarbeiten und seinem ältesten Sohn zu schreiben. Von dem Anschlag hatte er gar nichts gewußt.

Es ist schon nach zehn, als sich die Kennedys, Joe Calluori und Bob Fogelnest zu einem späten Abendessen in einem Café an der Third Avenue zusammensetzen. Fogelnest ist davon überzeugt, daß die Schüsse auf Alfano eine Botschaft sind, eine Warnung an Kennedy, mit dem »Mafia-Kriegs«-Konzept Schluß zu machen. Er ist der Ansicht, daß womöglich Michaels Leben in Gefahr ist und drängt ihn, sich zu weigern, weiter an diesem Fall zu arbeiten. Auch Eleanore interpretiert das Ereignis als Warnung, aber sie unterstützt die Entscheidung ihres Mannes weiterzumachen. Später, zu Hause, debattieren sie und Michael noch stundenlang, ob es klug war, die Badalamenti-Gruppe in Schutzhaft nehmen zu lassen.

Donnerstag, 12. Februar 1987. Im Gerichtssaal. Die Luft im Saal knistert vor Spannung und nervöser Aufregung, genau wie an dem Tag, als man Mazzara fand. Reporter, Gerichtszeichner und Verwandte füllen die Zuschauerbänke. Sämtliche Angeklagten tragen beängstigend unbewegte Pokergesichter zur Schau. Man liegt wohl nicht falsch, wenn man sich vorstellt, daß die Schüsse von gestern abend von jemandem befohlen wurden, der jetzt hier im Saal ist.

Leval macht einen erschütterten Eindruck. Zeitungen und Fernsehen sind voll von der Geschichte. Seine Hauptsorge gilt natürlich den Geschworenen. Er hat alles getan, um die Wirkung der Ereignisse auf sie abzuschwächen. Noch im selben Augenblick, in dem Martin ihn gestern abend anrief, befahl er den Marshals und seinen Gerichtssekretären, sich mit jedem der Geschworenen in Verbindung zu setzen und sie zu ermahnen, auf keinen Fall fernzusehen, Zeitung zu lesen oder sich mit einem ihrer Mitgeschworenen in Verbindung zu setzen. Einer der Geschworenen war gerade in einem Kino nur wenige hundert Meter von der Stelle des Attentats entfernt; man mußte ihn im Kino ausrufen.

»He, Richter!« Es ist Kennedy, der von draußen zur Tür hereinschreit. Er versucht, sich an den Marshals vorbeizuschieben, die ihn davon abzuhalten versuchen, Zeitungen in den Sitzungssaal zu bringen. »Kann ich diese Zeitungen mitnehmen?« Seine Haltung ist herausfordernd, vor Zorn ist er rot angelaufen. Leval macht ihm Zeichen, nach vorne zu kommen.

Der Richter macht den Vorschlag, heute nachmittag jeden Geschworenen einzeln zu befragen, was er beziehungsweise sie gehört hat. Das genügt nicht! Kennedy verlangt, das Verfahren für fehlerhaft zu erklären. »Es ist einfach unmöglich, in dieser eisigen Atmosphäre weiterzuarbeiten. Selbst ich spüre es, und einigen meiner Kollegen geht es ebenso – von den Angeklagten ganz zu schweigen. Der Krieg, über den wir bisher als etwas Abstraktes gesprochen haben, ist nun tatsächlich in diesen Gerichtssaal eingedrungen und füllt ihn mit Schüssen, Blut und Tod . . . Ich ersuche Euer Ehren, dieses Verfahren für beendet zu erklären.«

Burke fügt hinzu: »Es handelt sich hier um eine sehr konkrete Angst, Euer Ehren, die vor allem auf den Umstand zurückzuführen ist, daß man hier über so lange Zeit so viele grundverschiedene Leute in einem Forum zusammengebracht hat, um über ihre Strafbarkeit zu entscheiden.«

Leval fragt die einzelnen Anwälte nach ihrer Meinung. Alle außer einem wollen sie das Verfahren für fehlerhaft erklärt sehen. Der einzige, der dagegen ist, Bergman, schlägt vor, die Verfahren sämtlicher anderer Angeklagten abzutrennen, so daß er und Martin alleine übrigbleiben würden – Mann gegen Mann.

Koppelman fügt hinzu, daß die Sicherheitsmaßnahmen im Gerichtsgebäude derart verstärkt worden seien, daß der Laden einem wie eine Kaserne vorkomme. Dutzende von neuen Polizisten und Marshals sind aufgetaucht. In einer derart martialischen Atmosphäre sei ein faires Verfahren undenkbar.

Die größten Sorgen bereitet allen die Jury. Leval erklärt sich bereit, eine Abordnung der Anwälte in seine Räume kommen zu lassen, während er jeden einzelnen Geschworenen erneut einer Eignungsprüfung unterzieht. Als er sich wieder im Sitzungssaal meldet, zittern ihm die Hände. Laut seinem Bericht fordere Kennedy – als Mitglied der Abordnung der Verteidigung – offiziell bei vier der Geschworenen eine eingehendere Prüfung. Nummer drei ist derjenige, der zum Zeitpunkt des Attentats im Kino war. Seine Mutter ängstigt sich um seine Sicherheit, seitdem sie gehört hat, daß sein Name über die Lautsprecheranlage ausgerufen wurde. Nummer vier hat eine

Schlagzeile gesehen: BEZAHLTER ANSCHLAG DES MOB. »Diese Formulierung sagt ja wohl alles«, meint Kennedy dazu. Nummer sieben verspürt eine »persönliche Unruhe«. Die fettleibige Nummer zehn hat gehört: »Sie haben noch einen umgebracht.«

Leval erklärt sich einverstanden, die zusätzlichen Fragen zu stellen, »in der Annahme, daß das Verfahren weitergeführt wird, was ich für äußerst wahrscheinlich halte«. Aber zuerst einmal würde er gerne die Meinung der Staatsanwaltschaft dazu hören.

Martin will, daß die Geschworenen abgeschirmt werden. Andernfalls werde womöglich jeden Tag eine derartige Prüfung der Geschworenen nötig. Es sei ja wohl kaum damit zu rechnen, daß die Presse ihren Zauber beende. Man müsse die Geschworenen vor »nicht zum Beweismaterial gehörenden Informationen und Spekulationen« schützen, vor allem, da ein Ende des Verfahrens in so greifbare Nähe gerückt sei. Um ihnen die Pille zu versüßen, könne man ihnen ja sagen, daß das Verfahren beschleunigt weitergeführt werde, wenn man sie abschirmt, so daß sie mit einem früheren Ende rechnen könnten. Die Staatsanwaltschaft ersuche das Gericht außerdem, »den Geschworenen zu sagen, daß Pete Alfano nach einem Unfall oder sonstigen Zwischenfall, der nicht das geringste mit diesem Prozeß zu tun hat, im Krankenhaus liegt«. Hohngelächter seitens der Zuschauer und der Verteidiger; nicht ein Mucks von ihren Mandanten.

Ivan Fisher ist gegen eine Abschirmung. Sie würde nur der ungünstigen Annahme Vorschub leisten, die Geschworenen seien in Lebensgefahr. Abgesehen davon sei ein rasches Verfahren das letzte, was Catalano zu diesem Zeitpunkt gelegen käme. Fisher könne sich nicht an eine einzige Passage in den vier Schlußvorträgen der Staatsanwaltschaft erinnern, in der der Name seines Klienten *nicht* gefallen wäre. Catalano habe ein Recht auf ein ausführliches Plädoyer – und er erwarte ein solches.

Burke wendet ein, daß Alfano ein Recht darauf habe, hier zu sein. Er ersucht Leval, das Verfahren gegen seinen Mandanten abzutrennen und den Geschworenen zu sagen, diese Abtrennung habe »nichts mit ihrer Entscheidung über Schuld oder Unschuld der anderen zu tun.«

Fogelnest macht darauf aufmerksam, daß die Staatsanwaltschaft jetzt auf einmal eine Abtrennung wolle, aber als die Verteidigung nach dem Mord an Mazzara um eine begrenzte Abschirmung ersucht habe, sei sie dagegen gewesen. Man habe den Geschworenen ursprünglich gesagt, ihre Anonymität diene dazu, sie vor den Medien zu schützen. Wenn das Gericht sie jetzt unmittelbar nach dem Anschlag auf Alfano abschirme, dann würden sie das als Schutz vor einer ganz anderen Gefahr interpretieren, und das würde zweifelsohne Vorurteile gegen die Angeklagten schaffen.

Bergman hat einen Rat parat: »Tun Sie genau das, was Sie nach Mazzaras Ermordung getan haben. Sagen Sie ihnen, was passiert ist, und fordern Sie sie auf, sich auf keinem Fall dem Einfluß der Medien auszusetzen.« So habe es auch Richter Duffy gehalten, als damals Big Paul Castellano ermordet worden sei, und der Appellationsgerichtshof habe ihm seinen Segen gegeben.

Benfante sagt, eine Abschirmung »vermittelt immer den Eindruck von Gefahr.« Man müßte warten, bis sich die Angelegenheit etwas abgekühlt habe, vor allem in Anbetracht der Tatsache, daß augenblicklich die Plädoyers der Verteidigung begonnen hätten, Plädoyers, die »im Grunde darauf hindeuten, daß eine New Yorker Gruppe ein übergeordnetes Motiv dafür hatte, telefonisch Verbindung zwischen zwei Kontinenten aufzunehmen, ein Motiv, das wichtiger war als Drogen und das darin bestand, den Mord einiger Mitbeschuldigten in diesem Prozeß vorzubereiten.« Benfante hat damit auf den Punkt genau die Vorwürfe von Burke und Kennedy gegen seinen Mandaten Mazzurco dargelegt – und zwar deutlicher, als sie je zuvor einer zum Ausdruck gebracht hat. Er steht also auf dem Standpunkt, der Anschlag auf Alfano bestätige eben diese Argumente.

Kennedy hat genug gehört. Er sieht eine ausgezeichnete Gelegenheit, Leval ins Unrecht zu setzen und wird das voll ausnutzen. »Zum Zeitpunkt des Mordes an Mazzara haben wir um eine zeitlich begrenzte Abschirmung gebeten«, und zwar wegen der Gefahr einer Beeinflussung durch die Medien. Das Gericht habe dies verworfen. »Und jetzt kommt uns die Staatsanwaltschaft auf einmal ganz anders«, und der offensichtliche Grund dafür sei doch – wie Kennedy in seinem gestern abend abgefaßten Brief an das Gericht förmlich ausgeführt habe – die bekannte Tatsache, daß abgeschirmte Geschworene mit viel größerer Wahrscheinlichkeit zu Schuldsprüchen kämen.

Martin erwidert, der Mafia-Krieg sei kein konkretes Beweismaterial, sondern lediglich eine Behauptung. Die Verteidigung habe ein fehlerhaftes Verfahren angestrebt, um diese Behauptung zu stützen, und wenn sie nicht bekomme, was sie wolle, dann verlange sie vom Gericht, den Geschworenen etwas zu sagen, was nicht zum Beweismaterial gehöre. Im Endeffekt verlange sie also vom Gericht, ihre Behauptung zu stützen. Ja, schlimmer noch – und das ist nun eine wirkliche Retourkutsche, der schlagende Beweis dafür, daß Martin seine Pappenheimer kennt –, sollte die Jury nicht noch heute abgeschirmt werden, dann werde die Verteidigung in der Berufung garantiert dahingehend argumentieren, die von den Medien geschaffenen Vorurteile seien derart erdrückend gewesen, daß man dem Antrag auf Verfahrensfehler unbedingt hätte stattgeben müssen. Und wer wisse schon, mit was für wildem Zeug die Presse morgen oder übermorgen aufwarte?

Lewis steht auf. »Euer Ehren, ich staune wirklich Bauklötzer, daß die Staatsanwaltschaft, die immerhin bis gestern auf der von ihr selbst in die Welt gesetzten Ente bestand, über die Pizzerien unserer Mandanten sei Heroin vertrieben worden, jetzt auf einmal so besorgt darüber ist, was die Presse sagen könnte.« Darüber hinaus »kann ich Ihnen auf Grund meiner Kontakte zur . . . Staatsanwaltschaft mitteilen, daß man dort tatsächlich der Ansicht ist, der Anschlag auf Alfano könne etwas mit diesem Prozeß zu tun haben, und daß man diese Theorie seit heute morgen um ein Uhr vertritt.«

Leval antwortet ihm, daß eine Abschirmung gegenwärtig bei weitem opportuner sei als zum Zeitpunkt des Mordes an Mazzara, als die Verteidigung sie »geschlossen« gefordert habe. Jetzt habe man das Ende des Prozesses in Sicht, und da er auch an den Wochenenden zu verhandeln gedenke, bestünde eine gute Chance, das Verfahren in ein oder zwei Wochen abschließen zu können.

Kaplan mischt sich ein, er scheint den Tränen nahe. »Die Tatsachen wurden verdreht.« Er hatte sich nach der Geschichte mit Mazzara als erster für eine Abtrennung eingesetzt; Mazzara war der Geschäftspartner seines Mandanten Castronovo gewesen. Damals habe die Jury von nichts eine Ahnung gehabt, und »Euer Ehren haben den Gedanken einer Abschirmung in Bausch und Bogen verworfen.« Aber dieses Mal sei die Katze doch längst aus dem Sack! Wie könne er die beiden Situationen nur vergleichen?

Koppelman fügt hinzu: »Sie haben uns doch selbst immer wieder vorgeschwärmt, was für eine prächtige Jury wir hier haben. Sie lesen keine Zeitung, sie hören kein Radio, sie vergessen auf der Stelle alles, was sie laut Ihren Instruktionen nicht hätten hören dürfen, nur weil Sie es ihnen sagen. Was hat sich denn jetzt geändert?«

Nach einer kurzen Pause verkündet Leval, er habe sich sämtliche Vorschläge durch den Kopf gehen lassen, und »ich bin davon überzeugt, daß ich das Richtige tue, wenn ich die Geschworenen jetzt abschirme.«

»Werden Sie ihnen sagen, daß das auf Antrag der Staatsanwaltschaft geschieht?« will Kennedy sofort wissen.

»Ich werde ihnen sagen, daß es meine Entscheidung ist.« Ob sie auch am Wochenende verhandeln wollten, wolle er den Geschworenen selbst überlassen.

Das letzte Wort hat Martin. »Einige Angeklagte befinden sich ja bereits in Schutzhaft. Die Staatsanwaltschaft beantragt, auch die verbliebenen Angeklagten zu ihrem eigenen Schutz wieder in Haft zu nehmen. Auch um einer Flucht vorzubeugen, die wir augenblicklich für bei weitem wahrscheinlicher halten als je zuvor. Zum einen, weil wir uns kurz vor dem Ende des Prozesses befinden, zum anderen, weil die Schüsse auf Alfano einige Angeklagte besonders beunruhigt haben dürften.«

Draußen tanzen winzige Schneeflocken vom Himmel. Levals Überlegungen hinsichtlich einer Abschirmung der Geschworenen müssen vor dem Hintergrund gesehen werden, daß Martin ihn mit fast hundertprozentiger Sicherheit davon in Kenntnis gesetzt hat, daß man, was den Anschlag anbelangt, kurz vor der Verhaftung dreier Verdächtiger stehe und daß Giuliani eine Pressekonferenz abzuhalten gedenke. Ihm ist also klar, daß Presse und Fernsehen in Kürze noch weit sensationsträchtigere Neuigkeiten bringen werden.

Am Freitag, den 13. Februar, fallen die Sitzungen aus. Um den Druck, der auf allen lastet, so gering wie möglich zu halten, hat Leval die Geschworenen vernünftigerweise für einen Tag beurlaubt, damit sie ihre Sachen packen und die notwendigen Vorkehrungen treffen könnten; schließlich werden sie ja einige Tage nicht zu Hause sein. Das Gericht wird am Samstag morgen wieder zusammentreten, und Samstag abend wird man die Geschworenen mitsamt den Stellvertretern dann in ein geheimgehaltenes Hotel verfrachten, wo sie unter strenger Bewachung der Bundesmarshals verbleiben werden, bis sie ihr Urteil gefällt haben. Die nächste Sitzung findet am Sonntag statt, wobei man für jene Geschworenen, die in die Kirche zu gehen wünschen, ein oder zwei Stunden Pause einlegen wird.

Am Freitag morgen gibt Giulianis Dienststelle bekannt, daß sie für 16 Uhr eine Pressekonferenz anberaumt habe. Dort erfahren die Reporter dann, daß das FBI bereits drei des Anschlags auf Alfano Verdächtige festgenommen hat: Frank Bavosa aus Newark, New Jersey, der seine Mittäterschaft bereits gestanden habe. Der Dicke, der die Schüsse abgegeben habe, sei ein gewisser Philip Ragosta, 31, aus Brooklyn. Der dritte Mann, der an jenem Abend mit auf der Straße war, heiße Giuseppe Amico. Alle drei seien am frühen Morgen bei Razzien festgenommen worden.

Rudolph Giuliani steht auf dem Podium, an seiner Seite Tom Sheer, der Stellvertretende Direktor des New Yorker FBI, und verkündet mit unverhohlenem Entzücken: »Damit wurde ein weiterer Mythos über den Mob zerschmettert, nämlich daß er unbehelligt derartige Anschläge verüben kann . . . Die Spielregeln ändern sich.«

Aber sich ändernde Spielregeln spielten hier nun wirklich keine Rolle; daß das FBI den Fall so schnell lösen konnte, war vielmehr eine Art posthumes Geschenk von Tommy Mazzara. An jenem Wochenende, an dem Mazzara verschwunden war, hatte Leval – als Verhandlungsrichter – auf Martins Antrag für zehn der Angeklagten Haftbefehle ausgestellt. Pete Alfano und Sam Evola waren der Verhaftung nur deshalb entgangen, weil sie über das Wochenende nach Hause gefahren waren und eine dortige Verhaftung der beiden vermutlich wertvolle Prozeßzeit gekostet hätte. Um jedoch kein Risiko einzugehen, war das FBI den beiden am Sonntag nachmittag bis zum Chicagoer Flughafen O'Hare gefolgt, und auf dem Flughafen von Newark hatte sie ein weiteres Observierungsteam des FBI erwartet. Dieses verfolgte die Angeklagten auf der 26 Meilen langen Fahrt nach Manhattan und stellte irgendwann fest, daß sie nicht die einzigen Verfolger waren, auch ein blauer Cadillac war hinter Alfano und Evola her. Als man das Hotel am Washington Square erreicht hatte, blieb der mysteriöse blaue Cadillac noch eine Weile vor dem Eingang stehen; die drei Männer, die darin saßen, beobachteten Alfano und die anderen bei ihrer Anmeldung an der Rezeption. Als das FBI ihm zu nahe kam, brauste der Cadillac davon und verschwand im Verkehr. Aber man hatte die Nummer notiert. Der Cadillac war in Newark von einem gewissen Frank Bavosa aus Roselle Park in New Jersey gemietet worden. Das FBI überprüfte Bavosas Haus und entdeckte dabei den schwarzen Kleinbus, der in der Nähe geparkt war.

Als man erfuhr, daß Alfanos Attentäter in einem dunklen Kleinbus geflohen waren, verhaftete das FBI Bavosa, durchsuchte sein Haus und fand eine Pistole vom Kaliber 9 mm nebst Munition. Bavosa gestand seine Beteiligung an dem Anschlag und gab dem FBI die Namen der beiden anderen, Philip Ragosta und Giuseppe Amico, die beide in Bay Ridge, Brooklyn, wohnten. In der Wohnung Ragostas fand ein anderes FBI-Team zwei Notizen. Die eine lautete: »Das Ende steht kurz bevor! Glaub mir!« Auf dem anderen Zettel stand die Zahl »40 000«. Bavosa sagte aus, sie seien von einem Dritten angeheuert worden, den Anschlag für eine Summe von 40 000 Dollar auszuführen. Was Bavosas blauen Kleinbus anbelangt, den fand das FBI ein paar Blocks von Amicos Haus entfernt.

Dem FBI lagen außerdem Beweise vor, daß Bavosa schon am 28. November nach Oregon, Illinois, gefahren war und die Pizzeria von Alfanos Familie ausgekundschaftet hatte. Damit stand fest, daß spätestens seit Mitte November, vielleicht sogar schon früher, jemand weder Kosten noch Mühe gescheut hatte, um Pete Alfano nachzustellen und zu beseitigen.

Gegen Ende von Giulianis Pressekonferenz deutet Tom Sheer an, das FBI verfüge auch über Informationen bezüglich der Person, die den Anschlag organisierte.

Am Abend desselben Tages ruft Benfante Di Chiara an, um ihm zu sagen, daß ihn ein Anwalt angesprochen hätte, der ihm schon eine ganze Menge Kundschaft zugeschanzt habe. Er habe ihn gefragt, ob er daran interessiert wäre, Philip Ragosta zu verteidigen? Benfante sei jedoch nicht daran interessiert, aber vielleicht wolle Di Chiara den Fall.

»Sind Sie wahnsinnig?« Di Chiara wagt seinen Ohren nicht zu trauen.

Am nächsten Morgen ruft Benfante in Kennedys Kanzlei an, um dem Chef der Verteidigung mitzuteilen, daß sein Mitarbeiter Joe Candia einen der Attentäter beim Anklageeröffnungsverfahren vertreten habe, daß Candia sich jedoch entschlossen habe, sich von dem Fall zurückzuziehen. Nach einigem Hin und Her übernimmt schließlich die Kanzlei Mario Malerbas Ragostas Verteidigung.

Spät am Freitag abend schaut Burke im Krankenhaus vorbei und findet seinen Mandanten in schlechter Verfassung vor. Ihm steckt noch immer eine Kugel in der Wirbelsäule, und jeder Versuch sie zu entfernen könnte sein Leben bedrohen. Pietro Alfano kann zwar erwarten, den Anschlag zu überleben, aber er wird für den Rest seines Lebens von der Hüfte an abwärts gelähmt bleiben.

Samstag, 14. Februar 1987. Im Gerichtssaal. Man hätte sich auf das Alfano-Trauma keinen besseren Dämpfer wünschen können als Paul Bergman. Die Eintönigkeit seiner wirren Argumentation läßt die Beteiligten bald wieder zum bisherigen Pizza-Trott zurückfinden. Allenthalben wird gegähnt, Augen fallen zu, und Köpfe kippen nach vorne. Mitten am Vormittag verkündet er plötzlich: »Um noch einmal auf Sigmund Freud zurückzukommen«, und einige derer, die ihm noch zuhören, fragen sich kopfschüttelnd: Hat er denn Sigmund Freud schon mal angesprochen? Und wenn, weswegen? Hatte er nicht eben noch »Wie sieht die Beweislage aus?« zum Thema? Gnädig beendet er schließlich sein Plädoyer, indem er sich die Frage gestattet: Wenn es keine Beweise gibt, warum dann diese gewaltige Verteidigung?

Am Nachmittag dann bietet sich den Geschworenen eine der seltenen Gelegenheiten, den von Carol Novack vertretenen Anwalt von Giovanni Ligammari, Steven Kimelman, kennenzulernen. Während der ganzen sechzehn Monate saß die Verse schmiedende Assistentin an seiner Statt hier, schrieb brav und fleißig mit, erhob hin und wieder Einspruch und trabte vor den Richtertisch, wenn es die Pflicht verlangte. Heute tritt ihr Boß ins Rampenlicht. Sein Vortrag ist forsch, flink und auf den Punkt. Man erkennt in ihm sofort den gestandenen Gerichtsveteran, aber ihm fehlt das Gespür für die spezielle Metaphysik des Pizza-Prozesses, und sein Timing ist ein klarer Affront gegen die Gefühle der Pizza-Veteranen. Unser Narrenschiff ist nun immerhin schon seit vielen Monden auf hoher See; die Reise ist nun fast zu Ende, Kimelman wirkt hier wie der Prominente mit den Freikarten, der sich kurz vor der Aufführung eines Broadwayhits rasch an der seit Stunden wartenden Besucherschlange vorbeidrängelt.

Und als er erst einmal loslegt, kennt er kein Pardon mehr. Keiner, den Ligammaris Anwalt nicht belastet. Ligammari wartete vor keinem Telefon. *Er* nahm an keinem Treffen teil. *Er* reiste nicht nach Italien. Fordern Sie die Staatsanwaltschaft auf, Ihnen *seine* kugelsichere Weste zu zeigen! Er hatte rein gar nichts.

Die Vorstellung eines jeden Anwalts hat ihren eigenen Stil, oft sogar einen recht überraschenden. Als Marvin Schechter für Salvatore Lamberti spricht, tut er das schwärmerisch zwitschernd, fast wie ein Vogel. Er kontrapunktiert seine wenig originelle Geschichte von mißverstandenen Telefonanrufen und schlampigen Observierungsmethoden mit sausenden Geräuschen, albernen Grimassen, übertriebenen Gesten und flatternden Augenbrauen – der reinste Schmierenkomödiant. Sein Klient, der Mann, den Badalamenti als den zweitmächtigsten Mafioso der Welt bezeichnet, sitzt da und hört seinem Anwalt zu, eine seiner stummelfingrigen Hände hat sich über sein bleiches Gesicht gelegt wie ein Seestern, der sich an einen Korallenstock klammert. Schechter tritt auf wie ein Evangelist, einen Sachverhalt zusammenzufassen ist nicht seine Stärke. Noch einmal gräbt er sich durch alles hindurch – die Anrufe aus Brasilien, die Anweisungen an Mazzurco, das Treffen bei Pronto Demolition. Als er nach drei Tagen am anderen Ende wieder ans Tageslicht kommt, ist seine Stimme heiser, seine Nerven sind beim Teufel, und die Geschworenen hat er in einen katatonischen Zustand geredet.

Dienstag, 17. Februar 1987. Im Gerichtssaal. Jetzt muß die Jury sich den geharnischten, vielgeschmähten und am Pranger bespuckten Joseph Benfante anhören. Er spricht langsam, geht dabei nachdenklich auf und ab und beginnt damit, daß er sich bei Richter Leval dafür bedankt, »so gnädig zu sein, mir nicht gleich von der Richterbank aus an den Kragen zu gehen.« Dann dankt er jedem seiner Kollegen, und zwar einzeln, mit Namensaufruf. »Ein großartiger Zug!« flüstert Fisher.

Er wendet sich an die Geschworenen. »Ich habe mir sagen lassen, daß Sie jedem von uns einen Spitznamen gegeben haben. Ich möchte den meinen lieber erst gar nicht wissen – sonst hänge ich die Juristerei womöglich auf der Stelle an den Nagel.« Das bringt ihm ein ausgiebiges Gekicher seitens der Geschworenen, die ihn seit Monaten als »Goodbody Nobrain« – Prima Bursche, bloß kein Hirn – bezeichnen. Dank der geschwätzigen Marshals weiß das ganze Gericht darüber

Bescheid, einschließlich – mit ziemlicher Sicherheit – Benfante selbst, der diesen Spitznamen eben auf brillante Weise *für* sich eingesetzt hat. Sein ganzes Plädoyer wird nach diesem Muster ablaufen: Finde einen Weg, all den Mist, in dem du steckst, zu deinen Gunsten einzusetzen.

Nach einer langen, milden und einschmeichelnden Eröffnung wird seine Stimme kräftiger. »Was hier zur Verhandlung kommt, ist unser zweihundert Jahre altes Rechtssystem. Sollten wir denn nicht in der Lage sein, uns an jeden einzelnen Zeugen zu erinnern? Das hier ist ein Prozeß, bei dem das ordentliche Gerichtsverfahren auf dem Prüfstand steht!«

Dann beginnt er zu spotten. »Wenn ich Rudy Giuliani wäre, dann würde ich drei Paläontologen oder Archäologen anheuern, sie ins finsterste Afrika schicken, damit sie mir zeigen, wo der erste Mafioso geboren wurde. Den Geschworenen würde ich sagen: Sie werden fünf Jahre hier sitzen! Wir beweisen hier nämlich die Darwinsche Mafia-Theorie. Die allerbesten Codewörter . . .«

Die Geschworenen lächeln bereits aufs herzlichste, als er sagt: »Wenn das hier der längste Prozeß in der Geschichte der Bundesgerichtsbarkeit ist, dann möchte ich eine lobende Erwähnung als der am übelsten zugerichtete Anwalt, den es je gegeben hat!« Das Lächeln der Geschworenen wird noch breiter. Auch Benfante zeigt seine Grübchen.

»Seit drei Jahren arbeite ich an diesem Fall! Meine Tochter ist erst fünf! . . . Man hat mich hier wahrscheinlich öfter abblitzen lassen als die Mafia Ronsisvalle.« Für Leval ist das nicht zum Lachen, auch Mazzurco verzieht keine Miene; der Rest des Saales jedoch genießt seine Vorstellung.

Sein Plädoyer selbst ist so gut wie unbrauchbar; es mangelt ihm nicht nur am logischen Zusammenhalt, es fehlt auch jeglicher Stil – eben genau das, was die Geschworenen von Benfante/Mazzurco erwarten. »Was hab' ich bloß falsch gemacht? Ich würde wie eine Mumie rumlaufen, hätt' ich mir jedesmal ein Pflaster aufgepappt, wenn ich in diesem Prozeß was abgekriegt habe! . . . Aber Benny Zito, den haben sie laufen lassen. Und das mit 625 000 Dollar! Der liegt wahrscheinlich jetzt irgendwo am Strand – mit ein paar Revuemädchen. Ganci ist tot. Und ich stehe hier und habe diesen Fall am Hals!« Schallendes Gelächter.

»Mr. Tommaso Buscetta sagt, Gaetano Badalamenti hat nie was mit Drogen zu tun gehabt. *Also was tun wir dann alle hier?*« Noch mehr Gelächter. Benfante hat all das gesagt, was die anderen Anwälte gerne gesagt hätten, sich aber nicht zu sagen trauten. Ein tapferer Anwalt, der nichts zu verlieren hat wie Benfante, gewinnt einen geradezu paradoxen Vorteil: absolute Glaubwürdigkeit.

Tony Lombardino trägt ein leuchtend rotes Seidenziertaschentuch in der Brusttasche, und seine horngefaßte Halbbrille tanzt ganz auf der Spitze seiner Knollennase. Sein Plädoyer für Joe Lamberti scheint ganz darauf abzuzielen, seinem Mandanten etwas für sein Geld zu bieten; ein einziger bombastisch-schwülstiger Wortschwall. Er sagt »dieser ganz unglaublichen Jury«, sie seien jetzt zwölf Richter und beschwört dabei eine Reihe von Bildern und Ereignissen von Gott über Shakespeare (»Das erste, was wir tun, ist, alle Anwälte zu töten« – König Heinrich VI) und George Washington bis hin zum Zweiten Weltkrieg und der Landung bei Inchon in Südkorea. Er legt den Geschworenen im Verlauf seiner Ansprache eine schwere Bürde auf. Mehr als jeder seiner vor ihm plädierenden Kollegen hält Lombardino jedem einzelnen von ihnen seine große Verantwortung für die künftige Freiheit seines Mandanten vor. In den Gesichtern dieser siebzehn Leute – den einzigen, die nicht wissen, daß der Schatten des Mafia-Krieges heute ebenso sicher in diesem Saal weilt, wie die von Lombardino zitierten Geister von George Washington und General McArthur – ist von »vernünftigem Zweifel« jedoch herzlich wenig zu sehen.

Der Anwalt schildert seinen Mandanten als erfolgreichen Geschäftsmann, der mit seiner Frau und seinen drei Töchtern in einem bescheidenen Heim in Baldwin, Long Island, ein beschauliches Dasein führte. Er besitzt Anteile an Pronto Demolition, Roma Imports und an der Rollschuhbahn Upskate. »Joe Lambertis Probleme begannen damit, daß er Joe Ganci kennenlernte ... Daß Ganci ein Rauschgifthändler war, daran besteht kein Zweifel.« Kurzum, die »Nicht-ich-sondern-der-andere«-Verteidigung – und es trifft sich ausgezeichnet, daß der andere in diesem Fall bereits unter der Erde ist. Zwischen einzelnen rhetorischen Spurts – »noch nicht einmal ein wie tollwütig die Pearl Street hinunterrasender Köter verdient es, auf Grund dieser Beweislage verurteilt zu werden!« – heizt er in regelmäßigen Intervallen immer wieder das Schuldgefühl der Geschworenen an.

»Mr. Stewart, der hier mit Schreiben beschäftigt ist, während ich mit Ihnen spreche, mag Ihnen ja vielleicht sagen: ›Ich habe einen Fehler gemacht.‹ Aber *Sie* können nicht nach vier oder fünf Tagen kommen und behaupten: ›Herr Richter, ich habe einen Fehler gemacht, weil der Ankläger einen Fehler gemacht hat.‹ Es wird dann – und hier wird seine dröhnende Stimme zu einem heiseren Flüstern – ganz ... einfach ... zu spät sein.«

Er nimmt ein Exemplar des dicken Tabellenbuchs der Staatsanwaltschaft zur Hand. »Richten Sie sich nicht nach diesen Ammenmärchen!« Er knallt den Wälzer auf das Podium. »Das können Sie wegwerfen!«

Warum haben die Angeklagten öffentliche Fernsprecher benutzt? Den wahren Grund wollen Sie wissen? »Mr. Badalamenti ist aus Sizilien geflüchtet. Dort drüben herrschte Aufruhr. Ist es so schwer zu glauben, daß es zu Blutvergießen kam? Ist es so schwer zu glauben, daß diese Leute auch vor Mord nicht zurückschrecken? ... So schwer zu glauben, daß Joe und Sal Lamberti ganz einfach vor Angst starben und in ihrem Haus keine Anrufe haben wollten?«

Pause. Lombardino, ein Kettenraucher, hat sich eine Zigarette angesteckt, noch bevor der letzte Geschworene aus dem Saal ist. Als Catalano an Badalamenti vorbeikommt, nickt er ihm höflich zu, als würden sie sich in der Kirche begegnen. Gerüchten nach soll Catalano noch heute wieder in Haft genommen werden, weil sich im Fall der drei auf Alfano angesetzten Killer neue Erkenntnisse ergeben haben. Martin drängt darauf.

Lombardino macht sich wieder an die Arbeit. Um 10.45 Uhr wirft Freeh einen Blick auf seine Uhr und verläßt mit forschen Schritten den Saal. Er wird weiter unten in einem anderen Gerichtssaal erwartet, um für die Staatsanwaltschaft beim Anklageeröffnungsverfahren gegen Patsy Conte senior zu erscheinen, dem vorgeworfen wird, den Auftrag für den Mord an Alfano vergeben zu haben. Vertreten wird Conte von Malerbas Partner Manny Moore. Dieser Patsy Conte steht schon die ganze Zeit über als schattenhafte Gestalt im Hintergrund des Pizza-Prozesses. Er ist der Onkel jenes Mannes, den Ronsisvalle damals nach dem Unfall auf der Knickerbocker Avenue hatte erschießen wollen. Er ist außerdem der Mann, dem Catalano und Ganci im Oktober 1981 auf ihrem Weg zu einem Essen mit dem Chef der New Yorker Mafia-Kommission, Big Paul Castellano, einen kurzen

Besuch abstatteten. Beamte des FBI haben ausgesagt, man habe Amato und Bonventre häufig gesehen, wie sie vor Contes großem Supermarkt in der Knickerbocker Avenue herumlungerten.

Jetzt wird Conte der Mordversuch an Alfano zur Last gelegt. Um die Skrupellosigkeit und das Ausmaß des Mafia-Krieges in vollem Umfang ermessen zu können – falls dieser tatsächlich hinter dem Anschlag auf Alfano steckt –, müßten die Geschworenen das wissen. Aber die erfahren nichts davon.

In der Pause sagt Eleanore: »Wenn Catalano heute wieder in Haft genommen wird, dann werden wir den Fall noch einmal aufrollen.« Lewis meint: »Sal Catalano braucht seine Hand dabei noch nicht mal im Spiel gehabt zu haben. Der kriegt sein Fett so oder so. Das ist nun mal so, wenn man der Boß ist – man braucht da gar nicht viel zu tun.« Andere Anwälte behaupten, Lewis glaube, daß nicht Catalano, sondern die Lambertis hinter dem Anschlag auf Alfano stecken.

Fisher bittet Kennedy, seinen Mandanten zu fragen, ob es in Ordnung gehe, wenn er vor den Geschworenen folgendermaßen argumentiere: »Badalamenti hat einen Gehilfen, nämlich Alfano. Catalano hat keinen Gehilfen.« Badalamenti findet das ganz und gar nicht in Ordnung.

Zwei Etagen unter den Gemächern von Richter Leval befindet sich der kleine Sitzungssaal der Richterin Nina Gershon. Dort tritt sich heute die Presse auf die Füße. Manny Moore hat Malerba und Fisher wieder ihren Pflichten im Pizza-Prozeß überlassen und ist nach unten gekommen, um in diesem Saal die Interessen des neuesten Mandanten der Kanzlei zu vertreten. Patsy Conte senior, vierundfünfzig Jahre alt, ist der Sohn eines sizilianischen Lebensmittelhändlers, der das Geschäft seines Vaters zu einem Familienimperium ausgebaut hat – zwölf Supermärkte in der Gegend von New York. Außerdem ist er der Direktor der riesigen Supermarktkette »Key Food«, die in den fünf New Yorker Stadtbezirken achtundsiebzig Supermärkte unterhält.

Der vierschrötige Mann mit dem dunklen Haar, der Brille und dem Krötengesicht wurde verhaftet, als er eben in ein Flugzeug nach Puerto Rico steigen wollte, wo er ein Feriendomizil besitzt. Jetzt läuft ein Anklageeröffnungsverfahren, man wirft ihm vor, einen bezahlten Mord in Auftrag gegeben zu haben. Die Staatsanwaltschaft behauptet, Conte habe einen Vertrag über 40 000 Dollar vergeben, um

Alfano zu eliminieren: 10 000 Dollar für jeden der drei Mietkiller, 10 000 Dollar für Spesen.

Kennedy, selbst ein Meister erfindungsreicher Verteidigungskonzepte, hätte kein Szenario austüfteln können, das die düsteren Mechanismen des Mafia-Krieges besser veranschaulicht und ausgeleuchtet hätte. Aber das Gesetz gebietet es, den Fall Conte vom Pizza-Fall getrennt zu behandeln, damit es in der Sache gegen den Angeklagten Catalano nicht zu Vorurteilen kommt, die ihm zustehende Unschuldsvermutung wäre dann keinen Pfennig mehr wert. So wird also die Pizza-Jury niemals erfahren, daß der Mordversuch an einem der Angeklagten jetzt von der Staatsanwaltschaft mit einem anderen Angeklagten in Verbindung gebracht wird, der im Mafia-Krieg auf der anderen Seite steht.

Moore erklärt Conte als »nicht schuldig«, und die Richterin entscheidet, er sei bis zu einer Kautionsanhörung im MCC festzusetzen. Einige Stunden nach dem Anklageeröffnungsverfahren gegen Conte tritt Giuliani einmal mehr zusammen mit Tom Sheer auf die Rednerbühne im Presseraum des FBI. Sheer stellt zehn Waffen zur Schau, die man im Wohnsitz Contes auf Long Island beschlagnahmt hat. Giuliani beschreibt die enge persönliche Bindung zwischen Conte und Catalano. Die Reporter schreiben eifrig mit. SUPERMOBSTER! lautet die Schlagzeile der *Post* am Tag darauf. Der Artikel weiß zu berichten, daß Conte seinen Hausmüll in Gucci-Einkaufstaschen verstaut.

Bisher ist noch kein Vertreter der Staatsanwaltschaft so weit, einen Kommentar über die Motive hinter diesen Schüssen abzugeben.

14.32 Uhr. Ivan Fishers Plädoyer ist an der Reihe. Catalano beugt sich nach vorne, um noch ein letztes Schwätzchen mit seinem Rechtsbeistand zu halten; er wirkt munterer denn je. »Jetzt kommt Henny Youngman«, flüstert Kennedy, als Fisher sich aus dem Sessel wuchtet.

Fishers Thema ist die Arroganz der Staatsanwaltschaft. »Ist Ihnen, meine Damen und Herren Geschworenen, eigentlich aufgefallen, daß Contorno und Dick Martin sich noch nie begegnet waren, als Mr. Salvatore Catalano aus seinem Heim gerissen und zu einem Angeklagten dieses Prozesses gemacht wurde? ... Und ist Ihnen eigentlich aufgefallen, ... daß Mr. Ronsisvalle damals die Ansicht noch gar nicht geäußert hatte, es sei Mr. Catalano gewesen, der Mr. Tartamella ins Spiel brachte, der wiederum mit einem roten Porsche voller Heroin (sic), als Mr. Catalano aus seinem Haus gerissen und verhaftet wurde ...« Fisher will damit sagen, daß Contorno und Ronsisvalle erst Monate nach den Verhaftungen am 9. April Zeugen der Anklage wurden. Der Vortrag des Anwalts ist jedoch so halsbrecherisch, daß seine Argumentation den Geschworenen wohl kaum eingeleuchtet haben dürfte. Er stellt die gleiche Frage in bezug auf Amendolito. Grimmig marschiert er dabei auf und ab.

»Mr. Catalano war nicht in jenem Bauernhaus in Bagheria. Es wurde nur *behauptet*. Es war eine Lüge. Mr. Catalano hat Tartamella nie einen roten Porsche mit Heroin geliefert. Das wurde lediglich *behauptet*. Es trifft ebenfalls nicht zu. Mr. Salvatore Catalano hat Salvatore Amendolito weder getroffen noch begrüßt, noch hat er ihm eineinhalb Millionen Dollar übergeben ... Es wurde zwar *behauptet*. Aber auch dies ist eine *Lüge*.«

Fisher marschiert nun sowohl vorwärts als auch rückwärts; keinen Augenblick wendet er den Geschworenen seinen Rücken zu. »Ich bin nicht hier, um die großen Kriege zu führen, die andere ganz offensichtlich zu führen wünschen. Ich möchte mich auf einzelne fest umrissene Themen konzentrieren ... und zwar solche, die in der Anklageschrift stehen ... Die Mafiatümelei lasse ich beiseite ...«

Das hört sich ganz nach einem Seitenhieb auf die Badalamenti-Gruppe an – vor allem auf Kennedy. Fishers Lautstärke nimmt zu, seine Stimme wird schrill, und seine Schritte werden schneller. Er spricht von Gancis Garage und warum sie voller Kartons stand. Die Staatsanwaltschaft behauptc, es handelte sich dabei um Kartons voll Drogen oder dem Geld dafür. In Wirklichkeit jedoch handelte es sich bei ihrem Inhalt um Gancis Lieblingsgetränk, ja, um das einzige Getränk, das Ganci überhaupt zu sich nahm: importiertes Mineralwasser der Marke Fiuggi – nur, daß Fisher es »Kriminalwasser« nennt, und das zweimal.

Fishers Plädoyer gerät zum Overkill, zu einem Niagarafall aus Worten, einer Kaskade, die spritzend und schäumend herabstürzt, um dann ungehindert in alle Richtungen davonzufließen; man tut sich schwer, ihm zu folgen. Dazu redet er nicht etwa zehn Minuten, sondern auch noch den ganzen nächsten Tag lang. Die drei herausragenden Gedanken: Einer betrifft Contorno. »Er hat Sie wiederholt belogen ... Einem Mann wie ihm stünde es besser an, absolut ehrlich zu sein! Aber der Mann war die reinste Brezel, völlig krumm. Er ist verzweifelt... Er ist in der schrecklichen Schlacht da drüben auf die falsche Seite geraten. Er hatte mit der Familie Stefano Bontates zu tun... stand also im Mafia-Krieg auf der Seite der Verlierer, und die Corleoneser schossen auf ihn und versuchten ihn zu töten. Auf seinen Kopf ist ein Preis ausgesetzt. Nicht einmal im Gefängnis wäre er sicher.«

Einige Geschworene sind schon vor elf eingeschlafen. Aus der Pause kommen sie mit Thermoskannen voll Kaffee zurück. Fisher, der genau weiß, daß er verlieren wird, aber viel zu erregt ist, um jetzt Schluß zu machen, sagt: »Allem Anschein nach habe ich Sie alle in den Suff getrieben. Ich bitte Sie, sich vom mangelnden Glanz meiner Vorstellung nicht dazu verleiten zu lassen, nicht aufzupassen... Ich flehe Sie an mir zuzuhören.« Aber das wird von Minute zu Minute schwieriger.

Sein zweiter großer Augenblick kommt, als Fisher den Geschworenen sagt, daß jedesmal, wenn Ronsisvalle für die Bundesstaatsanwaltschaft ausgesagt habe, die Anklage an die Bewährungskommission des Staats New York geschrieben und diese um eine vorzeitige Haftentlassung für Ronsisvalle gedrängt habe – als Belohnung für seine »Kooperation«. Als er in Miami vor der Untersuchungskommission des Präsidenten für das Organisierte Verbrechen ausgesagt habe, habe der Chef der Staatsanwaltschaft höchstpersönlich an die Bewährungskommission geschrieben. Als Ronsisvalle dem FBI 1979 Informationen geliefert habe, habe Sonderagent Trahan den Brief geschrieben.

»Er kommt also in den Bundesgerichtsbezirk New York Süd und erklärt sich einverstanden hier auszusagen. Und was passiert? Ein Brief an die Bewährungskommission des Staats New York von Oberstaatsanwalt Rudolph Giuliani höchstpersönlich... zu dem Zweck, diesen Kerl früher laufen zu lassen! Glauben Sie vielleicht, Mr. Giuliani hat den Mann erst gefragt: ›Hör mal, Luigi, hast du dich denn auch wieder von dieser krankhaften Neigung Leute umzubringen erholt? Ich meine, geht das in Ordnung, wenn wir dich jetzt wieder unter die Leute lassen? Handle ich auch verantwortungsbewußt, wenn ich dich der Kronzeugenregelung unterstelle, so daß keiner mehr weiß, wie du heißt und wo du herkommst?‹ ... Verstehen Sie, was es bedeutet, wenn der Staatsanwalt zugunsten von Luigi Ronsisvalle einen Brief an die Bewährungskommission schreibt – noch dazu, wo sich dieser Mann bereit erklärt hatte, einen der Assistenten des Staatsanwalts umzubringen!« *Das* sei die Arroganz der Macht, von der Fisher gleich zu Anfang seines Plädoyers gesprochen habe.

Auf dem Korridor flüstert Catalano mit einer schrillen Blondine in einem kurzen Rock und roten Pumps mit Pfennigabsätzen. Bei näherer Betrachtung entpuppt sie sich als Mrs. Catalano, eben jene Mrs. Catalano, die vor der Pizza-Jury wie eine Nonne in Zivil – als sizilianisches Hausmütterchen – auftrat.

Burke berichtet den anderen Anwälten, er habe Richter Leval gestern offiziell ersucht, den Beweisvortrag der Verteidigung noch einmal zu eröffnen, und zwar auf der Grundlage neuen Beweismaterials: Obwohl das FBI davon gewußt hatte, daß der Angeklagte Alfano zur Zielscheibe eines Attentats werden sollte, hat man es unterlassen, ihn zu warnen.

Diesen Nachmittag plant Burke, Tom Sheer einen diskreten Besuch abzustatten, um herauszufinden, warum man ihn und seinen Mandanten nicht darüber informierte, daß Alfano während der letzten Monate von einem Mann belauert wurde, der ein Attentat auf ihn plante. Das FBI habe interne Weisungen, wonach sie das hätte tun müssen, erklärt Burke. Wenn sich die Geschichte mit der Überwachung Bovasas als wahr erweise, dann »hat Pete Alfano einen wirklich triftigen Grund für eine zivile Schadensersatzklage!«

Stundenlang versucht Fisher, die Aussage Amendolitos anzufechten. Als Finale stellt er zwei winzige Stereolautsprecher auf die Schranke vor der Geschworenenbank und spielt das FBI-Band ab, auf dem Amendolito den Mann namens Sal beschreibt, der ihm an einer Straßenecke in Queens 1,5 Millionen Dollar aushändigte.

»Er war groß und mager, nicht muskulös, und trug ein T-Shirt.« Fisher zeigt den Geschworenen ein Hochzeitsfoto von Catalano. »Und so sah der Bursche aus, als er in Palermo heiratete. Bitte beachten Sie das hagere Doppelkinn.«

Er wendet sich seinem Mandanten zu. »Würden Sie bitte vortreten?« Catalano schlurft vor die Geschworenenbank. Fisher bittet ihm, Jackett, Krawatte und Hemd auszuziehen. Verlegen kommt Catalano dieser Bitte nach. »Und so sieht dieser Bursche wirklich aus!« Die Geschworenen sehen einen stämmigen, hängeschultrigen Mann im Unterhemd, der ihnen einfältig entgegengrinst. Mrs. Catalano, die unter den Zuschauern sitzt, bricht in Tränen aus. Die Demütigung ist einfach zu groß.

Was Fisher anbelangt, der scheint kurz davor, die Kontrolle über sich zu verlieren. Seine Hände zittern, als er sie ausstreckt, um nach seinen Beweisstücken zu greifen. Sein Redeschwall wird immer unverständlicher. Von einer zusammenhängenden Theorie kann kaum noch die Rede sein, es ist die reine Effekthascherei. Fishers Assistent, der im Publikum sitzt, döst vor sich hin. Seien wir gnädig und lassen den Vorhang fallen.

Freitag, 20. Februar 1987. Im Gerichtssaal. Das von Kennedy für das Badalamenti-Plädoyer zusammengestellte Tabellenbuch sagt der Anklage ganz und gar nicht zu. Martin macht eine schreckliche Szene, weil er die hundertfünfzig Seiten starke Sammlung erst kaum eine Stunde vor Kennedys Start bekommen hat. Kennedy erklärt ihm, daß sein kleiner Mitarbeiterstab eben erst damit fertig geworden sei. Nachdem sie zwölf Tage daran gearbeitet hätten, hätten sie sogar noch die letzten drei Nächte geopfert. Und außerdem enthalte das Buch sowieso nur Ausschnitte aus dem Protokoll und sogar in der richtigen Reihenfolge. »Wenn wir noch das Wochenende gehabt hätten . . .« Die Ursache des Zeitdrucks ist ganz offensichtlich die abgeschirmte Jury.

»Das ist unfair!« schreit Martin. »Euer Ehren, auf jeder Seite dieses Buches steht etwas, gegen das wir Einspruch erheben würden.« Leval schlägt vor, Kennedy solle die Stellen, gegen die die Anklage Einspruch erhebe, mit einem Leuchtstift kennzeichnen. Sie erweisen sich als so vernichtende Sätze wie »Mr. Kennedy: Ich danke Ihnen.« und »Das Gericht: Abgewiesen.« Es ist eine Schikane auf Sandkastenniveau, ein wohlberechneter Versuch, dem Plädoyer Kennedys einen schlechten Start zu verschaffen. Kennedy läßt diese Korinthenkackerei ohne Murren über sich ergehen, und eine Zeitlang herrscht absolute Ruhe im Saal; außer dem Quietschen des Textmarkers, der die »anstößigen« Stellen kennzeichnet, ist nichts zu hören.

10.12 Uhr. Die Geschworenen betreten den Saal mit leuchtenden Augen und großen Kaffeetassen. »Wir sind nun schon eine ganze Weile zusammen«, beginnt Kennedy, seit er zum ersten Mal von dem verworrenen Netz gesprochen habe. Einmal sei er neun Monate lang dagesessen, ohne auch nur ein einziges Wort von sich zu geben, schweigend habe er darauf gewartet, endlich einen Beweis zu hören, der die Anklage gegen seinen Mandanten untermauert hätte. Badalamenti werde vorgeworfen, an einer Verabredung zum Drogenhandel beteiligt und der Kopf einer Bande gewesen zu sein, die sich zum fortgesetzten Handel mit Drogen verbunden habe – also der schreckenerregende Anklagepunkt nach Paragraph 848. Aber das gesamte Beweismaterial gegen ihn belaufe sich auf fünf Telefongespräche »von höchst mysteriöser Natur. Das ist alles.«

Kennedy sucht nach Vergleichen, um diesen Prozeß zu beschreiben. Es ist, als zünde man eine Neutronenbombe: Er zerstört alle Lebewesen und läßt nur die Gebäude und unbelebten Gegenstände heil. »Genau das ist hier geschehen. Wie durch eine Explosion wurde die Menschlichkeit aus diesem Saal gefegt.« Außerdem sei dieser Prozeß wie ein Gletscher gewesen, der »sich unmerklich ... vorwärtsbewegte, und alles in seiner Reichweite zerquetschte, alles in seiner Reichweite erfrieren ließ, alles in seiner Reichweite abstumpfen ließ.« Nur sie, die Geschworenen, könnten wieder etwas Wärme und Menschlichkeit in diesen Saal zurückbringen.

Er werde ungefähr drei Stunden zu ihnen sprechen, »eine Stunde Ihres Lebens für jedes Jahr, das Gaetano Badalamenti im Gefängnis zugebracht hat.«

Von den Hunderten von Polizeibeamten aus drei Kontinenten, die hier ausgesagt haben, sind diese vier Herren hier die einzigen, die Gaetano Badalamenti des Drogenhandels bezichtigen. Er nickt in Richtung der Ankläger, geht dann rückwärts – immer Auge in Auge mit der Jury – bis er die Tafel erreicht. Mit Kreide schreibt er darauf GEFÄHRLICHER TANZ. »Wenn Gaetano Badalamenti am Telefon spricht«, erklärt er, »ist eines völlig klar ... nämlich daß – was immer er auch sagen mag – etwas ganz anderes vor sich geht.« Dieses andere ist der gefährliche Tanz.

Lassen Sie mich mit dem Anfang beginnen, sagt Kennedy. Badalamenti habe immer betont, er sei unschuldig. »Ich bin kein Drogenhändler. Ich hatte auch nie die Absicht, mit Drogen zu handeln. Ich habe an keiner Verabredung zum Drogenhandel teilgenommen. Ich habe andere nicht dazu ermutigt, mit Drogen zu handeln ... Ich habe nichts dergleichen getan.«

Einige andere Dinge habe er dagegen keineswegs bestritten. Bei den Telefongesprächen vom 20. Januar und vom 8., 9., 14. und 19. Februar habe er zugegeben, daß es sich um seine Stimme handle. Diese Leute seien seine Familie, habe er besagt. Was die Mafia anbelange, so habe er nichts zugegeben, aber auch nichts abgestritten oder angefochten. Die Anklage hier laute nicht auf Zugehörigkeit zur Mafia.

»Folgen Sie mir jetzt zurück in die Mitte der siebziger Jahre«, sagt Kennedy wie ein Theaterdirektor, der mit großer Geste seinem handverlesenen zwölfköpfigen Publikum die Programmfolge mit den Höhepunkten des Abends präsentiert. Sein Mandant hört aufmerksam zu, die Brauen hochgezogen.

»Gaetano Badalamenti ist '75, '76 und '77 Chef der Kommission der Mafia. 1977 oder '78 wird er ausgestoßen. Er sieht sich ins Exil gezwungen. Der Mafia-Krieg hat begonnen – und nicht etwa ein Krieg über die Kontrolle des Drogenhandels, wie die Anklage Ihnen wahrscheinlich weiszumachen versuchen wird. Es ist vielmehr ein Krieg zwischen jenen, die innerhalb der Mafia gegen Drogen sind, und jenen, die mit Drogen handeln und viel Geld verdienen wollen.« Mr. Badalamenti steht unglücklicherweise auf der Seite der Verlierer. Er geht mit seinen Angehörigen ins Exil; alle nehmen sie eine neue Identität an. Andere Angehörige werden in Europa ermordet. An erster Stelle steht bei ihm der Gedanke, seine Frau und seine Söhne, sowie den amerikanischen Zweig seiner Familie zu schützen.

»Von diesen Anfängen an beginnt auch der gefährliche Tanz. ... Er entwirft einen Plan.« Welche Mittel stehen ihm zur Verfügung? Er weiß, daß ein Freund und Nachbar aus seiner Kindheit, Salvatore Lamberti, erst vor kurzer Zeit, nämlich 1982, von Sizilien nach New York emigriert ist. Ebenfalls in New York sind Lambertis Cousin Joe und Joes Schwager, Sal Mazzurco. Er weiß, daß sein Neffe Enzo, dem er ganz und gar vertraut, hin und wieder mit Mazzurco in Geschäftsbeziehung steht, seit Sal Lamberti sie einander in den späten siebziger Jahren vorgestellt hat. Wenn Badalamenti sich an Sal Lamberti wendet, »gelingt es ihm vielleicht, den Schutz und die Verteidigung für den amerikanischen Zweig seiner Familie auszuhandeln.« Er weiß, daß er sehr vorsichtig sein muß, wenn er sich an Lamberti wendet. Die sizilianischen Heroinhändler sind darauf aus, ihn zu töten. Sie suchen in der ganzen Welt nach ihm. Erinnern Sie sich, daß Buscetta von einer »unerbittlichen Verfolgung« gesprochen hat!

»Wenn nun Ihre Feinde auf der ganzen Welt nach Ihnen suchen, warum sie nicht in dem Glauben wiegen, Sie hätten die Absicht zu einem Treffen zu kommen ... an einen ganz bestimmten Ort? Ganz konkret, zu Sal Lamberti nach New York City... Das bringt die Gegenseite vielleicht dazu, ihre Energien zu konzentrieren ...« Kennedy dreht an einem imaginären Fernglas. »Der Tanz beginnt.« Martin wendet sich Kennedy zu, um ihn mit einem finsteren Blick zu bedenken; Zweifel und Empörung stehen ihm ins Gesicht geschrieben.

Badalamenti ist vor allem daran gelegen, die Kommunikationsverbindungen offenzuhalten, erklärt Kennedy. »Er weiß nicht viel über New York. Er kennt Ganci nicht. Er weiß nicht, daß Sal Lamberti, Sal Mazzurco und Joe Lamberti zusammen mit Ganci Geschäftspartner bei Pronto Demolition sind. Offensichtlich weiß Gaetano Badalamenti nicht, daß Ganci ein Heroinhändler ist. Offensichtlich weiß er nicht, daß Ganci mit den sizilianischen Heroinhändlern, Badalamentis Erzfeinden, die ihn seit Jahren zu ermorden versuchen, gemeinsame Sache macht. Er kennt nur Sal Lamberti.«

Also sagt er zu Alfano und Randazzo: Ihr haltet die Verbindung offen. Aber laßt ihn nicht wissen, wo ich bin.

Aus irgendeinem Grund ist auch Ganci sehr viel daran gelegen, diese Verbindung nicht abreißen zu lassen. Aber er weist diese Aufgabe Mazzara und den beiden Lambertis zu. Er selbst wünscht völlig im Hintergrund zu bleiben. Gancis Partner haben jedoch nicht das geringste Interesse daran, sich mit Badalamenti zu treffen, sie wollen nicht mit ihm reden, wollen überhaupt nichts mit ihm zu tun haben; trotzdem geben sie vor mitzuspielen. Kennedy verspricht, später zusammen mit den Geschworenen die Gespräche durchzugehen, um das alles zu klären.

Wie aber sehen Gancis Pläne aus? »Wir wissen nichts über sie, bis Mr. Cangialosi, der Bote, auf der Bildfläche erscheint und eine Botschaft bekommt – ich nehme an von Ganci.« Kennedy achtet darauf, daß keiner auf den Gedanken kommt, er wolle hier andeuten, Cangialosi habe um die finstere Bedeutung der Nachricht, die er da mit zurück nach Sizilien nahm, gewußt. »Denn in diesem Fall hätte er sie sich nicht aufzuschreiben brauchen.« Außerdem würde der Absender ja bestimmt nicht wollen, daß der Bote um die Bedeutung wußte.

Und wie lautet Gancis Nachricht an die sizilianischen Heroinhändler? Er baut die Zielscheiben auf. »Der Doktor ist in Nizza«, heißt es in der Nachricht. »Der Neffe ist in Zürich. Die Nichten und Neffen sind in Amerika.«

Pause. Sobald die Geschworenen draußen sind, fordert Cangialosis Anwalt, Gerry Di Chiara, aufs neue, das Verfahren für fehlerhaft zu erklären. Er hatte dies zum ersten Mal gefordert, als auf Alfano geschossen worden war; damals hatte er das Gericht gebeten, Kennedy die Benutzung dieses Arguments zu verbieten, »weil es meinen Mandanten in einen Todesboten verwandelt.« Das Vorurteil, das dadurch geschaffen würde, sei »unüberwindlich, ... wenn man den Umstand in Betracht zieht, daß zwei der Angeklagten in diesem Fall nicht mehr gegenwärtig sind – und wir den Grund dafür kennen. Ich glaube, auch die Geschworenen kennen den Grund«, argumentiert er.

»Ihr Antrag ist abgewiesen.«

Die Frauen der Badalamenti-Gruppe haben ihre Rosenkränze dabei. Auf dem Flur umarmt Benfante Kennedy. »Ich bin begeistert!« ruft er aus.

Die Geschworenen haben ihre roten Bücher auf der Schranke der Geschworenenbank liegen lassen. Als das Gericht wieder zusammentritt, bittet Kennedy sie, die »Gebetbücher der Anklage ... diese homogenisierten Gesangbücher« unter ihre Sessel zu legen, da ohnehin kein Beweismaterial gegen seinen Mandanten drin sei. »Sein Leben hängt an seiner Stimme.«

Wieder zurück zum gefährlichen Tanz. Der Zettel mit der Notiz, den man in Cangialosis Tasche gefunden hat – und den Ganci ihm gegeben hatte – war das für seine Feinde bestimmte Todesurteil Badalamentis; es sagt den sizilianischen Drogenhändlern, daß der *dottore* – Badalamenti – in Nizza sei (»Gott sei Dank war er aber nicht mehr dort! Ihre Information war bereits seit Monaten veraltet«), und daß Enzo Randazzo in Zürich, die Nichten und Neffen in Amerika seien.

Der Geschworene Nummer vier schaut zum ersten Mal seit Monaten wieder hellwach aus.

Es geht in den September; die nächsten Schritte des gefährlichen Tanzes: Mazzurco trifft sich mit vier Mitgliedern der Familie Badalamenti im Charcoal Grill in Queens. Warum nahmen die vier Männer aus dem Mittelwesten nach New York das Flugzeug und fuhren in einem Mietwagen wieder nach Hause? Kennedy unterstellt, daß Mazzurco ihnen danach die beiden kugelsicheren Westen gegeben hatte, die sie weder am Körper noch im Koffer durch die Metalldetektoren am Flughafen hätten schaffen können. »Denken Sie immer daran, was ich Ihnen gesagt habe, worum es bei diesem gefährlichen Tanz ging.« Badalamenti will, daß die Kommunikationsverbindung offen bleibt. Er will letztendlich den amerikanischen Zweig seiner Familie verteidigen und beschützen.

Einige Tage später kommt es zu einem weiteren Treffen im Charcoal Grill. Dieses Mal gibt Mazzurco Enzo Randazzo etwas Geld. Was soll das Ganze? »Das erfahren wir am 10. Oktober«, als Mazzurco und Randazzo sich lange über Trainingsanzüge und Hemden unterhalten«, eine Unterhaltung, von der sogar »dieses paranoide Anklägerquartett sagt, es handle sich um eine legitime Unterhaltung über Kleidung.« Martins Schultern zucken, als er verächtlich in sich hineinlacht.

Die Telefonate gegen Ende Oktober zeigen uns, daß der gerissene Badalamenti die New Yorker jetzt davon überzeugt hat, er sei »drüben« und nicht »hier unten«. Das heißt er verstecke sich irgendwo in Europa, nicht in Südamerika.

Im November, als Buscetta und Leonardo Badalamenti – der jüngere Sohn des Alten – in Brasilien verhaftet werden, wird der Vater von seinen Familienproblemen so sehr in Anspruch genommen, daß die Leute in den Vereinigten Staaten bis Mitte Dezember, als er direkt mit Sal Lamberti zu sprechen versucht, nichts mehr von ihm hören. Das Gespräch mit Sal Lamberti kommt jedoch nicht sofort zustande, es kommt zu irgendeiner Verwechslung von Telefonnummern. Erst am 20. Januar gelingt es den beiden alten Freunden – falls sie das immer noch sind – sich direkt miteinander zu unterhalten.

Und worüber sprechen sie, nachdem sie das sizilianische Höflichkeitsritual hinter sich gebracht haben? An dieser Stelle tut Badalamenti seinen ersten großen Schritt in diesem Tanz. »Du mußt im März herüberkommen«, sagt er, »dann gehen wir beide zusammen Spargel stechen.«

»Nun«, sagt Kennedy, »der einzige Ort, an dem man im März in Europa Spargel findet, ist Sizilien.«

Martin erhebt rasch Einspruch, Leval gibt ihm statt.

Ob er denn noch einen anderen Ort kenne, will Kennedy von ihm wissen.

Ein Zeitplan über die europäische Spargelernte sei in das Beweismaterial nicht aufgenommen, antwortet das Hohe Gericht.

Gegen Anfang Februar ist es klar geworden, daß Mazzurco und die Lambertis nichts mit Badalamenti zu tun haben wollen. Wir sehen, daß sie ihm aus dem Weg gehen. Als Sal am 8. Februar sagt, du mußt mit meinem Cousin Joe sprechen, sagt ihm der Alte: Na schön, dann laß mich mit Joe sprechen. Sal sagt ihm, Joe sei im Moment nicht greifbar. Aber das FBI teilt uns mit, daß Joe nur drei, vier Meter weit weg, nämlich in der Pizzeria ist. »Sie lügen einander also an, gehen einander aus dem Weg. Sie ersehen das auch aus den Anrufen vom 9., 14. und 19.«

»Auf wen schieben sie schließlich die meisten Anrufe ab? Ich behaupte, auf den Mann auf der untersten Sprosse der Leiter, Mazzurco. Das sind keine Leute, die darauf brennen, sich über Drogen zu unterhalten oder ein Drogengeschäft abzuwickeln. Das sind Leute, die ganz außergewöhnlich auf der Hut voreinander sind, mißtrauisch sind sie, argwöhnisch, hinterlistig.«

Am 19. Februar findet die Unterhaltung über die zweiundzwanzig Behälter und Fort Lauderdale statt. Das FBI beeilt sich, in Florida eine umfangreiche Überwachung des besagten Howard-Johnson-Motels zu organisieren. Sie riegeln das Motel ab, setzen Wanzen in die Zimmer, installieren versteckte Videokameras, sagt Kennedy. Aber es kommt keiner! Warum? Weil das Telefongespräch nur Phantasie war, Lügen, einmal mehr nichts als sizilianische Augenwischerei, doppelzüngiges Gerede, das nur dazu diente, die Verbindung offen zu halten. Ganci muß Sal Lamberti und die anderen weiterhin dazu »drängen«, die Verbindung nicht abreißen zu lassen, da sie sich dagegen wehren.

»Als Joe Lamberti hörte, daß Gaetano Badalamenti umgebracht worden ist – eine bewußte Falschinformation – sagt er ›gut!‹. Weil er jetzt nichts mehr mit ihm zu tun zu haben braucht.«

Die Geschworenen passen auf wie die Schießhunde, vor allem der Obmann – auf einigen Gesichtern kann man es geradezu dämmern sehen. Einige sitzen ganz vorne auf der Kante ihrer Sessel. Auch einige Anwälte hören gespannt zu. Kennedy scheint in der Tat eine logische Erklärung für die ebenso dünn gesäten wie absonderlichen Fakten anzubieten, die man diesen Leuten nun schon seit Monaten um die Ohren schlägt. Er verbindet die einzelnen Punkte miteinander.

In jenem Gespräch vom 19. Februar drängt der Alte gleichzeitig auch auf Geld. Da er sich im Zeugenstand geweigert hat, die Angelegenheit zu erklären, will sein Anwalt das für ihn erledigen. »Ich behaupte, er *wußte,* wenn er sie drängte, dann würden sie ihm überhaupt nichts geben ... Er wußte dies aus der Art, wie sie ihn hinzuhalten versuchten, wie sie tanzten.«

Die Staatsanwaltschaft habe eine andere Erklärung dafür. Sie behaupte, der Umstand, daß die New Yorker keine 10 000 Dollar aufgebracht hätten, hätte zum Scheitern des Rauschgiftgeschäfts in Florida geführt. »Absolut lachhaft! Einen solchen ›Deal‹ hat es überhaupt nie gegeben!« sagt der Anwalt traurig. »Sie wollten ein Treffen. Ganci wollte herausbekommen, wo sich Gaetano Badalamenti versteckt hielt, damit er das Todesurteil vollstrecken konnte. Ich wünschte, dem wäre nicht so gewesen.«

Kennedy erwähnt noch einmal den Flug nach Madrid und Stewarts Versprechen aus der Eröffnungserklärung, die Anklage werde beweisen, daß Badalamenti und Alfano sich dorthin begaben, um Betäubungsmittel abzuholen. »Er hat sich das aus den Fingern gesogen!« Wenn die Ankläger »tatsächlich geglaubt« hätten, daß es bei dem Treffen in Madrid um Drogen ging, dann hätten sie noch ein oder zwei Tage gewartet, bis die an der Verabredung beteiligten Personen sie zu den Drogen geführt hätten. Es ist selbstverständlich viel leichter, in der Anklage von Drogen zu sprechen, als diese Drogen dann auch auf die gesetzlich vorgeschriebene Art zu beweisen. Die Wahrheit, so unterstellt Kennedy, ist, daß die Staatsanwaltschaft zu eben jenem Zeitpunkt zupackte, weil das FBI bis dahin genug Telefongespräche gehört hatte, um zu erkennen, daß es *kein* Drogengeschäft gab. Aus diesem Grund mußten sie sofort zuschlagen – solange sie noch behaupten konnten, daß da ein »Deal« im Gange gewesen sei.

Auf der Grundlage der bekannten Fakten zerlegt Kennedy nun die Aussagen von Buscetta und Contorno, betont noch einmal den Ausschluß seines Mandanten aus der Mafia und die Tatsache, daß – laut den Zeugen der Anklage! – dies zur selben Zeit passierte, da die Mafia ins Drogengeschäft einstieg. Es gelingt dem Anwalt dabei, auch für fast jeden der anderen Angeklagten außerhalb der Badalamenti-Gruppe ein gutes Wort, wenn nicht gar einen Satz zur Entlastung anzubringen – alles in allem eine außergewöhnlich elegante und taktvolle Vorstellung.

In der Pause meint Ivan Fisher zu Kennedy: »Die Geschworenen konnten sich an Buscettas Aussage noch nicht mal mehr erinnern!«

Als er sein Plädoyer wieder aufnimmt, untermauert Kennedy seinen Standpunkt: »Tag für Tag für Tag saß Buscetta hier im Zeugenstand... erwähnte Namen, Namen und nochmals Namen von Leuten, die mit dem Drogenhandel zu tun hatten.« Aber nicht ein einziges Mal den Badalamentis. Statt dessen sagte er klipp und klar, der Alte habe sich geweigert, mit Drogen zu handeln! »Das ist doch ganz außerordentlich!« wiederholt Kennedy. »Durch Buscettas Aussage wird dieser ohnehin schon lausige Fall – in dem die Anklage nicht das geringste Material gegen Badalamenti hat – noch erbärmlicher!«

Mit großem Bedacht zitiert Kennedy nun einige Worte auf sizilianisch, die die Angeklagten, die Dolmetscher und einige Zuschauer in schallendes Gelächter ausbrechen lassen. Lächelnd wiederholt er das alte sizilianische Sprichwort auf englisch: »Die Petersilie war schon von vornherein nicht gut, und dann kam die Katze und pißte drauf.«

Um ja allen Mißverständnissen vorzubeugen, macht Kennedy klar, daß er mit der Katze Buscetta meint. Aber wie schon Badalamentis Fabel vom Wolf im Wald leiht sich auch das Sprichwort von der Petersilie vielen Interpretationen.

Er betont schließlich noch einmal, es gebe nicht den geringsten Beweis dafür, daß sein Mandant mit Drogen gehandelt habe, die herkulischen Anstrengungen der Anklage, Gaetano Badalamenti anzuschwärzen, die Tatsache, daß die Zahlen, die Agent Tarallo bezüglich des Drogenhandels zu Protokoll gab, einfach nicht zu den in den Gesprächen erwähnten passen wollen, die Tatsache, daß nicht ein Dollar in dem riesigen Diagramm über das weißgewaschene Geld zu Badalamenti verfolgt werden konnte, und schließlich Martins wohlberechneter Versuch, die Zeitangaben darüber zu verfälschen, wann die Mafia aus dem Zigarettenschmuggel ausstieg und ins Heroingeschäft eintrat, um Badalamenti unglaubwürdig zu machen. Kennedy verliest acht solcher Stellen aus dem Protokoll, alle von Zeugen der Anklage zu Protokoll gegeben.

Buscetta und Contorno lassen doch mehr als nur vernünftige Zweifel darüber aufkommen, daß der Alte mit Drogen gehandelt haben soll, sagt Kennedy. »Falls sie die Wahrheit sagen, beweisen sie seine Unschuld! Und bedenken Sie, daß die Staatsanwaltschaft selbst Sie dazu aufgefordert hat, die Wahrheitsliebe dieser abtrünnigen Mafiosi zu akzeptieren.« Sollte die Jury ihre Aussagen zurückweisen, weil sie sie schon in ihrem Wesen für unglaubwürdig halte, so erinnert Kennedy sie, hätten sie ja auch noch »die Crème de la crème der Drogenpolizei dreier Kontinente« gehört – sieben Männer mit zusammengenommen 150 Jahren praktischer Erfahrung im Strafverfolgungswesen –, und keiner von denen habe auch nur mit einer Silbe behauptet, Badalamenti hätte mit Drogen gehandelt.

Da es sich bei diesem Fall aus Mangel an Beweisen vor allem um eine Verleumdungskampagne handle, wage er schon jetzt zu sagen, daß die Anklage beim Gegenbeweis behaupten werde, es habe sich um Kokain und nicht um Heroin gehandelt.

Was Badalamentis katastrophale Vorstellung im Zeugenstand anbelangt, so geht Kennedy mit sehr viel Fingerspitzengefühl zu Werke. Sein Mandant sei gewohnt, seine eigenen Entscheidungen zu treffen. Er habe sich im Zeugenstand verteidigen wollen. Kennedy wisse eigentlich nicht so recht, warum er sich weigerte, auf die ihm gestellten Fragen zu antworten, nachdem er sich schon einmal dazu entschlossen hatte, in den Zeugenstand zu treten. »Ich wollte, ich wüßte es. Ich weiß nur, daß er sich auf keinen Fall sein eigenes Grab schaufeln wollte. Ich weiß, daß ihm auf Sizilien womöglich zweiundzwanzig Jahre bevorstehen. Und so mußte er eine Wahl treffen, eine grausame Wahl.« Richter Leval sei schon im Recht gewesen, als er ihm zu antworten befahl. »Aber als menschliche Wesen können wir seine Weigerung verstehen.« Einen Augenblick lang schaut Badalamenti fast sehnsüchtig zu den Geschworenen hinüber, als hoffe er, sie werden in ihm ein menschliches Wesen sehen.

Der Anwalt versucht sich an einer Charakteranalyse seines Mandanten: Er würde niemals lügen, er würde niemals seinen Eid brechen, keiner könnte dem Alten je ein Geheimnis abringen – nicht einmal durch Folter. Dieses Thema bedeutet Kennedy offensichtlich eine ganze Menge, aber er dürfte sich schwer tun, diesen Geschworenen etwas in dieser Preislage zu verkaufen.

Kennedy kehrt zu jenem Thema zurück, das die Ankläger am meisten in Harnisch bringt. »Man heißt einen Mann nicht einen Lügner – es sei denn, man weiß, daß er einer ist.« Badalamenti habe sie nicht belogen, auch wenn er zuweilen eine Antwort verweigerte. Die Anklagevertretung dagegen hätte Badalamenti verleumdet. Freeh habe ganze Tage damit zugebracht, Badalamenti Fragen zu stellen, von denen er wußte, er würde sie nicht beantworten können. »Sie haben es auf jede nur erdenkliche Weise versucht! Dreck, Verleumdungen, nichts als Dreck.« Wie ein Pantomime wirft er dabei imaginären Dreck nach dem Zeugenstand – und der Geschworenenbank. »Warum? Weil Sie sonst nichts haben, das sie werfen könnten ... Aber Unrat ist kein Ersatz für Beweise, und es ist an der Zeit, diesen Gerichtssaal aufzuwischen und zu säubern.« *Sie,* sagt er den Geschworenen, Sie können einfach weggehen und sie in ihrem Dreck stehen lassen. Sie brauchen hier nicht sauberzumachen.

Kennedy kommt noch einmal auf die grundsätzliche Ehrlichkeit seines Klienten zurück. »Er hat zugegeben, Zigaretten geschmuggelt zu haben ... er bestritt, Drogen geschmuggelt zu haben.« Als ich ihn nach dem Unterschied fragte, sagte er, zwischen den beiden liege eine Kluft, ein Abgrund, ein grausiger Schlund. Beim Zigarettenschmuggel handle es sich um Steuerbetrug, Rauschgift dagegen schade den Menschen.

Es ist 15.27 Uhr. Kennedy bittet um eine letzte kurze Pause. Auf dem Korridor gerät Ivan Fisher ins Schwärmen: »Kennedy ist drauf und dran für die Geschworenen Gaetano Badalamenti zu werden. Sie mögen Mike Kennedy.«

In seiner abschließenden Zusammenfassung wiederholt Kennedy: »Gaetano Badalamenti ist ein ... bemerkenswerter Mann. Um *capo di tutti capi* aller sizilianischen Bosse zu werden, muß man ein bemerkenswerter Mann sein ... ein außergewöhnlicher Charakter.«

Er stellt die grundlegende Frage: Warum Gaetano Badalamenti? Warum hat man es ausgerechnet auf *diesen* Mann abgesehen? »Warum braut man einen derart gigantischen Fall zusammen, ohne auch nur die Spur von Beweismaterial? Der Grund, warum es die Staatsanwaltschaft auf ihn abgesehen hat, liegt in seiner Person selbst: Für die Anklage ist es wichtig, wer er ist und nicht, was er getan hat. Denn ohne ihn wäre dies hier nichts weiter als ein ganz gewöhnlicher Drogenfall. Hier dreht sich alles darum, ob das Foto der Ankläger auf die Titelseite kommt oder auf Seite zweiundfünfzig.

»Ohne den Boß der Bosse ist der ganze Zauber der Anklage verschwunden ... Es werden keine Karrieren gemacht, keine Beförderungen herausgeschlagen, keine Ambitionen gestillt.« An diesem Punkt wiederholt Martin das lautlose Lachen, das er durch ein anhaltendes Zucken der Schultern andeutet.

»Gott bewahre uns vor übertriebenem Ehrgeiz ... Ehrgeiz ist eine Krankheit. Wenn wir Macht in den Händen haben – auch Sie selbst werden bald Macht haben –, müssen wir mit dieser Macht sehr vorsichtig sein. Wir dürfen nicht arrogant damit umgehen. Wir dürfen mit ihr nicht einfach Menschen zertreten oder Menschen damit anschwärzen. Diese vier Herren hier mißbrauchen ihre Macht – aus Ehrgeiz! Diese Ankläger sind keine Zeugen. Sie haben keinen Eid geleistet. Sie klagen nur an, und sie tun das voller Arroganz und krankhaftem Ehrgeiz.« Kennedy spricht sehr langsam, geht dabei auf und ab, hält sich soweit wie möglich vom Richtertisch entfernt, er vertritt hier einen riskanten Standpunkt.

»Mein Mandant ist hier, weil er Gaetano Badalamenti ist. Er ist aufgrund seiner Person hier, aufgrund dessen, was sie darstellt. Er ist außerdem aufgrund der Persönlichkeiten« – Kennedy grinst verächtlich – »*dieser* Männer hier ... Sie brauchen also keine Angst zu haben. Aber im Namen Gottes, überlegen Sie sorgfältig. Es handelt sich immerhin um ein Leben. Es handelt sich hier ... um einen Menschen.«

15.51 Uhr, und alles ist vorbei. Mrs. Badalamenti zittert, in Tränen aufgelöst. Auf dem Korridor schließt Kennedy sie in die Arme. Koppelman, der etwas abseits davon steht, bemerkt leise: »Michael Kennedy soll ein Anarchist sein? So wie der sich für das System einsetzt?« Man hört ihm seine beträchtliche Überraschtheit an.

Sonntag, 22. Februar 1987. Foley Square, New York. Es ist dies der zweite Sonntag, an dem die Jury zu arbeiten hat. Die leeren Straßen rund um das Gerichtsgebäude vermitteln den Eindruck einer nach einer Bombendrohung evakuierten Stadt.

Heute tritt die Staatsanwaltschaft zum Gegenbeweis an. Sie wird das widerlegen, was die Verteidiger während der letzten drei Wochen vorgebracht haben. Richard Martin lacht, als er vor die Geschworenen tritt. »Nach den schrecklichen Verbrechen, derer man uns während der letzten Wochen bezichtigt hat, bin ich sicher, Sie dachten, wir säßen längst wegen Verabredung und Behinderung der Justiz hinter Gittern.« Abrupt hört er zu lachen auf. »Sie waren die letzten drei Wochen über in Tausendundeiner Nacht. Die Wirklichkeit hat Sie wieder.«

Die Verteidigung habe alles auf die Toten und Abwesenden abgewälzt, sagt er. »Man opferte Ihnen Leute, indem man behauptete, sie seien schuldig: Ganci, Bono, LaMattina, Zito, Baldinucci, Filippo Salamone, Soresi, Vito Roberto Palazzolo und einen aus Sam Evolas Familie. Wenn die Anklage recht hatte, diese Männer als Verbrecher zu identifizieren, wie kommt es dann, daß sie bei allen anderen Angeklagten derart falsch lag?« Wieder lacht er. »Hätte Joe Ganci als Angeklagter in diesem Saal gestanden, nicht einer dieser Herren hier wäre aufgestanden und hätte gesagt, der Mann sei ein Rauschgifthändler und Mafioso.«

Martin glüht geradezu vor Selbstvertrauen und Zuversicht. Seine Glaubensbekenntnisse an die Staatsanwaltschaft – »Wenn Sie nach sechzehn Verhandlungsmonaten der Meinung sind, daß das gesamte Beweismaterial dieses Prozesses manipuliert oder gar gefälscht ist, ... bitte, dann sprechen Sie sie frei. Dann schicken Sie sie zu ihren ach so sauberen Tomaten- und Hemdengeschäften zurück« – wechseln sich ab mit scharfen Anprangerungen der Angeklagten – »Sie sollten lieber nach Hause gehen und sich umsehen, ob sich nicht jemand bei Ihnen eingeschlichen und Ihnen Schußwaffen unter die Zimmerdecken geschmuggelt hat ... wie man das augenscheinlich bei dem bedauernswerten Mr. Sal Greco gemacht hat.«

Dann kehrt er wieder zu seiner zuversichtlich-selbstsicheren Tonart zurück. »Die Herren Verteidiger sind bei den fraglichen Aussagen ja nicht aufgestanden und haben gesagt: Mr. Martin, ich bezichtige Sie der Lüge, des Betrugs, der Manipulation.« Die Verteidiger werfen vor Abscheu die Köpfe zurück. Schließlich haben sie vom ersten Tag an die Staatsanwaltschaft allgemein und Martin im besonderen vor versammeltem Gericht der Unehrlichkeit bezichtigt.

Als erstes wendet sich Martin der Badalamenti-Gruppe zu. Die bloße Tatsache, daß die Angeklagten aus dem Mittelwesten eine vereinigte Verteidigung zusammengestellt haben, sei an sich schon ein Eingeständnis ihrer Schuld, erklärt er. Er konzentriert sich auf zwei wesentliche Löcher in der Verteidigung der Badalamenti-Gruppe. Erstens, der Alte sei schließlich selbst im Zeugenstand gewesen. Er hätte sämtliche Behauptungen der Anwälte der Gruppe bestätigen können. Aber statt dessen habe er nichts gesagt. »Und doch sagt man Ihnen, sein Wort dürfe nicht angezweifelt werden.«

Zweitens ergebe sich bei der Badalamenti-Gruppe eindeutig ein

Muster, das auf Kokaingeschäfte hindeute. Die Geschworenen richten sich in ihren Sesseln auf. Sehen Sie sich die Anrufe zwischen den Mitgliedern der Badalamenti-Gruppe vom Mai/Juni 1983 an. Das war die Zeit des Cocilovo-Geschäfts, und diese Anrufe verbinden sie damit. Mr. Burke hat diese Anrufe geflissentlich zu ignorieren versucht.

Sam Evola hatte Kokain in seinem Haus, und er gestand gegenüber Beamten der Bundespolizei ein, daß es sich um eine Probe gehandelt habe, um einen Bruchteil eines ganzen Kilos.

Mazzurco und Alfano schlossen im September im Charcoal Grill in Queens ein Kokaingeschäft ab.

Die Reisen Alfanos zwischen dem mittleren Westen und New York Ende 1983, Anfang 1984 dienten Kokaingeschäften.

In Florida wurde ein großes Kokaingeschäft vorbereitet, bei dem die Teilnahme von Trupiano und Vitale erforderlich war. Sie waren einverstanden, »einen Spaziergang« zu machen. Martin verliest noch einmal einige entscheidende Anrufe zwischen Alfano und anderen Mitgliedern der Badalamenti-Gruppe, um seinen Standpunkt zu untermauern. Laut Martins Szenario besaßen die Kokaingeschäfte der Badalamenti-Gruppe hinsichtlich Zielstrebigkeit und Koordination die Qualität eines generalstabsmäßig geplanten Vormarsches.

Der Kernpunkt von Martins Angriff auf das Konzept der Verteidigung, einen Mafia-Krieg vorzuschieben, ist Joe Lambertis Reise nach Brasilien 1983. Wenn die Geschworenen sich zu der Ansicht durchringen, Lamberti habe sich dort tatsächlich mit Badalamenti getroffen, dann fällt jener Teil der Argumentation, laut der sich Badalamenti vor der New Yorker Gruppe versteckt hielt, wie ein Kartenhaus in sich zusammen. Darüber hinaus hatte Lamberti »Vitos« brasilianische Telefonnummer in seinem Wagen.

Martin dreht sich um und sieht Vito Badalamenti ins Gesicht, während er Koppelmans Argumentation lächerlich macht. »Kein Mensch hat Vincenzo Randazzo jemals ›Vito‹ genannt«, erklärt er. Jener Vito in Lambertis Notiz war Vito Badalamenti. Koppelman setzt Martin durch ständige Zwischenrufe hart zu. Einmal erzwingt er gar eine Konferenz vor dem Richtertisch, aufgrund der Leval Martin zurückpfeift und ihn seine falsche Auslegung eines brasilianischen Dokuments berichtigen läßt.

Als sich die Geschworenen auf den Weg zum Mittagessen machen, bleiben die Anwälte der Badalamenti-Gruppe noch im Saal. Geschlossen verurteilen sie Martins wiederholte Versuche, die Weigerung des Alten auf gewisse Fragen zu antworten als Beweis für die Richtigkeit des anklägerischen Standpunkts heranzuziehen. Leval verwirft sämtliche Einsprüche. »Badalamentis Nicht-Aussage ist Teil seiner Aussage. Es steht den Geschworenen fernerhin frei, seine Nicht-Aussage als Beweis dafür zu werten, daß er bei anderen Aussagen gelogen hat.«

Mario Malerba, 50, der einzige Anwalt der Verteidigung, der kein Schlußplädoyer hält, ist der Mann, der womöglich mehr über diesen Prozeß weiß – zumindest auf der Seite der Verteidigung – als jeder andere in diesem Gerichtssaal. An diesem Sonntag, der den Beginn der Erwiderung der Staatsanwaltschaft bringt, erklärt sich der manierliche, unergründliche, glattwangige Sizilianer mit der unglaublich gesunden Gesichtsfarbe endlich bereit, ein bißchen über diesen Fall und die Leute, die er so gut versteht, zu plaudern.

Die Kulisse, die er dafür wählt, ist eines von Dutzenden von superben italienischen Restaurants, in denen man ihn als Gast kennt und schätzt. Wie sein verstorbener Mandant, Joe Ganci, hat auch Malerba einen ausgeprägten Sinn für die angenehmen Dinge des Lebens.

Malerba war viele Jahre lang Gancis Anwalt. Nach Gancis Verhaftung an jenem 9. April reichte er aus medizinischen Gründen um eine Abtrennung von Gancis Verfahren ein. Schon damals war Gancis Lungenkrebs nicht mehr zu heilen gewesen. Zu jenem Zeitpunkt wurde Catalano noch von Emanuel Moore vertreten, Malerbas ebenso beinhartem wie forschem Partner. Manny Moore ist ein ungewöhnlich beschäftigter Mann. Zusätzlich zu seiner Arbeit als Jurist betreibt er eine Farm in New Jersey und außerdem beliefert er als Großhändler die Märkte Chinatowns und die chinesischen Restaurants im New Yorker Stadtgebiet mit chinesischem Gemüse. Zusammen unterhalten Manny Moore und Malerba darüber hinaus noch eine Fluglinie, deren einzige Maschine einmal pro Woche eine Ladung zumeist chinesischer Spieler von New York nach Las Vegas und zurück fliegt. Als Prozeßanwalt könnte man Moore als Spezialisten für Fälle aus dem Bereich des organisierten Verbrechens bezeichnen. Als Moore sagte, er lege keinen gesteigerten Wert darauf, sich an einen Prozeß binden zu lassen, der womöglich acht Monate dauern würde, zog Malerba Fisher hinzu.

Nachdem Malerba für Ganci eine Abtrennung durchgesetzt hatte, beantragte er, zusammen mit Fisher als zweiter Rechtsbeistand Catalanos im Pizza-Prozeß verbleiben zu dürfen. Louis Freeh wehrte sich zunächst dagegen, widerrief seinen Einspruch jedoch später, »und Richter Leval tat mir einen großen Gefallen und gab seinen Segen.«

Sobald der Pizza-Prozeß zu Ende ist, wollen sich Malerba und seine Frau Jo, die erst vor kurzem ihre Stellung als Chefin der Operationsschwestern im Flushing Hospital in Queens an den Nagel gehängt hat, einen ganz besonderen Urlaub genehmigen. Ihr Flug nach Helsinki ist bereits gebucht, mitsamt anschließendem nächtlichen Segeltörn nach Leningrad; man will sich einen langgehegten Wunsch erfüllen, nämlich eine Tour durch das Winterpalais, die Eremitage und die anderen Lustschlösser und Lieblingsorte des Zaren. Malerba ist Diabetiker und fühlt sich durch die Strapazen des Pizza-Prozesses etwas mitgenommen, ist jedoch ansonsten bei guter Gesundheit. Immerhin trinkt er Brandy mit Soda.

Malerba kennt die Ankläger im Pizza-Prozeß besser als jeder andere unter den Verteidigern, mit Ausnahme von Marvin Segal vielleicht, den er ausgesprochen schätzt. Er weiß zu berichten, daß Martin ein Adoptivkind hat und daß sowohl er als auch Freeh während des Pizza-Prozesses erneut Väter wurden. Stewart hat Kinder auf dem College. Bucknam ist unverheiratet. Er weiß auch, daß Martin – ob er hier nun gewinnt oder verliert (was für Martin natürlich unvorstellbar wäre, wie Malerba weiß) – nach diesem Prozeß die Bundesstaatsanwaltschaft verläßt, um einen ruhigen und gutbezahlten Posten in Rom anzutreten, wo er weniger mit Strafsachen zu tun haben wird als mit Angelegenheiten des internationalen Rechts.

Malerba ist in Ridgewood, Queens, geboren und aufgewachsen, als Neffe und Urenkel einer Reihe von Ärzten. Sein Vater handelte mit Spirituosen. Manchmal wünscht sich Malerba, er wäre auch Arzt geworden, »weil das weniger hektisch gewesen wäre.« Aber er habe schon immer gewußt, daß er einmal Strafverteidiger werden würde. Als Jugendlicher sei er ein ziemlicher Rabauke gewesen; er selbst meint dazu: »Ich war kein sehr artiger Junge . . . Ich habe eine Menge Ungerechtigkeit zu sehen bekommen.« Mit guten Noten absolvierte er zunächst das Brooklyn College und dann die Juristische Fakultät der Universität Baltimore. Er war ein guter Sportler und boxte sich sogar in ein Turnier um die Golden Gloves, wo ihn schließlich der Mittelgewichtler Coley Wallace besiegte, der später Berufsboxer wurde. Während seiner Phase als »schlimmer Junge« lebte er eine Zeitlang in Dublin. Der Anwalt und seine Familie wohnen noch immer in Queens und haben ein großes Sommerhaus in Southold auf Long Island. Außer vielleicht mit Ausnahme von Segal, glaubt Malerba die größte Praxis von allen am Pizza-Prozeß arbeitenden Anwälten zu haben. Da er gelegentlich von entwaffnender Ehrlichkeit sein kann, gesteht er einmal, er gehe seinem Beruf »aus zwei Gründen nach – Geld und Eitelkeit«.

Über Richter Leval und Paul Bergman bemerkt Malerba, sie hätten beide das gleiche Problem: Beide seien sie hochintelligent, aber es fehle ihnen völlig an Gossengrips – eine Qualität, die Malerba sehr hoch ansetzt und mit der er selbst reichlich ausgestattet ist.

»Jeder Straßenbengel könnte Leval über den Tisch ziehen«, sagt er. »Michael Kennedy hält das Denken des Richters womöglich für unehrlich. Ich halte ihn für ehrlich, aber er ist der festen Überzeugung, daß diese Männer schuldig sind und er den Heiligen Gral hochhalten muß. Er sieht sich als den Mann auf dem weißen Pferd, der diese gefährlichen Kriminellen zur Rechenschaft ziehen muß.

Dick Martin ist ein Mann der Straße. Der beste Straßenkämpfer in diesem Fall ist jedoch Freeh.« Dadurch daß Bergman jeglicher Gossengrips abgehe, spiele er ständig Freeh in die Hände. »Larry Bronson kenne ich nicht sehr gut, aber weder er noch Lombardino lassen sich aufs Kreuz legen. Bucknam hätte auf der Straße keine Chance. Fogelnest hat dagegen jede Menge Gossengrips; er ist ein Stänkerer, ein drahtiger kleiner Raufbold. Er ist mein Favorit in diesem Prozeß, wir sind richtig Freunde geworden. Wenn ich mal Fälle zu vergeben habe, werde ich sie Fogelnest geben. Er hat vor nichts und niemandem Angst.«

Etwas, was Malerba nie versäumt, ist, Geschworene zu befragen, und es ist geplant, daß Manny Moore nach dem Urteilsspruch am Juryausgang bereitstehen soll, um sich die Pizza-Geschworenen zu schnappen, wenn sie das Gebäude verlassen. Fisher und Malerba werden sich im Gerichtssaal postieren, um »das Urteil entgegenzunehmen«, was einige Zeit in Anspruch nehmen wird. Die Anklageschrift im Pizza-Prozeß ist neunundfünfzig Seiten lang. Malerba meint, Leval werde den Geschworenen den Maulkorb sicher abnehmen, wenn ihr Spruch erst einmal gefällt sei.

Wie auch die anderen Verteidiger empfindet Malerba die Atmosphäre im Pizza-Gerichtssaal als bedrückend, ja deprimierend. »Im Grunde zeigt dieser Prozeß nur, wie weit die Staatsanwaltschaft geht, um zu gewinnen. Sie werden vor nichts zurückschrecken, um einen Schuldspruch zu bekommen.«

Malerba meint, Staatsanwälte seien eine ganz eigene Spezies von Anwälten. »Ein junger Mann, der bei der Bundesstaatsanwaltschaft oder auch der Bezirksanwaltschaft eintritt, dem bringen sie nicht *Gerechtigkeit* bei, dem wird beigebracht, wie man *gewinnt* – das Vince-Lombardi-Ethos.* Es kommt ausschließlich darauf an, Tricks anwenden zu können und seine Gewinnchancen zu maximieren. Das führt unweigerlich dazu, daß dabei Schurken herauskommen.

»Wenn sich so einer mit seiner Theorie erst einmal wohlfühlt, steht ihm nichts mehr im Wege. Von diesem Augenblick an wird er immer und ewig Ankläger sein. Er mag nach Hause gehen, mit seiner Frau zu Abend essen, mit seiner Frau ins Bett gehen ... aber am nächsten Morgen ist er immer noch Ankläger. Da kommt nichts dazwischen. Das ist einfach zu stark. Er schaut zum Bild des Großen Mannes an der Wand auf – Giuliani. Er hat nicht die geringsten Skrupel! Die einzigen, die dem widerstehen können, das sind die, die ihren Job an den Nagel hängen.«

Obwohl sich die Verteidiger während der Beweisaufnahme hier und da in den Haaren lagen, erscheinen sie zum Zeitpunkt der Plädoyers mehr oder weniger eine vereinte Truppe zu sein. Malerba drückt es so aus: »Trotz einiger Unehrlichkeiten servierten wir einen Eintopf, der am Ende doch leidlich genießbar war.«

Kein anderer als Mario Malerba war der umsichtige Koch, der diesen Eintopf unermüdlich vor dem Anbrennen bewahrte; er war außerhalb des Gerichtssaals und hinter den Kulissen wohl dreimal so rührig, als es vor Gericht den Anschein hatte. Ohne seine taktvolle, aber stets wachsame Präsenz hätte sich das Verteidigerteam womöglich bei zahllosen Gelegenheiten selbst in die Luft gesprengt. Obwohl

* Vince Lombardi ist ein beliebter amerikanischer Footballtrainer; er predigt die Maxime »Gewinnen ist nicht alles – es ist das absolut einzige!« (A. d. Ü.)

Michael Kennedy offiziell Chef der Verteidigung war, hätte der Umstand, daß er erst so spät auf der Bildfläche erschien und mit den meisten anderen Pizza-Anwälten ebensowenig vertraut war wie überhaupt mit Fällen aus dem organisierten Verbrechen, vor allem aber der tiefsitzende Haß und der Argwohn, den die meisten anderen Angeklagten seinem Mandanten gegenüber hegten, seiner Position als Capo der Verteidigung wohl trotz seines ehrfurchtgebietenden Rufs das Genick gebrochen, wäre ihm nicht der stille Malerba als *consigliere* zur Seite gestanden.

Auf die Frage, wer seiner Meinung nach die katastrophale Entscheidung getroffen habe, Badalamenti in den Zeugenstand zu lassen, Kennedy oder sein Mandant selbst, sagt Malerba entschlossen: »Ich kenne Tanino ziemlich gut. Auszusagen war seine eigene Idee. Er hat geglaubt, er könnte es ihnen zeigen. Aber wissen Sie, selbst die kleversten Mafiosi irren sich zuweilen, und genau das ist ihm passiert. Er hat die Situation falsch eingeschätzt. Außerdem hatte er keine Ahnung von der amerikanischen Psyche.«

Etwa in der Mitte seiner Aussage habe er Badalamenti im MCC gesprochen, meint Malerba und impliziert damit wie immer eine rein zufällige Begegnung. »Ich habe ihm gesagt: ›Hör auf. Sag Mike: Ich will nicht mehr.‹ Aber es war schon zu spät. Er ist einfach nicht der Typ Mensch, der in den Zeugenstand treten sollte. Die Geschworenen können Tanino auf den Tod nicht ausstehen!«

Nach dem Essen greift Dick Martin die Mitglieder der Badalamenti-Gruppe einzeln an, einen nach dem anderen; mit dem Eifer eines Sweeney Todd drischt er auf sie ein. Sam Evola? Er gab zu, daß die Unze Kokain, die man bei ihm fand, nur eine Probe war. Palazzolo verwahrte einen ungeladenen .38er unter seiner Matratze. Martins Argumentation hat nur einen Haken: Der Umstand, daß die Waffe nicht geladen war, beweist seiner Meinung nach, sie sei nicht zum Schutz von Leben oder Eigentum im Haus, sondern vielmehr für den künftigen Gebrauch bei Drogengeschäften bestimmt gewesen.

Schließlich dreht sich Martin um, um Badalamenti und Kennedy gegenüberzutreten. »Ach, welch verworren Netz wir alle spinnen . . .«, spottet er. »Wie kann Badalamenti überhaupt noch auf seinen Platz zurückgehen, nachdem er sich selbst derart in diesem Netz verstrickt hat?«

Martins Augen haben die Farbe von Kugellagern angenommen. Dieser Mann, sagt er, trat in den Zeugenstand und verweigerte die Antwort. »Wer war es, der diesen Zeugen anwies, nicht zu antworten? Es war Mr. Kennedy höchstpersönlich.«

Kennedy: »Einspruch! Das ist eine falsche Behauptung.«

»Abgewiesen.«

Martin macht sich über das Mafia-Kriegskonzept der Verteidigung lustig. Diese komplizierte Geschichte habe der Anwalt nur zu dem einen Zweck ersonnen, nämlich um von den Drogengeschäften seines Mandanten abzulenken. Kennedy ziehe es vor, Buscettas Aussage, »Mr. Badalamentis Ausschluß aus der Mafia hatte nicht das geringste damit zu tun, ob er nun mit Drogen handelte oder nicht«, einfach zu ignorieren.

Bei dem Argument mit dem »Todesboten« handle es sich um ein weiteres Einnebelungsmanöver der Verteidigung. Badalamenti sei mit genau denselben Leuten in Drogengeschäfte verwickelt gewesen, die auch Cangialosi kannte. »Es ist nur eine verworrene Geschichte, die darauf abzielt, Sie von den Beweisen abzulenken.«

Auf eine Diskussion der Bedeutung jener Notiz läßt er sich erst gar nicht ein. Er kehrt wieder zu seinem alten Argument zurück, daß er schon vor fünfzehn Monaten vorbrachte, daß nämlich Badalamentis Ausschluß aus der Mafia erst lange nach dem Einstieg der Sizilianer ins Drogengeschäft kam. »Eine bewußte Verzerrung!« hatte Kennedy damals gebrüllt.

»Als Contorno 1977 die Unterredungen mit den fünf verschiedenen Drogenlieferanten hatte«, wiederholt Martin, »sagte er Ihnen, daß Sie bereits im Heroingeschäft *waren.*«

»Diese Behauptung entspricht nicht den Tatsachen!« schreit Kennedy. Leval will jedoch auf keinen Fall einen Aufguß jener erbitterten Schlacht und ruft die Parteien zu sich an den Richtertisch, zwingt dann Martin dazu, das Datum zu korrigieren, das er frisiert hatte, um sein Argument zu verbessern. »Man hat mich gebeten, Sie daran zu erinnern, daß Contorno . . . den Zeitpunkt mit '77/'78 angibt.«

Daraufhin verschärft Martin seine Attacken auf Badalamenti, indem er erklärt, bei den Summen aus Mazzurcos rotem Notizbuch handle es sich keineswegs um Einkünfte aus Edelsteingeschäften, sondern um Drogenprofite, die auf direktem Wege zum Alten geschleust wurden.

Er habe in eineinhalb Jahren 7 Millionen Dollar bekommen, und Vito Randazzo sei der Kurier gewesen.

Es dauert einen Augenblick, bis das einsickert. Vito?! Dann schießen die Köpfe der Anwälte in die Höhe; sie werfen einander Blicke zu, um bestätigt zu bekommen, was sie da eben gehört haben. Lewis nickt und lächelt wie ein babylonisches Götzenbild. Ein oder zwei der Geschworenen sind mit einem Mal hellwach; die meisten dösen weiter. Es ist mittlerweile 18 Uhr, und sogar der stets aufmerksame Leval ist sich nicht sicher, ob er richtig gehört hat. Er schickt die Geschworenen aus dem Saal, bevor er mit dem Protokollführer Rücksprache hält, um sicherzugehen, daß Martin tatsächlich »Vito Randazzo« gesagt hat, eben jenen Namen, den er eben noch der Lächerlichkeit preisgegeben hat, weil er »nie und nimmer benutzt« worden sei.

Dick Martin, der Mann mit dem Hackebeil, hat sich eben selbst die Zehen abgehackt; die Anwälte der Verteidigung machen sich zu Recht frohgemut auf den Heimweg.

Montag, 23. Februar 1987. Im Gerichtssaal. Heute morgen reitet Louis Freeh seine letzte Attacke. Er wirft der Verteidigung vor »wie Rechtsverdreher zu argumentieren« und sich einer verschlagenen Rhetorik zu bedienen. Dann macht er sich daran, den Zeugen der Anklage Sal Amendolito zu rehabilitieren. Na schön, er konnte also Catalano nicht als den Mann identifizieren, der ihm 1,54 Millionen Dollar aushändigte, aber schließlich habe er ihn in seinem ganzen Leben nur zwanzig Minuten lang gesehen. Freeh scheint zu implizieren, daß die Übergabe von 1,54 Millionen Dollar ein Ereignis ist, das man schnell wieder vergißt.

Dick Martin tritt noch einmal auf, um den Angeklagten, die er bereits im Kreuzverhör so übel zugerichtet hat, den Gnadenstoß zu versetzen. Als erster steht Baldo Amato und das Treffen am 6. März im »einzigen authentischen italienischen Café New Yorks«, dem Café Biffi, auf seiner Liste.

»Lieferte Salvatore Catalano Cannoli? Sprach Ganci davon, Pizza mitzubringen? Wollte Frank Polizzi einige Tüten Sardinen mitbringen? War Joe Lamberti dort, um über DeVardos italienische Farbproben zu diskutieren?«

Als nächstes wendet sich Martin Fogelnests Verteidigung seines

Mandanten Sal Salamone zu. Noch bevor er zwei Sätze ausgesprochen hat, erhebt Fogelnest auch schon Einspruch und wird abgewiesen. Martin versucht zu sagen, es sei nicht notwendig aufzuzeigen, daß Sal Salamone dabeisaß und über Drogenbesitz, Preise und Lieferungen sprach, um ihm die Teilnahme an der Verabredung nachzuweisen. Während der nächsten drei Minuten erhebt Fogelnest sechsmal Einspruch. Beim sechsten Mal ermahnt ihn Leval: »Bitte keine Ausführungen vor den Geschworenen.«

Martin wendet sich Salamones Waffenkäufen zu, und in den nächsten fünf Minuten kommen vier weitere Einsprüche von Fogelnest. Leval instruiert die Geschworenen, sie nicht zu beachten. Fogelnest wünscht vorzutreten. Leval weist Martin an fortzufahren. Eine Minute später kommt eine neue Einrede von Fogelnest, worauf Leval ihn schließlich anfährt: »*Mr. Fogelnest,* wenn Sie sich jetzt nicht setzen und Ihre unpassenden Ausführungen unterlassen, dann sehe ich mich gezwungen Maßnahmen zu ergreifen. Also, provozieren Sie mich nicht. Setzen Sie sich.«

Aber Fogelnest hat der Jury ein Zeichen gesetzt.

Nach dem Essen bewegt sich Martin wie ein bühnenerprobter Schauspieler auf einen effektvollen Schluß zu. Er tut Bronson und Sal Greco als das Team ab, das den »Night at the Opera«-Star Pisano präsentierte. Was Castronovo anbelangt, so bestehe kein Zweifel daran, daß er schon von Anfang an an der Verabredung beteiligt gewesen sei, seit 1980, zusammen mit Amendolito.

Das beste Tröpfchen hat sich Martin für den Schluß aufgehoben. »Mr. Querques hatte da einen letzten Scherz für Sie. Sie erinnern sich sicher daran, als Mr. Querques mit seiner Tüte Sardinen vor Ihnen stand – der Boden der Tüte war durchweicht und platzte!«

Jeder im Saal kennt den nächsten Satz. Martin bringt ihn in voller Lautstärke. »Diese Geschichte mit den Sardinen war nichts weiter als Anglerlatein! Frank Polizzi ist – wie alle anderen in diesem Fall – schuldig.«

Der Ankläger legt eine kurze Pause ein und sieht sich um. »Und damit wären wir am Ende. Die jahrelange Ermittlungsarbeit, die Jahre der Vorbereitung, der eineinhalbjährige Prozeß sind bald vorbei – bis auf den wichtigsten Teil. Das ist *Ihre* Würdigung des Beweismaterials. Ich danke Ihnen.«

Die Entscheidung

Mittwoch, 25. Februar 1987. Im Gerichtssaal. Es ist 9.45 Uhr, als sich Richter Leval an die Geschworenen wendet: »Meine sehr geehrten Geschworenen, Sie werden festgestellt haben, daß ich einem jeden von Ihnen zwei dicke Dossiers auf den Sessel habe legen lassen ... die Anklageschrift und meine richterliche Instruktion.«*

Es ist ungewöhnlich, daß ein Richter die Geschworenen mit seiner Instruktion versorgt, aber wahrscheinlich unabdingbar, wenn es darum geht, einen Urteilsspruch dieser Komplexität zu fällen. Allein diese Instruktion über die bei der Entscheidung zum Tragen kommenden Rechtsfragen umfaßt 114 Seiten. Der erste Anklagepunkt ist der Vorwurf der Verabredung zu einer Straftat. Jedem der Angeklagten wird vorgeworfen, sich zu dem Ziel, die Betäubungsmittelgesetze der Vereinigten Staaten zu verletzen, verabredet zu haben.

Die Anklagepunkte 2 bis 11 beziehen sich auf den Paragraphen 848 und werfen den Angeklagten vor allem den fortgesetzten Verstoß gegen die Betäubungsmittelgesetze der Vereinigten Staaten vor.

Die Anklagepunkte 12 bis 15 betreffen Verletzungen der Gesetze der Vereinigten Staaten über den Transfer von Zahlungsmitteln.

»Anklagepunkt 16 auf Seite 108 ... auch als RICO-Gesetz bezeichnet, legt diesen Leuten zur Last, sich verabredet zu haben, ihre Geschäfte organisiert und mit Hilfe von kriminellen Praktiken abzuwickeln.«

Die Freude darüber, für ihre Überlegungen diese zusätzliche »Hilfe« in Händen zu haben, steht den Geschworenen nicht gerade ins Gesicht geschrieben. Sie hören jedoch pflichtbewußt zu, als Leval den ersten Anklagepunkt zu verlesen beginnt. »Vom ersten oder um den 1. Januar 1975 bis etwa zum 30. Tag des April 1984 haben die Angeklagten, sowie andere sowohl bekannte als auch unbekannte Teilnehmer an dieser Verabredung ...«

Die Angeklagten hören der Verlesung aufmerksamer zu als die Geschworenen, als bemühten sie sich immer noch redlich, die gegen sie vorgebrachten Vorwürfe zu verstehen.

* Die Belehrung des Richters an die Jury zur Rechtslage (A. d. Ü.)

Gegen 10.20 Uhr beginnen die Geschworenen zu dösen. Leval hält inne und verordnet eine »Streckpause«. »Aufstehen!« kommandiert er.

Um 11 Uhr scheint den zwölf Geschworenen und ihren fünf Stellvertretern langsam zu dämmern, was da Entsetzliches auf sie zukommt.

Nach dem Mittagessen nimmt Leval die neunundfünfzigseitige Anklageschrift zur Hand, nicht ohne die Geschworenen zuerst daran zu erinnern, daß »*Ihre Erinnerung* an die Ereignisse bestimmend bleibt«.

Sie dürften ihm jederzeit eine Nachricht zukommen lassen, »aus der jedoch nicht hervorgehen darf, wie Ihr Standpunkt zu dem betreffenden Problem lautet... Der Geschworene Nummer eins ist Ihr Obmann. Er läßt mir die Nachricht über einen der Marshals überbringen. Ich erinnere Sie noch einmal daran: Ihre Aufgabe verlangt von Ihnen, jeden Anklagepunkt und jeden Angeklagten *getrennt* zu beurteilen.«

Die Formulare für die individuellen Urteilssprüche werden verteilt. »Lassen Sie sich nicht durch den Umfang des Formulars einschüchtern... Die Seiten 2 bis 23 beziehen sich auf die Anklagepunkte 2 bis 11, die Seiten 22 bis 36 beziehen sich auf die Anklagepunkte 12 bis 15, die Seiten 37 bis 57 stellen ein separates Blatt für jeden Angeklagten hinsichtlich des RICO-Gesetzes dar...«

Der Geschworene Nummer zwei reibt sich mit der Faust die Augen. Nummer vier schläft. Nummer fünf dreht sich ständig um, um auf die Uhr über der rückwärtigen Tür zu spähen. Nummer sechs flüstert Nummer sieben etwas zu. Nummer acht trommelt völlig in seinen Rhythmus versunken mit Fingern und Füßen vor sich hin.

Um 15.17 Uhr werden die Geschworenen mitsamt ihren Stellvertretern hinausgeschickt, allerdings noch nicht, um ihre Beratungen zu beginnen. Als sie draußen sind, meint Richter Leval, fünf Stellvertreter seien zuviel. Er schlägt vor, zwei von ihnen zu entlassen.

Um 15.28 Uhr dann verlassen die zwölf Geschworenen endgültig den Saal, um mit ihrer Beratung zu beginnen. Jetzt muß sich Leval den fünf Stellvertretern widmen. »Sie haben womöglich das Gefühl, man habe Ihre Zeit vergeudet...« Fünf stoische Gesichter starren zu ihm hinüber und warten auf das Fallen des Beils. »Die Stellvertreter werden separat auf das Urteil warten, werden jedoch jedesmal mit in den Saal kommen, wenn die Geschworenen ihn betreten. Ich hoffe, Sie sind nicht enttäuscht . . .« Ein Marshal führt sie hinaus, so daß der Gnadenstoß, der ihre Zahl von fünf auf drei reduziert, hinter den Kulissen geführt werden kann.

Die Arbeit der Anwälte ist getan. Das lange Warten beginnt – der traditionelle Zeitpunkt, um ordentlich einen zur Brust zu nehmen. Burke, Ryan, Lombardino und Benfante entscheiden sich dafür, auf irische Art zu feiern, also mit Halblitergläsern Guinness Stout in Eamonn Doran's Midtown Pub. Die Nachricht macht die Runde, und die meisten der restlichen Anwälte erklären sich bereit, mitzukommen. Unterwegs schaut Burke im Krankenhaus vorbei: Alfanos Zustand hat sich weiter verschlechtert. Als er erfuhr, daß er gelähmt bleiben würde, verlor er völlig den Mut. Er sagt, er wäre lieber tot. Heute hat man Blutgerinsel in seiner Lunge entdeckt, und man hat ihn auf die Intensivstation zurückgebracht.

In einem trist möblierten Wartezimmer unterhalten sich Evola, Trupiano und Vitale; die Frauen sitzen schweigend um sie herum. Christine Evola und Alfanos Frau Christina haben fünf oder sechs I-love-New-York-Plastiktaschen zu ihren Füßen. In ihnen befinden sich die Habseligkeiten von Mrs. Alfano. Pietros Verlegung auf die Intensivstation bedeutet, daß sie nicht länger das Zimmer mit ihm teilen kann und sich den anderen Familienmitgliedern anschließen muß. Man wohnt jetzt in einem heruntergekommenen Gasthaus, in das sich hin und wieder auch eine der zahlreichen Stricherinnen verirrt, die in dieser Gegend ihrem Gewerbe nachgehen. Die Familie hatte das Hotel im Greenwich Village nach dem Anschlag fluchtartig verlassen.

Christina Alfano flüstert mit ihrer Schwester Fanita Palazzolo und nimmt dabei tiefe Züge an ihrer Zigarette. Emmanuele Palazzolo sitzt in einer Ecke wie eine verschreckte Maus.

Joe Trupiano sagt Burke, daß Mrs. Alfano völlig abgebrannt sei. Alfano habe keine Krankenversicherung, und seine Frau wisse nicht, was sie tun soll. Wenn sie um Sozialhilfe eingibt, könnte das Krankenhaus dahinterkommen, daß ihr Mann nicht die Mittel hat, um die Rechnung zu bezahlen, und dann würde man ihn womöglich in ein anderes Krankenhaus verlegen, wo er jedoch nicht dieselbe erstklassige Behandlung bekäme.

Burke verspricht, er werde es mit einer Eingabe bei der Kommission für die Entschädigung von Verbrechensopfern versuchen. Er sagt ihnen nicht, daß er keine Ahnung hat, ob er damit Erfolg haben wird. Er hätte gute Lust, ein Zivilverfahren gegen Patsy Conte anzustrengen und den Versuch zu machen, sich einige der Supermarktmillionen zu sichern. Aber jedesmal, wenn er das Thema aufs Tapet bringt, machen die Alfanos einen unruhigen Eindruck. Irgendeine Angst plagt sie, über die sie jedoch nicht sprechen wollen. In Burke wächst die Überzeugung, daß sie wohl nie offen gegen Conte antreten werden.

Mit dem Versprechen morgen wiederzukommen, läßt Burke das verzweifelte Häufchen in ihrem trostlosen Wartezimmer zurück und macht sich auf den Weg zu der irischen Bar. Er empfindet eine gewisse Bitterkeit über den Zustand, in dem das Familienoberhaupt der Badalamentis seine Leute zurückgelassen hat. »Der Mann hat angeblich auf der ganzen Welt Geld liegen, und seine Leute läßt er in einer derart armseligen, verwanzten Absteige wohnen. Ein sauberer Ehrenmann! Und ein sauberer Pate!«

Am Tresen des Pub an der Second Avenue drängen sich die Anwälte: Fisher, Malerba, Moore und Schechter stehen in ihren Mänteln da und nippen an ihrem bitteren schwarzen Stout; ihre Anwesenheit ist mehr eine Höflichkeitsgeste gegenüber den trinkfesteren Kollegen. Die Kennedys sind bereits wieder gegangen. Etwas weiter hinten am Tresen hat Lombardino noch einige schaumgekrönte Halbe Guinness aufstellen lassen, für die Spätankömmlinge.

Nach sechzehn Monaten sind die Anwälte geradezu süchtig nach dem Pizza-Prozeß. Es fällt ihnen schwer, sich über irgend etwas anderes zu unterhalten. Di Chiara ist äußerst aufgebracht über Kennedys Schlußvortrag. »Großer Gott, der hat mich doch glatt belastet! Ich meine, den ganzen Prozeß über hat mich kein Mensch bemerkt, bis – zack! – Kennedy daherkommt und mir diese Geschichte mit dem Todesengel um die Ohren knallt. Ich dachte, ich hätte Cangialosi eine Chance herausgespielt, und dann kommt der Chef der Verteidigung und schießt mich ab.« Er schüttelt den Kopf.

Lombardino macht sich Sorgen über die Geschworenen. Er traut ihnen nicht über den Weg. Die machen nun endgültig mit der Staatsanwaltschaft gemeinsame Sache, sagt er. Die Gesellschaft versammelt sich um einen großen Tisch, eifrig darauf bedacht, ihre Befürchtungen und Zweifel in dickem dunklem Bier zu ertränken. Optimismus kommt kaum auf: ihnen bleibt nur die schwache Hoffnung, vielleicht doch in dem ein oder anderen Geschworenen etwas Zweifel gesät zu haben.

Donnerstag, 26. Februar 1987. Im Gerichtssaal. Der erste Tag, den die Jury ganz für ihre Beratungen hat, beginnt damit, daß sie dem Richter eine Nachricht zukommen lassen, die durchblicken läßt, daß sie sogar von dem bilderrätselartigen Tabellenbuch der Staatsanwaltschaft überfordert sind. Sie haben um Paul Bergmans Index zu den Tabellen der Staatsanwaltschaft gebeten, jene, die er den Geschworenen in seinem Plädoyer präsentiert hatte. Dieses Dokument könnte man durchaus korrekt als Zusammenfassung einer Zusammenfassung einer Zusammenfassung bezeichnen, und die meisten Anwälte der Verteidigung protestieren deshalb energisch. Dieser Index verstärke das unfaire Bild, das die Staatsanwaltschaft von ihren Mandanten zeichne. Sie gewinnen, und Leval schickt den Geschworenen eine Antwort: »Dieser Index wurde für das Plädoyer zusammengestellt und steht Ihnen deshalb für Ihre Beratung nicht zur Verfügung.«

Später fordert die Jury Überwachungsberichte für die Tage vor und nach dem Treffen im Café Biffi am 6. März 1984.

Niemand rechnet für die nächste Zeit mit ernsthaften Bewegungen. Angeklagte, Angehörige, Anwälte und Marshals ruhen sich aus wie Seeleute in einer Flaute.

10 Uhr, Freitag, 27. Februar 1987. Im Gerichtssaal. Mit ernster Miene ruft Leval den Saal zur Ordnung. Etwas schräg hinter ihm steht eine hochgewachsene Person in einem schieferblauen Anzug, sein Haar hat beinahe schon die Farbe von blauem Stahl. Er ist der Sondermarshal, der Leval seit den Schüssen auf Alfano als persönlicher Leibwächter zugeteilt ist.

Der Richter knallt seinen Hammer auf den Tisch. »Eine Angehörige von einer der Geschworenen hat einen Anruf bekommen, in dem ein nicht identifizierter männlicher Anrufer folgendes sagte: ›Ich habe Sie beobachtet. Ich weiß, wo Sie sind. Ich will Sie. Ich kriege Sie.‹«

Bei der betreffenden Geschworenen handelt es sich um Nummer

zwölf, die mollige Schwarze, die ursprünglich Stellvertreterin von Nummer eins war. Sie erfuhr von der Drohung, als sie gestern abend von dem Hotel aus, in das die Jury einquartiert worden ist, zu Hause anrief. Ihre Tochter, die den Anruf entgegengenommen hatte, meinte, der Anrufer habe sich wie ein Schwarzer angehört; sie sagte ihrer Mutter, sie hätte keine Angst. Der Marshal, der dazu abkommandiert ist, sämtliche Anrufe, die die Geschworenen in ihrem Hotel bekommen oder tätigen, mitzuhören, fand es nicht der Mühe wert, diese sogenannte Drohung zu melden. Die gewissenhafte Geschworene meldete sich heute morgen selbst bei Richter Leval und erzählte ihm davon.

Nummer zwölf wird von allen als die beste »Geschworene der Verteidigung« betrachtet. Falls man sie aus der Jury entfernt, so meinen viele, entstehe der Verteidigung ein nicht wiedergutzumachender Verlust. Andere sind der Meinung, der neue Stellvertreter Nummer eins, ein sechsundzwanzigjähriger Wachmann puertoricanischer Abstammung, sympathisiere gleichfalls mit der Verteidigung und wäre somit ein akzeptabler Ersatz wäre.

Leval hat sowohl die Geschworene selbst als auch ihre Tochter zur Sache befragt. Auch die Mutter sagte, die Drohung störe sie nicht im mindesten und meinte: »Ich kann fair und ehrlich sein.« Sie will weitermachen. Leval hat nun vier Möglichkeiten: »Er kann die Frau durch einen Stellvertreter ersetzen und die Jury ihre Beratung aufs neue beginnen lassen. Er kann ihr glauben, daß sie keine Angst hat und sie dabeibehalten. Er kann sie entfernen und mit elf Geschworenen fortfahren. Er kann einen Verfahrensfehler erklären. Letzteres steht allerdings erst gar nicht zur Debatte.

Freeh beantragt, »die Geschworene zu entschuldigen und mit elf Geschworenen fortzufahren.«

Die Verteidigung ist sich einig: Die Geschworene Nummer zwölf hat zu bleiben.

Richter Leval erbittet Zeit, um sich noch einmal mit ihr zu unterhalten, bevor er sich endgültig entscheidet. Er erklärt eine Pause.

Die Verteidigung, wütend wie sie ist, beschuldigt den Richter, auf »Geschworenenschau« zu gehen, um sich den für die Sache der Staatsanwaltschaft günstigsten auszusuchen. Meint einer: »Das erste Mal, daß uns wirklich klarwurde, wie hier manipuliert wird, das war, als er die erste Nummer zwölf feuerte, weil sie zu spät gekommen ist. Dabei hat uns der Mann nicht annähernd soviel Zeit gekostet wie der Obmann mit seiner Operation.« Die ursprüngliche Nummer zwölf war ein bei der Bahn beschäftigter spanischstämmiger Schienenarbeiter gewesen. Einige Anwälte äußern die Ansicht, eine Elf-Personen-Jury wäre in diesem Prozeß besonders unfair, weil er gar so umfangreich und lang sei. »Leval geht ein Mordsrisiko ein«, sagt einer. »Wenn ein weiterer Geschworener ausfällt, haben wir automatisch ein fehlerhaftes Verfahren. Eine Zehn-Personen-Jury verstößt gegen das Gesetz.«

Schechter korrigiert ihn. »Nein, nein. Der Prozeß *Vereinigte Staaten* gegen *Stratton* läßt die Frage einer Zehn-Personen-Jury ausdrücklich offen. Lesen Sie's in der Rechtsverordnung 2-B nach. Dort heißt es, daß es besser ist, auf zehn zu gehen, als einen Stellvertreter einzubringen und von vorne anzufangen. Aber in unserem Fall hat sich die Jury ja noch nicht mal zwei Tage beraten. Und dann ist der Vorwand, unter dem die Frau abserviert werden soll, nun wirklich ziemlich fadenscheinig, vor allem wo wir ja auch die Möglichkeit einer nochmaligen Prüfung der Geschworenen haben.«

Kennedy: »Wer wettet mit mir, daß er sie rauswirft?«

Leval kommt wieder hereingerauscht. »Ich habe mich dafür entschieden, daß die Geschworene für diesen Prozeß zu entschuldigen ist. Es gibt dafür mehrere Gründe ... Wie auch immer ihre gegenwärtige Einstellung aussehen mag, es gibt keine hundertprozentige Methode, die Möglichkeit einer Meinungsänderung ihrerseits auszuschließen, zumal die Umstände dazu angetan sind, eine Geschworene in ihrer Situation in große Angst zu versetzen ... Die Beratungen einer Jury können sehr emotionsgeladen verlaufen, sehr offen, und es besteht ganz einfach eine hohe Wahrscheinlichkeit, daß sie den anderen mitteilt, was passiert ist. Aus diesem Grund mußte meine Entscheidung so ausfallen.« Für Kennedy ist das der berühmte letzte Tropfen. Er sieht Leval geradewegs in die Augen. »In meiner nicht unbeträchtlichen Erfahrung als Anwalt ist das die unehrlichste richterliche Entscheidung, die mir je untergekommen ist.«

Mit absolut unbewegter Stimme schießt Leval zurück. »Ich fühle mich geschmeichelt. Sie haben mich ja früher schon für einige besondere Belobigungen auserkoren –.«

»Die Sie auch verdient haben«, unterbricht ihn Kennedy.

»– und ich freue mich immer über ein Wort der Bewunderung aus Ihrem Munde, Mr. Kennedy.«

Den übrigen Geschworenen wird man folgendes sagen: »Verehrte Geschworene, die Geschworene Nummer 313 muß die Jury aus persönlichen Gründen verlassen. Bitte fahren Sie in Ihrer Beratung fort.«

Kennedy wirft empört die Hände gen Himmel und stampft aus dem Saal. Einige der anderen Anwälte auf dem Korridor meinen, jetzt sei alles verloren.

Wenn Leval die Versicherung des Geschworenen Nummer drei, er könne fair entscheiden, akzeptierte, obwohl der Mann doch damals im Kino namentlich ausgerufen wurde, warum akzeptiert er das gleiche dann nicht auch von der Nummer zwölf? So lautet die Überlegung einiger Verteidiger.

»Das ganze System stinkt zum Himmel«, wirft Ruggiero ein. »Ich habe ein Angebot, ein chinesisches Restaurant zur Hälfte zu übernehmen. Ich werd's annehmen. Dann brauche ich mich wenigstens nicht mehr mit Lügnern herumzuschlagen.«

»Es ist wirklich ekelhaft«, äußert sich Fisher. »Ich würde lieber in einer ehrlicheren Branche arbeiten – im Autoverleih zum Beispiel! Die Geschworene wird für ihre Ehrlichkeit bestraft. Aber wir haben uns da einen schweren Fehler geleistet. Wir haben nicht alle Karten ausgespielt! Wir hätten von Pierre Leval verlangen sollen, daß er uns seine Gespräche mit der Geschworenen vorliest. Solange er redete, haben wir wenigstens immer was Neues erfahren.«

Das beste Argument hat Schechter: »Warum hat ihm keiner gesagt: Richter, es handelt sich hier um eine anonyme Jury! Also, entweder war das der Anruf von einem Perversen, oder er kam von der Staatsanwaltschaft!«

Leval hat angeordnet, seine zusätzliche Anhörung der Geschworenen Nummer zwölf zu versiegeln, und trotz einiger Anträge, die Fisher in regelmäßigen Abständen stellt, wird dieser Teil des Protokolls unter Verschluß bleiben.

Aufs neue wird gewartet, Karten gespielt, Siesta gehalten. Am Nachmittag treibt der Gerichtssekretär die Anwälte wieder zusammen. Die Jury hat eine Nachricht geschickt, sie wolle das rote Notizbuch Mazzurcos einsehen. Die Geschworenen scheinen sich im Eiltempo durch die Anklagepunkte zu arbeiten; lauter schlechte Nachrichten für die Angeklagten und ihre Anwälte.

Die Verteidigung ist einstimmig der Meinung, daß man es bei den elf verbliebenen Geschworenen mit einer beinharten, zu allem entschlossenen Jury zu tun habe. Wer jetzt noch dabei ist, der *will* dabeisein, weil mittlerweile auch der letzte kapiert haben muß, wie er herauskommen könnte, wenn er nur wollte. Der ganze Vorgang schüchtert sie nicht im geringsten ein. Sie sind fest davon überzeugt, den Fall im Griff zu haben. Sie haben nicht den leisesten Verdacht, daß selbst die Verteidiger diesen Prozeß nicht alle in seiner ganzen ungeheuerlichen Fülle bis in die letzte Einzelheit durchschauen.

Samstag, 28. Februar 1987. Wieder einmal ist der Foley Square praktisch verwaist. Joe Benfante fährt mit einem auffälligen roten Zweisitzer vor, dem Mercedes 560 SE, den er sich bei Bronson, der nebenbei auch mit deutschen Importwagen handelt, gekauft hat. Er holt zwei faltbare Strandstühle aus dem Kofferraum, auf denen er während der Pokerpartie der Anwälte immer wieder mal ein Schläfchen macht. Als er aus dem Aufzug kommt, verkündet der Gerichtssekretär das Eintreffen einer neuen Nachricht aus dem Geschworenenzimmer. Es dauert eine ganze Weile, bis die Gemeinde zusammengetrieben ist. Die Anwälte sitzen beim Pokern, die Angeklagten kauern in verrauchten Nischen auf Eichenbänken, Badalamenti und die anderen Häftlinge müssen erst aus ihrer Wartezelle hinter den Gerichtsräumen geholt werden.

Als alles versammelt ist, verliest Leval die Nachricht. »Kann Punkt 4 der Verabredungsklage auch als eine der beiden vom RICO-Gesetz geforderten Handlungen im Sinne eines organisierten mit illegalen Mitteln betriebenen Geschäfts betrachtet werden?« Anwälte und Richter haben über diesen Punkt bereits vor vielen Monaten debattiert und eine Entscheidung getroffen. Leval verkündet, er werde den Geschworenen schreiben: »Ja, das dürfen Sie – gezeichnet: Richter Leval.« Das Ganze geht auf einer Fotokopie ihrer Anfrage an die Geschworenen zurück.

Was sich da für einen juristischen Laien wie unwichtiger Kleinkram anhört, ist laut Kennedy ein wirklich schlechtes Zeichen. Die Nachricht kann nur bedeuten, daß die Geschworenen Catalano im Sinne von Punkt 4 bereits schuldig gesprochen haben, also zum Anklagevorwurf des fortgesetzten Handels im Einvernehmen mit anderen – im Klartext, man ist der Meinung, daß er bei dem Treffen in jenem Bauernhaus in Bagheria zugegen war. Jetzt haben sie die Zustimmung, weiterzumachen und ihn auch im Sinne der RICO-Anklage schuldig zu sprechen.

Sonntag, 1. März 1987. Mittagspause im Gerichtsgebäude. Ein frostiger, verregneter Tag. Benfante hat entschieden, es sei an der Zeit, etwas Schlaf nachzuholen und hat sich eine bequemere Strandliege mitgebracht. Unter einer Rauchwolke im leeren Gerichtssaal sitzen Malerba, Bergman, Lombardino und Koppelman in eine Partie Poker vertieft. Koppelman liegt vorne, aber auch Malerba gewinnt. Sein Mandant, in einer teuren, auf alt getrimmten Pilotenlederjacke, schaut Malerba über die Schulter hinweg ins Blatt. Catalano scheint sich jetzt bei weitem wohler zu fühlen als in dem viel zu engen Anzug, den er zu den Sitzungen trug; er sieht jetzt weitaus mehr nach dem hartgesottenen Mafioso von der Straße aus.

Draußen auf dem Korridor breiten Casamento und Amato ein großes weißes Tischtuch über den schweren Eichentisch, auf dem normalerweise die im Gerichtssaal verbotenen Zeitungen liegenbleiben. Wenn sie schon auch den Sonntag im Gericht zubringen müssen, haben die Angeklagten gedacht, dann können sie auch genausogut etwas Anständiges essen und haben sich ein komplettes sizilianisches Picknick mitgebracht. Der Tisch ist voller Aluminiumschalen mit Kroquetten, gebackenen Kichererbsen, Tintenfischsalat und anderen Leckerbissen. Sal Catalano hat einige Schachteln süßer Cannoli aus seiner Bäckerei mitgebracht, dem Vernehmen nach die besten in ganz Queens. Alle sind herzlich eingeladen, einschließlich der den Sitzungssaal bewachenden Marshals. Die lehnen jedoch dankend ab.

Mario Malerba ist eher nach einem warmen Mittagsmahl und einem Schluck Wein. Die vielen Restaurants in der Nachbarschaft des Gerichtsgebäudes haben alle geschlossen. Malerba hämmert jedoch so lange an die Tür des Pasta Pot, bis der Besitzer endlich persönlich herausspäht, den hungrigen Anwalt erkennt, ihn umarmt und davoneilt, um seinem alten Freund eine selbstgekochte Köstlichkeit aufzutischen: Ziti mit Tomatensoße und Wein auf Kosten des Hauses.

Malerba ist ein scharfsinniger Analytiker, was Jurys anbelangt, und behauptet, die Pizza-Jury längst durchschaut zu haben. Inzwischen, so meint er, hätten die Geschworenen ihre Entscheidungen, was die Hauptangeklagten anbelangt, bereits gefällt. Er ahne »Schlimmes«, vor allem nach dem Verlust der Nummer zwölf. »Ohne sie schaden die anderen potentiellen Sympathisanten der Verteidigung nur.« Er ist der Meinung, sie habe besonders Manny Moore und Joe Benfante gemocht und bekräftigt die Ansicht, die Anklagevertretung habe sie unbedingt loswerden wollen. Von seinem Platz im Gerichtssaal aus hat er den Geschworenen Nummer zwei genau im Blickfeld, einen Telefontechniker im Ruhestand, ein Mann, der – wie Malerba glaubt – einen starken Sinn für Moral besitzt und sich von »Halbseidenem« abgestoßen fühlt. Er schließt dies aus einer Antwort, die Nummer zwei vor langer Zeit während einer Geschworenenanhörung gegeben hat und laut der Jimmy Breslin seine Reportagen von einem Barhocker aus mache. Jetzt habe Nummer zwei »Dick Martins halbseidene Art« erkannt, weil der durchzublicken lassen versuchte, daß eine Stimme gegen die Staatsanwaltschaft auch eine Stimme gegen ihren heißgeliebten Pierre Leval wäre: »Wenn Sie uns Betrüger nennen, dann müssen Sie auch den Richter miteinschließen.« (Dieser Satz hatte ihm seitens der Verteidigung fünf oder sechs Einreden und zwei Rufe nach einem Verfahrensfehler eingebracht.)

Mit Hilfe biographischer Details und seiner Beobachtungen im Gerichtssaal analysiert Malerba auch die übrigen zehn Geschworenen. Sein Wissen um das, was im und um das Gericht getratscht wird, erweist sich dabei als geradezu enzyklopädisch. So weiß er zum Beispiel, daß eine der früheren Geschworenen – auch sie ist inzwischen entlassen worden – die Frau jenes Kriminalbeamten war, der Malerbas verstorbenen Mandanten Cesare Bonventre nach dem Mord an Galante einem Lügendetektortest unterzog.

Sachverständig weiß Malerba auch die Persönlichkeitsunterschiede von Bonventre, Amato, Ganci und Catalano zu umreißen; er hat sie alle bei verschiedenen Gelegenheiten vor Gericht vertreten. Bonventre sei ein extravaganter Schürzenjäger gewesen. Amato sei da viel vernünftiger. Ganci sei ein Verschwender gewesen und habe ständig Geld gebraucht. Catalano sei dagegen ein stiller Mann mit gemäßigten, ja bescheidenen Bedürfnissen, der mit seinem Schicksal zufrieden sei und »nicht dazu neigt, mit Geld um sich zu werfen.« Er trinke nur Coca-Cola und fahre ein ganz und gar unauffälliges Auto.

»Aber trotzdem war er es, der alle anderen aus dem Dreck gezogen hat.«

Wenn die Pizza-Angeklagten »untergehen«, wie Malerba argwöhnt – obwohl er das nie sagen würde, weder im noch außerhalb des Gerichtsgebäudes –, dann wolle er lieber erst gar nicht daran denken, was wohl aus der Gemeinde rund um die Knickerbocker Avenue wird. Er befürchtet außerdem, daß Catalano, falls man ihn wegen der Anklage im Sinne des Paragraphen 848 zu lebenslanger Haft verurteilt, sich das Leben nehmen wird, um es seiner Frau zu ersparen, für den Rest ihres Daseins an einen lebendig Begrabenen gebunden zu sein. Catalano bete seine vierjährige Tochter geradezu an, und »würde garantiert an den Rand des Zusammenbruchs getrieben«, falls man ihn für immer von ihr trennen würde.

Montag, 2. März 1987. Im Gerichtssaal. Die Geschworenen beraten heute den fünften Tag; am letzten Mittwoch um 15.28 Uhr haben sie sich zur Beratung zurückgezogen. Einige Anwälte halten sich in der Cafeteria auf, andere sitzen an ihren Tischen im Sitzungssaal, um etwas von dem aufzuarbeiten, was sich während der letzten siebzehn Monate angesammelt hat. Die Angeklagten und ihre Familien sitzen in kleinen Grüppchen beieinander und stecken die Köpfe zusammen.

11.15 Uhr. Die Jury schickt ihre sechsundzwanzigste Mitteilung. Sie bittet um ein frisches Formular für ihren Urteilsspruch und um die Observationsberichte für den 22. Juli 1983. »Wir haben vier oder fünfmal nachgesehen«, sagt Freeh, »aber unter dem Beweismaterial ist nichts dergleichen zu finden.« Ken Kaplan, der eben hereingekommen ist, will helfen und bemerkt, daß die Jury wahrscheinlich den 24. meine, den Tag, an dem die Agenten das Treffen zwischen Ganci und Mazzara beobachteten! »Kenny!« tönt es entsetzt von einigen seiner Kollegen auf den hinteren Bänken. Das ist nun wirklich nicht die Zeit, den Feind zu unterstützen! Der Anklagepunkt, über den die Geschworenen Informationen haben wollen, befindet sich auf Seite 57 des Formulars für den Urteilsspruch, also nur zwei Seiten vor dem Schluß.

Um 15.20 Uhr geht Fisher auf dem Korridor auf und ab und trinkt seine fünfte große Cola dieses Tages, als sich eine Schar junger Frauen an ihm vorbei in den Sitzungssaal drängelt. Es handelt sich um Sekretärinnen und Gehilfen der Bundesstaatsanwaltschaft – ganz offensichtlich haben sie Blut gewittert. Hinter ihnen kommt eine Abteilung zusätzlicher Marshals. Sal Catalano hält in seinem Auf und Ab auf dem Korridor inne, um sich das Aufgebot anzusehen. Irgend etwas geht da vor.

15.35 Uhr. In dem stillen Gerichtssaal sitzt Kennedy auf seinem Platz in der ersten Reihe, den Kopf tief nach vorne gebeugt, während ihm Manny Moore die Schultern massiert. Nach und nach kommen auch die meisten anderen Verteidiger hereingebummelt. Burke, Querques, Fogelnest und Malerba sind nicht da. Das einzige zu öffnende Fenster steht weit offen. John, seines Zeichens Verwalter der Kopfhörer, verteilt diese flink auf die Plätze der Angeklagten. Keiner weiß so recht, was da vor sich geht. Die Geschworenen sind ja noch nicht einmal fünf volle Tage aus dem Saal.

»Es ist soweit!« sagt Lombardino laut vor sich hin. Als wollte man seinen Ausruf bestätigen, kommen alle fünf Ankläger mitsamt dem Agenten Rooney herein, die Arme vollgepackt mit Büchern und Urteilsformularen. Angeführt werden sie von einem lächelnden Dick Martin. Weitere Marshals treten auf, bis schließlich mehr als zwei Dutzend wie Wachposten zu allen vier Seiten des Saals stehen.

Leval rauscht herein, sein Gesicht ist verschlossen; sein gesamter Stab folgt ihm. Kennedy nimmt sich die Zeit, angefangen bei Badalamenti, jeden der Angeklagten mit einem förmlichen Handschlag zu begrüßen.

»Wir haben Nachricht von der Jury«, verkündet der Richter so feierlich es nur geht. »Sie lautet wie folgt: ›Wir, die Geschworenen, sind zu einem Urteilsspruch gekommen.‹« Es herrscht Totenstille im Saal. Gedämpft dringt das Bimmeln einer Glocke aus einem der hinteren Räume, dann werden die elf Geschworenen und ihre drei Stellvertreter hereinbegleitet. Sie sehen keinen der Angeklagten an.

Leval und der bierbäuchige Obmann fangen an, sich durch das neunundfünfzigseitige Urteilsformular hindurchzuarbeiten, angefangen mit dem pauschalen Anklagevorwurf der Verabredung zum Rauschgifthandel. »Zu welchem Urteil sind Sie hinsichtlich des Angeklagten Gaetano Badalamenti gekommen?«

»Schuldig«, antwortet der Obmann.

»Sal Catalano?«

»Schuldig.«

Noch achtmal wiederholt der Obmann das Wort. Mazzurco, beide Lambertis, Ligammari, Amato, Alfano, Palazzolo und Evola gehen einer wie der andere unter. Den Frauen und Kindern, die sich auf den Besucherbänken drängen, entkommt zuweilen ein Laut des Entsetzens. Die Männer jedoch bleiben völlig ausdruckslos.

Dann fragt Leval: »Vito Badalamenti?«

»Nicht schuldig.«

Bob Koppelman läßt den Kopf nach hinten gegen die hohe Lehne seines Sessels fallen, als wäre er eben gestorben. Vito rührt sich nicht.

Trupiano? Vitale? Cangialosi? Alle schuldig. Dann: »Salvatore Salamone?«

»Nicht schuldig.« Ein Seufzer von den Zuschauerbänken. Sals Frau beginnt zu weinen.

Greco? Castronovo? Polizzi? Casamento? Alle schuldig. Der Obmann bekommt einen trockenen Hals. Ein Gerichtsgehilfe reicht ihm ein Glas Wasser. Er wendet sich den Anklagepunkten 2–11 auf dem Urteilsformular zu, den gefürchteten Anklagen nach Paragraph 848, für die eine Strafe von mindestens 10 Jahren bis lebenslänglich vorgeschrieben ist. Sieben der Männer sind angeschuldigt. Fünf von ihnen werden schuldig gesprochen: Badalamenti, Catalano, Joe Lamberti, Castronovo und Alfano. Sal Lamberti ist nicht schuldig, ebensowenig Sal Mazzurco. Auf Benfantes Gesicht bricht ein fast irres Lächeln durch. Schechter strahlt. Ihre Mandanten behalten, wie auch alle anderen Angeklagten, ihr Pokergesicht bei.

Als nächstes verliest der Obmann die Entscheidungen bezüglich der fünf Tatbestände innerhalb einer jeden Anklage gemäß Paragraph 848. Seine Aufzählung bewiesener und nicht bewiesener Verbrechen ist verwirrend. Badalamenti wurde durch die Bank in allen Anklagepunkten für schuldig befunden; er hat sich fünfundzwanzig einzelner Straftaten schuldig gemacht, darunter auch der Einfuhr von zweiundzwanzig Kilo Kokain (die zweiundzwanzig Behälter aus Florida) und der Verteilung von Kokain, wobei ihm Evolas Haus als Stützpunkt diente.

Catalano wird für schuldig befunden, fünfzehn namentlich genannte Personen – einschließlich Ronsisvalle, Benny Zito und Joe Ganci – beaufsichtigt und neunundzwanzig Straftaten begangen zu haben; dazu gehört auch der Besitz jenes Heroins aus dem Bauernhaus in Bagheria, die Verschiffung der einundvierzig Kilo aus Mailand und der Besitz von fünf verschiedenen Quantitäten Heroin zu jeweils mehreren Kilo zum Zweck der Veräußerung; letztere sind die in Mazzurcos rotem Notizbuch aufgeführten; dazu kommt noch die versuchte Einfuhr von zweiundzwanzig Kilo Kokain (wieder jene zweiundzwanzig Behälter) nach Florida.

Joe Lamberti wurde für schuldig befunden, sechs Personen, einschließlich DeVardo und Cangialosi, beaufsichtigt und sechsundzwanzig weitere Tatbestände erfüllt zu haben; darunter fallen die Zito-Drogen und jene zweiundzwanzig Behälter, nicht allerdings das Rauschgift Cocilovos.

Pietro Alfano wird für schuldig befunden, acht Personen organisiert zu haben, einschließlich seiner Frau, und fünfundvierzig weitere Tatbestände erfüllt zu haben, einschließlich der versuchten Einfuhr besagter zweiundzwanzig Behälter; dazu kommen noch zweiundvierzig Fälle von Begünstigung von Drogengeschäften durch Telefonate.

Frank Castronovo ist schuldig, sechs Leute organisiert und dreiundzwanzig Tatbestände erfüllt zu haben, einschließlich des Besitzes jener jeweils mehrere Kilo umfassenden Mengen Heroin, die in Mazzurcos rotem Notizbuch aufgelistet sind, sowie die Verteilung der Benny-Zito-Drogen. Aber er war nicht in dem Bauernhaus in Bagheria; ebensowenig hat er mit den einundvierzig Kilo aus Mailand zu tun.

Der Obmann geht zu den Anklagepunkten 12–15 über, die Verstöße gegen Bank- und Devisenbestimmungen. Catalano, Castronovo und Greco werden in allen Anklagepunkten, die mit Geld zu tun haben, für schuldig befunden. Salamone ist zweier Finanzvergehen schuldig.

Anklagepunkt 16 umfaßt die RICO-Anklage, die gegen alle Angeklagten, mit Ausnahme der beiden Badalamentis und Alfanos, erhoben wurde. Die Stimme des Obmanns wird kräftiger, als er fünfzehnmal das Wort »schuldig« abspult. Der einzige Schluckauf kommt, als er Salvatore Salamone für »nicht schuldig« erklärt.

Einige Schlußfolgerungen der Geschworenen erscheinen gelinde gesagt etwas exzentrisch. Die Behauptung der Staatsanwaltschaft, Joe Lamberti habe sich auf seiner Brasilienreise mit Gaetano Badalamenti getroffen, wird als nicht erwiesen eingestuft. Das gleiche gilt für Baldo Amatos Telefongespräch mit Joe Ganci, obwohl sechs tödlich langweilige Tage lang in allen Einzelheiten Zeugen dazu aussagten.

Joe, der Gerichtsgehilfe, befragt die Geschworenen nun einzeln und bittet um die Bestätigung des Urteils. Zum ersten und letzten Mal hört man ihre elf Stimmen, als jeder sein knappes »Ja« von sich gibt.

16.45 Uhr. Leval bittet die Marshals, die Jury für einige Augenblicke in ihren Raum zu bringen. Kennedy spricht leise mit dem vor ihm stehenden Badalamenti. Der Gerichtsgehilfe stellt das Glas Wasser wieder auf seinen angestammten Platz auf der Schranke vor dem Zeugenstand.

Leval hat jetzt siebzehn für schuldig befundene Männer an der Hand. Es ist an der Zeit, die Sitzordnung neu zu gestalten. Wie Hirtenhunde machen sich die Marshals daran, die Männer in die beiden vorderen Reihen zu treiben. Sal Salamone hebt zwei Finger in Richtung seiner Frau und ruft: »*Due! Due* Vergehen!« Fünf Marshals postieren sich an einem Ende, zehn am anderen Ende der beiden Reihen voll geschlagener Sizilianer. Ein weiteres Dutzend Marshals lehnt an der rückwärtigen Wand. Zwei oder drei stehen an jedem Ausgang des Gerichtssaals. In der vorletzten Reihe sitzt still und leise Rudolph Giuliani, umgeben von seinen Gehilfen; er arbeitet an seiner Presseerklärung.

Martin beantragt, sofort alle wieder in Gewahrsam zu nehmen, »zum Schutz der Gemeinschaft, die es verdient hat, eine Zeitlang Ruhe vor diesen Leuten zu haben«. Leval stimmt dem zu. Martin würde auch gerne gleich über die Einziehung der Besitztümer sprechen, die das Gesetz bei Verurteilungen nach dem RICO-Paragraphen und dem Paragraphen 848 erlaubt.

»Nein, bitte nicht!« ruft Lombardino. »Ich bin emotionell und physisch völlig ausgelaugt!«

»Ich kann die Geschworenen einfach nicht mehr länger hierbehalten«, sagt Leval.

Dieses Mal greift Freeh ein. »Wir haben es hier mit Gütern im Wert von vielen Millionen Dollar zu tun ... Das Gericht versagt der Staatsanwaltschaft ein Recht, das uns gesetzlich zusteht.« Er hat einen Vorschlag: Warum wolle man nicht die Geschworenen befragen? Die Anfrage wird prompt beantwortet: »Wir, die Geschworenen, wünschen an dem oben erwähnten Verfahren nicht teilzunehmen.«

Leval befiehlt, die Geschworenen wieder hereinzuholen, dann dreht er sich auf seinem Sessel in ihre Richtung, um seine Rede zu halten. Er ergeht sich in Bewunderung für ihre Intelligenz, ihre Ausdauer und die Seelenstärke der Stellvertreter. Dann wendet er sich dem Problem der Schweigepflicht für Geschworene zu. »Ich schlage vor, daß jeder von Ihnen mit jedem anderen Geschworenen eine Art Bund, eine Art Übereinkommen eingeht, daß alles, was ein jeder von Ihnen im Juryzimmer zu irgendeinem anderen Geschworenen sagen mußte, Ihr Geheimnis bleibt, das Geheimnis der Jury. Eine Jury spricht mit der Außenwelt nur ein einziges Mal, und das ist, wenn sie ihr Urteil verkündet. Und ich würde Ihnen vorschlagen, sich Gedanken über Sinn und Wert dieser Maßnahme zu machen.«

Leval legt eine kurze Pause ein, um die Worte wirken zu lassen, dann fügt er hinzu: »Ich kann Ihnen gar nicht sagen, wie tief beeindruckt ich von Ihnen bin. Die Jury ist damit entlassen. Sie dürfen wieder in Ihr Leben zurückkehren.«

Kein einziger der Geschworenen wirft auch nur noch einen Blick in den Saal oder auf einen der Leute darin. Eine der Stellvertreterinnen drückt einem Marshal ein Küßchen auf die Backe. Dann sind sie verschwunden.

Dienstag, 3. März 1987. Auf dem Korridor vor Levals Gerichtssaal. Im Sitzungssaal ist ein grimmiger Streit um die Kautionen entbrannt. Da die Geschworenen nun entlassen sind, nimmt man es mit dem Protokoll nicht mehr so genau, und jene Anwälte, deren Gegenwart nicht erforderlich ist, stehen rauchend draußen auf dem Korridor herum und diskutieren die Urteile.

Letzten Abend waren Bronson, Fisher und Bergman zusammen beim Essen, und sie sind dabei zu folgendem Schluß gekommen: »Ganz egal, was wir auch gesagt hätten, es hätte nichts genutzt. Das Ganze war letztlich ein *fait accompli.* Wenn man die Geschworenen wegschließt, ihnen eine 120seitige Anklageschrift plus 350 Seiten Material und Anklagen und dann noch ein Tabellenbuch über 410 Seiten in die Hand drückt – nicht zu vergessen die 59 Seiten des Urteilsformulars –, die können das doch gar nicht alles in weniger als zwei Tagen gelesen haben. Ich meine, wann haben die dann beraten? Es ist einfach unvorstellbar, daß eine Jury in einem solchen Prozeß in weniger als zwei Wochen endgültige Entscheidungen treffen kann.«

Paul Bergman: »Ich bin völlig am Boden zerstört. Auf so etwas war ich nun wirklich nicht gefaßt gewesen. Auch die Staatsanwaltschaft hat das nicht einen Augenblick erwartet. Ich mache das nun seit fünfzehn Jahren, und ich habe mich noch nie über eine Jury beschwert, aber das hier stinkt zum Himmel! Es ist doch der blanke Hohn, die Jury kann das einfach nicht alles durchschaut haben.«

Harriet Rosen: »Die Tabellenbücher wurden angeblich als Gedächtnisstütze für die Geschworenen in den Prozeß eingeführt, und dann wurden sie auf einmal zum Evangelium. Das wird mit Sicherheit eine Änderung der Beweisregeln zur Folge haben. In Zukunft werden sich die Ankläger alle möglichen belastenden Tabellen aus den Fingern saugen, und wenn man sie darauf anspricht, dann werden sie dem Richter sagen: ›Aber Euer Ehren, damals beim Pizza-Prozeß haben wir es doch genauso gemacht, wir werden damit eine Menge Zeit sparen.‹ Es handelt sich hier um einen schlimmen Präzedenzfall. Die Staatsanwaltschaft wird von den schlimmen Verfahrenspraktiken profitieren, die man ihr in diesem Prozeß gestattet hat. Ich glaube nicht, daß unter diesen Umständen jemand einen fairen Prozeß hätte kriegen können.«

Bob Fogelnest: »Ich hatte einen unschuldigen Mandanten. Faktisch unschuldig. Aber meiner Meinung nach ist hier das Strafrechtssystem zusammengebrochen. Das Jury-System ist solchen Geschichten einfach nicht gewachsen. Unsere Geschworenen wurden übers Ohr gehauen. Und damit wurde auch das Volk übers Ohr gehauen. Und während die Ankläger jetzt da drinnen sitzen und sich auf die Schultern klopfen, brauche ich nur auf die Straße zu gehen und kann mir soviel Heroin oder Kokain kaufen, wie ich nur will! Das Angebot an Dope, das heute zu haben ist, hat sich wegen diesem Prozeß nicht um ein Gran reduziert.«

Mario Malerba: »Ich wußte schon am Sonntag, daß es soweit war. Deswegen war ich auch am Montag, als sie zurückkamen, nicht hier. Ich hätte es einfach nicht ertragen. Die Geschworenen hatten einfach die Nase voll. Wenn Pierre Leval sie nicht schon vor Beginn ihrer Beratung isoliert hätte, dann hätten die zwei Wochen lang beraten. Das ist so das Maximum an Isolation, das eine Jury ertragen kann. Wenn

Sie einen großen Prozeß mit einer anonymen Jury beginnen, jeden durchsuchen, der in den Sitzungssaal will, den ganzen Laden mit Marshals vollstellen und dann auch noch die Jury abschirmen, dann haben Sie alles Menschenmögliche getan, um eine Verurteilung unvermeidlich zu machen. Giuliani ist jetzt der Mann auf dem weißen Roß, der edle Ritter. Und die, denen seine Großtaten unter die Haut gehen, sind morgen unsere Geschworenen.«

Eleanore Kennedy: »Dieses Ergebnis war unvermeidlich. Vier Faktoren haben uns das Grab geschaufelt. Schon einer allein hätte genügt. Mit vieren, da war die Niederlage doch schon gesichert. Nummer eins war, daß sich Leval von vorneherein weigerte, die einzelnen Verfahren abzutrennen. Zweitens die anonyme Jury. Drittens die extreme Dauer des Prozesses, die es den Geschworenen einfach unmöglich machte, das ganze Beweismaterial im Kopf zu behalten. Und der vierte Faktor war, daß Leval auf Geschworenenschau ging, bis er die richtigen beieinander hatte.«

»Der Richter ist im Saal! Oyez! Oyez!« ertönt der rituelle Ruf noch einmal durch die Granitflure. Was für eine Wohltat für diese erschöpften, geschlagenen Anwälte, zu wissen, daß sie ihm nach dem heutigen Tag nicht mehr Folge zu leisten haben.

Im Sitzungssaal geht der brutale Streit um die Kautionssummen weiter. Die Staatsanwaltschaft versteift sich auf den Standpunkt, daß es sich bei all diesen Männern um gefährliche Kriminelle handelt und daß sie jetzt, wo sie für schuldig befunden wurden, mit Sicherheit fliehen werden, falls man sie nicht bis zur Verurteilung einsperrt. Martin springt auf und bellt durch den Saal wie ein Bluthund; er verlangt, daß Sam Evola keinesfalls gegen Kaution freigelassen werden dürfe. Evola habe sogar *während* des Verfahrens mit Rauschgift gehandelt, behauptet er, und er habe dabei seine Söhne als Kuriere benutzt.

Das ist zuviel für Christine Evola, die sofort auf den Hauptankläger zugeschossen kommt: »Du Scheißkerl! Du könntest meinem Mann noch nicht mal die Schuhe putzen!«

Schechter führt einen heftigen Kampf, um Sal Lamberti das Gefängnis zu ersparen. In seiner Akte ist nirgendwo von Gewalttaten die Rede, es gibt keine Schußwaffen, keine Morde. Von allen Angeklagten dieses Prozesses hatte keiner mehr Möglichkeiten zur Flucht als der halbinvalide Lamberti, den man vor kurzem eine Niere entfernt hat und dem man während des Prozesses monatelang wegzubleiben erlaubt hatte. Seit seiner Verhaftung mußte man ihn nicht weniger als fünfmal in die Notaufnahme transportieren. Er hat nicht die geringste Chance, im Gefängnis eine geeignete Diät oder eine ärztliche Versorgung zu bekommen. »Zu fliehen würde für ihn das Ende bedeuten!«

Ungerührt verkündet Freeh, daß man durch das Urteil der Jury zu einer vorbeugenden Haft gezwungen sei, »sowohl aufgrund der bestehenden Fluchtgefahr, als auch um Gewalttaten vorzubeugen«. Der Staatsanwaltschaft lägen Informationen vor, laut denen Lamberti geplant habe, die Vereinigten Staaten zu verlassen, um sich mit Gaetano Badalamenti zu treffen.

»Das ist nicht wahr!« brüllt Schechter.

Fogelnest ist wütend genug, um Freeh aufzufordern, mit ihm vor die Tür zu kommen; dort werde er ihn »verklagen«.

Von diesem Schauspiel deprimiert wandern einige Beobachter nach unten in den leeren Sitzungssaal, wo Gaetano Badalamenti mit seinem Anwalt darauf wartet, auf Grund seiner Weigerung, die Fragen der Staatsanwaltschaft zu beantworten, wegen Mißachtung des Gerichts angeklagt zu werden. Der Richter und der Ankläger sind noch nicht da.

Hier unten herrscht eine ganz andere Atmosphäre: Die Scheinwerfer des Pizza-Prozesses sind abgeschaltet, und der Hauptangeklagte sieht eher aus wie der entlarvte Zauberer von Oz – ein grauhaariger, verhutzelter kleiner Mann, der längst keine bedrohliche Gestalt mehr darstellt; alleine sitzt er in einem leeren Gerichtssaal, von dem einzigen Marshal, der auf einer Bank vor sich hin döst, noch nicht einmal zur Kenntnis genommen. Außer den beiden Kennedys ist niemand mehr da.

Eleanore beugt ihren Kopf zu Badalamenti hinunter, um ihn mit dem Anflug eines traurigen Lächelns zu fragen: »Wann werden wir beide denn nun Spargelstechen gehen?«

»In dreißig Jahren«, antwortet er ihr auf Englisch, seine Stimme ist fast zärtlich. Dann wirft er einen Blick über die Schulter auf den Richterstuhl und hebt wehmütig die Schultern. »Und damit fünfunddreißig. Aber machen Sie sich keine Sorgen.« Er lächelt sie an. »Spargel wird es dann immer noch geben.«

April 1988: Epilog

Am 22. Juni 1987 verurteilte Pierre Leval Gaetano Badalamenti zu einer Haftstrafe von fünfundvierzig Jahren, allerdings mit dem Zusatz, daß er nicht mehr als dreißig Jahre zu verbüßen brauche. Diese Klausel wurde hinzugefügt, um den Abmachungen nachzukommen, die man bei Badalamentis Auslieferung mit den Spaniern getroffen hatte. Weder Kennedy noch Badalamenti hatten dazu etwas zu sagen; sie erhoben sich noch nicht einmal zur Urteilsverkündung.

Gegenwärtig sitzt Badalamenti im Bundesgefängnis Marion, Illinois, einem gruftartigen, unterirdischen Verließ, das als das schlimmste Gefängnis im Gulag des Bundesstrafvollzugs gilt.

Ebenfalls zu fünfundvierzig Jahren wurde Salvatore Catalano verurteilt; ihn verfrachtete man nach Leavenworth in Kansas, dem »zweitschlimmsten Bunker«. Dort sitzt auch Filippo Casamento ein; er bekam dreißig Jahre; es war seine zweite Verurteilung wegen Heroins.

Salvatore Mazzurco wurde von Richter Leval wegen Verabredung zum Handel mit Betäubungsmitteln zu zwanzig Jahren verurteilt, dazu kamen noch fünfzehn Jahre für die Verurteilung nach dem RICO-Paragraphen; die Strafen sind aufeinanderfolgend zu verbüßen. Er befindet sich derzeit im Bundesgefängnis von Memphis in Tennessee.

Joseph Lamberti wurde auf Grund des Schuldspruchs im Sinne des Paragraphen 848 zu dreißig Jahren verurteilt. Er hat sein Domizil im Gefängnis von Terre Haute, Indiana, aufgeschlagen.

Salvatore Lamberti verbüßt zwanzig Jahre wegen Verabredung zum Drogenhandel im Gefängnis von Lompoc, Kalifornien, einer der annehmbareren Anstalten des Bundesvollzugs.

Frank Castronovo befindet sich in Bastrop, Texas: er verbüßt dort fünfundzwanzig Jahre auf Grund des Paragraphen 848. Giuseppe Vitale sitzt im selben Gefängnis, um eine fünfjährige Haftstrafe abzusitzen.

Salvatore Greco verbüßt zwanzig Jahre wegen Verabredung zum Handel mit Betäubungsmitteln in Alrino, Oklahoma, und als wäre das nicht schon schlimm genug, ist er dort auch noch der einzige Sizilianer weit und breit.

Giovanni Ligammari wurde wegen Verabredung zum Handel mit Betäubungsmitteln zu fünfzehn Jahren Haft verurteilt und in das Gefängnis von Taladega, Alabama, geschickt, wo er sich der Gesellschaft von Giovanni Cangialosi erfreut, den man zu zwölf Jahren verurteilt hatte.

Salvatore Salamone bekam fünf Jahre dafür, daß er die Geldtransaktionen nicht amtlich gemacht hatte, außerdem für Falschaussage und Verabredung zu beidem. Den größten Teil seiner Haftstrafe hatte er zum Zeitpunkt des Urteils bereits verbüßt. Fogelnest hatte es noch während der Verhandlung geschafft, den Anklagevorwurf des Waffenschmuggels aus Pennsylvania auf Grund einer angeblichen Voreingenommenheit der Jury umzustoßen.

Nach dem Prozeß feuerte Salamone seinen Anwalt, »um mich um meine Gebühren zu prellen«, wie der neuerdings glatt rasierte Fogelnest behauptet. Die Staatsanwaltschaft verhandelte den Vorwurf des Waffenschmuggels aufs neue; der neue Anwalt verlor, und Salamone sitzt jetzt für achtzehn Jahre im Bundesgefängnis von Texarkana, Texas.

Noch am letzten Tag vor der Urteilsverkündung entschloß sich Sam Evola dazu, sich im Sinne der Anklagen nach dem RICO-Gesetz und der Verabredung zum Handel mit Betäubungsmitteln für schuldig zu erklären. Der Grund dafür, so sein Anwalt, war ein Versprechen der Staatsanwaltschaft, in diesem Fall von einer Beschlagnahme des Hauses der Familie Evola abzusehen. Dave Lewis betonte außerdem, Evolas Eingeständnis, selbst mit Drogen gehandelt zu haben, sei nicht als Eingeständnis dafür zu werten, daß auch der Alte mit Drogen gehandelt habe.

Richter Leval verurteilte Evola zu fünfzehn Jahren; er sitzt momentan in Black Canyon, Arizona. Lewis ist der Meinung, daß das Schuldbekenntnis gut fünf bis zehn Jahre von seiner Strafe abgezwickt habe.

Emmanuele Palazzolo bekam von Richter Leval zwölf Jahre wegen Verabredung zum Drogenhandel. Er sitzt seine Strafe in Petersburg, Virginia, ab. Giuseppe Trupiano wurde auf Grund derselben Anklage zu einem Jahr verurteilt, hat seine Zeit jedoch bereits abgesessen und ist heute ein freier Mann.

Am Tag des Strafausspruchs stand Polizzi plötzlich auf und bat kläglich um Milde. Richter Leval verurteilte ihn zu zwanzig Jahren. Er sitzt im Bundesgefängnis von Oxford, Wisconsin.

Am Ende des Pizza-Prozesses reichte Paul Bergman schriftlich um die Erklärung eines Verfahrensfehlers mit der Begründung, daß Amatos Verteidigung dadurch, daß die Staatsanwaltschaft in ihrer Eröffnungserklärung den Mord an Galante einbrachte, von vornherein mit ernsthaften Vorurteilen belastet gewesen sei. Baldo Amato wurde erst am 3. Mai 1988 verurteilt. Der Grund für diese außergewöhnliche vierzehnmonatige Verzögerung war Bergmans nachdrücklich vorgebrachte Behauptung, seinem Mandanten stehe die Erklärung eines Verfahrensfehlers zu. Als Gegenleistung dafür, daß Bergman den Antrag fallenließ, erklärte sich die Staatsanwaltschaft schließlich bereit, die Hauptanklage wegen Verabredung zum Handel mit Betäubungsmitteln fallenzulassen und Amato zu gestatten, sich im Sinne des mindergewichtigen RICO-Vorwurfs für schuldig zu erklären. Pierre Leval verurteilte Amato zu einer Haftstrafe von fünf Jahren. Bergmans Übereinkunft mit der Staatsanwaltschaft schloß außerdem jegliche weiteren Anklagevorwürfe gegen Amato in Zusammenhang mit dem Pizza-Fall aus.

Zehn Tage nach der Urteilsverkündung gewährte Richter Leval Amato eine dreimonatige Haftentlassung gegen Kaution, damit er seine Angelegenheiten in Ordnung bringen konnte, bevor er sich im Bundesgefängnis meldete. Laut Bergman erklärte sich Leval auch einverstanden, einen Brief an die Einwanderungsbehörde zu schreiben, in dem er dieser empfahl, keinen Ausweisungsantrag gegen Amato zu stellen, der ja italienischer Staatsbürger ist.

Am Freitag, den 13. Mai, umarmten und küßten sich Anwalt und Mandant in Chinatown vor dem MCC. Als Pat Burke von Amatos Schicksal erfuhr, war er völlig baff. »Mein lieber Mann, wenn das keine Meisterleistung war! Das ist einfach unglaublich. Wer hätte das gedacht?«

Vito Badalamenti, der einzige Angeklagte im Pizza-Prozeß, der in allen Anklagepunkten für unschuldig erklärt wurde, wartet noch immer darauf, seinen ersten Tag in Freiheit zu verbringen. Die Einwanderungsbehörde hat einen Ausweisungsbefehl für ihn durchgesetzt; er versucht sich noch immer mit dem Staat auf ein geeignetes Reiseziel zu einigen. Kurz nach dem Urteil verfrachtete man ihn ins MCC von Chicago, wo er bis jetzt festgehalten wird. Sein gegenwärtiger Anwalt ist der frühere Chef der New Yorker Dienststelle der Einwanderungsbehörde.

Enzo Randazzo wurde im März 1987 in Italien von all jenen Anklagevorwürfen, die mit denen im Pizza-Prozeß identisch waren, freigesprochen. Er lebt heute in seiner alten Mailänder Wohnung, steht noch immer als Vito Randazzo im Mailänder Telefonbuch und handelt noch immer mit Bekleidungsartikeln – Hemden und Trainingsanzügen.

Am 6. Juni 1987 erließ Pierre Leval folgende richterliche Verfügung:

Hiermit wird verfügt, daß kein Anwalt, kein Angeklagter und keine Partei (oder eine Person, die im Namen eines Anwalts, eines Angeklagten oder einer Partei handelt) ohne vorherige Genehmigung des Gerichts mit irgendeinem der Geschworenen in Verbindung treten, den Versuch dazu machen oder irgendwelche Schritte unternehmen darf, die darauf abzielen, Identität oder Aufenthaltsort irgendeines Geschworenen in Erfahrung zu bringen.

New York
6. Juni 1987
verfügt von: Pierre N. Leval,
Justizministerium der Vereinigten Staaten von Amerika

Der Angeklagte Lorenzo DeVardo hatte sich etwa in der Mitte des Prozesses für schuldig erklärt. Die Verkündung des Strafmaßes wurde jedoch bis nach dem Spruch der Geschworenen aufgeschoben. Im Juli 1987 verurteilte ihn Richter Leval wegen Besitzes eines Revolvers zu vier Jahren Gefängnis. Sein Anwalt, Jim Moriarty, konnte seinen Mandanten durch eine Reihe von Verhandlungen um Schulderklärungen und Strafmilderungsanträge noch weitere acht Monate aus dem Gefängnis heraushalten. Schließlich bekam DeVardo am 29. Februar 1988 Bescheid, sich im Bundesgefängnis in Milan, Michigan, zu melden, um seine Strafe anzutreten.

Am 17. Juli 1987 wurde Pat Burke für seinen invaliden Mandanten Pietro Alfano ein Verfahrensfehler zugesprochen, mit der Begründung, Alfano sei gegen seinen Willen während eines großen Teils des Prozesses nicht zugegen gewesen. Burke schaffte es, ihn in sein heimatliches Krankenhaus in Rockford, Illinois, überweisen zu lassen, wo er auf ein Wiederaufnahmeverfahren in allen Anklagepunkten wartet. Die Regierung legte ihrerseits gegen die Entscheidung auf Verfahrensfehler Rechtsmittel ein und versprach, den ganzen Fall gegen Alfano noch einmal aufzurollen, falls nötig. Bis zum August hatte Burke dann ein Abkommen mit Louis Freeh ausgehandelt, wonach Alfano sich im Sinne der Anklage wegen Verabredung zum Handel mit Betäubungsmitteln und der RICO-Klage schuldig bekennen sollte, wofür die Staatsanwaltschaft sich bereit erklären würde, die Anklage wegen Paragraph 848 fallenzulassen. Von seinem Zimmer im Krankenhaus aus unterrichtete Alfano am 14. August per Telefon das Büro von Richter Leval über sein Schuldbekenntnis.

Am 21. Oktober 1987 schob Mrs. Alfano ihren Mann im Rollstuhl in einen kleinen Gerichtssaal im Gebäude des Bundesgerichts in Manhattan, und Richter Leval verurteilte ihn zu fünfzehn Jahren wegen Verabredung zum Drogenhandel; das Eigentum seiner Familie wurde nicht beschlagnahmt. Er bleibt gelähmt und sitzt gegenwärtig in der Krankenabteilung des Bundesgefängnisses von Springfield in Missouri.

Drei Tage nach der Urteilsverkündung für Alfano verkündete ein Sonderbericht auf der ersten Seite der *New York Times*, der Krieg der Regierung Reagan gegen das Rauschgift sei ein Witz.

»Von einem großen Kreuzzug gegen Drogen kann keine Rede sein«, sagte Senator Alfonse M. D'Amato, ein Republikaner aus New York und einer der tonangebenden Kritiker der Maßnahmen, mit denen Reagan dem Drogenproblem beizukommen sucht. »Das Ganze ist ein Schwindel.«

Drei Monate darauf brachte die *Times* erneut einen Artikel über Drogen auf der ersten Seite: CHINESISCHE BANDEN IN NEW YORK AUF DEM VORMARSCH. »Während der Stern der Mafia im Sinken ist und die kriminellen Aktivitäten der Chinesen sich ausbreiten, erklären einige Beamte der Strafverfolgungsorgane, sie befürchteten, das organisierte Verbrechen der Chinesen werde sich schließlich und endlich nicht weniger Reichtum und Einfluß verschaffen als das der Italiener in den letzten fünfzig Jahren ... Chinesische Verbrecher sind ein besonders schwer faßbares Ziel für die Strafverfolgungsbehörden, weil sie oft Dialekte sprechen, die die Polizei nicht versteht und ihre Decknamen ständig verändern. Darüber hinaus arbeiten sie nur zeitlich begrenzt in bestimmten Gruppierungen zusammen, die damit weder die Struktur noch die Berechenbarkeit traditioneller italienischer Verbrechergruppierungen haben.«

»Sie folgen einem Prinzip, das mit demjenigen der Cosa Nostra fast identisch ist«, sagte Thomas Sheer am Abend vor seinem Rücktritt als Chef der New Yorker FBI-Dienststelle, die er verläßt, um bei einer Firma einzusteigen, die große amerikanische Konzerne hinsichtlich potentieller Gefährdungen künftiger überseeischer Investitionen durch den Terrorismus berät.

Als ein Jahr später, im März 1988, in New York ein junger Polizeibeamter erschossen wurde, während er alleine in seinem geparkten Streifenwagen saß, waren in New York Bürger wie Beamte gleichermaßen schockiert, empört und zornig. Der Polizist Edward Byrne, 25, war eindeutig das Opfer »unorganisierten« Verbrechens, ein weiteres tragisches Opfer der Crack-Kriege* in Queens. Dieser sinnlose Mord weckte wieder einmal die Sehnsucht nach der guten alten Zeit. »Mit 20000 Dollar und einer Schußwaffe kann heutzutage jeder mitmischen«, stöhnte Thomas A. Reppetto, der Präsident der Citizens' Crime Commission. »Hätte es so etwas wie einen Großen Rat – nach dem Vorbild der Kommission der fünf New Yorker Mafia-Familien – gegeben und hätte man diesem den Plan zu einem derartigen Mord vorgelegt, er wäre sicher abgelehnt worden!«

Ronald Goldstock, eine Kombination aus Polizist und Fachgelehrter in Sachen organisiertes Verbrechen – er steht der Organized Crime Strike Force des Staates New York vor –, erinnerte die Leute daran, daß im Gegensatz zu Sizilien das organisierte Verbrechen in den Vereinigten Staaten traditionell Morde an Beamten der Strafverfolgungsorgane mißbillige. In den dreißiger Jahren zum Beispiel hätten seine eigenen Kollegen aus dem Mob die Hinrichtung von Dutch Schultz angeordnet, um ihn davon abzuhalten, seine Drohung wahrzumachen, den Sonderankläger Thomas E. Dewey zu ermorden.

Am 17. Dezember 1987 endete in Palermo der Maxi-Prozeß mit einer weithin vernehmbaren Niederlage der Mafia: 338 Angeklagte

* Crack: relativ neue Handelsform von Kokain. Das Kokainhydrochlorid (meist jedoch gestrecktes »Straßenkokain«) wird in Wasser gelöst, mit Natriumbikarbonat (Backpulver) gemischt und solange erhitzt, bis das Wasser verdampft ist. Die dabei entstehenden *rocks* werden geraucht. Dadurch, daß der Rauch durch das Lungengewebe direkt in den Blutkreislauf und das Gehirn gelangt, wird die Wirkung beträchtlich verstärkt, wenn auch verkürzt (A. d. Ü.)

wurden auf Grund eines Füllhorns von Strafbeständen für schuldig befunden und zu insgesamt 2000 Jahren Schwedischen Gardinen verurteilt. Sämtliche Angeklagten im Pizza-Prozeß, gegen die in Italien notwendigerweise in absentia verhandelt worden war, gingen mit den anderen unter. Zu den prominentesten Zeugen der Anklage gehörten wiederum die abtrünnigen Mafiosi Tommaso Buscetta und Salvatore Contorno. Einer der 114 im Maxi-Prozeß freigesprochenen Angeklagten wurde nur eine Stunde nach seiner Entlassung aus dem Palermitaner Gefängnis Ucciardone ermordet. »Die Organisation der Mafia funktioniert weiterhin wie ein Uhrwerk«, sagte einer der italienischen Staatsanwälte.

Im Februar 1988 verwarf der italienische Appellationsgerichtshof sämtliche im Maxi-Prozeß gegen die Pizza-Angeklagten ausgesprochenen Urteile mit der Begründung, diese kämen einer Doppelbestrafung im Sinne des 1982 unterzeichneten italienisch-amerikanischen Abkommens zur gegenseitigen Unterstützung bei der Verbrechensbekämpfung gleich.

Im Februar 1988 wurde General Manuel Noriega, der starke Mann in Panama, von zwei amerikanischen Anklagejurys als der größte Kokainhändler der Welt unter Anklage gestellt. Einer der ersten Anwälte, die Noriega wegen seiner Verteidigung anging, war Michael Kennedy.

Im April 1988 kam es dann zu einer wahrhaften »Pizza-Connection«: Kennedy, Fisher, Schoenbach und Moriarty taten sich zusammen und bezogen großräumige neue Büros an der New Yorker Park Avenue. Lewis traf mit Fogelnest ein ähnliches Abkommen, sich die Räume zu teilen, und der letzte Neuankömmling in ihrer Büroflucht heißt Joe Calluori.

Kennedys nächster Prozeß nach dem Pizza-Fall war die unentgeltliche Verteidigung Martin Sostres, jenes gestandenen schwarzen Kämpfers für die Rechte von Häftlingen, dem man einen Mordversuch zur Last legte. Trotz der Aussage dreier Augenzeugen erreichte Kennedy einen Freispruch in allen Anklagepunkten.

Die beiden nächsten Mandanten Ivan Fishers waren ein Arzt, der peripher mit dem Fall Joel Steinberg – Kindesmißbrauch und Mord – zu tun gehabt hatte, und ein angeblicher chinesischer Drogenhändler mit dem Spitznamen King Kon. Keiner der beiden Fälle kam zur Verhandlung.

Joe Calluori schuf in seinem ersten Verfahren nach dem Pizza-Prozeß einen Präzedenzfall, als ein Richter in New Jersey entschied, daß durch Elektrophorese – eine Technik zur Identifizierung von Blut anhand genetischer Merkmale – gewonnenes Beweismaterial nicht wissenschaftlich genug sei, um vor Gericht zugelassen zu werden.

Lewis und Fogelnest machten sich bald zusammen mit Anthony Lombardino an einen weiteren Drogenfall aus dem organisierten Verbrechen. Nach achtmonatiger Beweisaufnahme wurde der Prozeß auf Grund eines Verfahrensfehlers abgebrochen; angeblich hatte man versucht, die Geschworenen zu manipulieren.

Auch Joseph Benfante ist umgezogen; er teilt sich jetzt Büroräume mit Bruce Cutler, dem dynamisch-draufgängerischen Anwalt des organisierten Verbrechens, der im Juni 1987 ein spektakuläres »Nicht schuldig« für den Boß der Gambinos, John Gotti, in einem Prozeß wegen Verabredung im Sinne des RICO-Gesetzes erkämpfte. Benfantes eigener Stern ist seit dem Pizza-Prozeß ebenfalls stetig am Steigen. Im Herbst 1987 erreichte er einen Freispruch in einem Mordprozeß, in dem der Mord nicht nur von einem vorbeifahrenden Taxifahrer beobachtet, sondern der des Mordes Bezichtigte gar mit der Tatwaffe in der Hand nur einen halben Häuserblock von der Leiche entfernt geschnappt worden war.

Robert Koppelman erstritt direkt nach seinem Sieg für Vito Badalamenti drei weitere Freisprüche, zwei davon in Mordprozessen.

Schoenbach sah sich bald wieder in Richter Levals Sitzungssaal, und zwar in einem weiteren RICO-Prozeß. In diesem ging es um die »Westies«, eine Gruppe irisch-amerikanischer Mobster. »Ich mag diese langen Prozesse«, meint er dazu. »Da weiß man wenigstens, wo man hinzugehen hat, wenn man morgens aufsteht.«

Gerald Di Chiara begann in seiner Eigenschaft als Anwalt der Firma Pronto Demolition mit dem Verkauf firmeneigener LKWs, Gebäude und Grundstücke in Brooklyn, um ausstehende Löhne, Steuerrückstände, Gläubiger und die immensen Geldstrafen bezahlen zu können, die Leval Sal Mazzurco und Joe Lamberti aufgebrummt hatte.

Lawrence Ruggiero verhandelte als nächstes einen Fall von Korruption bei der Staatsanwaltschaft in Miami. »Es kam soweit, daß mich schließlich ein Haufen Kolumbianer vor dem FBI und den Bundesstaatsanwälten schützen mußte«, erzählt er. Am Ende des Prozesses hatte der Richter dem Justizministerium die Namen jener FBI-Agenten und Staatsanwälte weitergegeben, die in den Fall verwickelt waren, mit der Empfehlung, Anklage zu erheben.

James Moriarty fand sich als Rechtsbeistand eines Ehemannes in einem komplizierten Ehestreit vor dem Gericht des Queens County wieder. Sein Mandant versuchte das Sorgerecht für sein Kind zu bekommen, mit der Begründung, seine Ex-Frau sei eine schlechte Mutter: Sie hätte mehrere Male versucht, ihn umbringen zu lassen. Die Mutter, eine sizilianische Amerikanerin, behauptete, daß der Mann sie prügle. Ihr Anwalt war kein geringerer als Mario Malerba.

Harriet Rosen eröffnete ihre eigene Praxis und leitete das Berufungsverfahren von Joe Trupiano in die Wege. Lawrence Bronson, Gerald Di Chiara, Kenneth Kaplan, Joseph Ryan und Marvin Schechter vertraten ihre Pizza-Mandanten auch in der Berufungsinstanz. Gemeinsam legte die Verteidigung im Juni 1988 Rechtsmittel ein, und die Staatsanwaltschaft hatte bis zum 1. September Zeit, um darauf zu reagieren. Der neue Chef der Verteidigung im Berufungsverfahren, Barry Fallwick, erwartet den Urteilsspruch jedoch nicht vor dem Sommer 1989.

Paul Bergman, Carol Novack und Genay Leitman sind – wie auch Calluori – dazu übergegangen, solo zu praktizieren. Ruggiero, Bronson, Kaplan, Malerba, Moriarty und Ryan praktizieren weiterhin zusammen mit Partnern.

Larry Bronson übernahm Patsy Contes Prozeß, und es gelang ihm, die Anklage wegen Anstiftung zum bezahlten Mord abzuschmettern. Das Gedächtnis des Zeugen der Anklage erwies sich mit einem Mal als unzuverlässig, als es darum ging, von wem nun das Geld für den Anschlag auf Alfano gekommen sei.

Am 24. Juni 1987 reichte Marvin Segal eine Konkurserklärung ein. Im März 1988 erschien er vor dem Bundesgericht in Puerto Rico als Vertreter von Giuseppe Gambino, eines des Heroinschmuggels angeklagten mutmaßlichen Mitglieds der New Yorker Mafia-Familie Gambino. Mario Malerba trat im Namen eines anderen mutmaßlichen Mobsters auf, die Anklage war die gleiche. Bundesquellen in New York zufolge arbeiteten die beiden Beschuldigten für Patsy Conte senior. Malerba bezeichnete beide Anklagen als »grotesk«.

Im November 1987 reiste Bronson nach Sizilien, um die Übergabe des an die Vereinigten Staaten auszuliefernden Rosario Dispenza zu arrangieren. Dispenza war im Pizza-Fall nur eine unwichtige Randfigur gewesen, spielte aber in einem anderen Drogenfall eine wesentliche Rolle. Für den Pizza-Prozeß war er nur deshalb von Bedeutung, weil eine bei der Durchsuchung seines Hauses in Philadelphia gefundene Hundertdollarnote der einzige Schein ist, der von jenen markierten 600 000 Dollar, die Agent Hopson Benny Zito bezahlt hatte, je wieder aufgetaucht ist. Die restlichen 599 900 Dollar sind nie gefunden worden.

Eines Abends rief Bronson von Palermo aus in der amerikanischen Botschaft in Rom an und mußte zu seiner Verblüffung feststellen, daß er die Stimme auf dem Anrufbeantworter der Botschaft kannte: Es war die von Richard Martin, der mittlerweile der juristische Berater des amerikanischen Botschafters in Italien geworden war.

Während seines Aufenthalts in Palermo fuhr man Bronson heimlich in ein kleines Bergdorf, wo er einem großgewachsenen, gutaussehenden jungen Mann vorgestellt wurde: dem flüchtigen Benny Zito. Wieder daheim in New York rief Bronson Louis Freeh an, mittlerweile Chef der Organized Crime Strike Force bei der Staatsanwaltschaft des Bundesgerichtsbezirks New York Süd, um ihm zu sagen, daß sein Mandant Dispenza sich freiwillig stellen wolle. Alle Parteien kamen überein, daß Dispenza sich stellen und einer Anklage wegen Devisenvergehen für schuldig bekennen solle. Bronson erwartete für seinen Mandanten Haftstrafen von zweimal fünf Jahren, die jedoch gleichzeitig verbüßt werden könnten.

Robert Bucknam und Andrew McCarthy arbeiten weiterhin für die Staatsanwaltschaft des Bundesgerichtsbezirks New York Süd, Charles Rose für den Bezirk New York Ost. Robert Stewart ist bei der Organized Crime Strike Force in Newark, New Jersey.

Rudolph Giuliani machte eine Zeitlang den Eindruck, er wolle sich von den Republikanern als Senator für den Staat New York aufstellen lassen, und er hätte wohl auch recht gute Chancen gehabt, wäre er nicht plötzlich mit Senator Alfonse D'Amato zusammengestoßen. Der wandte sich gegen den Ankläger, als dieser in einem Anfall von Vermessenheit seinen eigenen Nachfolger als Oberbundesstaatsanwalt bestimmen wollte. Giuliani hat sich vorübergehend zurückgezogen.

Im September 1987 deutete man im *New York Newsday* an, im Pizza-Prozeß sei an der Jury manipuliert worden. In einem Artikel über eine neue Welle von Unterweltmorden hieß es, daß man einen Mann aus Brooklyn ermordet hätte, weil sein Versuch, einen Pizza-Geschworenen zu bestechen, fehlgeschlagen war. Pasquale »Paddy Bulldog« Varriale war ein Schmalspurgauner und Spieler gewesen, der vorzugsweise in den Bars und Nachbarschaftsklubs des Mob in Bath Beach, Brooklyn, herumhing, einem wirklich rauhen italoamerikanischen Pflaster, wo Mafiosi, Kredithaie und Spieler den Ton angeben. Das Viertel schließt an Bay Ridge an, das heimatliche Territorium von Bonventre, Amato, Casamento und zahlreichen anderen neuen Einwanderern.

Irgendwann im Winter 1986 behauptete Paddy Bulldog einem ranghohen Mitglied der Familie Bonanno gegenüber, er kenne einen Pizza-Geschworenen, den man eventuell kaufen könnte. Daraufhin drückte man ihm 10 000 Dollar in die Hand für die Bestechung des Geschworenen; Paddy Bulldog behauptete später, der Geschworene hätte plötzlich kalte Füße bekommen und habe sich sowohl geweigert, das Geld zu nehmen, als auch sonst irgendwie mitzuspielen.

Nur vergaß Paddy, seinem Kontaktmann bei den Bonannos etwas von der Weigerung des Geschworenen zu sagen. Er mietete sich eine Luxuslimousine mit Chauffeur, fuhr nach Atlantic City und haute die 10 000 Dollar auf den Kopf.

Anfang Februar 1987 lockte man ihn dann zu einer Pizzeria in der Nostrand Avenue in Brooklyn, um mit ihm einen eventuellen Raubüberfall auf einen der großen Kredithaie zu diskutieren. Ein Freund aus dem Mob, der ihn an jenem Abend begleitete, hatte eine Schußwaffe dabei und drängte Paddy Bulldog, sie in die Pizzeria mitzunehmen. Der weigerte sich jedoch, schließlich kenne er die Typen ja, und das Ganze würde ohnehin nur ein paar Minuten dauern.

Keiner hat ihn mehr lebend zu Gesicht bekommen. Als der Freund schließlich in die Pizzeria ging, um zu sehen, wo Paddy blieb, sagte man ihm, es wäre keiner hereingekommen, auf den seine Beschreibung passe. Einige Tage später fand man Paddy Bulldogs Leiche, an Händen und Füßen gefesselt, in einem Müllsack vor einer Kirche in der Coleman Street im Brooklyner Stadtteil Flatlands.

Vier Monate später fand man in ihren Autos die Leichen von zwei Brüdern aus Bensonhurst, Vinnie und Enrico Carini, beide mit Kugeln im Kopf. Rund um den Bath Beach heißt es, die beiden könnten diejenigen gewesen sein, die Paddy Bulldog in die Pizzeria gelockt haben. Im September wurde Paddy Bulldogs Halbbruder Carmine, ein Mitglied der Luccheser, mitten auf der Straße erschossen, als er aus der Big Apple Two-Way Radio Company an der Bath Avenue kam. Die Radio Company ist der Nachbarschaftsklub eines Capos der Bonannos.

Staatsanwälte wie Richter räumen ein, der Prozeß um die Pizza-Connection sei nicht zuletzt eine Folge des wachsenden Vertrauens der Staatsanwaltschaft in das RICO-Gesetz gewesen. Seit den ersten Riesenprozessen im Jahre 1978 prangert die Strafverteidigerkammer diese Art von Gerichtsverfahren an; wie hier die Prinzipien eines ordentlichen Verfahrens und die im 6. Verfassungszusatz garantierten Rechte der Bequemlichkeit und dem persönlichen Karrieredenken der Staatsanwaltschaft geopfert würden, sei ebenso beängstigend wie skandalös. Das Justizministerium beharrte jedoch auf seinem Standpunkt, Massenprozesse seien für eine zügige, wirksame und wirtschaftliche Arbeit der Staatsanwaltschaft unabdingbar, vor allem in Prozessen gegen das organisierte Verbrechen; höchstrichterliche Entscheidungen des Obersten Bundesgerichtshofes halten diesen Standpunkt aufrecht.

Ende August 1987, drei Monate nach der Verkündung des Strafmaßes für die Pizza-Angeklagten, kam ein führender Beamter der Bundesgerichtsbarkeit, der Präsident des Bundesgerichtsbezirks New York Ost, Richter Jack B. Weinstein, zu dem Schluß, das Pendel habe nun weit genug in die falsche Richtung ausgeschlagen. Was da als sogenannter Megaprozeß unter besonders eifrigen Staatsanwälten zum letzten Schrei geworden sei, setze nicht nur die Juries, sondern auch Anwälte und Richter in unzumutbarer Weise der Gefahr nervlicher Zerrüttung aus. Diese Prozesse bedrohten die grundlegenden Prinzipien der Menschlichkeit, die in jedem Bereich unseres Strafrechtssystems gegenwärtig zu sein hätten. Es wäre zuträglicher, klüger und billiger, getrennte Verfahren in die Wege zu leiten.

Der Prozeß, der ihm Anlaß zu diesen Bemerkungen gegeben hatte, war *Die Vereinigten Staaten* gegen *Gallo*, in dem sechzehn Personen aus dem organisierten Verbrechen im Sinne des RICO-Gesetzes angeklagt waren. Richter Weinstein trennte den Fall in sechs separate Verfahren. Über den Zeitraum eines Jahres hinweg erreichte Douglas Grover von der Staatsanwaltschaft des Bundesgerichtsbezirks New

York Ost elf Verurteilungen. Zwei der Angeklagten starben, oder zumindest ging man von ihrem Ableben aus, zwei wurden freigesprochen, und in einem Fall stand das Urteil noch aus.

In seiner gefeierten 68seitigen Erklärung schrieb Weinstein das juristische Gegenstück zu dem Ausruf des kleinen Jungen aus dem Märchen: »Der Kaiser hat ja gar nichts an!«

»Die Gerichte müssen sorgsam darauf achten, vor allem eines zu vermeiden: das Schreckgespenst einer Schuldzuweisung durch Assoziation oder, was noch weit wahrscheinlicher ist, das einer Schuldzuweisung durch Verwirrung«, warnte er.

»Als Präsident dieses Gerichts hatte ich Gelegenheit, Richter bei Prozessen zu beobachten, die viele Monate dauerten. Die Auswirkungen auf die Gesundheit eines Richters geben Anlaß zu ernsthaften Bedenken. Die mit einem derart langen und komplexen Prozeß einhergehende Streßsituation bringt den Richter – vor allem dann, wenn er ständig Entscheidungen zu treffen hat, die sich an der Grenze der Beweisbarkeit und des Vorurteils bewegen – an den Rand der Erschöpfung. Die Sorge um die häufigen Vertagungen auf Grund der unvermeidbaren Probleme von achtzehn Geschworenen, zehn oder mehr Angeklagten, zehn oder mehr Rechtsbeiständen, dem Personal der Anklagevertretung, den Zeugen oder anderem Personal, das zu jedem Zeitpunkt vollzählig anwesend zu sein hat, schafft zusätzliche Spannungen. Der bereits überlastete Terminkalender gerät gänzlich aus den Fugen, und die Rechtsprechung wird hinsichtlich sämtlicher Fälle eines Gerichts in unzumutbarer Weise verzögert. Effektiv gesehen präsidiert der Richter einem Gericht, in dem nur ein einziges Verfahren verhandelt wird.«

Zum Sachverhalt der Verfahrensfehler schrieb Richter Weinstein, der Zwang, ein Wiederaufnahmeverfahren zu vermeiden, werde so groß, daß »die Möglichkeiten des Richters, unvoreingenommen und objektiv zu bleiben, stark gefährdet sind«. Einen Prozeß auf Grund eines Verfahrensfehlers abzubrechen werde dabei undenkbar, selbst wenn einer der Angeklagten verschwunden oder verstorben sei.

Die Auswirkungen auf die Geschworenen seien kontraproduktiv. Die Geschworenen würden über lange Zeiträume hinweg aus ihrem normalen Leben gerissen und hätten Tag für Tag stundenlang schweigend in einem Gerichtssaal zu sitzen. »Diese Prozedur wirkt sich zweifelsohne kräftezehrend, desorientierend, erschöpfend und oft genug auch demoralisierend aus.« Die Geschworenen hätten die intellektuelle Großtat zu vollbringen, Beweismaterial auf einige der Angeklagten anzuwenden, das für andere wiederum nicht in Betracht komme, und riesige Mengen an Informationen zu absorbieren, von denen auch noch jede einzelne hinsichtlich ihrer Glaubwürdigkeit abgeschätzt werden müsse.

Die Folgen für die Verteidiger, vor allem solche, die solo praktizieren oder kleinen Anwaltsfirmen angehörten, seien katastrophal. Die Teilnahme an einem solchen Prozeß verlange von einem Anwalt, sich praktisch nur noch einem einzigen Mandanten zu widmen. Weinstein drückt das so aus: »Die Vertretung eines dieser Angeklagten läuft faktisch darauf hinaus, alle anderen Mandanten fallenzulassen.«

In einem Kommentar zu Richter Weinsteins Entscheidung im *National Law Journal* schrieb die ausgezeichnete Rechtsjournalistin Marcia Chambers: »Erfahrene Strafverteidiger mit gutgehenden Kanzleien sehen in den Megaprozessen eine Geisel Gottes.« Einige Anwälte seien bereits dazu übergegangen, solche Fälle erst gar nicht mehr anzunehmen. »Angeklagte, die nicht mehr in der Lage waren, den Anwalt ihrer Wahl zu engagieren, sind zuweilen bereits auf vom Gericht ernannte und vom Staat bezahlte Verteidiger umgestiegen. Das Abziehen hochqualifizierter Strafverteidiger, die häufig genug Experten sind, was das RICO-Gesetz anbelangt, kommt der Anklagevertretung freilich nicht ungelegen.«

Marcia Chambers schloß damit, daß diese Prozesse verfassungsmäßig äußerst problematisch und geradezu verboten teuer seien. »Falls Richter Weinstein recht hat – und wir haben allen Grund, seiner außerordentlichen Erfahrung und Gelehrsamkeit Respekt entgegenzubringen –, dann hat der Eifer des Justizministeriums, mit allen zu Gebote stehenden Mitteln eine Verurteilung zu erzielen, dazu geführt, daß unser Rechtssystem selbst Schaden genommen hat.«

Anhang

BESETZUNGSLISTE

Alfano, Pietro »Pete«: 46; Oregon (Illinois), Pizzeriabesitzer; Ehemann von Gaetano Badalamentis Nichte Maria Cristina und Anführer der Badalamenti-Gruppe im mittleren Westen

Amato, Baldassare »Baldo«: 34; Brooklyn (New York); ehemaliger Leibwächter des ermordeten Mafia-Bosses Carmine Galante; Schlüsselfigur unter den sizilianischen Immigranten der sechziger und siebziger Jahre (den Zips); Gastronom

Badalamenti, Gaetano »Don Tanino«, »Der Alte«, »Der Onkel«: 62; in Haft im Metropolitan Correctional Center, New York; ehemaliger *capo di tutti capi* der sizilianischen Mafia; floh in der Folge der »Clan-Kriege« nach Brasilien

Badalamenti, Teresa: Gattin von Gaetano und Mutter von Vito

Badalamenti, Vito: 28; in Haft; der ältere Sohn von Gaetano Badalamenti; floh mit seinem Vater nach Brasilien

Baldinucci, Giuseppe: auf der Flucht vor der amerikanischen Bundespolizei (FBI); wurde 1983 mit Heroin und Bargeld beim Verlassen von Mazzurcos Haus verhaftet

Benfante, Joseph: Strafverteidiger, Rechtsbeistand von Salvatore Mazzurco

Bergman, Paul: Strafverteidiger, Rechtsbeistand von Baldassare »Baldo« Amato; ehemaliger Stellvertretender Bundesstaatsanwalt im Bundesgerichtsbezirk New York Ost

Bonanno, Joseph: Gründer der Mafia-Familie Bonanno in den Vereinigten Staaten; die Bonannos sind eine der fünf New Yorker Cosa-Nostra-Familien

Bonventre, Cesare: 34; Brooklyn (New York); ehemaliger Leibwächter Carmine Galantes; ehemals jüngster Capo der Cosa Nostra; noch vor dem Prozeß ermordet

Bronson, Lawrence: Strafverteidiger; Rechtsbeistand von Salvatore Greco; ehemaliger Bezirksstaatsanwalt des Hudson County, New Jersey

Bucknam, Robert: Stellvertretender Bundesbezirksanwalt im Bundesgerichtsbezirk New York Süd

Burke, Patrick: Strafverteidiger; Rechtsbeistand von Pietro »Pete« Alfano; ehemaliger Bundesstaatsanwalt im Bundesgerichtsbezirk New York Süd

Buscetta, Tommaso: Kronzeuge der Anklage; sizilianischer Mafioso, der zum Informanten wurde

Calluori, Joseph: Berater Michael Kennedys

Cangialosi, Giovanni: 35; Sizilien; wurde bereits 21 Tage nach seiner Einreise in die USA verhaftet

Casamento, Filippo: 59; Brooklyn (New York); Inhaber der Salumeria Casamento und der Eagle Cheese Company; bereits 1972 wegen Heroinhandel verurteilt

Castellano, Paul »Big Paul«: Boß der New Yorker Cosa-Nostra-Familie Gambino; Chef der »Kommission«, des Verbandes der New Yorker Cosa-Nostra-Familien; wurde 1985 ermordet

Castronovo, Francesco »Frank«, »Ciccio l'Americano«: 51; Parlin (New Jersey); besitzt zusammen mit seinem Schwager Gaetano Mazzara das Restaurant Roma in Menlo Park (New Jersey)

Catalano, Onofrio: Cousin von Salvatore Catalano; enger Mitarbeiter von Giuseppe »Joe« Ganci; in frühe »Geldwasch«-Operationen verwickelt

Catalano, Saca: Cousin von Salvatore Catalano: Schlüsselfigur unter den Zips, den jüngsten Zuwanderern aus Sizilien; wurde 1983 in Brooklyn erschossen

Catalano, Salvatore »Sal«, »Toto«: 44; Queens (New York), Bäcker, mutmaßlicher Boß der Zips; Unterboß der Cosa-Nostra-Familie Bonanno

Conte senior, Pasquale »Patsy«: millionenschwerer Inhaber der Supermarktkette Key Food; hat enge Verbindungen zu Salvatore Catalano, aber auch zur Familie Gambino

Contorno, Salvatore »Sal«: Kronzeuge der Anklage; Soldat der sizilianischen Mafia, der zum Informanten wurde

Corleoneser, die: sizilianische Mafia-Familie mit Sitz in dem Bergdorf Corleone; die wichtigste Familie der Gewinner der »Clan-Kriege« Anfang der achtziger Jahre

DeVardo, Lorenzo: 39; Queens (New York), Anstreicher und Innenausstatter

Di Chiara, Gerald: Strafverteidiger; Rechtsbeistand von Giovanni Cangialosi; früher Anwalt bei der Rechtshilfeorganisation Legal Aid

Evola, Salvatore »Sam«: 48; Temperance (Michigan), Bauarbeiter; Gatte von Gaetano Badalamentis Nichte Christine

Falcone, Giovanni: italienischer Magistrat; führend im Kampf gegen die Mafia

Fisher, Ivan: Strafverteidiger; Rechtsbeistand von Salvatore Catalano; ehemaliger Anwalt bei der Rechtshilfeorganisation Legal Aid

Fogelnest, Robert: Strafverteidiger; Rechtsbeistand von Salvatore Salamone

Freeh, Louis: Stellvertretender Bundesstaatsanwalt des Bundesgerichtsbezirks New York Süd; ehemaliger FBI-Beamter

Galante, Carmine »Lilo«: Boß der New Yorker Cosa-Nostra-Familie Bonanno; rekrutierte gebürtige Sizilianer für seine Familie (auf die man sich im Gegensatz zu den »verweichlichten« amerikanischen Mafiosi noch verlassen konnte, da sie mit dem Gesetz der Mafia großgeworden waren); wurde 1979 ermordet

Galbo, Filippo: Neffe von Gaetano Badalamenti aus dem mittleren Westen; gehörte in die Organisation Alfanos; in den Telefongesprächen von und nach Brasilien hatte er den Decknamen »Salted Sardines«

Ganci, Giuseppe »Joe«, »Il Bufalo«: Queens (New York), Pizzeriabesitzer; Teilhaber bei Pronto Demolition; einer der wichtigsten Drogenhändler unter den Zips; verstarb am 11. Februar 1986 an Lungenkrebs

Giuliani, Rudolph: Oberbundesstaatsanwalt des Bundesgerichtsbezirks New York Süd

Giuliano, Carol: Geliebte Joe Gancis

Goldstock, Ronald: Direktor der Organized Crime Strike Force des Staates New York

Gotti, John: Boß der New Yorker Cosa-Nostra-Familie Gambino; kam nach der Ermordung »Big Paul« Castellanos 1985 ans Ruder

Greco, Salvatore »Sal«: 52; Oakhurst (New Jersey), Pizzeriabesitzer

Kaplan, Kenneth: Strafverteidiger; Rechtsbeistand von Frank Castronovo; ehemaliger Stellvertretender Bundesstaatsanwalt im Bundesgerichtsbezirk New York Ost

Kennedy, Eleanore: Anwaltsgehilfin, Frau des Hauptverteidigers Michael Kennedy

Kennedy, Michael: Strafverteidiger; Chef der Verteidigung im Pizza-Prozeß; Rechtsbeistand von Gaetano Badalamenti

Kimelman, Steven: Strafverteidiger; Rechtsbeistand von Giovanni Ligammari; ehemaliger Stellvertretender Bundesstaatsanwalt im Bundesgerichtsbezirk New York Ost

Koppelman, Robert: Strafverteidiger; Rechtsbeistand von Vito Badalamenti; ehemaliger Bezirksstaatsanwalt im New Yorker Stadtbezirk Bronx

Lamberti, Giuseppe »Joe«: 53; Baldwin (New York); Teilhaber bei Pronto Demolition; Cousin von Salvatore Lamberti; Schwager von Sal Mazzurco

Lamberti, Salvatore »Sal«: 53; Woodmere (New York); wanderte 1983 aus Sizilien in die Vereinigten Staaten ein

LaMura, Joe: Gerichtsgehilfe und Sekretär von Bundesbezirksrichter Pierre N. Leval

Leitman, Genay; Strafverteidigerin; Rechtsbeistand von Emmanuele Palazzolo

Leval, Pierre N.: Bundesbezirksrichter im Bundesgerichtsbezirk New York Süd; ehemaliger Stellvertretender Bundesstaatsanwalt im selben Bezirk

Lewis, David: Strafverteidiger; Rechtsbeistand von Sam Evola

Ligammari, Giovanni: 46; Saddle River (New Jersey), Straßenbauarbeiter; Teilhaber bei Pronto Demolition

Lombardino, Anthony: Strafverteidiger; Rechtsbeistand von Joseph Lamberti; ehemaliger Stellvertretender Bezirksstaatsanwalt im New Yorker

Stadtbezirk Queens; ehemaliger Bundesstaatsanwalt im Bundesgerichtsbezirk New York Ost

Lupo, Faro: Neffe von Enzo Randazzo, der vor März 1984 bei Alfano wohnte; tat sich in Europa mit Randazzo zusammen

Malerba, Mario: Strafverteidiger; Rechtsbeistand von Giuseppe Ganci und nach dessen Tod von Salvatore Catalano

Martin, Richard: Chef der Anklagevertretung; Stellvertretender Bundesstaatsanwalt im Bundesgerichtsbezirk New York Süd

Mazzara, Gaetano »Tommy«: 50; Sayreville (New Jersey); besitzt zusammen mit Castronovo das Restaurant Roma in Menlo Park (New Jersey); seine Leiche wurde im Dezember 1986 gefunden

Mazzurco, Salvatore »Sal«: 49; Baldwin (New York); Teilhaber bei Pronto Demolition; Inhaber der Boutique Pino Europa und Mitinhaber der Rollschuhbahn Upskate

McCarthy, Andrew: Stellvertretender Bundesstaatsanwalt im Bundesgerichtsbezirk New York Süd

Moore, Emanuel: Strafverteidiger; Berater Mario Malerbas; ehemaliger Stellvertretender Bezirksstaatsanwalt im New Yorker Stadtbezirk Queens; ehemaliger Bundesstaatsanwalt im Bundesgerichtsbezirk New York Ost

Moriarty, James: Strafverteidiger; Rechtsbeistand von Lorenzo DeVardo; ehemaliger Anwalt bei der Rechtshilfeorganisation Legal Aid

Novack, Carol: Strafverteidigerin; Mitarbeiterin Steven Kimelmans bei der Verteidigung Giuseppe Ligammaris

Palazzolo, Emmanuele: 39; Milton (Wisconsin); Pizzeriabesitzer; Neffe von Gaetano Badalamenti und Schwager von Pietro Alfano

Palazzolo, Vito Roberto: sizilianischer »Geldwäscher«; nicht verwandt mit dem Angeklagten Emmanuele Palazzolo

Pecosi, Lena: Dolmetscherin von Gaetano Badalamenti

Persico, Carmine: Boß der Cosa-Nostra-Familie Colombo; Mitglied der New Yorker »Mafia-Kommission«; alter Freund Gaetano Badalamentis

Pisano, Joseph: Strafverteidiger; Rechtsbeistand von Frank Polizzi

Pistone, Joseph: Untergrundagent des FBI; schlich sich als Einbrecher »Donny Brasco« in die Familie Bonanno ein

Polizzi, Francesco »Frank«: 51; Belleville (New Jersey); millionenschwerer Inhaber des Motels Belleville Motor Lodge, des Restaurants Casa Polizzi und des Bauunternehmens Polizzi Builders

Querques, Michael: Strafverteidiger; Berater des Anwalts Joseph Pisano bei der Verteidigung Frank Polizzis

Randazzo, Vincenzo »Enzo«: 45; Italien; Neffe Gaetano Badalamentis; wurde von den Schweizern an die US-Behörden ausgeliefert

Ronsisvalle, Luigi: einer der Hauptbelastungszeugen; Mietkiller und Drogenkurier, der zum Informanten wurde

Rooney, Charles J.: Chef der Ermittlungen gegen die Pizza Connection beim FBI; während des Prozesses als Vertreter des FBI anwesend

Rose, Charles: Stellvertretender Bundesstaatsanwalt im Bundesgerichtsbezirk New York Ost; arbeitete an der ersten Kontaktaufnahme mit dem Hauptbelastungszeugen Tommaso Buscetta mit

Rosen, Harriet: Strafverteidigerin; Beraterin von Marvin Segal bei der Verteidigung von Gaetano Mazzara

Ruggiero, Lawrence: Strafverteidiger; Rechtsbeistand von Giuseppe Trupiano und Giuseppe Vitale; ehemaliger Stellvertretender Bundesstaatsanwalt im Bundesgerichtsbezirk New York Süd

Ryan, Joseph W. junior: Strafverteidiger; Rechtsbeistand von Filippo Casamento; ehemaliger Stellvertretender Bundesstaatsanwalt im Bundesgerichtsbezirk New York Ost

Salamone, Salvatore »Sal«: 36; in Haft im Metropolitan Correctional Center in New York; Pizzeriabesitzer; sitzt eine Haftstrafe wegen unbefugtem Waffenbesitz ab

Schechter, Marvin: Strafverteidiger; Rechtsbeistand von Salvatore Lamberti; ehemaliger Anwalt bei der Rechtshilfeorganisation Legal Aid

Schoenbach, Lawrence: Strafverteidiger; Rechtsbeistand von Vincenzo Randazzo

Segal, Marvin E.: Strafverteidiger; Rechtsbeistand von Gaetano Mazzara; ehemaliger Stellvertretender Bundesstaatsanwalt im Bundesgerichtsbezirk New York Süd

Sheer, Thomas L.: Stellvertretender Direktor des New Yorker FBI; er koordinierte die Massenverhaftungen am 9. April 1984

Soresi, Giuseppe: Borghetto, Sizilien; Krankenhauspförtner; mutmaßlicher Heroinhändler

Stewart, Robert: Anwalt des Justizministeriums bei der Organized Crime Strike Force in New Jersey

Trupiano, Giuseppe »Joe«: 35; Olney (Illinois); Pizzeriabesitzer; Neffe von Gaetano Badalamenti

Verlierer, Die: der Name, den die italienische Presse der 1980 besiegten und dann von den Corleonesern verfolgten Mafia-Faktion gab

Vitale, Giuseppe »Joe«: 44; Paris (Illinois); Pizzeriabesitzer; Ehemann von Gaetano Badalamentis Nichte

1936	Bonanno übernimmt die Kontrolle über die New Yorker Cosa Nostra
1943	Gaetano Badalamenti desertiert aus dem italienischen Heer
1943, 7. Juli	Landung der Alliierten auf Sizilien
1946, 23. März	auf Sizilien wird ein Haftbefehl für Gaetano Badalamenti ausgestellt
1946, Oktober	Gaetano Badalamenti geht in Neapel als blinder Passagier der *S. S. Saturnia* an Bord; Ankunft in den Vereinigten Staaten
1957, 12. Oktober	bei einem Treffen im Restaurant Spano in Palermo wird die Gründung einer sizilianischen Mafia-Kommission nach New Yorker Vorbild beschlossen
1963	die Kommission der sizilianischen Mafia bricht unter der Last der interfamiliären Kriege und des Massakers von Ciaculli zusammen
1964	Tommaso Buscetta reist illegal über Kanada in die USA ein
1969	die Kommission der sizilianischen Mafia wird unter der Kontrolle Gaetano Badalamentis, Stefano Bontates und Salvatore Riinas wiederaufgebaut
1971	Tommaso Buscetta wird von der amerikanischen Einwanderungsbehörde ausgewiesen
1972, November	Tommaso Buscetta wird in Brasilien verhaftet, nach Italien ausgewiesen und zu acht Jahren Gefängnis verurteilt
1974	Carmine Galante wird Boß der Familie Bonanno
1976, 4. November	Peter Licata, Unterboß der Bonannos, wird ermordet; Sal Catalano übernimmt seine Position
1978, November	Gaetano Badalamenti wird aus der Kommission der sizilianischen Mafia ausgestoßen
1979, 19. Juni	auf einem Flugplatz in Sizilien wird ein Koffer mit 497 000 Dollar gefunden, die Notenbündel sind in Pizzeriaschürzen eingewickelt
1979, 12. Juli	Carmine Galante wird im Garten von Joe & Mary's Restaurant in Brooklyn erschossen
1979, 31. Juli	Baldo Amato und Cesare Bonventre erscheinen in Zusammenhang mit dem Mord an Galante bei der Bezirksstaatsanwaltschaft Brooklyn zur Vernehmung

1980, 14. Februar	Sal Catalano heiratet Caterina in Cimina auf Sizilien
1980, Februar–März	der Heroin-Qualitätstest in einem Bauernhaus in Bagheria, Sizilien
1980, 18. März	die Beschlagnahme von 41 Kilo Heroin in Mailand
1980, Juni	Salvatore Amendolito beginnt New Yorker Drogendollars zum Zweck der »Weißwäsche« in die Schweiz zu transferieren
1980, 16. November	Giuseppe Bonos Hochzeitsempfang im New Yorker Hotel Pierre
1981, 5. Mai	die Ermordung dreier Capos der Bonannos führt dazu, daß die Zips die absolute Kontrolle über den Heroinhandel übernehmen
1982	die USA und Italien unterzeichnen einen Vertrag über die gegenseitige Unterstützung bei der Verbrechensbekämpfung
1982, 8. September	zwei von Tommaso Buscettas Söhnen verschwinden; man befürchtet, sie sind von den Corleonesern in Palermo ermordet worden
1982, 5. Oktober	das FBI beschlagnahmt bei Finanzmakler E. F. Hutton die Aufzeichnungen über die Geldtransaktionen Franco Della Torres
1983, 7. März	das FBI beginnt mit der Überwachung der Telefone bei Ganci, Castronovo, Mazzara und weiteren Hauptverdächtigen
1983, Juni–August	DEA-Agent Hopson kauft 2,5 Kilo Heroin von Benny Zito, einem Drogenhändler in Philadelphia; Zitos Heroin stammt von Ganci
1983, 26. September	Sal Mazzurco trifft sich mit Badalamentis Leuten aus dem Mittelwesten (Randazzo, Palazzolo, Alfano und Lupo) in einem Restaurant in Queens
1983, 17. November	Sal Mazzurco überbringt eine Lieferung Kokain an den Dealer Sadid Torres in der Bronx
1984, 20. Januar	Gaetano Badalamenti ruft Sal und Joe Lamberti über einen Münzfernsprecher vor der Pizzeria Al Dente in Queens an
1984, 14. Februar	Badalamenti ruft Alfano und Mazzurco über dasselbe Münztelefon in Queens an
1984, Februar	Catalano, Ganci, Ligammari, Mazzurco, Sal und Joe Lamberti treffen sich in einem Nachbarschaftsklub in Queens
1984, 6. März	Catalano, Ganci, Bonventre, Amato, Polizzi und Joe

	Lamberti treffen sich an der Baustelle des Café Biffi in Manhattan
1984, 15. März	Giovanni Cangialosi trifft in New York ein
1984, 7. April	Pietro Alfano fliegt von Chicago aus nach Madrid
1984, 8. April	Alfano, Gaetano Badalamenti und Vito Badalamenti werden in Madrid verhaftet; Enzo Randazzo wird in Zürich verhaftet
1984, 9. April	große Razzia des FBI; in New York, New Jersey und im Mittelwesten werden Angeklagte verhaftet
1984, 15. November	Gaetano Badalamenti, Vito Badalamenti und Pietro Alfano werden von den Spaniern an die USA ausgeliefert
1985, 30. September	die Auswahl der Geschworenen für den Pizza-Prozeß findet statt
1985, 24. Oktober	der Pizza-Prozeß beginnt
1985, 29. Oktober	der ehemalige sizilianische Mafia-Boß Tommaso Buscetta sagt als Zeuge der Anklage aus
1985, 2. Dezember	der Soldat der sizilianischen Mafia Salvatore Contorno sagt aus
1985, 16. Dezember	»Big Paul« Castellano wird in Manhattan ermordet
1986, 4. Januar	Luigi Ronsisvalle sagt als Zeuge der Anklage aus
1986, 30. Januar	der Sonderagent des FBI Joe Pistone sagt als Zeuge der Anklage aus
1986, 11. Februar	Giuseppe Ganci stirbt an Lungenkrebs
1986, 13. Februar	»Geldwäscher« Salvatore Amendolito sagt als Belastungszeuge aus
1986, 6. März	Beginn der »Großen Wüste Gobi«
1986, 5. Mai	DEA-Agent Stephen Hopson sagt aus
1986, 19. Juni	Enzo Randazzo bekennt sich schuldig, gegen die Einwanderungsbestimmungen verstoßen zu haben
1986, 21. Juli	Lorenzo DeVardo bekennt sich des unbefugten Waffenbesitzes schuldig
1986, 8. Oktober	Ende der »Großen Wüste Gobi«; die Staatsanwaltschaft erklärt ihren Beweisvortrag für beendet
1986, 14. Oktober	Beweisvortrag der Verteidigung beginnt; Gaetano Badalamenti sagt als Zeuge aus
1986, 17. November	Sal Mazzurco sagt als Zeuge aus
1986, 26. November	Tommy Mazzara verschwindet
1986, 2. Dezember	Mazzaras Leiche wird in Brooklyn gefunden
1987, 15. Januar	die Verteidigung erklärt ihren Beweisvortrag für abgeschlossen

1987, 27. Januar	die Plädoyers der Staatsanwaltschaft beginnen
1987, 2. Februar	die Plädoyers der Verteidigung beginnen
1987, 11. Februar	Pietro Alfano wird im Greenwich Village angeschossen und schwer verletzt
1987, 12. Februar	die Jury wird abgeschirmt, das heißt zwangsweise für die Dauer des Prozesses unter Bewachung in einem Hotel untergebracht
1987, 13. Februar	drei Männer werden wegen des Anschlags auf Alfano festgenommen
1987, 17. Februar	Patsy Conte senior wird verhaftet, weil er den Anschlag auf Alfano in Auftrag gegeben hat
1987, 25. Februar	die Urteilsberatung der Jury beginnt
1987, 2. März	die Jury gibt ihren Urteilsspruch bekannt

NAMENREGISTER